U0840864

民国档案研究

马振犊 主编

金城出版社
GOLD WALL PRESS
·北京·

图书在版编目（CIP）数据

民国档案研究 / 马振犊主编 .—北京：金城出版社有限公司，2019.12
ISBN 978-7-5155-1923-4

Ⅰ.①民… Ⅱ.①马… Ⅲ.①历史档案—档案工作—研究—中国—民国
Ⅳ.① G279.296

中国版本图书馆 CIP 数据核字 (2019) 第 246192 号

民国档案研究

作　　者　马振犊
策 划 人　谢艳芝
特约编辑　董　祯
责任编辑　欧阳云　蔡传聪
责任校对　杨　超
责任印制　李仕杰
开　　本　787 毫米 × 1092 毫米　1/16
印　　张　37.25
字　　数　590 千字
版　　次　2020 年 3 月第 1 版
印　　次　2020 年 3 月第 1 次
印　　刷　天津旭丰源印刷有限公司
书　　号　ISBN 978-7-5155-1923-4
定　　价　128.00 元

出版发行　**金城出版社有限公司**　北京市朝阳区利泽东二路 3 号
邮编：100102
发 行 部　(010)84254364
编 辑 部　(010)64210080
总 编 室　(010)64228516
网　　址　http://www.jccb.com.cn
电子邮箱　jinchengchuban@163.com
法律顾问　北京市安理律师事务所（电话）18911105819

本书编写组

第一章　马振犊
第二章　戚如高
第三章　沈　岚　曹必宏　杨智友　陆　君
第四章　沈　岚　胡震亚　戴　雄　李　宁
　　　　廖利明
第五章　曹必宏
第六章　胡震亚　张海梅　李　宁
第七章　马振犊　孙　莉
后　记　马振犊

全书由夏军整编、马振犊统稿，郭必强参与了本书策划与组织编写工作。

目录

第一章 民国档案史料概述 001

第二章 民国时期的档案概念与档案工作 013

第三章 中国第二历史档案馆馆藏民国档案概况及特色 069

第四章 各省、自治区、直辖市及特别行政区所藏民国档案概况 193

第一章
民国档案史料概述

民国档案史料是形成于20世纪10年代初到40年代末的中国历史档案，它真实地记录了中华民国的历史，是中华民国史和中国近现代历史研究的基础依据，其重要的历史佐证和现实引据参考价值不言而喻。

自20世纪80年代民国史研究得以恢复以来，有关民国历史研究的每一次发展与进步，都与民国档案的发掘整理和公布利用有关。

1980年5月，中共中央书记处做出了开放历史档案的决定后，民国档案的整理与开放进入了一个全面发展的新时期，以国内保藏民国档案最多和最全的中国第二历史档案馆为例，20世纪80年代以来，该馆以各种形式整理出版公布的民国档案总计字数已达6亿以上，近5年来，中国第二历史档案馆馆藏民国档案的国内外利用者大大增加，年增长率超过20%，2005年起，前往该馆查阅档案的人数年均超过一万人次。民国档案在服务社会大众、促进学术研究方面的重要作用显著体现。

更重要的是，民国档案在服务国家中心工作及祖国统一大业方面，发挥出了特殊而显著的作用。2005年，应时任中共中央总书记的胡锦涛同志之邀，时任中国国民党主席的连战先生率团访问大陆，恢复了国共两党中断半个世纪的联系。在这一历史性的会见中，胡锦涛总书记把保藏于中国第二历史档案馆的连战祖父连雅堂先生早年要求更名并恢复中国国籍的档案复制件，作为礼物赠送给了连战先生，使其十分感动。现在，分别保存在海峡两岸的民国档案已成为两岸文化交流的新平台，在促进祖国统一大业中发挥出越来越重要的作用。与此同时，民国档案在佐证真实历史并以确凿的史料批驳歪曲历史的谎言，维护国家主权与领土完整以及服务国家重大经济建设方面的作用也日益显著。如中国第二历史档案馆馆藏台湾历史档案与西藏历史档案大型编纂项目的编辑完成与出版，以确凿完整的史料，从历史的角度，有力地证明了台湾与西藏自古以来都是祖国不可分割的组成部分；长江三峡大坝的建设工程也引用参考了民国时期有关该工程计划设计的档案史料。

据粗略统计，目前在全球范围内，国内外各种机构所藏的民国档案，其总数约在一千万卷以上，这一大批浩如烟海的史料，大部分保存在以中国第二历史档案馆为主的中国大陆各地各级档案馆中；还有相当数量的一批重要档案，在 1949 年被国民党带到了台湾，现分存在台湾“国史馆”、中国国民党中央党史馆及“中央研究院”近代史研究所档案馆等处，这些档案与大陆所藏的民国档案基本形成互补关系。另外，在美、英、日、俄等国的知名档案馆中也保存着不少民国档案，如美国国家档案馆和哈佛大学、斯坦福大学等处的档案机构都有意识地搜集和保存了许多重要的民国档案，其中斯坦福大学胡佛研究所档案馆，近年来征集了多位民国时期重要人物及其家族的档案，包括蒋介石、蒋经国、孔祥熙、宋子文等人的档案资料，这些流散海外以及保藏在台湾的重要档案，数量上虽不及大陆地区，但具有很高的学术与研究价值。

民国档案的保存主体，在中国大陆和台湾的档案机构，海外的有关收藏也不可或缺。研究民国历史、中国革命史以及中国共产党党史等专题史，都必须了解和掌握其基本概况。遗憾的是，在近 20 年来，国内外民国历史研究蓬勃开展之际，除国内档案界组织的有关各档案机构自撰指南以及零星的介绍文章外，还没有一本比较系统的从历史研究角度来解读和介绍各地所藏民国档案的专题书籍。因此这一课题的研究撰述就具有了特别的意义和价值。

这本书的特点，是从介绍国内有关民国档案保存机构情况入手，对分散保藏在中国大陆和台湾地区的民国档案概况做了介绍，侧重说明各处所藏档案的特色，并从历史研究需求角度进行了解读，同时尽可能地介绍了各相关单位档案资料的整理编辑出版情况与接待利用情况。虽然其中不免遗漏，但以这种方式来介绍分析研究民国档案尚属首次，相信对国内外历史学界同行了解和掌握有关的档案保藏状况及其特色与其利用出版信息，更好地使用民国档案开展研究工作，有极大的帮助。本书的意义与作用就在于此。

本书主要分为以下几个部分：

第一，民国时期的档案概念与档案工作。

第二，中国第二历史档案馆所藏民国档案概况及其特色。

第三，中国大陆各地区所藏民国档案概况、专题档案及其特色。

第四，中国台湾地区所藏民国档案情况及其特色。

第五，专题民国档案的保藏与特色。

首先是介绍民国时期档案文书的定义、保管办法和相关法规以及有关民国时期的档案学术讨论活动。

清末，近代中国真正意义上的档案工作尚未肇始。中华民国成立后，共和体制的建立使中央与各地方都设立了专门从事档案保管的机构。根据 1912 年公布的总统府官制，中央机关明确由秘书、书记官等为负责政府档案的职官。民国北京政府时期就开始制定颁布一系列的文件法规，系统地规定了公文拟草、种类、名称格式和运行、归类保存的方法，明确在中央和地方各级机构主要由秘书、庶务等来从事管理档案工作，建立了公文档案的分类、立卷、编号、编目，以及保存与调阅、划分保管年限的流程，中国近代档案工作由此发轫。

尽管，民国北京政府时期开创了我国近代档案工作的先河，使政府机构文书档案有了归存之所，但在实际上，北洋档案命运多舛。本书中以民国北京政府内务部档案为例，进行了个案分析。从这批档案的源起、内容概况统计，到被南京国民政府内政部接收，成立以左恒祥任处长的档案保管处专司管理之责，再到后来在经费捉襟见肘、极度困难的情况下的清理、统计、分类、编目以及供政务参考与学术研究利用的整个过程，进行了详尽叙述。后来，这批档案与北洋档案主体一起被装车南运、转而西运，躲避日本侵略的战火，抗战胜利后又运回南京，历尽劫难，丧失损毁了 84%，最后保留下来有幸成为“秦火之余”者仅为 16%。内务部档案的遭遇就是北洋档案命运的缩影。

1927 年南京国民政府成立后，中央国家机构更加健全化，行政统治能力进一步加强，档案工作也有了明显的进步，具体表现为：

专职的档案机构普遍设立。直隶于国民政府的国史馆及行政院档案整理处先后设立，中央地方各机关部门采取集中和分司管理的多种方式专门负责档案工作，档案成为机关公务的一个正式环节；成立专门机构——北平档案保管处来整理和保管旧政权的档案；文书档案工作有了整套理论与实践；内政部次长甘乃光等人对档案学的理论与实践做出了专门的贡献，涌现了一批卓有成就的档案学者。“文书档案连锁法”得以推行，取得实效。具体的分类、立卷、归档、庋藏等工作趋于正轨。

1931 年九一八事变发生后，日本加紧了侵华的步伐。在占领我国东北地区后，不断向华北渗入。严峻的形势迫使南京国民政府在“攘外”的准备中不得不考虑档案的安全问题，在匆忙中决定将保存在北平等地的古物、档案打包运往南京保存。1937 年全面抗战爆发，南京国民政府迁往四川重庆，各部会档案也陆续迁往西南重庆等地，部分甚至分藏于乡间。1945 年抗战胜利后，这些档案又用车船陆续运回南京。因运输途中的颠沛流离和战时保管条件的不善，档案损失巨大。

本书中仅以国民政府交通部的档案为例，具体叙述分析了南京国民政府在抗战前后档案工作的艰难过程及其得失，俾使人们对这段历史有一基本了解。

数年以后，大量尚未拆包的档案，又随着国民党在内战中的步步失败，由南京到上海、广州、重庆、昆明，一路丢弃，其中除小部分重要档案被直接运往台湾外，大部分被新中国成立的中国科学院南京史料整理处及新建成的中国第二历史档案馆接收，陆续运回南京，才得到了有效的整理与保护。

历史条件的限制加之主客观多种因素的不足，使国民党政权的档案工作留下了许多缺憾。除了损毁丢弃严重外，档案理论的混乱在具体工作的指导上产生了弊端，最突出的表现就是“每文必档”最终势将造成档案“塞破乾坤”之结局，政府工作的官僚化、形式化造成的文山会海炮制出巨量的档案，有关档案鉴定销毁的规定没能执行。另一方面，因连年战火开支巨大，政府无力投入又使档案工作每陷停顿，如曾设有专门机构管理的北洋政府档案，结果绝大部分都告散毁了。虽然中央设立了专门机构来兼及历史资料管理，但民国“国家档案馆”和“国立档案库”在争议多年后始终没有成立，全国性的档案事业尚未开始。

本书对民国时期档案事业历史的梳理，只能是一个基本的概况，民国时期档案业的形成与发展及其经验教训，特别是民国档案辗转迁徙的艰难过程，仍然是一个需要详细研究的课题。因为本书的重点是关于民国档案的介绍研究，这里不再赘言。

民国档案的主体现以分级分地域方式保藏在中国大陆各级档案馆中，其中最主要的民国时期历届中央政权档案保存在中国第二历史档案馆，而各省市县档案馆则分别保藏有数量不等的当地民国时期档案资料。因历史的原因，某一地区数省市所藏民国档案或体现出一些共性的特色，了解这种情况，对我们科学地利用民国档案大有裨益。另外，半个多世纪以来，各地档案部门，秉承中国档案界的优良历史传统，在民国档案的编研出版方面做了许多工作，有了大量的成果问世。这些出版物，基本上体现了当地民国档案的特色，可供研究者在异地方便地利用档案。但这些经过选材加工编辑的档案，常为研究者们所诟病的缺点是其完整性、原始性存疑。由于政治的和历史的原因，有人怀疑这些出版物或多或少地带有编选者自己的观点与感情色彩，这是很自然的，不仅国内如此，国外也如此。为解决这一问题，近年来，档案界出现了两种新的档案公布利用方式。一是利用国际互联网，把解密档案电子文本大量地公布于有关网站，供利用者在当地方便地查阅；二是利用数字化技术，影印出版专题类大型丛书。这两种方式，是历史档案更趋开放化地服务社会的产物，其优点是不言而喻的。随着各地档案机构电子化信息化步伐的加快，这将成为历史档案开放利用的主要形式。因此，本书中对各地档案部门在编研出版、信息化建设方面的成果，也尽可能地加以介绍，使利用者更加方便地了解有关情况。这也是本书的一个特色。

一、中国第二历史档案馆所藏民国档案情况

中国第二历史档案馆是保存中华民国档案最多的国家级档案馆，自1951年成立以后，经过几代人的艰苦努力，在广泛收集资料并加以艰苦整理的基础上，目前已形成保藏民国历史档案1,354个全宗，馆藏总数225万卷的巨量收藏，是国内外保藏民国档案的重要基地，研究民国历史专属的资料宝库。

中国第二历史档案馆馆藏的蒐集充满了艰苦努力与奋斗，当年国民党撤离大陆之时，从南京到上海、广州、四川、贵州、云南，一路丢弃档案。新中国成立后，老一代档案工作者在南京接收了国民党国史馆与党史会等档案机构，成立了中国科学院南京史料整理处，后改建为中国第二历史档案馆，直属国家档案局领导。国家档案局曾多次下令全国各地向该馆集中民国档案。在王可风

等人带领下，职工们远涉崇山峻岭，将散落各地的民国档案向该馆集中。他们用极其简陋的车辆工具运送档案，曾在贵州山区发生过汽车冲出盘山公路的险情。当时接收的档案是用麻袋装运计数的，内容混乱，毫无头绪。职工们在一座座堆积的“档案山”边，发扬愚公精神，经历多年努力，直到20世纪80年代末才将最后一批2188麻袋档案整理分类编目完毕，上架保存并提供开放利用，其中艰苦情形，非一般人所能想象。由于历史原因，中国第二历史档案馆的基础工作在“文革”期间中断多年，复馆后，该馆在服务党和国家大政方针、服务国家现代化建设及实现两岸交流促进祖国统一方面，发挥出巨大的作用。近年来，该馆每年接待国内外学者总数超过1万人次，创全国档案界接待利用之纪录。2013 — 2017年二史馆集全馆之力，完成了档案馆数字化建设五年工程规划，目前已将近半数的馆藏档案完成数字化并在持续推进中。其所进行的馆藏档案目录清理与数据库制作工程，将使该馆档案基础和对外利用工作取得划时代意义的提升。

中国第二历史档案馆（下简称“二史馆”）馆藏档案，大略由以下几部分组成：

1. 孙中山及南京临时政府档案，计130余卷：数量不多但十分珍贵，其中许多文档为孙中山手迹，现已全部制成缩微胶片供社会利用。

2. 民国北洋政府档案：二史馆是国内典藏此类档案最多的机构，共约55个全宗13万卷。主要内容为北洋政府时期的政治、军事、经济、文教、外交、司法及民众运动情况。

3. 南方革命政权档案：为1917 — 1927年间自孙中山在广州成立护法军政府到广州国民政府成立迁都武汉，最后被南京国民政府替代时期的档案，共600余卷，集中反映了国民党在南方从事反对北洋军阀斗争及发动北伐革命，国共由合作到分裂的历史。

4. 南京国民政府档案：除移运台湾及散失者外，基本集中在此保藏，总计共590个全宗、131万余卷，数量浩大，内容丰富，涵盖了国民政府（总统府）及其五院、中央各部委会及其所属各机构档案，内容涉及政治、军事、财经、外交、文教等各方面。

5. 日伪档案：二史馆所藏日本在侵华期间扶植的大小伪政权档案共91个全宗10万余卷，主要是汪精卫伪中央政府档案，抗战胜利后为国民政府接收而来，内容较为完整，对于研究日本侵华及其“以华制华”政治图谋、研究汪伪集团历史具有特殊价值。其中汪日密约及汪伪政权合并华北伪“临时政府”档案、南京伪“维新政府”档案以及汪伪政权的军事、财经、文教档案，全面反映了日本在华通过扶植汉奸政权对中国实行殖民统治、掠夺中国财富资源、实施奴化教育及其培植伪军实行“清乡运动”等的罪恶历史，是研究日本侵华与汪精卫等汉奸集团历史活动的专门史料。

6. 人物档案：二史馆所藏民国名人档案共 51 个全宗、8,000 余卷，除冯玉祥档案外，其他个人档案多不完整，但具有独到特色。其中如蒋介石日记抄本、陈布雷日记、邵元冲日记及张大千等民国艺术家的作品、张学良印鉴实物等都极具史料与文物价值。

多年来，中国第二历史档案馆几代编研人员，利用馆藏档案编辑出版了大量民国档案史料，如《中华民国史资料汇编》(90 册)、数十种专题资料以及《民国档案》杂志（1985 年创刊）等，都是在史学界享有盛名的出版物。近年来，该馆又选编了《馆藏民国台湾档案汇编》(300 册)、《馆藏西藏与藏事档案汇编》(80 册)、《民国时期新疆档案汇编 1928 — 1949》(100 册)、《馆藏北洋档案汇编》(190 册）等一系列大型史料影印丛书，参加了国家档案局“抗战档案汇编”大型项目，编辑出版了“长城抗战档案汇编”“抗战兵役档案选编”“抗战军粮档案选编”等专题档案（计 100 册），并正在进行“中国远征军”“抗战中的招商局”等专题编研工作，有力配合了国家大政及学术研究需要。

该馆以日常接待大批中外查档者、面向社会举办各种专题展览、通过互联网站提供咨询查档服务等多种方式，服务社会，发挥馆藏民国档案优势，并在档案馆数字化建设等方面取得了明显成绩。

二、各省、市、自治区及特别行政区所藏民国档案情况

本书按地区对中国各地档案部门保藏的民国档案进行介绍。因民国历史上的战乱动荡而造成的档案损失和档案保存工作先天性不足等多种原因，并不是所有地区的民国藏档都有其值得称道的突出价值，但有一点值得肯定，就是各地区档案部门所藏民国档案都具有其地方特色，这对地方史研究者来说是亟须了解的事。本书作者通过中国第二历史档案馆“全国民国档案信息中心”数据库资料和各地有关档案部门的资料，对相关各省市各地区所藏民

国档案进行了概要介绍，并从民国史研究的角度进行了分析研究，总结其各自的特色，俾便于学者们的研究利用工作。

此外，还对一些极具学术研究价值的专题档案做了专门介绍，如：

1. 以上海、天津、苏州等地为主的近代商会档案

在沪、津、苏等地档案馆中，因历史上这些地区经济相对发达，商业兴盛商会组织活跃的缘故，商会档案保存得相对比较完整而有价值，仅天津馆就藏有13,000余卷，苏州馆馆藏也有3,500多卷，被列入《中国档案文献遗产名录》，出版过《天津商会档案汇编》等专题资料，是研究中国近代经济及商会发展历史不可多得的资料。

2. 具有重要价值的民国时期海关档案

近代中国海关为1860年后由外国人首创于华，其原因在于清王朝当政者的腐败与无知。列强通过一个又一个不平等条约迫使中国不断在各地“开关”，把海关变成了列强侵华的“桥头堡”，被西方人士把持的旧中国海关，除基本的管理对外贸易、征收进出口税务等关务工作外，还兼办了中国的邮政事务，提供气象信息，参加水道勘测和疏浚，投资教育卫生事业，并在各地搜集中国社会各方面的情报，以为列强侵华服务。洋人总税务司利用旧中国财政主要依赖海关税收的特点，依靠手中掌握关余分配的大权，向中国政界扩张其势力，他们可以“从财务的角度”对清王朝的内政外交进行干预，甚至利用他们精通外语和在外国的关系影响，居于中外间所谓“调停者的地位”，通过与清朝官员拉拢关系，取得中方“委托”，“代办夷务”，在中外一系列不平等条约订立过程中起到“吃里扒外”的作用，甚至中国外交代表团出访的行程安排，也因海关掌握出访经费而具有决定权，海关x总署俨然成为中国“半个政府”。于是，海关档案便成为研究清末及民国时期历史极其重要的档案资料。

目前，在中国第二历史档案馆保藏有民国时期海关总署的完整档案，另在全国各地方档案馆中都收藏有民国时期各地海关档案，总量不菲，绝大多数为英文。这些档案对研究中国海关史及中华民国史乃至中国近现代史，都有着很大的参考价值。本书主要对藏于中国第二历史档案馆的民国海关总署档案及各主要口岸所在地档案馆的海关档案情况及其价值，作出概况介绍与研究分析，以供海内外海关档案研究及利用者参考。

3. 东北地区的奉系档案史料

奉系军阀档案史料，因其偏于一隅的地理特征，使档案保存较全，足供研究参考。

4. 以抗战档案为特点的四川、广东民国档案

抗战档案是民国档案中主要与重要的组成部分，14 年的抗战与 8 年全面抗战，是民国历史上一次反抗外敌入侵的全民族的战争，也是近百年来中国人民第一次取得的反对外国侵略全面胜利的战争，它是中华民族解放的开始，抗战档案真实地记录了这场抗战中，中国人民所经历的无数苦难、艰辛的努力与所付出的巨大代价，记载了中国人民对世界反法西斯战争最后胜利的巨大贡献。抗战档案在全国各地档案馆中都有收藏，其中主要内容收藏在中国第二历史档案馆及台湾省内的有关机构；在大陆地方档案机构中，以抗战档案收藏为特色的，有曾作为抗战大后方的四川省各级档案馆、曾作为战时首都的重庆市档案馆以及华南地区战事集中地的广东省的各级档案馆等，分析研究这些馆的馆藏，可对抗战档案有一个基本的了解。

三、台湾地区所藏民国档案情况

民国档案另一主要保存地是在中国台湾。

1949 年国民党退台时，国民党政府及其各部委机关曾有计划地带走了一部分重要的机关和个人档案，虽然当时战火迫近，兵荒马乱、交通工具奇缺，但“总统府”及其各部门在从南京撤退时，曾通过上海专门安排舰船直接向台湾运去了一批珍贵档案及文物，其后又随其政权机构撤退陆续带台一批档案资料，其中有不少档案都是当时正在使用的“现行档案”。

退台后，“国史馆”、国民党中央党史会等机构的工作陆续恢复，开始向各部门重新征集带台的历史档案，恢复馆（会）所藏。现在，台湾虽然成立了“国家档案管理局”，但其并不能统收“国史馆”“党史馆”等档案机构所藏，只能从一些机构中接收部分旧档保存，且开放条件苛刻，统一档案管理的工作仍未见实效。岛内民国档案分藏在“国史馆”、国民党中央党史馆、“国家档案管理局”、“中央研究院近代史研究所档案馆”等数家档案机构中，另外还有许多重要的外交、军事、情报特工档案分别收藏在台湾行政部门的相关机构中，一直未 向档案机关移交。岛内民国档案多头管理分散保管的状况，使其统一整理开放利用非常不便，给利用者带来一些困难。但上述专门

机构，在所藏档案整理公布出版及电子化处理方面，取得了一定的成绩，近年来通过网络利用见效比较迅速。只是其开放利用条件苛刻，“国史馆”“国管局”等处档案不对大陆及港澳人士开放。

岛内各单位所藏民国档案具体概况与特点是：

1.“国史馆”：(1) 国民政府及其院部会署档；(2) 蒋中正个人档，包括：“蒋中正筹笔”(书函、命令稿)、“革命文献”、“移交文卷”(各方与蒋往来电函)、“领袖家书”、“文物图书”、“蒋氏宗谱”、“照片影辑”及“其他类”几个部分以及阎锡山个人档、汪兆铭档、戴笠档，等等，极具价值的名人档案；(3) 台湾省行政长官公署及台湾省政府档等；(4) 专藏档案：分为专门档、特藏档、综合档三大类，内容包括抗战档、“开国档”、二二八事件档案、黄埔军校档案等。

2. 国民党中央党史馆：(1) 国民党党史沿革档：包括“兴中会”“同盟会”与民国建立、国民党与中华革命党档案、中国国民党档案（南方革命时期、南京国民政府时期、对日抗战时期、国共内战及退台时期）；(2) 党务会议记录及组织专档：包括国民党历次全代会及重要会议文件，按国民党各历史阶段划分的党务组织文件档案；上海环龙路档（1914 — 1925）、汉口档、五部档（1924 — 1927）、中政会档（1927 — 1949）等；(3) 特种档案：指国民党中央秘书处及各地方、部门、海外党务档案；(4) 重要人物档案，如孙中山、蒋介石等人的文件、手稿、照片、衣物、留声及影像资料，等等。

3.“中央研究院”近代史所档案馆：(1) 清末与北洋时期的外交档案（1860 — 1928）；(2) 经济档案，包括清代农工民国商部，民国北京政府工商部、农商部、内务部、全国水利局等，南京国民政府实业部、建设委员会、经济部、资源委员会、水利部等，还有 1670 — 1950 年盐务专档，抗战时期汪精卫伪政权及伪维新政府时期经济档案之一部分；(3)“中央研究院”院史资料，包括历任院长资料，较多为朱家骅、王世杰个人资料；(4) 台湾“二二八事件”档案资料，由 1990 年后台湾“二二八研究小组”搜集的各种有关该事件历史档案资料及口述、私人文件，多为影印件。另外该馆还藏有袁世凯家书、陈炯明传记、刘峙回忆录等个人档案。

4.“国史馆台湾文献馆”（台湾省文献委员会）：主要收藏日据时代台湾历史文件，包括：(1) 台湾总督府档案（1895 — 1945）；(2) 台湾总督府专卖局公文类纂；(3) 台湾拓植株式会社文书，等等，对研究日本在台殖民史及二战中日本利用台湾侵略中国及南洋地区的历史有参考作用。

5. 台湾“档案管理局”：原无藏档，后经多方收集，保有了一部分民国档案，主要有：府院政策档、立法监察档、司法档、内务人事档、外交侨务档、经贸教育档、交通文化医疗档等，其价值不如“国史馆”“党史馆”等单位所藏。但其中原“国防部史政编译局”所移交军事档案，具有较高价值，主要内容为：(1) 国军沿革史、年鉴与要案纪实档案；(2) 战史档案；(3) 重要将领档案；(4) 各重要单位工作报告及会议记录；(5) 其他，主要有：南海诸岛屿，包括东、西、南沙群岛档案，有关抗战胜利后接收复员的档案资料，撤退到台湾后台军备战与美国军事援助案方面的档案资料等。

台湾地区档案机构几十年来编辑出版了大量的史料专辑和丛书，其中如《革命文献》《中华民国重要史料初编——对日抗战时期》《蒋中正总统档案事略稿本》《中俄关系史料》《中日关系史料》以及王世杰、徐永昌等人的日记等一大批出版物已为国内外学者广泛引用。

近年来，台湾“国史馆”加快了档案数字化的步伐，国民党中央党史馆则与斯坦福大学胡佛研究所、台湾政治大学等单位合作，计划将所有馆藏档案作数字化处理并对外提供利用，“中央研究院”近代史所档案馆多数档案也已完成加工提供网上查阅。

民国档案内容丰富浩瀚，与今日直接关系者千头万绪，其使用与参考佐证价值不可估量。因为历史原因，民国档案分散海峡两岸及世界各地，更有甚者，许多内容至今不得开放，因此之故，对其介绍与评析，非本书能够穷尽者。我们只能通过本书，对其基本情况大致做一梳理，以利于使用者查阅，而使民国档案发挥出更高更好的使用，并且我们也相信，随着档案不断开放与数字化工作的进展，在不远的将来，我们对民国档案不仅会窥其一斑，而且能够穷其全貌，这一天已当在不远。

第二章
民国时期的档案概念与档案工作

第一节　民国时期的档案概念

一、档案

自1979年中共中央发出“关于开放历史档案的通知”后，档案馆紧闭的大门开始向史学界敞开。30余年来，史学界与档案学界的合作与争执，一直是中国人文科学发展中的一个令人注目的现象。史学界对档案开放的力度心存疑虑，档案学界则期待史学界进一步了解档案的现状、档案工作的原则。总的说来，通过多年的沟通与磨合，两个领域之间的不和谐因素正在逐步减少，史学界尤其是民国史学界对档案的运用与征引也越来越多，一些有成就的学者甚至认为，如果没有档案资料，很多课题的研究根本无法开展。

档案学界对史学界的期待（或曰抱怨）也许并非空穴来风、毫无道理。史学界热衷于挖掘、运用档案，但对于什么是档案及档案的形成、鉴定、存销、档案的安全与保护等并不关注。这里仅以“什么是档案”为例，稍做说明。

什么是档案？在历史学领域的中国近现代史料学学科[1]中原本是无法回避的问题。但这一学科的相关著作，如陈恭禄的《中国近代史料学》、张注洪的《中国现代史料学》均没有对此做回答[2]，然而在档案学界，“档案”这一概念，

[1] 在中国，档案学原本属于历史学的分支。1996年以前，档案学在社科规划中隶属于历史学的历史文献学之内。

[2] 张宪文的《中国现代史料学》是唯一对档案的定义做出了回答的史料学著作，但其对档案定义的叙述与档案界对档案所下的定义仍有很大的不同。

则是这一学科的基石。新中国成立后，建立了规模庞大的档案事业体系，学科建设也发展迅速，在国际档案界“独树一帜”[1]。从20世纪50年代起，档案学界对于“档案”这一概念进行了热烈讨论，截至2005年，争论尚未停止。有人曾对公开发表的与此相关的论文做过粗略的统计，居然有千余篇之多，戏称人文科学中的“奇观”。场面虽然热烈，观点却大同小异。要而言之，有影响力的观点可分为两类：一类可称为“狭义”档案概念，即认为档案仅指已失时效的有保存价值的公文；另一类可称为“广义”的档案概念，即认为国家、社会组织、个人从事一切活动所留下的记录都是档案。按照后一说法，甲骨文是甲骨档案，金文是钟鼎档案，个人碑文、勒石也都是档案。

1987年，在学界讨论如火如荼之际，《中华人民共和国档案法》（下简称《档案法》）公布。该法对档案的界定为：“本法所称档案，是指过去和现在的国家机构、社会组织以及个人从事政治、军事、经济、科学、技术、文化、宗教等活动直接形成的对国家和社会有保存价值的各种文字、图表、声像等不同形式的历史记录。”按照前国家档案局副局长刘国能的理解，《档案法》所表述的“档案”，是一个几乎无所不包的“大档案”的概念。他在《体系论》中曾写道：“就是它，跨越了古今中外，包容了世间万物；真就是真，假就是假，以它为证。它平凡，无声无息，与世无争，在平凡中孕育着不平凡；它伟大，无私无畏，大义凛然，为人类解开历史之谜，使一切伪装、谬误原形毕露，黯然失色。它作为研究社会、政治、经济、历史和科学文化的元素，融会在现今人类的事业行为及其成果之中，构筑历史的继承、延续和科学的进步。”从《档案法》对档案概念的取舍，到档案事业主管领导对档案的讴歌，不难看出，经过长时间的讨论，“广义”的档案概念已占据上风——尽管争论还没有结束。尤有进者，在近十几年中，所有高校档案学科的标准教材，对于“档案”这一概念的界定，均已一律采用《档案法》的官方表述，学者们的发挥空间只是不同角度的诠释而已。

如前所述，史学界关心的只是到档案馆挖掘档案，为己所用，对于档案学的相关理论和档案界一些热火朝天的争论缺乏兴趣，这种状况似乎应该得到改变。即以“档案”这一概念而论，史学界固然不必对花费很多精力对狭

[1] 参见刘国能：《体系论》序一，中国档案出版社，2003年12月，第1页。

义与广义的优劣做出判断、取舍，但大致的了解还是有必要的。因为只有知道了“什么是档案”，才能知道档案馆在接收、鉴定、剔销、保管等环节上所做的取舍，明白对档案馆可以期待什么、不必期待什么，不致因为先入为主地认定档案馆是“百宝箱”，去查找那些不在归档范围的文件，甚或在一无所获时归咎于档案开放力度不够。[1]

二、民国档案

说到民国档案，还必须对民国时期的档案概念与民国时期的档案观有一个大致的了解。只有弄清了民国时期的档案概念，才能明了当时的立档、存销、保管等原则，对现存民国档案的状况才会有一个正确的认识。

中国档案事业虽然历史悠久[2]，但“档案”一词，却并非古已有之。最早出现“档案”一词的文献是清人杨宾的《柳边纪略》，内云：“边外文字多书于木，往来传递者曰‘牌子’，以削木片若牌故也。存贮年久者曰‘档案’，曰‘档子’，以积累多、贯皮条挂壁若档故也，然今文字之书于纸者，亦之谓曰‘牌子’‘档子’矣。”可见，所谓“档”，实即“存贮年久”且经过整理的公文。至于“案”，即案卷的简称，指的是官员、官署之间的来往文书，它的出现比“档”要早。至清早期，“档子”与案卷相连，遂出现了“档案”一词。清代内阁设有档子房，专司管理内阁满汉文书，是为“档案”一词的滥觞。

民国成立后，“档案”一词相沿成习，在公文、法规中已普遍使用，但档案往往与案卷、案牍、文卷、文书等词混用。1912 年 8 月 9 日，民国北京政府外交部公布《外交部编档办法》，规定：“附设一档案房于总务厅编纂科，派专员经营，凡各司中各案之已编成档者，其原文件均送至档案房保存。”“每案于结案时，即由各司主管员删繁摘要，编成专档，送总务厅编纂科，或密存或编成交涉专书。”“凡文件之无关紧要者及重复者，俟编档后，限逾三年即行销毁。”“凡文件之不必编档者，酌备各种统计表，俟列入表后，限逾一年，即行销毁。”又同年 11 月 27 日公布之《外交部统计科（附档

[1] 参见涂克明：《回顾与展望——“民国档案”进入二十一世纪》，《民国档案》2000 年第 4 期。

[2] 按照档案学界的普遍看法，中国档案事业的历史应该以甲骨文（所谓“甲骨档案”）为源头，与中华文明史一样源远流长。参见周雪恒：《中国档案事业史》，中国人民大学出版社，1994 年 12 月。

案房）职掌》规定档案房职掌为“一、清理旧档；二、编纂档案文件目录；三、保存档案文件；四、保管提取收回档案事务。”按照这个办法，文件只有经过“编”才能成为“档”，而“编成档”后，原文件仍独立存在，“送档案房保存”。可见，编档即是摘录文件，与后世的汇编大体相仿。

1913年8月2日，外交部公布《外交部文件保存规则》，内云：“本则所称文件者，谓文书及一切附属于文书之件。”“凡各厅司文书一经办结，即须编列字号，汇为卷宗，登录存储。”“凡各厅司经办案件于办结时，即由主管员删繁摘要，编成专档，限二月送档案库，分别编号储藏，记入总目录，倘逾期尚未编送，得由档案库催索。”“凡一案而经年累月迄未了结者，得分年编档，或因先后办理情形划分时期，随时编档……”“无论新档旧档编录完竣，均须由各编辑员互相校阅，并分署编辑、校对职名。”“凡旧日文书之无关重要而业已编档或毋庸编档者，先由档案库主管员检查，立销毁文书簿，每件注明事由、年月、号数并检查员职名，再由各厅司派员复检，如确无保存之必要者，即监视焚毁。”“调取文件，应先就档案取阅，如档案缺漏或有疑义，再调原卷。”[1]这个规则提到了文件、卷宗、档案、原卷等几个概念，除了“文件”系指公文、较为明确外，“卷宗”“档案”“原卷”三者既有重合又不完全相同。档案既指对文件的摘录、编辑，又指文件加卷夹式的转化。

20世纪30年代初期，伴随着文书改革运动的兴起，学界及档案主管官署才开始认真讨论档案的定义。与此同时，西方档案学的基本理论与权威论著如詹金森（Hilary Jenkinson）的《档案管理法》（A Manual of Archive Admistration）等也被大量征引。1933 — 1935年间，以国民政府推行行政效率运动为契机，藉《行政效率》《东方杂志》《国闻周报》等为阵地，学者、档案工作者相继发表了近百篇论文，就“什么是档案”及“如何改进中国档案工作”展开了热烈讨论。经过这次讨论，“档案”这一概念的定义始渐渐明晰，档案与公文、案牍等词汇之间的区别也被人们普遍认同——尽管表述不尽相同。1937年，何鲁成出版《档案管理与整理》，将档案的概念作了综

[1]《外交部文件保存规则》（1913年8月2日），见《法令辑览·第五类·官规》。另见中国第二历史档案馆编：《民国时期文书工作和档案工作资料选编》，中国档案出版社，1987年，第128 — 132页。

述性的小结："一般人对于'档案'一名词，每多不解，以为'公文'即为'档案'，于'公文'与'档案'二名词，不加区别，实则档案固为公文之另一名词，惟并非一机关内之公文均为档案，……我国文字中之'档案'二字，适等于西文中'Archives'一词，并合中西文字而对于'档案'一名词下一定义当为：档案者，乃已办理完毕归档后汇案编制留待参考之文书。"[1] 何氏这一表述后来被普遍接受，《档案管理与整理》后来亦成为国民政府各机关培训档案人员的指定参考书。

1935 年 6 月，广西省政府出台《广西省政府整理档案方案》。该方案是民国时期唯一一份对档案及与档案相关的一些名词做出解释的官方文件。《方案》谈到归档与档案时称："归档与档案——'归'是动词……'档'字在昔训为'木床'，又作'横木框档'，即俗所谓方框格之木架。故照字义言，归档即是卷宗归架之谓。且'档'字从'木'从'当'，'木'可以解作木架，当有恰当之意；言卷宗归架，须恰当其类，故习惯上之应用又略含有分类意义。此种解释，虽似望文生义，但亦可以十分表现'归档'二字之意义。档案一名词之意义，可以归档二字演绎得之。归档是将案卷分类陈列架上，档案即是已经分类归架之案卷。《柳边纪略》一书对档案源来的注解是又另外一种解释。中央研究院所编明清史料上说：'清初官署案卷称为档子，内阁有满汉档子房。'可见档案沿自清季，其意义即案卷或字卷也。至档案与文书二名词之比较，档案是文书积合体，文书又是组成档案的因子。文书是单体名词，档案是复合名词。两名词自有显著之差别。"[2]《方案》所揭示的档案概念与前述何鲁成的阐述十分接近，可见 1933 — 1935 年学界关于档案概念的讨论对民国时期档案观念的形成有着深远的影响。

自 1937 年起，为了规范档案工作，国民政府各机关、各省市机关曾多次组织档案工作人员培训。大多数培训教材对档案概念的诠释均采用何鲁成的观点。20 世纪 30 年代中期以后，档案为"已办理完毕归档后汇案编制留待参考之文书"已成为业界和学界的普遍认识。

---

[1] 何鲁成：《档案管理与整理》，商务印书馆，1938 年 2 月，第 1 — 6 页。

[2]《广西省政府整理档案方案》，中国第二历史档案馆藏邮政总局档案，另见中国第二历史档案馆编：《民国时期文书工作和档案工作资料选编》，中国档案出版社，1987 年，第 563 页。

第二节　北洋政府时期的档案管理机构与档案工作

一、北洋政府时期的档案管理机构

民国成立以前，中国档案事业一直由胥吏、宾幕操纵，档案管理“向无成法可按”[1]，近代意义的档案工作流程无从谈起。甘乃光曾讲过这样一个典故。“张之洞做两广总督，当时总督府的档案管理很乱，简直无法调卷。张之洞要整理档卷，吩咐把档卷都拿来，用一根火柴，把他们烧了，一般幕僚很着急，张之洞却说，不要着急，如果有前案的，你批叫控诉的人再详叙事由，你就明白了。”[2]这则典故在民国时期无数次被鼓吹革新文书档案的人士引用，它从一个侧面反映了封建时代中国档案管理工作因循守旧甚至受到政府官员蔑视的窘境。

1912 年清廷覆亡，民国成立。由于共和体制的建立，近代意义的档案管理体制与档案事业开始在中国出现。首先，中央各机关及各省市普遍设立了掌管档案的专门机构，档案事业已不再沦为幕宾之余绪。中央政府方面，自民元至 1928 年民国北京政府（简称北洋政府）倒台，中央政府的档案集中在总统府和国务院。这一时期，尽管政权更迭频繁，政制体制屡有变化，最高统治机构的名称有总统府、执政府、大元帅府之别，但档案管理机构却变化很小。按照 1912 年公布的总统府官制，总统府内设秘书厅，该厅置秘书长、大礼官、秘书、内史、书记官、洋务文案等，其中秘书、内史、书记官、洋务文案等为负责管理文书档案的职官。1914 年，袁世凯为加强独裁统治，变更大总统官制，撤销秘书厅，于总府设直属五局一所（机要局、法制局、铨叙局、印铸局、主计局、司务所），文书档案管理工作由机要局替代。根据同年 5 月 5 日公布之机要局官制，该局设局长 1 人，参事 6 人，佥事 16 人，其职掌为：（1）颁布命令，恭请钤章；（2）撰拟各项命令及各项电文；（3）

[1] 何鲁成：《档案管理与整理》，商务印书馆，1938 年，第 10 页。

[2] 何鲁成：《档案管理与整理》，李（朴生）序。

收发京外官署文牍电信；（4）典守印信；（5）审核各部事务；（6）处理清室往来文件；（7）办理关于立法院往来文件；（8）和各部院接洽文件；（9）保管图书；（10）编辑档案。可见，办理文书与管理档案为该局的基本职掌。1916年，袁世凯帝制失败，大总统府官制再度变更，机要局撤销，仍于其下置秘书厅管理文书档案事宜。

国务院办理文书档案工作的机构亦称秘书厅。依据民国元年7月18日公布之《国务院秘书厅官制》秘书厅直属国务总理，置秘书长1人，秘书、主事、佥事若干人，基本职掌为宣达法令、典守印信、撰拟并保管机要文书、翻译文稿、核对文件、收发文件、编纂记录及保管文书图籍等。其中保管机要文书、翻译文稿、核对文件、收发文件、编纂记录及保管文书图籍等实际上就是档案工作。秘书厅的内部建制，最初是设置3课，其中的第三课的主要工作即是管理档案。1914年7月以后，由于政潮迭起，加之国务总理有"强势"（如段祺瑞）与"弱势"之别，秘书厅的内部组织曾多次调整。如1914年秘书厅设总务、内政、外交、财政、边务、军政、庶务、编纂8课，而1926年则调整为5科。

国务院各部，均设有总务厅，由该厅中某一科（一般为文书科）办理文书档案事宜。如教育部文书科的主要职责为"收发各项公文函电""纂辑保存各项公文函电""撰拟不属于各科各司之文牍""调查统计材料及编制统计图表""管理部内参考之图书"[1]，农商部文书科的职掌为收发、纂辑、保存各项公文函电，并规定"本科收发各项公文，每届月终应清理一次，分类检入卷夹，标明事由、号数，并编纂档册备查"[2]。

地方政府中，因行政机构屡有变更，管理文书档案的机关亦时有调整（如省级行政机构先后为民政公署、巡按使公署、省长公署等，省下一级机构，先后曾有道尹、观察使等），大多数时期，省公署以总务厅为承宣布政、办理文书、档案之机关，道一级则以总务处文书档案。

---

[1]《教育部文书科主管事项说略》（原件无日期），北洋政府教育部档案，中国第二历史档案馆编：《民国时期文书工作和档案工作资料选编》，中国档案出版社，1987年，245—247页。

[2]《农商部总务厅文书科办事细则》（1914年2月23日），《政府公报》1914年3月1日。中国第二历史档案馆编：《民国时期文书工作和档案工作资料选编》，中国档案出版社，1987年，第150页。

如前所述，在整个北洋时期，大多数机关的档案工作，事实上系由负责总务、庶务的秘书机构兼管，这些机构的主要任务是承宣布政、上传下达，档案事务只是作为秘书、文书事务的一个环节，由其内部的某一个科室或某几个工作人员（文案、录事）办理。[1]

二、公文运转与文件向档案转化

了解北洋时期的公文运转及文件向档案转化的过程，有助于对北洋时期的档案工作及现存北洋档案的认识。

如前所述，北洋时期，机关档案工作系作为文书工作的一个环节而存在，有基于此，谈北洋时期的档案工作流程，必须从文书工作入手。

1912 年初，南京临时政府成立。1 月 26 日，内政部颁布《内政部颁发公文程式咨各部文》，对临时政府各级机关的公文种类及公文运转进行规范。这个文件仅有 4 条，涉及的公文种类仅有令（谕）、咨、呈、示（公布）、（状）5 种。同年，北京民国政府成立，并于 11 月 6 日颁布《临时大总统公布公文程式令》。该令共计 20 条，另附 14 个附表。此后，中央各机关及各地方政府依据该令相继公布本机关公文程式[2]，规范公文的名称与使用范围。根据这些规定，北洋时期的公文种类计分为下行文、平行文、上行文 3 类：

1. 下行文。下行文为令、布告、状、批 4 类。其中令有大总统令、院令、部令之别。大总统令分令（用于公布法律、条约、预算）、任免令、委任令、训令、指令 5 种，任免令与委任令区别在于任免官阶的大小，前者用于

---

[1] 1912 年 8 月 9 日，外交部公布《外交部编档办法》，规定 :“附设一档案房于总务厅编纂科，派员专员经营，凡各司中各案之已编成档者，其原文件均送至档案房保存。”又同年 11 月 27 日公布之《外交部统计科（附档案房）职掌》规定档案房职掌为“一、清理旧档；二、编纂档案文件目录；三、保存档案文件；四、保管提取收回档案事务。”有学者据此认为，北洋时期已出现一批专职档案工作机构，档案工作已有从文书工作中分离的趋势。实际上，外交部档案房只是为“清理旧案”而设立的临时机构，它的出现，并不能表明北洋时期档案工作作为文书工作附庸的状况得到了改进。

[2] 此后相继公布公文程式有 :《司法筹备处公文程式》（1913 年 1 月 31 日）、《各省国税厅筹备处公文程式令》（1913 年 2 月 22 日）、《交通部直辖各铁路公文程式》（1913 年 5 月 17 日）、《司法部公布司法官署公文暂行程式令》（1913 年 8 月 28 日）、《各省军政长官公文程式章程》（1913 年 12 月 19 日）、《陆军大元帅军令程式令》（1914 年 6 月 30 日）、《内务部规定县知事对防军、陆军上级军官行文程式》（1915 年 10 月 8 日）等。

特任、荐任官，后者用于委任官。训令与指令的区别则为，后者仅在下级有所请示时使用。部令亦为令、委任令、训令、指令 4 种，适用则限于本部，且规定令、训令由部总长署名，委任令由机关长官署名盖官印，指令则仅须机关长官署名，无须盖印。此外，布告用于宣布政令，晓谕民众，内分大总统布告（须国务总理同时署名）和普通官署布告两类，状用于任职员或授赏徽章之证书，批则是各行政机关对百姓呈文的答复性文书。

2. 平行文。平行文分咨和公函两种。公函在“不相隶属之各官署公文往复时使用之”[1]，咨则为“国会与大总统或国务院，又国务院或各特任官署与各部院，又平行官署公文往复时使用之”。二者往往混用，其区别仅在于咨基本不在低规格的官署中使用。同一机关，用咨而不用公函，则显得更加庄重。

3. 上行文。上行文的基本文种为呈。无论百姓还是官员，对上级官署或主官有所陈请，均用呈，由于角色不同，从呈中又派生出签呈与咨呈，前者用于贡献本机关主官交办之件，后者用于对不相统属的机关有所建议。

1914 年，袁世凯为谋求复辟帝制，改国务院为政事堂，先后 3 次颁布公文程式令，对公文程式进行更改。1915 — 1916 年帝制前后，又出现了策令、申令、告令、封寄、交片、详、饬、禀等几个文种。袁氏帝制失败后，1916 年 7 月 29 日，北洋政府公布新的《公文程式》令，基本上恢复了 1912 年 11 月公布的公文程式。这个公文程式为以后历届北洋政府所沿用。

公文程式不仅对公文的种类及其使用有严格的规定，对于款式和用纸也有约束。如咨和呈的格式为折叠纸，分封面、内容和背面，封面书“咨”字、盖印，背面写年月日并盖印。又如呈，亦用折叠纸，而官吏与百姓所用的呈又稍有区别，以便归档时易于辨识。

除了厘定公文的种类及适用范围外，北洋政府还颁布一系列法令规章，对公文运转及由公文向档案转化过程加以规范。这里以国务院为例，稍做说明。

国务院处理的公文，有收文（来文）和发文（去文）两类。不论收文、发文，均由秘书厅负责经办。该厅分课治事，第一课主来文，第二课主发文。依据 1913 年 11 月 1 日公布之《国务院秘书厅第一课办事细则》，来文的处理程序为：“（第一课）文书股每日收到文件，须随时于封面编列号数，记

[1] 中国第二历史档案馆编：《民国时期文书工作和档案工作资料选编》，中国档案出版社，1987 年，第 100 页。

入收文总簿，送交机要股员拆阅”，“机要股收到文件，文书股员应分别内文外文，摘由编号，记入收文簿，封面原编号数，一并登记。其机要股留办文件，于收文总簿盖用机要股留办戳记”，“文书股收到文件，应发给收据，此项收据所列号数，与收文总簿号数相同”。[1] 经过如此严格的登记后，再由文书股根据来文的性质，将文件发交相应的机关、部门主官核阅，并转有关厅局承办。文书股员在发交文件时，须向领取文件者索取收据，“此项收据，应列号汇存”。至此，来文即告处理完毕。可见，对来文的处理，须经过登记、摘由、编号、分发承办等 4 个环节。

相比较而言，发文比收文的环节要多。发文的第一步是拟稿。“各项文件，应由总理决定办法者，先由本股（文书股）请示，再行拟稿”，“文件与第一课机要事项有关者，由本股与第一课接洽办理”。所谓拟稿，意即由各机关职员将长官意旨形成文字。拟稿完毕，须呈交科长、司长修改，谓之“核阅”。核阅完毕，须将原稿与科、司长意见汇呈国务总理核定。以上从拟稿、经核阅并核定的环节，总称为“办稿”。办稿完毕——“稿”经机关最高长官核定后，即发交录事缮正校对，校对完成后，呈由长官核阅后分别署名或盖印，交秘书厅文书科印发。文书科收到拟发出之文件，须将事由登记，编定号数，立即封发，封发后仍由秘书厅交文件原稿按日排列室内，以便参事、司长及秘书等列席传观，再行分室厅及各司备案。可见，机关发文至少须经过“办稿”“缮校”“封发”等环节。

无论是收文还是发文，办理完毕（通称为结案）后均须返回秘书厅归档，完成文件向档案的转化。民国北京政府时期，各机关曾先后颁布法令章则，对归档工作加以规范。仍以国务院为例。根据 1913 年 11 月 1 日颁布之《国务院秘书厅编档处办事细则》，归档工作的要点有以下几项：

第一，分类。文件归档的第一步为分类，依据《国务院秘书厅编档处办事细则》第一条，国务院分门编档，共分宪法、国会、国务会议、法例、官制、官规、地方制度、外交、内务、财政、军政、司法、教育、实业、交通、行政审判及诉愿、审计、铨叙、边务、总计、总务等 21 “门”，每“门”复析为各“类”，如外交则分为交际、外政、通商、庶政 4 类。

[1]《国务院秘书厅第一课办事细则》，见《法令全书 · 第六类 · 官规》。另见中国第二历史档案馆编：《民国时期文书工作和档案工作资料选编》，中国档案出版社，1987 年，第 139 页。

第二，立卷、编号、编目。立卷的原则是“每一事为一帙，卷多者赓续编定，均依日次先后粘附”。“所编各件，以每日收发文单为根据。以上各单，均随时装订成册备查”。立卷编目完成后，即“列号登簿及于卷面缮写目录，以便检查”。

第三，划分保管年限。《国务院秘书厅编档处办事细则》规定，“编档分为三项：一、须永久保存者；二、备数年之查考，应保存五年者；三、寻常例报无关紧要者保存一年（此项例报俟年终编列统计表后概行销毁）。以上定有保存年限之文件，每届期满时，应开单送交第一课呈明长官，派员检阅，分别销毁。”

第四，庋藏与调阅。前项工作完成，即将档案入柜庋藏。档柜管理亦有严格的规定，如：“本处应制编卷簿，每一类为一簿，将所存事由、所编号数、所庋柜数段数分别详细注明，免致纷乱。”（《细则》第四条）“凡卷柜卷夹，均须按照种类、分别部居庋放整齐，遇检卷还卷时，可随手清理，免致混淆。”（《细则》第十条）“本处人员应常川在院，督同书记整理一切，每夜应留二人轮班住宿，以便调取迅速。其轮次表由主管人员于每月初商承秘书酌定之。”（《细则》第七条）“本处严禁吸烟并携带灯火，若必须应用时，须使用安全灯火。”（《细则》第十三条）[1] 对已入柜档案的调阅，则须由调卷人填写“调卷证”呈主官批准后方可。“调卷证”须注明所调档案之种类、号数、案由、柜号、段数、年度、附件种类、归卷月日、摘要等。

以上四点，可视为国务院的档案工作流程。透过对该机关档案工作流程的分析，这里可以得出两点结论。首先，该机关的档案工作已涉及档案管理基本内容与主要环节，档案管理已趋向科学化与专业化。其次，衡以现代档案学的标准，该机关的档案工作的每一个环节需要深化的内容仍然很多，如目录制备失之简略，分类、编号非常粗疏、原始，庋藏缺乏专业设施等。同时，由于档案工作依附于秘书、文书工作之下，专业的、常设的档案机构未能建立，制度与绩效之间也有很大的距离。

---

[1]《国务院秘书厅编档处办事细则》，见《法令全书·第六类·官规》，另见中国第二历史档案馆编：《民国时期文书工作和档案工作资料选编》，中国档案出版社，1987 年，第 143 — 144 页。

第三节　国民政府时期的机关档案工作

1927 年 4 月 18 日，南京国民政府成立。1928 年，奉系军阀退出北京，国民党政权完成国家统一。由于南京国民政府的统治能力与北洋时期已不可同日而语，加之五院制实施后行政运作渐上轨道，档案事业，尤其是机关档案工作较之北洋时期有了较大进步。

一、专职档案机构普遍建立

如前所述，北洋时期，档案工作为秘书、文书工作的附庸，政府机关的档案工作多为秘书厅（处）或总务厅（处）的某个科室兼理，偶尔出现个别以档案命名的机构，亦多属因事设官、事毕即裁，并非常设机构。南京国民政府成立后，国民政府、行政院、各部、会、署及党务机构均于文书科之设置档案股（室）或管卷股（室）[1]，专职档案机构则已普遍设立，档案工作已真正成为机关工作的一个独立部分。

基于各机关的行政职能、运作方式、文件多寡不尽相同，档案股或管卷股的组织形式可分为 3 类。

一是集中管理制。所谓集中管理，是指一个机关只设置一个总档案室（股），该机关所在档案全部归总档案室管理。行政院、外交部、教育部、实业部、交通部、铁道部等即采用这种方式。

二是分司管理制。即机关不设总档案室，机关内部各部门（司、局、科）档案，由各部门自行管理。财政部、军政部、海军部即采用分司管理制。以财政部为例，该部机关众多，且非合署办公，彼此距离较远，档案无法集中管理，故各司署档案均自行管理，该部计设有秘书处档案股（隶属该处第一科）、

[1] 国民政府时期，档案股不隶属于文书科的机关只有内政部，该部档案股隶属于总务司第二科，该股职掌为档案、公报、图书等，同时，总务司第一科则掌管收发、缮校，其职能与档案工作亦有所关联。

参事厅档案股、会计司档案股（隶属该司第一科）、公债司档案股（隶属该司第一科）、关务署档案股（隶属总务科）、国库司档案股（隶属该司第一科）、钱币司档案股（隶属该司第一科）、总务司档案股（隶属该司第一科）、盐务署档案股、赋税司档案股（隶属该司第一科）等十余个档案机构。

三是兼采分司、集中制。如实业部档案除总务属第二科、第三科自行管理外，其余各司署档案均集中于档案室，唯档案室工作分配，则仍以司署为单位，各司署文卷，各有专人管理。负责某一司署档案的档案室工作人员，从档案点收、登记至保管调阅，须独立承担。又如内政部，体制上各司局均设有档案股，档案自行管理，采分司制，但同时又规定各司之档案股须受总务司第二科指挥、督导，总务司第二科档案股实际上相当于总档案室。

对于档案机构在体制上与管理方式上的差异，在国民政府时期，中央政府并未试图通过行政或立法手段进行统一。档案工作者对此虽曾进行过广泛讨论，但观点各异，没有形成大多数人认同的结论。主张分司制者，多从档案工作的实际状况着眼，认为分司制易于操作。如财政部各司署办公室相距甚远，档案分散各地，分司管理，不仅可节约集中档案所产生的费用，防止档案集中后发生混乱，而且还避免了调卷时往返奔波，有利于提高工作效率。主张集中制者，则更多地关注档案工作的长远规划，认为档案集中管理，可以减少机构，节省人力财力，专一事权。“况一案有时归二司以上办理，档案分司管理，则一案必须拆散或另抄副本，皆非妥善办法。各部分档案集中一处，既便参考，而于典藏方面，亦较妥当。档案库号之建筑，为各机关将必须实现者。案卷储于普通房屋中极为危险，散至各地，亦不易照顾。”[1] 20世纪30年代，甘乃光、李朴生等综合各方意见，曾提出“行政集中”“方法统一”“档案分存”三原则，作为重置档案管理体制理想，并曾在内政部进行试点，但因恪于政潮、政局等因素，这一目标没有能够实现。

二、整理接收旧政权档案

国民政府定都南京后，原北洋政府中央机构档案与北洋政府所保存的清代及清以前档案仍滞留北平。为了管理这部分档案，国民政府行政院、内政

[1] 何鲁成：《档案管理与整理》，商务印书馆，1938年，第43页。

部、农矿部、财政部、军政部、教育部、外交部等于北平设立档案保管处，拟对旧政权档案逐步清理后分批南运。各院、部、会北平档案保管处的组织大同小异。以农矿部为例。依据 1929 年 1 月 20 日公布之《农矿部北平档案保管处组织规则》，档案保管处设主任一人，“由农矿部长委任，办理本处一切事务”。主任之下设置三课，第一课掌“文牍兼收发”，第二课掌“会计兼庶务”，第三课掌“保管兼编辑”。此外，因清理档案需要，档案保管处得聘请雇员或办事员。

自各院、部、会北平档案保管处成立至抗战爆发，北洋档案在得到初步整理后分批南运。以内政部为例，截至 1936 年，该部北平档案保管处运往南京的即达 4 万余卷。需要指出的是，由于各机关对这批档案的重视程度不一，加之档案保管处的组织规模、人员数量、经费情况不尽相同，档案的清理、保管状况及南运的数量差异很大。

国民政府各机关接收北洋政府档案时，档案的数量十分可观。以内务部为例，1929 年接收时，档案当在 8 万卷以上。然而，现存北洋内务档案已不足这个数量的 16%。如此触目惊心的损失，除了战乱连年、政局不稳外，各机关北平档案保管处实难辞其咎。第一，各机关北平档案保管处并非常设机构，保管处官员、职员在各部机关中地位很低，机关经费、人员待遇均得不到保证，工作效率自然难以有所期许，档案清理、保管过程中霉变、损毁时有发生。第二，国民党中央政府并未对北洋档案南运制定统一规划，南运的数量与范围均由各机关自行决定，各自为政。由于未统一部署，管理不善，运输过程中档案损失非常严重。第三，由于各机关对档案保管处职员的任职资格并无严格限制，加之待遇过低，监守自盗的情况时有发生。以财政部北平保管处为例。1936 年 9 月 23 日，北平商业学校周桢等致电财政部称：“北平财政部档案保管处职员章毓椿盗卖保管处案卷甚多，按斤算价，每斤洋五分，得款肥己……此项卷宗堆积东西单牌楼市场，狼藉满地。”[1] 同年 10 月，财政部派参事蔡光辉北上调查，后经查实，该保管处流出档案已查出买家即有：“文学斋查获四千八百七十四斤，禹贡学会查获三千七百五十八斤，该

[1]《北平商业学校周桢等致财政部呈》（1936 年 9 月 23 日），财政部档案，中国第二历史档案馆编：《民国时期文书工作和档案工作资料选编》，中国档案出版社，1987 年，第 644 页。

处自行查获八千三百零六斤，连同北平公安局所查获之一千三百零七斤，合计一万八千二百四十五斤。”[1] 1936年4月，该保管处为了解决经费还以“报部切销作毁”的名义售出档案三万五千余斤。档案保管处居然因为经费困难“靠山吃山”，售卖档案，数量动辄以数万斤计，旧政权档案在国民政府时期的命运不难想见。

三、国民政府时期北洋档案的命运——内务部档案的个案分析

以历史时期划分，民国档案可分为北洋档案、国民政府时期档案两大部分。就现存档案的数量而言，据初步估计[2]，残存于世界各地的北洋档案不足25万卷，国民政府时期的档案则超过1,000万卷，两相比较，前者不及后者的四十分之一。北洋档案数量如此之少，除了北洋时期比国民政府时期稍短且距今相对较远外，与国民党政府漠视旧政权档案的保管、整理工作亦大有关系。这里以北洋内政部档案为例，对此稍作探讨。

1．接收：内务部档案的原始数量及北平档案保管处的职责

1928年6月，国民革命军攻下北平，原大元帅府属下各机关由国民政府组织接收委员会接收。由于张作霖已于此前悄然逃回关外，北平在围城之前已基本是无政府状态，各机关档案、物品、器具等财产损失甚大。接收委员会基本政策是对口接收，与此相适应，原北洋内务部档案由国民政府内政部接收。接收委员会接管内务部时档案的状况，赵连丰后来曾在一封电报中说：“所有旧存各司科卷宗、物品，为数极多，当接收委员会接收旧部时，时间仓促，人少事繁，兼以旧部负责人员星散离平，所有文卷、器具凌乱不整，迄未点查……”[3] 可见，北洋政府覆亡时，内务部旧档即已蒙受一定损失，但尽管如此，档案的数量依然相当可观。

接收委员会取消后，内政部在北平设立了两个机构处理原内务部遗留事务：一为北平地租征收处，管理原内务部在平附近田产、房屋等不动产，

[1]《财政部秘书处签呈》(1937年2月18日)，财政部档案，中国第二历史档案馆编：《民国时期文书工作和档案工作资料选编》，中国档案出版社，1987年，第646页。

[2] 现存民国档案的确切数量，目前并无权威统计数字，这里所说的“估计”，数据采自全国民国档案目录中心。

[3]《赵连丰致阎锡山电》(1930年9月9日)，中国第二历史档案馆藏国民政府内政部档案，十二（6）/22006。

一为北平档案保管处，保管、整理内务部旧档案。同年 12 月 22 日，依据内政部总字第 69 号部令，地租征收处裁撤，原内务部在平不动产亦由档案保管处兼管，左恒祥出任处长。这时的档案保管处，经费基本上依靠变卖原内务部官产维持，职员则有王毅、梁维玺、曹联祈、何存禄、王廷麟、王锡庚、张志尚等，大多系自原内务部旧有管卷人员中留用。旧政权刚刚倒台，国民党新军阀内讧已经开始，政治不靖，人心思动，加之档案保管处的基本职员又多系“前朝旧臣”，不被上司信任和重视，主要负责者左恒祥又在为调回南京四处奔走，保管处的工作很不得力，对于数量庞大的旧档案，不仅没有制订切实可行的整理计划，甚至连清查、点收、造具清册一类的工作也没有做。[1]

1929 年初，内政部派科长续模赴北平检查档案保管处工作，4 月 15 日，续模给内政部长的呈文中称 ：“查本部所属北平各机关前次奉令改组，当由左处长恒祥按照部令将地租征收处并入档案保管处，内设庶会、文书、保管、地租四股，分掌其事。关于地租一项，因年有积欠，该处长曾拟选用催头调查地亩，现正在规划进行中。至古物陈列所、坛庙管理处改组以后，各种票券均由保管处制发，并订有稽查规则，随时派人往查，手续既清，收益日见起色。张起凤、黄世林二主任均恪尽职守，对于古物保管极加慎重，其职员亦皆实心任事，事无怠荒。经费一层，按收益实况，撙节开支，尚可维持。目前惟各殿宇、各坛庙有应行修补之处，因款项无着，尚难举行。此该处之实在情形也。”[2] 通篇呈文只是对北平档案保管处的日常庶务做了陈述，而对其主要工作——档案的保管与整理竟只字未提。

左恒祥调回南京后，继任者为赵连丰与张松涵。与左氏相比，赵、张均曾在北洋内务部供职，不具备在新政权中“奋斗”的底气，反而较能安心工作。赵氏在任期间（1929 — 1931 年 6 月），内政部曾多次令其对所存档案进行清理、点查，造具清册，弄清案卷的确切数量。张氏为向新政权表功，督率员役，工作十分努力。不幸不久中原大战爆发，档案保管处被晋军占为营

[1] 左恒祥的继任赵连丰对此曾有很多抱怨。中国第二历史档案馆藏国民政府内政部档案，十二（6）/ 2388。

[2]《续模致内政部呈》（1929 年 4 月 15 日），中国第二历史档案馆藏国民政府内政部档案，十二（6）/ 1162。

房，清查工作大受影响。有意思的是，阎锡山这时竟然对这部分档案表示出兴趣，也指令赵向其汇报清理档案的结果与存卷确切数量。据 1930 年 9 月 9 日赵连丰致阎锡山呈[1]：

查职自奉委到处视事后，对于文卷、器具以及一切物品，即拟接收清楚，造具清册……职复查处中所有旧存各司科卷宗、物品为数极多……嗣在前任内复经军事机关借占房屋、使用家具，将一切卷宗移动，司科不分，任意归并，其未编之文卷以及各项簿册、书籍，致前后难于衔接。当职到任之初，即为计划清查，庶免散佚，卒因仅有职员数人，时经数月，以次清理点查，分类造具清册，其有未能前后衔接之卷宗，分别于册内注明。关于器具、物品等项，亦就所有分类列册。理合备文连同清册一并呈送鉴核备案施行。谨呈总司令阎

附呈家具清册一本，文卷、图书清册十五本。

这里提到的“文卷、图书清册十五本”，是目前所见最早也是唯一一则涉及北洋政权垮台后内务部旧卷数量的史料，但遗憾的是，这份呈文的附件（清册十五本）缺佚，而嗣后北平档案保管处再也没有向内政部呈报“清查结果”，现在要想弄清国民政府时期北洋内务部残存旧档案的具体数量几乎不太可能。

内务部残存旧卷的总量虽已不可考，但其所属个别司室（如民治司第一科）的旧卷数量却有相关记录。据 1931 年 6 月 19 日北平档案保管处致内政部呈[2]：

窃查本处整理卷宗情形，曾奉钧令随时具报，入春以后，天气和暖，职逐日督率员司积极清理，……业有端绪，历将三、四月整理程度呈报在案。五月以来迄于现在，职率员司等夙夜从事努力工作，已将民治司第一科一部分案卷清理完竣，兹特造具清册，遵令先行呈报。

[1]《赵连丰致阎锡山电》（1930 年 9 月 9 日），中国第二历史档案馆藏国民政府内政部档案，十二（6）/ 22006。

[2]《北平档案保管处致内政部呈》（1931 年 6 月 19 日），中国第二历史档案馆藏国民政府内政部档案，十二（6）/ 16499。

民治司第一科案卷整理完竣后分装十五柜，据这份呈文所附清单显示，北洋政权垮台时，民治司第一科留下的旧档案共有939卷、2642夹、36束、233本、12件、103捆、22包及一批未及归档的零散文件。“卷”“夹”“束”“本”“捆”“件”“包”中，“本”“卷”（10页为一卷[1]）“件”“夹”为确定量词，而“捆”“包”和“束”则为不确定量词。由于有不确定因素存在，上述这些数字也只是为探讨国民政府接收北洋内务部档案的数量提供了一些参考作用。质言之，现在即使退而求其次，只想得到当时接收档案的某个局部的确切数字，也已十分困难。但尽管如此，仍可根据此表对当时的档案状况得出以下结论：第一，从上表第二列（档案形成时间）看，几乎没有一栏为“民国元年至民国十七年”，说明在国民党接收北洋档案时，尽管当时的档案工作者认为档案的数量十分庞大，但实际上，档案已散佚了相当一部分，很多年份的档案已不知去向。即便是那些劫后余生的档案，也有很多存在“缺号”问题（可参见零散文件一栏）。第二，当时的档案工作还没有上轨道，“捆”“束”“包”之类居然充当量词写进呈文上报主管部门，即是对此最好的诠释。

2. 利用：供政务参考与学术研究

按照内政部的设想，北平档案保管处只是一个临时机构，其任务是整理并暂时保管数量过于庞大、且十分凌乱的内务部旧档案，整理完毕后，这批档案要南运南京，该机构也就完成了历史使命。

档案南运，目的当然是为了利用。利用的情况，可分为以下几类：

第一，利用档案办理政务。

北平档案保管处成立前后，中国档案学尚在起步阶段。对于档案的作用，无论档案管理机构还是从事档案学研究的专业人士，都十分强调档案的行政参考作用。内政部次长甘乃光多次强调：不注意保管档案，甚或一烧了事，必然影响机关推进政务。何鲁成则进一步将此上升到“理论”的高度：“档案和档案管理的重要，可以下列数点说明之：第一，我们处理一件案件时，我们先应该明了这件事的全部案情，才好着手，如果随便办理，虽是省事，但易发生错误，所以当一件案件搁在我们面前时，我们必要调取和

[1] 这是民国时期档案工作的通行做法。参见何鲁成：《档案管理与整理》，商务印书馆，1938年。

该案件有关系的文件，或做一种历史的回溯，或做一种比较，那是必须的步骤……第二，任何案件都不能凭一时的喜怒作办理的标准，……办理一件案件的时候，如果以前已经办理过同样的案件，便应调取和该案有关系的案卷，根据例案办理……第三，处理公务的时候，要比处理私人事务还要来得精细和经济。因为公务上稍有出入或怠慢，影响是很大的。所以要办一件事总要审慎周详，检查有无前例……查询有无前例，不能不凭档案。”[1]

第二，利用档案撰史修志。

利用档案撰史修志虽是中国的传统，但真正被学界认同，形成一种风气，则是民国以后的事。沈兼士说：“周官有五史，掌一切政教出纳之记载，古者学在王官，史之所掌，为政与学之总汇。故老子为柱下史，知成败存亡祸福古今之道，号称博学，为诸子之巨擘……隋书经籍志史部有起居注、职官、仪注、刑法、簿录等类，大率皆当时之档案文书。古人说六经皆史，我们也可以说史皆档案，精密一点来说，档案是未掺过水的史料。后代私家著述渐盛，公家之档案反形没落。唐宋以来目录书中著录之书籍日增，而一切政学来源记载鼻祖之档案，士大夫反不屑道及，只为各衙署中录事小吏之徒所掌管，偶备检查而已。阅清代公私记载，每每见销毁档案之事，可知其不重视的程度了。”档案界同样认同这一点，如徐旭《保存例案议》称：“例案也叫案卷，凡各衙门所藏的册簿诉讼的稿件往来的公文都包括在里面，材料的丰富，记录的翔实，远不是什么奏议档案红本所能比拟的”，并认为中央政府之档案可备修国史之用，地方政府之档案可备修地方志之参考。[2]

不过，当时档案界对于前述档案利用的两个方面，更为重视的是前者。档案主管机关与机关管卷人员尤其如此。当时流行的机关档案人员培训教材在谈到档案的功能时，都明确提出，档案的主要作用在于办理文书、推进政务时之参考，副作用则为备撰史修志之用。[3] 质言之，利用档案撰史修志，仅为档案功用之余绪。这种观点，可以说是当时档案界的普遍看法。

---

[1] 何鲁成：《档案管理与整理》，商务印书馆，1938 年，第 7 — 8 页。另，当时这类议论很多，可参见滕固《档案整理处理的任务及其初步工作》（《行政效率》第二卷第十期）等。

[2] 何鲁成：《档案管理与整理》，商务印书馆，1938 年，第 8 — 9 页。

[3] 参见《档案管理》，盐务人员培训教材，1939 年编印，第 2 页。

史学界更加关注的却是档案的史料功能。1930年初，国立北平研究院致函教育部，称“各省县市旧存档案关系史学材料甚重，若不特加保存，深恐年远销亡”，要求该部呈请行政院“转呈国民政府明令各省县市各机关将旧存档案妥为保存，或交学术机关保存整理，不得任意销毁。”[1] 这个呼吁不久即得到回应，3月间，国民政府通令全国各省市，“档案关系典章文物甚钜，举凡足为史学之材料者，均应编成目录，加意保存”，并向研究团体、学者提供利用。

受到这个通令的鼓舞，国立北平研究院于同年即向内政部提出“商借”北洋内务部旧档案，从事学术研究。据1930年5月北平档案保管处致内政部呈[2]：

> 案奉钧部训令内开：案准国立中央研究院函借自前清雍正年起户部档案以迄现在全部检送过院，藉供参考，该处是否存有该项档案并检运有无困难，合行令仰详查具报。等因。奉此，窃查清初以迄于今，中间几经变迁，故旧日档案皆已无存，况代远年湮者尤无从查考，职处所存前清文卷只有光绪三十四以后之案，尚复颠倒错乱，散失不全，其关于户口各卷，业经遵令前后寄送在案。兹奉前因，当经再三逐细检查，实无前清三十年以前档案。理合据实呈复，恭请鉴核转知研究院可也。

事实上，北平所存旧卷中其实是国立北平研究院所需的档案。北平档案保管处的这个答复，属于搪塞抑系工作上的疏忽，虽不便妄断，但自此以后，在整个国民政府时期，内政部再也没有收到类似的请求。

至于因办理政务而调阅档案，则在北平档案保管处成立不久即已开始。由于档案保管处远在北平，档案一经调阅，即意味着运往南京，调阅、南运实际上是同步进行。

3. 迁徙

国民政府时期，受政潮、战争等因素影响，北洋内务部档案有一个辗转迁徙的过程。这个过程可分以下几个阶段：

---

[1]《行政院训令字第九九八号》(1930年3月3日)，中国第二历史档案馆藏国民政府内政部档案，十二（6）/2388。

[2]《北平档案保管处致内政部呈》(1930年5月)，中国第二历史档案馆藏国民政府内政部档案，十二（6）/2388。

（1）南迁

南迁即将这批档案由北平运至南京。如前所述，南迁的直接原因是为了内政部调阅档案、办理政务。据 1929 年 2 月 2 日内政部致铁道部函[1]：

> 案准贵部第三二六号函开：查各机关运送档案，均按半价核收现款，此次贵部运送北平旧内务部档案来京，需用敞车二辆、闷子车一辆，事同一律，除饬汉平、陇海、津浦三路照向来办法核收半价现款、拨车备运外，相应函复查照。

内政部调阅内务部旧档案并将其南运，这是目前所见最早的一份公文。这次被运往南京的档案的确切数量虽不是十分清楚，但可以确定的是，为数十分可观（敞车二辆、闷子车一辆）。

除此而外，内政部因办理政务而临时调阅、南运档案，兹依据现有史料，分“有案可稽”与“有案难稽”两类，简要考订如下：

第一，有案可稽者。

这里所说的“有案可稽”，系指能够确认档案南运的时间、过程与大致数量。有案可稽者，自 1929 年 2 月 2 日以后，尚有以下几次：

据 1929 年 8 月 3 日北平档案保管处致内政部呈[2]：

> 案奉钧部总字第一八八号训令，饬将各项档案积极整理，择要运京。等由。奉此。窃查前内务部各司档案、卷宗、书籍为数甚多，全数一时难于起运，理将已清理之卷宗及书籍择要先行起运十箱。

同年 9 月，北平档案保管处加运档案 16 箱。[3]

1930 年 3 月，内政部视察员罗耀枢因公由北平返南京，带回旧卷、书籍两箱。[4]

---

[1]《内政部致铁道部函》（1929 年 2 月 2 日），中国第二历史档案馆藏国民政府内政部档案，十二（6）/ 2388.

[2]《北平档案保管处致内政部呈》（1929 年 8 月 3 日），中国第二历史档案馆藏国民政府内政部档案，十二（6）/ 1633。

[3]《北平档案保管处致内政部呈》（1929 年 9 月 6 日），中国第二历史档案馆藏国民政府内政部档案，十二（6）/ 1641。

[4]《内政部总务司致北平档案保管处函》（1930 年 3 月 6 日），中国第二历史档案馆藏国民政府内政部档案，十二（6）/ 22007。

1930年10月19日，内政部一陈姓司长自北平带回“民国元、二、三年之统计案卷六本”“关于户口之统计案卷三份”。[1]

1930年11月29日，内政部长张厉生得知北平档案保管处存有古今图书集成[2]，令赵连丰将其运往南京。“古今图书集成共计五百二十八部，每部重量共分三等。重者为六斤，次者为五斤，五百二十八部重量为二千七百斤。”因无法邮寄，北平档案保管处委托宝聚亨古玩出口公司分装“十立方尺箱十六个”运至南京[3]。

1931年初，内政部民治司调运旧档案52包。这批档案系内务部旧存选举卷宗，计有：国民会议筹立法院事务局卷49夹、二届选举卷宗34夹、三届选举卷宗58夹（内“卯”字卷宗30夹，各省选举卷宗38夹）、关于国民代表案1宗、关于善后会议案1宗、关于互选参政案1宗、关于国宪起草委员会案1宗、“子”字卷宗一号至二百七十九号（内缺二百三十至二百三十九号）、“丑”字卷宗18夹、“寅”字卷宗30夹、“甲”字卷宗26夹、“辰”字卷宗一号至七十六号、“选”字卷宗210卷、“癸”字卷宗26夹、“久”字卷宗462卷、“川”字卷宗233卷、“改”字卷宗115卷、“补”字卷宗115卷。民治司在同年4月将这批档案移交总务司总档处保管。[4]

1931年5月，根据内政部第一六六号训令，北平档案保管处向南京寄运“自前清光绪三十四年起至民国元年止所有档案关于户口册报及文卷等”。这批档案计有83包，依据寄运清单[5]，这批档案的内容为：

（一）民治司、疆理司户籍卷　1,127卷共24包

（二）各省户口表册卷宗　27卷共2包

（三）度支部移交民治司户籍卷　436卷共11包

[1]《北平档案保管处致内政部呈》（1930年9月6日），中国第二历史档案馆藏国民政府内政部档案，十二（6）/1639。

[2]《北平档案保管处致内政部呈》（1930年11月30日），中国第二历史档案馆藏国民政府内政部档案，十二（6）/1633。

[3]《北平档案保管处致内政部呈》（1930年12月6日），中国第二历史档案馆藏国民政府内政部档案，十二（6）/1646。

[4]《内政部司民治司致总务司函》（1931年4月15日），中国第二历史档案馆藏国民政府内政部档案，十二（6）/1639。

[5]《北平档案保管处致内政部呈》（1931年5月12日），中国第二历史档案馆藏国民政府内政部档案，十二（6）/22007。

（四）疆理司过继卷　275 卷共 11 包

（五）表册 55 捆

民政部汇造各省第一次查报户数表册 5 本

民政部汇造各省第二次查报户数表册 5 本

内务部汇造户籍表册 5 本 3 项并表册包裹内　共 8 包

（六）度支部移交补二十八年 11 卷、吏部移交 5 卷又 27 卷　3 项作 1 包

（七）内外城各区调查户口册 112 本、光绪三十四年各警察局稽查户口清册 50 本　共作 25 包

（八）满文驻防丁册样本 1 包

同月底，北平档案保管处再度向内政部运送有关户口、户政的卷宗，所运卷宗的总重量达“中国秤一千八百六十余斤”，最保守的估计，卷数也应接近 5,000 卷。

1932 年 7 月，国民党中央执行委员会政治会议通过决议，行政院所属各部会之北平档案保管处限期结束，所有存平档案“限期整理后再将重要、次要档件运京，余集中保管”[1]。同年底，鉴于九一八事变后华北局势吃紧，内政部开始酝酿裁撤北平档案保管处，将内务部旧档案悉数运往南京，并令派礼俗司司长卢锡荣赴平，督促北平档案保管处主任张松涵完成这一工作。

1933 年初，卢锡荣抵平。在与张松涵多次协商后，卢认为档案数量过于庞大，只能先运“重要”及“次要”卷宗。1 月 22 日，卢锡荣致电内政部，报告工作步骤[2]：

> 锡荣奉令负责结束北平档案保管处事宜，并奉寒电饬即会同筹商保护及迁移办法，听候核办。各等因。遵与张主任松涵分别查视，拟限一月底办理结束，在未结束前，亟须请示者数事：一、该处家具除金矿公司租用及地产处、军委分会校官队等借用外，尚存颇多，结束后势必占物存放，该房既不能出租，而家具堆置日久必不免废弃，且房屋无人住居、修理，亦日见朽坏，拟请估

[1]《国民党中央执行委员会政治会议公函》（1931 年 8 月 20 日），中国第二历史档案馆藏国民政府档案，一（1）/ 248。

[2]《卢锡荣致内政部电》（1933 年 1 月 22 日），中国第二历史档案馆藏国民政府内政部档案，十二（6）/ 1668。

价拍卖。二、档案择要运京，经张主任松涵估计，装箱一百八十支，每支工料二元五角，需洋四百五十元，如家具准卖，拟由该款内开支。三、图书中拟择最有价值者先运四种，计大藏经一百七十八函，装五十二箱，九通四十八函，装四箱，四部丛刊二千册，装四箱，共六十箱，每箱工料二元二角，又装箱工九角，垫纸共约念五元，合计一百六十六元。图书集成稍有残缺，装四十五箱，每箱工料一元八角，合洋八十一元，共二百四十七元。是否全运或先运某种，候示遵办。其费用亦拟由售家具款内开支。将来结束后，尚余房产及未运各档案图书拟暂交地产清理处保管。

2 月，卢氏又致电内政部，称档案南运及结束北平档案保管处事宜可在一个月内办竣。由于这次运送档案数量庞大（总量为 293 大箱），且正式装运前还有一个“选卷”的过程（只运“重要”及“次要”卷宗），卢锡荣对每一个环节（订制木箱、选卷、装箱）都十分重视，亲力气亲为。他在给自己好友的一封信中曾埋怨说：“连日以古物装箱事监视点验及应付一切，疲极！”[1] 压力之大，溢于言表。

正式起运前，内政部派总务司第三科科长张国干抵平，专司押运事宜。3 月底，这批档案安抵南京，存放于总务司总档室。经过这次集中南运，内务部旧档大部分已在南京，而未及南运者则由北平地产清理处暂为保管。存放于北平地产清理处的档案数量，据同年 6 月 8 日该处致内政部呈，“约为一万二千余宗”。[2]

第二，有案难稽者。

北平档案保管处撤销时，曾将该处档案（指保管处自身形成的档案）整理、编目，制成“内政部北平地产清理处接收前档案保管处移交保管处卷宗清册”[3]，移交北平地产清理处。这份清册中有一个类目为“关于运送卷宗事项”，记录了因保管处南运档案与内政部之来往文书目录，如“呈寄警校任

---

[1]《卢锡荣函》（1933 年 2 月 17 日），中国第二历史档案馆藏国民政府内政部档案，十二（6）/ 1668。

[2]《北平地产清理处致内政部呈》（1933 年 6 月 8 日），中国第二历史档案馆藏国民政府内政部档案，十二（6）/ 1539。

[3] 笔者所见该清册系 1933 年 7 月 21 日卢锡荣、张松涵、罗耀枢致内政部呈之附件，（中国第二历史档案馆藏国民政府内政部档案，十二（6）/ 1541，系抄件。

用各卷及前经界局各卷”“呈送红十字会卷”“呈送华侨卷”“呈送督办赈务公署卷”“补送礼俗司遗漏各卷暨警政司第一科卷”“呈送旧内务部抵押借款各卷”“运送政府公报卷”等，全部目录计有 64 条。据此可知，档案保管处南运档案，远远不止上述几次。可惜北平档案保管处的档案现均散佚，有目录而无文件，现虽知当时有运档之事（有案），却难以稽考运档时间、数量与大致过程了。

（2）西迁与东运

1937 年 7 月 7 日，抗日战争全面爆发。8 月间，淞沪会战打响后，南京时有日机“光顾”，国民党政府开始筹备西迁。西迁是一项涉及面广、复杂繁琐的工作，文书档案的西迁即是其中之一。由于案牍阙略，北洋内务部旧档案西迁的数量与过程目前尚无法明了，这里仅提供所知的一些相关线索，藉供参考。

如前所述，北洋内务部旧档案在 1933 年 3 月集中南运后，仍有相当一部分（约 12,000 余宗）存于北平。北平沦陷前，在该城存有旧档案的行政院各部（除内政部外，尚有财政部、外交部等）曾设法与铁道部平浦路局取得联络，由该局调拨车皮，将所有档案运出。由于战局日趋吃紧，人心惶惶，交通工具十分紧张，大规模调拨车皮的权力控制在宋哲元手里，不幸的是，宋氏给要求南运档案的呈文批了个“缓”字[1]，以致这批档案未及运出。

存放在南京的内务部旧档案，据 1937 年 9 月 15 日内政部致行政院秘书处密函[2]：

> 案准贵处二十六年九月十四日防字第一一六号密函，以准南京警备警司令部函，为奉军事委员会密令，指定灵谷寺无量殿为行政院所属九机关办公之用。等由。检同各机关所占部位分划图一份，函达查照见复。等由。准此。查本部重要档案已有一部分运往江西萍乡存储，其余案卷及重要图书暂就本部地下室存置，一时似无须迁入该处，至所留地位，应请贵处暂予保留。

[1] 参见《财政部秘书处签呈》（1937 年 7 月 10 日），中国第二历史档案馆藏国民政府财政部档案，三（8）/ 13073。

[2]《内政部致行政院秘书处密函》（1937 年 9 月 15 日），中国第二历史档案馆藏国民政府内政部档案，十二（6）/ 2523。

由南京运出的档案在国民政府迁都重庆后由湖南经昆明辗转西迁，最后保存在重庆近郊李家村。其间的曲折过程、最终运到重庆的确切数量及这批档案中究有多少为北洋内务部旧档案，现仍缺乏相关史料，还有待进一步探讨。

抗战胜利后，1946 年 3 — 6 月间，内政部租用民生公司船舶，将西迁档案悉数东运南京。

（3）整理

封建时代，档案管理系幕僚分内之事。管卷人员向为世袭及师承制度[1]，归档、庋藏缺乏完备的制度与科学的方法，调卷全凭经验与记忆。北洋时期，档案工作虽有了一定进步，但进步的幅度并不是很大。就制度而言，虽然许多各机关都出台了一些与文书归档、保存及销毁有关的章则，但全国性的档案管理规程并未颁布，各机关各自为政，漫无标准，文件应否归档大多以长官意志为依归，机关与机关之间，存在很大差异。从人员上看，由于没有专业档案教育机构与临时培训机关，档案人才十分缺乏，各机关管卷人员或系由本机关升迁无望的职员中调充，或系自前清旧管卷人员中留任。这些人待遇极低，且大多老成持重，年事较高，仍采用老的管卷方法。这种局面，造就了管卷人员敷衍塞责的工作作风，档案遗失、缺号、颠倒错乱甚至监守自盗现象屡见不鲜，且缺乏相应的奖惩措施。一旦档案数量增多，许多管卷人员根本无法胜任调阅工作，而那些能力较强、胜任调卷任务的人，往往借机要挟，自抬身份，即使机关长官也无可奈何，形同“卷阀”。[2]

如前所述，内政部所接收的北洋内务部旧档案数量庞大，凌乱不堪，调卷困难，设立北平档案保管处，目的就是要对这些旧档案进行整理。1931 年初，为了加快整理进度，内政部向该处发出指令，要求该处克服一

[1] 何鲁成：《档案管理与整理》，商务印书馆，1938 年，第 361 页。

[2] 何鲁成：《档案管理与整理》，商务印书馆，1938 年，第 78 页。另，同书第 11 页称：“中国旧习，各机关长官更动时，属员之能幸免调换者，厥推管理档案人员。这或由于旧式管理档案方法向不公开，或可说旧式管理档案之方法，因重记忆，事实上也难以公开，结果管理档案成为世袭师承，遂更复因循旧法，不求进步。档案管理方法不仅永不得进步，而管理档案之人员，更可作把持档案，作种种不法之事。”同书第 361 页也有相似的议论：“我国档案管理，向为世袭及师承制度，并列系统方法，其所谓经验，亦秘不告人。旧日卷房素有把持风气，旧日档案亦有相沿成习之方法，管卷人员虽秘不告人，然能应付调卷，故能造成一种势力。”

切困难，尽早将这批档案清点清楚，加以整理，编制目录清册，以便随时调阅。6月，档案保管处主任张松涵第一次向内政部汇报整理工作进度，并将已整理完竣的北洋内务部民治司第一科卷宗清册寄运南京。并称："至全部卷宗、图籍既属繁多，又复凌乱，固非一时所能整理齐楚，职惟有督率员司极力进行，黾勉匪懈，期早日整理完成，以副我部、次长整顿档案之至意。"[1] 7月1日，内政部再次向档案保管处发出训令："查前饬该处整理档案，现在已届五月之久，乃据报仅将民治司第一科部分案卷整理完竣，似此办事迟滞，何日可期竣事？合再令督率员役，务于文到一个月内按照前内务部原册分别整理清楚，详细造册具报，毋再玩延干咎。"[2] 口气之严，为机关内部公文所仅见，可见内政部对于该处的工作进度十分不满，几乎已到忍无可忍的地步。

此后至北平档案保管处撤销，张松涵曾多次向内政部呈报处内工作，但内中提到整理工作的仅有一次，而且非常简略："查本处保存旧卷为数甚多，逢前经晋军驻扎此间，任意搬挪，散乱无序，潮浸虫蚀，腐朽堪虞，虽经赵前任内从事清理，然大费手续，工作犹未及半。松涵接事后，复督饬员司继续整理，积极工作，数月以来，始将新旧卷宗（除寄部者外）清理就绪，旧卷则照册点查，俾符号件，新卷则抄由造册编号粘签归列整齐贮存卷柜，庶可一劳永逸，免致散乱之虞。"[3] 可见档案保管处的整理工作不仅进度慢，而且停留在低水平的层面上。确切地说，这种"照册点查，俾符号件"不做分类目录式的整理，只能最多只能算"清卷"。

北平档案保管处整理工作不力，原因很多，此处仅提出两点，以加深人们对当时档案工作状况的认识。[4]

一是人的因素。前已述及，北平档案保管处的职员，均系前内政部管卷人员，这些"前朝卷阀"投身新政权后，与上级主管机关天各一方，得不到

[1]《北平档案保管处致内政部呈》（1931年6月19日），中国第二历史档案馆藏国民政府内政部档案，十二（6）/1641。

[2]《内政部训令》（抄件）（1931年7月1日），中国第二历史档案馆藏国民政府内政部档案，十二（6）/1641。

[3]《北平档案保管处致内政部呈》（1933年2月1日），中国第二历史档案馆藏国民政府内政部档案，十二（6）/1668。

[4] 影响整理工作的其他原因，如政潮迭起、战乱连年、环境不靖等，这里姑不具论。

任何关照，既无升迁机会，又失去了做“卷阀”的机会（这批档案，除内政部各司室偶尔会调阅外，外界很少有人问津），加之缺乏必要的档案学素养，暮气沉沉，自然难以期望他们工作勤勉。

二是经费因素。北平档案保管处的经常费，1929 年以后，经国民党中央政治会议核准为每月 500 元。[1] 经常费主要用于人员薪金和办公费。保管处的工作人员，通常在 15 人左右。由于经费有限，人员薪水非常有限（参见下表）。

表 2-1　内政部北平档案保管处职员薪金及生活费比较表 [2]

职务	姓名	薪金（自 1931 年 7 月至 1932 年 1 月）	生活费（自 1932 年 2 月至 1933 年 2 月）	附注
事务长	鲁仁侯	120 元	40 元	1931 年 9 月鲁仁侯辞职，杜修齐继任
事务员	蒋继孚	50 元	30 元	1933 年 1 月蒋继孚辞职，李秉彝继任
事务员	佟润年	40 元	26 元	
事务员	侯贞	40 元	26 元	1932 年 2 月侯贞辞职，王松乔继任；1932 年 11 月王松乔辞职，刘可大继任
书记	李国发	30 元	17.5 元	1932 年 2 月李国发辞职，刘可大继任，1932 年 11 月刘可大辞职，陈瑞琛继任
公役	8 名，每名月支工资 9 元		4 名，每名月支工资 9 元	
警察	巡长 1 名，每月津贴 2.5 元，警察 7 名，每月津贴 1.5 元		巡长 1 名，每月津贴 2.5 元，警察 3 名，每月津贴 1.5 元	
备考：“二十年（1931 年）七月至二十一年（1932 年）一月每月经费五百元，内列薪工洋三百六十五元，二十一年（1932 年）二月至二十二年（1933 年）二月经费减半，每月二百五十元，内列薪工洋一百八十二元五角。”				

上表显示，除事务长外，所有员役薪水均在每月 50 元以下。这样的薪金与当时同在北平的其他部属单位相比，根本不在同一标准。

[1] 参见《中央政治会议记录》（1931 年 8 月 20 日），中国第二历史档案馆藏国民政府档案，一（1）/ 248。

[2]《北平档案保管处致内政部呈》（1932 年 6 月 29 日），中国第二历史档案馆藏国民政府内政部档案，十二（6）/ 1668。

尤有甚者，即使是如此有限的经费，财政部也只是在 1929 年 8 月以前能够兑现。1929 年 8 月以后，财政部以预算紧张为由，居然停拨该处经费。内政部在反复交涉没有结果的情况下，只得从本部经费中设法调剂，但也只是发至 1931 年 10 月为止，此后该处经费即没有任何着落。[1]

经常费用中并不包括档案保管处主任薪金。主任薪金开支，第一任主任左恒祥、第二任主任赵连丰因在内政部有兼职，即在部内支取，第三任主任张松涵原为内政部坛庙管理所主任，照荐任四级支薪（月薪 200 元），调任档案保管处主任后，1932 年 1 月以前仍兼坛庙管理所主任，仍在该所开支。张氏专任保管处主任后，内政部对其薪金问题没有做出相应安排，他本人便擅自做主，在处中支取，仅仅这一项开支，即已占到全部经费的五分之二。

内政部历次南运档案，所需费用均由档案保管处先行垫付，平、京（南京）相距千里，“报销”往往需时数月之久，一旦遇到这种情况，处内员役薪金即无法支付。1929 年初，档案保管处成立不及数月，即有职员集体上书内政部索薪现象发生[2]。而张松涵在处内自行支取薪金后，员役薪金居然没有一个月能够足额发放。

1933 年初，档案保管处行将撤销，由于职员薪金毫无着落，张松涵竟受到个别职员的恐吓，不得已亲自到南京“坐索”。1 月 5 日，他在致内政部呈中说：“处中窘状不可终日，而北方时局又如此严重，职责任所在，势须即日遄返，以防万一。”回北平后，他为了个人薪水，又向卢锡荣报告称：“一年以来，本处经费迄未奉拨，主任艰苦维持，幸无陨越。一切员役均有薄薪可资维持，惟主任枵腹从公，似未便独抱向隅，固知本处经费财部久未拨发，部中经费困难，亦不能多垫，而主任个人年来借贷维持，本处债台已高，今本处结束，若主任俸给一钱不名，匪特权利义务似不相称，且所负债务亦恐难以清

[1] 据内政部总务司第二科签呈：“该处经常费原定每月五百元，向由财政部拨给，但财部仅发至十八年八月份止，嗣后每月均由本部垫付五百元暂为维持，至二十年十月以后，本部亦因经费支绌无法再垫，以至停付至今。中间虽迭经咨催财政部拨发，徒以公牍往返，毫无结果。”中国第二历史档案馆藏国民政府内政部档案，十二（6）/ 1668。

[2] 例如，1929 年初，王毅、梁维、曹联祁、何存禄、梁天锡、王廷麟等上致函内政部长，称：“窃职等在处供职，所有应支薪俸，十二月仅领七成，现届阴历岁暮，需款孔殷，拟恳……所有职等十七年十二月欠薪三成及本年一月份应支之薪继续早日发给，以济急需。不胜感祷之至。”参见中国第二历史档案馆藏国民政府内政部档案，十二（6）/ 22007。

理。此种困难情状，谅在司长洞鉴之中。”言辞悲切，几乎到了山穷水尽的地步。负责处理撤销北平档案保管处善后事宜的卢锡荣也在同年2月17日致好友的一封信说：“现处中各事本月底均可结束，惟职员以未领到薪水。据张面称，无法遣散……此事几成一僵局”，[1]将经费看成最棘手的问题。他与内政部反复协商后，将档案保管处部分办公用品变卖，才勉强了结这场风波。

北平地产清理处接手管理存平内务部旧档后，经费问题较诸原档案保管处已大大缓解，因该处不仅经费系在内政部年度预算内开支，且经营内政部在平官产，收入不菲，可以“坐支”。该处主任罗耀枢曾参加内务部旧档案南运，对档案保管处整理工作滞后迭有烦言，上任后对于旧卷整理自然较张松涵更为积极。他在致内政部呈中曾称：“窃本处遵令兼管前档案保管处撤销后所有剩余档卷、书籍及各项什物，曾将接收情形具文呈报在案，嗣经详细点查此项剩余案卷，按照移交原册，尚有未及装箱运送约一万二千余宗，书籍二千余部，大都凌乱不堪。其中有已经造册登记者，有尚未造册者，甚至有自十七年以后从未注意保管之前清民政部档案，均不无历史上相当之价值，倘再弃之不理，则日久散佚，未免可惜，自非实行整理，集中一处，实不足以资保管。……耀枢职责攸关，未便任前放任。”[2]即可代表这种心态。

同年6月，内政部次长甘乃光在部内推行“文书档案连锁法”，改革档案管理工作。6月20日，北平地产清理处接获部令，“查档案整理方法向不一律，稍有参差，徒费手续，仰该主任遵照本部新定整理旧卷方法分别整理，并将整理情形详细造册具报为要。”这个所谓“新定整理旧卷方法”包括3点：“（一）以案为单位，凡案开始之日起，至结束止，依项清理，成为一卷；（二）卷面加封皮，装订成册，然后载明案由；（三）分类造送清册。”[3]今天看来，这仍然只是低层面的整理，但在当时却已是很高的标准了。

罗耀枢有按照“新法”整理旧卷的雄心，在经费上也没有后顾之忧，但又陷入人手不足的困境，这与张松涵刚好相反。北平地产清理处的主要职

[1]《卢锡荣函》（1933年2月17日），中国第二历史档案馆藏国民政府内政部档案，十二（6）/ 1668。

[2]《罗耀枢致内政部呈》（1933年6月8日），中国第二历史档案馆藏国民政府内政部档案，十二（6）/ 1539。

[3]《内政部指令第158号》（1933年6月20日），中国第二历史档案馆藏国民政府内政部档案，十二（6）/ 1541。

责在于经营官产，接管内务部旧档，属“暂时代为保管”[1]。处内本来没有专门的管卷人员，只是在与档案保管处办完交接手续后，才抽调职员傅百泉、汪长荫、佟润年、陈鸾章4人暂为管卷人员，“每日抽三四小时时间从事整理”。[2]同年秋，内政部总务司曾多次致函北平地产清理处，对整理旧档提出具体要求。“查档案整理部中屡经研究，现各司均已采用新式卡片，其式样为甲乙二种：甲种专写分类中之类目，为指导卡片；乙种专写归档文件之案由，由年月、卷号及其附件，为案由卡片。贵处所有档案，现经着手整理，可根据前次部示办法先行清查，装订成册，摘录案由，然后每一案由填写卡片一张，再登总登记簿，至分类登记簿，可废除，免费手续。卡片排列系以事分类、以地分类、以机关分类3种。指导卡片在前，按类归纳检查。”[3]在当时来说，这已是近乎理想化的要求了。

1933年至抗战爆发，北平地产清理处曾多次向内政部汇报处内工作，但涉及旧档整理者均只是“谆嘱经管人员特别注意，将来就绪，自可将分类目录呈部”之类的套话，可见整理工作并未完成。1936年12月26日，该处曾向内政部报送“北平地产清理处现存保管之前内务部卷宗清册”。这个清册与1933年7月卢锡荣、张松涵、罗耀枢3人签字盖印的“内政部北平地产清理处接收前档案保管处移交内务部各室处司科卷宗清册”[4]相比，差别不大，说明罗耀枢虽多次向内政部承诺要用“新法”整理存平旧档，但事实上并未做到。

（4）小结

本文第一部分曾多次强调，内政部在北洋政权垮台时所接收的内务部旧档的确切数量已不可考。为了说明国民政府时期内务部旧档的流失情况，这里依据相关史料，对这批档案的原始数量做一个保守的估算：1933年3月北平档案保管处撤销时，移交地产清理处者为12,000余宗，张国干提运南京者超过

[1]《卢锡荣致内政部电》（1933年1月22日），中国第二历史档案馆藏国民政府内政部档案，十二（6）/ 1668。

[2]《罗耀枢致内政部总务司呈》（1933年7月4日），国民政府内政部档案，十二（6）/ 1539。

[3]《内政部总务司致北平地产清理处函》（1933年7月4日），中国第二历史档案馆藏国民政府内政部档案，十二（6）/ 1539。

[4]这两份清册现仍存中国第二历史档案馆，前者收于十二（1）/ 1650，后者见十二（6）/ 1541。

12,000 宗（姑以 12,000 宗计）；1929 年至 1933 年 3 月前历次南运档案，“有案可稽”者，公文中使用的“量词”分别为“敞车二辆、闷子车一辆”、“十箱”、“十六箱”、“三份”、“两箱”、“五十二包”（1,726 卷及若干夹）、“八十三包”（2,045 卷、本及 55 捆、1 包）、“中国秤一千八百六十余斤”等，最保守的估计，这几次南运，总数也不会少于 16,000 卷。综合以上数字，内政部接收的北洋内务部旧档，仅仅“有案可稽”者，总数量至少也在 40,000 卷（宗）以上。

北洋内务部档案最终的栖息地是位于南京的中国第二历史档案馆[1]，现有数量为 6,540 卷。[2] 也就是说，国民政府时期，这批档案损失了 84%，有幸成“秦火之余”者仅为 16%。造成档案损失的原因，可简要归纳为以下几点：

第一，从体制上看，国民政府时期，没有形成全国性的档案事业，机关保存档案，以能否供本机关参考为标准，且各自为政，缺乏相关法规约束。档案一旦失去“时效性”，即成“无用废档”，视作机关的负担，任意销毁或出售，且不做销毁记录。抗战爆发前，国民政府曾多次严令禁止销毁、出售所谓“无用废档”[3]，但因缺乏相关惩罚措施与监督机制，严令形同具文。抗战胜利后，国民政府筹备国史馆，曾于 1947 年通令各机关，所有失去时效的旧档均须整理编目，向国史馆移交，不得任意销毁，确实属于“无用废档”者，也须经国史馆审查后方能销毁。但直到国民政府在大陆垮台，只有禁烟委员会等少数机构曾向国史馆报送旧档目录，大多数机关我行我素，任意处理所谓“无用废档”，藉以减轻机关负担。

第二，战乱连年，档案流失。战争会造成档案损失，无须多言，但历次战争中档案损失的详情与细节，则须专文探讨。这里仅提供一个数据，藉供参考。抗战爆发前，北洋内务部旧档案，单是“有案可稽”者，至少也在

[1] 据全国民国档案目录中心统计，大陆其他各档案馆没有收藏内务部档案。国民党政府逃台时，运往台湾的内政部档案，时间最早者为 1931 年，并无北洋“旧卷”。

[2] 赵铭忠、李祚明主编《中国第二历史档案馆指南》，中国档案出版社，1994 年 6 月，第 14 页。

[3] 如 1936 年 11 月 13 日，行政院通令各机关：“查清户部及度支部档案，关系国家文献，至为重要，自应严密保存，近闻有将上项大批档案，招商出售，并已由北京大学及禹贡学社购得一部分情事，如果属实，诚恐积年旧卷多为散失，且有为不肖分子从中利用之虞。凡本院所属机关设有北平档案保管处者，应即严行申令，妥为保管，不得将旧档案擅自出售，违者以盗卖公物论。”参见中国第二历史档案馆藏国民政府内政部档案，十二（2）/ 1358。

40,000卷以上，可是到了抗战结束后的1947年，内政部所存内务部旧档，已仅余约万卷[1]。可见单是一场抗日战争，内务部档案就损失了四分之三。

第三，保护不当与监守自盗。国民政府时期，“管卷”为机关“庶务”，系闲散人员安置场所，经费投入很少，档案保管条件极差，档案保护技术与措施无从谈起，霉变、虫蛀自不可免。一遇这种情况，当时的通行做法是，先晾晒，再撒杀虫药，最后在保管场所放置石灰[2]。晾晒必然使档案接受紫外线，对纸张、字迹造成伤害，严重者甚至使档案彻底损毁。至于监守自盗，《北平实报》曾于1936年12月对这一现象做过专门报道，行政院各部于当月3日曾在该院第一审查室召集会议会[3]，商讨对策。不过，在国民政府时期，与机关销毁档案及战乱造成档案损失相比，保护不当或监守自盗所造成的档案损失，只占档案损失总量中极小的一部分。

四、文书档案连锁法的理论与实践

随着专业档案机构相继建立、档案工作“升格”为机关公务的一个环节，西方档案学理论亦逐步被介绍到中国。20世纪30年代，中国涌现出一批卓有成就的档案学者，傅振伦、周连宽、李朴生、腾固、张锐、何鲁成即是其中的杰出代表。由于这批学者本身即在档案机构任职，他们的研究心得自然不乏见诸实践的机会。文书档案连锁法即是一次改良档案工作的有益尝试。

---

[1] 1947年5月，内政部曾对前内务部旧档进行清理。负责清理旧档任务的李文垣、柳枝南同年5月31日致总务司签呈称：“职等奉谕整理前内务部旧档，业经按各单位职掌，分别整理完竣。计民治司案卷一百八十三捆，警政司案卷二百一十捆，礼俗司案卷一百一十五捆，职方司案卷五十三捆，考绩司案卷三十六捆，土木司案卷二十捆，总务司案卷一十五捆，赈务处案卷二十八捆，参事厅案卷四捆，秘书处案卷五捆，统计司案卷一捆，预算委员会案卷八捆，选举委员会案卷四捆，清室卷七十捆，总共七百五十捆，均按单位存原室板台上，封锁保管。其外沿［延］有不属内务部者，如国务院、铨叙局、统计局、国府经委会水利、公路两处等机关案卷计八捆。”同年底翌年初，内政部抽调各司室管卷人员对上述758捆档案进行整理。整理结果，全部旧卷总数“约为万左右”。参见中国第二历史档案馆藏国民政府内政部档案，十二／198。

[2] 参见《北平档案保管处呈》（1931年7月5日），中国第二历史档案馆藏国民政府内政部档案，十二（6）／1641。

[3]《见行政院训令》（字第07217号）及附件（1936年12月），中国第二历史档案馆藏国民政府内政部档案，十二（6）／1358。

文书档案连锁法的理论基础，甘乃光、何鲁成等曾做了这样的阐述："文书与档案原属一物，所谓文书，所谓档案，仅以表示同一物之不同过程。收发与管卷，亦不过为同一物之不同阶段之不同处理，收发在传递文书，管卷在处理文书，责任不同，目的不同，而处理物之对象皆为文书也。"[1] 有基于此，从文书到档案转化过程，应该视作同一事物的一个完整的运动周期。不过，由于各机关文书机构与档案机构均"自扫门前雪"，致使这个完整的运动周期遭到了破坏。以实业部为例，从收发文书到归档成卷，其运动周期为[2]：

1. 文件到部，由收发室拆封、编号、登簿，并缮具收文摘由表，随文送总务司第一科科长。密件装面编号，原封送呈。

2. 重要及具有时间性之到文，经总务司第一科科长提送总务司司长送由秘书厅厅长转呈次长、部长签阅批办，发还收发室分送各厅司长，发交各科拟办。次要或寻常到文，每日经总务司第一科科长送由总务司司长发还收发室检同收文摘由表分送各厅司长官分别提呈、交办或拟存。其拟存文件应附拟存事由登簿，送由秘书厅转呈次长、部长核阅。

3. 明电到部，先送译电室译就再交收发室……如系密电，迳送秘书厅。

4. 附有现币、钞票、证券之文书，应将现币、钞票、证券送总务司第二科，取具收条粘附原件。

5. 承办人员拟稿后，经科长、司长次第审核，送由秘书厅转呈次长核阅、部长判行，所有拟稿、核稿人员均须签名盖章。

6. 凡有应行送登公报之文件，应由承办人员于送稿时在稿面粘具应否送登公报签条，经科长、司长送由秘书厅转呈次长、部长核定、判行后，即抄送第一科汇送。

7. 关连两司或两司以上之文件，由关连较重之司科主稿，他司科会稿。

8. 稿件判行后由秘书厅发还原厅司，送交缮校室校缮，由缮校室送监印室用印，监印员、校对员均须加盖名章。

---

[1] 何鲁成：《档案管理与整理》，商务印书馆，1938 年，第 74 页。

[2] 何鲁成：《档案管理与整理》，第 99 — 100 页。

9. 文件用印后，由缮校室连同原稿送还原司长，经承办人员复核，交由收发室分别将正本挂号封发，稿件退回原厅司科送档案室分别编号归档。

10. 收发室应将收发文事由逐日分送各厅司长备查，每星期应举行公文检查一次，列表呈报。

11. 各厅司档案由档案室分组编号保管，遇调阅时凭调卷单检交，阅毕照单点收归档。

由前述所知，自文件到部至文件最终转化为档案须经过的环节达 11 项之多。如果撇开文书工作（自收发至封发），直接影响档案工作绩效的部门不单单是档案室，收发室同样不可小视。收发室不仅是文件到部的第一站，而且还是文件归档前的最后一站。如果文件在归档甚或在文件到部之初，收发室即已进行了非常有效的前处理工作，档案工作的效率和档案管理的成绩当然可以得到极大的提高。

文书档案连锁法正是基于这一理论设想而产生的。其具体做法为，由主管文书的收发室在文件到部之初即按照预先设置好的标准开始分类、编号，这种分类与编号不仅在办理文书的全过程中始终使用，且文件办毕、归档立卷时也仍然使用，以便文件在归档后分类明确，调阅方便。质言之，主管文书的收发室在处理文书事务时即应为将来的立卷归档工作埋下伏笔（通过分类、编号等方式），使文书工作与档案工作互相联系、互相配合，取得“连锁”。

文书档案连锁法由甘乃光率先提出并付诸实践。甘氏后来追述该制度的源起时称，1933 年 5 月 28 日甘乃光调任内政部政务次长后即发现内政部文书档案工作存在以下缺点：“（一）收发文无总号数……要检查该部的公文与总数和分析一年度公文的内容和地域，都很困难。……（二）行政不集中。内政部档案管理虽有总档案室，实际是采分司制，各司各自为政。各司有各司的组织、分类及办法，而各司科又有不同的分类和方法，结果弄成六司二十余科档案的管理和方法参差不齐。……（三）遗失文书不易查考。内政部的文书，一方面没有收发文总数，一方面档案又是分司管理，如果文书遗失，极不容易查考。……（四）新旧档案不能划一。新案是指国民政府建都南京、内政部成立以来的档案，旧案是指北京政府时代的档案，新旧方法不同，最感困难的是调卷，同时在管理上效率低、费力大。”对于上述弊病，甘氏开出的药方是，“如果能将文书收发与档案管理达到分类统一及行政集中的二点，原有缺点，可以扫除过半。”[1] 这里所说“分类统一”，实际上就是指文件到部后由总收发室按照预设标准统一分类，“行政集中”则是所有档案采用统一方法由总档案室集中管理，通过“统一”与“集中”，使文书工作与档案工作取得连锁。

1933 年 6 月，行政院召开改革公文档案会议，甘乃光主持其事，各部会均提出了改革文书档案工作的方案，文书档案连锁法亦在其中，并在得到广泛的讨论后决定在内政部实验。不久，行政院成立行政效率委员会（仍由甘乃光负责），创办《行政效率》杂志，作为讨论行政效率与文书档案改革方案的园地。此后两年间，该杂志相继发表论文、方案、调查报告 200 余篇，内中有关革新档案工作即达 70 余篇。一时间，文书档案连锁法顿成行政界“为之震惊”[2] 的新名词。

1933 年秋，甘乃光在内政部正式推行文书档案连锁。这项工作的第一步是重新调整总收发室职掌及收发文编号，规定内政部收发文一律由总收发室编制总收发文号，文件自收发、办稿、监印、封发至立卷归档案均只使用该收发文总号，各司科不准自行编号。第二类是按照预先拟制的分类对文件进行分类。分类工作亦由总收发室负责，待文件办毕后，档案室即根据已分好的类别归档，不再重新分类。该分类方案由司、类、目 3 级构成。第一级司即内政部 6 个司（总务、民政、土地、财政、礼俗、统计），以司名之第一个字作为类名代号，如总务司以“总”为代号，民政司以“民”字为代号。第二级“类”，系根据内政部各司职掌设置，如“法规”“组织”“吏治”“会议”“条陈”“调查”“计划”“工作报告”“诉愿”“征求刊物”等。第三级“目”则系根据各“类”下之文件性质设置，如民政司“法规”类之下分为“中央法规”目、“地方法规”目等。此外还特别规定，“类”用汉文大写数字为类名代号，如“壹”代表“法规”，“贰”代表“组织”，“目”用阿拉伯数字标注，如“1”代表“中央法规”，“2”代表“地方法规”。依此类推，《省政府组织法》在文件分类表（将来即是档案分类表）上即应标注为“民壹 2”。第三步是根据新的编号

[1] 甘乃光：《文书档案改革运动的回顾与展望》，1937 年 4 月 20 日，见中国第二历史档案馆编：《民国时期文书工作和档案工作资料选编》，中国档案出版社，1987 年，第 385 页。

[2] 何鲁成：《档案管理与整理》，商务印书馆，1938 年，第 157 页。

分类方案填写收发文表。文件到部，先由收发室在文件上加盖木戳，木戳内有3项内容须即时填写，一为年份（文件到部年份），二为收发文种（系收文抑系发文），三为收发文总号数。收文经过分类、编号后即登录于活页簿，该活页表一式3份，一份存收发室，一份传观，一份存第一科档案股为文件办毕立卷归档之用。活页表每年装订一次，即成为该年度收发文总簿。

文书档案连锁法的绩效及各界对内政部推行这一方案的评价，何鲁成曾用“毁誉交集”[1] 4字来形容。毫无疑问，“连锁法”对民国以来相沿成习的机关文书档案工作程序进行了深度改革，机关公文因总收发室已有必要的前处理工作（编总号、分类、登簿），不仅使得处理公务时查找方便，而且还可从根本上杜绝丢失现象。即使公文已经办毕、业经立卷归档，亦能通过预设的分类与编号迅速调阅。这与中国长期以来机关公文杂乱无章、案卷为“卷阀”操纵相比，确有使人耳目一新的感觉。“连锁法”推行不久，《中央日报》刊出这样一则报导[2]：

> 内政部档案管理采用连锁法，试验结果甚好。现在各省市政府纷电甘乃光氏请求派员学习档案管理办法。上月，赣省府主席熊式辉氏特致电甘氏，请求收纳练习员。兹录原电如下：‘内政部甘次长勋鉴：闻贵部训练管卷整理档案著有成效，敝省拟先派二人赴部学习，藉资模楷，倘承允许，即饬首途，学习期限，并盼见示。弟熊式辉叩。’闻甘次长业复电允其派员来部练习，限期一月。至其他各省要求，亦均照是项办法进行。

是年底，教育部亦派员到内政部观摩，并于翌年初开始推行“连锁法”。

不过，由于“连锁法”在理论上有待深究之处尚多，[3] 实行过程亦频遭机关积习难返、收发室能否胜任分类工作之类的现实困扰，要达到甘乃光、周连宽等预期的理想效果，尚须经过很长一段的时间。遗憾的是，1936年2月27日，甘乃光离开内政部，另调他任，人亡政息，连锁法除了在内政部、教育部等少数机关仍在推行外，并未得到广泛推广。

[1] 何鲁成：《档案管理与整理》，商务印书馆，1938年，第157页。

[2]《中央日报》1933年10月9日。

[3] 有关文书档案连锁法在理论上的缺陷，《行政效率》杂志曾有大量辨析论文。限于篇幅，此处不做过多评论。

五、档案工作概况

（一）档案工作流程

1. 划分类目

国民政府时期，档案工作的第一环节是划分类目，这与现代档案工作的第一步为划分立档范围有很大不同（其优劣及对档案工作的影响详后）。所谓划分类目，就是在文件归档前预设档案的类别与细目，以便在文件归档时按类立卷，有序庋藏。以司法行政部为例。依据 1931 年 2 月 2 日颁布之《司法行政部文卷保存规程》，该部设置之档案类目分为法令、机要、总务、民事、刑事、监狱、杂项 7 大卷宗，每卷宗之下又析分为若干门。其中法令卷“凡中央法令及本部通令以及各属呈核之规程等属之”，下分“中央法令门”“本部法令门”“各属呈核之规程门”及“其他事件门”等四门；机要卷“凡机要处撰拟及保管文件均属之”，下分“机要门”“条陈门”“会议门”“报告门”4 门；总务卷“凡总务司所办文件属之”，下分“法院设立门”“任用门”“撤惩奖叙门”“经费门”“会计门”“统计门”“赃物稽核门”“训练门”“律师门”“官产门”“庶物门”“杂项门”等 11 门；民事卷“凡民事司所办文件属之”，下分“人民陈诉门”“审判门”“执行门”“非讼事件门”“公证公断门”“登记门”“诉讼费用门”“杂件门”等 8 门；刑事卷“凡刑事司所办文件属之”，下分“人民陈诉门”“审判门”“检举门”“声请门”“大赦特赦门”“复权减刑门”“执行门”“缓刑门”“引渡门”“杂件门”等 10 门；监狱卷“凡监狱司所办文件属之”，下分“设置门”“职员门”“戒护门”“给养门”“作业门”“感化门”“卫生医治门”“出监门”“考核门”“反省门”“杂项门”等 12 门。每一“门”中，如文件较多，则又析分为若干“类”，如“总务卷”之“法院设立门”之下分为“甲创设类、乙废止变更类、丙职员配置类”3 类，“监狱卷”之“作业门”分为“甲基金类、乙出品类、丙盈余类、丁其他类”等 4 类。[1]

需要指出的是，类目之划分，由各机关自行决定，中央政府并没有制定统一标准。前述司法行政部分为“卷”“门”“类”3 级，而参谋本部则分为

[1]《司法行政部文卷保存规程》，载《中华民国法规汇编》第二十二编第 281 — 284 页，参见中国第二历史档案馆编：《民国时期文书工作和档案工作资料选编》，中国档案出版社，1987 年，第 474 — 477 页。

“类”“节”“目”“宗”4级，黄河水利委员会分为“类”“项”“册”“目”4级，中央设计局分为“门”“类”“项”“目”4级，国民党中央执行委员会分为“类”“目”2级，财政部直接税处分为“类”“纲”“项”“目”4级，教育部分为“类”“目”“细目”“子目”4级，兵工署分为“类”“厂”“案”“件”4级，铁道部分为“类”“纲”“目”3级，可谓五花八门，令人眼花缭乱。总的说来，大多数机关系根据内部机构的职掌划分（如司法行政部和中央设计局），只有极少数机关系根据文件性质甚至以文种确定类目。

2. 立卷归档

所谓立卷归档，实即“汇文为卷”。机关公文办毕后，只有经过“汇文为卷”后，才算完成从公文向档案的转化过程。显而易见，立卷是档案工作中最重要的一环。因为“属于一案之文件，倘不汇列一处，一方面既不易检齐全案，而参阅因无系统，亦极感困难”。

国民政府时期，立卷的基本单位是“案”。质言之，档案与公文的区别不仅在于时效性，还在于公文的以“件”计量，而档案则以“案”计量。“件”和“案”有什么区别？学界和官方看法基本相同，即，“件指收文或发文之一号文件”[1]，“案”则是指同一事由之文件。不过，在实际工作中，对“案”的确定却至为复杂。因为“有时所谓同一事由，极易辨认，有时则又捉摸不定。档案性质复杂，牵涉方面颇多，一事件之发生，可能影响他事，往往原先发生之事已得解决，或居于不重要之地位，而后发生之事，反居于主要地位”。在这种情况下，是以“前事”立“案”，还是以“后事”立“案”或是立为两“案”，不易把握。此外，相同类别的“事由”如何处理，亦较难把握。试举一例。“关于机关人事任免案”系以一人为单位立“某某任免案”，抑系以职级为单位立“科级任免案”，甚至以年度为单位立“某年度任免案”，均各有优劣，且难以把握。

如何确定“案”，国民政府时期，中央政府并未制定统一标准，中央各机关及地方政府各机关档案机构亦就此形成一个行业标准。不过，实际工作中，大多数机关均曾就此制定本机关条例或办法，作为本机关的编卷规范，

[1] 何鲁成：《档案管理与整理》，商务印书馆，1938年，第295页。

没有任何规范、任凭管卷人员“自行掌握者”仅存在于极少数小机关与小企业中。如财政部直接税处即曾于1943年3月17日颁布《财政部直接税档案处理法》，规定“编卷办法”5条：

（1）以一事为编卷之单位，更依案件之繁简分为两种方式分类：（甲）以地段为经、以性质为纬；（乙）以性质为经、以机关为纬，凡非同一案情者不得汇编一起。

（2）以本机关收发日期为编卷次序，如同一日期者，以原文居先、复文居后。

（3）一文涉及两事以上者，除将原文编入重要卷内外，余用参见单，将事由及类号签注明白，粘于其上。

（4）一案性质复杂须分为数案者，则将其原件订于重要卷内，余均用分存单二分粘各卷。

（5）一案之文件甚多者，可分编数卷，每卷以40件为限。[1]

在确定了“案”后，各机关档案室工作人员对已经办毕、由收发室或各司、科移交之公文，在经过“点收”“登记”后，即可依据本机关编卷方法“汇文为卷”。需要指出的是，整个编卷过程须随时与本机关预先制定的“类目”表或分类表对照，所编之卷须置于机关档案“类目”或分类表的预置框架之下，并卷首注明类目。已制定类目代码的机关，还必须填写类目编码。如与内政部总务司办理江西省政府修改省政府组织条例陈请备案的所有文件可立为一“案”，汇为一卷后，须置于总务司法规类地方法规目，并于卷面填写代码“总壹2”，其中“总”字代表总务司，“壹”字代表“法规”类，2代表“地方法规”目。

3. 卷宗庋藏

分类、立卷完成后，管卷人员须根据案卷名称、类目代码编制档案目录。档案目录完成后，卷宗即可庋藏，以便日后调阅。国民政府时期的档案庋藏，就卷宗排列方法而言，可分为分类法、标题法、统一法3种。所谓分类法，即档案分类庋藏，所有同一类目的档案庋于一柜或一室。这种方法的

---

[1]《财政部直接税处档案处理法》，中国第二历史档案馆藏财政部档案，三／1131，另见中国第二历史档案馆编：《民国时期文书工作和档案工作资料选编》，中国档案出版社，1987年，第507页。

优点是便于检索，缺点则为必须为日后新立卷预留空间，否则，旧卷已满，新卷即无法插入。标题庋藏法即档案入库后依卷宗标题排列，此法亦方便检索，便因需裸露标题，排列甚松，库房容量将大打折扣。统一法即排列卷宗时既不分类，亦不受卷宗标题限制，只按卷宗流水号排列，调卷时须查照流水号对照表。此法最为简便，但如卷宗过多，则调卷将穷于应付。大抵而言，国民政府时期，大多数机关的档案庋藏均采分类法，标题法与统一法仅在卷宗较少、业务相对单一的小机关或企业中使用。前者如建设委员会，后者如中央制铜厂等。

国民政府时期的庋藏器具，可堪注意者为卷夹与卷橱。卷夹通常有3种式样。一是简单的卷皮。卷皮多由牛皮纸制成，纸质与规格并无统一标准，系由各机关直接向工厂订制。从现存民国档案中残存老卷皮来看，大多数机关使用的卷皮规格为长一尺二寸，宽九寸，正面印就年、月、日、类目、卷号宗号、案由、机关名称等，背面系夹存，以胶水黏合。卷皮之正面与背面通常有三孔或两孔，以白纱绳或纸绳相连，作装订之用。档案工作较为规范的机关，如行政院、交通部等，卷皮居中尚系有一横签，注明类目、细目，类目一栏填注不同颜色，便于调卷时辨识。二是西式卷夹。西式卷夹的款式与今日之文件夹相似，归档文件系通过卷夹自带之铜钉装订，此种卷夹海关、盐务等机关在晚清、北洋时代已经采用，国民政府时期，外交部、全国经济委员会等涉外事务较多的机构使用较为普遍。三是硬板卷夹。硬板卷夹即使用两块相连的硬纸板，将装订成册的归档文件置于其中。使用这种卷夹，卷宗十分美观，有如书籍，有利于档案的保护和调阅，但成本过大，只有极少数有“实力”的机关（如邮政）与银行、企业才偶尔使用。至于卷橱，国民政府时期，主要有两种款式。一为立排橱。立排橱为大多数机关所采用，如行政院使用之立排橱，四个抽屉为一组，每个抽屉高十寸半，宽十四寸半，每组可庋藏归档文件3,500件至4,000件。二为橱架。橱架一般分上下两层，每层若干格。如内政使用之橱架，上下各十六格，每格可容十余卷，每橱平均可庋卷宗三百余卷。此外，无论是柜抑或是橱，均有木质与钢质之分。由于钢质柜或橱价格高昂，只有铁道部曾一度使用。

（二）抗战时期的档案工作：以国民政府交通部为中心的个案分析

20 世纪 30 年代，中国曾有一个改革档案工作的高潮。政府方面，有朱家骅、陈立夫、甘乃光等大力提倡，学界方面，有李朴生、孔充、滕固、何鲁成等研究、鼓噪。在社会各阶层的努力下，中国档案工作渐渐摆脱传统的“师傅带徒弟”式的“世袭家承”[1] 模式的影响，缓慢地向现代档案工作转型。一些行业性的通行做法，如立卷标准、保存期限、分类体系、存销制度等，也开始受到关注并在一些部门的机关档案工作中得到推广，国民政府行政院甚至还一度把建立全国性档案事业提上议事日程[2]。抗日战争的爆发打乱了这一进程。在军事高于一切的大背景下，“掌卷”（档案工作）被视作机关“庶务”，受不到重视，加之政府西迁、原有档案设施损毁、经费有限、人才流失等多方面因素的影响，档案工作面临前所未有的窘境。这里以国民政府交通部为例，对此稍加分析。

1. 机构组织与工作简况

抗战军兴，交通部随国民政府迁往重庆后，部机关与档案保管场所即分处两地，部机关在市内，而档案则存于乡村[3]，档案工作则仍由总务司第一科内掌卷室职掌。掌卷室的工作人员计有室主任科员 1 人（荐任职），科员 7 人，办事员 6 人及雇员 8 人，共为 22 人。其中室主任综理室务，其他人员，分组管档，并分工办事，采纵横混合分工制度，每组由委任职 1 人负掌管责任，并领导各组之工作，计按主办单位分档为 12 组，由 12 人分负掌管责任，办理编号、归档、查调事宜，1 人主编归档文类目，8 人协办装订登记表簿。

掌卷室的组织规模，较之抗战爆发前稍有缩小，内部分工也比抗战前要细。该室的工作规范，1937 年以前，完全效仿行政院。所有同一“案”所形成的文件，按时间先后，汇为一册，装入卷夹，用活动铜钉装订，嗣后遇有同一性质之文件归档，均随时加入。遇文件过多，卷夹无法容纳，则另立新册，如电政司案卷，报表较多，有时一卷竟达几十册。完全结案的卷宗，均

---

[1] 何鲁成：《档案管理与整理》，商务印书馆，1938 年，第 11 页。

[2] 如 1934 年 5 月，行政院曾有设立国立档案库的动议，并出台《国立档案库筹备处组织简章草案》。参见中国第二历史档案馆编《民国时期文书工作和档案工作资料选编》，中国档案出版社，1987 年，第 592 页。

[3]《参观中央各机关文书档案事务报告》，中国第二历史档案馆藏教育部档案，五 / 1813。

以火漆固封钉尾，以昭慎重。文件的附件，国民政府属下各部，一般另立为新卷，但交通部则规定以不离原卷为原则，只有在附件过大（如多达数百页的表册等）卷夹容纳不下时，才允许“编号另置”，且严格规定“另置附件须登入附件归档登记册”，以便查找。

抗战前及抗战初期交通部档案的庋藏也很有特点。首先，由于交通部经费比其他部、会相对较多，选用卷夹、卷柜亦较考究。该部所用卷夹，系用四裱新闻纸制成，面页衬以连史纸，面页与底页分离，只有在装入文件时才用活动铜钉连为一体，既牢固又简便。庋藏卷宗的卷柜，严令采用木质柜（因铁柜容易生锈），每柜二层，每层十二格，每格可置卷宗十余夹，柜门填写卷夹名称、数量，一律左右平开，便于调卷。其次，档案入柜，一律平放。为方便调卷，每一卷夹底部均置有一标签，注明类号、宗号、案名。此外，交通部根据案卷的性质划分保管类别，普通案卷（随时要调阅者）由各司室自行保管，机密卷宗、特别卷宗则归入部库庋藏。

1937 年初，交通部出台“文卷保管办法”，对档案工作加以规范。该办法不仅对档案点收登记、分类编目、归卷、庋藏、调卷等环节有明确规定，且对所有应用表簿、卡片、标签及卷宗、卷柜之式样一一用附图加以说明。“文卷保管办法”是在总结交通部既往档案工作经验并吸取内政部、教育部试行甘乃光提出的“文书档案连锁法”的相关教训的基础上制定的，被誉为是一个“应有尽有”的“理想之计划”。[1] 按照交通部的计划，“文卷保管办法”将在数年内逐渐实施，届时将兴建规模宏大的档案库，旧卷、新卷全部入库，使用统一的卷夹。然而，同年 7 月，七七事变爆发，交通部随国民政府筹备西迁，掌卷室的预定计划顿时成为空文，不仅兴建档案库的计划无法实现，订制卷夹、清理旧卷等工作也都被迫停止。交通部迁往重庆后，掌卷室的办公条件、庋藏条件较之战前已不可同语。掌卷室主任许君曾对戴汉卿坦言，由于战争突然降临，“文卷保管办法”不仅“未获全部实现，且以人力缺乏，物力维艰，反致将已采行者，废止不少设施而因陋就简，另谋办法，故上项办法（指‘文卷保管办法’），几已成为空文”[2]。

---

[1] 参见教育部掌卷股主任戴汉卿考察交通部掌卷室的相关报告，中国第二历史档案馆藏教育部档案，五 / 1813。

[2] 同上。

抗战期间交通部的档案数量，由南京辗转西运的旧卷（其中大部分为前铁道部各路局站卷宗）约为40,000卷，新卷则以每年15,000卷的速度递增。[1]至1942年底，新旧卷总数已超过120,000卷。由于数量激增，经费有限，许多卷宗均没有使用卷夹，改用劣质卷皮，卷柜也不能做到整齐划一。1943年底，交通部总务司第一科酝酿厘定新的文书档案事务处理办法代替“文卷保管办法”，但直到抗战结束，新办法几易其稿，都没有付诸实施。

2. 工作流程

抗战期间，交通部档案工作流程，以沿用战前的一套做法为主，但也有一些革新举措。兹分4个方面稍做分析。

（1）档案分类

交通部归档案卷，首先按部门组织分成11“类”，冠以机构名称，如电政司档案，编为“电政类”，邮政司档案，编为“邮政类”，总务司档案，编为“总务类”。每一“类”文件，再按事由性质细分为若干“纲”，如“电政类”有“业务纲”，“总务类”有“法规纲”等。每“纲”内各案，则分“目”编列，如“总务类”之“法规纲”下有“组织目”，“电政类”之“业务纲”下有“电报费目”。每“目”内之卷宗，或按其归档先后，或按地域，将同一时期或同一地域者合列一系，而以中文文字加以区别，称为“字系”。例如，上面所说的“电报费”目中，关于四川境内者则列为“川”字系，属于广西省境内者则列为“桂”字系。每一“字系”编一卷号，用阿拉伯数字排列。如遇一“字系”文件过多，则按文件性质或形成时间分订为若干册，各编一号。

“类”“纲”“目”“字系”的分类体系，系沿用抗战前的旧方法，只是在“字系”上有一点小的改进。抗战前的“字系”以天干（甲、乙、丙……）相区别[2]，抗战期间的字系则用类别名标识。如航政类组织纲法规目内，抗战前将地方法规编为“乙”字系，其他法规编为“丙”字系，而抗战期间则分别编为“地”字系与“他”字系。

（2）文卷归档

档案按“类”“纲”“目”编列次序，按“字系”卷号依次叠置柜内，下端向外，附以标签，便于检视查取归存。登记方面，除保存收发文报表及备

---

[1] 抗战期间，交通部公文运转，每年收文约为35,000号，发文约为40,000号，归档成卷数量约在15,000卷左右。

[2] 何鲁成：《档案管理与整理》，商务印书馆，1938年，第327页。

置文号表、案目册外，并没有综合而详细之登记。至归档工作程序，约须经点收、登统计表、分类编目、登表销号、装订、编卷、登记卷皮、制签、登分目录册、抄分存单、另存附件、登记总目录册、归档、编柜登记等十四项手续。从点收归档文件到归档完成，需要填写的表格计有“归档文件日计表”（按日填写，只记文件件数，月底呈送总务司第一科科长转呈司长阅示）、“号码档目检查表”（按收文发文号系，逐号填记“类”“目”名称）、“分目录册”（逐卷登记案目及其字号）、“总目录簿”（逐日归档案卷装订后，按每一卷编列总号，按号次登记总目录簿。总目录簿要登录的内容有案目、宗数、档目及柜号等项）、“柜目册”（档柜按存卷类目次序，编以柜号，逐号登记每柜存放卷宗之类目）等。

（3）调卷

抗战期间，交通部出台相关规定，对调阅档案进行约束。内容为：

①调卷须填调卷证，填写档目、案由、日期，并由调卷人签章。调卷证不记文号，但附有存根备查。

②调卷人除自行签章外，须由直接主办单位长官签章，如调其他单位之案卷（如电政司调阅总务司档案），并须有主办单位长官签章。

③调阅本科经办之档案，必须填明类纲目等项。

④每证只调一案。

⑤调卷限两星期以内还档，并不得拆卷或携出部外或转借他人。

⑥案卷调出后，将调卷证按单位别分姓名夹藏。

⑦置调卷登记簿，登记调卷之文号、档目、调卷人姓名、日期及还卷日期等项。

⑧调卷还档，或迳送还，或随新稿送还，均随时退证，并登记调卷簿之还卷日期栏。

（4）查案方法

①根据案由判明档目查卷。

②根据文号，查文号档目表所登之档目再查表。

③根据主办单位及案件所属地域，径行判目查字系检卷。

④按送归档文簿之登记，查总目录簿登记之档目，查卷。

⑤清理与销毁

抗战期间，交通部每年收发文总数在 75,000 号以上，案卷数量则以每年 15,000 卷的速度递增，年复一年，日久必成为机关负担。交通部迁到重庆后，部机关办公用房十分紧张，不得已将档案寄存乡村。1939 年前后，总务司曾讨论档案的清理与销毁问题，但直到抗战结束，始终没有制定切实可行的清理销毁方案。1941 年 5 月 5 日，国民政府发布训令 :“国民政府五院所属各机关档案应注意整理保存，如本机关认为无须保存时，应通知国史馆筹备委员会备供采取，如该会认为无移送保管必要者，方得焚毁。”[1] 同年 10 月 25 日，国民政府颁布《各机关保存档案暂行办法》，规定 :“各机关应切实保存档案，不得任意焚毁，其管理办法由各机关自定之，惟须自本办法施行之日起六个月内，将全部档案造具录由之登记目录一份，送国史馆筹备委员会备查，以后新归卷档案，每半年造送目录一份。”“各机关认为无须保存之档案，应先造具清册二份，送国史馆筹备委员会查核。”[2] 不过，在整个抗战期间，交通部并没有执行这一规定。[3]1945 年 8 月日本宣布无条件投降，国民党政府筹备还都。翌月 1 日，国民政府通饬各机关迅速“清理档案”“分别销毁，或送国史馆筹备委员会接收”“俾减轻还都运输负荷”。[4] 此时交通部掌卷室保存的档案总数约在 170,000 卷左右，但到了该部迁回南京时，档案数量已锐减至不足 100,000 卷。可见交通部利用这一机会，自行销毁了一大批档案。

透过对交通部档案工作规范与工作流程的考察，可以看出，日本侵华战争对中国档案事业现代化的进程有很大的负面影响。抗战爆发前，交通部已制定一系列规定（如“文卷保管办法”等），对机关档案事业的发展做出规划，加大对档案设施的投入（如兴建档案库、购置档案器材等），规范档案工作流程，由于战争突然降临，计划顿成具文。整个抗战期间，档案与机关分处两地，且经费得不到保证，掌卷室仅能因陋就简，勉强应付立卷、归档与调档等日常工作，清理旧卷、更新档案设备等根本无从谈起。

[1] 国民政府关于废存旧档案移交国史馆筹备委员会保存的训令，《民国时期文书和档案工作资料选编》，第 464 页。

[2] 中国第二历史档案馆编 :《民国时期文书和档案工作资料选编》，第 466 页。

[3] 交通部对此做出的解释是，“国史馆筹委会审查档案一节，以经常工作繁忙，并未着手办理送审事宜”。参见中国第二历史档案馆藏教育部档案，五 / 1813。

[4] 中国第二历史档案馆编 :《民国时期文书和档案工作资料选编》，第 469 页。

尤有甚者，战争所造成的负面影响不仅表现为环境、经费、设施等显性因素，同时还包括人才流失、研究风气缺乏等隐性因素。抗战爆发前，当内政部首倡以文书档案连锁法为核心的档案工作改革时，交通部曾派员前往观摩，掌卷室研究风气甚浓，所制定的“文卷保管办法”一直为行政院所属各机关掌卷人员所称道。交通部迁往重庆后，掌卷室随同西迁者不及一半，不得已许多工作只得雇用雇员代替。从该部的档案分类与文卷归档程序来看，尽管基本上是沿用抗战的老一套做法，但沿用之中既有革新，也“缩水”。文卷归档，看起来有 14 项程序，比较完备，但却缺少了制作卡片目录这一关键环节。机关档案制作卡片目录，交通部在抗战前已有一些规定并在清理旧卷时付诸实施[1]。但抗战爆发后，因人手不足，且掌卷室能够胜任这一工作的人员不多（登录卡片必须具备档案分类知识），只好略而不做。再说档案分类，与抗战前相比，抗战期间交通部档案分类法唯一的革新就是将“字系”中的天干改为类别名，其他一任其旧，究其原因，就是由于抗战前主持分类工作的管卷人员未能随交通部西迁。戴汉卿曾直言不讳地批评说：“交部分类法骤视之尚属明细，但究其内容，似觉有简略之弊。盖按主办单位计分十一类，而按各单位主管事项分纲，再以各小单位（科室）办理事项分目，层次三级而已，以致各目内，案繁卷多，不得不排字编号。……若论其繁细，不免有统括编字系、卷号之冗杂工作，若论其简，而各目内并存之案卷，多而且杂，亦不免有编字系、卷号之繁琐工作，不若分类编目，盖求其精细，使系统益趋明显之为妥适也。”[2] 可见人才流失对档案工作的冲击非常严重。

[1] 机关档案制作卡片目录，为内政部首倡，教育部、交通部起而效仿。行政院行政效率研究会主办之《行政效率》第一卷、第二卷、第三卷有多篇专文讨论。

[2]《参观中央各机关文书档案事务报告》，中国第二历史档案馆藏教育部档案，五 / 1813。

第四节　国民政府时期的档案工作缺陷及对民国档案流传的影响

通过对民国时期档案工作的梳理，显而易见，国民政府时期的档案工作较之北洋时期已取得很大进步。第一，国民政府时期，专职档案机关已普遍设立，机关档案工作已从秘书、庶务工作中分离，成为一项专门工作，管卷人员在机关中尽管仍然地位较低，但已具备正式的公务编制，具有独立的身份。第二、各机关档案规章制度远较北洋时期完备，公文向档案转化的各个环节如点收、登记、分类、编目、立卷、皮藏等基本上已做到有章可依，趋于规范化。第三、国民政府时期，西方档案学已传入中国，诞生了一批有成就的档案学专家，档案学学理上的进步与档案工作实践相关改革的有机结合已不时出现（文书档案连锁法即是其中一例）。

正因为如此，国民政府时期，各机关曾经形成数量十分可观的档案，尽管国民党政权败退台湾前各机关曾经立卷归档的卷宗的确切数量目前已无法估算。然而，令人遗憾的是，到了1950代初，新中国接收的民国档案已仅剩下1,000余万卷。质言之，很多民国档案在民国时期已经不见踪影。

民国档案在民国时期遭受如此严重的损失，除政潮、政局、战乱、全社会的档案意识薄弱等诸多因素外，与当时的档案工作缺陷亦有极大的关系。这里仅就后者谈以下两点。

1. 档案学学理上的缺陷造成档案工作环节的混乱

如前所述，国民政府时期，西方档案学理论开始传入中国，并已诞生一批有成就的档案学家，这些档案学家对当时的档案工作做出了许多贡献。然而，由于时代的缺陷，学理的误区或漏洞对实际工作的误导或曰疏于指导同样是十分致命的。

试举一例。现代档案学理论及档案工作实践都将确立归档范围作为档案工作的首要环节。所谓确立归档范围，简单地说，就是在文件归档前，应该对所有文件进行鉴别，确定哪些文件应该归档，哪些文件不必归档。确立归档范围的意义在于，一是剔除没有保存价值的文件，避免“每文必档”，为档案工作的可持续发展预留足够的空间，二是避免有价值的文件受到无价值文件的冲击，最大限度地保护档案遗产。然而，国民政府时期，所有有影响力的档案学论著[1]无一例外地对确立立档范围只字不提。需要指出的是，这并不是所有档案学家“惊人相似”的疏忽，而是根本就没有认识到这一问题的重要性。

与此相应，国民政府时期，从来就没有一个机关对立档范围做出相应规定，实际工作中，也根本不存在确立立档范围这一环节。前已述及，各机关立档步骤，系先预定“类目”，“汇文立档”时将文件分别归于“类目表”中某个类目即可，无须也不允许剔除任何文件。毫无疑问，这样的工作流程，实际上就是“每文必档”。

“每文必档”的致命后果是冲击档案工作的可持续发展。应该说，当时档案界对此已经警惕。何鲁成说：“我国官吏积习，素不办事，以公文为敷衍手段。办公时间，几乎全为办稿核稿，在纸面上做工夫，驯致档案室案卷堆积如山，无法处理。考之实际，则重要者寥寥无几，然亦不敢擅自注销，恐一旦需用也。”[2]通俗地说，“每文必档”，年复一年，档案终有“塞破乾坤”之时。重要、次要档案都想保存，其结果往往是真正重要的档案反而得不到保存。

为了应对因“每文必档”而导致的档案数量无限膨胀，国民政府时期，通行的做法是划定档案保管年限，定期清理。1929年12月4日，国民政府颁布训令，对会计档案保管年限做出规定：“第一类，永久保存者：国库金出纳书表、政府有价证券收付计算书表、关于会计之统计表、预决算书表、契约等；第二类，保存二十年者，岁入岁出现金物品、财产等计算书表、会计

[1] 民国时期最有影响力档案学著作有17部，即1949年后很长一段时间里档案界称之“十七部旧著”的《档案管理与整理》（何鲁成）、《档案管理法》（龙兆佛）、《县政府公文处理与档案管理》（梁上燕）、《公文档案管理法》（傅振伦）、《县政府档案管理法》（程长源）、《档案管理法》（周连宽）、《档案管理之理论与实践》（黄彝仲）、《档案科学管理方法》（秦翰才）、《中国档案管理新论》（殷钟麒）、《公牍学史》（许同莘）、《公文处理法》（周连宽）、《文书之简化与管理》（陈国琛）、《公牍通论》（许望之）等。

[2] 何鲁成：《档案管理与整理》，商务印书馆，1938年，第350页。

调查书、会计报告书、审计院审核证明书、核准状、账簿等；第三类，保存十年者，岁入岁出现金物品、财产等证明单据以及存根、审计院审核通知书等。其保存期限自下一会计年度起算，但第二、第三两类书件，性质上在延长保存年限之必要者，不在此限。其未列入以上三类之书据，得按其性质准照前三类保存年限办理。”[1] 这是目前所见的国民政府时期最早的一件关于档案保存期限的训令。其后，军政部、教育部等相继制定了本机关档案保存年限，其中军政部所制定者十分详尽，且屡屡为此后档案学理论著作与档案工作人员培训教材所引用。该部将所档案的保存期限分为 4 类，一是 1 年保存卷，“关于寻常交际通函之类确无保存之时间性者属之”；二是 3 年保存卷，“关于一时期间处理之事项有留待查考之案卷属之”；三是 10 年保存卷，“关于足资数年后尚有留待参考文书账簿之必要者属之”；四是永久保存卷，“关于章制、法规、掌故、史料、契约、账据可为例规佐证之资料、关于计划、纪录战役书类、军法会议记录等及人事名籍、考绩册等认为足资十年以上参考之文书簿册等属之”。[2] 为了便于执行，该部还将保存期限与类目表联系起来，制成“案卷保存类名表”，发交管卷人员参照执行。[3] 1933 年，行政院制定了该院所属各部《文卷保存年限四项原则》，规定：“一、案卷应分定期保存卷与永久保存卷两种，可由各部会参照军政、教育两部所拟标准酌定之；二、定期保存卷之保存年限，应由各部会依其性质自行规定；三、新案

[1]《国民政府公报》第 337 号，参见中国第二历史档案馆编：《民国时期文书工作和档案工作资料选编》，中国档案出版社，1987 年，第 458 页。

[2]《军政部整理案卷宗暂行办法》（1933 年 1 月 10 日），中国第二历史档案馆藏资源委员会档案，另见中国第二历史档案馆编：《民国时期文书工作和档案工作资料选编》，中国档案出版社，1987 年，第 485 页。

[3] 依据该表，“十年及永久保存卷”包括约法、党务、历届大会决议案、官制（分中央、地方、特别机关）、官制、文书、会议、印信、休假、铨叙、交通、法律、财政、内政、实业、外交、教育、振务、考试、立法、监察、服章、经费、测量、缉逃、旗帜、卫生、恤赏、禁烟、留学；“三年保存卷”包括天 - 任免、地 - 调派、玄 - 恤赏、黄 - 统计表册、宇 - 典礼、宙 - 控诉、洪 - 惩戒、荒 - 缉逃、日 - 报告、月 - 计划、盈 - 护照、昃 - 执照证明书、辰 - 租照营产、宿 - 薪金、列 - 旅费、张 - 粮服、寒 - 军用品马匹、来 - 未用（凡注未用者，系该之预留类目，下同）、暑 - 未用、往 - 未用、秋 - 文书、收 - 经费特别费、冬 - 就职、藏 - 图书、闰 - 杂件；“一年保存卷”包括车证、印电纸、护照、执照、证明书、电码、演习枪炮射击、书表、机关地址及部队移动、欢迎、参加志哀、捐助、杂件。

卷应由主管科长依照标准在稿面上加盖保存年限戳记，判行后即为决定；应销毁之案卷，俟全部案卷整理完竣后再开列清单呈请各部会最高长官决定，并呈请行政院核准销毁。”[1] 此后，司法行政部、财政部、蒙藏委员会、外交部、铁道部、经济部等，亦纷纷出台本部门档案保存期限。不过，在整个国民政府时期，也有相当数量的机关不对档案保存年限做出具体规定，销毁案卷仅凭管卷人员与主管长官临时商定。

从立法者的角度来说，划分档案保存年限，目的是为了控制档案数量，更好地保存价值较高的档案。不过，要想达到这一目的，还必须具备两个基本要素。首先，所有机关均已制定档案保存年限，且每一案卷所确定的保存年限均恰如其分；其次，有关档案保存年限的各项规定能够付诸实施，且有严格的监督措施。然而，在国民政府时期，且不论许多机关并未制定关于案卷保存年限相关规定，存销无规可循，即以已经制定档案保存年限的机关而言，其规定本身是否合理，也是一个很大的问题。以军政部为例。前已述及，该部制定的档案保存年限口碑甚佳，且为行政院定为各机关“参照”的典范。然而即使是这样一个被普遍视作范本的规定，当时即已有人指出其显而易见的缺陷。如何鲁成即曾评价称：“（军政部）各类应否如此分配，尚有斟酌余地。作者以为非属本机关主管事项，不必为永久保存之档案，因本机关所保存者非全案，主管机关已保存矣，如需参考，仍可函索见抄。故官制、约法档案可不必永久保存或十年保存……”[2] 保存年限划分不尽合理，其结果必然是大量重要档案因保存年限过短而遭届期销毁。

且尤有甚者，国民党中央对于档案存销并没有严格的监督机制，实际工作中，各机关销毁档案真正执行案卷保存年限者并不多见。1934 年初，铁道部通令所属各附属机关：“查本局暨各处署以及各段站厂历年积存文卷簿册甚多，庋藏保管俱感困难，为便利管理起见，特拟具《文卷簿册保存期限及期满处置办法》”，规定“各部分文卷簿册经审查后认为可以销毁者，应将该项目录由局专案呈报铁道部核准后方可实行”。仅从制度层面上讲，这

[1]《文卷保存年限四项原则》，中国第二历史档案馆藏财政部档案，另见中国第二历史档案馆编：《民国时期文书工作和档案工作资料选编》，中国档案出版社，1987 年，第 460 页。

[2] 何鲁成：《档案管理与整理》，商务印书馆，1938 年，第 342 页。

个规定与1933年行政院制定之《文卷保存年限四项原则》相违背，因为按照《文卷保存年限四项原则》核准档案销毁权限在院而不在部。同年底，铁道部销毁了50,000余卷档案，即未“报院核准”。更有甚者，1936年秋，由于北平局势渐趋紧张，财政部北平档案保管处以所管档案过多、运往南京经费过大为由，将“无用废档”近3万斤“切角作毁”。所谓“无用废档”竟指何物，该档案保管处并未向财政部提供详细目录。抗战爆发后，不按规定程序任意销毁档案的现象更为严重。1939年1月26日，军政部曾对该部此类现象发出训令：“查本部文书处理规则第三十一条规定，凡无保存必要之案卷应随时登记焚毁，其中具有保存之价值但如可以登记方式代替者，亦应妥善登记后将原卷焚毁，其用意盖在于随时注意减轻装备，以便抗战时期之行动。惟查此次由衡迁渝途中，各厅处仍沿途临时清理公文，仓皇焚毁，显见驻留期间，尚未能依照规则切实办理。”[1] 同年底翌年初，国民政府曾委派人员对交通部、经济部、军事委员会、财政部、行政院秘书处等机关档案工作进行巡查。巡查的结果显示，“仓皇焚毁”档案的现象非常普遍。何鲁成甚至据此得出结论，“各机关对于档案有保存年限者本不多，有亦仅为具文”。鉴于任意销毁档案的普遍性与严重性，1941年10月，国民政府颁发了《各机关保存档案暂行办法》，严令“各机关应切实保存档案，不得任意焚毁”[2]。此后，财政部、国民党中央执行委员会秘书处、教育部、中央设计局、考选委员会等相继制定本机关及所属各机关档案管理办法，将档案存销方面的相关制度规范化、程序化。不过，由于连年战争、政局不靖，此类制度的实效非常有限，任意销毁档案甚至假称保存年限届满趁机销毁档案的做法仍然十分普遍。

2. 没有形成全国性的档案事业

南京国民政府成立之初，各机关纷纷建立档案机构，档案工作气象一新。受此鼓舞，建立国家档案馆，由国家档案馆拟制档案行业标准，进而形

[1]《军事委员会政治部关于销毁档案办法的训令》，中国第二历史档案馆藏军政部档案，另见中国第二历史档案馆编：《民国时期文书工作和档案工作资料选编》，中国档案出版社，1987年，第494页。

[2]《各机关保存档案暂行办法》，中国第二历史档案馆藏国史馆档案，另见中国第二历史档案馆编：《民国时期文书工作和档案工作资料选编》，中国档案出版社，1987年，第466页。

成全国性的档案事业的呼声日益高涨。1931 年 8 月，内政部、教育部会呈行政院，建议于该院设置国史馆筹备处，统一管理各机关已失时效之档案，为编修国史之用。嗣后两年间，因经费无着、人员不足，筹备处一直未能成立。1934 年 1 月，国民党四届四中全会通过重建国史馆决议案，规定国史馆直隶国民政府，并责成内政、教育、财政 3 部联合起草《国史馆组织法草案》。这个决议案通过后，立即在档案界和史学界引起广泛的讨论，多数学者认为，国民政府成立未久，编修国史的时机还不成熟，“真要保存文献，不如建设一个国立档案库，较有用场”[1]。同年 5 月 25 日，内政部、教育部、中央研究院等就建立国家档案库的相关事宜召开联席会议，决定先成立国立档案库筹备处，隶行政院，“掌理计划国立档案库房之建筑及档案保存储藏与便利研究事宜”，并拟就《国立档案库筹备处组织章程草案》。按照这个草案，筹备处设筹备委员 5 名，由行政院、中央研究院、内政部、教育部、故宫博物院各派 1 人充任，处内分文书、总务、典藏 3 组，每组设主任干事 1 人，干事 1 — 4 人，均由行政院派任。同月底，行政院对内政、教育、财政三部提出建立国立档案库方案进行审查，结果决定“设立筹备处一案暂行搁置，先在院内成立档案整理处，负责拟定整理档案具体办法，并指导各机关整理档案。”[2] 行政院在给中央研究院等机关的复文中强调，“设立国立档案库之先，必先将各机关档案加以整理，否则无从进行”，“各部会档案整理将次完毕，然后着手筹备建筑，照此步骤进行，较易收效”。

1935 年 2 月，行政院档案整理处成立，张锐任处长，滕固任副处长。依据该处组织原则，其核心工作有二,一是拟定处理档案具体办法，二是依据具体办法整理各机关档案。质言之，成立该处的目的，就是树立档案整理规范，为将来成立国立档案库打下基础。滕固后来谈到这一点时曾说：“国立档案库的实现，虽不知尚需多少时日，但必有一部分人天天在祷祝其产生。我们不但希望有国立档案库，并且希望推行到地方，而有地方档案库的设置。”

[1] 滕固：《行政院及所属各部会档案整理处的任务及其初步工作》，《行政效率》第二卷第九十期，另见中国第二历史档案馆编：《民国时期文书工作和档案工作资料选编》，中国档案出版社，1987 年，第 594 页。

[2]《行政院交付研究组织国立档案库筹备处意见》，中国第二历史档案馆藏中央研究院档案，另见中国第二历史档案馆编：《民国时期文书工作和档案工作资料选编》，中国档案出版社，1987 年，第 593 页。

档案整理处成立后，即着手对行政院所属各机关档案工作状况进行调查，并对整理旧卷与改进档案工作提出了很多方案。不过，这些方案未及征求意见，档案整理处就于1935年6月被行政院以经费紧张为由裁撤，建立国立档案库与地方档案库、逐步规范全国档案工作的努力亦随之中辍。

行政院档案整理处裁撤后的很长一段时间里，建立国立档案库或国家档案馆之事一直无声无息，不被当政者所提起，学界虽仍有人“天天在祷祝其产生”，但却也并未向当局提出议案或建议，设法使梦想向实际靠近。直到1939年1月，国民党五届五中全会召开，张继、邹鲁、王用宾、焦易堂、丁惟芬、程天放等才旧事重提，向全会提出建立国家档案总库、筹建国史馆议案并获得通过。张、邹等提出的办法是 :“总档案库设于国民政府，所藏皆各院部会之机密重要档案正本，国府文官长管其钥，更师古代金匮石室遗意，特造钢骨水泥之地下库，而以铁匮藏其中，国之重宝可同藏焉。各院部自藏其副本，俟时效已过，或取出发表于时政记，或终藏于档案库，将来择其宜者，作为史料。”[1]可见，这里所说的档案总库，与1935年行政院设置档案整理处先整理档案再筹建国立档案库与地方档案库，立意已有明显差别。前者在“档”（整理档案，为各机关档案工作树立规范），后者则在史（为编修国史收集史料）[2]。质言之，此时的设立档案总库、筹设国史馆已不属于严格意义的档案工作。国史馆成立后的实际工作也表明，尽管该馆在收集档案方面做出了很多努力[3]，但在改进档案工作与建立全国性档案事业方面一直乏善可陈。（1940年2月成立国史馆筹备委员会，1947年1月正式改组为国史馆）。

---

[1]《张继等十三人提议建立档案总库筹设国史馆案》，中国第二历史档案馆藏教育部档案，另见中国第二历史档案馆编 :《民国时期文书工作和档案工作资料选编》，中国档案出版社，1987年，第600页。

[2] 张继等人在谈到建立档案总库理由时对于这一点阐述得很清楚 :“夫欲续历史，不可不设国史馆 ; 欲保存史料，不可不设档案总库。盖国家档案，为史料之渊海，国史之根柢，实为至高无上之国宝，当局缔造经营之苦心寄下情焉，国民劳苦建设之精神系焉……”见张继等13人提议建立档案总库筹设国史馆案，中国第二历史档案馆藏教育部档案，另见中国第二历史档案馆编 :《民国时期文书工作和档案工作资料选编》，中国档案出版社，1987年，第598页。

[3] 据《国史馆成立经过及工作概况》，至1947年9月止，该接收之旧档案有691562宗。见中国第二历史档案馆编 :《民国时期文书工作和档案工作资料选编》，中国档案出版社，1987年，第635页。

由上所述可知，国民政府时期，尽管档案界有建立全国性档案事业的期望并曾为此付出过努力，但由于多方面的原因，全国性档案事业一直未能形成。各机关档案工作，中央政府既没有设置全国最高档案机构协调指导，也没有被普遍认同的行业规范可以遵循，始终处于各自为政的混乱状态。这种混乱的状态不仅给当时档案工作带来很大的负面影响，也使得很多人“天天在祷祝其产生”的国家档案馆和地方档案馆变得遥遥无期。从本质上来说，不设立国家档案馆和地方档案馆，即意味着档案没有最终的栖息地。因为机关档案室的容量毕竟有限，面对“新”档案日渐膨胀的压力，其“旧”档案如不向档案馆移交，自然逃脱不了被“清理”、销毁的命运。可见，现存民国档案数量如此之少，与国民政府时期没有形成全国性档案事业、各机关大量销毁档案有很大的关系。[1]

[1] 中国第二历史档案馆存有国民政府时期中央各院、部、会销毁档案的目录清册，可资参考。

第三章

中国第二历史档案馆馆藏民国档案概况及特色

第一节　馆藏档案概要及价值分析

中国第二历史档案馆（前身为中国科学院近代史研究所南京史料整理处）自 1951 年 2 月 1 日成立后，一直致力于中华民国时期中央机关及其所属机构档案的收集整理和提供利用，经过几十年的广泛征集，馆藏卷帙浩繁、内容丰富。作为国内典藏民国档案最多最全的中央级档案馆，目前该馆保藏民国档案 1,354 个全宗，总量 250 万余卷，约 4,500 万件，堪称研究中华民国史、中国现代史及各种专门史的资料宝库。

中国第二历史档案馆馆藏民国档案主要按政权性质及其先后时序区分类，有中华民国临时政府（南京临时政府）、民国北京政府（北洋政府）、广东军政府、广州国民政府、武汉国民政府、南京国民政府以及日伪政权等档案，此外还有蒋介石等个人全宗档案，从不同角度记录了 1912 — 1949 年近代中国的政治、军事、财政经济、文化教育、外交、社会等方面的情况。

一、民国北京政府档案

自 1912 年 3 月袁世凯在北京宣誓就任中华民国临时大总统，临时政府随之北迁起，又历经黎元洪、冯国璋、徐世昌、曹锟、段祺瑞、张作霖等执掌中央政权，直至 1928 年 6 月奉系军阀势力退出关外为止，北洋军阀集团控制中央政权达 16 年之久，史称民国北京政府或北洋政府。这一历史时期在民国史上是独具特色而影响深远的重要时代，生产力到生产关系、经济基础到上层建筑的逐步变革，与社会动乱、割据混战相并存，转型同过渡成为其基本社会特征，表现了中国社会近代化和文明程度不断发展的总体趋势，反映了不可抗拒的历史进步潮流。如前所述，民国北京政府中央机构及各部会在其存在、运转过程中形成了为数可观的历史档案，但由于战乱以及其他自然及人为原因散失甚多，各机构档案不甚完整，其后主要被国民政府行政院各部会对口接收，延续保存下来。

目前典藏民国北京政府时期档案（简称北洋档案）最多的机构当推中国第二历史档案馆，现有收藏共 66 个全宗，涉及当时中央机关各院部会及政治、经济、军事、外交、文教、群众运动等各方面内容。作为当时社会活动的产物及见证，它如实反映了该历史阶段的基本轨迹和发展特性，同时又因自身形成与流变的特殊情况而独具特色。

（一）**政治方面**

整个北洋时期，围绕中央最高统治权力和地方省级政治权力之争都十分激烈。在这个转型与过渡的时代里，政局极度不稳是社会最大症结所在。在北洋军阀集团达到其权力高峰的袁世凯统治时期，尚能维持一个比较松散的全国性统一政权，但袁世凯死后，北洋集团内部派系纷争愈演愈烈，直、皖、奉等派系彼此争斗而又相互勾结，根据各自军事实力交替控制中央和重要地方的政权。与此同时，中国政治也呈现多元化的趋势。民国创建后，以往传统的政治权威被打破，除了几次短暂的复辟逆流外，不同于封建君主制的民主共和新政体在形式上得以维持，并成为民主精神和原则的象征，对专制独裁或多或少地起着制约作用。民主共和已然演为潮流，故而多数北洋政府统治者不得不表面上标榜拥护共和，并利用国会、议员、责任内阁、宪法、选举以及地方议会、政党等资产阶级民主政治的旗号，纵横捭阖、争权夺利。

中国第二历史档案馆馆藏有关北洋政治方面的档案，主要存于北洋政府国务院、司法部、内务部、陆军部、京畿卫戍总司令部、筹备国会事务局等机构的档案资料中。

1. 反映了北洋政府颁布重要政策法令及中央、地方组织机构设置概况。

民国肇造后，北洋政府领导集团出台了一系列政策法令以巩固自身统治、不断强化中央专制独裁的政治体制，在政权机构的建设上则基本沿用清末新政改革官制，并进行了必要的创建工作。

中国第二历史档案馆所藏北洋政府所颁重要政策法令的相关重要档案，有袁世凯任临时大总统、大总统时期（1912 年 4 月 — 1916 年 6 月）刑法草案、文官任用法草案，国务会议通过暂行新刑律施行法草案，临时大总统公布的文官任免执行令、戒严法令，大总统颁布《局外中立条规》《关于告诫各级官员令》等。其中北洋政府多伦边防镇守使署档案中有一份 1913 年 12 月直隶都督府为印发政府大政方针所下的指令，内存经北洋国务会议议决之熊希龄内阁《政府大政方针宣言》，宣布了政府当局有关国家内政外交的大政方针。它于外交方面在总结前清外交失败经验教训的基础上，以“求外交上不复有重大问题发生，乃得集全力以整顿内治”为目标，提出“今后外交方针，惟当以两义为之纲领：一曰开诚布公，以敦睦谊也。……二曰审势相机，以结悬案也”。针对国家财政方面“中央既一无所入，惟仰给外债以度岁月，地方则又思分中央所借外债之余沥以自活”之艰险现状，主张所谓治标、治本两策同时并用，以救危亡。此外，又于实业、交通、吏治、司法、教育、立法等诸政提出整顿之法。[1]

袁世凯之后皖系、直系军阀相继把持了政权，这一时期（即 1916 年 6 月至 1924 年 10 月间）的相关档案有内务部关于结社集会应按治安警察法规定进行之布告，国务院宣布之中华民国宪法、内务部公布之宪政实施筹备委员会规程令等；段祺瑞任中华民国临时执政府临时执政时期（1924 年 11 月 — 1926 年 4 月）则有国宪起草委员会报告讨论中华民国宪法起草经过电、中华民国临时政府制修正提案，南京国民会议促成会促使政府废止治安警察法及颁布工会条例电等；1926 年初至 1928 年 6 月奉张主政（即安国军政府执政）时期的档案，有张作霖就任安国军总司令训令、就任陆海军大元帅宣言，张作霖公布中华民国军政府组织令等。

有关中央、地方机构与官制设置、制定方面的档案，前者如 1912 年 5 — 11 月间国务院官制修正草案、各部官制通则修正草案及法制局、法典编纂会、铨叙局、印铸局等官制草案，国务会议审议外交部、司法部、教育部、农林部、蒙藏事务局官制，临时大总统提请议决之内务、财政、交通、陆海军、参谋等部及顾问院、监狱官制草案等，1913 年 1 月临时大总统公布官吏服务令、划一现行中央直辖特别行政官厅组织令，1918 年院部处事务委员会

[1]《冯国璋函送国务院印发政府大政方针指令》（1913 年 12 月 11 日），中国第二历史档案馆藏北洋政府多伦边防镇守使署档案，一〇二一（2）/ 7。

章程，京畿卫戍总司令部拟订临时侦察处组织简章及侦探队组织简章等；后者如 1912 年 5 — 6 月国务会议核议之都督府、军都督府暂行条例、省县官制草案等，1913 年 1 月临时大总统公布划一现行各道县地方行政官厅组织令、京师地方警察官厅组织令、都督府组织令，1913 年 12 月公布的知事任用暂行条例及施行细则，1919 年 10 月内务部制颁地方警察局组织章程，1921 年 6 月颁定之省参事会条例等。

2. 反映了北洋时期议会及会党社团基本状况。

民国北京政府时期的绝大部分时间内均设有一院制或两院制的国会，地方上则普遍存在着省议会，名义上起着立法机关及行政监督的作用。它们作为共和制政体的主要体现，经历了曲折的发展历程。中国第二历史档案馆所藏有关北洋时期议会的档案主要见于北洋政府办理国会事务局等机构档案，详如袁世凯时期首任国务总理唐绍仪为参议院议决北迁办法致大总统电，1912 年 5 — 6 月顺天府公布直隶临时参议会选举章程等事布告，1918 年 2 月 17 日公布之修正参议院议员选举法，1925 年临时执政公布之国民代表会议筹备处条例等。

另如宪法会议讨论修正参众两院组织问题、地方议会选举和解散议院权等问题速记录，宪法会议审议会审议地方制度速记录等档案，如实反映了当时立法机构讨论、审议某些重大问题的具体程序及详情经过。其中，1915 年 5 月 6 日金永奉令严查有无党人控制选举事密呈暨大总统批令称[1]：

> 国务卿面奉大总统令：立法院为国家立法机关，其组织之良否，即国家安危所系，亦民生休戚攸关，而立法院议员为其组织之根本，故欲立法机关组织之完全，即不可不注重于议员之选举，而选举流弊不一，其端尤莫甚于以党力干涉选举，贻害无穷。前据肃政使傅增湘等呈请办理选举人员不得列名党籍，以惩前毖后之谋，为正本清源之计，业经明发明令，悬为厉禁，复饬据筹备立法院事务局呈拟办理选举人员禁止入党办法，声明倘有阳奉阴违者，查明从严惩戒等语，亦由本大总统批令允行在案。

[1]《金永密呈暨大总统批令》（1915 年 5 月 6 日），北洋政府办理国会事务局档案，中国第二历史档案馆编：《中华民国史档案资料汇编》第三辑政治（一），江苏古籍出版社，1991 年，第 377 — 378 页。

当此国步艰难，时事孔亟，国家方将赖有立法机关，以期修明法制，人民亦冀施行议会制度，以蕲疏浚群情。此次选举方法特别改良，各该地方行政长官负有监督责任，宜如何激发公诚，共维选政，但能以不党为要义，方可示天下以大公。乃筹备方始着手，而积弊竟复难除，迭据各地方密陈略称：各复选区办理选举事务所人员虽经遵令宣告脱党，而仍不免假藉政权，于援引各县所长及初选监督等职，间有暗布党员、扶植羽翼情事，名虽与党脱离关系，而实则隐相勾连，并有特设机关报，公然鼓吹，以为操纵选举之用。此类告讦之词，本大总统原不轻信，惟风来空穴，各复选监督既身为封疆大吏，于国家休戚关系较之所属办理选举人员究为密切，事后之纠察，事前之防范，在在均应格外认真，始能补救从前选举之流失。如果该管所长等员竟有结党营私意图，左右选政，则办理一失公平，其隐患之中，于国家所关匪细。特此再申密令，着各选举监督按照指示各节，切实考查所属办理选举人员，倘有上开情事，亟应严加告诫，如再故违，并须随时查明，分别惩处。至选举违背法令，该筹备立法院事务局依法本有纠正之责，仍着认真考核，毋稍瞻徇，总期此次选举弊绝风清，方不负国家注重立法机关之至意。此令。

3. 反映了二次革命后，袁世凯不仅下令解散国民党，通缉著名党人，更在立法院议员选举问题上对国民党人加紧排斥与打击。

1915 年 2 月 20 日，直隶复选区选举监督朱家宝在为防止国民党人被委办理选举事复筹备立法院事务局的咨文中，更述及两者在争夺立法权问题上的尖锐对立，反映了国民党人在国民党被宣布解散后，仍采用议会选举等合法形式坚持斗争[1]：

……现据各处报告：从前已经解散之党，其暴乱分子每以现无党籍得被委用，甚者暗结团体，猛厉进行，意图操纵选举等情，如果不虚，实足为选举之累。查此次限制党员操纵选举，原所以求选举之公平，若如各处报告所称情形，不特将来实行投票

[1]《朱家宝复筹备立法院事务局咨》（1915 年 2 月 20 日），北洋政府办理国会事务局档案，《中华民国史档案资料汇编》第三辑政治（一），第 376 页。

之日难语公平，且将酿成巨患。况稳健党员虽一律责令脱党，而暴乱分子反得暗相结合，意图利用公权，亦无以服众心而维正气。亟应严行考察，以免隐患潜滋。应请贵监督于所属办理选举人员细加考察，如上项情事者，即从速撤换，并于考察后将办理情形电知本局，俾便查考。以后任用此项人员，责任纯在监督，委任以前务望切实考其行谊，委任以后尤应随时察其行为，务求无党无偏，以仰副大总统慎重选举之至意。凡属宗旨不甚可信之人，万不可以其现无党籍，遂谓与法令相符。

至秘密结社，依照治安警察法所定，本有禁止专条，在办理选举内，尤应严行防范。倘有暴乱党徒于奉令解散后，现仍暗结团体，希图干预选政，即属不法行为，应请贵监督严密侦查，依法惩办。此种情事不特妨害选举，且于国家政治前途、地方治安大局有莫大之关系。特此密电，请查照切实办理为要。……

在辛亥革命的冲击下，北洋时期封建专制势力的政治思想统治已不复严密，人民参加政治生活的积极性普遍高涨，尤其是五四期间，代表各种社会思潮的政党、社团大批涌现，成为北洋时期最引人注目的政治现象。中国第二历史档案馆所藏北洋时期部分档案即充分反映了民初会党勃兴这一特点。

4. 涉及北洋时期党派社团及会党起事的档案。

政党类有沈定一所创公民急进党、江亢虎创办的中国社会党以及维持社会党、宗社党、民主党、共和党、进步党、公民党、新同盟会、中华国民社会党、再造党、中华民国工党等，社团类则有晏起等组织的共和实进会、孙武等发起之群进会及共和统一会、中华民族大同会、五族联合会、民权协进会、社团改进会、政法研究社、宪政讨论会、全国军人同德会、国是商榷会等。其中无政府主义党团档案较多，如中国无政府主义创始人刘师复所著《无政府浅说》《无政府共产主义释名》《无政府共产主义目的与手段》，关于《晦鸣录》创刊及发起心社的启事，无政府共产主义同志社宣言书等，对中国无政府主义的缘起、宗旨与手段加以详述。还有北洋政府国务院、交通部、内务部、京师警察厅等查禁鼓吹无政府主义学说之各类宣传印刷品的训令、函电以及卢永祥、杨增新等人及有关机构关于无政府党人在各地活动情形的报告等，为研究无政府主义在中国进行传播、开展活动及遭受政府当局防范镇压的经过详情提供了第一手资料。此外，从馆藏全国各地军阀向中央政府呈报的有关当地会党密谋起事及剿办经过的众多电文中不难看出，社会下层民众纷起反抗北洋军阀的统治，或联络配合革命党人武装起事，会党斗争此起彼伏，凸现了北洋时期社会矛盾及斗争之尖锐。

5. 较完整地反映了北洋时期政潮迭起、内阁更替的实情。

北京政府时期，官僚、政客争权夺利之激烈，总统、内阁变换之频仍及由此而造成政局之动荡史所罕见，16 年间先后变更了 13 届国家元首（包括总统、临时执政、大元帅、摄政内阁），46 届内阁（包括代阁），更迭总理多达 59 人次，而其中任期最长者不过 1 年，最短者竟只有 1 天，阁员更是频繁更换。据中国第二历史档案馆所藏北洋政府大总统府、国务院、陆军部、步军统领衙门、京畿卫戍司令部、江苏督军署、督办边防事务处、多伦边防镇守使署、冀南镇守使署、热察绥巡阅使署、直鲁豫巡阅使署等机构的相关档案揭示，在北洋时期大大小小历次政潮中，冯国璋、曹锟、王怀庆、蔡成勋、倪嗣冲、张怀芝、熊希龄、吴景濂、张伯烈等各派代表人物往往为谋一己私利，党同伐异，安插亲信控制内阁，反对派则藉机攻讦倒阁，无所而不用其极。袁世凯当政时，就亲自导演过八次阁潮，为其实现帝制自为扫清了障碍。北洋系与反北洋势力及北洋内部派系之间的斗争贯穿了北洋历史的全过程，各种势力相互较量权衡，导致政权纠纷与更替不断，社会政治秩序严重失控。

如 1917 年 7 月 10 日，徐树铮在其致冯国璋密电中曾就组阁选人名单问题陈述己见，提出不应偏重党会而以能否加固北洋军派为标准。电文如下[1]：

特最急。南京。大总统钧鉴：特密。青电谅蒙俯察，发后谒总理，切陈阁员之组织，第一重在选才，选才之要，应向人民国家计当否，不应专向党会求妥适，而目前要义，尤在能否为我北洋军派增长团结之度，我北洋军派是否愿为出力奉依政纲，若前日之名单偏重党会，是否相宜？其中虽一二人，不妨撇去党会干连拔而用之，而其人有无行政经验？其往绩可考者

[1]《徐树铮致冯国璋密电》（1917 年 7 月 10 日），中国第二历史档案馆藏北洋政府大总统府档案，一〇〇三 / 314。

为良为庸？姑皆勿论，但问其所主持究竟能否与我北洋军派呼吸一气，此不得不考之于先也。党会之才，备我赞佐，可也，将举我而听诸党会之操纵，不可也。用一人而方面吏相庆，虽党会怨言，可也；用一人而相庆者在党会，而方面吏或容有所议、或姑置不言，皆不可也。此时政变未定，兵尚在外，西南事衅，旦夕必发，似尤当注重整纲饬纪、理烦治剧之才，姑不必听容多论少功之人持索高位，俾爱我者闻而短气也。总理答言：俟看南京复电何如再议。谨此陈闻。树铮。蒸。印。

由此可见，段祺瑞、冯国璋等皖、直军阀头目公然打着讨伐张勋复辟的堂皇旗号，私下则藉“再造共和”之机为重新瓜分权力而密谋。丁巳复辟失败后，段祺瑞继续出任国务总理，黎元洪则通电辞职，由冯国璋继任总统，中央大权再次落入北洋军阀手中。电文充分说明，北洋各派军阀视内阁席位之分配为巩固北洋统治、平衡各派势力的有力工具。

再如直皖战争后，直奉两派共同把持北京政府。1921年底旧交通系梁士诒在奉张支持下出任国务总理，梁组阁后出台了一系列亲奉抑直的举措，因而招致直系军阀的强烈反对和攻击。吴佩孚借口山东胶济路案问题大造舆论，借倒阁以反奉。他率齐燮元、陈光远、萧耀南、冯玉祥、刘镇华等直系将领发表倒梁通电，在电文中指责阁揆梁士诒“行为悖谬，腾笑友邦，宣战国民，目无元首，视疆吏若刍狗，藐舆论为流言，法纪沦亡，廉耻道丧，斯而可忍，何以为国”，并请“立罢梁士诒，以谢天下”[1]。奉系首脑张作霖则不得不亲自出马为梁内阁辩护，称“事必察其有无，情必审其虚实。……倘彰纪不明，是非莫辨，国民人心不死，爱国必有其人。作霖疾恶素严，当仁不让，亦必随贤哲之后，而为吾民请命也”[2]，对直系加以还击。中国第二历史档案馆内所藏相关电文，集中反映了1922年1—4月间直奉双方就梁阁办理鲁案问题相互攻讦、大打“电报战”的情况。直奉两派针锋相对，矛盾日趋尖锐，终以此为导火索爆发了第一次直奉战争。

---

[1]《吴佩孚等关于推倒梁士诒电》(1922年1月19日)，北洋政府热察绥巡阅使署档案，载《中华民国史档案资料汇编》第三辑政治（一），第188页。

[2]《张作霖通电》(1922年1月30日)，中国第二历史档案馆藏北洋政府陆军部档案，一〇一一（2）/410。

6. 较为清晰地勾勒出北洋时期重大历史事件的脉络情形。

北洋时期发生过一系列曾经影响政局甚至决定政治走向的重大历史事件，中国第二历史档案馆所藏相关档案散见于北洋各机构及部分人物档案全宗。例如：

反映民初轰动一时的张振武、方维被杀案的档案，有张伯烈等质问政府枪杀张振武七点意见函，徐树铮等表示支持黎元洪的函，孙武、蒋翊武为张、方被杀事致黎元洪的函，参议官钱芸生致黎元洪有关赴京疏通并调查各方动态的函等；

关于宋教仁被刺案的档案，有洪述祖日记残稿，大总统秘书厅为取缔抨击宋案各报致内务部密函，内务部、司法部为京师警察厅派员赴沪引渡洪述祖事来往函件等；

关于洪宪帝制的档案，有袁世凯为变更国体问题致参政院训词，筹安会主张实行君主立宪制通电，地方军阀分别报告各省投票赞成君主立宪推戴袁世凯为帝情形电及袁世凯“推辞”称帝申令，重庆《商务日报》刊载之各界对于帝制问题的反应与意见等；

关于护国运动的档案，有同盟会骨干吕志伊所拟反袁称帝五条意见致各国公使领事照会稿，唐继尧、蔡锷等声讨袁帝制自为通电，云南护国军伤亡将士给恤办法要略等；

有关府院之争的档案，则围绕新旧约法、海军独立、参战之争、督军团及解散国会等问题展开，包括冯国璋为请政府与国会早定宪法致黎元洪、段祺瑞等电，段祺瑞就海军部对待独立海军方法致冯国璋电，大总统发表对德绝交及宣战布告，冯国璋拟最近外交意见书，广西省议会等声讨倪嗣冲、陈树藩等独立致黎元洪等电，黎元洪命张勋来京令稿，张勋要求解散国会并俟调停就绪请各军回原防通电等；

反映张勋复辟闹剧的档案，有北京九门提督陈光远报告张勋在京复辟活动致冯国璋电，张勋历述复辟问题抄电，谭延闿、陆建章、徐绍桢、张敬尧等人发表的反对复辟或率兵讨逆电文，段芝贵关于讨逆战斗情形的详报等；

事关 1919 年南北议和（北方称之为南北和平会议，南方则称上海会议）的档案，有和平会议纪事，徐世昌大总统对南北议和之态度令，吴佩孚、曹锟、岑春煊、熊希龄等人有关南北议和的通电等；

废督裁兵方面的档案有冯玉祥、陈光远拥戴黎元洪废督裁兵通电，卢永祥宣告先废督后裁兵通电，曾昭琪等发起四川公民实行废督裁兵请愿团通电；关于曹锟贿选方面的档案，有姚锡光筹组国民促进选举会以监督两院确保曹锟当选电，京畿卫戍总司令部侦察处长王光宇报告曹锟暗派心腹进行贿选活动、来京就职暨北大学生会反对曹锟贿选等情报，吴佩孚等庆贺曹锟当选总统电；

关于北京政变的档案，有黄郛摄政内阁公布“修正清室优待条件”文，段祺瑞就任临时执政并发表国是主张通电，临时执政公布组织中华民国临时政府制令等；

关于善后会议的档案，有 1924 年 12 月 24 日公布的“善后会议条例”13 条，段祺瑞善后会议演说词，善后会议月议事日程（1925 年 2 — 4 月）暨议案总目等。

（二）军事方面

自 1895 年袁世凯小站练兵到 1928 年北京政府的最后一个统治者张作霖被迫放弃中央政权为止，北洋军阀集团经历了一个由兴起形成，到发展至高峰，直至衰亡覆灭的历史过程。北洋集团在袁世凯统治时期的 1912 — 1916 年尚能保持形式上的统一与稳定，内部相对团结而有一定的凝聚力，但袁世凯统治崩溃后，北洋集团内部丧失了象征一尊的权力重心和精神领袖而形成分裂局面，不同派系间争权夺利以至兵戎相见，军阀割据与混战连年不已。尤其是直、皖、奉三大派系以军队、武器为其命脉，以争夺权力和地盘为目标，直接利用军队镇压人民，排除异己。

中国第二历史档案馆所藏北洋时期相关军事档案主要集存于北洋政府陆军（军事）部、国务院、参陆办公处、内务部、大总统府、临时执政府、京畿卫戍总司令部、步军统领衙门、热察绥巡阅使署、直鲁豫巡阅使署、督办边防（参战）事务处、云南省长公署、云南省政府秘书处、外交部云南特派员公署等机构、国民政府国史馆及北洋零散军事档案汇集中。

1. 反映了北洋时期陆海空军的部队军制情况。

北洋军阀无不靠军事实力起家并维持其统治，故而对中央与地方部队之建设均相当重视，北洋时期还效法西方进行军事改革，进一步完善部队编制，推进了中国军事近代化的发展。陆军方面有关于包括参谋本部、陆军部、军事部、训练总监部、将军府、陆军各学校等在内的中央军事机关设置情况的档案；有关于北洋各时期陆军及禁卫军、拱卫军编制情况的档案；有关于中央各师及暂编各师、中央各混成旅及暂编各混成旅、中央各骑兵旅等编练及其主官任免情况的档案；有关于各省陆军编练及其主官任免情况的档案；还有毅军、振武军、参战军（1919 年 8 月改为边防军）、西北边防军、国民军、安国军、直鲁联军、五省联军、讨贼联军等其他陆军编练及其主官任免情况的档案；有关于巡阅使、都督（曾先后改称将军、督军、督理、督办）、都统、护军使、镇守使、陆军检阅使、长江上游总司令等各省区军事机构设置情况的档案；有关于补官、任职、教育、校阅、军法、奖恤、征募、测量、军械、礼节、调查统计、卫生、机构等诸多陆军规章制度的档案。

海军方面有关于包括海军部（署）及其所属各机构、海军总司令处（公署）、海军各舰队（艇）、各学校等在内的海军机构设置、编制以及主官任免情况的档案；有关于海军经费、军旗、规章制度的档案。航空方面有关于航空官制及条例、航空主官任免、整顿航空、开辟航线、购买外国飞机、聘用外员以及外国飞机来华飞行等情况的档案。

2. 反映了北洋时期历次重大军事行动的详情。

反映北洋时期历次重大军事行动的相关档案中，有关白朗起义的有 1913 年 6 月 20 日黎元洪为白朗起义军力量强大需联合围剿致袁世凯电，1913 年 7 月 28 日袁世凯为白朗起义军连攻连捷下令镇压密电，有关方面报告白朗军在豫鄂陕甘各地作战与活动及北洋军调动进剿等情况的函电等，内务部关于孙文派人与白朗联系及起义军反帝等情训令（1914 年 3 月 19 日）、统率办事处命令各军在白朗起义军活动地区分路搜索密电等档案，则反映了白朗军发展与最后失败的情况。其中统率办事处在 1914 年 8 月 15 日致开封巡按使田文烈、陆军第八师师长王汝贤、许州护军使赵倜、南阳镇守使吴庆桐等人的密电中转达袁世凯训令，内称[1]：

> 河南土匪本系小丑跳梁，该省原有一师一旅暨巡防各营，足以剿平，乃增以赵倜所部五千，吴庆桐所部五千，唐天喜、徐占凤所部各十营，王汝贤、张敬尧所部各五千，总计中央派往之兵已逾三万，而事数月，迄未能一律肃清，古今中外，无此笑柄。

[1]《统率办事处转达袁世凯密电》（1914 年 8 月 15 日），中国第二历史档案馆藏北洋政府陆军部档案，一〇一一（2）/ 622。

> 该使等身当重寄，能无愧赧？推原其故，因由军队多不得力，亦由地方官捕务废驰，纵盗殃民，言念及此，殊堪痛恨。各军队分驻各县，匪来抵御，匪去偷安，而地方官复诿卸军队，毫无振作，照此治匪，焉有了期？仰田巡按使妥选精干知事前往各县，各给小队固守本境，如有失事者，以军法从事，并择要酌驻军队策应，另编游击支队分投搜捕，辅以认真办理清乡，匪自不难平靖。现值海疆多事，断无许多兵力留豫协剿，贻误大局。除张敬尧已有令调京外，王汝贤不日亦须移调，即责成田巡按使、赵护军使、吴镇守使就现有兵力认真搜捕，克日肃清。倘再迟延，定惟该使等是问。凛之慎之。

在对义军极尽诬蔑之同时亦感危惧不已，足见白朗起义对以袁世凯为首的北洋统治者打击之沉重。

宁赣之役方面，涉及江西讨袁起义的档案有 1913 年 6 月袁世凯罢免赣督李烈钧之临时大总统令，柏文蔚关于交卸皖督及辞陕甘筹边使致段祺瑞等电及众议院议员为罢免赣、粤、皖三省都督之职所提质问书，袁世凯为明令褫夺李烈钧官职并对黎元洪表示褒奖的密电稿、陆军第六师旅长马继曾关于部署各路兵力堵剿反袁军密电等有关湖口首义举兵反袁和北军围剿讨袁军战斗经过的档案；涉及南京讨袁起义的档案有 1913 年 7 月黄兴就任江苏讨袁军总司令通电、山东都督府参谋长蒋廷梓关于北军与反袁军激战徐州经过及后者失败原因等情致段祺瑞呈，还有北洋军队围攻南京时陆军第五师旅长施从滨所呈逐日战斗详报、冯国璋关于各路北军会攻南京战斗情况密电、陆军第三师参战阵中记事录、讨袁军第八师师长陈之骥关于取消独立并电促苏督程德全回宁电、江苏宪兵总司令茅乃封关于南京两次独立并请冯国璋派兵痛剿电，以及山东兖州镇守使田中玉等为南京兵燹之后北军骚扰惨状致段祺瑞函等揭示北军进入南京城后烧杀抢掠罪行的档案。此外还有反映安徽、上海、湖南、四川、广东、广西等其他省份纷纷独立、响应讨袁情况的档案。

涉及护国战争的档案，举其要者有 1915 年 12 月唐继尧、蔡锷等声讨袁世凯称帝罪行并请共兴义举推倒袁氏电、1916 年元旦云南都督护国首义誓师文、朱德陈述 1916 年 4 — 5 月所部作战经过与唐继尧来往函、1916 年 5 月 7 日滇、黔、桂、粤四省都督公布军务院组织条例宣言书通电等；另有关于云南首义及护国军军政府方面的档案，反映福建、辽东、潮汕等各地护国军响应起义及北军开入川湘抗拒护国军情况的函电等；有关袁世凯被迫取消帝制及其死后政局方面的档案，则有袁世凯被迫宣布缓办帝制申令及宣布撤销承认帝位案申令，反映冯国璋、李纯、张作霖、张勋等北洋军阀对袁复任总统态度的函电，唐继尧、岑春煊、吕公望、康有为等迫袁退位的各种函电，等等。

护法战争方面的档案，有1917年8月11日西南代表崔文藻陈述与孙文等密议成立政府密电、9月2日国会非常会议宣布《中华民国军政府组织大纲》电、徐树铮转报军政府成立后孙、陆矛盾尖锐密电稿等；有关军政府成立的档案有长沙督军傅良佐、曹锟、倪嗣冲等先后率北军入湘同护法军作战、奉军藉南下"援湘"向关内发展势力，粤桂冲突与"援粤""援闽"战事以及北军进攻陕西、鄂北，川省纷争与北军入川等；关于1917—1918年南北战争等情况的档案，有北方探报军政府内部矛盾等情密电、国会非常会议请岑春煊等速就任总裁职电、1918年7月吴佩孚转达陆荣廷对西南军政措置及国会召集问题意见的密电，唐继尧为国会非常会议通过修正军政府组织大纲电等有关军政府改组情况的档案。

3. 反映了北洋时期历次军阀割据混战的具体经过及详情。

在反映北洋时期直皖战争、两次直奉战争、两次江浙战争与奉浙之战等历次主要军阀战争情况的档案中，涉及直皖战争情况的档案，于战争启幕阶段有吴佩孚撤防北归、制造驱逐徐树铮解散安福系舆论的系列函电，1920年7月段祺瑞声讨曹锟、吴佩孚的檄与通电，张作霖入关参加助直倒皖战争及宣布出师通电等，战争进展期间则有曹锟等宣布直皖战况与皖军败北通电，陆军部参事齐振林就直皖之战分析各派系得失利弊及大局动向函等，以及战后查办皖系将领、严缉安福祸首的布告与函令，京兆尹王瑚呈报直皖战争中京兆所属各县遭受损失情形等档案。其中，1920年7月23日广东省议会在其致社会各界的通电中，强烈反对调遣皖系边防军移作内争并谴责日本插手直皖战争。电文如下[1]：

北京徐菊人先生、萨鼎铭先生、各部院、驻京各国公使、上海和会代表、广东军政府岑总裁、各总裁、各部长、参众两院、

[1]《广东省议会通电》（1920年7月23日），中国第二历史档案馆藏北洋政府内务部档案，一〇〇一（2）/1213。

云南唐总裁、南宁陆总裁、各省督军、省长、省议会、教育会、商会、各报馆公鉴：世界趋势，倾向和平，中国现情，急谋统一。前闻边防军有内调消息，本会重友邦之信义，痛内乱之发生，曾于蒸日通电阻止。查边防军由日本供给军械，并由日本兵官助其编练。日本曾有宣言，谓不用以对内。近日内部政争，京畿变起，日公使及外务大臣复宣言严守中立。不料边防军竟调遣入内，与直、奉军队交绥。且昨阅报章，皖军有日本军官加入，败溃之时，被获三人。京奉路线，直军炮队，为日本卫队司令拒却开离，而皖军进占，未闻阻止。恶耗纷传，群情震骇。此次边防军之对内举动，固属增长内患，妨害外交。而日本之干预行为，如果报载属实，即系违背宣言，有乖信义。日本与中国素称亲善，似不至有所偏袒，参加国内战争，使中国日陷危亡，侨民同蒙损害。惟是遐迩传说，中外惊疑。本会以兹事关系中华治乱，初无南北之分，况惹起国际问题，更惕兵戎之祸。谨代表民意，越分陈词，恳请主持公理，阻止边防军移供内争。并请驻京日使，力践迭次宣言，俾战祸不至处长，邦交益形辑睦。中国幸甚。广东省议会叩。漾。省署代印。

涉及第一次直奉战争的档案，有 1922 年 4 月张作霖宣布率师入关以武力为后盾解决时局通电，吴佩孚等宣布张作霖十大罪状并对其作战通电，第一次直奉战争有关兵灾函呈（1922 年 5 月），1922 年 6 月直系探员李元德关于日人在山海关助奉作战及奉张联合各派系反直计划报告，直军总司令部事前筹备及布置各军情形并运用各费报销数目底稿（1923）等。

第一次江浙战争的档案，有 1923 年底孙传芳为主张采取调离或武力办法对付浙督卢永祥与吴佩孚来往密电、战前有关齐卢双方联络各方及调兵遣将积极备战等情函电、战争爆发之初双方互相声讨指责的通电、吴佩孚关于江浙战争爆发后加派鄂鲁等省军赴苏援助等情与总统府军事处往来密电，以及有关江浙战事情报的函电等。

第二次直奉战争的档案，有此战前后王怀庆、曹锟、吴佩孚等关于直奉双方调动兵力的系列函电、1924 年 9 月 18 日吴佩孚就任讨逆军总司令通电、直系方面关于日美法等列强对直奉战争态度情报的函电、1924 年 10 月冯玉祥、胡景翼倒戈回师北京组织国民军的通电、直系关于冯玉祥倒戈反直在北京等地军事行动的报告、1924 年 11 月张作霖、冯玉祥等公推段祺瑞为中华民国临时执政暨段祺瑞宣誓就职通电，以及中华全国商会联合会评议会主席安迪生请赈济第二次直奉战争热河兵灾致执政府呈等。

涉及第二次江浙战争与奉浙之战的档案，则有安徽省省长王揖唐等关于齐燮元联络孙传芳合组江浙联军反奉攻沪等情致北京执政府军务厅密电、张宗昌等报告攻占无锡苏州及浙军阻止奉军至上海北站下车等情致执政府等电、外交部录送公使团关于中国军队在上海开战不准进入外侨住所或租界附近照会致军务处公函、有关孙传芳与卢永祥争夺淞沪管理权与上海撤军善后事宜密电、穆藕初请撤退驻无锡奉军以恢复工商营业致段祺瑞呈（1925 年 2 月）、江苏兵灾各县善后会请求筹款赔偿江浙战争遭受兵祸损失致执政府呈（1925 年 3 月 24 日）、讨贼联军总司令吴佩孚声讨奉军南侵屠掠直鲁苏皖人民等情通电（1925 年 10 月 24 日）以及有关孙传芳举兵讨奉战况的函电等。

以上档案从不同方面反映了这些战争从酝酿、爆发到进展、善后等各阶段的经过情形、战争背后帝国主义列强势力的角逐较量以及战争对地方人民生命与财产造成的巨大破坏。

此外还有关于直鲁奉军阀以“反赤”为旗号联合进攻北方国民军和南方革命势力、北洋军阀抗拒国民革命军北伐及其失败经过的档案，以及湘鄂川战争，闽省、川省派系混战，赣省、豫省混战，奉直军入陕与靖国军战争等南北战争及各地军阀割据混战情况的档案。

（三）经济方面

北洋时期是近代中国在半殖民地半封建的历史背景下，从家庭手工业向近代工业化迈进、从自给自足的自然经济向近代商品经济过渡的时代，也是外国资本主义、帝国主义对华侵略不断加剧的时代。由于辛亥革命削弱了封建专制主义势力，资产阶级的社会地位有所提高，他们组织实业团体，从经济和舆论方面向北洋政府施加压力，促使其推行保护工商业的政策。而一些资产阶级代表人物，例如著名实业家张謇、周学熙等，也跻身政界，或担任农林、工商（农商）总长，或掌握地方要政，主持制定了不少有利于发展工商业的法令、条例，对当时社会经济的发展起到了保护和鼓励作用。

中国第二历史档案馆所藏北洋时期的相关经济档案，主要见于北洋政府农商部、财政部、币制局、内务部、国务院、司法部、主计部、筹备国会事务所、交通银行、国民政府财政部、主计部（处）、关务署重庆关、中央盐务总局等机构档案以及北洋政府公报中。

1. 反映了民国北京政府时期与经济建设有关的政府组织机构以及相关经济政策规章。

北洋时期，与经济建设有关的政府机构主要是农商部。袁世凯当政后，将南京临时政府的实业部分为农林、工商两部。1913 年 12 月张謇出任两部总长时，北洋政府应其呈请将农林、工商部合并为农商部。1927 年 6 月，张作霖在北京组织安国军政府时，国务院将原农商部职责划归实业、农工两部分管。中国第二历史档案馆所藏相关档案，包括 1912 年 8 月 8 日北洋政府公布之工商部官制，1913 年 12 月及 1914 年 7 月公布之修正农商部官制，1914 年农商部公布之该部分科规则，大总统公布之矿务监督署官制令，全国水利局总裁张謇拟订各省水利委员会组织条例，1915 年农商部权度委员会章程、财政部拟订之采金局暂行章程，1923 年 5 月 5 日农商部公布之商标局暂行章程、修正农商部分科规则等。

民国北京政府还出台了一系列有利于经济发展的法规政令与章则制度，为发展资本主义经济提供了法律依据和保障。

关于这一时期政府制定与实施的农业方面法令规章的档案有：1912 年农林部公布之农会暂行规程及其施行细则，1914 年大总统公布之（修正）国有荒地承垦条例、植棉制糖牧羊奖励条例及其施行细则、公海渔业奖励条例，1915 年大总统公布之森林条例、造林奖励条例，农商部拟订之棉糖林牧畜各试验场相关规则，1923 年农商部公布之农作物病虫害防治规则、修正农会规程及其施行细则，1924 年农商部公布之农作物选种规则，1926 年大总统公布之渔业条例等。

关于国内外商贸方面法令规章的档案有：1914 年大总统公布之（修正）公司条例令及其施行细则、商人通例及其施行细则、公司注册规则及其施行细则、商会法及其施行细则，农商部公布之商业注册规则及其施行细则，1915 年大总统公布之权度法及其施行细则、农商部关于扩张华茶输出给各地商务总会的饬令，1918 年农商部公布之修正工商同业公会规则及其施行办法、农商部与财政部会拟之中华贸易公司章程，1920 年 3 月特派实业专使总公所劝办实业之通告，1923 年农商部公布之修正公司注册规则及其施行细则、修正公司条例、商标法及其施行细则，1927 年农工部公布之毛革肉类出口检查所章程，1928 年大元帅公布之专卖特许条例等。

关于工矿业方面章则制度的档案有：1913 年 7 月 13 日临时大总统关于修订各项经济法规以利实业发达令，1914 年大总统颁布之公司保息条例、制盐特许条例、矿业条例及其施行细则，农商部公布之矿业注册条例及其施行细则，1915 年农商部拟订之劝业委员会章程、审查矿商资格规则及其颁布之小矿业暂行条例，该部为大总统批准自制工艺品七宗减免关税及严禁法定注册费外勒索商民致各省巡按使等咨稿，熊希龄关于修正筹办全国煤油办法大纲及办理热陕油矿善后办法的呈，1922 年 7 月农商部与陆军部会拟之钨矿暂行各章程，1923 年农商部公布之暂行工厂通则、矿业保安规则、矿工待遇规则与煤矿爆发预防规则等。

举上种种劝导实业的经济措施调动了民间兴办企业的积极性，在一定程度上为中国近代经济的发展扫除了障碍。

2. 反映了这一时期农工商矿业的基本发展状况。

民国北京政府时期，在社会历史大背景与相关政策措施的刺激下，资本主义经济在中国得以发展壮大，尤其在工矿业等方面取得了长足进步。反映北洋时期农商业发展概况的档案，有北洋政府税务司呈拟之中国年度通商海关各口华洋贸易情形总论，1914 年度山西、山东、直隶、吉林、黑龙江、奉天、江苏、浙江、湖南、甘肃等省实业厅填报该全省各县农户及田地统计表、农业调查报告书等，黑龙江矿务概况（1915），农商部抄送之全国铜矿调查表册（1915 年 5 月），饶州及景德镇之陶瓷业（1918），农商部历办农垦机关概况（1919），中国驻朝领事馆关于中朝贸易状况的商务报告书，中国各种植物油产销调查报告（1923 年 4 月 5 日），农商部统计科编制之年度全国物价统计表，农商部所撰中国对外贸易概况稿，1926 年 4 月商品陈列所撰中国棉业之状况调查报告，1927 年 1 — 9 月上海服用品零售市价表，1901 — 1927 年间农林牧渔公司简表等。此外还有关于全国各地遭受水旱风虫兵匪等灾害情形以及办理赈济情况的档案，以及各地农会、商会等团体及个人关于发展农商、实业改良等问题的条陈、意见书或提议案等。

这一时期，中国近代工业中发展最快、进步最大的当推轻工业，尤以纺织和面粉工业为主，成为我国民族工业的两大支柱，而钢铁、机械、电力、水泥等重工业也有所发展。反映北洋时期工矿业发展状况的档案，有相关人员调查南通大生纱厂、河南广益纱厂、华新纺织公司等纺织企业营业与办理情形的文件资料，农商部撰写之《中国南部之糖业》稿，中国铁煤矿纪要稿（1915），简玉阶陈报南洋兄弟烟草公司创办始末及经营状况函（1916年6月14日），中国重要铁矿分析摘要（1917），1918年2月农商部矿政司编《钨矿概说》,《东三省面粉业之状况》(1921年8月9日)，湖北官矿局派员调查汉口造纸厂情形并拟具整理办法条陈（1925年10月），农商部工商司关于各地面粉工业之调查报告（1924—1926），商品陈列所关于满洲面粉业产销情形之调查（1926年4月），1926年唐进撰写之《我国工业概况与劳动情形》等。其中馆藏北洋政府农商部档案之《吾国面粉业之调查》(1924年7月）中曾述及20世纪20年代期间中国机器面粉业发展的兴旺景象[1]：

> 面粉为吾国所经营之新式工业，前数十年无所谓面粉也，即有之，亦不过乡农以人畜之力为小规模之磨面，以销售于本地市场而已，从未闻有面粉厂之设立，藉机器以生产为大规模之营业者也。然面粉业虽属后起，而进步之速则一日千里，较之旧式工业殆有过之而无不及，且经营之者华人为多，故益足以鼓起国人之兴趣，因而成绩斐然，蒸蒸日上。观于十余年前之面粉厂仅三十有八，而现增至一百三十三所；十余年前之面粉厂，每日至多生产不过四千袋，今则已增至万二千袋者，从可知矣。矧昔日所产之面粉品质不良，仅能供本地之消费，毫无输出之价值，故恒输入超过；今则品质改进，不惟可供国内之消费，且能行销外国，反由输入国一跃而为输出国，则面粉业之方兴未艾，竿头日上，已较他业为进步矣。

反映了北洋时期中国机器面粉业从无到有、突飞猛进的发展状况。北洋政府农商部档案中还收藏有多份各地矿商向该部申请办理矿务、给予备案的

[1]《吾国面粉业之调查》(1924年7月)，中国第二历史档案馆藏北洋政府农商部档案，一〇三八／2113。

相关文函资料，从一个侧面反映了 1914 年矿业条例颁布后极大刺激民族资本投资于矿业的积极性，许多私人从农商部领取矿照，获准办矿，促进了中国煤铁及有色金属等矿产事业发展的情况。

北洋时期中国民族资本主义尽管取得了较大发展，但由于挣扎于帝国主义和封建主义的夹缝中，发展程度受到相当限制。兹举一例以见一斑：1924 年 9 月江浙丝绸机织联合会在全国实业代表会议上发出提议案，为日商恃特权“欲绝我地方大宗实业之命脉”而吁请当局对当地丝绸机织业予以维护，通过外交手段进行交涉以关闭该日商在吴县租界设立的茧行[1]：

> 窃维江浙实业，以丝绸为大宗，丝绸织品以鲜茧缫丝为原料，夺其原料不啻绝其命脉。是以十年三月，敝会呈准大部颁发第五百号部令，订定整顿蚕桑丝绸办法之条。其第一条载明，江浙两省，杭、嘉、湖、绍、宁、苏、常、镇、松九旧府属，不准添设茧行、茧灶，以裕机织原料等语。法令何等重要，不意近有无赖华人贿嘱日人出面，在吴县盘门外青阳地日本租界内，创立绪纶茧行，并设瑞丰分庄，专收苏州各乡蚕户之茧。迭经敝会联合各公团纷电官厅，严重交涉，迄今无效。查苏州吴县为苏省丝绸机织各业荟萃之区，开设茧行本有特别限制。日人向称与我亲善，不应在此丝织业最盛之区专夺我相依为命之原料。况值近年我国丝荒之际，工人本多失业，而该茧行竟在吴县中心地点公然吸收原料，欲绝我地方大宗实业之命脉。设因此而激成众怒，酿成重大交涉，试问驻苏日领是否独负其责？且该茧行恃租界护符，对于贴税、正捐、杂税等项，一律抗避，仅纳干茧百斤、出口税银三两，便可直运国外，其妨害我国税收尤巨。为驻苏日领计，亦何苦为此骪法华人抗庇袒护，以重伤地方工商人民之感情。为此谨将吴县向来特别限制茧行情形，提出议案，务乞本实业会议公决，咨请外交部迅向驻京日使提出交涉，务饬驻苏日领迅将该茧行勒令停闭，以维实业而睦邦交。是否有当，伏候农商部实业会议公决。

[1]《全国实业代表会议提议案》（1924 年 9 月），北洋政府农商部档案，载《中华民国史档案资料汇编》第三辑工矿业，第 227 页。

3. 反映了民国北京政府时期财政金融概况。

北洋时期由于各省实行封建割据，不再向中央解款，以致中央财权旁落，北京政府财政收入来源枯竭，除增加苛捐杂税外，只得靠滥借内外债度日，因此急于收回地方财政大权，建立中央集权的财政体制。1912 年 7 月，财政总长周学熙着手于各省财政司外另设国税厅，由中央直接经管国家税，地方税仍归各省财政司管辖。1914 年取消国家税与地方税，各省国税厅与财政厅合并成立财政厅，直属于中央财政部，标志着完全中央集权财政体制的建立。

有关北洋时期金融状况的档案有：1912 年 9 月财政部关于设立银行号暂照前清度支部各种银行则例及注册章程办理令稿，1913 年参议院常会议决之中国银行则例，财政部公布之中国银行监理官服务章程与各省官银钱行号监理官章程，1914 年公布之国币条例及其施行细则，大总统公布之交通银行则例，财政部、农商部呈准之劝业银行条例，1915 年财政部抄送之农工银行条例及其呈准之取缔纸币条例，1916 年 12 月财政部订定之银行稽查章程，1918 年 8 月大总统公布之币制局官制暨金券条例，财政部改订之银行公会章程，1924 年财政部查验银行资本章程，1927 年财政部订定之银行注册暂行章程等。有关于国内重要银行金融活动的档案，如中国银行、交通银行及其推行中交钞票、两行停兑与整理京钞以及中交挤兑风潮，平市官钱局及其发行铜元券情形、农工银行及其存放款等，以及关于铸币制钱、造币厂与铸政、纸币印刷管理与发行流通、地方金融币制等。此外还有相关部门与个人筹议币制改革、改良银行制度的意见书或呈议等。

反映北洋时期财政状况的档案有：1912 年各省国税厅官制草案、财政部官制、贴用印花税票细则，1913 年财政部交议之盐税法草案，1914 年大总统公布之会计条例令、所得税条例、验契条例、制盐特许条例、矿务监督署官制，财政部拟定之官产处分条例及其公布之稽核印花税办法大纲，1915 年盐务署拟定之修正盐税条例、财政部整顿牙税大纲，全国及各省烟酒公卖局暂行章程，1916 年财政部拟订之印花税处章程，1917 年 12 月大总统公布之国定关税条例，1919 年大总统严禁私盐令，1921 年财政部筹议加税裁厘案致国务院呈，1922 年盐务署拟具之整理盐务大纲、矿政司陈明历来矿区税办理情形暨所拟整顿方针、中美比英等九国间关于中国关税税则之条约，1925 年临时执政公布之关税定率条例，1927 年财政部公布之海关进口附加税征收章程，大元帅公布之（修正）财政部盐务署官制，财政部编各财政年度国家岁入岁出预算表、各省区田赋情形汇编稿、财政部举办之各种公债、库券及短期借垫款，以及善后大借款、参战借款、烟酒借款、铁路借款等各类外债情况，相关机构与个人关于调查整顿各地赋税情况的函件，财政部所编各财政年度各省区厘金税捐、官业收入、契税、牙税、矿税等征收数目统计表。

（四）文化教育方面

北洋时代处于新旧交替并存、中西杂处撞击的历史大背景之下，封建势力依然严重存在，殖民化程度日益加深，资本主义又有所发展，而社会政治经济方面发生的巨大变化势必在思想文化领域内得到一定的反映。尽管封建主义意识、道德标准仍有强大势力，统治阶级也试图对文教领域加以控制，然而社会生活毕竟趋于近代化、民主化，文化传统不断得以演变更新。在中国第二历史档案馆藏档中，有关于此的档案主要存于北洋政府教育部、内务部、国务院。

1. 反映了北洋政府对文化领域进行建设、管理与奖禁的基本状况。

有关北洋时期各种社会文化机构以及相关规章设施建设情形的档案有1915 年 10 月教育部拟定之图书馆规程、通俗教育讲演所规程等相关社会教育规程，教育部通俗教育研究会概况（1917 年 4 月），全国图书馆、通俗图书馆、公众阅书报所、通俗讲演所（团）、博物馆调查统计表（1916 — 1918），关于京师图书馆、古物陈列所、历史博物馆、故宫博物院等重要文博机构设立与管理等方面的文件等。文化学术团体机构方面，有关于中央学会、国史馆、清史馆、中央观象台、国立编译馆等国家文化学术机构设置与章则制定的档案，也有反映相关人士发起组织民间文化学术团体情况的档案，如詹天佑等组织中华工程师学会、汤化龙等组织中国实业研究会、梁启超创设经济研究社、李大钊等组织神州学会北京支部、茅以升等组织中国工程学会、蒋梦麟等组织中日学术协会、张轶欧等组织中国矿冶工程学会等文件资料。此外还有北洋政府发布有关保护文物古迹、寺庙财产的令文，以及反映古物盗毁与流失、佛教团体与院校组织创设情况的档案文件。

有关北洋政府对文艺演出、新闻出版进行管理及奖禁等情况的档案有1912 年 11 月内务部关于为维持风化实行男女分台演戏的令函，1914 年北洋政府内务部所拟国际版权意见书，中华书局注册登记表，1915 年 11 月 7 日大总统公布之著作权法，1916 年通俗教育研究会审核小说杂志条例、标准与奖励章程，通俗教育研究会审查戏剧章程，1917 年 10 月 3 日内务部晓谕人民切实遵照出版法呈报著作物致各省长、都统等咨，1921 年 1 月内务部设立著作及出版物研究委员会有关文件，1922 年 4 月京师警察厅取缔新剧规则，1923 — 1925 年有关我国加入国际禁止淫刊公约及国际出版公约的资料文件，1928 年 4 月内务部与教育部会拟之检查电影暂行规则暨中央检查电影委员会组织规则，北京地区及湖北、福建等省城报刊注册统计表（1912 — 1928）等。在北洋政府教育部就审核小说影剧戏目事宜与各有关方面的来往函件中，所褒奖之“优秀”既有世界名著译本《黑奴吁天录》，也有宣传忠孝节义的《孝女耐儿传》，查禁取缔之“不良”中有淫杀怪异、诲盗诲淫者，也有苏联“赤化”宣传和《大政治家袁世凯》等揭露黑幕类作品。

其中 1914 年 4 月 2 日大总统以教令公布的《报纸条例》三十四条（后又经 7 月 10 日修正），因其严重妨害言论自由，报界无不强烈反对。北京日报等各报馆为抗议有关条款束缚言论曾几次向当局上文，称其中“外交、军事之秘密及其他政务，经该管官署禁止登载者报纸不许登载”之规定“文意宽泛，流弊无穷”，将导致“无关军事、外交秘密之一切普通政务，无不可以官厅之命令禁止登载。推其势之所至，官厅即有违法溺职事件，亦无不可以命令禁止报纸之登载矣。其结果必致使舆论无议论行政之余地，而政治尚何有挽回补救之可期”；“国会及其他官署会议按照法令禁止旁听者报纸不得登载”之规定“辞意宽泛，使人无所适从”，“是则以后之报纸纪录政界新闻，必须公报发表之件方可登载也，则试问全国报纸尚有何种事件可以作为新闻者乎”；“攻讦个人阴私损害其名誉者报纸不许登载”之规定“条文宽泛，影响公益”，“则以后无论其人阴私行为影响公益与否，报纸概不登载，而奸人败类均可肆行无忌矣”；然租界各报却不受以上各条拘束，故“若官厅拘文牵义，执行不善，则全国报纸直无出版之余地”。另外他们还对新条例中“有已发行之报纸须补缴保押费之规定”提出异议，认为当此“市面未复之际，急须缴此巨款，力实有所未逮，若必须限期执行，照法覆置，则不啻以新条例施行之力而禁绝我全体同业之生存也”。[1] 迫于强大的社会压力，当局只得以“现在刷新政治，正宜宣达民意，扶持舆论，似不宜缚束其自由”为由下令废止该条例。

[1]《北京日报等报馆致国务总理呈》（1914 年 5 月 7 日），北洋政府国务院档案，载《中华民国史档案资料汇编》第三辑文化，第 304 — 306 页。

2. 反映了北洋时期教育政策法令、相关机构团体及各级教育的基本状况。

民初教育改革由于效法欧美，其体制和内容均不可避免地向民主化方面发展。民初新学制的颁布以及 1921 年学制改革与确立，表明教育领域内民主主义教育思想的日益加强，不仅促进了中国教育事业的发展，也使得学校成为民主主义思想的传播阵地。不过北洋时期的学校教育仍残存着许多封建性内容，对现代科学知识和民主主义思想的排斥力量还很大，另外教育经费的严重短缺也造成了不小的问题。

关于北洋时期教育方针政策及相关机构团体情况的档案，有蔡元培《关于教育方针之意见》（油印本，1912 年 4 月），1913 年初教育部颁布之《视学规程》，1914 年初教育部以第八号部令公布之《修正审定教科用图书规程》，1915 年 2 月制定的《特定教育纲要》，1919 年教育部公布之《全国教育计划书》，国务院编译人员 1922 年编制的《光绪三十一年至民国十一年中央教育机构设置及编制的演变》，1923 年 3 月大总统公布之《县与特别市教育局规程》以及中央学会、学术审定会、北京留法俭学会、华法教育会、全国教育联合会、读音统一会、中华职业教育社、北京体育总会等教育团体相关档案。1912 年 9 月 2 日北洋政府教育部以第二号部令公布教育宗旨为："注重道德教育，以实利教育、国民教育辅之；更以美感教育完成其道德。"它以民国元年蔡元培有关教育方针的意见为指导，摒弃了清代钦定教育宗旨中与共和政体不合的"忠君"及与信仰自由相违的"尊孔"内容，对于同近代化教育相关的"尚公""尚武""尚实"部分则予以发扬，并添加美育为道德教育之辅助，体现了时代进步的要求。后为适应统治阶层加强文教统治的需要，教育部又拟定崇经尊孔教育方针及提倡忠孝节义施行方法以呈大总统。1915 年元旦，袁世凯即颁定教育宗旨为"诚心爱国勿破坏、尚武、崇实、法孔孟、重自治、戒贪争、戒躁进"，特别反对"有形之破坏，凡一切邪说暴行，足以启作乱之渐者"与"无形之破坏，凡一切私心恶习，足以贻隳事之咎者"，并强调国民要诵习讲究"仁义守法"的孔孟之言，较之民国元年的教育宗旨倒退了许多。[1] 教育作为一种社会事业必定受到统治阶级意志的制约，袁世凯利用所把持的教育特权为其准备封建复辟服务，这组史料便是一例明证。

[1]《北洋政府颁定教育宗旨》（1915 年 1 月），中国第二历史档案馆藏北洋政府教育部档案，一〇五七（2）/10。

在北洋政府教育部档案中还发现了鲁迅主张废止袁世凯《教育纲要》所做的一则签注，是研究鲁迅这一时期历史活动的珍贵资料。1916 年 7 — 8 月间，北洋政府教育部参事室为“厘订学制，确定方针起见”，就施行还是废止袁世凯时期《教育纲要》的问题进行了讨论，并将各种相关意见整理为《说帖》，印发各司和视学等再行讨论。时任北洋政府教育部佥事兼社会教育司第一科科长的周树人（即鲁迅），在对该《说帖》所加签注中明确主张“明文废止”《纲要》[1]，表达了其鲜明一贯的民主主义思想：

案《教育纲要》虽不过行政首领对于教育之政见，然所列三项均已现为事实，见于明令。此后分别修改，其余另定办法，在理论上言之固已无形废弃，然此惟在通都大邑，明达者多，始能有此结果，而乡曲教师于此种手段关系多不能十分明了。《纲要》所列又多与旧式思想相合，世人乐于保持，其他无业游民亦可藉此结合团体（如托名研究经学，聚众立社之类）妨害教育。是《纲要》虽若消灭，而在一部人之心目中隐然实尚存留，倘非根本取消，恐难杜绝歧见。故窃谓此种《纲要》应以明文废止，使无论何人均不能发生依附之见，始于学制上、行政上无所妨害。至于法令随政局而屡更，虽易失遵守之信仰，然为正本清源计，此次不得不尔，凡明白之国民当无不共喻此意，一俟宗旨确定，发号施令均出一辙，则一二年中信仰自然恢复，所失者小而所得则甚大也。

反映北洋时期各级教育状况的档案，法令制度方面有关于学校行政管理、制服仪式、学年学期、学费征收、成绩考查、人事奖惩等各种教育法令，教育部历年公布的关于各级学校教育（包括高等教育、中学教育、师范教育、实业教育、小学教育、蒙回教育与侨民教育）、社会教育、国外教育（派遣留学生）以及有关捐资兴学的法令规程；各类各级教育概况与统计方面，有 1914 年 7 月教育部公布之 1913 — 1914 年留学日本暨留欧各国官费学生统计表，教育总长汤化龙关于中学教育之谈片（1914 年 9 月 28 日），南洋各岛埠递年创办学校一览表（1917），1918 年教育部公布之全国大学、高

[1]《周树人等对〈教育纲要〉的签注》（1916 年 8 月），中国第二历史档案馆藏北洋政府教育部档案，一〇五七（2）/ 19。

等师范学校、中等学校、师范学校、实业学校、初等教育、华侨教育、留学生、通俗教育各项学校概况，外国人在吉林、浙江、陕西等省设立学校调查表（1917 — 1918），陶知行（即陶行知）1922 年撰写的《新学制与师范教育》，1923 年底中华教育改进社公布之中国教育统计，中华平民教育促进会公布之中等以上学校学生等项数目表（1924 — 1926），1926 年教育部公布之全国公、私立专门以上学校一览表，北京大学等学校校史沿革、规则章程等。此外还有关于全国临时教育会议、地方教育会议、全国教育行政会议、全国师范校长会议、全国教育联合会议等各类教育会议组织规程、提案纪略等情况的档案资料。

3. 体现了北洋社会各阶层在思想观念、意识形态上的冲突与对立，以及由此而产生的种种激烈碰撞。

北洋时期共和初建，社会风气丕变，新旧势力在意识形态领域内的矛盾撞击比比皆是，在此试举一例用以管中窥豹：北京民国大学文科学长委员会代表、该校住校董事兼理文牍刘立夫曾于 1921 年 1 月 18 日特意上呈，要求密查及遏止北京民国大学新思潮之传播。私立民国大学乃公举北大校长蔡元培兼任该校校长及校董，后蔡氏委托前北大教授兼校长室秘书徐宝璜代理校务。刘立夫曾任前清庚戌科钦点补用知县、前山西大学堂教习，他在呈中指斥该校学生“气焰嚣张，颟顸武断，往往非法结社，藐视法律，陵蔑师长，师长亦不过问。或且阴利其然，以为把持教育、排除异己、欺侮社会、伪造舆论之利器”，因对此“目击心惊，屡加规戒，诸生多系立夫旧日授课弟子，初尚而从，继乃腹诽，迭经细加询察，并迹其所为，颇似过激情形”。他认为“中国地广人众，民贫而惰，工窳而偷。又且并无大资本家及大工厂可以革命，诚使过激思想输入”，则必“（一）提倡多数无业无能之游民以抢掳为生活，而公然自命为共产主义；（二）破坏勤俭耐劳、服从法律之良习，而使之为杀人吮血之事，以争平等之权利”，故而断言“中国必不可传染过激主义，必足以亡中国而有余”。鉴于“民大代理校长徐宝璜宗旨暧昧，态度不明”，刘氏特此向当局呈报，“恳即派员密察，预防遏止，以免青年误入歧途，至可否密禀大总统饬部核撤，以免酿成恶劣学风之处，均出钧裁”。负责者则在呈文上批注道：“所呈极有理由，且举发北大内幕，则北大之传播过激主义实为铁证。”[1]新旧思想之碰撞由此可以显见。

民国北京政府时期，社会上曾数度掀起尊孔读经的逆潮。尤其是民初大总统袁世凯为配合其封建复辟之所为，接连发布了尊崇孔圣令、尊孔典礼令、规复祭孔令、崇圣典例令、亲临祀孔典礼令等一系列规复祀孔的政令，倪嗣冲、黎元洪、杨士琦之流则发出提倡读经、倡设国教的建议，各种尊孔社团也在各地纷纷创设。但 1913 年 9 月 29 日即有陈燮枢、罗永绍等多位众议院议员为此特向政府发出质问书，并请其于限期内明白答复。陈燮枢等 11 名议员在所提质问书中，以祀孔典礼令未交国会议决为由向当政者提出质疑，认为："孔子大同主义，实为共和学说之祖，宗仰时圣，率土同情，本员亦曾宣扬孔道，维持社会。惟孔经注疏，多与民主国体北驰，必须搜集古训，证以世界大义，重加笺释，方足焕发共和精神。若先儒帮注未经订正，依旧推行，而共和时代复讲专制学说，恐于国家行政阻碍丛生。近日各省孔教会立如林，普通心理已视孔学为宗教。孔教应否作为国教，政教应否合一进行，民国万世之基，关系至大且重，乃不交由人民代表法定机关正式讨议，通电各省征集意见，各省议会与闻此事者亦寥寥无几。是等手续，信前清未设资政院时，寻常议案字寄各省，督抚复奏报可交部规定施行，乃有如此办法。兹于民国代议政体，仍循各省议复手续，是法定机关如同疣赘，人民代表可以蔑视，行政立法权限混淆，政府是否别有作用，本员百思不得其解。"

另一份由罗永绍等 22 名议员联合署名的质问书，更是从祀孔典礼令违背约法之信教自由的角度加以反对，声称"信教自由，载在临时约法，断不能以总统命令稍加裁制。若云事关民国前途，不厌详征民意，则代表民意机关之国会理应正式交议。今于两院开会期间忽发命令，变更上年交院之通令，是名为征集各省厅之意见，而实欲妄逞政府独断之威权也。蔑视约法、蔑视民意机关，莫此为甚。"[2]

[1]《刘立夫为密查及遏止民国大学新思潮传播呈》（1921 年 1 月 18 日），中国第二历史档案馆北洋政府步军统领衙门档案，载《中华民国史档案资料汇编》第三辑民众运动，第 568 — 569 页。

[2]《众议院议员质询书》（1913 年 9 月），中国第二历史档案馆藏北洋政府内务部档案，一〇〇一（2）/ 350。

奉系军阀张宗昌则在其于 1927 年 6 月 20 日致张作霖军政府内阁总理潘复的函中，直陈应令黄河以北学校读经以抵制南方实行党义教育的必要性。该函坦言“南方党军所至之处，皆改各校为中山学校，教员非经训练三月中山主义者不准在校教授，于是青年子弟全体化为国民党之三民主义者，人心大变，中国大乱将不可收拾。吾北方教育自攻孔废经，久已浸淫，中山主义内幕之黑暗为人所不知。兹特介绍伯葭诣前，将其中之阻力及学校加入读经之办法详细面陈，如荷采纳，俾黄河以北各省各校从速改变宗旨，读吾孔子之书，讲礼义廉耻之四维主义，则未始非抵制三民主义之良法，而移易人心，安危定变，所关尤巨。”他还提议派人审查北方报纸，令各报馆宣传四维主义，“俾收学校教育、社会教育之益”。[1] 军政府当局亦认为“目下学风庞杂，舆论混淆，亟宜设法转移，纳诸正轨”，故以此议“于世道人心均有裨益”而饬令各地采纳实行。[2] 该组史料充分反映了南北双方在政治、军事斗争之外，在思想文化领域内的争夺也相当激烈。不过总的说来，尽管在中国实行民主共和后出现过数股逆流，但民主共和的观念已成为辛亥革命后社会舆论的共识，复辟帝制的王权迷梦再无真正实现的土壤。

这一时期，维护公民民主权益、争取言论自由的斗争与任意践踏人权、钳制舆论的行径并存。集中反映北洋当局查禁社会新思潮、压制进步舆论与活动的档案，有 1913 年 7 月北洋政府内务部第 578 号取缔反日言论的训令，1915 年财政、外交等部请设法镇压抵制日货运动致大总统的呈，1920 年内务部警政司拟订之《防范新思潮传播办法》条陈稿，1921 年 4 — 6 月内务部等查禁学联革命活动及驻沪领事团检查进步刊物有关电文，1922 年 11 — 12 月国务院为青年学生宣传过激主义而制订取缔专条与内务部、教育部来往函件，1925 年 7 — 8 月浙江督办公署等关于查禁共产党宣传活动的密训令，京畿卫戍总司令部查禁北半月刊《先驱》、陈独秀讲演录等文件，内务部禁止和压制各地报纸刊载议论国体、揭露租界制度及反对袁世凯称帝等言论的饬令等。中国第二历史档案馆所藏北洋政府内务部档案内，收有一份内务部查

[1]《张宗昌致潘复函》(1927 年 6 月 20 日)，中国第二历史档案馆北洋内务部档案，载《中华民国史档案资料汇编》第三辑文化，第 31 — 32 页。

[2]《国务院致内务部公函第六十七号》(1927 年 7 月 26 日)，中国第二历史档案馆北洋内务部档案，载《中华民国史档案资料汇编》第三辑文化，第 32 — 33 页。

禁中外报刊目录清单，详细开列了该部自 1913 年 11 月— 1916 年 3 月以诋毁政府、鼓吹革命、反对帝制、淆惑视听、妨害治安或国交等理由查禁之中外各种报纸杂志印刷物。

（五）民众运动方面

北洋时期随着各种社会矛盾的加剧，工、农、学、商各界反帝反封建的斗争也日趋激烈。中国第二历史档案馆所藏相关档案资料，对这一时期社会各阶层民众运动的基本情况有所反映。

1. 随着外国资本、官僚资本和民族资本工业在中国的兴办与发展，中国工人阶级队伍不断壮大。

据统计，北洋时期近代产业工人及手工业工人达 1,500 万左右。[1] 作为近代中国社会新兴力量的中国工人阶级，自诞生之日起便与帝国主义、封建主义和资本主义的多重剥削与压迫进行了不懈抗争，辛亥革命特别是五四运动以后工人罢工次数明显增加，规模也有所扩大，体现了这一阶级的日渐觉醒。有关各地厂矿、铁路等产业工人罢工斗争以及北洋政府阻挠、镇压工人组织活动情况的档案，主要存于北洋政府内务部、陆军部、京畿卫戍总司令部、直鲁豫巡阅使署等档案中。

反映各地产业工人零散斗争情况及北洋政府加以阻挠镇压情形的档案，有 1913 年 5 月 15 日陆军部请外国人镇压上海制造局革命活动密电，有 1913 年 6 月 4 日关于湖北兵工厂罢工及镇压经过的函，有关于 1918 — 1922 年中东铁路、长辛店铁路、京绥铁路、正太铁路等铁路员工罢工情形的报告及函电，1920 年 12 月南京丝缎工人为争取原料捣毁省议会相关电文，1921 年 4 月 16 日有关报告苏联派员援助中国工会应严行查禁等情密电，1922 年 11 月 23 日直隶全省警务处处长杨以德为镇压开滦矿工罢工致陆军总长电，1923 年 2 月 9 日内务部令严密防范罢工罢市致各省市警务处密电，1924 年 7 月重庆工会会长张知竞等为重庆警厅违法解散工会请查办致四川省省长邓锡侯呈，1927 年 2 月外交部上海特派员许沅报告取缔上海各工厂及邮局罢工电等。

关于大规模工人运动的档案，有反映 1923 年二七大罢工情况的京师宪兵司令部关于镇压京汉铁路工人罢工报告，湖北督军萧耀南关于汉口镇压铁

[1] 张静如、刘志强主编：《北洋军阀统治时期中国社会之变迁》，中国人民大学出版社，1992 年，第 202 页。

路工人罢工情况通电，国务院议决逮捕罢工工人交军法处从严处理密电，国会对于京汉路工潮意见书，1929 年底中国国民党平汉铁路特别党部筹备委员会关于二七惨案烈士及发放抚恤函件等。

反映 1925 年由上海日本纱厂工潮所引发五卅惨案情况的档案，有执政府秘书厅为上海巡捕枪杀学生情形致内务部公函，江汉关税司为汉口声援罢工请派军保护与湖北督军署往来函，1925 年 6 月 28 日中国国民党对五卅事件发表之宣言，1925 年 10 月 22 日河南焦作煤矿工会声援沪案之罢工宣言，外交部报告 1925 年 6 — 8 月间英、美、法、日等国对沪案态度电，1925 年 7 月 13 日内务部通令各省区设法劝导各界免除游行或派军警保护的密电，1925 年 8 月救国团揭露李景林媚日镇压天津工人罢工罪行呈，山东驻京各团体代表团关于张宗昌破坏罢工枪杀爱国人士请一致声讨电等。

2. 北洋时期农业生产力虽有微弱发展，但人口增加过多以及多如牛毛的苛捐重税，使得广大农民的经济状况普遍恶化。

据相关资料统计，北洋时期只占农村人口 14.4% 的地主和富农却占有土地面积总数的 81%，而在农村人口中占绝大多数的中农和贫农占有的土地仅为 19%。[1] 农民大多生活困苦，经济负担沉重，许多人被迫走上反抗的道路。北洋时期地主阶级对农民的经济剥削日益加重，成为社会生产力发展的严重桎梏，两者间矛盾也愈加尖锐。北洋政府内务部、京畿卫戍总司令部等机构存有不少反映北洋时期各地农民为抗捐抗税或反对清丈地亩、占地夺佃而开展的斗争，以及当地政府镇压农民暴动情况的档案。如 1919 年底至 1920 年初直隶省易县租种西陵绿营兵地的数百名佃户曾多次呈文控诉，痛陈“增租太甚，交争勒索”之苦：“自去年聂镇台到任，竟敢违反原判，重量兵地，复行大肆割攘，较前倍甚，并擅用淫威压制，将民等租种之兵地强增加倍租粮，以图吸尽吾民之膏血而刮净地皮。民等因受其苛扰不堪，痛切剥肤，稍一理论即被该镇之私人自称陆军部差遣员兼清室钦差之王警铭百般辱骂，横行毒打。”[2]“民等无辜既受此贪劣镇台及所属员断，并与其狼狈为奸之公司、包商百般蹂躏鞭垂，已不

[1] 张静如、刘志强主编：《北洋军阀统治时期中国社会之变迁》，中国人民大学出版社，1992 年，第 206 — 207 页。

[2]《泰宁镇绿营兵地佃户代表唐洛有等呈》（1920 年 3 月 6 日），北洋零散军事档案，载《中华民国史档案资料汇编》第三辑民众运动，第 262 页。

堪命，而种地一项不惟租增太过，增非其时，乃又三面索租，靡所适从……当此关键逼索地租之聂镇公司，各面俨如急狼恶虎，其紧已极。凡我佃户谁敢抗衡，意欲照交，不仅增租太多，赔累不起，犹恐彼此均要重上加重。总之，一地若出数租，谁甘忍受，揆诸公理，更觉不符。今地主既不分明此租究应归谁，民等尚且不知镇署公司何得迭用威权，百般敲诈，以大肆其无穹之骚扰，而鸡犬皆惊。”[1] 不啻为北洋时期官绅勾结、重租威逼之下乡村农民生存状态的一个缩影。另一份反映四川省合川县农民生活与劳动状况的档案，则描述了农民在农村遭受的种种盘剥及其生活窘境：雇农的工资“总是不能养活一个妻子”，佃户则要受地主所收稳租银（押租）与租谷、富家重利借款等多重压榨，“凡佃户之家，无不男女老幼皆作工，且作工甚勤。有六十余岁之老年十岁之儿童皆不免于工作，惟所作稍少耳。他们的衣食无不极俭，有终日三餐煮粥，终身尽穿破布服的。……其居处少有适宜的。”[2]

3. 北洋时期特别是第一次世界大战前后，中国民族工业得到了较长足的发展，中国绅商阶层的力量也得以增强，经济地位的提高使绅商们在政治上空前活跃。

绅商阶层同封建主义、帝国主义的矛盾进一步激化，并联合各界以抗捐罢市、收回路权、争取商办等形式展开抗争。有关绅商运动的档案主要见于民国北京政府农商部、内务部、陆军部、京畿卫戍总司令部、步军统领衙门等机构档案中。举其要者，有 1913 年 1 月 2 日上海机器面粉公司公会关于请准华面应照洋面进口免税案一律办理致农商部的呈，1916 年 11 月全国商会联合会为天津法领事强占老西开擅捕华警请交涉收回的呈，中华全国商会联合会为汉口、河南总商会请改良与减免厘税事致财政部的呈，1919 年 7 月 17 日江苏交涉员杨晟关于沪市商人为工部局加捐罢市抵制事致内务部函，1922 年 1 月天津各团体集资收回胶济路活动报告及中华国民收路自办集金会缘起附件，1923 年 1 月 20 日上海华侨联合会等呈请取消纸烟增税案电，1924 年 3 月上海闸北公团联合会为争取水电商办罢市的往来函电，1925 年 7 月 29

[1]《直隶省易县租种西陵绿营兵地佃户郝生檀等呈》（1919 年 11 月），北洋零散军事档案，载《中华民国史档案资料汇编》第三辑民众运动，第 257 — 258 页。

[2] 天培：《四川合川县农民状况》（1923 年 3 月 16 日），京畿卫戍总司令部档案，载《中华民国史档案资料汇编》第三辑民众运动，第 270 — 272 页。

日中华国货维持会关于教育人民服用国货并录送宣誓办法呈，1926年6月11日中华全国商会联合会请力争关税自主代电，1926年10月上海总商会对万县惨案提出严重抗议致国务院等电，烟台国货维持团等提出根本废除不平等条约电等档案。其中第一次世界大战期间中华全国商会联合会在致国务总理的呈中，向当政者提出应于战时体恤商艰、请予力筹保护办法的明确要求。中华全国商会联合会曾“以兹事体大，关系商务尤重”为由，对北洋政府对德宣战一案“未敢轻予赞同”并“抗议于前”。1917年8月14日大总统发表布告实行宣战后，该会即上呈宣称：“正举国上下合力御外之时，岂仅关乎商民一部分之利害，惟处战各国当军事倥偬急不暇择之会，对于国内商业之维持，战后经济之发展，竞竞注意未或稍懈。我国既已牵入战国，自宜体恤商艰，力筹保为商民存一线生机，即为国家留一份元气。此本会所以喑口哓音，对于政府不能不有所要求者也。”并提出五项“必不可缓之政策”：粮食方面，政府于采购米粮时应“先由当地长官会同商会通筹合计，酌允若干，否则禁行，不得强迫”；金融方面，应请政府“于各省大埠拨放巨款维持市面”，并严令禁止白银出口，“以免现货外溢而防国内之银荒”；棉花方面亦由政府严重交涉，“以重民衣而维棉业”；税厘方面，“将应行推广出口之土货税则，酌为减轻运费，概予低廉”，“尤应限定时刻完税放行，不得故意留难致碍运输”；工厂方面，应请政府“一面调查歇业工厂，立令开复；一面筹款开办实业，地方各银行贷款兴复，遇有特别困难不妨酌给津贴，庶乎实业可望发达，洋货因以抵制，战事终了，经济事业亦不落后人后矣”。[1]

4. 学生队伍是社会各阶层中最为激进的一支，在北洋时期历次大的社会风潮中始终站在最前列。尤其是五四运动前后，学生运动更是风起云涌，成为引导舆论与开风气之先的重要力量。

有关各地学生反对不平等条约、抵制洋货等零散爱国运动以及反映五四运动、纪念五七国耻等活动、收回旅大、长沙六一惨案、三一八惨案等大规模学生运动的档案文件，主要存于北洋政府内务部、陆军部、国务院、步军统领衙门、国立中央大学等机构档案全宗内。其中有关五四爱国运动爆发、各地纷纷响应以及北洋政府镇压情况的档案，有山东、山西、上海、武汉、

[1]《中华全国商会联合会致国务总理呈》（1917年9月8日），中国第二历史档案馆藏北洋政府内务部档案，一〇〇一（2）/538。

天津等地学生为山东问题要求力争青岛、举行罢课游行的各种电文，还有反映以上海为中心全国各地展开三罢斗争、反日爱国运动继续发展情况的多份函电，1919 年 5 月教育部严禁学生游行集会的第八五七号咨，大总统饬京师警察总监镇压北京各校学生令，1919 年 12 月 27 日山东省警察厅报告解散山东学生联合会经过的函，1920 年 2 月京师警察厅与内务部关于严厉取缔学生运动往来文件，1920 年 2 — 5 月江苏教育厅奉令制止学生爱国运动的公函、转发不准学生集会及奉令严行取缔罢课罢市罢工的训令等。其中 1923 年 2 — 3 月北洋政府情报人员向京畿卫戍司令部呈交的一组报告中，附有北大学生散发的宣传传单多份，其一称："国会万恶，军阀万恶。国会倚重军阀为靠山，军阀利用国会作鹰犬。国会与军阀都是我们国民的仇敌。我们大家联合起来，推翻国会，打倒军阀。"旨在揭露国会与军阀相互勾结、祸国殃民的罪恶，号召民众联合起来反对国会和军阀。其二则将矛头直指国会议员："国会议员的罪状：买卖议长；买卖总理；买卖总长；现在又'买卖总统'。好一个大买卖！可是他们多做一回买卖，我们国民便增加一层痛苦。国民！国民！我们还不起来推翻他吗？"另有北京学生联合会散发的一纸《告北京市民书》，号召北京市民起来反对军阀官僚政治："民国成立以来，武人秉政，官僚卖国，他们只知道自己的利益，卖国亡种都不顾忌，靠着剥夺我们的血汗，军阀、总长哪一个不是拥资百万？现在代表人民的国会居然也公开卖身，并嗾使军警毒打请愿学生，而我们学生实在是为全国人民的利益而战！如今经济共管的声浪愈逼愈紧，黑暗政治愈演愈糟，身当其时的我们岂忍国家长此昏乱？北京市民们，让我们共同联合起来，实行主人翁的责任，撤消这班寡廉鲜耻的议员，打破这种黑暗的政治，做一次澄清政治的运动！"[1] 此外，1921 年 4 — 8 月北大等八所北京大学师生为要求发清积欠教育经费而开展罢课索薪运动的相关函件，北京、天津、山东、江苏、浙江、安徽、上海等地各界联合会等有关请速筹款挽救教育及抗议政府摧残师生的函电等，则集中反映了社会各界为反对北洋当局摧残进步文教事业而进行的不懈抗争。

在中国第二历史档案馆公布的北洋政府档案中，有一组记载张国焘 1924 年 5 月在北京被捕和叛变情况的史料。张国焘在其撰写的《我的回忆》一书

[1]《北京学生联合会告北京市民书》（1923 年 2 月），北洋政府临时执政府档案，载《中华民国史档案资料汇编》第三辑民众运动，第 584 页。

中，曾吹嘘自己在监狱中如何坚强不屈地与北洋军阀作斗争，但据二史馆馆藏北洋政府档案中1924年5月30日京畿卫戍总司令部咨请转令严拿共产党李大钊等归案讯办等相关文件表明，张国焘在京畿卫戍总司令部被审讯期间供出了中共北方地区组织，出卖了包括李大钊同志在内的许多中共党员和进步工人，北洋政府根据张的口供发出"严速查拿李大钊"的密令，逮捕《新民国》杂志编辑范体仁等多人，结果导致中共组织和北方铁路工人运动遭到严重破坏。这组档案史料成为张国焘背叛组织、欺世盗名的铁证，澄清了史实。[1] 另外，史学界曾对五四运动中北京学生参加示威游行的具体人数有所争议，有说两千人的，也有说五六千人的。后据中国第二历史档案馆公布的北洋政府首都警察厅档案显示，当时在场的警察报告人数为三千人，解决了这一多年来悬而未决的分歧。[2]

（六）外交及其他

北洋政府外交部及其所属办事机构（外交部驻沪办事处等）、特派员公署（外交部驻云南特派员公署等）以及中国驻各国使领馆等机构均收藏有北洋外交档案，这些档案记录了北洋外交机关履行办理国际交涉、管理华侨与外侨事务等相关职责的情况，集中反映了北洋政府对外交往的活动状况。北洋外交档案以中外法权交涉内容为主，随着中国参加国际活动次数的增加，在外交上表现出由闭关自守向对外开放的转型和过渡，形成了内容颇丰的有关国际会议与国际公约的档案史料。

北洋政府外交部所存1921年《外交方针意见书》稿，开篇即直述当时岌岌可危的外交窘境："中国近十年来，内政更张，新旧过渡，百端困难。对于外国，既甚少威名，又无实力，削权受辱，莫今为甚。蒙藏藩篱，已不可保，舐糠及米，敌求无厌。俄日益亲，西北一带，窥伺愈急，藉端恫吓之案年辄数见。办理外交者，赤手空拳，徒仗唇舌，莫为后盾，国民失望，责言交至，长此不变，虽有仪秦，亦将束手。"该意见书以联美之策为其主题思想，主张开放内地通商以酬美，冀得输入文化、输入资本及融化感情之开放利益，并以收回裁判、改良税则、通融国籍为补救之道，反映了20年代初北洋政府在外交思路与联盟重心方面有意做出改变。

[1]《关于张国焘1924年被捕和叛变的记载》,《历史档案》1981年第2期，第64—69页。
[2] 张宪文：《民国历史档案的研究与利用》,《民国档案》2000年第1期，第65页。

在外交部条约研究会关于争取各国承认的报告（1913）等有关美国、巴西、墨西哥、英国各国承认中华民国的史料中，既有1912年临时大总统袁世凯关于建造共和愿与英国友好致英国皇帝书稿，也有英国外交部为承认中国新政府之前须解决的若干问题致中国驻英公使的说帖。后者在说帖中露骨地表明“我英政府对于承认中国新政府一事，雅不欲参入以鸦片问题，然望我英之承认中国共和，实端在中国政府之于我英条约权利能与以完全保护之证据。中国一日不能责令其各省尊重约章，则所谓保护之证据即一日不得谓之为满意，中国中央政府之号令，多不能行于其国，此其破坏一年前所自请签订之条约，特其端耳，长此不已，则英政府之承认中国共和一事，必致延缓。”还咄咄逼人地威胁道：“（中国）政府苟不能号令其属员以遵守其与列国订定之条约，则将来须行承认中国共和政府之时，英政府对于如是之政府殊不能承认。”以提供外交承认为要挟手段，胁迫北洋政府遵守它与前清签订的种种不平等条约，以维护英帝国主义在华利益之意图显露无遗，亦是对强权政治、“弱国无外交”的极好诠释。

北洋外交档案中办理外事交涉问题的内容，有关于庚款、关税、禁烟、租界等问题以及郑家屯事件、福州事件、山东问题、临城劫车案、五卅惨案、万县惨案等外事要案交涉经过的档案；

有关中国参加国际活动情况的，有北京政府参加万国邮联、保和会、万国禁烟会、巴黎和会、国际保工会、国际劳动公会、华盛顿会议等国际会议组织，以及参加欧战、国际航空条约、国际交通运输公约等史料；

外交法规条约方面的档案，有反映中国与法国、日本、苏俄、英国、美国、德国、比利时、西班牙、葡萄牙、智利等各国修订条约等事宜交涉经过的相关文件；

反映海关、商埠等往来活动的商务文件，有中国向英德等国借款筑路与偿债事项的文件，有关中东铁路的协定、调查报告及该铁路交涉、移交、共同监管、续订合同会议的文件，外国人在华设厂开矿文件，清季各省所开商埠及民国成立后自开商埠年月一览表（1913）以及有关庚款和关税问题的文件等；

管理居留外人及在外侨民事务的侨务文件，有英美法日等国政府关于保护在华侨民的说帖以及外人在华租界、地权、法权及各国领事裁判权等问题的文件，苏俄革命期间中国人民财产损失统计表，越南、爪哇等地华侨情况及国内侨务调查事项文件等。

此外，归于总类的外交档案还有外交部沿革纪略、法令汇编、收发电抄存、工作一览统计表，该部特派各省交涉员条例及各埠交涉员职务通则，各省市政府及驻外使领馆来电稿，驻外各使馆关于驻在国政治、经济、军事等方面情况的报告，相关职员任免调迁、考试甄录等人事文件，该部及所属各地交涉员、公署经费支出预决算等财务文件；政务类档案则有 1914 年 8 月颁布的中华民国局外中立条规，北京政府关于中德断交后收回德国在华权利处置办法，调查法权委员会报告书，太平洋会议善后委员会讨论关于裁兵交还广州湾解决山东悬案问题的来往文书等。

二、南京国民政府档案

自 1927 年南京国民政府成立至 1949 年，南京国民政府中央机关及所属机构在 22 年的统治中形成了为数浩繁的档案文件。除大陆解放前夕被运到台湾的相当一部分重要档案以及遭受损毁和流失的部分档案外，该时期有关档案基本为中国第二历史档案馆所收藏，涵盖了南京国民政府从 1927 年 4 月建立到十年内战结束，从第二次国共合作开始到抗战胜利，从蒋介石发动全面内战到南京政权最后覆灭的整个历史阶段。

作为馆藏档案主体，中国第二历史档案馆现藏南京国民政府时期档案共计 710 个全宗，不仅数量庞大，且较完整，囊括了国民政府（总统府）与行政、立法、司法、考试、监察五院及其直属机构档案；国民党中央执行委员会秘书处、中央组织部、中央宣传部、中央民众训练部、中央党史史料编纂委员会等党务系统档案；军事委员会、军委会委员长侍从室、军令部、政治部、国防部史政局战史编纂委员会等军事系统档案；财政部、关务署、税务署、盐务总局、中央银行、中国银行、交通银行、中国农民银行、中央信托局、邮政储金汇业局等财政金融系统档案；工商部、实业部、经济部、农林部、资源委员会、商标局与交通部、铁道部、公路总局、民用航空局、邮政总局、电信总局等工交农商系统档案；教育部、国立中央大学等教育系统机关团体与学校档案；内政与民族事务、外交与侨务机构所形成的档案，内容宏富，资料翔实，涉及面广。其中蒙藏委员会、司法行政部和海关总税务司署等档案全宗不仅较为集中，且为该馆所仅有。

（一）政治方面

反映南京国民政府重要方针政策法令的档案，有1929年7月20日国民政府关于颁行训政时期施政纲领草案的训令、1930年底抄发“防范共党办法”的训令、国民政府移驻重庆办公宣言令（1937年11月20日）、国民政府发布的关于集党政军权于军委会委员长统一指挥的训令（1937年9月17日）暨由国防最高会议代行中央政治委员会职权的训令（1937年12月6日）、国民政府通饬遵照抗战建国纲领训令（1938年7月2日）、1942年蒋介石为概述抗战经过及方针与国策发表的《告全国国民书》等；

行政组织方面档案主要存于国民政府与行政院档案全宗内，其中关于中央机构行政组织的有历年中华民国国民政府组织法及修正中华民国国民政府组织法，国民政府修正公布之五院（司法、行政、考试、立法、监察）组织法，1938年2月7日国防最高委员会关于军委会与行政院调整所属机关组织与隶属关系致国民政府的函，国民政府行政院组织法历次修正经过概况（1943年6月29日）等；

关于地方行政组织的有国民政府公布之市县、特别市组织法及饬颁修正省政府组织法训令，1932年行政院公布行政督察专员暂行条例令及国民政府关于批准“剿匪区”内各省行政督察专员公署组织条例备案的训令，1935年军委会委员长行营颁发之修正“剿匪区”内各县编查保甲户口条例训令、内政部与中央组织部拟具之《运用保甲组织防止异党活动办法》（1940年1月）等。

国民政府、最高法院与立法院档案内则存有不同历史阶段国家基本法令及内政民刑法规文件，如颁行于1936年5月5日的中华民国宪法草案（即五五宪草），1931年2—3月司法院奉发《危害民国紧急治罪法及其施行条例》的训令，国民政府公布的《非常时期维持治安紧急办法》（1940年7月24日）、《国家总动员法》（1942年3月29日）以及《中华民国民法》（1929年5月23日）、《中华民国刑法》（1935年1月1日）等。

此外，国民党中央执行委员会秘书处档案中还有许多有关中国国民党历次会议宣言与重要决议案，国民会议、国民大会、国民参政会与地方参议会组织召集及相关会议记录等文件。

涉及国民党内派系斗争的档案，包括蒋介石与汪精卫改组派、桂系、冯阎北方军阀的争斗，蒋胡（汉民）矛盾、宁粤纷争与上海“和平统一”会议、蒋介石第一次下野以及蒋汪合流后西南实力派与蒋介石争斗等内容，反映了南京国民政府统治初期，蒋介石利用国民党内派系之争纵横捭阖，最终总揽党政军大权的经过。

关于其他党派社团组织活动的档案，有关邓演达及其中国国民党临时行动委员会（第三党）组织活动的文件，福建人民政府时期生产人民党总纲草案（1933 年 11 月），中国青年党政策大纲及其组织活动、国民党取缔防制该党活动的措施与办法，中国国家社会党党纲（1932 年 5 月）及其沿革史略，三民主义青年团历史沿革、理论主张、组织活动等情况的文件，还有中华民族社会党、铸魂学社等其他社团组织活动的档案。

反映国共关系的档案中，有关四一二政变情况的有 1927 年 4 月 19 日蒋介石命令东路军前敌总指挥部政治部主任陈群将查抄上海总工会时所获“一切文件派专员解宁”的密电，东路军前敌总指挥部政治部与国民革命军特务处在上海逮捕中共党员、工人的文件及对汪寿年等人的审讯笔录，葛武棨报告杭州“派人保管接收”省党部、总工会、国民通讯社等机关并逮捕沈钧儒等二十多人的密电，孙铁、罗约素分别关于广东英德、浙江奉化“清党”情况的函电。其中，1927 年 4 月 2 日以陈群名义发表的《告上海工友书》底稿中，将蓄意制造的反革命屠杀说成是上海总工会工友内部的武力冲突，宣称由于“现在双方各执一词，只有将双方武装全行解除”，并由该部派员对上海总工会“指导组织”和“惩办破坏工人运动重要分子”。[1]

抗战时期以国共第二次合作为基础的抗日民族统一战线虽已建立，但国民党当局不断制定防共限共法令与措施，以至接连发生国民党军封锁和进犯共产党领导的边区根据地，袭击八路军、新四军部队的反共摩擦事件。中国第二历史档案馆馆藏反映抗战期间国共关系的重要档案，有 1937 年 11 月蒋介石对中国共产党共赴国难宣言的谈话，1939 年 9 月国民党社会部办理应付异党活动之经过情形概述函，1940 年 4 月国民政府军令部为缩小八路军新四军抗日区域接连制订 3 次反共方案签呈，1941 年 7 月蒋介石密令核定捕获中共人员给奖办法电，1944 年 10 月国民党中央党部拟订对中共所应采取对策总检讨稿，1945 年 5 — 6 月第十战区制订关于“清剿”八路军、新四军计

[1] 李祚明：《中国第二历史档案馆馆藏国民党政府军事档案简介》，《民国档案》1988 年第 1 期。

划与对策之作战机密日记等。1939 年 4 月国民党中执会秘书处在密订防制异党活动办法致各省市政府与党部的密电中，强调各地方党政机关应付异党对策与办法“应以绝对保守秘密为原则”，“必须层层负责，尽量避免书面传递之方法”，“拟具对策时亦应根据地方事实环境，立言不可辄用中央口气，或翻印中央所颁布之原则。至必须保存之文件，亦应指定忠实可靠人员严密保管”，以免“不慎而泄漏入于异党分子手中，则不仅易滋误会，甚且发生磨擦”。[1] 国民政府军委会更于 1941 年 4 月 7 日发布改称中共为“奸党”的密令，诬蔑“近来某党一切阴谋活动无非破坏抗战，出卖祖国，实与汉奸无异”[2]。反映震惊中外的皖南事变内幕与经过的重要文档，有 1940 年国民政府军令部制订“防制皖南新四军具体意见”，同年 12 月 3 日何应钦关于“对在江南之 N4A 不准由镇江北渡，只准由江南原地北渡，或另予规定路线……若江北异军竟敢攻击兴化，则第三战区应将江南新四军立予解决”的亲笔函，蒋介石密令顾祝同“如发现江北匪伪竟改攻击兴化或至限期该军仍不遵命北渡，应立即将其解决，勿再宽容”之灰酉电，1941 年 1 月 30 日蒋介石“着将国民革命军新编第四军番号即予撤销，该军军长叶挺着即革职交军法审判依法惩治，副军长项英着即通令各军严缉归案”的通令，国民党陆军各参战部队在皖南围击新四军军部战斗详报等。[3] 国民党中宣部、军委会政治部等在向各级党部颁发制造皖变宣传要点时，既诬称“此次事件纯出于皖南新四军之不遵命令，攻击友军，在纪律上自应受相当之制裁，乃纯粹军纪问题，绝不含政治的或党派斗争的意义”，但又强调“此次违抗命令、破坏军纪者只新四军，各言论机关如有评述，应以新四军为范围予以评述，对中共及十八集团军可勿涉及”，[4] 充分体现了国民党中央一方面利用时机积极反共，一方面迫于形势不敢与中共决裂的防共限共政策。

[1]《中国国民党中执会秘书处密订防制异党活动办法电》(1939 年 4 月)，国民政府社会部档案，载中国第二历史档案馆编 :《中华民国史档案资料汇编》第五辑第二编政治（二），江苏古籍出版社，1997 年，第 21 页。

[2]《国民政府军事委员会巧申办四渝礼代电》(1941 年 4 月)，中国第二历史档案馆藏国民政府社会部档案，一一（2）/ 1378。

[3]《军令部抄发有关皖南事变宣传材料》(1941 年)，中国第二历史档案馆藏军委会军令部战史会档案，七八七 / 1830。

[4] 同上。

南京国民政府时期民众运动档案，涉及民众团体组织条例与训练纲要、实施概况，防范工人罢工、农民斗争、青年学生运动的相关措施，各地工人罢工与农民抗租抗捐斗争概况等各方面。二十世纪三十年代，随着日本侵华的步步深入和民族危机的日益深重，大规模民众抗日救亡运动在全国范围内勃然兴起，国民党当局对民众反日爱国活动则采取了一系列防制措施。此类民众运动方面的档案，主要存于国民党中央民众训练部、国民政府教育部等档案全宗内，反映了济南五三惨案、九一八事变、一·二八事变以及一二·九运动发生后全国工农学各界民众团体开展的罢课、罢工、集会游行请愿示威检查日货等系列抗日救国活动，以及国民党中央与地方当局对此而采取的防范限制、阻挠破坏乃至取缔、解散等政策措施与处理概况。如国民政府于 1936 年 2 月颁布《维持治安紧急办法》训令，饬令全国军警当局注意“对于蓄意危害社会国家之人，在动乱萌发时间即得依以迅速处理”，该办法明令“遇有扰乱秩序、鼓煽暴动、破坏交通以及其他危害国家之事变发生时，负有公安责任之军警得以武力或其他有效方法制止；遇有以文字、图画、演说或其他方法而为前项犯罪之宣传者，得当场逮捕，并得于必要时以武力或其他有效方法排除其抵拒；军警遇有妨害秩序、煽惑民众之集会游行应立予解散，并得逮捕首谋者及抵拒解散之人；军警遇有前述各项之事变时，应将当场携有武器者立即缴械及逮捕之，并得搜捕嫌疑犯；明知为违犯本办法之人犯而藏匿容留或使之隐避者得逮捕之……”[1]。

抗日战争时期群众运动的形势有所变化，尤其是学运主题由救亡爱国运动逐渐转向民主爱国运动，抗战末期还在国统区掀起了一场知识青年志愿从军运动。1944 年 8 月，蒋介石向国民党中央党部、中央团部下达发动知识青年从军运动手令，“饬令党与团尽量选征党员团员，或另编劲旅，建立生力军，或补充各部队，提高士兵素质”[2]。并成立全国知识青年志愿从军指导委员会，制订相关组织办法，各地征委会、执委会则将当地征集与编练情形纷予呈报，从中可切实了解该运动的办理情况。不过国民政府控制民运的基本

[1]《教育部奉发维持治安紧急办法训令》（1936 年 3 月 6 日），中国第二历史档案馆藏国立中央大学档案，六四八（1）/3583。

[2]《蒋介石发动知识青年从军运动手令》（1944 年 8 月 27 日），三青团中央团部档案，载《中华民国史档案资料汇编》第五辑第二编政治（五），第 329 页。

政策没有改变，1938 年初蒋介石即向教育部下达关于禁止学生讲演的密令，通令各级学校“在抗战期间，凡未经当地政府许可，所有外来人员无论借何名义，不准讲演，切实禁止”[1]。其后国民党最高当局于自认“民众集会本不宜过分限制”[2]的抗战期间，又多次发布加强民众团体管理、严禁群众集会游行演说、控制各校成立学生自治会等密电或训令，国民政府于 1940 年 7 月 24 日颁布《非常时期维持治安紧急办法》，行政院更于 1941 年 9 月 21 日公布了《非常时期统一社会运动办法令》。

为解决国共两党争端问题，国共双方代表曾于 1944 年 5 月— 1945 年 1 月间分别在西安、重庆举行会谈，中国第二历史档案馆馆藏军委会参事室、国民党中央秘书处保存有反映这两次谈判情况的部分重要文档，主要有 1944 年 2 — 3 月间国民党中央党政军联合会策划国共谈判所取对策的会议记录和方案，蒋介石对于外籍记者赴延安访问及国共谈判问题的指示，1944 年 5 月张治中、王世杰有关在西安与林伯渠谈判情况致蒋介石的电稿，林伯渠与张治中等关于谈判问题的来往函件，1944 年 11 月赫尔利从延安带回的国共协定草案及国民党对该项协议的修改稿，王世杰关于 1944 年 11 月 21 日上午与周恩来谈话情况的记录，毛泽东、周恩来、赫尔利的来往函抄件，有关林伯渠在重庆活动情况及社会各界对国共谈判的反映等情报。

民族事务方面，南京国民政府成立之初即成立蒙藏委员会，“掌理有关蒙古、西藏行政及各种兴革事项”，中国第二历史档案馆所藏国民政府、行政院、蒙藏委员会等机构档案中，存有大批有关民国时期民族事务组织机构、行政法规以及反映重要蒙事、藏事、新疆省政情的档案史料。主要有《蒙藏委员会组织法》及《修正蒙藏委员会组织法》（1928 年 3 月、1932 年 7 月）国民政府公布《蒙古盟部旗组织法》（1931 年 10 月），《达赖班禅代表来京展觐办法》（1934 年 1 月），《管理喇嘛寺庙条例》（1935 年 12 月），《蒙藏边区人员任用条例》（1937 年 4 月），《蒙藏委员会颁布喇嘛转世办法》（1938 年 9 月 24 日），《国民政府批准设立蒙藏委员会驻藏办事处令》（1940 年 4 月 6

[1]《蒋介石致陈立夫密令》（1938 年 2 月 6 日），中国第二历史档案馆藏国民政府教育部档案，五（2）/ 1420。

[2]《蒋介石为控制民众集会致社会部代电》（1940 年 10 月 5 日），中国第二历史档案馆藏国民政府社会部档案，一一（2）/ 825。

日）等涉及民族事务行政法规的档案；有 1933 年 9 — 10 月间傅作义、宋哲元等为报告德王实行自治、与日勾结等情况致蒙藏委员会、行政院电，蒙旗宣慰使公署、绥蒙指导长官公署等工作报告，反映伪蒙政权组织与活动、伊盟事变处理善后情况、蒙旗复员计划及复员情形、德王自治政府概况的相关文电；关于第十三世达赖圆寂、黄慕松入藏致祭、转世灵童寻访暨十四世达赖喇嘛坐床典礼以及第九世班禅在内地活动、返藏受阻及其圆寂善后处理、转世灵童寻访暨十世班禅坐床、噶厦非法成立外交局、西藏擅派代表出席泛亚会议及西藏商务代表团在欧美活动以及中方反对英国侵略分裂西藏阴谋等重要文档；还有关于新疆事变的经过情况、各方为解决该事变所提相关建议、措施及反映事变后新疆省政情，行政院安抚流亡甘青的新疆哈萨克民族事务，内政部、蒙藏委员会等有关新疆民族问题会商与建议等各类文电。馆藏国民政府档案全宗内有 1929 年 5 月 22 日蒋介石为改进蒙古行政致德王函稿[1]，内容如下：

希贤先生大鉴：训政权舆，必须内外相继，遐迩一体，执事嘉所布，实获我心。总理手创共和，以扶植五族共同发展为职志，政府秉承遗教，各盟旗倾诚向义，一切情势，夙所关怀。值兹帝国主义侵略压迫之时，图存之方，当在顺应潮流，渐谋改进，至于行政措施，亦必因地制宜，以期边地人民之便利，决不能忽视历史，骤事更张。顷由巴杂尔皋拉登君赍到来牍，并面述情形，政府俱已明了，在中央未明定办法以前，一切均仍旧制，即希宣告所属，勿用惊疑，仍盼深念遐观，协心图治，巩固边疆，是所厚望，专复。顺颂

勋祺

蒋〇〇启

中华民国十八年五月廿二日

体现了中央政府最高当局对于蒙事、藏事等民族事务所采取的指导思想和基本政策。

---

[1]《蒋介石为改进蒙古行政致德王函》（1929 年 5 月 22 日），国民政府档案，载中国第二历史档案馆编：《中华民国史档案资料汇编》第五辑第一编政治（五），江苏古籍出版社，1994 年，第 41 — 42 页。

在国民政府行政院、外交部、侨务委员会等侨务机构档案中则存有不少反映南京国民政府时期侨务行政与法规、侨务工作报告以及南洋、美洲等地华侨捐款救国、参加抗战、垦殖投资、救济复员等侨务类文档。

该馆馆藏大量涉台档案，可分为中国政府收复台湾的准备、台湾光复及光复后省情三大部分，对于推动和丰富对台研究有积极作用。有关抗战胜利前中国政府准备收复台湾的史料具体如国民政府行政院秘书处关于收复台湾准备工作与蒋介石的往来函电、台湾调查委员会工作会议记录、台湾接管计划纲要等重要文档，记载了国民政府接收台湾的总体构思；台湾光复档案则囊括中国战区台湾省警备司令部备忘录、台湾省总司令部命令、接收总报告等重要资料，记载了国民政府在台北受降、处置投降日军和接收其军事设备的情形；台湾光复后省情档案是涉台档案的重头，内容众多，反映了台湾光复后国民党在政治、经济、文教等方面统治台湾的情况，也反映了台湾二二八事变的爆发和国民政府处理该事变的经过情形。

此外还有反映国民政府迁都洛阳与召集国难会议、有关福建事变、西南事件、西安事变以及蒋介石发起“新生活运动”等重大历史事件的档案史料，对于二战时期国民政府协助犹太人在华避难、抗战期间长江掘口问题等学术研究课题的开展亦有推助作用。其中馆藏有关黄河花园口决堤案的电文揭示了从掘堤阻敌战略的制定、实施到黄河决口后泛滥情形、救济灾民等整个事件的详情经过，而据军委会、军令部、战史编纂委员会多份档案显示，政府当局于决策实施之初即决定“须向民众宣传敌飞机炸毁黄河堤”[1]，拟定对外宣传口径为“敌占据开封后继续西犯，连日在中牟附近血战，因我军誓死抵抗，且阵地坚固，敌终未得逞，遂在中牟以北将黄河南岸大堤掘口，以图冲毁我阵地，淹毙我大军。如泛滥确已成功，当即披露，并呈鉴核”[2]。

（二）军事方面

军事档案是中国第二历史档案馆藏国民政府档案的精华部分，藏量巨大，形成单位包括国民政府军事委员会、军事参议院、参谋本部、军令部、军训部、政治部、后方勤务部、国防部和战史编纂委员会等机关与部队，有

[1] 蒋介石致程潜真申密电（1938 年 6 月 11 日），军令部战史编纂委员会档案，载《中华民国史档案资料汇编》第五辑第二编政治（五），第 432 页。

[2] 程潜关于黄河决口工作在花园口以西施行情形电（1938 年 6 月 9 日），军令部战史编纂委员会档案，载《中华民国史档案资料汇编》第五辑第二编政治（五），第 429 页。

许多这一历史时期的军事史、抗日战争史、国民党各派势力斗争以及1927年后国共两党关系等方面有价值的第一手史料。军事档案的内容主要反映军令、军政和军训等军事方面活动，抗日战争时期形成的为最多，其中又以军委会军令部战史编纂委员会所存档案较为完整，特别是涉及北伐战争、反共战争和抗日战争等重要战事的档案多经该委员会系统整理，颇具学术价值。

1. 对研究这一时期军事制度有参考价值。

馆藏国民政府军事档案中，有各军事机关组织条例、组织系统表与编制表，各部队沿革、史略、编成及整编文件，有关兵役、任官、奖惩、抚恤和教育等各种法规，1928 — 1949年间各军事机构设置、改隶、裁并情况的文件等。其中1927 — 1937年间南京国民政府军事行政机关组织方面的档案，有军事委员会及所属各行营、绥靖公署，国民政府国防会议及参谋本部、军政部、训练总监部、兵站总监部、海军部、军事参议院等各部院机构相关组织条例、大纲、规程等，还有陆海空军组织官制、兵役征募、宪警保安、军需后勤组织法规等部队组织编制以及各军事院校组织、训练等方面的档案。

抗战时期，为统一战时党政军之指挥，国民党五中全会决议设置国防最高委员会，行中政会职权，后又取国防最高会议之职而代之，成为国民政府战时机构的重要设置之一。此外还公布了中华民国战时军律、防空法等战时军事行政法，战区司令长官司令部编制表及其组织大纲等，对军委会所属各部局署及院会组织系统亦做相应调整。战后为表示“还军于政”起见，裁撤军委会改设国防部及其六厅八局，并将陆海空军联勤四总司令部编组完成，中央军令、军政指挥系统发生了较大变化。内战期间为实施联省“剿匪”，国民党军又分别成立东北行辕、国防部九江指挥部（后改组为华中“剿匪”总司令部）、华北“剿匪”总司令部、徐州“剿匪”总司令部等，统一指挥各区军政。

2. 记载国民党统治集团内部历次战争的情况。

馆藏这一时期军事档案，除国民革命军继续北伐与西征的早期作战史迹外，还记述了国民党军阀历次混战的情况，如1928年北伐结束后有关军事编遣的档案文件；1929年蒋桂战争期间蒋介石制定的讨桂作战计划，参战第二、第三、第四路军军事报告、战斗详报；1929年蒋冯战争中蒋军对冯军的警备、作战计划与军事部署的有关文电；1929年12月蒋军讨伐唐生智的作战总方略以及武汉行营主任何应钦的《讨唐战斗要报》；1930 年蒋阎冯中原大战时蒋军战斗序列与作战计划，陇海路、津浦路、平汉路暨陕陇等战场各参战部队进展情况与战斗详报、陆海空军总司令部所编《讨阎军事纪略》和《政治工作报告书》；1931 年陆海空军总司令部编的《国民政府军事报告》；1933 年蒋军镇压福建事变的各参战部队战斗详报、《戡定闽叛纪略》以及黄光庭编撰的《讨平闽乱记》等。

3. 反映 1927 年以后国共两党军事关系。

反映第一次国内革命战争期间国民党反共军事“围剿”的档案，除国民政府战史会所编关于镇压南昌起义、广州起义、平江起义经过的残存史稿外，还有国民党军对中央苏区和其他革命根据地进行“围剿”以及对红军长征部队围堵追击的档案文件，前者如国民党军五次围攻赣南中央苏区的部署略图、作战纪要、战斗详报，1932 年 8 月— 1934 年 11 月赣、闽、粤、湘、鄂边区红军实力位置调查表，国民党军进攻红军要图与封锁碉堡位置图，赣闽粤湘鄂边“剿共”军司令部工作报告及东、西、南、北各路军进攻红军情况的军事报告，1930 — 1937 年国民党军在湘鄂境内与红军贺龙、徐向前等部作战的战斗详报，湘鄂西和鄂中区红军根据地要图，1935 年 4 月— 1936 年 5 月闽浙皖赣“剿匪”总指挥部围攻红军经过的战斗详报，1937 年 1 — 7 月刘建绪部进攻红军的报告等；后者主要有中央苏区红军开始长征后国民党军所制订的《剿匪军追剿总司令部追剿计划》及追堵长征红军军事报告书，国民党军各部队在红军途经各省份与红军作战的战斗详报与阵中日记，鄂、豫、川、康、陕、甘、宁、青、绥等省红军行动略图与周报（1936 年 1 — 12 月），军委会委员长行营编印的 1935 年 11 月— 1936 年 10 月红军情况摘要等。其中 1934 年 9 月— 1935 年 2 月浙江保安纵队指挥官俞济时率王耀武等部围攻红军抗日先遣队方志敏部的各次战斗详报，从敌军角度记载了以方志敏为首的红军将士在反“围剿”斗争中浴血奋战，最终弹尽粮绝被俘遇害的详细经过。[1]

反映国共合作抗日的，有 1937 年 8 月 11 日周恩来、朱德在国民政府军事长官联席会议上关于战略战术、战区划分、民众动员、军队政治工作等问

[1]《国民党浙江保安纵队等部与红军北上抗日先遣队在浙赣边境作战详报》（1934 年 12 月— 1935 年 1 月），国民政府军事机关档案，载《中华民国史档案资料汇编》第五辑第三编军事（四），第 582 — 625 页。

题的长篇发言记录，9 月余汉谋、陈仪、何应钦关于改编闽南红军游击队张鼎丞、邓子恢二部的来往电文，1938 年周恩来向国民党当局提出的《对日寇进攻华南之分析与建议》，还有有关八路军、新四军对日作战情况的战报，如朱德、彭德怀关于八路军在平型关、忻口等地作战的电报，1940 年百团大战的相关部署与战报，新四军 1938 — 1940 年在大江南北作战情况的报告与战绩表，军委会关于嘉奖八路军、新四军的电令等。其中《第二战区前敌总司令部扫荡晋南三角地带暨歼敌增援各战役战斗详报》反映了八路军与国民党军队统一行动、协同作战的情况。

馆藏军事档案中也有反映抗战时期国共军事摩擦的，如国民党军、政、特机关关于八路军、新四军兵力、驻地、活动情况及中共所属各边区政治、经济情况的调查报告与情报；国民党当局制订的各种限制八路军、新四军抗日活动和进攻八路军、新四军的军事计划与方案，如仅 1940 年就接连制订了《防制异党部队越轨行动方案》《处理中共纠纷四原则》《剿办淮河流域及陇海路东段以南附近地区非法活动之异党指示方案》《共党问题处置办法》以及《剿灭黄河以南匪军作战计划》等；有山西“新军事件”后何应钦对阎锡山所作“藉剿叛军名义北上，肃清共党势力”的批示；有国民党当局发动皖南事变及国民党军在苏、皖、鲁、湘、鄂、晋等地进攻八路军、新四军的战斗详报与指挥部署的相关文电；国共双方关于各地军事摩擦进行交涉的来往文电，皖南事变后中共中央军委的重要命令与发言人谈话等。其中，蒋介石在 1940 年 3 月关于第十八集团军应于 3 月 15 日以前撤至长治、邯郸之线以北致卫立煌的手令中称：“如其不遵限撤去，应以违抗命令破坏抗战之叛军论罪，并用晋南中央军之全力剿除之，勿稍犹豫，致误大局。届时如敌寇向阳城、高平反攻，则我军决心亦应以先肃清晋东南之叛军而后再对敌寇可也。”[1]

抗战胜利后的军事档案，有战后初期国民党军队收编伪军、复员整编、抢占战略要地以及修订《剿匪手本》准备内战的相关文件，还有反映国民党军发动内战及其军事大溃败的档案，如国民党军队在东北、中原、华中等地与解放军作战的战斗报告，国防部、东北行营等设置情报机构搜集中共和解放军情报、策反和破坏中共军政人员与地下组织，组织绥靖总队、青年救国团等潜入解放区进行武装破坏与反动宣传的文件，还有京沪杭警备司令汤恩

[1] 李祚明：《中国第二历史档案馆馆藏国民党政府军事档案简介》，《民国档案》1988 年第 1 期。

伯在杭州召开的军事会议记录，大上海保卫战动员计划及淞沪保卫战后勤计划等。1949 年 9 月国民党军反共军事总崩溃之际，国防部在大势已去的情况下做出巩固基地、加强整训、整饬纪律与实行总体战的反攻部署，在奢谈以改革军事扭转战局的同时不得不承认官兵生活与民众动员之改进问题为目前军事上最大困难，明言“国防部及各高级将领均深知过去本身之错失甚多，承认并接受历次失败之教训，最近正在不断检讨”[1]。

4. 反映对日作战史料。

在反映九一八事变后对日作战诸役的军事档案中，有 1931 — 1934 年马占山在黑龙江抗日诸役的战斗详报、吉林自卫军抗日纪实、东北抗日联军总指挥李杜报告敌伪情形和抗战情况的文电、熊希龄关于东北义勇军的状况分析以及今后对策致罗文干的函件（1932 年 2 月）等有关东北军民抗日作战的史料；有第十九路军、第五军等参战部队作战纪要与军事密令，淞沪警备司令戴戟关于淞沪战役前后情况的报告，上海停战协定与日军撤退协定，外交部关于停战谈判情况致行政院的呈（附谈判会议记录），汪精卫、罗文干、郭泰祺等人关于该项协定问题的来往函件等有关一 · 二八淞沪抗战的史料。其中战史会档案中有一 · 二八事变发生后，何应钦于 1932 年 2 月 13 日致十九路军总指挥蒋光鼐、军长蔡廷锴等人的一份密电，转报蒋介石对沪事意见[2]：

> 介公刻到浦镇召弟等指示沪事，以十九路军保持十余日来之胜利，能趁此收手，避免再与决战为主。其办法如下：一、如日本确无侵占闸北之企图，双方立即进行停战办法；二、停战条件须双方各自撤退至相当地点，中国军队退出地方由中国警察维持。

蒋光鼐等则于次日复电，表明自己不惜与日军决战之决心[3]：

> 日方连日增兵，和平必无诚意。如能和平，当屈从之，但敌欲维持其强国之威风，非终求一胜不可。我军只好准备与之一决。

[1]《行政院施政方针报告书》（1949 年 9 月），中国第二历史档案馆藏国民政府行政院档案，二（2）/ 3141。

[2]《何应钦等致蒋光鼐等密电》（1932 年 2 月 13 日），战史编纂委员会档案，载《中华民国史档案资料汇编》第五辑第一编外交（二），第 682 页。

[3]《蒋光鼐等致何应钦密电》（1932 年 2 月 14 日），战史编纂委员会档案，载《中华民国史档案资料汇编》第五辑第一编外交（二），第 683 页。

还有宋哲元报告日军进犯及第二十九军长城抗战情形各电，反映察绥抗日同盟军组织崛起、克复多伦及其失败经过的相关电文，《塘沽停战协定》原件等华北事变史料；有赵巽、万福麟等军事人员关于日军侵犯卢沟桥及事态发展情况的电报，卢沟桥事变发生后宋哲元等华北各将领表示抗战决心的文电、蒋介石关于对日谈判和应紧急处理等事项致各将领的电稿、何应钦在国防会议上关于卢沟桥事变后中央之军事准备的报告、国民政府军事机关长官谈话会记录暨 1 — 32 次会议记录、国防联席会议记录等；有抗战期间平汉线作战、八一三淞沪会战、南京保卫战、闽浙粤沿海作战、太原保卫战、鲁南 - 台儿庄 - 徐州会战、武汉会战、南昌会战、随枣会战、三次长沙会战、桂南会战、枣宜会战、上高会战、中条山战役、浙赣战役、常德会战、中原会战、长衡会战、桂柳会战、滇西缅北作战等诸役的相关电报、战斗详报、作战日记、伤亡及战果统计等文件以及国民党游击部队编组整训、游击区域划分以及八路军新四军在晋冀鲁豫、大江南北等地开展抗日游击战等反映敌后战场作战情况的档案文件，为研究各战役中统帅部、各战区司令长官部和参战各部队的指挥部署、作战经过以及总结各次战役的经验教训提供了丰富而翔实的史料。

有关七七事变之前国防计划与整备的档案，有 1929 — 1937 年制定的国防建设计划、作战计划，华北、华中和沿江、沿海地区防御计划，建立军区计划与军队分区配置方案，各要塞整备方案、实施计划、工事建筑和武器配置等文件；重要军事会议方面，有国防会议条例及其组织筹备的文件，1937 年 8 月国防会议上冯玉祥、阎锡山、李宗仁、刘湘、陈诚等人提案及各军事部门报告，1939 年以后召开的西安军事会议、第三次南岳会议和各次参谋长会议的报告、提案、决议案等。其中 1937 年 8 月 7 日晚召开的国防联席会议记录，记载了蒋介石、汪精卫、林森、阎锡山、刘湘等国民政府党政军负责人决心团结一致、对日抗战的发言：“一、在未正式宣战以前，与彼交涉，仍不轻弃和平；二、今后军事、外交上各方之态度均听从中央之指挥与处置。”1937 年 7 月 11 日 — 8 月 12 日国民党军事机关主要官员在何应钦官邸举行的会报记录，则反映了七七卢沟桥事变后国民政府对和战谋略的讨论和军事部署等情况。关于对日作战指挥部署问题的，有国民政府军事委员会、参谋本部、军令部等部门颁发的有关抗战各阶段、各战区、行营与战役的作战计划、指挥方案与相关文电，有关中国军队战斗序列、编成概况、组织系统及作战地境划分的相关文电、表册，1938 — 1940 年蒋介石给各部队的作战指挥电令汇编等。这类军事文电除报告对日作战的战役部署、敌情、战况外，对八路军、新四军动态与战绩亦有所反映。

有关海空军作战情况的档案，有海军总司令部编撰的《抗日战争海军战史》及华南、粤桂地区海军抗日作战纪实等，反映苏联、美国援华空军志愿队作战情况的文件，中国空军参加武汉、桂南、常德、鄂边、中原、长衡、桂柳、湘西、豫西、鄂北各会战的纪要，各地报告日机空袭及人民生命财产损失情况，特别是战史编纂委员会与重庆防空司令部档案中有关于 1942 年重庆“六 · 五”空袭隧道窒息大惨案的文件。

5. 揭露了侵华日军犯下的种种暴行及其败降下场。

国民政府档案中存有大量揭露日军南京大屠杀罪行的珍贵史料，如国民政府教育部档案中存有 1937 年 12 月金陵大学非常委员会为抗议日军南京暴行致日本大使馆的函，战争罪犯处理委员会档案中有南京市崇善堂掩埋工作一览表、世界红卍字会南京分会救济队掩埋组关于掩埋尸体情况统计表等，赈济委员会档案内有南京国际救济委员会报告书（1937 年 11 月 — 1939 年 4 月 30 日），战争罪犯处理委员会档案还存有南京大屠杀证人陈述笔录，国防部审判战犯军事法庭对谷寿夫、向井敏明等战犯的起诉书、判决书，远东国际军事法庭关于日军进行南京大屠杀罪行的判决等。国民党中央宣传部国际宣传处档案内则发现了董显光为汇报该处派员揭露南京大屠杀真相致蒋介石的密呈，证明了中国政府早在 1938 年上半年即派员赴日秘密宣传，对南京大屠杀中的日军暴行予以揭露。此类档案令人信服地说明侵华日本南京大屠杀罪证确凿，不容抵赖，是“南京大屠杀档案”申报联合国教科文组织“世界记忆遗产”并获通过的主要档案材料之一。

此外，馆藏军委会和军令部档案中也有大量反映和揭露侵华日军在各地进行破坏蹂躏，屠杀残害中国军民的资料抗战时期中国人民生命、财产损失的调查统计材料等。如 1938 年 6 月军委会政治部所编《日寇暴行录》，国防部史政局和战史会档案中存有第三十二集团军关于日军在江南各地暴行统计表、第四战区桂柳会战中日军暴行纪实等。揭露日军在华使用毒气、散布细菌的档案，有黄绍竑、顾祝同、李济深等关于日军在浙江金华等地散播细菌及疫情函电（1940 年 12 月— 1941 年 2 月，行政院档案藏）、《抗战八年来敌军用毒经过报告书》（1945 年 9 月，军委会军政部兵工署档案藏）等。

中国第二历史档案馆以丰富的馆藏南京大屠杀档案，不仅支持了侵华日军南京大屠杀遇难同胞纪念馆的筹建工作，还陆续出版了多部反映侵华日军南京大屠杀暴行的系列资料汇编、图片集等，以侵略者自己形成的历史档案来揭露罪行真相，有力地推动了南京大屠杀史的研究工作。2015 年 10 月，南京大屠杀档案正式入选“世界记忆遗产名录”。中国“申遗”委员会在申报过程中，将中国第二历史档案馆所藏一批珍贵而典型的南京大屠杀档案遴选为申报材料，其中包括幸存者李秀英等人证词、美国人贝德士所作证词、国际安全区工作人员程瑞芳日记、南京市民冒险保存下来的 16 张侵华日军自拍屠杀平民和强奸妇女照片、远东国际军事法庭与南京军事法庭审判日本战犯档案，战后中国政府有关南京大屠杀的调查档案等，均为最具代表性的原始档案。它们同中央档案馆、南京市档案馆、侵华日军南京大屠杀遇难同胞纪念馆、辽宁省档案馆、吉林省档案馆、上海市档案馆等联合申报单位提供的其他档案资料互补互证，用翔实准确的史料形成完整的证据链，从而通过了联合国教科文组织的最终认定，向世界昭示了南京大屠杀档案的真实性和完整性不容置疑，这是对 30 万遇难同胞的最好告慰，也是对日本右翼势力的有力回击。为确保这些珍贵的档案文献得到有效保护与广泛传播，中国第二历史档案馆以此为契机建立起馆藏相关专题数据库，并在国家档案局领导下积极整合档案资源，集结为《南京大屠杀档案汇编》正式出版。

国民政府国防部及其史政局及战史会档案中，有反映日本侵略者战败投降情况的各类文件，如 1945 年国民政府于日本战败投降前夕拟订的会同盟军占领与进军日本计划，中方处理日本战俘及遗侨问题的办法，何应钦、顾祝同、余汉谋等报告部署受降工作情况的函电，中国陆军总司令部受降报告书和处理日本投降文件汇编，各战区和台湾受降纪实及受降经过报告书等。为防止八路军、新四军接收日伪军队和沦陷区，蒋介石下令忠义救国军进驻宁沪杭地区，1945 年 8 月 18 日致军令部电，称[1]：

[1]《国民政府军事委员会代电》（1945 年 8 月 18 日），中国第二历史档案馆藏国民政府国防部史政局及战史会档案，七八七 / 16587。

为制止奸匪乘日本无条件投降时企图取得敌军武器，并使中央部队于最短期内控制京沪杭计，忠义救国军应即全部以军委会中美合作之忠义救国军名义，速向京、沪、杭、芜挺进，并将现在东南地区之中美合作所美方官兵三百余人，随同忠义救国军开进京、沪、杭地区。

陆军各部队档案汇集中还有一份 1945 年 8 月 13 日顾祝同关于受降问题致周佛海、陈公博、任援道、丁默邨等人的电报，要求周佛海等人掌握所属武装部队，负责维持地方治安，严防“奸匪”破坏，协助国军接受日军投降。

（三）财政经济

中国第二历史档案馆典藏南京国民政府时期档案中为数最多的当数经济类档案，此类档案广泛涉及民国时期诸多经济领域，反映了当时工矿业、农业、商贸、交通等方面发展建设状况，其中有关历年水利、地震资料、外债史料和抗战时期工业内迁等方面的资料均具较高研究价值。

工矿业方面的经济类档案有南京国民政府所颁矿业法、工厂法、公司法、商标法、专利法、标准法、工业奖励法等各种工矿业法规，经济部、工商部、主计部、国防设计委员会等机构所编有关工厂经营、工矿产品、劳工福利等调查报告以及反映纺织、面粉、火柴、卷烟、制糖、水泥、化工、五金、煤炭、金属冶炼等各业发展情形的统计资料，如 1937 — 1944 年经济部厂矿内迁情形报告、工矿调整处协助迁往西南之工厂一览表（1938 年 2 月 28 日）等有关战时厂矿内迁的档案，经济部合办事业暨资源委员会附属机关年度工作报告、联勤总部兵工署所属兵工厂业务报告等反映国营工矿业扩张与官商合办事业概况的档案，另有大量反映工业合作运动及其衰退状况、战后收复区工矿业复员与接收情形、民营各行业停工停业、破产倒闭情形以及社会部劳动局等关于处理各地工人失业救济案的相关文书。

商业档案则有反映国民政府时期商贸行政与法规、市场垄断与黑市问题、进出口贸易统制与统计资料等内容文件，还有关于粮食、茶叶、棉花、蚕丝等国内主要商品物资管制与垄断，丝、茶、桐油、猪鬃等外销农矿产品统购统销等重要经济问题之文档，其中涉及物价统制方面的档案主要有战时经济部、资源委员会等关于各类物资生产购销与管制情况的往来电文，国民政府行政院、经济部、四联总处等有关战时限价政策、加强物价管制事宜的文件，经济部统计处、主计部统计局、全国经济委员会等关于关于战后物价及生活指数增长情形的分析报告与统计资料等。中国第二历史档案馆所藏反映抗战期间经济概况的众多档案内，既有战时相关机构公布或奉发的诸如非常时期经济方案、非常时期农矿工商管理条例、工商业及团体管制办法、战时经济持久政策具体实施办法等战时经济统制政策，也有国民党历届中央全会通过的巩固前方经济基础、确立战时经济体系、实行统制经济等重要经济决议案，还有经济部、农林部、粮食部、水利委员会等战时经济行政机关年度工作报告，各战区经济委员会、经济游击队组织活动及其对敌经济作战等史料。

农业方面，有反映南京国民政府农村经济政策、重要土地法规、农业行政、农业金融、农村与土地状况调查统计、地政改良与土地租佃等问题的档案资料，国民政府主计处、财政部、农林部等关于农作物种植生产与农村经济建设方面的调查统计材料，主计处、社会部、四联总处等关于全国各省市合作事业及合作社发展概况统计报告等反映农业生产与合作事项的档案资料，有关农产改良与垦殖、林牧渔业与水利建设、灾荒救济与农民生活的经济类档案等。解放战争时期，国民政府财政经济濒临崩溃，立法委员们在对行政院土地问题施政方针提出质询时直截了当地指出“……基本上的决胜点在谁能组织起民众谁成功，谁组织不起民众谁失败，组织民众的前提在解决久悬不决的土地问题”，均认为“翁院长所提土地改革的方针不能使人满意”，因其土地报告中只有二五减租和绥靖区土地新办法，却未提及实行平均地权的根本办法；他们主张“土地方面要彻底实行土地改革，争取广大的农民拥护政府”，亦指出“今日共产党以土地革命为号召，我政府对国父所主张土地涨价归公办法从未施行”，以为“平均地权的口号至少有四十多年的历史，政府无论说的如何响亮，目前人民是不会相信的。三十四年国民党第六次全国代表大会曾决议都市土地一律收归公有，农地除公营者外，应以最迅速有效之方法实行耕者有其田，凡非自耕之土地，概由国家发行土地债券逐步征购并分配之，三年以来证明这是一种口号，用以敷衍一时，根本没有实行的诚意，所以农民和贫苦大众对过去政府非常失望”。[1] 1948 年 12 月更有 267 名国大代表向国民大会提出建议限期实行耕者有其田的提案，抨击“政府之

[1]《行政院关于立法委员对该院施政方针质询案的答复》（1948 年 7 月 3 日），中国第二历史档案馆藏国民政府行政院档案，二（2）/ 1431。

种种实际措施若干年来绝未着眼于一般民众利益之维护，而纯为地主、巨富、豪门、资本、官僚资本权利之是图。……此时如不为改弦易辙之图，必难逃土崩瓦解之祸。为今之计，亟宜赶速实行民生主义中之平均地权、节制资本两大重要原则”[1]。国民党政权内部有识之士对于当前农村问题症结之所在可谓明了于心，只是无力回天。

交通方面，有这一时期诸如铁道法、邮政法、航空法、非常时期全国电信统制办法等重要交通邮电法规，邮政总局编各年度邮政事务年报、交通部历年有无线电报与铁路概况、1936 年全国经济委员会所编之《十年来公路建设》、战后交通部统计处所编之《抗战以来之交通概况》与《交通事业战时财产损失》等有关全国各地铁路、公路、驿运、水运航运、航空、邮政电信等交通设施与工程建设概况的档案，反映交通部公路运输总局、中国运输股份有限公司等交通行政机构沿革情形的档案，国营招商局、民生实业股份有限公司等航运公司与中国、欧亚、中央、中苏等航空公司不同时期营业状况的档案资料，邮政储金汇业总局与邮政总局关于九一八事变以来办理东北邮务情形密呈稿（1933 年 2 月）、上海邮政总局代表与日本关东军代表关于商定关内外通邮办法及其谅解事项的记录（1934 年 12 月）、张嘉璈有关筹办华北沦陷区邮政原则与蒋介石的来往电（1938 年 8 月）、行政院关于核准接收东北及台湾后对于各该地邮政电信管理办法之指令（1945 年 11 月）、邮政总局为中美间航邮运输事宜与交通部的往来函件（1946 年 10 月）以及反映战后交通复员与接收事宜、国共通邮通航等问题的重要档案。

轮船招商局（招商局前身）开办于 1872 年，是我国最早成立的轮船航运公司，在我国近代航运史上占有极其重要的地位。作为洋务派官僚创办的大规模民用企业，该局组织机构庞大，且复杂多变。中国第二历史档案馆所藏招商局相关档案，反映了该局 1927 年前官商合办、官督商办及商办各历史时期发展状况，和它在南京国民政府 22 年统治期内经历清理监督（1927 — 1932）、国营（1932 — 1948）及股份有限公司（1948 — 1949）3 个阶段的组织沿革情况。[2]

[1]《刘桂等国大代表建议限期实行耕者有其田等提案》（1948 年 12 月），中国第二历史档案馆藏国民政府财政部档案，三（6）/ 7531。

[2] 参见陈长河 :《1927 — 1949 年招商局组织概况》,《历史档案》1983 年第 2 期。

财政金融方面，主要有 1927 — 1949 年间南京国民政府中央、地方财政组织机构与相关政策措施、调查统计等方面的档案，包括重要财政会议及会议提案、整理与统一全国财政、年度财政收支预决算与财政施政报告、各金融机构年度业务报告，以及非常时期金融管制政策、针对日伪金融侵略的应变对策、战后复员和挽救经济危机的办法与措施等在内的民国财政概况。

税制与税收方面，有关于关税自主、签订关税新约以及各国干涉中国进口关税等关税与关政情况的档案；盐政与盐法、盐税与缉私、盐务稽核方面的资料；还有 1927 — 1934 年间中央饬令裁厘改统以及各地执行裁撤厘金、举办货物统税以及田赋和其他税捐整理、征收情形的文件；抗战期间国民政府将田赋收归中央并改征实物，实施糖、烟、火柴、食盐等物资专卖政策，征收各类货物统税、印花、遗产、消费、营业等税以及战后田赋征实征借与军粮筹办等情况的档案。

内外债方面，有中央与地方公债筹募政策、机构与发行、摊派、整理以及战后处理敌伪债券库券，战前美国棉麦借款经理与偿还，战时中苏三次易货借款、中美桐油借款、中英平准汇兑基金借款等外债举借、摊付，战后中美租借剩余物资、中加信贷等借款而形成的一系列文档。

金融货币方面，有反映白银外流等金银问题、1933 年实施废两改元、1935 年推行法币政策以及战时统一货币发行、战后金融货币制度总崩溃等币制改革问题的档案，也有国民政府进行金融统制、金银外汇管理，设立交易所、保险业、邮政储金汇业局与中央信托局等特种金融等方面档案，反映中国、中央、交通、农民四大银行和四联总处、中央信托局、邮政储金汇业局等国家金融垄断机构健全与扩张情况的史料，还有关于接收清理伪中央储备银行、伪中国联合准备银行、伪蒙疆银行、伪满中央银行等敌伪金融机构与收换伪钞、台湾光复时期金融与币制概况等反映战后金融状况的档案文件。

（四）外交

南京国民政府外交档案主要见于外交部档案全宗中，除外交行政组织及外交法规方面的档案外，还有国民政府经济、财政界所聘外籍人员统计（1928 年 1 月— 1936 年 6 月），王宠惠、王正廷在国民党中政会第 216 次会议上关于上海公共租界法院交涉情形的报告（1930 年 2 月 12 日），1930 年国史馆所辑国民政府建立前后外交概况，1934 年 6 月蒋介石、孔祥熙、朱家骅等关于引水问题的来往函电，财政部编制购买外国军火、军械统计表（1936

年6月—1937年6月），1937年10月26日国防最高会议关于中国参加九国公约会议及代表会外活动原则致外交部的函，1938年12月26日蒋介石驳斥日本近卫声明的讲话，1940年12月1日外交部关于日汪签订伪约的声明，1941—1942年外交部拟定或修正拟定关于侵略与制裁、军缩、和平变更条约、战后借款及整理外债等外交问题的诸项原则，1942年2月外交部所编之《抗战四年来之外交》，1943年11月9日国民政府公布中国与联合国善后救济总署签订之基本协定，1944年10月9日外交部公布中美英苏关于筹设战后世界和平机构建议案，1945年1月外交部公布《执行收回法权各约须知》，1947年5月外交部拟提国民参政会施政报告及王世杰在国民参政会上所作外交报告，1948年5月中国政府与联合国国际儿童急救金会签订救济中国儿童协定等档案，反映了1927—1949年间南京国民政府为应付外交时局所采取的一系列对外方针政策及外交活动概况。

近代以来，列强迫使中国政府与之缔结订立的片面关税协定、领事裁判权、租界租借地、内河航行权、陆海军驻屯权等各项不平等条约，不仅严重损害了中国的独立主权与国家安全，更妨害到整个中华民族的生存与发展，“而其中最关重要、足制吾国命脉、损害吾国主权者，则尤在协定税则与领事裁判权。”[1]南京国民政府成立后，为谋求解除国家束缚，便利各项政治整理与经济建设之进行，开始逐步着手废除旧约、改订新约的外交变革。1927年7月20日国民政府公布关税自主布告，明白宣示“图国民经济之发达，非将万恶之厘金及类似厘金之制度彻底清除，不足以苏民困；而不平等之关税条约，尤与国家之主权相妨，非迅速实行关税自主，不足以跻进国际之平等”，[2]并定于当年9月1日裁厘之日实施关税自主，但同日公布之《裁撤国内通过税条例》《国定进口关税暂行条例》与《出厂税条例》“或因境内军事影响，或以上游内地新隶本政府管辖，势难同时实行”[3]而暂缓在各省中推行。1928年6月15日，国民政府又对外发表废除旧约宣言：“中国八十余年

[1]《外交部为办理废除不平等条约交涉情形的呈文》（1929年5月1日），国民政府行政院档案，载《中华民国史档案资料汇编》第五辑第一编外交（一），第47页。

[2] 国民政府关税自主布告（1927年7月20日），国民政府财政部档案，载《中华民国史档案资料汇编》第五辑第一编外交（一），第8—9页。

[3]《国民政府为增加关税暂缓布告》（1927年8月29日），国民政府财政部档案，载《中华民国史档案资料汇编》第五辑第一编外交（一），第9页。

间，备受不平等条约之束缚，既与国际相互新生主权之原则相违背，亦为独立国家所不许。……今当中国统一告成之会，应进一步而遵正当之手续，实行重订新约，以副完成平等及相互尊重主权之宗旨。”[1]1929 年 12 月 28 日，国民政府颁发废约特令，宣称“中国自受领事裁判权束缚以来已届八十余年，国家法权不能及于外人，其弊害之深无容赘述，领事裁判权一日不除，即中国统治权一日不能完整”[2],定自 1930 年元旦起侨居中国之外国人民应一律遵守中国中央政府及地方政府依法颁布之法令、规章，以恢复中国固有之法权。艰苦抗战之际，中国政府于国家利权之维护仍设法加以筹划。1942 年外交部曾拟定“一切不平等条款，战后应无条件取消。故届时与有关各国接洽领事裁判权之废止，不再根据以往交涉，而应完全以平等互惠为原则，缔结新约；有关各国如提出有损中国主权之任何过渡办法，我方应根本拒绝讨论”[3]等取消领事裁判权的系列原则；拟定关于取消外国在华军事、势力范围、通商、交通、财政等方面特权及特种制度办法，主张一律废止和取消非以平等互惠为原则之最惠国条款以及日本在东三省、英国在西藏、苏联在外蒙、新疆、北满之特权；拟定对敌国、同盟国、中立国在华之租界租借地及其他特殊区域，分别采取“立即无条件收回”“以立即收回为原则”“交涉收回”的收回办法。抗战胜利后的 1946 年，外交部又对取消领事裁判权、收回租界租借地及其他特殊区域以及取消外人在华各种特权及特种制度等一系列原则加以讨论，并进行了一些修正。如将战时该部所拟定的取消外国在华特权及特种制度办法中“日本在东三省、英国在西藏、苏联在外蒙、新疆、北满之特权一律取消”[4]的主张,改为“凡未经中国承认任意派驻中国境内之所谓武官、商务官、财务官及其他半官式之机关，一律取消”[5]。

[1]《国民政府废除旧约宣言》(1928 年 6 月 15 日)，国民政府财政部档案，载《中华民国史档案资料汇编》第五辑第一编外交（一），第 33 页。

[2]《国民政府颁发之废约特令》(1929 年 12 月 28 日)，国史馆档案，载《中华民国史档案资料汇编》第五辑第一编外交（一），第 52 页。

[3]《外交部拟定关于取消领事裁判权之原则》(1942 年 3 月 9 日),军事委员会委员长侍从室档案，载《中华民国史档案资料汇编》第五辑第二编外交，第 138 页。

[4]《外交部拟定取消外国在华其他特权及特种制度办法》(1942 年 7 月 26 日)，军事委员会委员长侍从室档案，载《中华民国史档案资料汇编》第五辑第二编外交，第 148 页。

[5]《外交部关于取消外人在华各种特权的决议》(1946 年 9 月),中国第二历史档案馆藏国民政府外交部档案，一八 / 2375。

南京国民政府时期的中日关系错综复杂，对国民党政权统治造成极大困扰和影响，堪称是民国时期各项外交活动的重头戏。全面抗战之前，日本不断挑起事端，步步加紧和扩大对华侵略，国民政府则采取屈辱退让的不抵抗政策，导致中日关系危机四伏，中日之间交涉不断。

有关于此的外交档案，有国民党中常会订定之“五三”惨案应付方案（1928 年 5 月 6 日）、国民革命军总司令部参谋处济南惨案记录（1928 年 6 月）、行政院为报告济案交涉情形致国民政府的呈文（1929 年 3 月 30 日）、驻日公使汪荣宝为调查万宝山事件和朝鲜各地排华情形的密呈抄件、立法院草拟应付万宝山事件的意见（1931 年 8 月）等涉及济南惨案、万宝山事件经过及处理情形的档案；有九一八事变后顾维钧等致张学良密电选（1931 年 10 月 — 1932 年 3 月）及张学良致蒋介石等密电（1931 年 11 — 12 月）、外交部关于九一八事变后与日交涉情况的报告（1931 年 9 月 — 1932 年 9 月）、1931 年 9 月 — 1933 年 3 月国际联盟关于解决中日纠纷的系列文件、顾维钧关于日本策动东三省独立的说帖（1932 年 8 月 5 日）、辽宁特务员张新生关于日本侵略东北实况的呈文（1933 年 8 月 1 日）等反映日本侵略东北、制造伪满洲国及国联活动的档案；外交部、郭泰祺有关上海停战会议经过情形的报告，国联调查委员会中国代表顾维钧关于中国对一二八事变拟采取和平政策之说帖（1932 年 7 月 2 日），何应钦、张学良、罗文干、孔祥熙、吴铁城等人关于沪案情形、停战谈判及英美调停等事宜的来往密电等反映一二八事变与中日签订上海停战协定的档案；有 1932 年 6 月顾维钧关于日本在中国各地挑衅情形及其侵夺中国主权违法案件的说帖，1935 年 12 月 19 日姚斌密报川岛芳子在天津成立华北伪组织致蒋介石的密呈、1936 年 9 — 11 月张群与川越大使关于中日交涉调整邦交问题的谈话记录、1936 年 11 月外交部关于解决成都事件之对策草案、1936 年 12 月外交部关于北海事件致日本大使馆照会及日本大使馆复照等反映日本扩大侵略范围以及在各地从事非法活动的档案；1932 年 8 月 27 日顾维钧关于日本在华贩卖毒品的说帖、1934 年资源委员会编《日本在华投资事业摘要》、1935 年 9 — 10 月驻日大使馆关于日本对华侵略计划的报告、1936 年 7 月 15 日中国驻日商务参事事务所关于日本南进政策致实业部的报告等反映日本对华经济侵略的档案。1935 — 1936 年行政院、海关总税务司署、资源委员会、外交部、财政部（关务署）的相关函令及报告书，对战前日方无理干涉中国关政、“海关有史以来空前所未有”[1]之华北走私严重情形亦有充分反映。

1935年11月19日，蒋介石在向国民党五全大会所做的外交报告中曾明确阐述所谓“最后关头”的外交方针[2]：

> 苟国际演变不断绝我国家生存、民族复兴之路，吾人以整个的国家民族之利害为主要对象，一切枝节问题，当为最大之忍耐，复以不侵犯主权为限度，谋各友邦之政治协调，以互惠平等为原则，谋各友邦之经济合作。否则，即当听命于党国，下最后之决心。……和平未到完全绝望时期，决不放弃和平，牺牲未到最后关头亦不轻言牺牲……抱定最后牺牲之决心，而为和平最大之努力，期达奠定国家、复兴民族之目的，深信此次为本党救国建国唯一之大方针。

1937年八一三淞沪抗战爆发第二天，国民政府即发表自卫抗战声明书，回溯了自九一八以来及至卢沟桥事件发生后，日本危害中国国家独立与民族生存之种种无理要求与片面行动以及中国政府为维持和平所作之种种努力，最后郑重声明[3]：

> 中国之领土主权已横受日本之侵略，国联盟约、九国公约、非战公约已为日本所破坏无余。此等条约，其最大目的在维持正义与和平。中国以责任所在，自应尽其能力，以维护其领土主权及维护上述各种条约之尊严。中国决不放弃领土之任何部分，遇有侵略，惟有实行天赋之自卫权以应之。

这些档案资料现均存于二史馆馆藏国民政府外交部档案全宗内。

二史馆所藏战史编纂委员会档案中还有两份反映“何梅协定”历史真相的文件。1935年6月9日，日本华北驻屯军司令部参谋长酒井隆在为河北事

[1]《行政院为走私事致实业部训令之附件》《民国二十四年津、秦两关办理缉私困难情形报告书》（1936年3月11日），国民政府实业部档案，载《中华民国史档案资料汇编》第五辑第一编外交（二），第1081页。

[2]《国民党五全大会上蒋介石外交报告摘录》（1935年11月19日），中国第二历史档案馆藏国民政府外交部档案，一八（2）/161。

[3]《国民政府自卫抗战声明书》（1937年8月14日），国民政府外交部档案，载《中华民国史档案资料汇编》第五辑第二编外交，第27页。

件向华北政务委员会何应钦代委员长进行交涉时，提出“河北省内一切党部完全取消；五十一军撤退并将全部离开河北日期告知日方；中央军必须离开河北省境；全国排日排外行为之禁止”4项要求，并谓“一、二、三项均系决定之件，绝无让步可言”，限中方即日办理，并于12日午前答复，“否则日军即采断然之处置”，同时酒井交给日文缮写件一份。中方对日方所提要求以谈话记录的形式进行记载，何应钦则在7月6日复梅津司令官的函中答复此事，通知日方“六月九日酒井参谋长所提各事项均承诺之，并自主的期其遂行”[1]。尽管历史当事人后来否认“何梅协定”的存在，这两份文件却清楚地揭示了事实经过与真相，从而解开了这一历史悬案。

反映战后对日关系的档案，有王世杰、杨云竹、孙慎经、黄正铭等人关于远东委员会上对日问题的函呈，1946年底战争罪犯处理委员会处理日本战犯工作报告，1948年外交部条约司司长吴南如、亚东司司长黄正铭等所拟对日和约草案等。外交部档案中存有一份中方对于土肥原贤二等30名日本主要战犯起诉书，在起诉要旨中开宗明义地指出[2]：

> 第二次世界大战以日本为祸首。自一九三一年九月十八日沈阳事变之日起，以至一九四五年日本签订投降书之日止长达十四年的时间里，日本悍然违反国际公法、国际惯例及人道，不断向中国及其他盟国进攻，以致无辜人民死伤之惨重，财产损失之广大，史无前例。

为伸张世界公理与人类正义，该起诉书代表中华民国国民政府依据国际公法、国际惯例及本国法律，以违反和平罪、战争罪及违反人道罪对土肥原贤二、板垣征四郎、东条英机、广田弘毅、松井石根等30名日本主要战犯提起公诉。“中国抗战所受之损害最为惨重，自一九三七年七月起至战争结束之日止，中国公私物资损失已达四百至五百亿美元，此数尚不包括一九三一年九月至一九三七年七月间中国因日本侵略所受之损失在内”[3]，故有关抗战

[1]《何梅协定有关文件的抄件》(1935年6—7月)，中国第二历史档案馆藏国民政府战史编纂委员会档案，七八七/7188。

[2]《对于土肥原贤二等三十名日本主要战犯起诉书》(1947年8月17日)，中国第二历史档案馆藏国民政府外交部档案，一八/2603。

[3]《行政院关于日本赔偿问题处理报告》(1947年2月)，国民政府档案，载《中华民国史档案资料汇编》第五辑第三编外交，第242页。

损失与赔偿问题一度成为战后对日问题的重心所在，国民政府行政院还专门设立赔偿委员会，以调查统计抗战公私损失，规划对日责令赔偿及审议、支配赔偿物资等工作。此类档案有侨务委员会编海外华侨战时损失统计表（1945）、外交部抄送之抗战期间（部分）财产损失报告表暨难民及流离人民总数表（1946年3月），董必武为报告解放区抗战损失致蒋廷黻函及有关晋察冀、晋绥、苏皖等边区抗战损失情形报告与统计（1946），1946年7月军政部修正抗战军事损失要求日本赔偿备忘录呈，以及中国驻日代表团、行政院赔偿委员会、资源委员会、外交部等关于日本赔偿及物资归还、拆迁等问题的相关报告与函电等。

反映国民政府与欧美诸国关系的外交档案，有关中德关系的有20世纪20年代德国代表克兰、国防部长柏龙白、经济部长沙赫特等关于中德经济合作问题与蒋介石、孔祥熙、翁文灏等人的来往函电，德国军事顾问为整顿中国军队及草拟应付时局对策致蒋介石的呈文，抗战爆发后有关中德间粤钨砂交易的系列史料，1940—1941年陈介、桂永清等人为德国拟调停中日战争及承认汪伪事致蒋介石密电存，国民政府对德意绝交宣言及宣战布告等。其中，国民政府资源委员会档案中有1935年蒋介石为谋中德经济提携致希特勒信函译稿，表明国民政府曾一度对与纳粹德国进行经济、军事合作寄予厚望，当时中德之间确乎存在的密切友好关系。现录《委座致德国领袖兼总理希特勒书拟草译文》如下[1]：

希特勒总理先生勋鉴：前由克兰君赐交玉照一帧，猥荷荣庞，欣感无既。向者接奉塞克脱将军来函，藉审大总理对于克兰君亲向〇〇叙述之塞克脱将军各种意见表示赞同，并拟藉两国经济互助给予中国经济建设以一切提携。

大总理果断若此，则〇〇谋与贵国亲切合作之素愿一旦实现矣。谨此向大总理表章欣感，并致谢忱。

德国民众仰赖大总理坚毅有方，领导之力，能于困苦艰难中发奋上进，获得其继承光荣历史而应有之民族地位，良为〇〇之所钦佩也。

[1]《蒋介石为答谢赠照致希特勒函稿》（1936年），载中国第二历史档案馆编：《中德外交密档（1927—1947）》，广西师范大学出版社，1994年。

〇〇亦怀抱决心，致中国于自强之途，克兰君所传达之塞克脱将军意见，必依照实行。

赖中德两国亲切友好提携合作之力，足使敝国易达自强目的。若夫两国经济能力之联络沟通，与藉货物互换以救济两国之贫弱财力，实皆合作之目的也。

吾两国国势相仿，目的相同，故此友好合作之基础，亦可照示久远。

〇〇谨致景仰之忱于希特勒总理阁下。

〇〇〇谨启

涉及中英关系的档案，有 1930 年外交部关于威海卫及镇江、厦门、汉口、九江英租界收回、换契问题致行政院呈文，资源委员会存《时局紧张英国远东政策之检讨》（1933），郭泰祺、杭立武、孔祥熙、顾维钧等人关于英国援华借款等事宜致蒋介石等系列函电，1943 年 1 月 12 日国民政府关于中国与英美改订新约废除不平等条约令暨蒋介石发表的告全国军民书，云南省政府、云南省警备总司令部与外交部驻云南特派员公署等报告英方战后在我云南边境从事侵略活动情形的函电，1947 — 1948 年有关九龙城事件的中英交涉史料，还有关于战时开辟中印、滇缅路等过境运输线及其他中英交涉事项的档案资料。其中，军事委员会委员长侍从室档案中有一份外交部关于劝阻英国大使勿再干涉中国西藏内政事务的呈文（1943 年 5 月 8 日），蒋介石在 10 日对其所作批文中明确表示："西藏为中国领土，我国内政决不受任何国家预问。我西藏之事如其不再提时，则我方亦可不提；若其再提此事，应请其勿遭干预我国内政之嫌，以保全中英友谊，并此事决不能向政府报告之意，拒之可也。"[1] 反映了中国政府一贯坚持"西藏为中国领土，不受任何国家干涉"的外交原则不容置疑。

中美关系方面的档案，有 1929 — 1931 年侨务委员会为美国限制华侨入境案致国民政府公函，《美国经济调查团组织经过与我国应付之对策》（1935 年 1 月），资源委员会 1936 年 5 月编《白银问题与中美白银协定之缔结》，1936 年 7 月— 1937 年 5 月外交部关于中国拟专营桐油事与美交涉情形的报

[1]《外交部为劝阻英使勿再干涉中国西藏内政事务呈暨蒋介石批》（1943 年 5 月），军事委员会委员长侍从室档案，载《中华民国史档案资料汇编》第五辑第二编外交，第 593 页。

告，战时胡适、宋子文、孔祥熙等人为报告美国援华政策、对华借款等事宜致蒋介石电，美国空军援华志愿大队战史纪要（1941 年 12 月－1942 年 5 月），1942 年国民党中央宣传部公布中美新约概要，1943 年 11 月经济、财政、农林、粮食各部关于中美经济合作拟定之意见，1945 年 5 月 5 日军政部兵工署公布美国租借法案武器弹药统计表，战后中美两国订立让售军用剩余物资合同暨美国转让海军船舰及装备之协定，资源委员会驻美代表办事处 1946 年度、1947 年度工作报告，顾维钧、王世杰、翁文灏、何应钦等人关于美援问题的来往密电等。

中法关系方面的档案，有 1928 年 12 月张维翰拟陈改订中法商约与改善中法关系意见，蒋介石与孔祥熙为向法国订购军械事宜的来往密电（1934 年 1 月），抗战期间中法有关滇越路问题的函件，国民政府与维希政府断交、承认法国民族解放委员会的相关函电，战后中法两国签订交收广州湾租借地专约暨法国放弃在华治外法权及其有关特权的条约，中法关于中越关系、中越航空线等问题的协定与换文等。

中苏关系方面的档案，有张学良、宋子文、谭延闿等为 1930 年中苏会议议谈中东路善后及中苏复交、通商问题的来往密电，1932 年 12 月外交部关于中苏复交事宜的报告，1933 年 3 月 14 日徐道邻拟关于中苏两国政治、经济、外交诸问题的意见，战时驻苏大使蒋廷黻、杨杰、邵力子等为报告中苏会商以及苏联对华军事、经济援助等事宜的系列电稿，1941 年 4 月 24 日蒋介石关于苏联签订苏日中立条约之用意致各战区将领及各省党部省政府密电，1945 年 8 月 14 日中苏两国签订中苏友好同盟条约以及苏军对日作战后苏军总司令与中国行政当局关系之系列协定，1945 年底行政院为中苏签订苏军进入中国东三省后财政事项协定训令稿，1946 年 1 月 19 日资源委员会与苏联驻华商务代表处签订以矿产品偿还借款合同，1947 年 6 月外交部关于中苏交涉接收旅大问题经过情形的公报等。

另外还有一些反映中国与意大利、葡萄牙、巴西等国家关系的外交档案。

（五）文化教育

作为民国时期管理全国学术、教育事宜以及体育工作和部分文化事业的机构，自 1927 年 6 月国民政府大学院（教育部的前身）成立，1928 年 11 月 1 日改为教育部，直至 1949 年国民政府崩溃时止的 22 年间形成了大量档案材料，是民国时期教育文化史研究不可或缺的史料，对于教育学及教育工作史研究也具有参考借鉴作用。据统计，抗战前教育部档案数量仅占总数的6%，抗战时期相关档案较多，约占总数的60%，抗战后的档案数量也不少，约占总数的34%。[1] 其中有教育部部长朱家骅在1946年10月间复美国驻华大使司徒雷登的一份函稿，朱家骅在此函稿中对司徒雷登请其为在华各教会大学因经费困难赴美募捐事宜给予证明做出答复，并谈及他个人对外国教会大学作用及中外教育文化交流的评价，可为这一专题研究提供有价值之参考。

另外值得一提的是，中国第二历史档案馆保存有较完整的国立中央大学档案全宗。中央大学在中国教育界中占有相当重要的地位，它在参加地方和全国教育界活动的过程中所形成的相关档案资料，不仅是研究这一时期教育思想、学制课程、教学内容等问题的第一手资料，还反映了教育之外政治、经济等其他方面的一些情况。例如，反映民国时期全国性教育会议的材料、民国前期江苏省教育状况、反映旧中国因教育经费不足而引起的教育危机以及广大师生为争取改善教学条件进行斗争的文件、一些重要教育社团的组织活动情况、革命师生在五二〇、四二一等爱国运动中的斗争事迹和遭受镇压情况的文件，为二史馆保存的其他全宗所少见，为研究民国教育史和近现代中国教育问题提供了较为丰富的史料。[2]

1. 反映了国民政府文化教育方针与具体政策措施。

对馆藏南京国民政府时期相关文化法规出台经过及其施行效果等方面档案资料的系统考察，有助于深入认识与评价南京国民政府的文化统制政策。以文化出版业为例，尽管训政时期明文规定保障出版事业，抗战建国纲领也规定："在抗战期间于不违反三民主义最高原则及法令范围内，对于言论出版集会结社，当予以合法之充分保障"，但进步与直言仍深受压制，国民政府当局陆续制定实施了《著作权法暨其施行细则》（1928年5月14日）、《宣传品审查条例》（1929年1月10日）、《出版法暨其施行细则》（1930年3—5月）、《电影检查法暨施行规则》（1930—1931）、《检查新闻办法大纲》（1934年8月9日）、《战时电影事业统制办法》（1937年8月）、《书店印刷店管理规则草案》（1937年12月）、《修正抗战期间图书杂志审查标准》（1938年7月21日）、《战时图书杂志原稿审查办法》（1938年7月）及其修正办法（1940年9月6日）、《战时戏剧审查标准》（1940年3月）、《战时出版品审

[1] 韩森：《国民党政府教育部档案介绍》，《历史档案》1981年第1期，第121页。
[2] 黄丽辉：《国立中央大学档案介绍》，《历史档案》1981年第4期，第124页。

查办法暨战时书刊审查规则》（1944）等一系列法规例则，令文化出版界动辄得咎。尤其是抗战全面爆发后，国民政府军委会政治部借口非常时期“各地新闻言论异常庞杂，往往破坏宣传统一，妨害抗战建国”，进一步强化战时新闻统制，制订《新闻检查规程及违检惩罚暂行办法》，规定凡各省市印行的日报、晚报、小报、通讯社稿及其增刊、特刊、号外等，发行前均须将全部稿件送由各新闻检查所检查。[1]

邹韬奋等文化人士在1938年国民参政会第一次大会上提出具体规定检查书报标准并统一执行的提案，指出“检查书报的目的，积极方面在鼓励有利于抗战建国的言论，消极方面在遏止有害于国家民族的思想，而其中心原则仍须不违反抗战建国纲领对于保障议论的规定。但在事实上，因为没有具体标准的规定与公布，没有统一执行的机关，以致各地各自为政，流弊百出，这种现象不但有碍于抗战文化的发扬光大，而且有悖于政府积极领导的精神，实有迅速改善以利文化事业的必要”[2]；沈钧儒等人则在1941年3月的国民参政会上提出保障文化出版事业案，指出“近年以来，违法封闭书店、检扣书报等事仍复层见叠出，甚至拘捕人员，没收财产，不但显背国家根本大法，抑且逾越普通法律范围”，还列举了1939年3月以来生活书店位于全国各地的21个分支店被封闭停业以及人员受迫害的详情，要求“通令全国重申保障文化出版机关、维护合法商业之意，不得非法封闭书店或拘捕人员，如仍有不经法定手续滥施封闭拘捕者应予惩处；令饬各地开释在押人员，并启封已闭书店，发还没收财产。”[3] 1943年11月18日，茅盾、夏衍、老舍等58名文化人士更联名陈述改进文化出版之意见，一致要求改进图书杂志审查办法，如将图书杂志审查标准简单化，除违反三民主义之最高原则及抗战建国纲领外不再加其他限制；图审会处应对审查标准作严格解释，使执行者不致任意扩张限制范围等。[4]

---

[1]《国民政府军事委员会政治部致国民党中央宣传部公函》（1938年9月8日），中国第二历史档案馆藏国民党中央宣传部档案，七一八（1）/224。

[2]《国防最高会议秘书处交办国民参政会上所提有关书报杂志审查问题之意见》（1938年9月），中国第二历史档案馆藏国民政府行政院档案，二（2）/ 1916。

[3]《沈钧儒等关于保障文化出版事业的提案》（1941年3月），中国第二历史档案馆藏国民政府中央图书杂志审查委员会档案，三三三（2）/747。

[4]《茅盾等文化人士致行政院呈》（1943年11月18日），中国第二历史档案馆藏国民政府行政院档案，二（2）/1917。

抗战胜利后，废除出版检查制度的呼声日益高涨，国民党当局不得不顺应人心，宣布废除出版检查制度办法，决定自 1945 年 10 月 1 日起废止战时出版品检查办法及禁载标准，同时废止战时书刊审查规则，酌予修订现行出版法，将中央图书杂志审查委员会、军事委员会战时新闻检查局及其附属机关分别结束改组。[1] 后迫于时势，又不得已公开承认：作为训政及抗战时期法律产物的原出版法与现时政治环境不合，理应将其与宪法抵触者加以修正，以利于推行宪政。然而修正出版法草案交立法院审议、经报章刊载发表后，其中限制登载及行政处分的条款受到多方批评，如修正案第三十六条规定报纸或杂志记载违法得定期停止发行，较之旧出版法中须经司法机关判罪后方可执行停刊的制裁更为严厉；而第二十四条所增订的“出版品不得为妨害他人名誉及信用之记载”一项，更使执行者有越权之虞；至于有关禁止妨害邦交及友邦元首名誉各条文，连中央日报、大公报社论也认为认定标准过严，阻碍国民外交舆论之发扬。[2] 足见所谓出版法之修正并不像它自我标榜的那样是旨在放宽管理尺度和完善出版保护，有的条款甚至比旧出版法还要苛严许多。而妨害国家总动员法惩罚暂行条例、戡乱时期危害国家紧急治罪条例等特殊法令的出台，更成为修正出版法之外禁锢言论自由的新枷锁。

1929 年 3 月，国民党在三全大会上确定中华民国教育宗旨及其实施方针；1931 年 6 月制定的中华民国训政时期约法，对于国民教育方面曾作专节阐述。抗战爆发后，国民政府为适应战争需要及时调整了教育方针政策，中国第二历史档案馆馆藏此类相关档案有 1937 年 8 月 19 日教育部检发《战区内学校处置办法》的密令、1937 年 9 月 29 日战事发生前后教育部对各级学校措置的总说明、1938 年国民党临时全国代表大会通过之《战时各级教育实施方案纲要》暨教育部据此订定之《战时各级教育实施方案》等。教育复员是战后教育工作的重点，包括内迁教育机关回迁以及收复区教育机关接收与人员甄审，与此相关的重要教育法规有 1945 年 12 月教育部颁发收复区各县

---

[1]《检送修正废除出版检查制度办法公函》(1945 年 9 月 27 日)，中国第二历史档案馆藏国民政府行政院档案，二 / 6073。

[2]《内政部为转送出版法修正案检讨意见致行政院呈》(1947 年 12 月 12 日)，中国第二历史档案馆藏国民政府行政院档案，二（2）/ 1924。

市国民学校教员登记甄审训练办法、收复区专科以上学校毕业生甄审暨肄业生学业处理办法令、1946 年 1 月 24 日修正收复区中等学校教职员暨学生甄审办法、1946 年 2 月 9 日教育部公布收复区专科以上学校处理办法令、1947 年 1 月 8 日抗战期间留日学生召回暨甄别办法等。

1927 — 1929 年间有关大学院与大学区的设立与裁撤，是南京国民政府改革全国教育行政体制的一次重要尝试，中国第二历史档案馆所藏相关档案即完整反映了事情经过的成败曲折。当时，以蔡元培为首的教育行政委员会提出变更教育行政制度，即在国民政府之下设立大学院作为全国教育、学术最高行政机关，不再另设教育部；在各省设立大学区，以大学代替各省原有的教育厅，目的在于使教育行政学术化，避免由政局动荡而造成教育停滞。1927 年 6 月新制经中政会议准后暂在江浙两省（后加上河北省）推行，从而在教育界引起广泛讨论。从馆藏相关档案来看，在有关大学区制存废问题的讨论中反对力量势如鼎沸：南京特别市市长何民魂、上海特别市市长张定璠屡次条呈国民政府，历数两市教育行政权不能划入中央大学区的理由[1]；中央大学区中等学校联合会委员们则认为新制于党国前途者贻害至深，呈请设法变更大学区制[2]；经亨颐、郭春涛等人在国民党二届五中全会上提议撤销中华民国大学院，改设教育部以统筹全国社会教育、普通教育[3]；河北全省各级党部、民众团体、各教育局及学校更是群起反对北平大学区接收河北省教育厅，认为若在该省强行推行大学区制，无异于故意破坏河北教育[4]；北京大学学生则坚决拒绝北平大学区对北大的接收，并

[1]《何民魂、张定璠关于南京和上海教育行政权不能划入中央大学区呈》（1928 年 6 月 1 日），国民政府档案，载《中华民国史档案资料汇编》第五辑第一编教育（一），第 41 — 44 页。

[2]《中央大学区中等学校联合会关于大学区制忽略中等教育请设法变更呈》（1928 年 6 月），国民政府档案，载《中华民国史档案资料汇编》第五辑第一编教育（一），第 39 — 41 页。

[3]《经亨颐等在国民党二届五中全会上提请设立教育部案》（1928 年 8 月）、郭春涛等在国民党二届五中全会上提议撤销大学院改设教育部案（1928 年 8 月 14 日），国民党中央执行委员会秘书处档案，载《中华民国史档案资料汇编》第五辑第一编教育（一），第 44 — 49 页。

[4]《河北省党务指导委员会致蒋介石电》（1928 年 12 月 28 日），国民政府档案，载《中华民国史档案资料汇编》第五辑第一编教育（一），第 49 页。

采取武力护校行动[1]。国民政府最终于1929年7月1日正式下达停止大学区制令，新体制的试行乃告失败。[2]

抗战期间，国民政府开始在国统区各级学校推行训导制。中国第二历史档案馆馆藏的教育部1938年2月23日所公布的青年训练大纲，将信仰三民主义、信仰并服从领袖列为训练青年信仰的终极目标，意在使广大青年通过“阐发三民主义之精义，认清三民主义为广大精微之救国救民主义，为中国建国最高理想”，通过“讲述领袖之言行，激发其信仰领袖、服从领袖之情绪，使青年耳听心唯，时时刻刻以领袖之言行为念”。[3]1942年10月、1944年9月，教育部又先后公布和订定小学与中等学校训育标准，将训练项目进一步列表细化。导师制则是教育部为加强对青年学生的德育指导，参酌师儒训导旧制及英国大学办法在全国中等以上学校推行的一种训育制度。导师制规定校方应将全校各年级学生按15—50人为一组进行分组，由一名专任教师充任各组导师，对学生的思想、行为、学业、个性及身心均施以严密训导，另由校长指定一名主任导师或训育主任综理全校学生训导事宜；[4]各级教育行政机关随时派员督导各校切实推进导师制，并以此作为考查所属各校成绩之一，各校校长督率各教师切实履行导师任务，并以此作为进退教师标准之一。[5]国民党当局对学校训导工作极其重视，企图以此将青年思想纳入“三民主义之正轨”。1941年4月1日，国民党第五届中央第八次会议通过《加强学校训导以期青年思想导入‘正轨’案》，该案在阐述提案理由时承认训导失败之主因在于党务工作未能与学校行政妥善配合，并谈及“最近异党宣传，日益嚣张，青年意志薄弱，易受煽惑，亟宜加强训导工作，改善学校党

[1]《北京大学学生反对北平大学区接收相关文电》（1928年12月），中国第二历史档案馆藏国民政府档案，一（2）/780。

[2]《国民政府停止大学区制令》（1929年7月1日），国史馆档案，载《中华民国史档案资料汇编》第五辑第一编教育（一），第57页。

[3]《青年训练大纲》（1938年2月23日），国民政府教育部档案，载《中华民国史档案资料汇编》第五辑第二编教育（一），第153—154页。

[4]教育部颁发之《中等以上学校导师制纲要》（1938年3月28日），中国第二历史档案馆藏国民政府教育部档案，五（2）/1267。

[5]教育部公布《切实推进导师制办法》（1939年7月13日），中国第二历史档案馆藏国民政府教育部档案，五（2）/1258。

务，以期奠定百年大计之基础”[1]。表明国民党当局加强思想训导的真正意图之所在。

2. 反映了国民政府时期教育、文化事业基本状况。

反映国民政府时期文化事业基本状况的档案，有国民党中执委文化事业计划委员会暨各研究会、中央图书杂志审查委员会、国民党中央宣传部文化运动委员会等文教管理、检查机构组织规程等文化统制设施方面的文件，有军委会政治部第三厅工作报告（1939 年 5 — 7 月）、国民党中宣部国际宣传处处长曾虚白关于国际宣传工作的检讨报告书（1944）、军委会政治部所属各抗敌文艺宣传团队、文艺界各抗敌救亡团体的组织活动情形等反映抗战文艺运动概况的文件，有国民党中宣部关于海外报纸杂志刊行状况的报告书（1929 年 8 月）、内政部核准登记之新闻纸与杂志社统计资料（1936 年 4 月）、行政院新闻局所编各省市报社通讯社杂志社统计表等关于出版发行概况的文件，有国民政府各部院会代表曲阜祭孔纪实（1934 年 8 月 27 日），汪精卫、戴传贤在中央党部举行的孔子诞辰纪念会上的讲演词等尊孔读经方面的文件，有国立中央图书馆概况（1947 年 5 月）、国立中央博物院筹备处工作报告等反映战后社会文化机构复员与图书文献接收情况的文件，还有中国参加联合国教科文组织、亚洲学联会议、世界学生大会的活动，中英庚款董事会、中华文化教育基金会活动情形以及选送留学生、互派教授、学者参访讲学及外人在华办学等国际文化合作交流方面的档案。

关于文物古迹管理与保存、毁失情况的档案，有古物保存法暨施行细则（1930 — 1931）、各省市博物馆概况一览表（1933）、中央古物保管委员会组织与工作状况相关文件、内政部关于战区内古物文献移转情况的报告（1940 年 7 月）、国立北平故宫博物院历变八年简略报告（1945）、战时日本劫掠中国文物清单、中央地质调查所关于北京猿人头骨化石被劫失踪经过的报告书等。反映文化、宗教团体组织活动概况的档案，则有国民党中执委颁发的《文化团体组织大纲暨施行细则》（1930 — 1931）、上海文化界救国会组织状况及活动情形有关文件（1936 年 2 月）、教育部编全国学术机关概况表（1947）、中国佛教组织支援抗战活动以及基督教团体在华活动的相关文件等。

---

[1]《国民党第五届中央第八次会议通过之加强学校训导案》（1941 年 4 月 1 日），中国第二历史档案馆藏国民党中央执行委员会秘书处档案，七一一 / 710。

反映国民政府时期教育事业基本状况的档案，属教育总类的有教育部及各省市拟订、颁发的各项教育法令、条例、章则、办法等文件，有关教育部及各省市教育行政机关设置、裁并、改组以及人员任免、调迁、考核、奖惩、待遇、训练等方面的档案，教育部及各省市教育工作计划、工作报告，教育部部务会议、全国和各省市教育会议的决议案，国民党中央全会教育方面决议案，国民大会、国民参政会教育提案以及教育部实施情况的文件，有关全国及各省市教育经费来源与分配以及奖励捐资兴学方面的档案，还有关于抗战时期全国教育总动员，战时日军破坏中国教育机构及战后赔偿损失，抗战胜利后教育复员及接收东北、台湾等地教育机构的各类文件。

在南京国民政府各级各类教育方面，中国第二历史档案馆还藏有大量教育概况报告与统计资料，例如教育部编制的历年全国大中小学学校、系科、班级、学生、教职员、经费等各项统计材料，有关全国各级教育学制沿革、课程教材、设备仪器、师资训练、经费来源与分配等方面的文件材料等。其中初等教育类的，有反映实施义务教育与改良私塾、国民教育实验区与示范区情况的文件，有关小学课程、教材及儿童读物，幼儿园、保育院及儿童福利组织等方面的档案；中等教育类的，有关于公私立中学、师范学校、职业学校课程教材，学生毕业会考、实习、升学与就业，劳动服务训练等内容的档案；高等教育类的，有关于国立大学、独立学院、专科学校筹设、改组、停办，私立大专院校申请立案与取缔情况的文件，还有关于学生学籍证明、毕业生实习与就业、沦陷区学生的甄别与审查、学术研究与学位授予问题，高等学校与生产单位技术合作，各文化学术团体登记、调查与指导等问题的档案；社会教育类的，有关于民众教育与识字运动、补习教育、电化教育、音乐教育、美术教育、戏剧教育，全国文物、博物、图书馆管理，改革文字、推行国语等方面的档案；边疆教育类的，有反映边疆中小学、职业学校、师范学校状况，边疆省区有关少数民族教育的各项措施及西北各省文化宗教团体的管理等方面档案；华侨教育类的，有国外华侨学校申请立案、驻外使领馆关于所在国华侨教育的报告，归国华侨入学、升学及国内华侨学校状况方面的档案；战区教育类的，有各战区督导员工作报告，办理战区流亡学生收容、救济、训练问题的档案；体育方面有反映大中专学校体育与教育部巡回体育工作团情况，全国及各省市举办运动会、体育课程与教材、部分中小学生体格检查统计、推广国术等内容的档案。此外还有反映历次重大学生运动发生、发展与被镇压的经过情形，国民党、三青团、民社党、青年党在校活动情况的文件，国民党当局搜集中共、民盟、进步学生团体与进步师生活动的学运资料等。

具体而言，有教育部战时教育概况统计表（1936 — 1945）、1941 年 4 月 8 日朱家骅关于中英庚款董事会成立经过及其与中国教育文化事业关系的报告、1942 年 8 月教育部关于国民党历届会议对于教育决议案及其实施情形的检讨总述、战时（1939 — 1944）中央暨各省市教育文化费分析表等；有八一三后上海教育文化机关遭受日军破坏情形调查统计表（1937 年 10 月 21 日）、战区各省市中小学及社教机关财产损失概况表（1939 年 1 月）、1943 年 9 月 20 日袁同礼关于抗战以来国立北平图书馆遭敌劫掠与破坏损失情形呈、1945 年教育部统计处编全国教育文化机关战时财产损失统计表等；抗战以来后方各省初等教育概况统计表（1937 — 1939），教育部及各省关于实施国民教育工作的相关报告，历年度全国国民学校及小学概况表（1936 — 1945），教育部关于社会教育概况报告（1939 年 2 月），抗战以来教育部直属社会教育事业机构之设置（1940 年 12 月），历年扫除文盲数一览表（1928 — 1945），各省市办理国民教育历年进度概况表（1941 — 1945），抗战以来各省市中等学校迁移概况表（1937 — 1938），抗战期间全国中等教育各类概况表，抗战以来全国专科以上学校院系设置，内迁及其分布、师生人数、经费等各类概况表，抗战前后历年度出国留学生各类统计表（1929 — 1946），国立中央研究院及所属各研究所概况及工作报告，赵少卿报告国立编译馆组织变迁的呈（1946 年 7 月 3 日），中华职业教育社、中国教育学会等教育社团组织与工作情形相关文件，有关青年复学就业辅导委员会组织活动的文件，1946 — 1947 年教育部所派视察员视察各省复员后教育情况报告，全国各类教育概况统计表，各省市教育计划与业务报告，等等。

3. 反映了国民政府钳制思想与言论、迫害进步文教事业以及文教界维护合法权益的斗争。

据馆藏国民党中宣部、国立中央大学相关档案显示，第一次国内革命战争期间，经国民党中央、国民政府通令各省市党部、宣传部、各邮检所查扣查禁的各种社会科学书刊近千种，包括共产党刊物、无政府主义刊物以及国家主义派、第三党等反对派所办各类刊物，公布罪名有“宣传共产赤化”“煽动武装暴动”“鼓吹农工革命”“诋毁本党当局”“诱惑青年思想”及“过誉苏俄”“措辞悖谬”“蓄意反动”等。而国民党政权在大陆统治覆亡之前实施的文化高压政策更是变本加厉，据馆藏内政部编印的统计资料显示，仅1948年5月至1949年1月的半年间，国统区内被勒令永久停刊或暂时停刊的新闻杂志多达数十家，被处严重警告或严饬注意一类处分的更是不计其数，且多以“言论反动为匪宣传、刊载不实军事消息淆惑听闻、诋毁元首破坏戡乱”等因获罪。[1]

1933年初发生的江苏省政府主席顾祝同非法枪杀刘煜生案，系民国时期扼杀言论自由、迫害进步记者的一个典型案例。镇江《江声日报》记者刘煜生因登载讽刺江苏省府鸦片公卖的新闻而得罪顾氏亲信、省民政厅厅长赵启禄，顾以“反动嫌疑”将其逮捕，拘禁达5月之久，后又置监察院弹劾咨饬于不顾，未经司法程序，擅以“鼓动阶级斗争，传布共产恐怖，故意作叛国之宣传”[2]的罪名，交由戒严司令部予以军法处决。在国民政府行政院档案中与刘煜生案有关的相关文电，既有刘煜生在狱中所写的上诉呈文、调查员马震奉命对该案所作的调查报告、监察院为顾祝同违法案提出弹劾的相关文件，也有惨案发生后顾祝同进行自我辨述而致行政院的呈，北平、杭州等市新闻记者公会、蚌埠新闻记者协会、上海各团体救国联合会等社会团体及个人向当局抗议暴行、要求惩撤顾氏的多份代电，全面揭示了这一严重毁法乱纪、摧残人权的事件发生缘起与经过情形。胡骏卿等江都地方公民在致国民政府、行政院的代电中控诉了顾氏主掌苏省民政后违法殃民的种种事实，安徽省会新闻记者联合会更直指其“弁髦法令，蹂躏人权之暴行，实与北洋军阀张宗昌枪杀邵飘萍、林白水之惨案有过之而无不及”[3]。行政当局碍于众怒勒令查办，赵启禄仅受到永不录用和撤除职务的处分，转入幕后成为顾的总参议，顾祝同最终也只是从原职撤免改任了事，一桩轰动全国的冤杀案就这样不了了之。

[1]《全国新闻杂志处分登记表》（1949年），中国第二历史档案馆藏国民政府内政部档案，一二（2）/693。

[2]《顾祝同致行政院呈》（1933年1月27日），中国第二历史档案馆藏国民政府行政院档案，二（2）/ 510。

[3]《安徽省会新闻记者联合会抗议电》（1933年2月5日），中国第二历史档案馆藏国民政府行政院档案，二（2）/510。

抗战期间，中共领导下的新闻出版业在国统区得到迅猛发展，1941年初《新华日报》日发行15,000份，与《大公报》销量相当，国民党中宣部不得不与社会部、重庆市党部、三青团中央团部会同《中央日报》《扫荡报》等共同商讨抵制《新华日报》、增加党报发行量的对策。[1] 国民党当局及地方当局在编排发行等各方面对《新华日报》百端刁难，极尽打压迫害之能事："言论方面检扣删改，超出检政日必数起；发行方面，不独各地党政暗地阻难，而宪兵警察亦公开压迫，近复愈出愈奇，流氓奸徒受人唆使，散布荒谬传单，诬蔑本报为汉奸报纸；查缉奸宄之宪兵不独不予制止，而且同声一气，到处撕毁本报，到处逮捕卖报人员。"[2] 国民党最高领袖蒋介石曾多次电令相关部门对《新华日报》各类"违禁"新闻稿注意查扣，指示新闻检查局"对于该报之消息及言论，务希特别注意检查，严予检扣，无令诐词邪说任意披露为要。"[3] 表明国共两党在意识形态领域内的激烈争夺。

抗战结束后随着政局不断恶化，陷入内战泥潭的国民党当局进一步加强了对文化出版业的钳制，1948年7月更发生"举世惊讶，舆论沸腾"的南京《新民报》停刊处分案。南京《新民报》"有廿年历史之民间报纸，且一贯坚守独立立场"，1948年以来刊载了不少报道战局、反映时事的新闻，由此触犯了国民党当局。国民政府内政部指斥该报所载"为匪宣传、散布谣言、煽惑人心、污蔑国军"，以其违反旧出版法中"出版品不得损害中华民国利益及破坏公共秩序之宣传或记载"之规定，予以永久停刊的行政处分。该报不服，提出诉愿书并一一详列证件，证明该部所举之违法证例均系罗织罪名，要求撤销处分。该报被处停刊后，"中外舆论纷起批评，或言法律失据，或谓处分过当，甚且认此为今日国家实施宪政之讽刺，美国舆论并有因此而主张重新考虑对华政策者"。上海大公报先后以《由新民报停刊谈出版法》《新闻没有自由吗》等为题，刊文要求彻底废止与宪法精神相抵触的旧出版法，呼吁对出版法修正草案作严峻修正；《大学评论周刊》《大众夜报》《上海正言

[1]《军委会办公厅关于抵制〈新华日报〉发行量猛增办法与国民党中宣部往来函电》（1941年2—3月），中国第二历史档案馆藏国民政府社会部档案，一一（2）/1755。

[2]《新华日报致国民党中宣部呈》（1941年2月5日），中国第二历史档案馆藏国民党中央宣传部档案，七一八/196。

[3]《蒋介石致新闻检查局代电》（1939年11月10日），中国第二历史档案馆藏军委会战时新闻检查局档案，一三六（2）/4。

报》《展望周刊》《南京人报》等各大报纸纷纷发文，反对政府违宪、摧残新闻自由，美报也对此发表评论，称中国倘欲民主，扩大新闻自由即为一种象征。这不啻是对政府当局所标榜“对于言论出版自由依法保障而对文化新闻事业向极爱护并尽力助其发展”的莫大讽刺。[1]

除以上摧残和查禁进步书业及出版物行径外，国民党当局还采取侦查监视文教人士与团体、压制学生运动等种种迫害手段，如馆藏国民政府档案中有 1927 年 5 月国民政府通缉郭沫若的令函以及 1930 年 9 — 11 月查封上海左翼作家联盟等团体的相关文件；又如馆藏国民政府教育部 1930 年 12 月 11 日奉行政院训令而下达的整饬学风令，通令全国各级学校及各省市教育厅局一体遵守，其令称[2]：

> 近年以来，我国学生受共产党人及一切反动派之诱惑，动辄藉口改良校务罢课要挟，甚则擅自集会，散发传单，供人利用，妄分派系，驯至放僻邪侈，罔所不为。青年堕落，念之滋痛！循此不革，不惟教育破产，抑且有亡国灭种之忧。政府负培养青年、整饬纲纪之责，当此学风日坏，若再博宽大之虚名，坐视一般学子误入歧途，不思设法防止，岂惟放弃职责，更何以对此青年及其父兄。

针对学潮中学生们反映强烈的驱逐校长及教育经费短缺问题，辄称[3]：

> 须知校长经政府慎重选择而后任命，反对校长即无异反对政府；教职员居师保之地位，学生对之应尊重服从，不当爱憎由己，随意迎拒。……至于教育经费为学校生机所寄，政府尤当负责筹画，决不使常费稍有缺乏，基金稍有动摇，致妨教育之发展与独立。凡此诸端，既有政府及学校当局任之，学生惟当一意力学，涵养身心，凛古人思不出位之训戒，奉总理三民主义为依

[1] 内政部警察总署为南京《新民报》停刊处分案致内政部函件（1948 年 10 月 2 日），中国第二历史档案馆藏国民政府司法院行政部档案，七（2）/ 100。

[2]《教育部关于整饬学风的训令》（1930 年 12 月 11 日），国民政府教育部档案，载《中华民国史档案资料汇编》第五辑第一编政治（四），第 45 — 46 页。

[3]《教育部关于整饬学风的训令》（1930 年 12 月 11 日），国民政府教育部档案，载《中华民国史档案资料汇编》第五辑第一编政治（四），第 45 — 46 页。民国史档案资料汇编》第五辑第一编政治（四），第 45 — 46 页。

归，不得干涉教育行政，致荒学业。如再有甘受反动派之利用，仍前嚣张，恣行越轨者，政府为爱护青年、贯彻整饬学风计，惟有执法严绳，以治反动派者治之，决不稍事姑息。稂莠不除，嘉禾不生，尚有一二学风最坏无法整顿之校，即不得已而至全校解散亦所弗惜。

南京国民政府时期，实施党化教育是国民党政权在文教思想领域强化统治的一项重要举措。南京国民政府成立之初，国民党中常会就规定组织成立各级学校党义教师检定委员会，对各级学校党义教师进行检定，开始在全国范围内厉行党义教育。据中国第二历史档案馆馆藏《检定各级学校党义教师条例》规定，接受检定的党义教师必须为国民党党员，考试三民主义、建国大纲等科目，由检定委员会检定合格后发给证书，且每两年重新检定一次。[1]

1928 年 7 月 30 日，国民政府公布《各级学校增加党义课程暂行条例》，“为使本党主义普遍全国，并促进青年正确认识起见，各级学校除在各课程内融会党义精神外，须一律按本条例之规定增加党义课程”，小学党义课程为民权初步、孙文学说浅释、三民主义浅说，中学党义课程为建国方略概要、建国大纲浅释、五权宪法浅释，专门大学的党义课程为建国方略、建国大纲、三民主义、国民党重要宣言、五权宪法之原理及运用，各级学校每周至少教授两小时，各种党义课程教本则由最高教育行政机关编审颁行。[2]

1938 年 9 月 14 日颁行的《高中以上学校新生入学训练实施纲要》则规定，全国高中以上学校在新生入学时举行为期两周的训练，全体新生受训期间必须举行宣誓仪式，宣誓“以至诚爱我中华民国，信仰三民主义，拥护国民政府，服从蒋委员长之领导”，并得在“如有违背誓言愿受处分”的誓词上签名后存校备查。[3] 尽管国内大中小学遵照要求均设置党义课程，然而党义教育因流于硬化，结果“不但成效难收，反使一般学生感觉三民主义之空虚与无意义……盖将党义于一般社会科学之外特立课目，授者虽言之谆谆，听

[1]《检定各级学校党义教师条例》(1928 年 6 月 30 日)，中国第二历史档案馆藏国民党中央民众训练部档案，七二二 / 2423。

[2]《各级学校增加党义课程暂行条例》(1928 年 7 月 30 日)，中国第二历史档案馆藏国民党中央民众训练部档案，七二二 / 2752。

[3]《高中以上学校新生入学训练实施纲要》(1938 年 9 月)，中国第二历史档案馆藏国民政府教育部档案，五 / 14473。

者以其为自作宣传，反觉藐然无味”。有鉴于此，国民党四全大会通过的改进党义教育案，决定党义不立特科，将党义教材渗透到各种社会学书籍中去。[1]后国民政府又将中小学党义课纳入各科改称公民课，组织审查训育主任公民教员资格委员会，对学校公民教员、训育主任进行审查与考核，企图通过学校教育进行党义灌输，进一步加强对民众特别是青年的思想统治。

此外，国民政府还在赣、鄂、皖、豫、闽等省推行具有反共色彩的特种教育，设立中山民众学校及巡回教学团，对民众进行所谓管教养卫合一的训练。中国第二历史档案馆馆藏有关特教法规、经费及其实施概况的系列档案有 1933 年 8 月国民政府军委会南昌行营“剿匪区”教育设计委员会编订的特种教育计划与编订教材办法，蒋介石与汪精卫关于指拨中英庚款为特教经费的来往电文（1934 年 2 — 6 月），1934 年 9 月国民政府军委会检发的《赣闽皖鄂豫五省推行特种教育计划及其纲要》，1934 年 12 月行政院检送中英庚款董事会董事戴乐仁调查江西特种教育报告的函件，河南省“收复区”中山民众学校概况一览表（1934 年 12 月），1936 年 3 月行政院将五省特种教育事项移归教育部统筹办理的训令，1938 年 11 月 18 日教育部为特种教育的发展变化与经费预算事项致行政院呈，教育部关于抗战以来特种教育工作总报告书（1939 年 1 月 31 日），有关全国各省特种教育实施概况的文件等。

三、汪伪政权档案

1931 年九一八事变后，日本帝国主义大举侵华，并在沦陷区内先后扶植建立了若干个伪政权。抗战胜利后，这些日伪政权的中央机关，特别是汪精卫汉奸政权所形成的档案，大都被南京国民政府及其所属机构分别接收。中国第二历史档案馆现存日伪汉奸中央政权机关档案共 102 个全宗，其中保存较为完整的汪伪政权档案是该馆藏档的一大特色，主要特点如下：

1. 反映日伪在沦陷区建立伪政权及进行政治统治的情况，深刻体现了日本帝国主义的侵华本质。

日本帝国主义发动侵华战争后，先后在华北、华东等占领地扶植建立伪政权，施行一系列殖民侵略措施。1937 年 12 月 14 日在北平成立的伪中华民

[1]《国民党第四届全国代表大会通过之党义教育案》（1931 年 11 月），中国第二历史档案馆藏国民党中央执行委员会秘书处档案，七一一（5）/ 149。

国临时政府，行政委员会为其最高行政机关，掌管日军占领的冀、鲁、晋3省沦陷区及北京、天津、青岛3市的各项伪政。1940年3月30日汪伪国民政府成立后，伪临时政府即告撤销。有关伪中华民国临时政府的档案，有其前身平津地方治安维持会联合会成立及结束的文件，伪中华民国临时政府成立宣言、组织大纲，伪临时政府公布之行政委员会等各委员会组织大纲令稿等；1938年3月28日—1940年3月30日在南京成立的伪中华民国维新政府相关档案，有伪中华民国维新政府"成立宣言"、组织大纲稿、各部官制通则稿、"顾问暂行约定"及附表，伪维新政府省、特别市组织大纲与条例等；1938年9月22日伪临时政府与伪维新政府设立伪中华民国政府联合委员会，"以统制政务上共通事项，俾便于新的中央政府之成立"，相关档案有伪联合委员会组织大纲、成立宣言、会议记录、结束公告等；1940年3月29日伪中华民国临时政府宣布解散，改设为伪华北政务委员会，其相关档案有王克敏等陈报各就伪职电稿，伪华北政务委员会组织条例、年度施政要略、聘用日本顾问职员等办法，华北各级剿共委员会组织大纲等。

汪伪国民政府1940年3月30日成立于南京，反映其行政组织及施政概况的档案有汪伪"中央政治会议组织纲要"，汪伪"修正国民政府组织法""最高国防会议组织纲要""中央政府委员会组织条例"，汪精卫发表之《还都宣言》及其所著《国民政府还都一年》（1941年3月30日），汪伪宣传部编《国民政府三年来施政概况》（1943年3月）等。1940年3月30日汪伪中央政治委员会秘书厅检送之"国民政府政纲"，即以"本善邻友好之方针，以和平外交求中国主权行政之独立完整，以分担东邻持久和平及新秩序建设之责任"为"政纲之首要"，充分体现其傀儡政权的本质。[1]中国第二历史档案馆所藏日伪档案中，还存有汪伪与日本当局签订"中日间基本关系条约""中日满共同宣言""国际防共协定""中日同盟条约""大东亚共同宣言"等一系列反共卖国契约的文件。日军对汪伪政权的控制也十分严密，在伪国民政府各部门及沦陷区各市县机关遍设日籍顾问与专员，同日本大使馆、派遣军司令部、兴亚院联络部等直接操纵把持着汪伪政权有关人事任命、政令颁布、措施实施、组织机构设置与撤销等一切要务。随着在太平洋战争中不

[1]《汪伪中央政治委员会秘书厅检送伪国民政府政纲函稿》（1940年3月30日），中国第二历史档案馆藏汪伪中央政治委员会及国防委员会档案，二〇〇六/211。

断失败，日本为挽回战场颓势开始酝酿对华新政策，汪伪政权的地位有所提高。1943年初，日本为拉拢汪伪积极实行对日经济合作，帮其树立“主权政府”的形象，决定抢在英美与重庆方面废除不平等条约之前声明“放弃在华租界与治外法权”。日汪签订的“关于交还租界及撤废治外法权协定”（1943年1月9日）、日汪“交还专管租界实施细目与了解事项”（1943年3月9日），日本与法（维希政府）、德、意等国有关“交还在华专管租界、公共租界及撤销治外法权事宜”等文件，集中存于汪伪行政院、外交侨务系统等机构档案中。汪伪外交部译录的《日军交还天津、广州两英租界行政权所抱之希望》有“特别行政区（即租界地域）内，日军所接收之权益除依日军之意志移交国民政府管理外，仍由日军管理之”，“为实施租界行政起见，聘请所要之日籍职员”，“关于治安警备，由中日两国军警协力为之，至特别行政区内之警察，聘请所要之日籍职员”[1]等各条，从中不难看出，日本在“交还”的租界里实际还保有各项特权，日汪间所谓“交还”与“收回”租界完全是一场掩人耳目的骗局。

2. 反映了日伪摧残、掠夺沦陷区经济事业，进行财政搜刮与金融掠夺的情况。

反映日伪摧残和掠夺沦陷区厂矿交通等经济事业情况的档案，有1940年汪伪工农交铁四部联席会议通过之“关于调整中日合办交通事业各决议案”，1941年12月26日伪华北政务委员会抄发之“华北船舶航运统制要纲训令稿”，1942年汪伪工商部接收日军管理工厂委员会汇编之“日方发还与未发还之军管工厂各表”，1943年2月13日汪伪国民政府公布之“战时经济政策纲领”，1943年4月24日汪精卫“为从速设立各种商业统制机构以实行统制经济的手令稿”，1943年5月汪伪实业部陈报之“日方提出强制收买申新等三厂的呈”，1944年4月1日汪伪实业、建设两部附送的与日方签订“中日合办各国策公司调整通则”，1945年3月30日陈公博与冈村宁次签订“关于华北及华中铁道运营之军管理协定”等。侵华战争进入相持阶段后，日本提出所谓“以战养战”政策，对沦陷区工矿业的掠夺由赤裸裸的军事霸占改为“中日合作”的欺骗方式。1938年11月日本成立“华北开发株式会社”和“华中振兴

[1] 汪伪外交部译录《日军交还天津、广州两英租界行政权所抱之希望》（1942年），中国第二历史档案馆藏汪伪行政院档案，二〇〇三（2）/127。

公司”，分别经营华北与华中的统制事业，其中“华中振兴公司”在“中日提携，经济合作”的幌子下，经营蚕丝、盐业、水产、火柴、矿产、煤矿、交通运输、水电、瓦斯、电气、电讯电话及上海房地产等华中重要产业。“中日合办”各公司经营事业所涉范围极广，更借助相关法规控制了整个华中地区的产业命脉，就连伪组织中日经济合作研究社对此也深感忧虑，不得不承认“各华中公司相继成立，对于比较重要之实业均须归入统制，几有一网打尽之势”。该研究社还认为各种中日经济合作事业规程的公布施行对中国原有的工商事业危害尤烈：“自此标榜经济合作实行经济独占之各华中公司，不独得行政方面之特许，更将得立法方面之保障，用意深切，殊堪隐忧。中日经济合作条件果能严守公平互惠之原则，本无不可合作经营，以期共存共荣，惟按诸各华中公司规程及其实施手段完全违背经济提携之精神，动辄以军令威权强制归并，今若再加以法律上重重之保障，人民更无置喙之余地，原有工商事业势将陷于万劫不复。”[1]

日伪当局统制、掠夺沦陷区粮食与物资的档案，前者有 1941 年汪伪粮管会有关“收购各地国产米解作日本军米、借款购买洋米以充民食的呈”，1941 — 1942 年汪日签订“苏浙皖三省食米购办运输谅解事项”，1943 年 8 月 12 日伪华北政务委员会抄发之“华北当地生产稻米统制要纲训令”，1943 — 1944 年汪伪国民政府公布及修正公布“苏浙皖米谷运销管理暂行条例”，汪伪全国商统总会检送“面粉麸皮集中配给暂行方案草案”暨“黄豆高粱苞米收配计划草案”备案的呈等；后者有 1941 年 2 月 24 日汪伪全国经委会检送“调整物资统制一般原则及纲要的呈”，1942 年 2 月汪伪组织拟订之“物资管理实施方案”，1943 年 5 月汪伪最高国防会议秘书处附送之“囤积主要商品治罪暂行条例”，1943 年 6 月 27 日汪伪军委会检发“军需物资统制及委托采办暂行办法的公函”，1944 年 7 月 7 日汪伪国民政府公布的“物资统制调整纲要”等。作为人民生活必需品的米粮、油料也是日伪时期物资统制的重点，在粮业兴盛的苏北扬州地区，日方自 1940 年起即对当地小麦进行统制，翌年 5 月起小麦统制办法更加强化，江都米业公会特为此致呈汪伪粮食管理委员会苏北区办事处，请求改善统制：“此在日商方面

[1]《伪中日经济合作研究社为各华中公司强制归并重要实业拟具意见书呈》(1939 年 10 月 1 日)，中国第二历史档案馆藏伪维新政府立法院档案，二一〇二 / 583。

制止我华商活动固足达其分段之获利计划，而华商与农之惨痛为何如？农人方面以日用品无一不高，人工、肥料无一不贵，付出多而收少，经济购买力自薄，几有终岁辛勤不敷半年生活之势；工人出品以农为对象，农既坐困，工品亦自滞销，而推销之商连带受其影响；粮商因农不出售，客又不能收买，日商限制严密，更无法以言经营。……夫农工商三界既不振，各界无不蒙其影响，所有症结即在统制，故非改善其办法不足延江北全民一线之生机。”汪伪标榜的所谓“军用民食并顾兼筹”根本无从谈起。日伪在沦陷区施行的粮食统制遭到各地商民的反对与抵制，但汪伪仍坚持“厉行”这一祸国殃民的经济政策。1942 年 10 月 7 日汪伪行政院向南京特别市市长及首都警察总监下达训令，严禁米商反对统制政策。训令斥责该市“不肖米商妄意造谣，反对统制，更有身为士绅不明统制意义，不察时代需要，亦随声附和为奸商张目，制造种种似是而非之言，淆乱听闻，蛊惑人心”，以为“殊可痛恨”，命令各相关机构“严禁奸商造谣生事，如敢故违，即以破坏粮政垄断民食论罪，严行拘究，并随时密查造谣生事之人，尽法惩治，以重粮政而维民食”。[1]

反映日伪统治下沦陷区财政金融状况的档案，有 1939 年周佛海起草的“和平成立后货币与金融政策之设施”，1940 年 1 月 13 日伪维新政府财政部附送“关于调整币制提案等件的公函稿”，1941 年伪华北政委会财务总署拟订之“旧通货处理办法草案”，汪伪财政部拟具之“关于币制金融施行情况报告稿”（1943 年 2 月— 1944 年 1 月），伪政权与日本银行签订的各类借款契约书以及有关货币整理、金融管理方面的文件等。1939 年 1 月 6 日伪中央储备银行正式成立后，即由汪伪政权授予发行中储券的特权。1942 年汪伪政府以中储券一对二勒收重庆法币，强令各地分期禁用旧币。1943 年 1 月 8 日、12 日汪伪财政部接连发布公告，对广东省全境及武汉地区所有未经交换之旧币限期从速交换，“除禁止行使携带外，并绝对不许保存持有，如有私藏或故违法令者，一经查出即予没收充公，从严惩处”[2]。名为推行新

[1]《汪伪行政院关于严禁米商反对粮食统制政策的训令稿》（1942 年 10 月 7 日），中国第二历史档案馆藏汪伪行政院档案，二〇〇三（2）/ 251。

[2]《汪伪财政部布告》（1943 年 1 月 8 日、12 日），中国第二历史档案馆藏汪伪财政部档案，二〇六三 / 320。

币统一通货，实为对沦陷区金融财政的公然劫夺，陷区民众因此损失不赀。伪政权除与日方会商在沦陷区设立各种金融垄断机构（如伪临时政府成立的中国联合准备银行、伪维新政府成立的华兴商业银行、汪伪国民政府成立的中央储备银行），以“强化战时金融，肃清敌性残余势力”为由对原中国、中央、交通、农民四大银行以及四明等小四行进行劫夺或改组外，还通过向日本财阀大量借款，发行伪政府及各省市建设公债、粮食库券等债券的形式来维持其傀儡统治。

日伪在保护日商利益、给予日侨减免课税等特殊政策的同时，对沦陷区民众则利用各种名目榨取捐税，横征暴敛。如 1940 年汪伪国民政府检发的修正所得税暂行条例，1941 年公布的修正契税条例、通行税暂行条例、糖类临时特税暂行条例及临时建设特捐征收简程等，1942 年公布或修正公布麦粉、火柴、棉纱、卷烟等物资的统税条例，桐油、茶叶、猪鬃、禽毛临时特税暂行条例以及非常时期各省市征收田赋暂行条例等，1945 年公布的土烟叶特税、土酒税暂行条例等。1940 年 6 月汪伪中政会核准举办蚕丝建设特捐，伪财政部部长周佛海则发表谈话，竟然声称近来丝价猛涨使丝厂获利甚巨，新建及复兴丝厂达数百家之多，仅对蚕丝征税并不伤农云云。此事一经报界披露，即在制丝业发达的江浙地区引起大哗，无锡、杭州丝厂丝商纷纷上书伪江苏、浙江省府请代为转陈反对该捐的理由，试图让伪当局收回成命。无锡县家庭制丝业公会在所呈代电中据理力争，称事变以后原有丝厂 50 余家均为日商经营，华商所组之家庭制丝社规模资力有限，名为数百家实则只合十余家，职工生计藉以维持、农民生产未被华中蚕丝公司垄断者均有赖于此；而茧本过昂加之税捐繁多，小型丝商非但无过分利得，反遭额外亏蚀，因此再难承受如此重捐。家庭制丝社丝商进而声明：此捐启征后惟有相率停业，听凭华中蚕丝公司贬价收茧，抑勒农民，最终将致中国丝业断送尽净。[1] 杭州市德丰暨硖石振兴等 27 家小型丝厂则联名告以当地丝业的实际情形：“吾国丝厂事业本极衰落，尤以浙省最甚，事变而后各地原有之机制蚕丝工厂均归华中蚕丝公司所统制，早无华商顾问之余地，以致国内大小绸厂及零星机户所需原料之来源被其操纵，大感威胁。为求保持国产绸缎

[1]《伪江苏省府致汪伪国民政府行政院代电》（1940 年 6 月 22 日），中国第二历史档案馆藏汪伪行政院档案，二〇〇三 / 4535。

一线命脉起见，不恤焦头烂额创立小型丝厂，原系应付特殊环境之困难，丝毫不存投机性之利润欲也。”小型丝厂在据本身营业情形与国内贸易状况陈述对此“绝对不能拥护”的五项理由后，更尖锐指出：“是项建设特捐暂行条例各规定似系专就运销国内工厂制造之蚕丝而言，对于出口之生丝并不受拘束。去年丝价之步趋高涨全因生丝出口之活动所致，其贸易额远非国内市场之供求率可比，而此大宗蚕丝输出之贸易权又为华中蚕丝公司所掌握，其因价涨而生之利润亦为华中蚕丝公司之独享。至于目前小型丝厂尚系初苗之芽，更觉不堪摧压，今置大宗生丝出口税于不问，值对国内转口之蚕丝反课以重税，而使小型丝厂独负其责任，尤觉难安缄默。”[1] 汪伪当局却一意孤行，继续苛税勒捐，汪伪行政院对此呈件所下的指令是“所请缓征应毋庸议”，坚持其媚日卖国的立场。

日伪在沦陷区各地征收的捐税可谓叠床架屋、多如牛毛，几至无物不税、一物多税的地步。江苏崇明绅商及多家商户曾于 1943 年 6 月 15 日致函汪伪当局，要求制止苛捐杂税以苏民困。呈中列举了日伪在这个孤悬江口的蕞尔小岛所征收的林林总总数十种捐税，深刻反映了沦陷区人民在日伪当局敲骨吸髓统治下的痛苦生活：“自上月开始举办清乡后四周封锁，有天然之环海，益以人工之竹篱，耗全县数千百万枝之竹杆，糜千万之币值，将以求全民众之安居乐业，墙壁标语硃墨巍然，讵料安乐之境未得，剔括之税频出，多似过江之鲫，犹雨后春笋。某税冠以财政部，某税冠以财政局，名称虽异，性质类同。纸张税与箔类税已相冲突，再加之迷信捐，一纸之微须完三种税捐，人民目眩五色，浸至无所适从。不问乡村小店，里巷酒家，取一壶之酒，佐一簋之豆，须征筵席之捐；瞽者街头踯躅，藉星卜以求饱，未能免迷信之税。他如保甲捐则按户征收，牙税则肩挑贸易必缴税领证，所得税外再有营业税，统税之外复有附加税，屈计捐税名称达十余种之多。近又开征住房捐，闻以十万元有奇之比额转辗承包，最后承包者已达五六十万元之包价。规程上租户照租值征百分之卅，而办事者竟出之以自由估定，外加手续费二成，自己住宅概须纳百分之廿，房捐税额之大，设想之周，无微不至。在主其事者未始非意料所不及，承包者当然于包额外尽量多收，以目前生活

[1]《伪浙江省府致汪伪国民政府行政院呈》（1940 年 7 月 15 日），中国第二历史档案馆藏汪伪行政院档案，二〇〇三 / 335。

之高，月入数百元诚不足以养廉，巧立名目，予取予求，而小民苦矣！”[1]沦陷区民众的血汗与资财就这样被搜刮一空。

3. 反映日伪在军事上拼凑伪军，实行“清乡”与“治安强化运动”的情况。

傀儡政权还在日军卵翼下建立起军事系统，拼凑伪军部队，以巩固其在沦陷区的统治；日方则以共同防共为由，利用中方人力物力将伪政权的军事力量置诸其掌控之中。此类档案有伪临时政府治安部颁行之“自卫团暂行办法”（1938 年 2 月 7 日）、“陆军征募暂行规程”（1938 年 4 月 2 日），伪临时政府公布之“县保卫团组织暂行办法”（1938 年 2 月 9 日）、“治安警察法令稿”（1938 年 4 月 9 日）等；汪伪内政部公布之“各县警察队编组大纲”（1942 年 10 月 23 日）、缴送之“壮丁训练计划草案”（1944 年 2 月 7 日），汪伪军委会抄送之“建立新军招募计划草案”（1943 年 7 月 9 日）等。汪伪国民政府曾于 1941 年 3 月 29 日公布陆海空军军人训条，内有“矢忠矢信，贡献一切于国家；实行三民主义及大亚洲主义，以复兴中国，复兴东亚；认定当前国家危机、人民痛苦在共匪之猖獗，应尽心竭力根绝赤祸，以救国救民”等语，连日本兴亚院审查后亦觉不妥，以为训条中所称实行三民主义及大亚洲各点“因鉴于华北之现状，遽难认为适当”，遂提出修改为“复兴中国，以求于东亚之兴隆有所贡献”。[2]汪伪军委会更制定驻苏浙皖军队整编大纲，提出“依中日之协力，迅速整理素质、训练、装备均不完备之现有军队，重建为编制装备充实之新国军，以期增强大东亚战争共同之力量，并准备今后建军工作”[3]的建军方针。还都后，日方将一件军事协定初稿送交汪伪政府，以征询其同意，内容包括日方协助中国成立陆军若干师（允许汪伪成立军队，暂定编制 3 个警卫师），所需枪械弹药由日方供给，并派日人为教官，担任教练；日军对共产党部队进行讨伐时，中方军队应随时协同作战，并受其指挥调遣；中国应划沿海岛屿给日方作为海军根据地。汪伪政府虽几度对上述条件提出修改意见，但日方不过在文辞上略事删改而已，汪伪最终不得不俯首屈从。

---

[1]《陈佐时等致汪伪行政院呈》（1943 年 6 月 15 日），中国第二历史档案馆藏汪伪行政院档案，二〇〇三（2）/ 271。

[2] 汪伪国民政府检发之《陆海空军军人训条》暨兴亚院修正意见（1941 年 4 月），中国第二历史档案馆藏伪华北政务委员会档案，二〇〇五 / 99。

[3]《汪伪驻苏浙皖军队整编大纲》（1943 年 3 月），中国第二历史档案馆藏汪伪经理总监部档案，二〇三一 / 7885。

日军为巩固其对华军事占领，进一步实现以华制华、以战养战的策略，决定于1941年前后开展“军事肃清工作”。日伪当局一向视中共及其军队为“扰乱华北治安之最大敌人”，所以在华北地区先后进行了五次“治安强化运动”，每次均有不同口号与重点，但都以“反共”和“建立东亚新秩序”为中心。中国第二历史档案馆所存相关档案除伪华北政务委员会历次检发之“强化治安运动实施纲要及宣传计划”外，还有兴亚院华北联络部制定之“经济封锁要领”，“华北治强运动总本部组织大纲”，河北、山东、山西、天津、青岛等伪省市道公署编送各地历次“治运工作报告”等。其中1941年6月20日兴亚院华北联络部制定的“民国三十年度经济封锁要领”（译件），更是明确表示要通过加强经济封锁之机构，“对敌方地域及占据地域内之匪区施以封锁，以防一切利敌物资之流出，而消灭敌方之战斗力”，同时“对于占据地域内之匪区则施以反复之讨伐，而逐渐推进封锁线境以剿灭之；在敌方地域内所存有之我方必要之物资，于可能范围内设法吸收之”[1]，以经济封锁配合军事扫荡，企图置中共领导下的抗日根据地于死地。

1941年春，汪伪当局秉承日方意旨，在华中的苏浙皖地区推行“清乡运动”。清乡期间所有各省市清乡计划均由日方制定，汪伪全单照收，双方还签订了上海、镇江、苏北、武汉等地区清乡工作中日协定，开展合作清乡。如1943年6月20日汪伪行政院副院长周佛海与日本中国派遣军总参谋长松井签订的关于清乡工作中日协定中，明确规定日军以担当作战警备事项为主，伪军、保安队及警察应受日军指挥官调遣指挥，对于明文规定由中方担负的政治工作事项之企划指导，中方也应与日本密切联系。[2] 中国第二历史档案馆所藏有关汪日清乡的原始档案中，既有清乡委员会会议记录、组织大纲，江苏、安徽、浙江等省年度清乡工作报告等，也有汪日颁布的一系列清乡法规，诸如“清乡地区军事征发法”“交通管理暂行规则”“物资统制及运销管理暂行办法”等。这些清乡法规犹如一道道绳索，将清乡地区人民束缚起来，使之毫无行动自由可言。1941年7月汪伪公布的“清乡地区交通管理暂行规

[1]《兴亚院华北联络部制定1941年度经济封锁要领》（1941年6月20日），伪华北政务委员会档案，载《中华民国史档案资料汇编》附录，第426页。

[2]《周佛海与松井签订关于清乡工作中日协定》（1943年6月20日），汪伪清乡委员会档案，载《中华民国史档案资料汇编》附录，第378页。

则”规定，凡出入封锁线者一律得接受检查所检查，除持有特别通行证、良民证、旅行证或相关身份证者方可通行外，检查所以外交通一概禁绝，对清乡地区居民与物资进行严格封锁。[1] 按照“清乡地区物资统制及运销管理暂行办法”之规定，物资通过封锁线时须受查验机关检查，械弹、火药、麻醉药等绝对禁运品一律禁止运输或出入，米面、丝棉、烟酒、油盐、肉蛋等各项物资在境内运输或通过封锁线，则须有证明书、许可证或运销护照。[2] 以“确立治安、改善民生”为口号的“清乡运动”，实质是以加强对华中地区经济榨取、减少日军后方牵制为目的。1943 年 3 月 27 日，清乡委员会在总结其成立两年来的清乡工作时夸耀清乡成果之大，称“举凡经过清乡之处，匪共肃清，生产增加，人口激增”，清乡区财政收入竟较未清乡区增加 35 倍，[3] 足见沦陷区人民受其荼毒祸害之深。

4. 反映日伪对沦陷区实行文化统制与奴化教育的情况。

文化教育方面，日伪一方面通过钳制沦陷区舆论，灌输“和平建国”的汉奸文化与思想，如 1939 年 5 月伪维新政府宣传局有关在华电影统制问题的文件，华北日伪关于检查禁书及其处置方法的文件（1941），汪伪宣传部呈送之“新国民运动推进计划”（1942 年 1 月 16 日），汪伪国民政府公布“战时文化宣传政策基本纲要”（1943 年 6 月 10 日）、“励行新国民运动实践大东亚宣言实施要纲”（1944 年 3 月 6 日）等；一方面强制沦陷区学校推行奴化教育，妄图在思想精神领域征服中国人民，如伪华北政委会教育总署施政方针（1940），汪伪教育部抄送之“小学日语课程调整原则及过渡办法”（1940 年 8 月 10 日）、“中学训育方针及实施办法大纲草案”（1941 年 7 — 8 月），汪伪国民政府抄发“以大亚洲主义等为公民教育主要内容之提案及建议的训令”（1943 年 2 月 20 日），相关教育统计表等。1938 年 8 月 23 日，伪河北省署顾问要求该省署向各中小学校添派日籍日语教员，其职权“似有与闻校内一切事务之意”，意欲对各校校务进行直接干预。伪河北省教育厅厅长陶尚铭以

[1]《清乡地区交通管理暂行规则》（1941 年 7 月 13 日），中国第二历史档案馆藏汪伪清乡委员会档案，二〇〇四 / 324。

[2]《清乡地区物资统制及运销管理暂行办法》（1941 年 7 月 15 日），中国第二历史档案馆藏汪伪清乡委员会档案，二〇〇四 / 339。

[3] 汪伪清乡委员会编：《两年来的清乡工作》（1943 年 3 月 27 日），载《中华民国史档案资料汇编》附录，第 371 页。

“兹事关教育行政，不得不加以考虑”，连伪教育部也认为“聘用之日籍教员应以任课为专责，对于校务及行政事项，万万不宜干涉”。[1]1940 年 7 月，日本兴亚院文化局局长及大使馆书记官又先后面晤汪伪教育部部长赵正平，提出在沦陷区中小学加授日语，并“有将日语之是否列为中小学必修课程，以觇我中日亲善与真诚之情势”。汪伪当局虽认为启蒙时期实无教授外国语之必要，却不得不秉承日方旨意调整中小学课程，规定小学“于都市区域，依实际需要，高年级得于正课外补授外国语（日语或其他外国语）；至于初级中学以上，则列为必修科”，指示伪教育部予以照办。[2]

1942 年汪伪推行了一场“新国民运动”，以期实现思想上的“清乡”与“新政”。汪伪外交侨务系统档案中存有一份 1942 年 2 月 1 日汪精卫发表的“新国民运动与精神总动员”广播词，在对敌方加强舆论攻击的同时进行自我吹捧。汪自称十分痛恨重庆方面所提“精神胜过物质”的标语，污蔑它类似于明末士大夫“心空嘴硬”的风气，肚里的学术是空疎的，施之于政治军事都是虚枵的，口头上却唱得高，喊得响，其流弊与义和团思想差不多，结果“就义形于色地把国家民族断送了去”，其实就是反对中国人民以抗战精神克服物资匮乏的困难；他自觉“除了提起精神创造物质，国家民族决没有第二条出路”，实际就是想用奴化的精神让中国人民来为“友邦”供应战略物资，为日军发动的侵略战争效劳。他一面攻击英美方面所宣扬的“自由的中国”，是让中国人在自由的环境中堕落和腐败下去，“只看从前的上海公共租界，只看香港，便可明白了”；一面肉麻地吹捧日本在大东亚长期战争中给中国人以协力的自由，“不要问能享受多少自由，只要问能贡献多少力量。贡献犹如耕耘，自由犹如收获；若要收获得丰富，只要耕耘得又勤又快”，总而言之，就是只给中国人积极协力日伪榨取沦陷区更多战略物资的“自由”，[3] 可以说是汪精卫集团投敌卖国思想的一次大暴露。

[1]《伪临时政府教育部与伪行政委员会往来函件》（1938 年 8 月），伪临时政府行政委员会档案，载《中华民国史档案资料汇编》附录，第 584 页。

[2]《汪伪教育部致伪国民政府行政院呈》（1940 年 7 月），中国第二历史档案馆藏汪伪行政院档案，二〇〇三（2）/ 291。

[3]《汪精卫发表新国民运动与精神总动员的广播词》（1942 年 2 月 1 日），汪伪外交侨务系统档案，载《中华民国史档案资料汇编》附录，第 560 — 563 页。

四、其他专题档案

（一）南京临时政府档案

1912 年元旦，中华民国临时政府在南京建立，史称南京临时政府。同年 4 月 1 日，孙中山根据南北议和条件解除临时大总统职，政府北迁，南京临时政府遂告结束。袁世凯同时委黄兴为南京留守，统辖南方各军并负南京地面治安之责，6 月 14 日留守府撤销。南京临时政府存在仅短短 3 个月计 92 天，形成的文书档案本就不多，中间又历经辗转散佚，现中国第二历史档案馆所藏该专题档案包括总统府、内务部、财政部、陆军部、留守府在内仅百余卷，内有不少是临时大总统孙中山的亲笔批示和签发的文件，弥足珍贵，是研究这一资产阶级民主共和政权的基本史料，已被列入第二批中国档案文献遗产名录。

该专题中，政治类档案有临时大总统关于各部局互相咨商之件应直接办理毋庸呈请转饬致陆军部的令，临时政府为促袁南下所派欢迎专使名单，袁世凯就任临时大总统后内务部全体员司联名辞职的呈稿，南京临时政府内务部承政厅及各局办事规则，内务部及苏、赣、皖省民政官员任免的文件等。

民国初立，用人正殷，各类人才急缺，南京临时政府十分重视人才的选拔与任用。中国第二历史档案馆珍藏的临时大总统孙中山对内务部呈请速颁文官试验令的批示及其颁布的整顿吏治令，堪称我国考铨制度变革史上的重要文献。1912 年 2 月 14 日，孙中山在内务部请速颁文官试验令的呈文上做出批示："查国家建官分职，惟任贤选能，乃懋厥职，古今中外，罔越斯旨。第考选之法，各有不同，尚公去私，庶无情弊。今当民国建立伊始，计非参酌中外，询事考言，不足以网罗天下英才而裨治理。该部所请，诚为当今急务，应候令行法制局，将文官试验编纂草案咨文参议院议决后，即日颁布施行可也。此批。"[1] 3 月 20 日，临时大总统又颁发整顿吏令，令曰："满清末年，仕途腐败已达极点。亲贵以财贿招诱于上，士夫以利禄市易于下，奔竞弋谋，相师成风，脂苇 [韦] 突梯，恬不知耻。以致君子在野，自好不为，

[1]《内务部请速颁发文官试验令呈暨临时大总统批文》（1912 年 2 月 13 — 14 日），中国第二历史档案馆藏南京临时政府档案，二六（2）/ 8。

事无与治，民不聊生，踵循不悛，以抵灭亡。民国成立，万端更始，旧日城社，扫除略尽，肃正吏治，时不可失。然而法制未班，考试未行，干进者有乘时窃取之心，用人者有高下随心之便，一或不慎，弊将有甚满洲之季者。治乱之分，端在于此，言念前途，能无竞竞。南京临时政府草创之际，各处奔走附疏来求一地位者，当不乏人。以此苟得之心，遂开诈伪之习，或本旧吏而冒称新材，或甫入校而遽号毕业，蒙混诬枉，得之为能。虽转瞬统一政府成立，此地各官署立即取消，然使不肖者得持此以为进身之具，其遗患方来，何可数计！为此令仰该部总、次长等于用人之际，务当悉心考察，慎重铨选，勿使非才滥竽，贤能远引，是为至要。又查各部荐任各员，每有以一人而兼两职者，殊非慎重职务之道。荐者不知，是为失察；受者不白，是为冒利，胥无取焉。以后除有特别缘故外，不得兼职，以肃官方而饬吏治。切切。此令。"[1] 此外，孙文在其任临时大总统期间曾致信蔡元培，信中他主张对康有为、章太炎等"海内名宿"应区别对待，因"康氏至今犹反对民国之旨，前登报之手迹可见一班［斑］。倘合一炉而冶之，恐不足以服人心，且招天下之反对。至于太炎君等，则不过偶于友谊小嫌，决不能与反对民国者作比例。尊隆之道，在所必讲，弟无世俗睚眦之见也。"体现了以孙中山为首的临时政府"惟才能是称，不问其党与省"的用人原则。[2]

中国第二历史档案馆所藏的南京临时政府档案中，有 1912 年 1 月 28 日内务部致各省都督、各军政分府的电，电文抄送保护人民财产令如下[3]：

凡在民国势力范围以内之人民，所有一切私产，均应归人民享有。

前为清政府官产，现入民国势力范围者，应归民国政府享有。

前为清政府官吏所得之私产，现无确实反对民国之证据，已在民国保护之下者，应归该私人享有。

现虽为清政府官吏，其本人确无反对民国之实据，而其财产

[1]《临时大总统关于慎重用人致内务总长令》（1912 年 3 月 20 日），中国第二历史档案馆藏南京临时政府档案，二六（2）/9。

[2]《孙文复蔡元培函》（1912 年 1 月 12 日），南京临时政府档案，中国第二历史档案馆编：《中华民国史档案资料汇编》第二辑，第 12 页。

[3]《内务部关于保护人民财产令致各省都督等的电》（1912 年 1 月 28 日），中国第二历史档案馆藏南京临时政府档案，二六（2）/7。

在民国势力范围内者，应归民国政府管理，俟该私人投归民国时，将其财产交该本人享有。

现为清政府官吏，而又为清政府出力，反对民国政府，虐杀民国人民，其财产在民国势力范围内者，应一律查抄，归民国政府享有。

上述五条规定表明，南京临时政府于成立后即公开承诺对人民财产负有完全保护之责，对民国公敌的私产则予以没收而归国有，用以安民心、维大局，体现了新政权吊民伐罪的宗旨。馆内所藏的参议院草拟中华民国临时约法抄本（该约法于 1912 年 3 月 10 日经参议院通过，11 日由临时大总统公布），更以法律形式确认“中华民国人民一律平等，无各族阶级宗教之区别”，并具体规定人民应当享有的各种权利，[1] 从而充分体现了新生政权的资产阶级性质以及以人为本的现代理念。

军事类档案有临时大总统批准颁发《陆军暂行给与令及勋章章程》，陆军军官学校章程稿暨教育方针印本，中华民国陆军将校联合会章程，陆军部请临时大总统饬参议院议定军政分府权限的申，法制院、陆军部关于编订陆军官等、官俸及补官任职、免官免职等令草案的咨申暨临时大总统令，桂督陆荣廷为报告广西省军队数目、统领官姓名及兵器种类致陆军部电，第一军军长兼皖军总司令柏文蔚为该军司令部人员编制致陆军部总长黄兴的咨，民国元年三月份陆军部支出概算总目底稿，临时大总统奖恤吴禄贞等令，鄂军毕血会成立通电，有关陆军部、留守府及所属各部队组织编制、官佐任免及领发粮饷、械弹、被服的文件等。

财政金融类有财政部拟订之商业银行暂行则例及海外汇业、农业、惠工、储蓄、庶民等各银行则例，财政部发行军用钞票及开设军钞兑换所示谕稿，财政部咨各省发行公债办法，财政部造币总厂章程，实业部拟订的约束钱庄暂行章程，赣、闽、苏、粤、浙、滇各省造币厂报告，江宁商务总会、上海共和建设会等有关货币发行流通等事宜的呈函，沪军都督关于委用海关人员议办海关厘税的咨，临时大总统与财政部等有关整顿江南造币厂、派赴海内外劝募公债等问题的来往函件，临时副总统黎元洪、财政部等关于筹议

[1] 参议院草拟《中华民国临时约法抄本》（1912 年 3 月），中国第二历史档案馆藏南京临时政府档案，二六（2）/ 13。

统一币制的文件，沪督陈其美陈述逮捕中国银行经理宋汉章及陈锦涛电请释宋的电文，谢国梧、谭道渊等关于盐务问题的条陈，唐树楠、程剑年等有关币制问题的条陈等档案。

财政困难、经费短绌是南京临时政府所面临的最大难题，各部院成立伊始，百端待举，需款孔殷，然而“省外之解拨不至，公产之收入无多”，专司综核的财政部筹措维艰，徒叹计穷力尽。财政总长陈锦涛在 1912 年 3 月 17 日致陆军部总长黄兴的函中，直告该部款项奇绌、无款措置的窘境，虽深知陆军部款项支绌，且“各事可以缓图，今日之款应全用诸军事与维持秩序”，然而苦于罗掘术穷，无力支应军费。[1] 1912 年 2 月 29 日，临时大总统曾应有功于光复的上海中华银行之请，饬令财政部“认该行为商银行性质，由国家补助股份一半，其办法如日本银行之对于正金银行。如目前无现金，给以公债票一百二十五万作抵，庶政策既不因之违碍，商本亦赖以维持矣。”但财政部总长随于 3 月 3 日上呈提出异议，认为中华银行于光复之始筹办维持，功固不可掩，然“设各省金融机关凡经有功光复者纷纷援例，则补助政策中央必致立穷，特种银行机关且遍全国。况且此种补助之款系属特别支出，非经议院通过，政府实无权特许，本部固不能破坏宪政，抑恐徒启纷争”。临时大总统批认其“所陈补助中华银行一节，颇有窒碍难行之处，尚属实在情形，应予照准”，故而从善如流，改正前令。[2]

此外，还有陆军部对陈婉衍禀请改组光复军女子队为复心女学堂的批，临时大总统关于抵押钱号拨充中国公学经费令等教育类档案，反映了临时政府在经费异常竭蹶的情况下，仍积极致力于教育事业的发展。

特别值得一提的是，中国第二历史档案馆在组织整理馆藏北洋政府档案时，发现一批约 700 余件极具史料文物价值的珍贵档案，使关于南京临时政府的档案典藏得到进一步补充与丰富。这批珍档内容机密重要，大致可分为 3 大部分；临时大总统孙中山亲笔签发的令与批，1911 年 12 月 14 日至 1912 年 4 月 7 日总统府电报房来电，南京临时政府外交部办理涉外事件开展外交

[1]《陈锦涛致黄兴函》(1912 年 3 月 17 日)，南京临时政府档案，中国第二历史档案馆编：《中华民国史档案资料汇编》第二辑，第 284 页。

[2]《临时大总统等关于上海中华银行要求补助股款的文件》(1912 年 2 — 3 月)，中国第二历史档案馆藏南京临时政府档案，二六（2）/ 17。

斗争的文档，较为系统完整地记录了孙中山肇建共和之初与闻及处理的政治、外交、军事、内政、经济等方面大事。这批遗存珍档于 2003 年 10 月被国家批准收入第二批中国档案文献遗产名录，2011 年纪念辛亥革命 100 周年之际被辑为《南京临时政府遗存珍档》全 8 册影印出版。

（二）**南方革命政权档案**

1912 年 3 月袁世凯窃取政权后，孙中山继续领导南方革命运动，1917 年在广州召开国会非常会议，成立中华民国军政府（护法军政府），被举为大元帅，后受西南军阀排挤而弃职；1921 年孙中山返穗组织中华民国政府，就任非常大总统，翌年因陈炯明叛变而退居沪上，1923 年 3 月重返广州设立陆海军大元帅大本营，进而以广州为中心形成了与北洋军阀北京政权相对立的南方革命政权。1925 年 6 月，国民党中央执委会决议改组大本营为中华民国国民政府，广州国民政府遂于同年 7 月 1 日正式成立。1926 年 10 月北伐军攻占武汉后，国民党中央与国民政府相继迁都武汉，史称武汉国民政府，直至 1927 年 8 月宁汉合流始告结束。

南方革命政权从护法军政府到武汉国民政府期间所形成的档案现有部分存于台湾，藏于中国第二历史档案馆的部分，在馆藏中所占比例虽小，但仍有相当数量，其中陆海军大元帅大本营档案 138 卷，广州和武汉国民政府档案共 475 卷。另外，在北洋政府档案及后来的国民政府、国民党中央执行委员会、中央党部、中央宣传部等档案全宗中也保存有不少反映南方革命政权情况的文件，例如国民党中执委档案中就有关于国民党一大、二大相关决议案、大会宣言、会议记录等重要文件，国民政府国防部史政局战史编纂委员会档案存有 1923 年古应芬志《孙大元帅东征日记》，国民政府军委会档案中则有 1925 年两次东征记略、1926 年 7 月蒋介石北伐誓师词及其就任国民革命军总司令职通电、国民革命军北伐战斗序列、蒋介石关于国民革命军北伐作战经过报告书（1927 年 3 月）等文件。

1917 — 1927 年南方革命政权档案当中反映政府组织规章、政策法令、人员任免情况的政治类档案，有 1923 年 1 月 28 日北京国会护法议员拟来粤筹商大计函，1924 年 9 月广东省长公署关于呈送全省民团统率处章程暨全省民团条例的咨，大元帅公布工会条例稿（1924 年 11 月），国民政府有关禁烟的训令（1925 年 7 月 21 日），监察院委员林祖涵等拟具之政府机关人员兼职条例草案，1925 年 7 — 8 月国民党中执会关于不许现任买办为行政官吏及各社团董事的函令，廖仲恺请解释买办含义及国民政府批稿，国民政府决定在虎门设领港机关令（1925 年 9 — 10 月），1926 年 3 月 27 日国民政府声讨段祺瑞宣言稿，国民政府关于任用文职、委任武职尉官以上人员应为国民党党员的令（1926 年 9 月 28 日），国民政府秘书处抄送之武汉保安委员会暂行条例暨劳工部、农政部组织条例（1927 年 4 — 5 月），国民政府任命周恩来、宋子文、陈公博等人各职的令函，孙科、徐谦、陈友仁等人就（武汉）国民政府各职日期和启用印信函等。

反映重大历史事件的政治类档案，有关于国民党改组与第一次国共合作方面的文档，1924 年 10 月孙文为决定北上、表明主义等问题致冯玉祥、胡汉民等电，国民党中执会秘书处郭威白关于廖仲恺被刺经过报告稿（1925 年 8 月 20 日），国民党各地党部为反对西山会议派在京召开四中全会请予严惩查办的代电，1926 年 3 月国民政府有关中山舰事件的布告，1927 年 1 — 2 月陈友仁、张治中、顾孟余等关于国民政府及国民党中央党部迁鄂问题致蒋介石等人的电，“四一二”反革命政变后，湖北省政府、武汉市政府、江西吉安县商民代表大会等组织团体声讨蒋介石、夏斗寅等叛变的电呈，“七一五分共”后国民党中执会处理农工运动及共产党人的训令等。

还有反映大革命时期轰轰烈烈工农群众运动与社团组织情况的档案，如中华工学会、中华国货促进会、学生军讲习所、虎门农工商学联合会等社团组织发起成立、申请立案的呈，1926 年 5 月 29 日（广州）国民政府颁布国民党第二次全国代表大会妇女运动决议案的令，广东邮务总工会要求改善待遇的宣言，广东土木建筑总工会、汉口银行行员工会等要求加薪罢工的函件，省港罢工委员会委员长苏兆征请将该会死难纠察队员按沙基烈士办法国葬的呈，国民政府对中华全国总工会请救济在反奉战争中死伤之北方铁路工友函的批等有关罢工运动的档案；广东省长廖仲恺为农民自卫军工团军立案致大本营内政部咨，粤桂各县成立农民协会办事处（或筹备处）代电，广东省农民协会揭发各地土劣嗾使反动民团摧残农会等反映农民运动发展情况的档案；三一八惨案发生后国民党各地党部以及北京、上海、广州等地各校学生会声讨段祺瑞、援助北京学生的通代电，（广州）国民政府秘书处对中国济难会广东省总会干事会请拨款援助三一八惨案受难者呈的批，广州学生联合会第四届执委会改选大会通电等有关学生运动的档案。

军事类有关军事组织、法令及军费等方面的档案，有1924年2月军政部拟订暂行陆军官佐士兵薪饷等级表等呈暨大元帅批准令，同年6月28日大元帅批准军政部公布施行军人宣誓词及宣誓条例指令，7月大本营财委会为分配军费的呈暨大元帅指令，10月西路讨贼军总司令刘震寰请辞职电暨孙文挽留密电；1925年2—3月山陕军参谋万世勋等关于改编军队情形呈，1925年3月29日建国潮梅军军长罗翼群报告组织该军经过及现状的电等。

反映重大军事战役的军事类档案有两次北伐期间孙文为商讨北伐作战事宜致廖仲恺、胡汉民等人的函电，谭延闿发布第二次北伐命令及其关于北伐军攻赣的密电稿等；陈炯明叛变后孙文要蒋介石速来商议的电，孙文1922年10月10日为蒋介石著《广州蒙难记》所作序文，胡汉民有关军队调动的函电等；平定商团叛乱前后广东商团为请予起卸及发还购械事宜与大本营内政部往来呈令，孙文批准解决团械办法致胡汉民蒋介石等人的电，蒋介石请严办商团致孙文密电暨孙文批件等；统一广西时期李宗仁等报告击败沈鸿英部经过情形电，汪兆铭等关于组织广西省政府问题的函稿，国民政府抄送筹议两广政治军事财政统一委员会议决事项令等。

例如，孙文曾于1924年9月9日致函蒋介石，体现了国民党实施北伐的战略决策过程。函中具体分析了革命政府根据地广东当前的严峻形势："广东一地现陷于可致吾人于死之因有三。其一即英国之压迫。此次罢市风潮倘再多延一日，必有冲突之事发生，而英舰所注意者必大本营、永丰、黄埔三处，数十分钟便可粉碎，吾人对彼绝无抵抗之力。此因此次虽幸免，而此后随时可以再行生，此不得避死就生一也。其二即东江敌人之反攻现在已跃跃欲动，如再石牌之事发生，则鹿死谁手殊难逆料。其三则客军贪横，造出种种之罪孽亦必死之因。有此三死因，则此地不能一刻再居，所以宜速舍去一切，另谋生路。"有鉴于此，"现在之生路即北伐为最善况。现在奉正入关，浙可支持，人心悉欲倒曹吴，武汉附近我有响应之师，乘此决心奋斗，长驱直进，以战场为学校，必有好果也。"[1]

反映财政经济状况的档案，有1923年底至1924年底大本营财政委员会历次会议议决案，1924年4月3日大本营秘书处为下令禁止军队骚扰铁路

[1]《孙文致蒋介石函》(1924年9月9日)，武汉国民政府档案，载《中华民国史档案资料汇编》第四辑，第795页。

站致军政部公函，1925 年 12 月宋子文为通令各军不得请领烟土免税印花的呈暨国民政府批函，1926 年 2 — 10 月国民政府等关于开辟黄埔商埠的函件，1927 年国民党湖南省党部、广东市北海市各界为推行纸币问题致国民政府财政部等电，国民党中执会、武汉市政府关于解决武汉米荒与财政部往来函等财经类档案。外交类档案则有 1925 年 5 月 7 日中国国民党反对金佛郎案第三次宣言，1926 年 10 月 27 日全国学生联合总会关于中比条约届期应废除电，1925 年 12 月 9 日国民党虎门市党部关税会议宣言等。

（三）**人物档案**

民国时期的人物档案，是研究中国近现代史、中华民国史的重要史料。中国第二历史档案馆保藏民国政要个人档案共有 51 个全宗 8000 余卷。这当中除冯玉祥档案外，多数人物档案极不完整，大都为零星材料，虽不能反映其活动全貌，但却均具较高史料及保存价值。

该馆收藏的冯玉祥个人档案较为完整，其中 1920 — 1948 年日记虽非完全由冯本人执笔，但因其来源可靠（系由冯玉祥子女捐献），故其真实性毋庸置疑。此外还有冯玉祥与国内外各方人士关于政治、军事、国民党党务、交往应酬等方面的来往函电，冯玉祥个人笔记、各种公文资料等。前者如冯玉祥在泰安期间与孙科、汪精卫、陈公博、白崇禧、宋元哲等人的来往函电，西安事变时与张学良、杨虎城的来往电报；冯玉祥关于反蒋、“福建事变”等事与各方往来函电，有关其他政治、外交、财政、人事安排等事项与蒋介石、宋子文、孔祥熙、张治中、美国驻华大使等人的来往函电，陈诚、李宗仁、阎锡山、鹿钟麟、王耀武、李烈钧等人关于抗战情况致冯玉祥函电，上海市民为释放沈钧儒等救国会领导人给冯玉祥的来函等；后者如冯玉祥视察各地、长江江防及督练有关部队的报告与观感，国民政府委员会会议日程、记录，有关“七君子”案、重庆校场口事件的文件，国民党重要军事机关名称及权限，国民党第五战区会战检讨及高树勋战报，中国国民党革命委员会成立宣言与组织总章，冯玉祥在各种会议和大学等场合的讲演稿，“日寇播音纪要”、美国新闻资料及苏联研究资料等。

民国时期重要人物，如黎元洪、徐树铮、程德全、熊希龄等北洋时期人物，张静江、吴稚晖、李石曾、蔡元培等国民党元老，王宠惠、顾维钧、蒋廷黻、郭泰祺等著名外交人物，陈仪、杨杰等军事人物，其个人档案不仅是对这些人物某个历史时期思想与社会活动最原始、真实的记录，为相关人物研究提供了第一手史料，而且这些历史人物与中国政局发展息息相关，故其相关档案也是印证各类史料或历史著述的重要依据，有利于许多重大事件、历史问题的厘清。以业已公布的中国第二历史档案馆馆藏邵元冲日记为例，1926 年 1 — 7 月间的日记具体记述了邵元冲奔走宁沪，主持国民党上海“中央执行委员会”工作、创办中山学院、与西山会议派策划反共、制造国共分裂以及去广东与蒋介石合作、出任国民党中执会青年部部长等经过情形，对其个人政治见解、国民党内部派系矛盾、蒋介石制造“中山舰事件”及其反共清党计划均有所记载，具有一定史料参考价值；而其于 1923 年 2 — 3 月间的日记，则如实记载了孙中山逝世前后国民党中央的诸多重要情况。[1]

二史馆典藏重要人物史料中，多有独到之处。如馆藏陈友仁档案中有不少涉及当事人 1933 年参加“福建事变”的史料，诸如福建人民革命政府成立宣言、庆祝大会口号和告人民军队书等系列文件，福建人民政府历次会议记录及其有关土地、财政、司法改革、出版刊物的文件，有关十九路军抗日反蒋的文件，生产人民党党章、党纲，反映中共、国民党和美国政府对福建人民政府态度的文件等。再如 1919 年曾任南北议和北方总代表的朱启钤全宗内就有关于南北议和的专题档案，如南北议和的会议公报、发言稿、会议座位图和照片等，朱启钤在此期间往来函电、收发文簿及其有关南北议和的回忆录等。中国地质学家丁文江曾历任地质调查所所长、热河北票煤矿公司总经理、北京大学地质学教授、南京中央研究院总干事等职，馆藏丁文江档案中有不少经济、矿业及地质、博物等学科方面内容的文件，如全国经济委员会、水利委员会工作计划、会议纪要等，有关北票煤矿、中兴煤矿、滦州开平煤矿及龙烟铁矿的文件，丁文江所作地质报告，中央博物院计划书，还有丁文江同胡适、蔡元培、梁启超、翁文灏、竺可桢、李四光等学界名人的来往信件，蒋介石、张学良、朱家骅、蒋梦麟、董显光、杭立武等政要致丁文江的信函等。再如民国时期活跃于中国外交舞台的重要人物——顾维钧，以其特殊身份经历和见证了民国外交史上一系列重大事件，在馆藏顾维钧档案

[1] 参见《邵元冲日记》，《民国档案》1986 年第 1 期，第 20 — 39 页；1986 年第 2 期，第 13 — 36 页。

中有其担任外交部长、国联代表、巴黎和会中方全权代表以及驻各国公（大）使期间来往函电在内的大量外事文件。1936 年 8 月调任蒙藏委员会委员长的吴忠信，曾于 1940 年 2 月会同西藏摄政热振呼图克图主持第十四世达赖喇嘛坐床大典，1944 — 1946 年间又出任新疆省政府主席兼保安司令，馆藏吴忠信个人全宗里有吴主持新疆工作日记，从地方最高领导人的角度对其任职期间的新疆省政情加以逐日记述，内容甚为详备。

馆藏蒋中正档案，有蒋介石年谱、传记、演讲集及其 1933 — 1934 年日记，西安事变回忆录、《孙大总统广州蒙难记》原稿，蒋介石与孙中山、廖仲恺、胡汉民、汪兆铭、张静江、谭延闿、陈炯明、陈果夫、张继等各方人士的函电、信稿，还有军事委员会委员长南昌行营处理“围剿”省份政治工作报告，有关“中山舰事件”的文件，各省保安团队训练大纲，粤军总司令部教育计划，国民革命军总司令部及陆海空军司令部，南昌行营等机构职员录等各类公务文件以及与蒋氏家事有关的文稿信件。其中，由蒋介石的启蒙老师毛思诚为蒋氏撰写的年谱《蒋公介石年谱初稿》是该全宗当中最为重要的部分，此稿经蒋介石亲笔审定修改，又由陈布雷加以润色，于 1937 年 3 月改名为《民国十五年前之蒋介石先生》公开印行。留存于毛思诚处的原稿共 13 册，封面盖有“秘密”字样，并有蒋介石亲自删改的笔迹，具有较高的史料价值。全稿分为“韬晦时期”“黄埔训练时期”“北伐开始时期”三编，记述蒋介石从 1887 年出生到 1926 年底的一系列重要史事（包括其追随孙中山参加革命、主持黄埔军校、东征北伐以及经历孙中山逝世、国民党内部和中国社会变革等），该稿中 1888 年前及 1926 年 11 月后的记述残缺，但可与《民国十五年前之蒋介石先生》互为校证。此外毛思诚为了编写年谱，曾收集蒋氏早年日记作为参考，并分别按党政、军务、文事、学行、家庭、旅游、杂俎等类予以摘录，辑为蒋氏日记类抄多册。初稿秘本与摘录本日记类抄等资料后来由毛思诚携回奉化原籍，中间几经沧桑，20 世纪 80 年代毛氏后人将其献出。现典藏于中国第二历史档案馆内的这批资料，对于研究蒋介石前半生经历与思想有着重要的参考作用。二史馆曾将《蒋公介石年谱初稿》与《民国十五年前之蒋介石先生》相对照辑为《蒋介石年谱初稿》一书，由档案出版社于 1992 年校勘出版。

大陆知名学者杨天石 2002 年出版的《蒋氏秘档与蒋介石真相》一书，即是以二史馆所藏蒋中正全宗为基础，参以台湾“国史馆”保存的“蒋中正总统档案”，对蒋氏前期思想及重要史事进行系统研究、深入开掘的一部专著。书中相关研究成果均充分利用了蒋中正全宗中大量未刊档案，以蒋介石留在大陆的日记、《蒋介石年谱初稿》、蒋氏与各方人士的函电稿为主要考察对象，对于蒋介石早年思想及修身理念、20 世纪 20 年代初蒋在上海证券物品交易所的活动、九一八事变与卢沟桥事变前后蒋氏对日策略，以及中山舰事件、“党务整理案”、前期北伐战争与二次北伐、蒋胡矛盾、迁都之争等与蒋介石密切相关的重要问题，起到了梳理和澄清的作用。二史馆曾陆续对外公布蒋介石日记中有关家庭婚姻部分的日记摘编，则可藉此对喧扰一时的《陈洁如回忆录》进行印证和质疑。[1]

馆藏孔祥熙全宗中所存胡鄂公致孔令侃密函、贾存德致李青选转孔祥熙电、王梁甫致孔令侃函等重要函电，反映了抗战期间孔祥熙同日本方面进行秘密交涉的情况；还有孔祥熙与宋子文争夺职位及有关中国银行内幕的来往密电，孔氏出任南京国民政府实业部与财政部部长、中央银行与中国银行总裁时的公务文件以及相关机构编印的各类资料情报等。

馆藏张静江全宗中，有反映 1927 年蒋介石下野及国民党内派系矛盾与斗争情况的函电、文件，1926 — 1927 年间为北伐战事与蒋介石、冯玉祥、于右任、谭延闿、何应钦等人的来往函电，1927 — 1928 年间为解决与奉系军阀关系和各方的来往文电，1928 年日本制造济南“五三”惨案及对日交涉的来往文电，有关文化教育、经济建设、商业金融、社交应酬和家庭活动方面的各类档案。其中张静江对孙中山临终病情及治疗情况的一组记录被收入中国档案文献遗产名录。

馆藏陈布雷档案，包括陈布雷抗战期间为蒋介石起草的讲演稿、声明以及致各军事首脑电报，西安事变前后蒋介石与张学良、杨虎城、何应钦、顾祝同、于学忠等人的往来电报、电话稿及《解决陕事之方案》；蒋介石致罗斯福、斯大林等外国首脑函电稿，有关 1946 年国共两党和平谈判的电稿及《国共谈判记录》，蒋介石的手令、训词及各类函稿汇存，陈布雷 1935 — 1948 年日记及 1939 — 1948 年函稿，陈布雷的自传、回忆录、著作文稿、绝命书以

---

[1] 参见《陈洁如旅美期间致朱逸民函件摘录（1927 — 1931）》，《民国档案》1993 年第 1 期，第 14 页；《蒋介石笔下的家庭与婚姻——蒋介石日记摘编》，《民国档案》1993 年第 1 期，第 3 页。

及相关机关公文等。其中陈布雷日记（即《畏垒室日记》）因日记主人的特殊身份，对当时党、政、军以及财政、经济和文化、教育各界中上层人物活动情况都有所记载，系研究中国现代史和中华民国史的重要史料，二史馆曾通过馆刊《民国档案》予以部分刊载。

军界要人杨杰1938年5月至1940年4月间曾担任国民政府驻苏大使，故其个人档案中不仅收有南京国民政府军事会议记录与决议，镇江区要塞实弹射击演习实施计划及防空组织训练方案，陆军大学各种教材及军用地图，杨杰撰写的关于国防军事建设的意见纲要，军事外交问题讲演稿与相关研究资料等，还有杨杰与苏方关于中苏关系问题的会谈记录及情况报告，有关苏联援华武器购装运输、物资贷款、易货贸易等问题与蒋介石、宋子文、孔祥熙等人的来往文电，杨杰为向法国借款购买军火以及购买汽油等事宜与孙科、贺耀组、财政部等的来往函电等。例如，其中有一份蒋介石为请求苏联援购武器速运来华事于1938年5月5日致苏方统帅的密电，电文如下[1]：

莫斯科。极机密。杨次长转史太林先生并伏罗希洛夫元帅：中国对日抗战，迭承尽量援助接济，俾战局克以支持迄今，敌人消耗甚巨，不独私衷感激靡量，即全体将士与民众，对贵国仗义相助、抑强扶弱之厚意，均表示无限之钦佩与感激。现在中国缺乏必需之武器甚多，尤其需要飞机特别迫切。曾以此意面告贵国大使，并电令杨次长同时洽商，请贵国借给大批之武器与飞机，并准备订立正式贷借契约，想邀鉴察。中国此种希望与请求，实基于与贵国精神相契之道义关系，若以寻常商业手续及普通国际关系而言，直为不可能之举，既不能提供现款，何从取得物资？此在中国已明知之。其上次承借与之武器，款未清还，又承垫付多量之运输费用，亦尚未偿讫，无日不耿耿在心。但中国既深信贵国主持和平正谊之苦心，又鉴于两国在东亚局势上有共同之利害，认为中苏两国关系乃超过了通常友谊之上，实为共患难之友。余深知足下之卓虑远识，必与吾人同感，故不惮提出此项出于通常手续以外之请求也。

[1]《蒋介石请求苏联援购武器速运来华事致斯大林等密电》（1938年5月5日），杨杰个人档案，载《中华民国史档案资料汇编》第五辑第二编外交，第243—244页。

上次垫借之款，未能如期清还，实深歉愧，但请谅解。我国实无外汇现金可资拨付，苟稍有可能，不待贵方催询，早应全偿。贵国如此热肠相助，中国为良知与信义计，岂容有丝毫延迟之理？若在无战事之平时，尚不难于筹给，今则战争正在激烈进行，前线决胜之工具为武器与兵士，而后方所赖以支持抗战者，全在金融之安定。中国现金特别缺乏，如一时汇出如此巨款，则国际汇兑即难维持，整个经济即趋摇动，军队虽有牺牲决心，亦将无以克敌。故我方所希望于贵国者固为接济武器，更望深谅中国目前之极端艰难而维持其经济力量。惭愧迫切之情，实非言语所能达其万一也。

关于前所借垫三千二百万之货价、运费，余于未接电之前，即面告贵国达武官，中国虽事实上不能立即清还，但必须揭算详细数额，准备可能时清偿。今欲为贵方明告者，中国已决定提出国币三千二百万尽速购足同额之货物抵运。如此，庶不致影响外汇，而经济得以维持，战事亦可顺利进行。贵国当能谅解中国此种措置之苦衷而予以同意也。并恳将商请拨借之武器及飞机从速允诺，订成契约，分批起运，以发扬我战场之士气与军心。尤其飞机一项实迫不及待，中国现只存轻轰炸机不足十架，需要之急无可与比，请先将所商允之轰炸机与发动机尽先借给，速运来华，其他整批契约亦请早日订立实行，使对日战事不致中途失败，使贵国援助我国之厚谊不致因接济后而失其意义，全中国军民将永不忘贵国急难相扶之惠。掬诚奉达，深信本于道义立场，必能慨允我所请，并祈面告杨次长电复为幸。敬颂进步、康健。蒋中正。中华民国二十七年五月五日于武昌。

蒋介石在此电文中反复重申的主要有两点，一是表明战时中国正面临极端严重的物资匮乏和经济困境，反映了中方为坚持抗战付出巨大牺牲与努力的事实，二是表达对苏联不遗余力支持中国抗战的感激之情，是对抗战期间苏方曾以超出“通常手续”的方式向中方提供了大量抗战物资和军事援助的反映。

馆藏历任北京政府国务总理、财政部总长以及南京国民政府赈济委员会委员、世界红卍字会中华总会会长的熊希龄档案，涉及政治、外交、财政金融、实业、赈济、文教、慈善事业以及熊希龄家事活动等诸多方面，重要的有熊希龄组阁及兼任财政总长时录存的关于官制、外交、蒙藏事务等方面文件；熊希龄所拟《政府大政方针宣言》及其关于整理财政的意见；与各方人士关于护国、护法战争及军阀混战的来往文电；财政部推行币制、发行公债、整理盐务、税务等事项的函件；1922 年为留法勤工俭学事宜与蔡元培、向警予等人的往来函件等。

中国第二历史档案馆珍藏的人物档案除上述若干全宗外，还有孙中山、胡汉民、周佛海、孙科、沈宗濂、俞飞鹏、陈公博、汪精卫、颜惠庆、曾仲鸣、戴传贤、翁文灏等全宗。依照国家档案法相当规定，二史馆馆藏个人全宗档案实行有条件的对外开放利用。

第二节 馆藏民国档案编研出版状况

中国第二历史档案馆作为专门收藏民国档案的国家级历史档案馆，在收集、整理民国档案的同时，还十分重视民国档案的编纂出版，为党和国家的政治、经济建设及内政外交服务，为学术研究与大众服务。

自 1952 年 2 月中国科学院近代史研究所南京史料整理处成立至今，除成立初期将主要精力放在收集散存在全国各地的民国档案并加以整理，以及“文化大革命”期间一度中断外，二史馆历届领导都十分重视民国档案的编纂出版工作，并取得了令国内外学术界广为称道的成绩。

1951 年 2 月 1 日，在中央文化教育委员会的指导下，中国科学院近代史研究所南京史料整理处正式成立，其任务是“将民国时期北洋政府的档案和国民党政府遗弃的档案收集集中起来，加以整理，除提供现在的人民政治各部门调用外，进一步将其中有用的历史资料整理出来，作为研究中国近代历史之用”[1]，即承担民国档案的收集整理和编纂利用双重任务。

南京史料整理处成立伊始，即将其全部精力放在了民国档案的收集和整理方面，从 1956 年开始，南京史料整理处在继续接收和整理历史档案的同时，将编辑民国档案史料的工作列入了议事日程。1956 年 3 月通过的《关于南京史料整理处 12 年远景规划的意见》，将开展文献公布工作和编纂出版业务书籍列入工作计划之中，计划从三个方面公布所藏民国历史文献[2]：

> 一、出版定期的文献丛刊，试办期间内部发行；
>
> 二、不定期的专题长编，即关于一个问题的大型的历史文献汇集，可公开发行；
>
> 三、不定期的史料丛书，即许多个较小问题的史料单册，汇成丛书，可公开发行。

---

[1] 王可风：《旧档案的接收与整理》；施宣岑、华明编：《王可风档案史料工作文集》，档案出版社，1989 年，第 19 页。

[2] 施宣岑、华明编：《王可风档案史料工作文集》，第 33 页。

1956年6月，中央政治研究室为了向中央编中共党史提供资料，指示南京史料整理处根据所藏旧政权档案编辑中国现代政治史档案资料汇编，并提出编选原则和方法。据此，在王可风主任的领导下，南京史料整理处专门成立了现代政治史资料组，下设资料汇编组和大事月表组两组，分别负责《中国现代政治史档案资料汇编》和《中国现代史大事月表》的编纂。

《中国现代政治史档案资料汇编》的选编工作从1956年7月开始。为了做好《汇编》工作，王可风等曾制定了详细的编辑方案，确定其内容包括："（1）总的政策法令、规章制度等；（2）经济财政的措施；（3）军事斗争的变化；（4）帝国主义对中国的侵略；（5）中外关系；（6）群众运动；（7）文化教育；（8）革命力量的发展。"选辑资料的原则是："（1）揭露旧政权的反动、黑暗、腐败和倒行逆施的材料；（2）揭露反动统治者内部的派系斗争和互相攻击的资料；（3）揭露反动统治者和帝国主义勾结卖国的资料；（4）揭露反动统治者压榨人民以发展官僚资本的资料；（5）反映人民革命力量的生长与反革命斗争的资料。"[1] 经过选编者3年半的努力，至1960年底，《中国现代政治史档案资料汇编》全部编选完毕，并打印成油印本。该《汇编》共分四辑：1919—1927年为第一辑，共选编文件1,400篇，计300万字；1927—1937年为第二辑，共选编文件1,500篇，计600万字；1937—1945年为第三辑，共选编文件3,200余篇，计900多万字；1945—1949年为第4辑，共选编档案文件1,000余篇，计400万字，四辑共收录档案文件7,000余篇，计约2,100万字，200册。

《中国现代史大事月表》从1956年开始编写，至1959年9月完成了报刊资料的编写计约520万字。其后，编写组又花费了半年时间，对已编写的大事月表补充档案资料200余万字，共计800万字。

在《中国现代政治史料档案室资料汇编》初稿完成后，南京史料整理处又着手编辑一套中国现代史史料丛书，即专题资料丛书，计划选编100—150个专题。该专题资料丛书从1960年开始选编，至"文化大革命"前夕，已选编的专题档案资料计有《辛亥革命史料》《十月革命影响及中苏关系史料》《帝国主义盗窃我国文物史料》《北洋军阀直皖两系混战史料》

[1] 施宣岑、华明编：《王可风档案史料工作文集》，1989年，第47—48页。

《白朗起义史料》《五四运动史料》《帝国主义利用宗教侵华史料》《济南惨案史料》《日寇侵华暴行史料》《东北抗日义勇军史料》《十年内战时期的民族工业危机史料》《台湾“二二八”运动史料》等 40 种，还有有关西藏的专题资料等。

上述《汇编》《大事月表》及各专题史料编辑成油印本后，即送交中央政治研究室、中宣部科学处、国家档案局审阅，并赠送给部分综合性高校历史系，作为中国现代史教学和研究的内部参考。

《中国现代政治史档案资料汇编》等受到了学术界的热烈欢迎，但因油印份数太少，不能适应客观需要，各方面都催促尽快公开出版。为了使这些史料发挥更多的作用，使近代历史研究工作者得到这些资料，南京史料整理处计划对上述史料陆续修订正式出版。为此，史料整理处制定了详细的修订原则和出版步骤。修订出版的政治原则是 :“1. 揭露反动统治祸国殃民的罪行 ; 2. 揭露帝国主义对中国侵略的种种罪行 ; 3. 反映革命人民不屈不挠的英勇斗争 ; 4. 反映重大历史事件的真实情况 ; 5. 反映近代中国社会政治斗争和生产斗争的发展变化。”根据上述原则对油印本的资料进行增补和删除，并对涉及当前政治斗争、统战人士、国际外交而需要保密不宜公开的资料，慎重妥善处理，避免造成政治上的损失。出版的步骤和方法则是先出版北洋军阀政府统治时期的资料，后出版国民政府时期的资料 ; 一般史料公开出版，政治上需要保密的资料内部发行 ; 先出版专题史料，后出版资料汇编。[1]

1964 年，南京史料整理处改隶国家档案局，并更名为中国第二历史档案馆。“文化大革命”期间，二史馆的编研出版工作陷于停顿，上述各项修订出版计划未能付诸实施。

“文化大革命”结束后，二史馆各项工作重新走向正轨，中断达 10 年之久的编研工作也开始全面恢复。1978 年开始恢复编研工作后，二史馆领导及编研部门根据馆藏历史档案的特点和当时史学界的实际需求，决定在“文化大革命”前选编完成的《中国现代政治史档案资料汇编》和专题档案史料的基础上，编辑出版《中华民国史档案资料汇编》(1911 — 1949)、《中华民国史专题档案资料丛刊》和《中华民国史档案资料丛书》。

[1] 施宣岑、华明编 :《王可风档案史料工作文集》，1989 年，第 53 — 54 页。

《中华民国史档案资料汇编》是“为了适应中国近现史的科学研究与教学需要，就馆藏档案中具有一定史料价值的资料编辑而成的一套综合性资料汇编”，为编好该《汇编》，编辑者首先依据中华民国史的发展脉络，制订了编辑大纲，作为选材的线索和编辑分工的依据。同时，“鉴于馆藏民国历史档案面广量大，但真正具有史料价值的档案文件并不是‘遍地黄金’，为了防止蜻蜓点水式的掠选材料或随手抓一把的取材，又提出了‘博采’‘善择’的选材要求，希望在广搜集、细分析的基础上，做到：一、弃粗取精，选择典型性材料；二、弃伪存真，选取反映历史真实的材料；三、由此及彼，注意历史联系，选取全面、完整的资料；四、由表及里，注意提示事物本质，发掘选取内幕材料”[1]。同时，根据馆藏史料的特点，决定按问题结合年代（时间）顺序分类编排，即“依不同历史时期的政权按问题结合时间顺序分类编排”，将全书分为5辑，第三辑“北洋政府”、第五辑“南京国民政府”又各按政治、军事、外交、财政、经济、文化、教育等分为若干册。在档案文件汇编形成方面，“为保持历史档案文件的原来面貌，采用原件汇编的形式，唯将其竖行改为横排。其所辑录的档案文件，除对错漏的文字加以必要校勘注明外，均按原文照录，并加以标点；而对一些往来承办的文件，在‘等因奉此’前复述的文字内容过多重复者，则加以删略。这样，既避免了官样文书的重复内容，又保持了原来文书的形式，以示《汇编》资料的可靠性和可信性”[2]。

经过先后30余位编研人员历时20余年的辛勤劳动，于2000年春由江苏古籍出版社全部出齐，共90册，计5,000余万字。该书被列为国家“七五”社会科学研究与出版规划项目。该《汇编》的主要内容如下：

第一辑《辛亥革命》。本辑选辑的档案资料有：反映武昌起义前的各地人民反抗斗争和武装起义、清政府预备立宪、四川保路运动、武昌起义及各省响应情况的清巡警部、民政部、陆军部档案192件。

第二辑《南京临时政府》。本辑所录的档案文件共有439件，主要有南京临时政府除旧布新的政令与政治、军事、财政金融和教育措施等，其中有不少是孙中山亲笔批示和签发的文件。

---

[1] 方庆秋：《档史结合的硕果 珍贵的百卷巨帙——〈中华民国档案资料汇编〉编后絮语》，《民国档案》2000年第4期，第56页。

[2] 同上。

第三辑《北洋政府》。本辑收录的档案文件内容主要有：北京政府的政治组织制度、内阁更替、党派活动、袁世凯复辟帝制、白朗起义、二次革命与护国、护法运动等政治历史事件，北洋军阀各派系之间的历次主要战争与各地军阀的混战，北京政府的外事要案交涉与修订条约等活动，以及财政、金融、工矿、农商、文化、教育等。共 17 册，1,000 万字。

第四辑《从广州军政府至武汉国民政府》。本辑收录的档案文件内容主要有：中华民国军政府（护法军政府）、广州大元帅府大本营、广州和武汉国民政府等组织概况及其各种政策措施，国民党改组与第一次国共合作，孙中山领导的第一、第二次北伐与平定商团叛乱及孙中山北上、逝世，广州国民政府的东征讨陈及李宗仁统一广西，北伐战争的胜利进军与蒋介石发动“四一二”反共政变等。共有 2 册，130 余万字。

第五辑《南京国民政府》。该辑又按历史时期分为三编。各编主要内容如下：第一编“南京国民政府的建立与十年内战”（1927 年 4 月— 1937 年 7 月）。其主要内容有：南京国民政府的中央与地方政制；国民会议的召开与训政时期约法的公布；国民党历次重要会议及其内部派系矛盾斗争和新军阀混战；国民党对革命根据地的 5 次军事“围剿”和对红军长征的追堵；国民政府财政经济概况与财政、币制改革及国家金融垄断组织和“国营”工业体系的建立；国民政府的对外政策与日本帝国主义发动九一八事变和一·二八事变；中国人民抗日救亡运动的兴起与福建事变、西安事变等重大政治历史事件的资料。第二编“第二次国共合作与八年抗战”（1937 年 7 月— 1945 年 8 月）。其主要内容有：国民政府的战时体制与国民参政会的召开，国民党历次重要会议与其他党派的活动，国民党的防共、限共与制造反共摩擦事件；国民政府的对日作战方针、计划、部署与正面战场各大战役及敌后战场作战概况；战时国民政府的对外政策及其与美、英、苏等国的关系；战时国民政府的财政经济政策与国家金融垄断资本的扩张，工厂西迁与后方工业的发展，物资统制与商业贸易，“战区经济”与对敌“经济作战”和走私，农村经济与交通运输事业；战时国民党的文化教育方针政策与查禁进步书刊、统制新闻事业和扼制抗日文化团体，以及战时教育实施概况与学术文化团体的活动；侵华日军暴行及其失败等档案资料。此外，还附录有汪伪国民政府等伪政权的档案资料。第三编“蒋介石发动全面内战与南京国民政府的覆灭”（1945

年 8 月— 1949 年 9 月）。其主要内容有：国民政府“复员”南京及其企图重建专制统治的方针政策与措施，国民党六届历次中央全会及其内战决策，民主党派及中国青年党、中国民主社会党等党派社团的组织活动，台湾光复与台湾省情，国民党召开“制宪国大”与“行宪国大”及其专制独裁统治的加强；战后国民党军队的战区受降、抢占胜利果实与蒋介石发动全面内战；国民政府的对外关系及中国对日抗战损失与赔偿问题；战后国民政府推行反共总体战的财政经济措施与挽救财政经济危机的方案办法，国家金融垄断资本的进一步扩张与金融币制的总崩溃，“国营”工业的扩张与民营工业的破产，残破的农村经济与商业贸易危机，交通运输业的“复员”措施与实施概况；战后国民党的文化、教育政策与学术、文化、教育社团的组织活动；战后工农学生和爱国民主人士的爱国民主斗争与国民党的防制、迫害和镇压等档案资料。

《中华民国史专题档案资料丛刊》是为了弥补《汇编》因体例限制而无法将反映某一重大历史事件的档案史料都选编进去，而以专辑的形式出版的专题档案史料系列丛书，计划出 100 种。该丛刊从 1978 年开始编辑，至 2000 年已出版有《五四爱国运动档案资料》《善后会议》《五卅运动和省港罢工》《中国无政府主义和中国社会党》《北洋军阀统治时期的兵变》《北洋政府统治时期的民变》《护国运动》《直皖战争》《张謇农商总长任职经济资料选编》《台湾光复和光复后五年省情》《抗日战争正面战场》《民国外债档案史料》《五二〇运动资料》《五四运动在江苏》《北洋陆军史料》《中德外交密档（1927 — 1947）》《中国国民党第一、二次全国代表大会会议史料》等，分别由江苏人民出版社、人民出版社、江苏古籍出版社、中国档案出版社出版。

《中华民国史档案资料丛书》主要是将馆藏档案资料中独立成帙的日记、史稿、报告书、调查统计等编辑成书，供研究者利用。原计划出版百种。二十世纪八九十年代，已陆续出版了《冯玉祥日记》《周佛海日记》《抗战时期国民党军机密作战日记》《北伐阵中日记》《蒋介石年谱初稿》等。

上述《汇编》《丛刊》《丛书》虽编辑体例不太相同，但内容上互相补充，共同构成了中华民国史档案资料的基本内容。

在编辑《中华民国史档案资料汇编》的过程中，鉴于馆藏民国时期党派社团的资料十分丰富，而学术界对此部分资料的需要十分迫切，因此又增加了一套《民国党派社团档案史料丛稿》的编辑计划，已先后由中国档案出版社了《中国民主社会党》《中国青年党》《国民政府时期的小党派》《民国帮会要录》等分册。

20 世纪 80 年代以来，随着修史编志热潮的兴起，二史馆利用馆藏优势，充分抓住契机，与有关学术机构和修志部门联合编辑出版馆藏档案资料。主要有：与中国藏学研究中心合作编辑出版了《元以来西藏地方与中央政府关系档案资料选编》（7 册）、《九世班禅圆寂致祭和十世班禅坐床档案选编》、《九世班禅内地活动及返藏受阻档案选编》、《十三世达赖圆寂致祭和十四世达赖转世坐床档案汇编》、《黄慕松、吴忠信、赵守钰、戴传贤奉使办理藏事报告书》、《康藏纠纷档案选编》、《亚东关档案选编》、《中国第二历史档案馆所存西藏和藏事档案目录》（上下册）、《民国时期西藏及藏区经济开发建设档案选编》等；与财政部财政经济研究所合作编辑出版了《民国外债档案史料》（共 2 册）、《国民政府财政金融税收档案史料》等；与中国银行江苏省分行合编了《中华民国金融法规选编》等；与中央档案馆、吉林省社会科学院合编了《日本帝国主义侵华罪行档案资料选编》，已出版有《九一八事变》《南京大屠杀》《日汪的清乡》《华北事变》《东北经济掠夺》《华北历次大惨案》《汪伪政权》《华北经济掠夺》等；与海峡两岸出版交流中心合作编辑出版了《台湾光复档案》（分为《历史图像》和《文献史料》两册）；与南京大学中华民国史研究中心合作编纂出版了《南京大屠杀史料集》（共 60 册）等。

在编辑馆藏档案资料的过程中，二史馆还根据学术界的需要，影印出版了部分民国时期的政府公报、报刊及部分较为系统的专题档案资料，主要有：南京《临时政府公报》、北洋《政府公报》、《立法院公报》、《国民政府暨总统府公报》、《南京国民政府外交部公报》、《国民政府行政院公报》、《国民政府资源委员会公报》、《汪伪国民政府公报》、《汪伪政府行政院会议录》、《中央日报》、《黄埔军校史稿》、《中央周刊》、《经济部公报》、《中央时报》、《民国法规集成》、《中国国民党中央执行委员会常务委员会会议记录》、《中国旧海关史料（1859 — 1948）》（170 册）、《汪伪中央政治委员会暨最高国防会议会议录》、《立法院会议录》、《中央通讯社参考消息》（55 册）、《中国国民党历次全国代表大会暨中央全会文献汇编》等。

20 世纪 90 年代中期开始，随着世纪末的来临，人们的怀旧情愫日益强烈，同时，随着生活节奏的加快和科学技术的进步，对大多数非专业研究人员来说，洋洋数十万言的纯文字著作根本无暇翻阅，人们迫切希望能在最快最短的时间内，以更直观的形式获取知识，于是各种以老照片为题材的出版物应运而生并很快赢得了读者的青睐，二史馆典藏的 10 余万幅民国历史照片和图片自然也吸引了世人的眼光。二史馆编研人员顺应社会需求，先后编辑出版了《中国近代珍藏图片库》(分为《袁世凯与北洋军阀》《孙中山与国民革命》《蒋介石与国民政府》《汪精卫与国民政府》等 7 册，由香港商务印书馆出版)、《南京大屠杀图证》(与中央档案馆、吉林省社会科学院合编)、《老照片》、《中华民国邮政图集》、《中国第二历史档案馆馆藏邮票邮品精选》、《侵华日军南京大屠杀图集》等图片集。经二史馆近 30 位专业人员历时 3 年多的努力，第一次以历史图片的形式多方位、全面系统地展示中华民国 38 年历史变迁的大型图片集《中华民国图录》于 2002 年由团结出版社出版，该《图录》收录了反映民国时期政治、军事、文化教育、经济、中外关系、社会等内容的历史照片和图片。2015 年为纪念台湾光复 70 周年还编辑出版了《台湾光复图志》。

近年来，编选、转录史料书籍，因编辑者的个人观点或有选材偏向和删节而渐受冷落，加上史料转录、编印加工难度大，档案史料的原版影印出版渐成风尚。二史馆近几年来配合外部形势发展需要和史学研究热点，陆续筹划合作编辑出版了几部大规模的民国档案专题史料丛书，以配合学术研究热点需要，其规模和价值超过了以往。其中有：《馆藏民国台湾档案汇编》300 册，12 万页；《北洋政府档案》196 册，15 万页；《馆藏西藏及藏事档案汇编》80 册，2.5 万页；《民国时期西南边疆档案资料汇编》98 册，5 万页；《民国时期新疆档案汇编》100 册，5 万页；参加国家档案局主编“抗战档案汇编”项目多个专题，已出版 180 册 8 万余页；等等。

这些史料在适应社会需求和学术研究需要，用确凿的档案资料反映历史真相，促进与维护国家统一大业等方面，发挥了重要作用。

为了向社会各界特别是学术界及时提供民国档案资料，1981 年春，中国第二历史档案馆与中国第一历史档案馆联合创办了《历史档案》杂志，陆续在杂志上公布两馆所藏档案文献。1985 年，经国家档案局和国家出版局批准，二史馆独自创办《民国档案》季刊，专门刊载民国档案资料及民国史研究论文。该刊现已出版130余期，并被确认为全国中文核心期刊、AMI核心期刊、CSSCI来源期刊。该刊上已公布民国档案资料逾千万字，其中绝大部分为二史馆馆藏档案资料。

在二史馆历届领导的指导和支持下，经编研部门全体人员共同努力和全馆同志的大力协助，编研工作取得了丰硕的成果。据不完全统计，迄今为止二史馆共编辑出版包括汇编、丛刊、丛书在内的档案资料约140余种，数十亿字。

第三节　馆藏档案的开放利用[1]

中国第二历史档案馆作为集中典藏民国档案的中央级国家档案馆，长期承担着对外接待查档利用的任务，在深入挖掘和开发历史档案资源，服务社会方面成效卓著。建馆 60 余年来，该馆累计接待来自包括台、港、澳地区在内的全国各地及 20 多个国家的中外查档者 60 余万人次，使民国档案在政府工作、经济建设、史学研究、对外交流以及爱国主义教育等方面都发挥了积极作用。

二史馆的前身——南京史料整理处 1954 年起即开始接待利用，以配合国内各项政治运动和经济建设形势之需，曾向湖南公路局、治淮委员会、中国近代经济资料编辑委员会、人民大学、华东师范学院等多家单位提供了阅档服务，利用档案人次从 1954 年的 93 人次、很快上升到 1955 年的 3433 人次、1956 年的 2,379 人次，1957 年上半年平均每天也有 40 多人[2]，截至 1962 年，已接待全国各地档案利用者达 5 万多人次[3]；1954 — 1965 年、1976 — 1980 年间共调阅档案 808,493 卷[4]，初步满足了各方查档者的需求。1980 年二史馆按国家档案局相关规定将馆藏档案正式对外开放，1987 年《中华人民共和国档案法》颁布实施后，除涉及国家利益和个人隐私等不宜开放者外，又进一步开放了档案。据该馆相关资料显示，1987 — 1998 年全馆共接待 10,261 个查档单位、80,377 人次，调阅档案 393,657 卷宗，档案利用率大幅提高。进

[1] 本章节相关统计数据及案例材料，除非特别注明者，均出自或引用自中国第二历史档案馆办公室编印 :《民国档案历年利用动态情况简报 : 2006 — 2016 年度工作总结汇编》。

[2] 王可风 :《在近代史研究所学术委员会会议上的工作报告》，载《民国史与民国档案论文集》，档案出版社，1991 年，第 19 页。

[3] 王可风 :《关于南京史料整理处 1963 — 1972 十年工作规划的意见》，载《王可风档案史料工作文集》，档案出版社，1989 年，第 41 页。

[4] 施宣岑 :《建馆 30 年的回顾与展望》，《民国史与民国档案论文集》，档案出版社，1991 年，第 26 — 27 页。

入 21 世纪后，社会各界来馆查档利用率逐年趋升，而随着 2012 年全馆大规模数字化工程的开展，数字化档案的提供利用比例也日渐增长，2005 年后每年接待查档人次过万，在国内档案馆名列前茅，近几年来获得查档者赠送锦旗十余面，感谢电函几十件，取得了良好的社会效益。

民国档案是民国时期国家机构、团体组织及个人从事政治、经济、科教、文化各项社会实践活动的历史记录和客观反映，因历史间隔紧邻之故，对于现今社会政治生产建设及人民生活具有历史凭证、学术研究、工作查考、经验总结等重要作用。中国第二历史档案馆一贯坚持社会主义档案工作的基本指导方针与工作原则，即集中统一科学地管理国家档案，以便于国家机关工作和科学研究工作的利用。该馆工作人员通过为查档人员提供相应的档案检索与查阅服务，满足了社会各界对馆藏民国档案不同层次的需求。

一、馆藏档案数字化工作的全面开展

建馆 60 多年来，中国第二历史档案馆几代档案工作者持续努力，把国民党政权留下的袋装成捆、堆积如山的档案分类整理完毕、编目排架，实现了有规可循、有目可查。但由于年代久远，海量的民国档案先天基础不足，存在不少问题。一是档案基础状况不佳，纸质差，破损、霉变较多；二是 20 世纪 50 年代归档成卷时基本没有经过鉴定，内容繁杂、玉石俱存；三是历经战火和迁徙，各机构案卷数量与质量情况差异大。这些直接影响和制约着民国档案的安全保管和有效利用。

随着我国改革开放和经济社会的快速发展，民国档案在政府决策、经济建设、学术研究、对外交流等方面所发挥的作用愈加显著，社会各界对民国档案利用的需求也在日益增长。据统计，1984 年以来，二史馆已接待全国各地和美、日、英、法、德等国家的查档者 50 多万人次，提供各类档案约 110 万卷次，年平均接待 1.5 万人次。面对如此频繁的使用率，继续使用纸质档案提供对外利用，民国档案将不堪重负，利用工作也将难以为继。为科学保管这些极其珍贵的、不可再生的中华民族文化遗产，世世代代地留存下去并发挥其应有的作用，二史馆自 2009 年起即停止提供档案原件利用，以缩微档案、编研成果和专项数字化档案加以替代。2013 年开始，二史馆充分利用信息和网络技术，全面开展了“档案数字化工程”建设，有效提升了档案保管利用水平和效率，基本实现了档案原件封存及档案利用的电子化、网络化，推动传统档案馆逐步向数字化档案馆的转型，先后经历了四个阶段。

（一）**专项探索阶段**（1998 – 2007）

20 世纪 90 年代末，二史馆便开始有计划地按专题进行民国档案数字化工作。主要利用合作项目，借助社会资金，依靠二史馆档案工作人员，按专题进行档案整理和数字化扫描工作，先后完成了财政、邮电、黄河水利等档案数字化。在实践过程中，档案扫描的前期整理工作显得尤其重要，因此制定了《民国档案整理规则》（以下简称《规则》），全面总结历年来档案整理所取得的经验，从主题内容与使用范围，民国档案整理的目的与原则，整理工作的程序与方法等方面对整理工作进行全面规范。这份《规则》成为后来《民国档案数字化前整理规则》的雏形，对现行的数字化工作具有重要的参考作用。

上述项目的完成，开创了二史馆结合档案整理全面开展档案数字化的先河。同时，形成了二史馆数字化工作的显著特色，即“先整理，后扫描”，这一做法，使完成数字化的档案在进行数据挂接处理以后便可对外开放，实现了数字化成果的迅速高效利用。但由于受限于项目开展的资金、人员、时间等因素，这些专题档案不是全卷扫描而是选择性部分扫描，且数据标准不统一，其成果在检索、利用及保管上的局限性日益凸显。

（二）**试点推进阶段**（2008 – 2012）

为解决上述问题，2008 年起，二史馆制定了专门的工作规划，招募一定数量的社会人员进行专业培训，开始了馆藏档案按全宗进行小规模数字化的工作，以中央研究院档案全宗为试点，高标准全部扫描后封存了原件。2010 年，制订《中国第二历史档案馆“十二五”规划》，计划每年完成 500 万画幅扫描制作、180 万画幅缩微拍摄、3000 盘档案缩微品清洗和拷贝，以及约 100 万画幅数胶转换等项工作。

这一时期，二史馆在档案数字化过程中，充分汲取前期经验，按照既定方针，执行“先整理、后扫描”的程序，在确保档案实体及其信息安全的前提下，基本实现制成的档案数据能够及时提供利用，形成了一整套比较成熟的馆藏民国档案数字化流程管理的工作经验。截止 2012 年，二史馆已完成约 2,130 万画幅档案的扫描工作，加上档案缩微成果，数字化档案总量约占二史馆馆藏的 14.3%。

（三）**全面展开阶段**（2013 － 2017）

经过十余年的探索实践，二史馆档案数字化工作取得初步成效，相关技术标准达到要求，形成了一整套行之有效的档案数字化工作流程。但随着经济社会的不断进步和发展，大数据时代的到来，档案资源现代化、信息化建设进程不断加快，依据当时工作进度测算，要实现馆藏档案主体的数字化，需要 40 年左右的时间，这显然不能满足国家与社会对民国档案利用和档案原件安全保管的需求。经多方论证，2013 年，二史馆决定实行档案数字化工作的社会化服务，即借助社会力量，利用专业化、市场化的档案服务供应商提供的优势资源，实现档案数字化的流程管理，以提高工作效率，加速完成档案数字化工作。

为科学有序地确定馆藏档案数字化全宗顺序，二史馆组织力量对 2000 年 1 月 — 2011 年 11 月档案利用情况进行了统计分析。据电脑登记资料，在二史馆馆藏 1,354 个全宗（保管单位）2,250,000 卷档案中，共被调用过 1,249 个全宗 113,461 卷档案，其中 101,753 卷集中在排序前 300 个全宗中，占总数的 90%，其余 11,708 卷则为分布于其他 800 个全宗中的零散用卷。这表明，如果将排序前 300 的档案全宗完成数字化，就可以基本满足二史馆档案的对外利用需要，其余利用率和价值不高的档案，如大量的会计报表、银行票据、账册、病历、出入登记、考勤表、空白表单等类，长年未被使用调阅，可暂不予扫描。据此，二史馆研究制定了具体的实施计划和项目经费需求，向国家财政部、国家档案局申请启动“馆藏民国档案前整理和数字化跨年度项目（2013 — 2017）”，预算投入经费 1.56 亿元。拟用 5 年时间（2013 年 1 月 — 2017 年 12 月），按照“重点优先、分步实施”的原则，对价值大、利用率高的馆藏档案进行整理和数字化处理，即实现馆藏重要的和利用率高的 343 个全宗 60.9 万卷档案的数字化。项目计划完成约 6,000 万页档案整理，5,000 万页档案扫描，900 万画幅档案缩微拍摄；120 万页档案修裱，建立开放档案数据库，构建安全、稳定、高效的电子档案保管、检索、利用平台，为逐步建成数字化档案馆奠定基础。此外，通过数字化档案前更为准确的整理，实现档目一致，对于暂时未列入数字化计划和无必要扫描的档案，5 年内亦按全宗清点完毕，将档案原件妥善封存、异地专库保管。

截至2017年12月五年数字化工作告一段落，顺利完成档案整理6,255.96万页，扫描4,849.05万画幅，缩微拍摄901.57万画幅，破损档案修裱111.94万张，使二史馆的档案保管与利用基础工作得到明显提升，跃上一个新的台阶，奠定了未来几十年二史馆档案业务发展的根基。

（四）深化拓展阶段（2018）

近两年，二史馆启动了民国档案电子文件著录项目，即在数字化档案案卷级整理的基础上开展 民国档案文件级目录著录工作，制定了《民国档案文件级目录著录细则》，先后完成了社会部、内政部等15个全宗计17,660卷1,803,213个电子档案的文件级著录工作，形成了30万条文件级目录，为今后档案查阅、编研和信息资源开发提供完整、准确的信息源，档案利用效果会大幅提升。

二、开展两岸交流活动

自20世纪80年代海峡两岸开始人员往来后，每年前来二史馆查阅民国档案的台湾同胞络绎不绝，二史馆也多次派人去台湾档案部门参观交流，充分利用档案数字化成果，不定期与台湾“中央研究院”近代史所档案馆、台湾政治大学人文中心等档案史料收藏机构开展文化交流，以其独特的历史资源，传承中华历史文化，成为海峡两岸历史文化沟通交流的一个重要桥梁，发挥了独特作用。

2005年4月，时任中国国民党主席的连战先生应中共中央总书记胡锦涛的邀请访问大陆，开创了两岸交流的新局面。在连战访问大陆期间，中国第二历史档案馆将馆藏连战祖父连雅堂先生20世纪20年代要求恢复中国国籍并更名为连横的申请资料连同民国北京政府内政部的批准复函，一并做了仿真复制件，由胡总书记作为特殊礼物赠送给了连战先生。这份饱含连横先生爱国热情的历史档案，是台湾同胞在日本殖民统治压迫下心向祖国的生动见证，令连战先生十分感动，成为民国档案服务祖国统一大业的突出事例。

2011年9月，时任国民党荣誉主席的连战再次参访二史馆，对祖父连横、父亲连震东的档案在馆内得到很好保管表达了谢意。

2014年以来，二史馆与台湾政治大学在台北政大校史馆举行政大校史档案信息互换暨合作交流签约仪式。2015年5月，二史馆在南京主办“海峡两岸档案数字化工作学术研讨会”，年底又组团访台，与台湾“中研院”近代史所档案馆、国民党中央党史馆、政治大学等存档单位就档案交流互补问题进行洽商，推动两岸档案界共同致力于民国档案的保存与利用。二史馆对台开放的历史与现状表明，它将一如既往地推进对台文化交流，继续发挥民国档案在海峡两岸文化合作交流中的独特作用。

三、为史学研究与编史修志提供丰富的史料

众所周知，史料是研究历史的基础，民国档案在近现代史、革命史、中共党史、地区史、专门史的编写中起着不可或缺的作用，中国第二历史档案馆典藏的绝大部分民国时期国家级重要档案，为后人从事史学研究和编史修志提供了大量的第一手材料。

（一）历史研究

历史档案是从事历史研究最为重要的史料来源。海内外学者出于著书立说或考证史实之目的，纷纷来馆查阅相关史料，查档内容涉及中国近现代政治、金融、交通、海关、外交、社会、文化、人口、法律、宗教等诸多方面。而随着历史档案开放的深入发展以及档案馆对外交流的日益扩大，该馆典藏民国档案不但在国内产生较大影响，也引起大批海外学者的关注，来自不同国家和地区的专家、学者们往往围绕各自选题查阅所需档案，进行相关民国史专题或综合性研究，其阅档范围从宏观到微观，从全面到个案，囊括了民国时期政治、军事、文化、外交、文教、卫生、社会、民俗等各个方面。例如，二史馆工作人员曾为来自美国的学者研究民国时期妇女家政教育、社会福利及救济、保定军官学校及其历史影响、天津东亚毛纺厂及其创办人、民国礼制变化与建筑设计、民国司法与犯罪等课题提供了相关档案；为来自英国的学者提供了有关民国时期中国海关、湖南地区史料、中国在伦敦举办中国艺术大展等情况的档案资料；向研究近现代中国宪政发展史和地方行政史、中国思想史及民众运动史、1930 年代华北地区行政，以及从事民国时期地政与粮食、中国基层社会及战时征兵、南京国民政府留日政策等方面研究的日本学者提供了利用服务；为其他国内外学者研究 20 世纪中国法律现代化进程、中国近代物质文明与民众消费史、华侨暨移民政策及其对抗战的影响，民国时期卫生政策、科技政策、征兵制度、税务改革与物资管理、中国

纺织公司经营、香港新闻史、中德外交商务与文化等专题研究提供了许多有价值的原始史料，为推动民国专题史的深入研究奠定了基础。

近几年，二史馆在做好向社会学者研究民国历史提供查档利用服务的同时，重点配合机关单位开展专项历史研究。

2014 — 2015 年，二史馆为配合中央纪念抗战胜利 70 周年等活动和首次南京大屠杀死难者国家公祭日活动，重点做好日军受降档案、抗日正面战场档案和南京大屠杀档案的选材编辑、档案数字化，在国家档案局官方网站上公布了一批兼具史料价值和展示意义的珍贵档案资料，通过“用史实说话”，揭露了侵华日军对中国人民犯下的累累罪行和造成的巨大伤害，驳斥了日本右翼否定侵华战争罪行的谬论，有力宣传了中国抗战伟大胜利的历史性、世界性意义。

2015 年，为贯彻落实习近平总书记关于加强抗战研究的重要指示，中宣部、国家社科规划办等组织启动“抗战研究十年规划工程”，二史馆负责向有关任务单位提供相关抗战档案资料，专门组织力量检索归整所需档案，并建立多个专题数据库，先后向浙江大学、上海交通大学、江汉大学、武汉大学等高校和国家图书馆、德安县政府等机关单位，就蒋介石档案资料、国内战犯审判、武汉会战史事长编、反法西斯战争中中国与世界专题历史研究、抗日英烈数据库建设、日本在华调查资料整理出版等提供了丰富、翔实的档案资料。

为配合外交工作，用史料回击日本右翼否认南京大屠杀的谬论，二史馆与侵华日军南京大屠杀遇难同胞纪念馆、南京市档案局合作，率先倡议以各自保存的南京大屠杀档案联合开展申遗工作，历经 8 年时间，最终于 2015 年 10 月申遗成功，使《南京大屠杀档案》被联合国教科文组织列入世界记忆遗产名录。

（二）**编修史志**

多年来，各地区各行业编史修志单位和人员都会前往二史馆查阅相关档案。例如，2002 年重庆市广播电视局为编史修志，至二史馆查找民国时期广播电台内迁及还都的相关资料；中华商标协会、陕西省地方志办公室、江西省吉安地方志办公室等单位则分别查阅了有关民国时期商标、清末民初陕西名人以及吉安地区政治、经济、文化、教育等方面的档案材料；国家审计署为编写审计史也进行过查阅；2003 年厦门大学历史系受福建泉州海关委托撰写泉州海关志，为此专程至二史馆查阅关于安格联、泉州海关以及海关缉私方面的档案资料。另外，天津烟草专卖局为修撰志书查阅二史馆馆藏有关天津卷烟工厂历史沿革的档案资料 60 卷；中国科学院动物研究所为编撰所史查阅了中央研究院、北平研究院、静生生物调查所的历史档案 58 卷；交通银行芜湖分行为编写行史来馆查阅档案 97 卷；湖北省审计厅为编写区域审计史而调阅相关档案 128 卷；重庆烟草学会为撰写烟草志查询有关烟草专卖等方面资料 115 卷。同期对二史馆馆藏档案加以利用的，还有河北社会科学院《日本侵略华北罪行》课题组、军事科学院《项英军事文选》编写组等众多单位。

四、发挥民国档案在当今社会文化生活中的教育服务功能

民国档案中有关重大历史事件、杰出人物的史料记录是进行爱国主义教育与革命传统教育的生动教材，其强大的社教功能可通过展览陈列、影视传媒、文化娱乐等多种形式得以拓展和传播。

（一）影视文艺作品的创作与拍摄

随着档案信息传播渠道的不断扩展，档案的社教功能得到进一步发挥。当今，因其对近现代社会生活真实而浓缩的记载，民国档案已成为文化工作者进行相关历史题材文艺、影视创作的宝贵素材。依据历史档案资料创作而成的影视作品，有助于今天的民众更形象、更客观地了解中国近现代史上的风云人物、沧桑世变。中国第二历史档案馆曾先后向著名作家周而复写作《南京沦陷》、九江市联合会《南京大审判》创作组以及长春电影制片厂《南京大屠杀》剧组、上海电影制片厂《遵义会议》剧组、八一电影制片厂《渡江战役》、广西电影制片厂《李宗仁归来》、北京电影制片厂《淞沪抗战》等剧组提供了丰富的创作材料。

20 世纪 90 年代以来，为配合重大社会新闻热点、重要历史事件纪念活动，新闻媒体十分注意利用历史档案作为宣传资料的补充。1996 年 10 月纪念红军长征胜利 60 周年前夕，先后有中央电视台《重访长征路》、上海电视台《长征世纪丰碑》、海政电视艺术中心《长征》等多个剧组，利用并拍摄了二史馆馆藏 1934 年 8 月至 1936 年 12 月间国民党中央军“追剿”红军的作战详报、军事电文及地图等档案资料。1997 年 11 月 8 日举世瞩目的三峡

工程大江截流之日到来前，中央电视台制作播出了一部 12 集大型电视系列片《三峡备忘录》，采用历史文献与纪实报道相结合的表现方式展现三峡工程的方方面面，特别是前几集大量运用二史馆馆藏史料向人们展示了民国时期海内外有识之士为治理长江而进行的不懈努力。2005 年央视《东方时空》栏目为纪念故宫博物院成立 80 周年而制作纪录片《故宫》，专程至二史馆查阅并拍摄了相关档案资料，同期央视另一大型专题片《抗战》则调阅馆藏有关徐州会战、武汉会战档案史料 200 余卷。

近几年，二史馆重点为重要历史人物和重大历史事件的纪念活动提供民国档案参考佐证。先后为纪念抗战胜利 70 周年、纪念辛亥革命 100 周年、纪念红军长征胜利 80 周年、纪念孙中山诞辰 150 周年等重大活动，向媒体及高校、文化科研单位敞开大门，为其制作专题纪录片、专题展览、专题研究提供档案资料查阅、拍摄、档案制作等服务。其中与各级各类电视台、广播、报刊等媒介的合作，使档案变得更加鲜活，走近普通民众，扩大了档案的利用受众面，提升了二史馆的社会影响力。

配合中央电视台拍摄专题纪录片《国家公祭特别报道》《从开罗宣言到波茨坦公告》《东方主战场》《光复台湾》《重走战场》《大阅兵 2015》《历史的审判》《重读抗战家书》《并蒂莲》《客从何处来》等，在全社会产生了积极影响。

配合中共中央宣传部委托五洲传播中心与美国历史频道联合制作电视纪录片《抗战回眸：1931 — 1949》，节目通过美国历史频道向全球观众播出，全面反映了中国人民抗击日本侵略者的历史与战胜法西斯做出的世界性贡献。

（二）面向社会协助举办各种展览与陈列

以档案为内容，以实物作映衬，进行民族优良传统与爱国主义教育，成为发挥档案社教作用的重要途径之一。中国第二历史档案馆注意利用馆藏民国档案开展广泛的爱国主义教育，先后主办或合办了《纪念辛亥革命 80 周年档案史料图片展》《民国时期商标展》《爱国将领张学良档案史料图片展》《二史馆档案史料珍品展》《“百年沧桑，档案为凭”档案史料图片展》《纪念南京解放六十周年图片展》《司徒雷登在中国》等专题展览。从 2006 年起，二史馆作为爱国主义教育基地，暑期对未成年人免费开放，2007 年又与复旦大学、浙江大学、苏州大学等 12 所高等院校签订教学科研与实习基地协议书，目前常设馆藏民国档案史料展，充分发挥了民国档案的社会教育功能。

近年来，博物馆、专题纪念馆、名人故居、地方档案馆等不少单位利用档案举办形式多样的史料、图片展览与陈列。二史馆则依靠丰富的馆藏优势，积极协助各地文化馆舍建设，丰富馆藏内容。南京大屠杀遇难同胞纪念馆自创建以来，二史馆陆续为其提供了一系列有关南京大屠杀的珍贵图片、史料及展品，成为揭露日军暴行的有力证据。二史馆还多次向全国著名爱国主义教育基地中国人民抗日战争纪念馆提供战时儿童保育院、华侨与抗战、淞沪抗战、台儿庄战役、抗战损失等抗战题材的档案史料；分别向陈嘉庚纪念馆、集美大学华侨博物馆、广州革命博物馆、孙中山大元帅府纪念馆、中山市图书馆、西藏历史博物馆、江西庐山美庐、山东莱芜战役纪念馆、浙江南浔张静江故居、诸暨市新四军研究所、上海淞沪抗战纪念馆、江南造船厂、邹韬奋纪念馆、江苏省禁毒馆、南通慈善博物馆等多家单位提供档案仿真复制件。

经国务院台湾事务办公室、国家档案局批准，二史馆于2014年底至2015年初首次在台北孙中山纪念馆举办大型专题展览——“孙中山档案文献特展”，共展出馆藏孙中山档案文献140余件、图片70幅，在台湾社会各界产生较大影响，是利用民国档案增进两岸文化交流与合作的成功范例。

2015年8月，二史馆为配合国家档案局举办《中苏联合抗击法西斯胜利70周年档案展》，整理提供了战时中苏的文化交流、中苏互援战略物资、苏联支援中国抗战等珍贵档案资料，在北京中华世纪坛组织专题展览，真实再现了二战期间中苏两国人民联合抗击德日法西斯的生动历史。

同月，由二史馆和南京市文广新局共同主办、南京市博物总馆承办的《中国战区受降档案史料展》在南京江宁织造博物馆展出，展览以中国第二历史档案馆的馆藏抗战受降档案为基础，展出了受降历史照片200余幅、珍贵受降档案100余件，这是抗战中国战区受降档案首次系统公开，真实的档案展现了抗战的伟大胜利。

2016年是孙中山先生150周年诞辰，各地隆重举办了各种纪念活动。由二史馆与广东省政协共同主办、广东省档案局具体承办的《天下为公——纪念孙中山先生诞辰150周年》档案图片展，展出了档案文献、历史照片、函札等，全面展示了孙中山先生天下为公的博大胸怀、探索救国救民道路的艰辛历程。同时，二史馆还分别为深圳市档案馆举办《孙中山档案图片展》、山东省档案馆举办《纪念孙中山诞辰 150 周年——孙中山与山东图片资料展》、香港孙中山纪念馆举办《字里行间——档案里的孙中山》展提供了形式多样的档案资料。2019 年，为服务党中央在全党开展“不忘初心，牢记使命”主题教育活动，在国家档案局指导下，与江苏省省级机关工委、省政协文化文史委、南京博物总馆等单位联合主办了《共产党人的初心与使命档案文献展》，共接待 200 余单位、1 万余名党员干部参观展览，反响热烈。

五、发掘民国档案在现代经济生活中的参考佐证功能

在为后人提供历史经验与教训方面，民国档案作为可资借鉴的社会文化遗产，其历史查考价值不容忽视。利用民国档案服务于当今社会，可充分发挥其在现代经济生活中以及处理国家事务、解决历史遗留问题的参考借鉴作用。

（一）工作查证

中国第二历史档案馆提供的利用情况表明，民国档案可以并已在当前经济建设中发挥重要作用，其中又以建筑工程、水利工程、商标等档案最具现实查考价值。

民国时期有不少反映当时城镇市政建设情况的档案资料保存至今，在相关城市的市政建设、近现代建筑物修建及旧房改扩建等方面颇具查证价值。这其中又以有关国民政府首都市政建设的档案内容最为充实。例如二史馆向南京华东饭店提供的国民政府时期原美国顾问团 AB 大楼建筑资料，向南京电信局提供的原民国邮政储金汇业局大楼全套图纸，向南京饭店提供的原国际联欢社建筑资料，向中国近代史遗址博物馆提供的原总统府建筑档案材料，向钟山宾馆提供的励志社材料等均属此类。而江苏人文环境艺术设计研究院查阅的有关上海建筑方面的档案史料、江苏省海外旅游公司查阅毗卢寺千手观音像等利用案例，亦体现出基建档案在历史建筑维护与原址恢复中发挥的重要作用。

民国时期各类科学研究报告、长年积累的大量科学数据，特别是气象、水文、地震、地质勘探、土壤调查、测绘等方面的记录，具有较高科学价值。科研利用方面的具体案例，如 2001 年国家气象局为筹设国家气象资料中心，查

阅了大批有价值的气象资料；2002 年黄河水利委员会出版中心前来查阅 20 世纪中国水旱灾害档案资料，黄河水利委员会档案馆为查找民国时期治黄方面的史料调阅档案数十卷，庐山植物园也派人查阅了有关民国时期生物学研究机构的档案；2005 年中科院地理科学与资源研究所为收集文稿、建立名人档案库查阅并复印了一批档案资料，中国社会科学院调阅地质调查所及赈济委员会档案 90 卷，寻找“北京人”头盖骨化石工作委员会办公室则专程来馆查找有关“北京人”头盖骨的史料。馆藏档案中还有大量民国时期长江三峡技术勘测报告、工程设计图片、扬子江水力发电计划报告、长江水利工程局长江治本计划大纲等相关技术档案，对于举世瞩目的三峡工程，无论在论证、勘测，还是设计、施工方面，均有重要的科学参考作用。三峡工程档案馆为丰富馆藏，曾专门来馆搜集过有关三峡库区的档案资料。2010 年二史馆馆藏“民国时期筹备三峡工程专题档案”与“南京国民政府商标局商标注册档案”“侵华日军南京大屠杀相关专题档案”同批被列入中国档案文献遗产名录。

随着社会主义市场经济的迅速发展，商标的独特作用越来越为人们所认识，因此民国时期的商标注册档案也日益受到利用者关注，也为现代企业及商家申报驰名商标以及维护商标使用权、防止商标侵权提供了重要的凭证。20 世纪 90 年代以来，已有上海日用化学品二厂、上海南洋烟草公司、上海国光口琴厂、镇江恒顺醋厂等历史悠久的老字号工厂来馆查阅民国时期“百雀羚”“红双喜”“国光”“金山”等著名商标的注册档案。2001 年上海刀片厂为申报国家驰名商标，在二史馆馆藏民国档案中就查到有关“飞鹰”牌商标的注册档案。公司企业及商家对民国档案的利用，还有中国石化江苏省石油分公司查阅民国时期资源委员会有关中国石油公司的材料，青岛啤酒一厂查阅 1903 — 1949 年青岛啤酒的档案史料，江苏老庆云珠宝首饰销售中心查阅老庆云珠宝行历史资料等众多案例。

二史馆馆藏民国档案中存有大量原中国银行、中央银行、交通银行、农民银行档案，这部分金融档案不仅反映了民国时期中国金融业发展状况，在当代金融领域内也发挥有一定作用。1989 — 1991 年间，交通银行总行为顺利收回原交行于 1936 年向香港广东银行投资的 7.5 万元港币，曾向二史馆求助并调阅馆藏档案多达 620 卷，最终查到明确记载有这笔投资情况的交行董事会记录，以及注明每期股息均已收入交行账户的会计报表等原始凭据，为交行成功收回这笔现值 3,400 万港元的资产起到了至为关键的作用。1994 年，中国银行总行计划在意大利米兰恢复设立该行分支机构，也在二史馆馆藏民国档案中及时找到了 70 年前中国在当地设立中行分支机构的开业证明。

中央及地方行政管理部门利用民国档案的案例，有上海市有关单位查阅国民政府时期企业性质与工资制度，江苏省疾病预防控制中心为编写健康教育史查找民国时期卫生署方面资料，北京市有关单位查阅当地进出口商品档案史料，黑龙江省肇东市有关单位查阅民国时期 1912 — 1930 年间财政收支方面的档案资料等。其他主要利用案例还有，中国标准草书学社查阅并拍摄了于右任先生书法作品，江苏省归国华侨联谊会查阅了抗战时期海外华侨集资捐助方面的史料，中国图片期刊社专题部查阅并复制国民政府颁发的财政金融法令，深圳市宝安日报社查阅了民国时期同盟会老会员郑毓秀相关材料，天津市政协查阅了台儿庄大战参战将领闫廷俊将军照片及相关档案资料，武汉市档案馆调阅了有关武汉同业工会、城市管理、市政建设等方面档案近 300 卷，辽宁省有关单位查阅了日本在东北奴役中国劳工方面的资料。各地均有利用民国档案发挥积极作用的生动事例。

2005 年是纪念中国人民抗日战争暨世界反法西斯战争胜利 60 周年的重要年份，为编写抗战史料，上海淞沪抗战纪念馆、四川省档案局、浙江诸暨市新四军纪念馆等多家单位前往二史馆查阅相关史料。二史馆向四川省档案馆提供了川军出川抗战档案史料和四川省灾害图片资料，为新疆维吾尔自治区档案馆提供了有关抗战捐款与慰劳方面的档案史料，为杭州市档案馆提供了民国时期杭州市区地图档案。向上海江南造船厂、浙江省诸暨市新四军研究所、中山图书馆、央视传媒及各省市区县级档案局（馆）提供了档案利用。

民国档案的原始性与客观性，使之在维护国家主权、解决历史争端、处理民族与外交事务方面发挥着历史凭证的作用。如中国第二历史档案馆馆藏外交部全宗档案中，有反映中国政府在南沙群岛行使主权及勘察开发东、西沙群岛的档案记录，为我国对南海诸岛拥有不容辩驳的主权提供了铁证。馆藏国民政府蒙藏委员会全宗档案中则存有不少反映中国中央政府在西藏地区行使主权的原始记载，对于促进藏学研究工作的发展，印证有关历史史实大有裨益。其中有关中国政府反对英国插手西藏干涉中国内政、吴忠信入藏主持第十四世达赖喇嘛坐床典礼、西藏代表出席国民大会、九世班禅圆寂、十世班禅坐床转世典礼的相关档案史料，都是西藏自古就是中国领土重要的历史依据。

中国第二历史档案馆与英国剑桥大学及布列斯通大学合作整理编辑的馆藏海关档案，与台湾相关机构合作研究司法制度和社会问题重要史料的司法机构案例档案等，业已引起国内外相关学者的重视与关注。

（二）个人查证

党的十一届三中全会后，个人依托档案落实政策一度成为早期社会查档的一大热点，随着公众档案意识的日渐增强，个人利用档案查证、查实的需求日益增加，具体查阅范围包括辛亥革命志士、北伐及抗战阵亡官兵、黄埔军校同学录等材料在内的民国时期党、政、军、团等机构人员任职情况。尤其是抗战烈士家属查证烈士资料者络绎不绝。

二史馆先后制成完善了 20 万人名的《抗日阵亡将士数据库》和《民国公务人员档案信息索引数据库》，于 2015 年 5 月 7 日起对外开放查证，受理社会各界专项查档。这些数据库在方便单位和民众查档查证、还原历史事实、弘扬爱国精神、编修地志家谱、落实优抚政策等方面发挥了重要作用，先后为近千名牺牲于抗日战场的中国军人遗属落实优抚政策提供了有力的史料证明，为众多的普通查档者寻根问祖提供了原始凭据，优良的服务赢得了广大利用者的赞许，许多人在接到相关档案复印件时流下激动的眼泪，他们向二史馆寄来了一封又一封的感谢信，有的还不远万里送来锦旗带来锣鼓队表示感谢。

2013 年，江西萍乡的退休干部王先生致信查找其父王子隆的档案，二史馆向他提供了确凿史料，国家追认王子隆为抗日烈士并颁发《烈士证明书》。2015 年 2 月，王先生给二史馆寄去一封感谢信 ：“2013 年，我试探性地给贵馆写了一封求助信，请求查一下民国时期先父王子隆的有关档案。信寄出后，我并未抱很大希望。结果喜出望外，不久贵馆便给了我一个很大的惊喜，郑重其事地用挂号信，将先父享受抗战阵亡抚恤的呈报审批复印件寄来了，为我替父亲申报抗日烈士提供了弥足珍贵的原始证据。贵馆体恤民情、为民办事、分文不取、办事之诚、效率之高，无与伦比，实属难能可贵，堪为万民敬佩，这是我们全家的心声。”

2015 年 4 月 8 日，一位四川成都的八旬老人给二史馆寄送锦旗，上书“感谢中国第二历史档案馆，七十余年的愿望终于实现，抗日烈士死亡证明得以澄清”。老人的父亲是抗日战争中为国捐躯的，但是老人没有查找到抗日阵亡的抚恤证明，无法申请革命烈士证明书。他一直为查找父亲抗日阵亡档案奔走着，通过各种方式去寻查，偶然得知中国第二历史档案馆可能存有相关档案，便抱着一线希望致电求助，二史馆的工作人员仔细询问了相关信息并做了详细记录，在卷帙浩繁的档案中，克服各项困难，查找到老人的父亲、抗日英雄张曼伯在山西榆次阵亡抚恤的档案资料，用快递将档案复印件寄给老人，了却他七十多年来的一桩心事。

孟先生为查其祖父孟先禄（孟宝山）的下落，跑遍了陕西、山西等地的档案馆，均无结果。2018 年 10 月来到二史馆。工作人员经查其祖父的姓名，没有结果，又反复查阅中条山战役战斗详报和阵中日记，仍然没有收获，工作人员从孟先生难以分辨的口音中，分辨出孟银成这个名字，于是从烈士遗属档案信息入手，终于找到了线索，杳阅相关档案后得知，孟先禄入伍后就改名为孟宝山了。孟先生看到祖父的抗战阵亡抚恤档案，这位中年人当场落泪。回去后，他又专程敲锣打鼓为二史馆送来匾额以表感谢，匾额上书“感谢中国第二历史档案馆：先祖抗日捐躯，血写春秋；四代万里寻亲，魂归故里”。

中国第二历史档案馆利用所藏民国档案，多年来为国家和社会提供了大量的优质服务，发挥了档案资料见证历史服务社会的作用。目前，该馆正适应时代发展的要求，大力推进档案数字化和档案馆的信息化，并根据馆藏档案数字化工作进展状况，渐次有序地对公众开放利用电子版以及缩微版档案，有序推进数字化档案馆的建设。

六、馆藏数字化档案开放与利用

二史馆在全力推进档案数字化工程的同时，着力加强档案利用体系建设，不断丰富完善档案开放利用形式和手段，以方便社会各界有效利用档案数字化成果，提升了国家级档案馆的公共服务能力。

（一）夯实基础，完善数字化档案对外利用各项设施

为适应数字化档案开放利用工作的需求，二史馆开发了一套馆内局域网档案信息化管理平台，并于 2014 年 4 月全面投入使用，实现了查档登

记、目录检索、查阅档案、复印申请、身份认证、目录和图像审核以及复印审批等工作电子化、网络化，大大简化了查档流程，提高了档案利用效率。另一方面，着力打造适合数字化档案开放利用的硬件环境，对原利用大厅及查档设备进行了升级改造，重新配置 32 个电子阅览机位，更新了管理计算机、视频监控、照明灯具等，搭建了主干万兆、桌面千兆的网络环境，确保数字化档案快速、高效利用，为查档者提供了良好的阅览环境和查档条件。

（二）健全机制，确保数字化档案开放利用信息安全

为科学、合理、及时地开展档案开放鉴定工作，突破数字化档案开放利用的瓶颈，根据国家有关档案开放利用鉴定工作文件的要求，二史馆组织力量，有效及时地完成数字化档案成品的数据挂接、处理等项工作，以确保档案开放信息的安全。同时，优化档案信息管理平台，实现了对外利用数字化档案的目录和信息线上运作，有效满足社会各界对民国档案及时提供利用的要求。

（三）有序推进，做到数字化档案开放利用及时有效

二史馆以满足利用者需求为导向，以追求政治、社会效益为目标，将数字化成果及时对外提供利用。自 2013 年起至今，每年末都有计划地向社会开放一批电子档案，供政府机关、高等院校、科研院所和国内外民众查档利用。

表 3-1　2013 年 – 2018 年二史馆数字化档案开放情况

时间（年）	开放档案全宗数量（个）	案卷数量（卷）	全文数量（画幅）
2013	12	52,378	6,241,573
2014	13	33,127	3,709,965
2015	14	76,235	4,410,604
2016	16	50,367	4,648,058
2017	15	14,708	1,079,682
2018	10	21,481	1,365,536

同时，按照国家档案局要求，二史馆自2014年底起，在门户网站上第一次将档案文件级目录和数字化档案图像同时公布，计公布北洋政府档案文件级目录4,500余条，电子图像2.4万余画幅，内容涉及北洋政府时期政务、军事、交通及农商等，方便了查档利用人员浏览掌握。

近几年，随着数字化档案开放利用工作的不断优化完善，来二史馆查阅档案的人数和利用电子档案的次数逐年增加，利用大厅常常座无虚席，得到了各界的好评。

表3-2　2012 - 2018年档案利用统计

时间（年）	单位数量（个）	登记人数（人）	阅卷人次（人）	利用案卷数（卷）	复印量（页）
2013	541	819	2,288	7,924	9,241
2014	1,004	1,360	3,000	12,712	18,517
2015	2,516	3,100	6,528	46,946	40,149
2016	1,986	2,316	6,934	49,054	28,487
2017	2,143	2,393	7,618	64,855	37,469
2018	2,163	2,398	10,212	71,818	31,173

未来，二史馆将结合新馆建设，按照新时代数字化档案馆转型发展规划，持续推进馆藏档案数字化工作，借助现代信息网络、人工智能、大数据、云平台等先进技术，不断创新完善民国档案保管利用形式手段，稳步提高开放利用水平，更好地服务于国家经济社会发展大局，满足社会各界档案利用需求，最大限度地发挥民国档案资政为民的重要作用。

第四章

各省、自治区、直辖市及特别行政区所藏民国档案概况

第一节　北京市民国档案概况

一、北京市各档案馆

北京市各级档案馆现共藏有民国档案75万余卷，其中北京市档案馆藏有民国档案72万余件，约占总量的98%，各区县档案馆及中国人民解放军档案馆所藏民国档案近3万件[1]。

北京市档案馆所藏民国档案分行政、考试、监察、内政、社会机构；警政、司法、军事机构；教育、文化、卫生机构；经济、电业、工矿企业、商业机构；农林、水利、邮电、交通机构；党团、社团；日伪机构等7大类。主要包括北平市参议会、北平市政府、国民政府主席北平行辕、河北省顺义县政府、考试院铨叙部、北平市民政局、北平市社会局、北平市公用局、北平市工务局、北平市警察局、北平市教育局、北平市卫生局、北平市财政局、北平市各类银行、北平市农事试验场、北平市政府农林实验所、北平市邮政管理局、北平市电信局、北平市商会、北平市工业会及日伪北京市特别经济局、日伪北京特别市筹募劳工委员会、日伪华北政务委员会农务总署、日伪华北公务总署、日伪华北政务委员会广播协会、日伪天津工程局唐山施工所、日伪蒙古联盟自治政府驻京办事处等部类的相关文件。

[1] 此数据根据中国档案出版社2005年出版《全国民国档案通览》记录统计而得。

这些档案中重要内容有：北平市政府组织规则，各局组织规程，各局机构合并、调整的指令；有关寺庙、名胜古迹、古物保存规则；关于处理吴佩孚、张宗昌个人房产的指令；日本特务、警察等机关破坏共产党地下组织的密令；社会局组织章程和内部机构设置情况的文件；关于各类公会、剧社、会馆、园所、道教、办事处、政党呈报成立备案的文件和管理条例；关于修整各文化娱乐场所及孙中山陵墓情况的文件；国民身份证清册与户口调查底册；有关查缉共产党人、进步书刊的密训及报告；有关纪念孙中山诞辰的指令及纪念黄花岗72烈士殉难的指令；关于各卫生机构的调查统计材料等；四联总处北平支处的组织规则及会议记录；农作物改良计划及报告；有关商品价格的指令和物价调查报告；日伪北京政府关于协助华北政务委员会筹募劳工的训令；日伪北京特别市筹募劳工委员会筹募劳工计划及考察劳工状况的报告；日伪华北政务委员会农务总署关于粮政报告及粮食收买配给统计表；等等。

北京市16个区档案馆（截至2005年）所藏档案数目虽少，但亦有不少重要内容。如：东城区档案馆保有该区4所中学的档案；海淀区档案馆保藏有北平香山慈幼院的历史档案及院长熊希龄的个人实物档案；门头沟区档案馆藏有京师警察厅审理李大钊等人的文件；通州区档案馆保有16卷民间契约档案；顺义区档案馆藏有日伪顺义县政府有关反共亲日的训令及剿共宣传纲要，日伪河北省教育厅关于培养日语教员及进行奴化教育的训令及条约；怀柔区档案馆藏有日伪怀柔县先天道、一贯道登记表；等等。

此外，北京市还有5处机构藏有专门类档案，分别是：

首都图书馆，该馆藏有京师图书分馆（1913—1926）、京师通俗图书馆（1913—1926）、京师第一普通图书馆（1927—1948）、中央公园图书馆（1917—1943）的相关档案。主要内容为各馆图书购置、流通、读者统计等相关文件。

北京市民族事务委员会，该会所藏档案形成于1926—1949年。主要内容包括：蒙藏委员会工作表及行政计划；中国回教俱进会章程；北京市各清真寺理事长、理事名册、所在地及教长、执事人名籍清册；北京各回民中、小学情况调查等。

北京市水利规划设计院，藏有华北水利委员会档案，具体内容为1933年《永定河治本计划》（附图），介绍永定河自然情况。

北京市水文总站，藏有 1918 — 1949 年间华北水利工程局的相关档案，这些档案主要为北京市的河流、水位、流量、泥沙及雨量的观测记录。

中国人民解放军档案馆。该馆共藏有民国时期军事档案近 17,000 件，包括国民政府军事委员会、军政部、国防部、陆军总司令部、第二战区长官司令部、联合勤务总司令部、联合勤务总司令二部、联合勤务总司令川东供应局、陆军测量局、军医署等机构的相关文件。主要内容有：1942 年官兵名册及所辖各单位人员名册、履历表；军政部 1932 — 1934 年工作文件；国防部授予勋章、奖章及晋升陆、海、空军职级官佐的文件；国防部审判厅审判日本战犯的文件；有关军委会、参谋本部会议的文件；第二战区长官司令部军事情报、作战文书、嘉奖令、阵中日记、作战日记；第二战区长官司令部所辖各军阵中日记、作战日记、作战要图、作战通报、作战命令，军运日报、旬报、月报；第四补给区的组织编制和设置表；军医署出国留学军官情况调查及审批材料等。

二、档案特色

特殊的历史境遇使北京地区的档案存量极其丰富，以现有市、区所藏档案分析，可以发现北京地区所藏民国档案的几个显著特点：

（一）丰富的金融档案与地方特色商号档案

北京市档案馆典藏的金融档案主要有：中国银行北平支行相关文件，交通银行北平支行相关文件，中央银行北平支行相关文件，中国农民银行北平支行相关文件，中央合作金库北平分库相关文件，北平市银行相关文件，中央信托局北平分局相关文件，中央银行、交通银行、中国银行、中国农民银行联合办事总处北平支处相关文件，河北省银行北平分行，金城银行北平分行相关文件（1917 — 1953），大陆商业储蓄信托银行北京分行相关文件（1919 — 1953），盐业银行北京分行相关档案，中南银行北京支行相关文件，联合商业储蓄信托银行北京分行相关文件，新华信托储蓄银行北京分行相关文件，中国实业银行北京分行相关文件，国华银行北京分行相关文件，聚兴银行北京分行相关文件，浙江商业银行北京分行相关文件，上海商业储蓄银行北京分行相关文件，中孚银行北京分行相关文件，中国农工银行北京分行相关文件，中国国货银行北平支行相关文件，邮政储金汇业局北平分局相关文件。

凡此 24 个金融机构的档案总数达 12,187 卷，记载了各银行的组织规章与会议记录、各行账目、职员任免等，其中金城银行北平分行与大陆商业储蓄信托银行北京分行相关文件延续的时间较其他机构长，为 1919 — 1953 年。

北京市档案馆目前存有 2,099 卷商号档案，起止时间为 1911 — 1958 年。包涵了万庆成五金行、万和成五金行、广聚兴五金行、万丰泰五金行、瑞蚨祥绸布店、盛锡福帽庄、亨得利钟表店、长和厚绒线铺、万盛木场、协开木厂、长春堂药店、民生商行、洪裕茂茶庄、北京王府井百货股份有限公司、鸿开祥布店等老字号商铺的财务账簿和房契等。

（二）全面的教育类档案

清末新政的教育改革更使北京成为近代中国的教育中心。北京市档案馆现藏有各类学校档案共 3,500 余卷，其中大学档案 2,600 余卷，占 76%；各类中学、职业学校档案 930 余卷。另外，各区档案馆也藏有部分教育档案，如通州区档案馆藏有教育档案近 580 卷。就北京市档案馆所藏民国大学档案而言，时段较长，存量较大的有国立北京大学（1912 — 1949）、私立北平朝阳学院（1913 — 1949）、国立北京大学医学院（1903 — 1949）、国立北京大学农学院（1916 — 1949）等大学的档案，北平第一中学（1911 — 1949）、北平市第二中学（1914 — 1948）、北平市第三中学（1924 — 1949）等中学的档案。这些档案涉及学校课程计划、教员聘任办法和教职工福利待遇简章、学生运动等相关内容。

另外，北京市档案馆还藏有东北第一、第二、第三临时中学全宗档案（1946 — 1948），反映了东北流亡学生的学习与生活状况，十分珍贵。其主要内容有：北平市教育局关于临时中学教职员薪级标准及流亡学生食宿问题的指令；辽宁省立第二、第三、第四中学，辽宁省立第一、第二女子中学，东北第一、第二、第三、第四、第五青年中学，辽宁省立绥中中学，锦西初级中学，光城县立女子中学，中日中学等学校流亡学生登记表等。

（三）会馆档案

各地方会馆兴于明，盛于清。作为地域观念的产物，其特殊的地理位置与人员构成往往反映出地方势力的此消彼长，具有极高的研究价值。北京市档案馆共藏有会馆档案 490 卷，其主要内容有：各会馆组织系统表；各会馆法规及章程；各会馆会议记录，报告和调查统计；有关人事任免和职员履历表；各行业会馆发展概况；关于财产处理办法等。

（四）区域性的日伪档案

1937 年 7 月 7 日卢沟桥事变爆发，7 月 29 日、30 日北平、天津相继陷落，12 月 14 日伪中华民国临时政府成立。1940 年 3 月汪伪国民政府成立后，伪中华民国临时政府解散，伪华北政务委员会成立，除对河北、山东、山西 3 省实行统治外，还控制了北平、天津、青岛 3 个特别市。北京市档案馆现存的日伪机构档案主要内容包括：日伪北京特别市经济局档案（1944 — 1945），内容有伪北京市政府关于协助伪华北政务委员会筹募劳工的训令及该局调拨服役劳工与有关单位的来往函件；伪北京特别市筹募劳工委员会档案（1944 — 1945），内容有筹募劳工的计划及考察劳工状况的报告，北京市内、外区及郊区劳工名册；伪华北政务委员会教育、治安、内务总署档案汇集（1938 — 1945），内容有伪治安总署防谍大要及谍报勤务规则，伪中华民国临时政务公务员考绩条例，天津市、河北渤海道、山东省民政厅关于强化治安运动报告书等文件；日伪华北广播协会档案（1931 — 1949），内容有播音规则及编制表，关于取缔短波收音机的报告等。

另外，这些日伪档案中还包括日伪华北政务局天津工程局（1938 — 1944）、唐山施工所（1942），日伪华北政务委员会工务总署唐山工程所（1945 — 1946），日伪蒙古联盟自治政府驻京办事处（1937 — 1939）的相关文件。

（五）独一无二的皇家园林管理档案

清朝的覆灭使原有皇家园林管理成为社会问题。为此，北平市政府设置了专门的机构对皇家园林进行管理。目前保存在北京市档案馆的相关档案共 2,715 卷。分别是：北平市管理颐和园事务所（1926 — 1949）档案，详细记录了有关承租土地、更换执照、整修园内设施的情况；北平市中山公园管理局（1914 — 1948）档案，主要有相关工程资料及财务收支报告文件等；北平市北海公园理事会（1925 — 1948）档案，主要内容有筹办、开放北海公园的呈文及批示，关于公园内营业税、基地税征收章程，园内工程施工情况文件；北平特别市清理圆明园园产事务所（1925 — 1948）档案，主要内容有北平市关于禁止买卖、偷盗园内砖石的指令，有关园内房地租用的规定，关于整顿圆明园内设施的计划；圆明园、长春园、万春园地形图等。

三、编研出版

基于北京市档案馆的丰富藏档，北京市档案馆陆续编辑出版了部分特色史料。如：

（一）《日本掠夺华北强制劳工档案史料集》

在中国各沦陷区中，日本在华北地区实施强制劳工制度时间最早、掠夺人数最多，且主要输向境外。蒙疆、日本、朝鲜等地的华工，80% 以上都是华北劳工。侵华日军以北平为中心，在华北地区建立并施行了一整套奴役劳工的的组织机构、政策措施和强制手段，犯下了累累罪行。

《日本掠夺华北强制劳工档案史料集》由中国社会科学院近代史研究所牵头，联合北京、天津、青岛和中国第二历史档案馆共同协作，汇集了北京市档案馆、天津市档案馆、青岛市档案馆、中国第二历史档案馆馆藏档案，社会科学文献出版社 2003 年出版。全书分上下两册，计 12 章 36 节，收选自 1933 年 9 月至 1946 年 9 月的史料 400 余件。

（二）《北京会馆档案史料》

《北京会馆档案史料》辑录了北京市档案馆所藏自 1915 年至中华人民共和国成立后有关会馆法令、会馆管理、会馆财产、会馆调查、工会报告及 55 条会馆碑文、42 条会馆楹联等档案史料，其中包括馆藏 1915 年京师警察厅颁布的管理会馆规则，记录了孙中山先生所写民国元年来京在粤东会馆活动的碑文，真实地反映了会馆这北京这一特殊公众空间的文化内涵。北京出版社 1997 年出版。

（三）《北京寺庙历史资料》

《北京寺庙历史资料》选录了历届市政府对寺庙的有关条例、登记训令、规则，并整理了 1928 年、1936 年、1947 年市政府组织的 3 次寺庙登记材料，其中 1928 年登记寺庙 1631 处，1936 年 1037 处，1947 年 728 处。内容包括寺庙的名称、坐落地点、建立年代、庙产情况、法物情况，并在书后编有索引，以便读者查找。通过这部史料汇编，可全面了解新中国成立前北京寺庙的状况。中国档案出版社 1997 年出版。

（四）《民国时期北平市工商税收》

该书较为系统地收录了 1912 — 1948 年间北平市税收情况的相关史料。全书分为机构管理和税种两部分。机构管理部分分为组织机构、组织管理、征收管理；税种部分辑录了流转税、直接税、财产行为税、特定目的税及其他捐税等 20 个税种、9 种捐费共 29 类，内容包括各种税种的章程、条例、办法等的制定和修改过程以及公布实施情况，详细记述了民国时期北平地区税种设置的沿革变化。内容翔实、准确，为研究北京财税史提供了不可缺少的第一手资料，在研究、完善当前的税收法制与征收管理方面也有借鉴作用。中国档案出版社 1998 年出版。

（五）《北平历届市政府市政会议决议录》

本书收录了北平市政府从 1928 年第一次市政会议到 1949 年北平和平解放前的最后一次市政会议决议，其中包括日伪时期的市政会议共 465 次，反映了 20 年间北平市的发展历程。其内容涉及北平的市政、政法、文教、卫生、财经等各方面的法规、章程、条例、办法的制订和实施及市政府施政和管理的全部内容，是研究北京地方市政管理和建设历史的第一手资料，对今天的城市管理和建设事业具有参考作用。中国档案出版社 1998 年出版。

第二节　天津市民国档案概况

中国近代史中的重大历史事件，社会、经济的各种变化以及重要历史人物都在天津留下了历史的痕迹，使天津成为近代中国的一个缩影。因此，天津民国时期所具有的特定历史意义和重要影响，是其他任何城市都不能替代的。其留存的民国档案从不同角度记录了天津的发展进程，真实地再现了天津社会不同发展阶段的特征，是研究天津乃至中国民国历史的宝贵资料。

一、天津市档案馆

（一）天津市档案馆典藏简介

天津市档案馆典藏的民国档案内容十分丰富，主要有国民党天津市党政机关形成的党务、政务、社会、司法、警务、民政、教育、卫生、财税、金融、公用、地政、工务、敌产处理等类别的档案，所藏民国档案重要全宗及内容包括：

1. 行政、市政、社会、监察机构

天津市政府 7,552 卷，天津市临时参议会 595 卷，天津市国民大会代表选举事务所 36 卷，天津市政府诉愿审议委员会 35 卷，天津市日侨管理处 268 卷，行政院院长临时驻平办公处 39 卷，行政院院长临时驻平办公处天津分处 38 卷，天津市第二区公所 283 卷，天津市第三区公所 456 卷，天津市第四区公所 150 卷，天津市第五区公所 664 卷，天津市第六区公所 30 卷，天津市第七区公所 636 卷，天津市第八区公所 771 卷，天津市第九区公所 145 卷，天津市第十区公所 35 卷，天津市第十一区公所 83 卷，天津市第十二区公所 2 卷，天津县政府（一）507 卷（1911 — 1937），天津县政府（二）1,666 卷（1945 — 1948），天津市警察局第九分局 76 卷，天津市政府公营事业管理处 325 卷，天津市公用局 1,636 卷，天津市公用局运输事务所 313 卷，天津市政府公用局公共汽车管理处 118 卷，天津市公用局电车临时管理处 1,052 卷，天津市路灯管理委员会 51 卷，天津济安自来水公司 60 卷，天津市工务局 3,897 卷，天津特别市土地局 1,156 卷，天津市土地办事处 87 卷，天津市地政局 2,563 卷，天津市社会局 8,429 卷，天津市民政局 629 卷，天津市儿童福利委员会 10 卷，天津商会 10,778 卷，天津市各行业同业公会 10,530 卷，天津市广仁堂 488 卷，天津市救济院 1,478 卷，天津市救济特捐募集委员会 17 卷，天津市各会馆团体 331 卷，天津市训练团 7 卷，监察院冀热察区监察委员行署天津办事处 14 卷。

主要包括：国民党天津市各级各类党部形成的规程，党员名册、登记表、申请书，中国新社会革命党重要文献及在津设督导区训令；天津市政府形成的组织原则，各局处组织章程，行政和事业机构设置文件、人事任免、人事调迁考核文件，市人事报表及考核考绩材料，市政、经济、参议会及各委员会、各局行政会会议记录；市政府及社会局颁布的社会管理法规办法，各工厂、公司呈请登记、各行业同业公会申请备案文件和报告、登记表、业务报表。经济监察、度量衡、配售物品、区保自治的制度办法，工厂企业管理规则及工人工资、生活指数、劳资纠纷文件，历年各业工人人数统计表等。还有各区公所组织规程，各区、保年度工作措施，历次禁毒会议记录，戒烟医院工作报告，查禁邪教规定，市、区祭孔大会材料，寺、庙、庵等管理规定及登记；水厂、电厂、汽车、菜场、公墓、渡口、船舶及公共场所广告等公用事业的规则、办法，码头、仓库管理规则，人力车登记、发放汽车执照；土地管理规程、地籍整理业务报表和整理税契办法，各区税契标准、房地价表；道路、桥梁、码头、防汛与水灾记录，地形图测绘和交通、路线规则，公园和农林、建筑物管理规则，道路系统勘定路线图，道路、桥梁调查表。

2. 司法、军事、外交机构

河北省高等法院天津分院及检察处 35,552 卷，天津市地方法院及检察处 231,033 卷，朱道孔法律事务所 1,114 卷，冀北师管区司令部 379 卷，军事委员会战时运输管理局平津物资运输处 88 卷，空军第三转运所 4 卷，联合勤务总司令部平津被服总厂天津工厂管理处 416 卷，天津市筹购马料委员会 51 卷，河北省营房管理所天津分所 98 卷，天津市政府外事处 632 卷，外交部驻平津特派员公署 697 卷，外交部特派员河北交涉公署 280 卷。

主要包括：司法、民政机关形成的法院院长交接清册，人事报表，律师、法医、会计师考核办法，法院组织法、取证规则，案件审理判决统计表、各类案件审理专卷；警察局的组织法规，警员名册、人事任免、身份证明书发放及管理办法，党政军各机关团体调查表等。

3. 文教、卫生机构

天津市新闻检查所 35 卷，天津市教育局 5,354 卷，天津市立工业职业学校、天津私立一中 135 卷，天津市各民众教育馆 722 卷，天津市奖助优秀清寒学生运动委员会 14 卷，河北省立女子师范学校 377 卷，国立国术体育专科学校 45 卷，天津市政府卫生工程处 175 卷，天津市卫生局 1,043 卷，天津市各区卫生事务所 474 卷，天津市性病防治所 68 卷，天津市卫生材料厂 376 卷，卫生部中央医院天津市立第一医院 926 卷，天津市立第四医院 98 卷，天津市卫生局临时第七医院 9 卷，天津市传染病医院 62 卷，中国红十字会天津分会 181 卷。

主要包括：学校教育、社会教育的规章办法及各项工作计划、各私立小学呈报人事变动文件，市教育局及附属机关职员薪俸清册，各区学生成绩表、毕业生履历表，天津市学校概况调查表，全市各区在学、失学人数调查表；卫生局及附属单位组织规程，工作报告，职员人事报表，管理药商暂行办法，医务人员管理章则，医师、助产士、药剂师等开业领取执照申请书，卫生营业申请许可证等。

4. 经济机构

天津市党政接收委员会 212 卷，天津前英、法、意租界官有资产与官有义务债务清理委员会 107 卷，天津市临时处理隐匿物资委员会 249 卷，天津区汉奸财产清查委员会 850 卷，河北平津区敌伪产业清理委员会天津分会 2,561 卷，河北平津区敌伪产业处理局 53,028 卷，经济部冀热察绥区特派员办公处驻津办事分处 1,403 卷，资源委员会平津办事处 251 卷，天津市煤焦供应委员会 133 卷，天津市灰煤商业同业公会煤炭购销供应处 47 卷，东北物资调节局平津办事处 60 卷，天津市企业有限公司 421 卷，资源委员会冀北电力有限公司天津分公司 1,506 卷，中国纺织建设股份有限公司天津分公司 4,113 卷，北洋纱厂 56 卷，恒源纺织股份有限公司 41 卷，中国纺织建设公司天津第一厂 185 卷，中国纺织建设公司天津第二厂 112 卷，中国纺织建设公司天津第三厂 208 卷，中国纺织建设公司天津第四厂 157 卷，中国纺织建设公司天津第五厂 153 卷，中国纺织建设公司天津第七厂 253 卷，天津纸业股份有限公司第一厂 408 卷，中央印刷厂北平厂天津油墨部 4 卷，协和印刷股份有限公司 27 卷，中国恒大企业股份有限公司 639 卷，天津市仁立实业股份有限公司 58 卷，中华火柴厂 94 卷，东亚烟草厂 240 卷，天津联昌电机机械厂股份有限公司 9 卷，天津植物油料厂 354 卷，天津第三化学厂 46 卷，天津中国化学工业社 251 卷，日本打字机厂 20 卷，同记有限公司 5 卷。

5. 财政机构

天津特别市财政局 10,425 卷，天津市财政局 4,080 卷，天津市财政局各区税捐稽征所 1,053 卷，天津市财政局各区捐务牙税办事处 281 卷，天津市财政局粮食牙行营业税稽征所 93 卷，财政部天津货物税局 902 卷，财政部天津直接税局 886 卷，天津市政府官产处 48 卷，天津市财政局土地官产办事处 376 卷，长芦盐务管理局 96 卷，财政部驻冀鲁察热区财政金融特派员办公处驻天津办事处 97 卷，中和盐业公司天津分公司 38 卷，新记公司 6 卷，交阜东南业记津店 2 卷，祥业盐号（业记、豫益恒）8 卷，恒记盐店 18 卷，天津海关 12,581 卷，津海关接收敌伪码头仓库办事处 240 卷。

6. 金融机构

财政部天津金融管理局 531 卷，四联总处天津分处 211 卷，中央银行天津分行 831 卷，中央银行天津分行接收中国联合准备银行天津分行清算组 31 卷，中国银行天津分行 5,749 卷，中国农民银行天津分行 424 卷，交通银行天津分行 919 卷，河北省银行 1,545 卷，天津市银行 225 卷，中国通商银行天津分行 14 卷，建业银行天津分行 12 卷，上海商业储蓄银行天津分行，中国实业银行天津分行 1,387 卷，天津中国国货银行 82 卷，川康商业银行天津分行 14 卷，山西裕华银行天津分行 30 卷，新华信托储蓄商业银行天津分行 916 卷，浙江兴业银行天津分行 1,148 卷，国华银行天津分行 27 卷，聚兴诚银行天津分行 18 卷，大陆银行总经理处 2,229 卷，大陆银行天津分行 2,220 卷，金城银行天津分行 3,277 卷，盐业银行天津分行 3,073 卷，中南银行天津分行 821 卷，联合商业储蓄信托银行天津分行 597 卷，中孚商业银行天津分行 757 卷，东莱银行天津分行 31 卷，中国垦业商业储蓄银行天津分行 477 卷，仁发公钱庄 10 卷，中央合作金库河北省分库 420 卷，中央合作金库信托部驻津办事处 31 卷，中央合作金库第五区稽核办公室 40 卷，中央信托局天津分局、中央信托局河北平津区敌伪产业清理处全宗汇集 10,615 卷，久安信托股份有限公司 181 卷，联合征信所平津分所 35 卷，天津交易所监理员办公处 70 卷，天津证券交易所 51 卷。

主要包括：财政收入、支出、捐务、税务的计划报告，各机关、学校、团体年度预算表、预算书及报告，各商号营业牌照登记、纳税底簿，个人及商号房地税契。金融管理、物资管理办法，金融商情报告表，证券上市办法，中国银行天津分行各业务文件；盐业、金城、中南、大陆银行业务章则办法、年度报告、业务报表等。

7. 农林、水利、交通、邮电机构

农林部河北垦业农场 561 卷，农林部天津接运办事处 13 卷，河北省农垦局 204 卷，河北省农田局 375 卷，河北省合作农场实验所 340 卷，天津市整理海河委员会 1,802 卷，天津市整理海河善后工程处 255 卷，海河工程局 1,694 卷，华北水利委员会 216 卷，天津市内河航运局 42 卷，交通部公路总局第八区运输处 1,385 卷，交通部公路总局器材总库平津分处 213 卷，天津航业股份有限公司 720 卷，中国旅行社天津分社 43 卷，河北邮政管理局 4,610 卷，交通部天津电政局 3,035 卷。

8. 商业机构

天津商品检验局 319 卷，河北田赋粮食管理处天津区储运处 565 卷，河北省海河区稻谷购运处 9 卷，天津市民食调配处 18 卷，粮食工业公司沈阳办事处 39 卷，输出入管理委员会天津区办事处 358 卷，大业进出口贸易股份有限公司天津分公司 14 卷，通成股份有限公司天津分公司 42 卷，天津信华进出口行 31 卷，锦文行 4 卷，惠隆股份有限公司 59 卷，永亨利记贸易行 8 卷，锦全庆记 279 卷，天津泰记行 67 卷，公和号 336 卷，同义公 37 卷，荣茂昌股份有限公司 13 卷，辛中贸易股份有限公司 140 卷，丰隆贸易有限公司 288 卷，同生贸易行 126 卷，利兴进出口行 4 卷，华有贸易股份有限公司 8 卷，合记工厂 24 卷，增懋行 21 卷，永亨贸易股份有限公司 101 卷，万隆股份有限公司 267 卷，天津东泰新股份有限公司 221 卷，南侨股份有限公司天津分公司 118 卷，天津镒友新记商行 161 卷，南洋企业公司 232 卷，晋华贸易行 49 卷，兴华科学仪器行天津分行 11 卷，天津惠安行 326 卷，兴达贸易行22卷，三泰华行13卷，平津隆泰贸易行8卷，亨通贸易股份有限公司712卷，中英贸易行65卷，天津兴安商行70卷，兴隆公司40卷，中美企业股份有限公司15卷，中美工商建设股份有限公司328卷，天津义记出进口行55卷，开源垦殖股份有限公司126卷。

9. 日伪机构

伪天津特别市政府11,108卷，伪天津市治安维持会新闻事业管理所60卷，伪天津特别市防护团60卷，伪天津特别市特别第一区公署200卷，伪天津特别市特别第二区公署63卷，伪天津特别市特别第三区公署23卷，伪天津特别市特管区公所50卷，伪天津县公署1,630卷，伪天津特别市公署警察局736卷，伪天津特别市财政局5,653卷，伪天津特别市财政局捐务征收所52卷，伪天津特别市财政局牙行税捐稽征所304卷，伪天津特别市财政局沿河沿海船捐征收处39卷，伪华北粮食管理局天津特别市分局84卷，伪天津特别市粮食配给办事处42卷，伪天津特别市公署公用处1,068卷，伪华北建设总署天津工程局281卷，伪华北电业有限公司天津分公司195卷，伪天津特别市屠宰场48卷，伪天津日华联合牛业协会96卷，伪天津特别市卫生处2,090卷，伪天津特别市卫生局妇婴健康检查所5卷，伪天津特别市政府药剂生讲习所10卷，伪天津特别市第三公园90卷，伪华北救灾委员会天津分会145卷。

主要包括：日伪天津市地方治安维持会、天津特别市公署、天津特别市政府历任市长换届移交工作、起用印信文件，各级伪政权机构设置变动组织材料，职员考绩；新民会等汉奸组织章程，五次治安强化运动材料、“兴亚运动”“献纳运动”及“新国民运动”的实施纲要、报告；伪天津特别市政府物资统制、粮食配给管理章则；日伪时期各同业公会营业情况调查报告，商业开业、歇业统计表、营业报告书；“大东亚战争”“中国同盟”等奴化宣传材料，演出话剧、电影等活动情况报告，出版刊物登记暂行办法及管理规则，出版报纸、刊物一览表；伪接收各国租界委员会人员名单，接管各国租界概况，天津租界外侨人口调查表，各国驻津领事馆租地填印新契、移交资金、债务等情况报告；“招募”、派遣劳工的训令、公函，“华北劳工协会”及天津分会组织机构文件，日本抢掠华工赴日、伪满、内蒙古、华中等地区计划与实施数额表、人员名册等。

（二）天津档案馆特色档案及其开发利用

1. 天津商会档案

天津商会是中国最早的商会之一，是天津市工商各业组织起来的社会团体，成立于1903年，止于1950年。其档案不仅记录着与全国各地商会的业务往来，还反映了天津作为通商大埠、北方最大的工商业城市的兴起和发展进程，被海内外专家学者誉为研究中国经济的“第一档案”。

2. 天津海关档案

天津海关成立于1861年，1949年由人民政府接管。该海关业务管辖范围曾发展到东起大沽至山海关渤海沿线，西至北京、张家口，南至京山铁路沿线，北至长城广阔地域。下属机构管辖过秦皇岛分关、北平分关、塘沽分关。档案内容主要反映了海关管理，进出口船货、物品的监管，征税缉私，常关、灯标设施及航道维护，还有邮政、商标管理等。另外，税务司插手中国政治、外交、国防事务的有关内容也有反映。因其完整、系统和时间久远，天津海关档案是研究中国北方乃至全国外贸进出口和经济发展的珍贵史料。

3. 天津邮政档案

包括海关创办邮政、大清邮政津局、天津邮政总局、直隶邮政管理局、河北邮政管理局等形成的天津邮政档案，真实系统地记述了天津乃至全国从1878年中国近代邮政诞生至1949年止，中国邮政事业创建和发展的历史。1878年中国首枚邮票——大龙邮票发行、1918年直隶邮区开辟“北方万里邮路”等，说明天津是中国近代邮政试办时期的管理中心和发祥地。

4. 天津金融档案

有早期钱庄、银号登记，也有“北四行”之称的盐业、金城、中南、大陆四所银行的业务档案。20世纪30年代，外商银行在天津也占有相当比重。这些银行所形成的档案，真实地再现了当时天津钱庄、外商银行、本国银行鼎足并存的局面。

5. 天津老字号、老企业档案

天津是中国北方近代工商业中心，有许多闻名全国乃至世界的企业是从天津崛起的，其中有民族工商业，也有外资企业。天津档案馆收藏有久大盐业公司、永利制碱公司、航业公司、恒源纺织、天津造胰、天津达仁堂、盛锡福帽厂等百余家企业档案，主要内容有企业沿革，公司章程，厂、店规则，登记执照商标注册，会议记录，业务计划、报告等，对研究天津在环渤海地区、华北地区乃至全国经济地位具有重要的借鉴利用价值。

天津档案馆开发利用馆藏资源，编辑出版了《天津商会档案史料汇编》《天津邮政史料》《近代天津知名企业经营管理》《近代以来天津城市化进程录》《北洋军阀天津档案史料汇编》《袁世凯在津档案史料选编》《日本对华北经济的掠夺与统治》《日本掠夺华北强制劳工档案史料集》《天津人民抗日斗争图鉴》《董浩云在津手迹》《天津老教堂》《天津戏院茶楼》《天津老照片》《天津档案解密》等专著。

二、天津市公安局档案馆

天津市公安局档案馆藏有下列档案：

1. 天津市政府全宗，有档案 4,127 卷，形成于 1945 — 1949 年，主要内容有：有关市政府人员任免的文件；市政府会议记录；市政府与有关单位的来往文书；各区、局的报告及市府的批复；市政府的各种统计、报表等。

2. 天津市政府警察局全宗，有档案 62,424 卷，形成于 1945 — 1949 年，主要内容有：该局的组织沿革；有关人员编制文件；各分、县局人员名册；该局与有关单位的来往文件；上级下发的密电、训令等；有关逮捕中共人员、镇压工人、学生运动的文件材料；有关禁毒、禁赌、妓院管理方面的文件等。

3. 天津警备司令部全宗，有档案 3,148 卷，形成于 1945 — 1949 年，主要内容有：有关该司令部组织机构情况的文件；该部人员编制及名册；国防部下发的密电、命令；该局与有关单位的来往文书；有关逮捕中共人员、镇压工人、学生运动的文件材料；搜集有关中共与解放军的情报；有关征兵、训练的文件等。

4. 宪兵第二十团全宗，有档案 592 卷，形成于 1946 — 1949 年，主要内容有：有关该团的编制、组织情况的文件及人员名册；该团与有关单位的来往文书；审讯被捕人员的笔录；有关镇压工人、学生运动的文件材料；有关控制主要物资外流的文件；有关防止可疑人员进城的文件；搜集中共与解放军的情报等。

5. 天津民众自卫总队全宗，有档案 201 卷，形成于 1948 — 1949 年，主要内容有：有关该总队机构设置的文件；总队组织训练程序及各大队编制名册；天津市政府的命令；该总队组织群众进行军事训练的文件等。

6. 天津市政府社会局全宗，有档案 1,783 卷，形成于 1945 — 1949 年，主要内容有：该局的会议记录；该局与有关单位的来往文件；有关组织及训练人民团体的文件；有关党团组织活动、社会运动情况的报告；有关工商管理的文件；有关文化与礼俗的文件；有关度量衡检定的文件等。

7. 冀北师管区司令部全宗，有档案 1,254 卷，形成于 1946 — 1949 年，主要内容有：该司令部组织沿革；该部下辖 5 个团管区的文件材料；有关组织民众自卫队的文件及学校进行军事训练的花名册；国防部下发的命令；该部与有关单位的来往文件；有关兵籍管理和招募新兵的文件；各团上报的有关中共与解放军的情报等。

8. 日伪天津特别市警察局全宗，有档案 12,675 卷，形成于 1937 — 1945 年，主要内容有：该局及县分局人员名册，受训人员名册；该局与上下级的往来文件；该局会议记录；有关逮捕中共人员，镇压工人、学生运动的文件；反映群众罢工、罢课的文件等。

9. 日伪天津特别市公署全宗，有档案 2,367 卷，形成于 1938 — 1945 年，主要内容有：市公署的沿革；有关机构情况、人员编制、人事调派的文件；市公署的会议记录；市府密电及与有关单位的来往文件；各区、局的报告及该公署的批复等。

三、其他档案馆

天津市滨海新区档案馆藏有长芦芦台场滩业公会全宗，有档案 39 卷，形成于 1930 — 1949 年，主要内容有：该公会机构成立的文件与会章；该公会各种会议记录及选举的文件；办事人员工薪表；滩户更换滩付委托书；制盐申请许可规则；储盐仓坨管理办法；有关解决纠纷案的文件；芦台场署、宁河县政府等部门的文件等。

天津市南开区档案馆藏有长芦育婴堂全宗，有档案 231 卷，形成于 1915 — 1949 年。主要内容有：育婴堂组织规程；有关人事任免、董事会人选与机构撤销的文件；负责人名册与堂婴名册；育婴堂的管理章程、办法、统计表；育婴堂会议记录、契约、司法状纸等；有关收容、领养堂婴的办法、申请及调查材料；堂婴结婚证书；育婴堂公用财产清册；有关被敌伪侵占物资给政府的报告及损失清单；育婴堂的工作报告、记录等；有关财务预算书、经费收支账簿等。

天津市武清区档案馆藏有武清县民国档案汇集，有档案 30 卷，形成于 1932 — 1948 年。主要内容有：武清县政府的训令、呈文；武清县警察局、卫生院训令；有关人员任免、公务员职责及待遇的文件；壮丁、乡保编制花名册；户政人员履历及家庭状况调查；河北省教育会议案；小学教员暑期讲习会的文件；武清县临时参议会、民众教育馆、县立简易师范学校支出计算书；自卫枪支临时查验证存根及请领名单等。

天津市静海区档案馆藏有静海县民国档案全宗汇集，有档案 319 卷，形成于 1912 — 1948 年。主要内容有：该县政府、警察局、司法处等单位关于机构成立的文件及组织章程；工作纲领；会议记录；有关编制、人事管理及改选、委任的文件；部队官兵、警官、警役、职员、各乡保甲长、训练班人员的名册、简历及领薪花名册；在押人犯及死亡花名册；有关部队整编、枪支管理、工事修筑的文件；日本战犯罪证；有关被俘官兵管理、私有产业处理及被捕、扣押人员的文件；有关物资控制、处理的文件；有关交通、水利、造林的文件；有关教育的文件；有关难民救济安置及户口、地亩调查的文件；各种统计报表等。

第三节　河北省民国档案概况

民国建立后，全国省级行政区设置仍多袭清制。1927 年 8 月，南京国民政府成立后，直隶省失去原有政治地位，并且已名不符实。1928 年 6 月，国民政府将直隶省（不含旧口北道 10 县）改置为河北省。同年 7 月，河北省政府于天津成立。抗日战争爆发后，河北沦陷，受控于日伪统治，直至抗战胜利。1948 年 11 月，省会保定解放。

一、河北省档案馆

与其他省市各级档案馆均保有民国档案的状况不同，河北省内的民国档案集中保存于河北省档案馆，省内各级地方档案馆基本没有民国档案收藏。河北省档案馆共藏有民国档案 16 万余件，主要分行政、考铨、内政、社会机构档案，教育、卫生机构档案，财政、金融机构档案，经济、交通、邮电机构档案，各县市汇集档案，司法、军事机构档案，党务档案，日伪机构档案等 8 大类。

（一）行政、考铨、内政、社会机构档案

主要有河北省临时参议会工作报告，参议会各届驻省委员会的会议记录；河北省政府机构设置、工作交接、人事任免、考核的文件和职员录；河北省政府关于人事、组织工作的条例及办法；河北省政府社会处工作计划和工作报告；关于社会救济、难民收容的工作报告、会议记录；有关救济物资处理、赈粮调运、调查官员舞弊的文件；各县市成立救灾机构的工作报告、会议记录、组织章程及人员名册；河北省政府会计处组织规程及机构编制；河北省政府统计处生活必需品价格调查表；河北省地方公务员惩戒委员会有关惩戒问题与各单位来往函件；考试院河北、山东考铨处工作计划；河北省救济福利事业审议委员会会议记录等。

（二）教育、卫生机构档案

主要有河北省政府教育厅有关学校设置、特种教育的组织章程、纲要、计划等；河北省立农学院、河北省立医学院、河北省立水产专科学校、河北省立保定师范学校、河北省立大名师范学校、河北临川中学、河北省私立育德中学关于学生教育、学校行政、经费开支等方面的相关文件；河北省卫生处组织规程及成立省立卫生机构的文件；有关防疫保健、防疫机构的规章及训令等。

（三）财政、金融机构档案

主要有河北省财政厅组织系统表；有关国税、自治税、特别税的法规；财政厅有关控制金融机构、垄断币制、公产公库管理、借贷汇兑、债务管理的文件；冀平津自卫特捐管理委员会有关捐款筹集、稽征、存储、支拨、运用及审核的文件；长芦盐务管理局工作计划、整顿报告及局务会议记录；芦盐周报及年报；关于缉获私盐、工程修缮、滩地调查、滩户纠纷的训令及有关文件；河北田赋管理局相关档案；河北省银行、河北省银行保定分行、中央银行保定分行、中央银行石家庄分行、中央银行山海关分行、中央银行平津区区域行的相关档案等。

（四）经济、交通、邮电机构档案

主要有河北省政府建设厅有关现金出纳、敌伪产业接收、交通运输、电讯管理、市政、工矿建设、农林牧、水利、商业及机关事务的章则、规定、会议记录、报告、办法、统计表册等；河北省暨北平农业善后推广辅导委员会配发种子、肥料、杀虫药品、农具的调查统计表等；河北省专用电信局有关通讯联络的规定、条例、网图、业务概况及联络系统人员名册等。

（五）各县市汇集档案

主要包括获鹿县（1912—1940）、林榆县（1912—1948）、栾城县（1915—1947）、宛平县（1935—1948）、昌平县（1918—1948）、隆化县（1939—1948）、承德县（1946—1949）、丰宁县（1946—1948）、滦平县（1946—1948）、围场县（1929—1948）、平泉县（1929—1948）等地方政府的工作计划、组织状况、会议记录、人事任命等相关档案。

（六）司法、军事机构档案

主要有河北高等法院司法会议文件；河北高等法院检查处处理民、刑事案件报告书；法院羁押、结案、犯罪人数和特种执行刑罚等案件统计表及簿册；河北省保安司令部组织规程、人事任命书及表册；河北省第一至十八行政督察专员公署兼保安司令部工作概况报告书、党政会议记录；保定绥靖公署组织规程及编制表、“剿共”措施纲要、公署“绥靖区”情报实施计划；军事委员会冀察战区总队组织规程及组织设置、人员编制文件。

（七）党务档案

主要有国民党河北省党部党务工作纲要和规章制度；国民党河北省执委会工作报告、计划、会议记录及党务统计报告；河北省党务人员调查表；有关搜集情报及调查共产党活动的函件、报告；晋察冀边区国民党扩大会议文件、宣传实施大纲；保定青年夏令营工作计划及《保定青年夏令营报告书》；中国青年党河北省临时党部吸收新党员办法及训令。

（八）日伪机构档案

主要有日伪热河省政府、日伪河北省公署、日伪新民会河北省总会、日伪华北物资物价处理委员会食粮管理局、日伪华北食粮公社的组织规章、工作计划、工作概况、人事任免等相关文件。

二、档案特色

河北省档案馆所藏民国档案藏量占全部馆藏的 30%，且颇具特色。

1. 数目庞大的司法档案

河北省档案馆保藏民国司法档案 102,008 卷，占馆藏民国档案的 64%，主要内容包括：司法部颁布的各项法规及该院有关军事、肃清贪污的法令；承审规则及司法警察奖惩暂行规则；有关民、刑事案件羁押、收结情况统计表；该院所辖北平、天津、石门、唐山、保定分院及各县地方法院民、刑事案件上诉和高等法院等判决裁定书；该院狱务委员会规则，监狱状况调查表及视察监所报告单等。还有 1936 年霍东阁被兄霍东章诬控的文件，等等。

2. 多部门的赈灾救济档案

民国时期，河北地区灾荒不断。据不完全统计，“38 年间（1911 — 1949），除 1941 年外，几乎无年不灾，且许多年份多灾并发，有的是不同地区遭受不同的灾害，有的地区则是春季遭旱、蝗灾，夏季遭水灾。38 年间，共发生水灾年份 33 年次，旱灾 18 年次，蝗灾 22 年次。遭受水灾的县份累计达到 913 个，遭旱灾县份 498 个，蝗灾 409 个”[1]。故此，河北省档案馆保藏有大量的赈济档案。

此类档案，除去散见于河北省政府社会处、各县民国档案汇集外，主要集中于河北省救济福利事业审议委员会、河北省赈济会、河北省救济协会等专门机构。这部分档案主要涉及内容有：河北省救济福利事业审议委员会第 4-11 次会议记录；河北省救济福利事业审议委员会有关发放救济粮款、调查难民的调查表及函电；河北省赈济会移交赈款清册；绥靖区难民急赈冀东冀中区大队及所属各中队、分队的机构设置的文件；急赈大队发放赈粮、赈款及物资的统计、报告及调查灾情及难民情况的文件；河北省救济协会关于救济款物发放、难民调查、福利救济机构统计等文件；河北省救济协会有关学生救济的代电及函件。

3. 完整专业的长芦盐务管理局档案

长芦是中国重要的产盐区域，长芦盐质量好、价格低，人称“芦台玉沙”。民国初年，袁世凯为垄断盐税收入，将盐务职能一分为二，增设长芦盐务稽核分所，专责盐税收存与放盐之务，而盐运使司（都转运盐使司改称此名）则只管盐务行政和缉私业务。1934 年 10 月，盐运使司归入稽核分所内，合署办公。1937 年 4 月，国民政府下令撤销原来各单位，成立了一元化的长芦盐务管理局。

河北省档案馆藏有较为完整的清代至民国的长芦盐务管理局档案，其中民国部分为 33,548 卷。主要内容有：该局组织规程与人事任免的文件；该局所属芦台场、丰财场、各滩沱局关于食盐、鱼盐、硝卤生产的文件；长芦官运总局和各经理处筑运引盐及解送盐款的文件；河北硝磺总局、汉沽硝卤税局及硝磺分处的营业月报、硝磺旬报、缉私月报、收硝会议记录等；长芦盐务稽核分所及所属丰芦盐务稽核支所工作季报、年报及会议记录；长芦盐务稽核分所关于解缴、税价变动、盐斤运销的文件；长芦盐务稽核分所所属监视处、称放处关于进仓盐数、验放船只、盐数、缉私工作的文件；长芦盐务稽核所税警局有关机构设置、人事及经费、缉私的文件和税警年报。

[1] 池子华、刘玉梅：《民国时期河北灾荒防治及成效论述》，《中国农史》2003 年第 4 期。

此外，还有日伪时期华北盐业公司组织章程、人员履历表、会议记录、工作报告及生产日报等。

4. 具代表性的察哈尔和热河省政府档案

察哈尔于 1928 年建省，1937 — 1945 年被日本占领并成为德穆楚克栋鲁普（即德王）领导的日本控制区蒙疆的一部分，1952 年察哈尔省建制撤销，原察哈尔省辖区并入河北、山西两省。热河亦于 1928 年建省，但 1933 年被日本侵略军占领，划入满洲国，抗日战争胜利后，热河省恢复以前的行政区划，直至 1955 年建制撤销，原行政区域划入辽宁省、河北省、内蒙古自治区。基于上述历史原因，民国时期察哈尔与热河省档案现由河北省档案馆保存，并成为该馆特色之一。

察哈尔省政府档案，共 59 卷，形成于 1914 — 1948 年。主要内容有：1930 — 1932 年政府行政纪要；有关部分年度工作的文件及统计表、经济调查表；省政府公报、省民政厅、保安司令部关于各国外侨人数调查、管理等档案。

热河省政府档案，共 1,525 卷，形成于 1940 — 1949 年。其主要内容有：该省、县党部机构编制规章及人员名册，省“绥靖区”施政纲领、年度工作报告、二五减租实施办法，省财政厅会议记录、施政方针、工作计划、工作报告及省、县级预、决算；有关税收法规、办法；省高等法院各项法令、工作报告及审理部分案件的文件等。

此外，还有日伪热河省政府的相关档案，主要内容涉及部分县、市的特别工作计划及实施报告等。

5. 完整的日伪机构档案

河北省档案馆不仅保有日伪机构战时活动的档案，还收纳了战争结束后对日伪机构进行处理的相关机构档案。

战时日伪档案主要囊括于前文提及之分类中，其具体内容主要有：伪河北省公署、县知事、警察所长名册及河北省县政人员训练所同学录；伪河北省公署 119 次— 184 次省政会议记录、道尹会议纪要及施政纲要；伪河北省公报 1 — 349 号；伪新民会河北省总会委员名册；河北省部分道、市、县新民总会组织规则、工作概况及人员名册；伪华北物资物价处理委员会食粮管理局有关粮食种子与仓库调查的指令及表报等；伪华北食粮公社有关粮食购入及制粉的呈文。

战后对日伪机构处理的档案散见于河北省政府秘书处、河北省党政接收委员会、河北省民政厅、河北省政府教育厅、河北省政府财政厅等部类的档案中。如：河北省政府有关接收日伪财产的文件；平津处理敌伪产业审议委员会第 20 次、第 22 — 26 次、第 32 — 35 次会议记录；河北省民政厅有关日伪汉奸被控案的文件；河北省政府教育厅有关接收日伪产业、学校、文化机构的训令、组织章程及办法；河北省立水产专科学校有关接收日伪资产的文件；河北省政府与各专署接收日伪机关及厂矿的物资财产的章则、办法及移交清册等文件。

第四节 山西省民国档案概况

一、山西省各档案馆概况

山西省档案馆有收藏民国时期山西省政府、山西省参议会、山西各行政督察区专员公署、山西各行署、考试院山西绥远考铨处、山西省合作事业管理局、山西省政府警务处、山西省会警察局、山西高等法院、榆次地方法院、山西大学、山西广播电台、太原绥靖公署、太原绥靖公署特种警宪指导处、太原绥靖公署建军委员会政卫处、第二战区司令长官部、第二兵站总监部、宪兵第 25 团、太原绥靖公署临时军人监狱、山西省铁路运输司令部、山西军用电讯总局、国防部二厅绥靖总队、审计部山西审计处、财政部晋绥区货物税局阳曲分局、山西省银行、仁发公银号、中央银行太原分行、山西省经济管理局、山西省人民公营事业董事会、山西贸易公司、山西实业公司、西北煤矿一厂、山西省公路局、交通部第八区公路工程管理局太原工程处、同蒲铁路管理局、晋冀区铁路管理局、山西邮政管理局、太原电信局、国民党山西省党部、国民党山西省党部调查统计室、三青团山西支团部、山西省民族革命同志会、伪山西省公署等机构档案 26,000 余卷。

另外，大同市档案馆、阳泉市档案馆、襄垣县档案馆、忻州市忻府区档案馆、太谷县档案馆、曲沃县档案馆、新绛县档案馆、稷山县档案馆、临猗县档案馆等馆收藏民国档案 10,400 余卷。

山西省各级档案馆收藏的民国档案在数量上不过区区 3 万余卷，但其内容仍涉及从 1912 — 1949 年期间山西各地政治、经济、军事、教育、文化、财政、金融、医疗、卫生及社会等诸多方面，主要内容包括：各机构组织规程、人员编制、工作计划与实施情形，山西省水利、交通、林业发展计划，各县举办水利、开发农田、凿井开渠、推广优良品种计划与实施步骤，山西省各级法院编制表、管辖区域划分、司法事务分配及代理次序一览表、各项民事刑事案件审理，山西地区各部队作战注意事项、各项作战日记、各部队官兵人事命令，军事物资征收、保管、运输、发放，山西省各银行、银号现金收付日记簿、营业报告及金融机关调查表，山西全省道路计划纲要及公路设计方案、养路费征收，旱涝灾害及农作物病虫害防治与救济，各煤矿、棉花等生产企业生产计划、销售与运输情形等，大体可以反映民国时期山西地区生产状况及人民生活水平和社会动荡情形。

二、档案特色

（一）煤炭生产企业档案

山西省蕴藏着极为丰富的煤炭资源，煤炭储量占世界第一，是我国重要的能源基地，煤炭产业是山西省支柱性产业。山西省档案馆收藏有西北煤矿一厂档案包括该厂厂长会议记录、山西矿产分布图、白家庄事业计划书，西北煤矿一厂煤炭开采、销售月报表等。大同市档案馆收藏有资源委员会大同煤矿整理筹办委员会档案 493 卷，主要内容有年度生产计划、生产总结及煤炭日产量和运销数量统计表，大同煤炭价格调整，采矿工人工资、奖金标准、工人下井作业津贴及矿工伤残、死亡抚恤、补助之规定等占有较大比重；资源委员会长城煤矿档案 418 卷，主要内容包括机构设立，各矿煤炭生产、运输、销售工作计划、总结、报告等，煤价、运价调整及各矿营业收支、预算、概算报表等。

（二）日本对我国经济掠夺的档案

华北沦陷后，日本对资源丰富的华北展开疯狂掠夺，特别对煤炭和棉花等战略物资实行严格控制。为掌握华北地区经济命脉，并最大限度掠夺资源和劳动力以满足日本国内经济与军事需求，日伪政权成立了华北工业银行、华北储蓄银行、华北电业公司、华北运输公司、华北交通公司、华北劳工协会、华北矾土公司、华北垦业公司、华北盐业公司、华北棉花公司、华北棉花协会、华北棉花生产改进会、华北航业总公会、华北电信电话公司、华北产业统制总会、华北交易统制总会等，对华北地区一切经济活动进行全方位控制。

山西是中国的煤炭生产基地，同时是中国棉花主产区之一，自然成为日本经济掠夺的重点。1938 年 3 月，日本兴中公司联络在华纺织同业公会及日本棉花同业公会共同出资 300 万元组建华北棉花公司，掠夺华北棉花资源，其主营业务为仓库业，并设立经营轧花及打包工场，经营混合棉场。1939 年 5 月，由日本和伪政权操控的纺织商团体及棉花商团体组织成立华北棉花协会，以适应战时体制，促进棉花增产，确保“日满支”三地之棉花分配支给，实行棉花收买及分配的统制为目的，总部设于北平，在河北、山西等华北各省设支部，具体负责华北棉花分配、确定价格等业务。该协会完全控制了华北棉花的买卖及其价格，规定“各纺织业者及棉花输出业者，非经本协会购入之物，不得使用”。

山西省档案馆收藏的伪山西省公署及华北棉产改进会山西分会有关棉花生产、销售，各县种植药草及特许种植罂粟等档案资料，对研究日本统治华北、揭露日本侵略者残酷掠夺华北资源及毒化政策具有一定的史料价值。

第五节　内蒙古自治区民国档案概况

一、内蒙古自治区各档案馆

清政府为了加强对蒙古地区的统治，于1638年将先前设立的蒙古衙门改为理藩院，并逐步建立起盟旗制度。中华民国成立后，政府沿袭了清代的盟旗制，设绥远城将军，原清制衙门改为将军府，撤销原衙门左右二司及印房，新设总务处，原清归化城和绥远城巡警营合并为归绥巡警总局。1912年5月，改归绥分巡兵备道衙门为归绥观察使公署，监督节制归化、托克托、萨拉齐、和林格尔、清水河、武川、宁远（今凉城）、兴和、陶林（今察哈尔右翼中旗）、丰镇、五原、东胜12厅。不久，所属12厅改为县，仍由山西省行使行政管辖权。1914年1月，中华民国政府决定改绥远为特别行政区，与山西省分治。1929年1月，绥远省政府正式成立，成为今天内蒙古自治区的主体，直至1947年在乌兰浩特召开内蒙古人民代表会议，通过中国共产党起草的《内蒙古自治政府施政纲领》《内蒙古自治政府暂行组织大纲》等重要文件，内蒙古自治区于是年5月1日宣告成立。

内蒙古自治区各级档案馆共藏有民国档案10万余件，其中自治区档案馆馆藏档案5万余卷，地方各级档案馆所藏民国档案近6万件，自治区档案馆与地方各级档案馆在全区所藏民国档案上可以说是“平分秋色”。

自治区档案馆最初收集的民国档案来源于内蒙古党委办公厅档案处和内蒙古人委办公厅档案管理处保存的革命历史档案和东部地区盟旗档案，1964年又从内蒙古师范学院接收了民国时期绥远省民政厅和钦差垦务大臣、垦务总局等机构的档案，1968年以后接收了自治区直属机关撤销单位保存的一批民国时期绥远省档案，1982年接收自治区公安厅移交的绥远省警保处、伪蒙疆机构和高等法院等14个单位的历史档案。除这几次集中接收外，历史档案实行集中保管时，接收了旗（县）保存的部分历史档案。此外，还结合党史资料征集和编研工作，到有关省区和内蒙古地区的有关单位征集了部分建国前档案，使自治区档案馆所存档案的全面性得以保证。

内蒙古自治区档案馆馆藏民国档案主要有察哈尔特别区、绥远特别区、国民党绥远省党部、绥远省政府和内蒙古地区的日伪蒙疆机构的档案，共 71 个全宗。主要内容有：绥远省参议会、代表选举事务所、动员委员会、党政接收委员会的相关文件，绥远省政府农林处、秘书处、统计处、会计处、主计处、人事室的相关文件，察哈尔省政府的工作报告、政府公报等文件，绥远省财政厅、建设厅、实业厅、民政厅、赈济委员会、土地整理委员会、地政局、教育厅的相关档案，绥远省保安司令部警保处的相关文件，绥远省农林专员办事处、垦务总局、农业改进所、督办盟旗垦务公所的相关档案，绥远省境内蒙古各盟旗地方自治政务委员会的相关文件，科尔沁右翼后旗札萨克衙门、喀拉沁左翼旗札萨克衙门（公署）、喀拉沁中旗札萨克衙门（公署）、茂名安旗札萨克衙门、鄂尔多斯左翼前旗、中旗、右旗札萨克衙门、鄂尔多斯右翼后旗（杭锦旗）、中旗札萨克衙门等盟旗的相关文件；伪蒙古军、伪厚和市公署、伪高等法院、伪蒙疆联合自治政府、伪蒙古自治邦政府内政部、伪蒙疆银行厚和分行等机构的相关文件。

自治区各级地方档案馆所藏档案虽然没有自治区档案馆所藏档案如此系统，但数目较大，也颇有价值。这部分档案的主要内容有：包头市政府、警察局、税务局、商务会、电灯公司、面粉公司、邮政局、电信局的相关档案；赤峰县公署、开埠局、经界局、第二监狱等相关文件；杭锦旗、鄂托克旗、乌审旗、准格尔旗、郡王旗、札萨克旗、伊克昭旗等相关文件；冯玉祥抵晋晋军改编情形的文件；有关蒋介石与石友三混战情形的文件；冯玉祥、张学良、傅作义、吉鸿昌、九世班禅等人的函件等；国民党三十五军军官自传及履历表、陆军骑兵第七师司令部军法处、绥西军垦农场等相关文件；陆军第一〇师、陆军预备三二师九五团相关文件；五原县政府、司法处相关文件。

此外，地方档案馆也保有部分日伪时期档案，如：伪赤峰事业局档案，伪蒙疆自治政府成立经过及情况调查，伪察哈尔盟旗政治、经济的文件；伪扎赉特旗公署、治安维持会、临时政务处理委员会的相关文件。

二、档案特色

纵观内蒙古自治区全区所藏民国档案，数量之丰、保存之系统、内容之全面亦属难得。其特色在于：

（一）完整保存的盟旗档案

北洋政府和国民政府时期，中央政府先后设立了蒙藏院和蒙藏委员会，办理蒙藏行政事务。由于此期中央政府完全沿袭了清朝理藩院的制度，盟旗建制及其职能均未改变，只是名称改变。因此，盟旗档案得以全时段完整保存，自治区档案馆将盟旗档案统一整理也使得这些跨横跨清朝、民国的档案保持了历史全貌。如：鄂尔多斯右翼中旗（鄂托克旗）札萨克衙门（1650 — 1949）；鄂尔多斯左翼中旗（郡王旗）札萨克衙门（1649 — 1949）；鄂尔多斯右翼后旗（杭锦旗）札萨克衙门（1649 — 1949）；鄂尔多斯左翼前旗（准格尔旗）札萨克衙门（1649 — 1949）；四子王旗札萨克衙门（1636 — 1949）；喀尔喀右翼旗札萨克衙门（1653 — 1949）；茂明安旗札萨克衙门（1664 — 1949）；喀喇沁右翼旗札萨克衙门（1635 — 1945）；喀喇沁中旗札萨克衙门（1696 — 1945）；喀喇沁左翼旗札萨克衙门（1635 — 1945）；科尔沁右翼后旗札萨克衙门（1636 — 1945）等盟旗的档案。

这些盟旗档案的内容十分丰富。举一例而言，如藏量较大的喀喇沁中旗札萨克衙门的档案，主要内容包括：有关蒙古各旗职官官衔及待遇规定；有关职员任免、晋升、调离、补员、奖赏、处罚、袭爵、任班和请假的文件和官员名册；有关宣慰盟旗事宜的文件和组织蒙藏参观团的则例；兵丁花名册和军帐、兵器统计；有关木兰狩猎的文件；户口簿册和有关人口统计的文件；有关灾情的调查和开仓放赈的文件；有关处理民事、刑事案件、押解犯人和缉拿逃犯的文件；有关治安、剿匪的文件；有关诵经费用及寺庙经济收入的文件、账簿；喇嘛度牒和有关审理喇嘛纠纷和喇嘛犯戒的文件；有关迎送班禅活佛日程安排及礼单；蒙藏学校及高等学校简章及通知；有关旗仓收租及税收的文件；土地分账簿及地契；有关农业调查及开垦的文件；牲畜统计簿等，充分反映出内蒙古地区盟旗政治、经济、文化、军争、宗教等方面的情况，是大历史视界下研究历代政权对蒙政策、蒙古族历史及蒙古地区历史的珍贵史料。

（二）**丰富的边疆垦务档案及相关农业档案**

专门垦务机构的档案。如：绥远垦务总局（1941 — 1946）、督办蒙旗垦务公所、察哈尔全区垦务总局、丰镇县垦务局的垦务档案 4,000 余卷。这些垦务机构的档案内容包括：绥远垦务放垦、征款的文件；有关报垦、勘收、丈放土地、清理地亩、催收民欠押荒及地价的文件；有关垦户争讼的文件；有关蒙古族农民与教堂土地讼涉案；有关垦务的训令及组织清丈工作的文件；各地荒地情况及丈量情况统计表。

其他机构及盟旗档案中的垦务史料。如：绥远省地政局的绥区垦荒组织大纲，各县境内已垦、未垦土地面积调查表；鄂尔多斯左翼中旗札萨克衙门有关农田土地清查及垦务的文件；喀尔喀右翼旗札萨克衙门有关畜牧及开垦的调查，已开垦及岁租收入账目的文件；赤峰县有关移民屯垦的文件；杭锦旗、札萨克旗、额济纳旧土尔扈特札萨克衙门等有关垦荒的文件。

农业档案。如：绥远省政府农林处档案、绥远省农林专员办事处档案、绥远省农业改进所档案、晋绥兽疫防治处档案及绥西水利局部分档案。这些档案详细记录了春耕生产、农作物面积及生长、畜牧业生产计划、农作物实验、防治病虫害、家畜防疫、灌溉农田等方面的情况。

另外，一般的垦荒档案也都涉及农牧业、植树、水利等相关内容，如绥远垦务局就存有关后套水利事业的文件。这些都是研究民国时期内蒙古经济必不可少的珍贵史料。

（三）**日伪档案**

内蒙古地区一直是日本帝国主义妄图控制的主要区域之一。早在 1915 年，日本侵略者在东北和内蒙古东部就发动了所谓“满蒙独立”运动，并支持满洲贵族组织“宗社党”，进行复辟清王朝的活动。在这个过程中，日本方面向巴布扎布的部队派遣军事人员、提供武器，将其作为“宗社党”复辟活动的主要军事力量之一。但这次“满蒙独立”运动最后以失败告终。1932 年 3 月，伪满洲国成立。1933 年 3 月，日军占领热河省。这样，内蒙古东部的哲里木盟、昭乌达盟、卓索图盟以及呼伦贝尔、西布特哈地区均被纳入伪满洲国版图之内，成了日本的殖民地。1937 年七七事变后，日本侵略军进攻张家口以西和山西省北部，同年 10 月，绥远省大部分地区被日军占领。日军在张家口成立“察南自治政府”，在大同成立“晋北自治政府”，在归绥成立了“蒙古联盟自治政府”，并在3个傀儡政权之上成立“蒙疆联合委员会”，作为其指导机关。1939年9月，上述3个伪自治政府合并为“蒙疆联合自治政府”，1941年8月又改称为“蒙古自治邦”。

内蒙古自治区档案馆所藏日伪档案千余卷，形成时间为1937 — 1945年。内容包括：伪蒙疆联合自治政府暂行组织法，伪旗公署组织法，伪蒙古军政府办事细则；伪防共军第一师官员名册；1943年日伪蒙疆银行对厚和市（今呼和浩特市）经济的调查统计；伪巴彦塔拉盟公署机构编制表和部分机关职员名册；有关在华日本人民反战同盟动向的文件；对察南宗教团体的调查和晋北天主教、基督教、喇嘛教及蒙疆地区救世军的调查；蒙疆经济调整报告书等。

地方各级档案馆所藏日伪档案主要有：伪赤峰实业局改组及职员委任文件，有关政治宣传的文件；伪蒙疆联合自治政府成立经过与情况调查，有关伪察哈尔盟旗政治、经济的文件；等等。

另外，自治区档案馆还保存了部分革命历史档案。主要是抗日战争和解放战争时期，内蒙古地区的中国共产党党组织及党所领导的政府、军队、群众团体的档案。有绥察行署、绥蒙区政府、绥蒙区党委，东蒙自治政府、兴安省政府和内蒙古自治运动联合会等全宗，共1,360卷，形成时间为1941 — 1949年。

基于丰富的档案资源，内蒙古自治区档案馆出版了《绥远“九一九”和平起义档案史料选编》《内蒙古自治运动联合会档案史料选编》《大青山抗日游击根据地档案史料选编》《第一、二次国内革命战争时期革命历史档案选编》等史料集。

其中《内蒙古自治运动联合会档案史料选编》由档案出版社于1988年出版，全书共23万字。该选编由内蒙古档案馆馆藏的内蒙古自治运动联合会（1945年10月 — 1947年5月）成立前后的相关档案及报刊资料汇编而成，由三部分内容组成：一、有关内蒙古自治运动联合会的档案；二、《晋察冀日报》《内蒙自治报》等报刊的相关资料；三、编者撰写的《内蒙古自治运动联合会概述》《内蒙古自治运动联合会大事记》。全书共收历史档案106件、档案附件9份，以文件形成时间顺序编排，加了编者注释。这部档案史料选编是研究内蒙古自治运动的产生、发展过程的重要史料。

第六节　辽宁省民国档案概况

一、辽宁省档案馆

辽宁省档案馆是民国档案典藏较为丰富的省级档案馆之一，凡 275 个全宗，近 100 万卷，占馆藏总量的 75%。这些档案主要由三部分组成：

1. 民国肇始至九一八事变前奉天、热河地区的省级和一些县级政府机关档案；

2. 日本侵华机构及伪满傀儡政权档案；

3. 抗战胜利后国民党统治东北时期形成的军政机关档案。

（一）概况

1. 政务机构

东北政务委员会档案 93 卷，形成于 1929 — 1931 年；奉天省长公署档案 31,526 卷，形成于 1912 — 1931 年；奉天全省官地清丈局档案 9,033 卷，形成于 1912 — 1931 年；热河省政府（一）档案 33,833 卷，形成于 1914 — 1933 年；热河省政府（二）档案 137 卷，形成于 1946 — 1948 年；安东省政府档案 752 卷，形成于 1945 — 1948 年；辽宁省政府档案 1,023 卷，形成于 1945 — 1948 年；内政部东北特派员办事处档案 4 卷，形成于 1946 — 1947 年；东北农村合作事务局档案 155 卷，形成于 1947 年；新民县公署档案 12,960 卷，形成于 1912 — 1931 年；辽中县公署档案 3,126 卷，形成于 1912 — 1931 年；兴京县公署档案 29,786 卷，形成于 1912 — 1931 年；本溪县公署档案 18,291 卷，形成于 1912 — 1931 年；安东县公署档案 2,763 卷，形成于 1912 — 1931 年；凤城县公署档案 27,025 卷，形成于 1912 — 1931 年；宽甸县公署档案 15,061 卷，形成于 1912 — 1931 年；庄河县公署档案 4,581 卷，形成于 1912 — 1931 年；岫岩县公署档案 6,518 卷，形成于 1912 — 1931 年；海城县公署档案 30,189 卷，形成于 1912 — 1931 年；盖平县公署档案 15,999 卷，形成于 1912 — 1931 年；复县公署档案 27,457 卷，形成于 1912 — 1932 年；北镇县公署档案 9,527 卷，形成于 1912 — 1931 年；黑山县公署档案 16,444 卷，形成于 1912 — 1931 年；义县县公署档案 6,048 卷，形成于 1912 — 1932 年；锦县县公署档案 31,729 卷，形成于 1912 — 1931 年；兴城县公署档案 7,841 卷，形成于 1912 — 1931 年；绥中县公署档案 14,103 卷，形成于 1912 — 1931 年；彰武县公署档案 11,216 卷，形成于 1912 — 1931 年；铁岭县公署档案 16,970 卷，形成于 1912 — 1931 年；法库县公署档案 3,425 卷，形成于 1912 — 1931 年；开原县公署档案 9,244 卷，形成于 1912 — 1931 年；西丰县公署档案 9,467 卷，形成于 1912 — 1931 年；康平县公署档案 3,162 卷，形成于 1922 — 1931 年；昌图县公署档案 12,818 卷，形成于 1912 — 1932 年。

2. 司法机构

奉天高等检察厅及辽宁高等法院档案 1,528 卷，形成于 1912 — 1931 年；奉天第一监狱档案 612 卷，形成于 1912 — 1931 年；热河省高等检察厅档案 15,954 卷，形成于 1912 — 1933 年；热河省高等法院档案 1,295 卷，形成于 1913 — 1933 年；新民分监档案 395 卷，形成于 1914 — 1931 年；兴京监狱档案 156 卷，形成于 1923 — 1929 年；本溪湖区检察厅档案 7,159 卷，形成于 1915 — 1932 年；本溪湖区法院档案 4,034 卷，形成于 1914 — 1933 年；安东地方检察厅档案 17,801 卷，形成于 1912 — 1931 年；安东地方法院档案 7,288 卷，形成于 1912 — 1931 年；安东监狱档案 2,297 卷，形成于 1912 — 1931 年；岫岩区法院档案 6,641 卷，形成于 1912 — 1931 年；岫岩区分监档案 112 卷，形成于 1923 — 1931 年；海城区法院档案 1,675 卷，形成于 1912 — 1931 年；盖平区法院档案 2,541 卷，形成于 1912 — 1924 年；锦县地方审判厅档案 233 卷，形成于 1912 — 1930 年；彰武县司法公署档案 2,360 卷，形成于 1916 — 1931 年；铁岭地方检察厅档案 3,181 卷，形成于 1919 — 1931 年；铁岭区检察厅档案 5,472 卷，形成于 1913 — 1932 年；铁岭地方法院档案 3,074 卷，形成于 1919 — 1934 年；法库区检察厅档案 330 卷，形成于 1922 — 1932 年；法库区法院档案 482 卷，形成于 1922 — 1931 年；开原区检察厅档案 6,706 卷，形成于 1926 — 1929 年；开原区法院档案 295 卷，形成于 1926 — 1931 年；开原县分监档案 27 卷，形成于 1931 — 1932 年；西丰区检察厅档案 3,389 卷，形成于 1926 — 1931

年；西丰区法院档案 11,109 卷，形成于 1912 — 1931 年；西丰区分监档案 43 卷，形成于 1928 — 1931 年；昌图区法院档案 2,779 卷，形成于 1912 — 1931 年；昌图县监狱档案 190 卷，形成于 1916 — 1931 年；辽北高等法院档案 73 卷，形成于 1946 — 1948 年；辽宁省高等法院档案 117 卷，形成于 1946 — 1948 年。

3. 军事机构

东北行辕、东北“剿匪”总司令部及政务委员会档案 2,302 卷，形成于 1945 — 1948 年；联合勤务总司令部第六补给区司令部档案 591 卷，形成于 1946 — 1948 年；辽宁省保安司令部档案 167 卷，形成于 1946 — 1948 年；辽宁省清乡总局档案 177 卷，形成于 1930 — 1931 年；东北行辕策反委员会档案 20 卷，形成于 1946 — 1948 年；国防部战犯监狱档案 11 卷，形成于 1947 — 1948 年；安东省保安司令部档案 6 卷，形成于 1946 — 1947 年；安东省警备司令部档案 34 卷，形成于 1946 — 1947 年；东北保安司令长官部档案 240 卷，形成于 1945 — 1948 年；军事联合全宗档案 153 卷，形成于 1946 — 1948 年；国防部“爱国青年”训导第三总队档案 54 卷，形成于 1946 — 1948 年；东北“剿匪”总司令部军粮筹购委员会档案 64 卷，形成于 1946 — 1948 年；联合勤务总司令部第六粮秣厂档案 57 卷，形成于 1946 — 1947 年。

4. 外交机构

东三省交涉总署档案 465 卷，形成于 1924 — 1930 年；外交部特派奉天交涉员署档案 7,303 卷，形成于 1913 — 1931 年；热河交涉员署档案 567 卷，形成于 1918 — 1930 年。

5. 教育、文化机构

奉天省教育厅档案 1,184 卷，形成于 1919 — 1931 年；奉天同泽女子中学档案 18 卷，形成于 1928 — 1931 年；热河园庭事务公所档案 441 卷，形成于 1912 — 1926 年；安东县教育局档案 2,192 卷，形成于 1912 — 1932 年；辽东学院档案 29 卷，形成于 1947 — 1948 年；沈阳医学院档案 191 卷，形成于 1946 — 1948 年；中央宣传部电影服务社档案 62 卷，形成于 1946 — 1948 年；人民革命斗争专题档案 823 卷，形成于 1913 — 1931 年；日本侵华专题档案 132 卷，形成于 1912 — 1931 年。

6. 财政、金融机构

奉天省财政厅档案 120,711 卷，形成于 1912 — 1931 年；热河省财政厅档案 16,957 卷，形成于 1912 — 1933 年；安东县财政局档案 589 卷，形成于 1922 — 1931 年；东三省盐运使署档案 19,195 卷，形成于 1912 — 1931 年；营口缉私局档案 515 卷，形成于 1912 — 1931 年；安东缉私局档案 73 卷，形成于 1919 — 1931 年；复县盐场公署档案 1,291 卷，形成于 1912 — 1931 年；安东关监督公署档案 1,154 卷，形成于 1912 — 1932 年；东三省道胜银行总清理处档案 44 卷，形成于 1927 — 1931 年；沈阳关税务司署档案 154 卷，形成于 1911 — 1931 年、1947 — 1948 年；东北九省县银行监理委员会档案 33 卷，形成于 1947 年；辽安区税务管理局档案 60 卷，形成于 1946 — 1948 年；东北盐务管理局档案 2,406 卷，形成于 1946 — 1948 年；四联总处东北分处档案 231 卷，形成于 1946 — 1948 年；财政部驻东北财政金融特派员办公处档案 216 卷，形成于 1945 — 1947 年；中央银行沈阳分行档案 606 卷，形成于 1946 — 1948 年；农民银行沈阳分行档案 402 卷，形成于 1946 — 1948 年；交通银行沈阳分行档案 148 卷，形成于 1946 — 1948 年；中央银行营口分行档案 47 卷，形成于 1946 — 1948 年；中央银行安东分行档案 35 卷，形成于 1946 — 1948 年；中央银行东北区行档案 252 卷，形成于 1945 — 1948 年；中央银行大连分行档案 15 卷，形成于 1945 — 1948 年；中央银行锦州分行档案 22 卷，形成于 1948 年；中央合作金库东北分库档案 33 卷，形成于 1946 — 1948 年；银行系统财会档案汇集档案 2,184 卷，形成于 1946 — 1948 年；交通银行营口支行档案 23 卷，形成于 1946 — 1948 年；交通银行锦州支行档案 32 卷，形成于 1946 — 1948 年。

7. 经济、交通、邮电机构

国民政府主席东北行辕经济委员会档案 996 卷，形成于 1946 — 1948 年；东北敌伪产业处理局档案 77 卷，形成于 1946 — 1948 年；东北物资调节局档案 218 卷，形成于 1946 — 1948 年；资源委员会东北办事处档案 36 卷，形成于 1946 — 1948 年；资源委员会抚顺、西安、本溪、阜新、北票、烟台煤矿沈阳联合业务处档案 251 卷，形成于 1947 年；东北生产管理局档案 1,418 卷，形成于 1946 — 1948 年；东北生产管理局辽北分局档案 185 卷，形成于 1946 — 1948 年；水利部东北水利工程总局档案 457 卷，形成于 1946 — 1948 年；东北第一区粮食管理局档案 594 卷，形成于 1946 — 1948 年；粮食部东北粮政特派员办公处档案 48 卷，形成于 1946 年；奉天劝业道档案 6 卷，形成于 1912 — 1913 年；奉天华产商品陈列所档案 33 卷，形成于 1912 — 1917 年；资源委员会东北电力局档案 476 卷，形成于 1946 — 1948 年；资源委员会辽宁水泥有限公司档案 134 卷，形成于 1946 — 1948 年；东北行辕沈阳制粉厂档案 55 卷，形成于 1946 — 1947 年；资源委员会中央电工器材有限公司档案 83 卷，形成于 1946 — 1948 年；资源委员会中央机器有限公司沈阳机器厂档案 276 卷，形成于 1946 — 1948 年；资源委员会沈阳滚珠轴承厂档案 17 卷，形成于 1947 — 1948 年；资源委员会沈阳机车车辆制造有限公司档案 430 卷，形成于 1946 — 1948 年；中国纺织建设公司东北分公司档案 179 卷，形成于 1946 — 1948 年；东北生产管理局东北纺织公司档案 135 卷，形成于 1946 — 1948 年；资源委员会东北金属矿业有限公司沈阳冶炼厂档案 142 卷，形成于 1946 — 1948 年；东北生产管理局东亚烟草公司档案 45 卷，形成于 1947 — 1948 年；交通部所属机构档案 30 卷，形成于 1947 — 1948 年；交通部第一交警总局第三总队档案 6 卷，形成于 1947 年；交通部第九区电信管理局档案 1,973 卷，形成于 1946 — 1948 年；辽宁邮政管理局档案 311 卷，形成于 1946 — 1948 年。

8. 党务、社团、人物

国民党辽宁、安东省党部档案 179 卷，形成于 1939 — 1948 年；三青团辽宁支团部档案 129 卷，形成于 1945 — 1947 年；国民党中央宣传部东北区特派员办公处档案 44 卷，形成于 1946 — 1947 年；特务机构档案汇集档案 49 卷，形成于 1946 — 1948 年；奉天总商会档案 8,553 卷，形成于 1912 — 1931 年；张作霖档案 32 卷，形成于 1912 — 1931 年；杨宇霆档案 131 卷，形成于 1917 — 1928 年；人物档案汇集档案 135 卷，形成于 1946 — 1948 年。

9. 伪满档案

伪满宫廷秘档 98 卷，形成于 1932 — 1936 年；奉天省公署档案 552 卷，形成于 1931 — 1945 年；伪满警务机关档案 57 卷，形成于 1932 — 1945 年；伪满行政机关档案 46 卷，形成于 1933 — 1945 年；伪满司法机关档案 99 卷，形成于 1932 — 1945 年；奉天通志馆档案 15 卷，形成于 1932 — 1935 年；盐务署营口缉私局档案 51 卷，形成于 1932 — 1936 年；沈阳市大连、北市、皇姑屯警察署档案 212 卷，形成于 1931 — 1945 年；伪满矿业档案汇集档案 89

卷，形成于 1932 — 1946 年；奉天商工公会档案 85 卷，形成于 1939 — 1945 年；满州医科大学档案 130 卷，形成于 1917 — 1945 年；满州中央银行档案 64 卷，形成于 1932 — 1945 年；热河省警务厅档案 27 卷，形成于 1938 — 1945 年；南满铁道株式会社档案 13,690 卷，形成于 1912 — 1945 年；奉天铁路管理局档案 17 卷，形成于 1932 — 1934 年；沈海铁路公司档案 179 卷，形成于 1925 — 1934 年；吉海铁路局档案 659 卷，形成于 1927 — 1934 年；洮昂铁路档案 304 卷，形成于 1925 — 1934 年；洮索铁路档案 82 卷，形成于 1929 — 1934 年；四洮铁路管理局档案 1,103 卷，形成于 1916 — 1933 年；齐克铁路局档案 332 卷，形成于 1928 — 1934 年；呼海铁路局档案 444 卷，形成于 1925 — 1933 年；吉兴铁路管理局档案 678 卷，形成于 1912 — 1932 年；吉敦铁路管理局档案 430 卷，形成于 1926 — 1933 年；吉林铁路档案 178 卷，形成于 1934 — 1945 年。

（二）**特色**

辽宁省档案馆馆藏有以下 3 个特点：

1. 全面、生动地记载了奉系军阀的兴衰史。

清末至九一八事件爆发，是奉系军阀从崛起到兴盛，再至衰落的一个历史时期。该馆馆藏数十万计的民国档案生动、具体地记载了张氏父子及奉系其他实力人物策划、参与的重要活动和重大事件，反映了奉系军阀兴衰的全过程。民国时期中国地方军阀割据一方，相互争斗频仍，兵戎厮杀，城头王旗常变。奉系军阀崛起迅速，势力扩至长江南北，曾一度入主北京左右中国政局，奉系军阀史是中国近代史学的重大研究课题。由于种种原因，当时诸多军阀形成的档案，存留至今日者寥寥，唯独奉系军阀的档案大量保存了下来，因之，更显弥足珍贵。

2. 全面、系统地反映了日本侵略中国东北的罪恶历史。

清帝逊位时，日本已将沙俄势力逐出南满，在东北站住了脚跟。之后，日本加快侵略步伐，全面扩张，频频制造事端，乃至发动九一八事变，武装侵占全东北，随之实施长达 14 年的殖民统治。馆藏民国时期档案中反映此类内容者俯拾皆是，汗牛充栋。尤其是日本侵华机构档案，直接记载了这段血腥历史，更是研究日本侵华史的珍贵素材。馆藏民国档案也记录了中国共产党、东北人民反抗日本侵略的历史。

3. 全面、具体地记载了 1912 — 1948 年东北特别是辽宁省的社会经济、政治、文化、教育、军事等各方面情况。

诸如土地丈量、兴办实业、金融风波、兴办教育、水旱灾害、民风民情，等等。

较有代表性的档案有：

（1）东北政务委员会档案

东北政务委员会是 20 世纪 20 年代末至 30 年代初东北地区的最高行政机关，九一八事变后解体。其档案共 94 卷，主要反映了苏联在东北地区的活动、1929 年末的中东路事件、1930 年 10 月召开的中苏会议、中苏贸易、张学良武装调停中原大战、国民党在东北发展势力以及苏联的一些情况，如苏联远东地区多次发生白党袭击边界、颠覆火车事件，苏军在远东的布置，苏联向远东移民等。在东北政务委员会档案中，张学良亲笔起草和签署的文电颇多。

（2）奉天、热河省长公署档案

奉天、热河省长公署是民国时期分别综理两省政务的最高行政机关，主管全省民政、司法、教育、警务、实业、财政金融和交涉等事宜。现存奉天、热河省长公署档案各三万多卷，案卷基本完整，反映了九一八事变前东北和奉天、热河地区的社会概貌。这部分档案是集中反映奉系军阀兴衰、张氏父子及奉系其他重要人物活动的宝贵材料。

档案的主要内容是：张作霖的发迹并掌管东北军政大权，两次直奉战争，郭松龄反奉，张作霖就任安国军总司令和北京军政府大元帅，张作霖在皇姑屯被炸，张学良执政，杨常事件，东北易帜，东北地区军队驻防、军费开支、军事教育与训练，东北军的沿革与发展，奉系军阀与其他军阀、其他政治势力的关系，奉天、热河省各级行政机关的设置、变迁和官吏任免，财政、金融、税捐制度及章则，全省及所辖市县预决算，田赋捐税的征收，通货膨胀和发行货币，整顿金融，官办、中外合办的各种实业的创立与经营，土地制度和农业生产以及自然灾害、社会教育、文化和卫生状况，各党派的活动和人民群众反帝爱国斗争，等等。

档案中有相当多的文件记载了日本在东北驻军、演习、制造借口挑起事端并扩大侵略，掠夺东北资源，开采煤矿、铁矿，打击中国民族工商业，控制东北交通运输，掠夺“满蒙五路”修筑权，发动九一八事变等内容。

这部分档案中，有诸多是当时国内政要显贵和著名人士亲笔形成的，如黄兴致张锡銮函，冯国璋、吴佩孚、梁士诒、曹汝霖、张謇、阎锡山等分别写给张作霖的信，张学良与蒋介石、宋子文、孔祥熙、张群、孙科的往复文电，孙科致王永江的信，九世班禅致莫德惠的感谢函以及孙传芳、颜惠庆、陈炯明、郭松龄、王永江、于学忠、杨宇霆、张宗昌等人形成的大量信函。

档案中还保存有一些东北当局“反腐败”方面的文书，如1924年奉天省长公署文官肖宾因“吃回扣”被追缴文官证书的文件，1926年奉天省长莫德惠严禁公务人员接受宴请馈赠的训令，1929年张学良发布严禁公务人员购物舞弊中饱私囊的布告，等等。

（3）奉天、热河省级财税机关档案

财政税收，从古至今一直是各级政府机构的主要职能。馆藏民国时期奉天、热河两省财税机关形成的档案，达20余万卷。这些档案比较全面地反映了当年奉天、热河两省的财政税改状况，也反映了当时发生的重大事件。其内容涵括：财政税务机关的沿革变迁、官员任免、考核奖惩，财税制度、规定、条例，省级及县级各年度财政经费预决算册、计划书、报告书、统计表，奉天纺纱厂等民族工矿业的创办与经营，各类商号、铺户、烧锅的调查统计，丈放垦荒及官庄旗地的调查与处置，水旱等自然灾害的调查，各县呈报的逐年雨雪粮价，各地发生的反抗日本侵略的活动，等等。

（4）东北及奉天交涉机关档案

此部分档案的形成机关为东三省交涉总署和外交部特派奉天交涉员署，共计7,764卷。东三省交涉总署于1924年10月设立，1930年3月裁撤，掌东北三省对外交涉事宜。外交部特派奉天交涉员署是1913年在奉天交涉司的基础上改组而成，其执掌是：承外交总长之命，兼受奉天省行政长官之监督，总理全省外交行政事务。九一八事变后被迫中止各项职能活动。日本帝国主义一直把“满蒙”视为自己的生命线。民国时期，对中国东北侵略最疯狂、掠夺最贪婪、欺侮最严重的外强是日本，因此，在交涉档案中反映日本侵华的内容约占一半左右。主要有：日本违约在东北非法驻军、频频演习、侦察测绘、烧杀抢掠，蓄意制造临江强行设领事件、延吉设警出兵事件、铁岭事件、宽城子事件、万宝山事件，掠夺东北路权策划修筑“满蒙五路”，合办各种矿山工厂掠夺资源、榨取超额利润，强买强占民房民田、贩卖毒品、杀人毙命，等等。此外，还有与沙俄（后与苏联）、美国、英国、法国、德国驻奉领事机构交涉的文件。

（5）奉天、热河省司法机关档案

此类档案共14万余卷，形成档案的机关为奉天、热河省的高等法院、高等检察厅以及奉天省一些市县的地方法院、地方检察厅和监狱。其主要内容是：各级司法机关的设立、组织章程、官员任免，人犯的缉查、看守、审判、上诉、假释、保释、减刑、赦免等项规章制度，各类民事、刑事、涉外案件，各种案件的调查、审讯记录、切结、宣判，各类监狱的统计材料、监狱的管理、人犯经费及囚粮统计，各类司法机关的经费开支，司法学术团体的活动，等等。

（6）奉天总商会档案

共1万余卷。奉天总商会是奉天当局支持下成立的社会团体，其前身是1900年成立的奉天商务总会，辖省内各市县商务分会。其主要任务是："联络同业，启发知识，调查商业，研究商学，备政府之咨询，及维持公益，改正行规，调停争执，代诉冤抑，和协商情。"档案主要记载了：总商会及分会章程、职员任免，奉天省工矿商企业的经营与发展、争执与呈诉，凋敝与破产，各行业同业公会的设立与活动情况，物价的调查和统计，税制和税收及社会捐税苛重、商民困难情形，银行的设立、规则、投资信贷办法、经营状况及社会通货膨胀、币值暴落、市面恐慌情形，对外贸易统计、进出口情形，日美俄德等国奉天设厂、开店、办洋行情形，工人罢工、学生运动，等等。

（7）县级政府机关档案

各县行政机关，清末至民初称县衙门，设知县；1913年，改称县公署，设县知事；1929年，改称县政府，设县长。各县级机关，负责全县行政事务。馆藏民国时期新民、辽中、兴京、本溪、桓仁、安东、凤城、宽甸、抚顺、庄河、岫岩、复县、海城、盖平、北镇、黑山、义县、锦县、绥中、彰武、铁岭、法库、开原、西丰、昌图、康平等县公署档案，时间下限止于1931年九一八事变后，共计50万余卷。这些档案反映了各县政治、经济、文化教育的历史概貌。如机关沿革和官员任免，区划变动，山川名胜、土地、人口调查、开荒丈放、财赋税收，各类自然灾害，旗人旗地之处置，奉军驻扎及作战，警察司法规章制度及各种刑事案件，兴办实业，学校教育及日本侵略者掠夺欺凌，等等。县级政府机关档案具有微观的特点，生动、具体地反映某县某镇某村的典型情况。美国学者欧中坦先生曾说，这些县公署的档案十分珍贵，用其中任何一个县的档案就可以培养出几个博士。此话并不过分。

（8）东北行辕档案

这些档案形成于 1945 — 1948 年，凡 3,000 余卷。抗战胜利后，东北行辕（1946 年 8 月前称东北行营）为掌管东北军政事务最高机关。其档案反映了国民政府统治东北三年中的主要活动以及当时东北的重大事件和社会的基本情况，如接收日伪产业，处理抗战后的各项善后，国共斗争和辽沈战役，东北人民反内战救亡活动，苏军在东北的活动及撤离，东北行政区划变迁，东北行辕及各省市县政府机关沿革、官员任免，国民政府军队的编制、征调、驻防与装备，财政预决算及军政费用拨付，金融改革，捐税征收及恢复生产，还有农林水利、商业贸易、交通邮电、文教卫生等内容，是研究国民党统治东北三年间各方面情况的原始资料。

（9）伪满洲国时期档案

1945 年日本投降前夕，为毁灭侵华罪证，下令焚烧伪满洲国各级政权机关档案，致使该时期的档案存世无多。辽宁省档案馆存伪满洲国时期档案仅 600 余卷。主要有：

伪满宫廷秘档，形成于 1932 — 1936 年，共 98 卷。文件内容主要反映溥仪出任伪满执政及改制称帝，“日满密约”的签订，伪满勾结日本人策划入关并发动华北叛乱，溥仪的谈话记录、密函，有关郑孝胥、胡嗣瑗、陈玉琛、朱益藩等人活动记录，外刊对日本侵占东北和炮制伪满洲国的评论，对各地抗日武装力量的调查，等等。这部分档案，真实地反映了溥仪等人与伪满政权的活动和日本操纵伪满政权进行殖民统治的罪恶行径。

伪奉天省公署档案，形成于 1931 — 1945 年，共 500 余卷，大部分为汉文，少量为日文。档案系当年焚档大火中的幸存部分，很不完整，无法系统反映东北沦陷的 14 年间的基本情况。主要内容是：九一八事变后伪奉天地方维持会的成立及主要活动，义勇军等抗日武装在各地的抗日斗争，伪满政权机构的设置与变迁、人事任免，日本操纵伪满政权，日本人移民东北，日军和伪军的编制、配备和军费开支，土地和灾情等社会调查，以及金融、税务、实业、交通、外事等方面的一些情况。

（10）满铁档案

南满洲铁道株式会社简称满铁，是代表日本政府“经营满洲”的侵略机构，也是当时世界上少有的特大型殖民企业。满铁经营交通运输、采矿冶金和其他行业，并从事调查和搜集情报等特务活动，侵略魔爪无孔不入。1907 — 1945 年，满铁在东北活动了近 40 年，形成了大量的档案资料。这些档案资料，是日本侵华的铁证。

辽宁省档案馆馆藏满铁档案和资料，共计 6 万余卷（册）。在一定意义上说，二者是一个统一的整体。辽宁省档案馆收藏世间仅存的满铁总社档案和大量的满铁资料，二者互相弥补，在对外提供利用方面具有独特的优势。满铁档案分属总体部、地方部、调查部、产业部、兴业部、经理部、计划部、商事部、铁道部等部门，以总体部、地方部档案居多。总体部档案的形成单位是社长室、总裁室、理事长室、总务部和总务局等，档案内容明显具有满铁首脑机关、综合部门的特点，诸如满铁的成立、机构变迁、人事任免、章程修改、机密会议记录、制定与推行经营方针政策、重大事项决策、预决算、重要契约书和备忘录、关系会社情况、重要的调查报告、重要情报，等等。总体部档案中，有数以千计的文件、电报，记载了满铁如何具体地参与九一八事变和七七事变。反映满铁与东北当局上层人物徐世昌、张作霖、张学良来往交涉的文件亦不少。还有刺探奉系军阀头目的详细情报。地方部档案主要反映满铁在铁道附属地的活动。调查部档案，当然也是十分重要的，如接收南满铁路、调研满铁经营方针、东北资源调查及港湾调查、各工业部门调查等内容，均有详细反映。满铁经调会为关东军起草的伪满洲国各项经济政策的文件，亦令人瞩目。

这些侵略者自己行迹所形成的档案，是维护历史真实面貌，回击为侵略辩护种种谬论的最有力的证据。满铁档案中对南京大屠杀亦有记载。1937 年底南京惨案后，满铁立即派人参加“南京特务班”，协助日军处理善后。“南京特务班”先后三次向满铁总社报告，称在其指挥下的红卍字收尸队由 600 人组成，如此庞大的收尸队仍不敷用，每天还需要“民工二百至三百人”，“红卍字会自进行尸体收容工作以来，已默默工作了三个月，其工作成果值得称赞。”“至 3 月 15 日止，已把城内 1793 具、城外 29998 具，共计 31791

具尸体收容在城外下关地区和上新河地区的指定地点。”[1]满铁档案白纸黑字地记载了红卍字会掩埋南京一定区域内部分被杀市民遗体的史实，证明南京大屠杀是确凿的事实。

满铁资料，是指满铁公开出版或内部印行的调查报告、专题材料、说明材料、文件汇集、各种刊物以及满铁搜集的其他资料。馆藏满铁资料 4 万余册，其中满铁调查部形成的各种调查报告 2,000 余种、满铁经调会形成的重要资料数百种。

二、沈阳市档案馆

（一）行政、内政、社会机构

沈阳市政府档案 2,286 卷，形成于 1945 — 1948 年；沈阳市民政局档案 942 卷，形成于 1946 — 1948 年；沈阳市工务局档案 340 卷，形成于 1946 — 1948 年；沈阳市地政局档案 43 卷，形成于 1941 — 1948 年；沈阳市公用局档案 67 卷，形成于 1946 — 1947 年；沈阳市警察局档案 872 卷，形成于 1945 — 1948 年；沈阳县政府档案 21 卷，形成于 1946 — 1948 年；沈阳市政府电车厂档案 21 卷，形成于 1947 — 1948 年；沈阳市政府煤气厂档案 395 卷，形成于 1945 — 1948 年；沈阳市商会档案 395 卷，形成于 1946 — 1948 年；沈阳财团法人同善堂档案 97 卷，形成于 1936 — 1948 年；沈阳市立救济院档案 40 卷，形成于 1946 — 1948 年。

（二）党务、司法、军事机构

国民党沈阳市党部档案 223 卷，形成于 1945 — 1948 年；三青团辽宁支团部筹备处档案 69 卷，形成于 1945 — 1948 年；沈阳地方法院档案 23,580 卷，形成于 1946 — 1948 年；沈阳第二监狱档案 30 卷，形成于 1947 — 1948 年；国民政府主席东北行辕政务委员会政治工作队档案 53 卷，形成于 1948 年 3 月至 7 月；青年远征军二〇七师等档案汇集档案 105 卷，形成于 1944 — 1948 年；沈阳警备司令部、沈阳民众自卫队、沈阳青年冬令营档案 22 卷，形成于 1946 — 1948 年；兵工署第九十工厂稽查组档案 84 卷，形成于 1946 — 1948 年；联合勤务总司令部第三、第四汽车制造厂档案 60 卷，

[1] 辽宁省档案馆：《满铁档案中有关南京大屠杀的一组史料》，《民国档案》1999 年第 3 期。

形成于 1946 — 1948 年；联合勤务总司令部沈阳被服总厂档案 23 卷，形成于 1946 — 1948 年；联合勤务总司令部沈阳被服总厂制呢厂档案 11 卷，形成于 1946 — 1948 年；联合勤务总司令部沈阳被服总厂胶鞋厂档案 3 卷，形成于 1946 — 1947 年；联合勤务总司令部沈阳麻袋厂档案 4 卷，形成于 1947 — 1948 年；联合勤务总司令部沈阳被服总厂橡胶厂档案 6 卷，形成于 1946 — 1948 年。

（三）文教、卫生机构

沈阳市教育局档案 498 卷，形成于 1914 — 1948 年；沈阳市立第一中学档案 16 卷，形成于 1946 — 1948 年；沈阳市立图书馆档案 27 卷，形成于 1938 — 1948 年；沈阳市卫生局档案 385 卷，形成于 1946 — 1948 年；沈阳市立传染病院档案 88 卷，形成于 1946 — 1948 年；沈阳市立牙科医院档案 33 卷，形成于 1946 — 1948 年；沈阳市立卫生试验所档案 9 卷，形成于 1946 — 1948 年；沈阳市立第一平民医院档案 38 卷，形成于 1946 — 1948 年。

（四）财政、金融机构

沈阳市财政局档案 250 卷，形成于 1945 — 1948 年；沈阳市银行档案 7 卷，形成于 1946 — 1948 年；中国农民银行沈阳分行档案 3 卷，形成于 1946 — 1948 年；汇丰银行沈阳分行档案 13 卷，形成于 1930 — 1948 年；志诚银行档案 383 卷，形成于 1935 — 1938 年 .

（五）实业、交通、邮电机构

东北生产管理局沈阳管理局档案 346 卷，形成于 1946 — 1948 年；东北生产管理局沈阳机器厂档案 10 卷，形成于 1946 — 1948 年；沈阳平安企业股份有限公司等档案汇集档案 21 卷，形成于 1946 — 1948 年；沈阳石棉瓦股份有限公司档案 2 卷，形成于 1947 年；辽宁第一啤酒厂档案 15 卷，形成于 1946 — 1948 年；沈阳橡胶轮胎厂档案 7 卷，形成于 1946 — 1948 年；资源委员会沈阳橡胶四分厂档案 9 卷，形成于 1946 — 1948 年；沈阳化工厂档案 5 卷，形成于 1945 — 1948 年；中央机器有限公司沈阳制车厂档案 14 卷，形成于 1946 — 1948 年；东北电力局沈阳区电力分局档案 506 卷，形成于 1946 — 1948 年；东北纺织公司沈阳帆布厂档案 21 卷，形成于 1947 — 1948 年；东北生产管理局沈阳铁工厂档案 14 卷，形成于 1946 — 1948 年；沈阳启东烟草公司档案 54 卷，形成于 1908 — 1948 年；沈阳修理厂档案 2 卷，形成于 1947 年；交通部沈阳桥梁厂档案 3 卷，形成于 1946 — 1948 年；交通部沈阳电池厂档案 1 卷，形成于 1946 — 1948 年；沈阳市邮政局档案 295 卷，形成于 1946 — 1948 年；沈阳市电信局档案 926 卷，形成于 1946 — 1948 年。

三、其他档案馆

1. 大连市档案馆

国民党旅大市县党部、三青团大连支部档案 185 卷，形成于 1945 — 1948 年；金县警察局档案 25 卷，形成于 1945 — 1948 年；旅大金地区工作队、金县军队联合稽查处档案 7 卷，形成于 1946 — 1948 年；民中档案汇集档案 294 卷。

2. 鞍山市档案馆

鞍山市民国档案汇集档案 829 卷，形成于 1947 — 1948 年。

3. 抚顺市档案馆

抚顺市（县）政府档案 761 卷，形成于 1946 — 1948 年；抚顺市（县）工矿党部档案 47 卷，形成于 1946 — 1948 年；三青团辽宁省支部抚顺分部档案 16 卷，形成于 1945 — 1947 年；抚顺县警察局档案 390 卷，形成于 1945 — 1948 年；抚顺矿务局矿业警察所警察大队档案 56 卷，形成于 1946 — 1948 年；抚顺地方法院档案 2,235 卷，形成于 1947 — 1948 年。

4. 本溪市档案馆

本溪县政府档案 201 卷，形成于 1946 — 1948 年；本溪市军队档案汇集档案 61 卷，形成于 1936 — 1948 年；国民党本溪市（县）党部档案 157 卷，形成于 1946 — 1948 年；本溪市（县）警察局档案 141 卷，形成于 1946 — 1948 年；本溪县地方法院档案 258 卷，形成于 1946 — 1948 年；本溪工科职业学校档案 88 卷，形成于 1946 — 1948 年；本溪煤铁有限公司档案 1,844 卷，形成于 1911 — 1948 年；本溪水泥厂档案 512 卷，形成于 1933 — 1948 年。

5. 丹东市档案馆

安东市民国档案汇集档案 544 卷，形成于 1945 — 1948 年。

6. 营口市档案馆

营口县公署档案 21,283 卷，形成于 1912 — 1931 年；营口地方法院档案 1,065 卷，形成于 1912 — 1932 年；营口海关档案 323 卷，形成于 1912 — 1948 年；营口启东烟草股份有限公司档案 519 卷，形成于 1933 — 1949 年；

日伪营口放送普及局档案 17 卷，形成于 1939 — 1944 年；营口市公安局档案室，营口市警察局档案 23 卷，形成于 1946 — 1948 年；辽宁省全省水上警察局档案 1 卷，形成于 1946 — 1947 年；营口警察厅档案 1 卷，形成于 1938 年；海上警察队档案 1 卷，形成于 1940 年；国民党辽宁省营口市执行委员会档案 5 卷，形成于 1947 年；三青团辽宁支部营口分团部档案 5 卷，形成于 1946 — 1947 年；营口市政府档案 8 卷，形成于 1946 — 1947 年；营口市商会档案 11 卷，形成于 1945 — 1947 年；营口市兵役协会档案 1 卷，形成于 1947 年；中国新社会事业建设协会沈阳分会营口区会档案 1 卷，形成于 1946 — 1947 年。

7. 阜新市档案馆

阜新市民国档案汇集档案 74 卷，形成于 1940 — 1948 年。

8. 辽阳市档案馆

辽阳县行政公署档案 29,263 卷，形成于 1912 — 1932 年；辽阳县公安局档案 7,118 卷，形成于 1912 — 1932 年；辽阳县财政局档案 1,667 卷，形成于 1912 — 1932 年；辽阳县教育局档案 2,331 卷，形成于 1912 — 1931 年；辽阳县地方检察厅档案 3,868 卷，形成于 1912 — 1919 年；辽阳保甲事务所档案 3,229 卷，形成于 1912 — 1929 年；辽阳县清乡队档案 55 卷，形成于 1914 — 1923 年；辽阳县地方审判厅档案 296 卷，形成于 1912 — 1923 年；辽宁第二监狱档案 624 卷，形成于 1912 — 1930 年；辽阳县政府档案 24 卷，形成于 1946 — 1948 年；国民党辽阳县党部档案 47 卷，形成于 1946 — 1948 年；经济部东北特派员办公处辽阳办事处档案 48 卷，形成于 1946 — 1948 年；兵工署九十工厂辽阳分厂档案 10 卷，形成于 1946 — 1948 年；辽阳县邮电局档案 13 卷，形成于 1946 — 1948 年。

9. 开原市档案馆

开原市公安局档案 29 卷，形成于 1929 — 1949 年。

第七节　吉林省民国档案概况

一、吉林省档案馆

（一）行政、社会、司法机构

吉林省政府档案 25,821 卷，形成于 1912 — 1931 年；吉林省议会档案 232 卷，形成于 1912 — 1929 年；东三省筹边公署档案 124 卷，形成于 1912 — 1913 年；吉林全省旗务处档案 778 卷，形成于 1912 — 1929 年；吉林乌拉协领公署档案 187 卷，形成于 1915 — 1929 年；长春市政府档案 257 卷，形成于 1946 — 1948 年；吉林省民政厅档案 1,280 卷，形成于 1911 — 1932 年；东北赈灾会吉林分会档案 87 卷，形成于 1928 — 1930 年；吉林省建设厅档案 1,539 卷，形成于 1929 — 1931 年；吉林高等法院档案 90 卷，形成于 1912 — 1931 年；吉林高等检察厅档案 7 卷，形成于 1916 — 1928 年；吉林高等法院第一分院档案 117 卷，形成于 1927 — 1932 年；吉林高等法院第一分院检察处档案 142 卷，形成于 1924 — 1931 年；吉林第一高等检察分厅档案 226 卷，形成于 1924 — 1932 年；吉林地方法院档案 1,083 卷，形成于 1912 — 1931 年；吉林地方法院检察处档案 33 卷，形成于 1925 — 1931 年；吉林地方检察厅档案 84 卷，形成于 1928 — 1931 年；吉林永吉地方法院档案 178 卷，形成于 1912 — 1931 年；吉林永吉地方法院检察处档案 45 卷，形成于 1925 — 1931 年；吉林省第一初级审判厅档案 67 卷，形成于 1912 — 1913 年。

（二）军警、外交机构

东北边防军驻吉副司令长官公署档案 929 卷，形成于 1912 — 1931 年；国防部二厅长春站档案 232 卷，形成于 1946 — 1948 年；吉长道区保卫团督练处档案 397 卷，形成于 1921 — 1923 年；滨江道区保卫团督练处档案 711 卷，形成于 1921 — 1923 年；延吉道区保卫团督练处档案 976 卷，形成于 1921 — 1923 年；依兰道区保卫团督练处档案 749 卷，形成于 1921 — 1923 年；吉林省清乡总局档案 5,890 卷，形成于 1920 — 1932 年；吉林全省保卫团管理处档案 4,425 卷，形成于 1926 — 1931 年；吉林省保卫团督办处档案 1,997 卷，形成于 1920 — 1926 年；编练地方保卫团总办事处档案 23 卷，形成于 1917 — 1919 年；吉林全省警务处档案 9,605 卷，形成于 1912 — 1931 年；吉林警备队统领部档案 483 卷，形成于 1923 — 1925 年；吉林延、珲、和、汪警察游巡总队档案 75 卷，形成于 1920 — 1926 年；长春市警察局档案 1,946 卷，形成于 1946 — 1948 年；外交部特派吉林交涉员公署档案 2,058 卷，形成于 1912 — 1930 年；外交部吉林哈尔滨交涉员公署档案 3,357 卷，形成于 1920 — 1929 年；外交部驻哈尔滨吉林特派员办事处档案 972 卷，形成于 1930 — 1932 年。

（三）教育、文化机构

吉林省政府教育厅档案 8,251 卷，形成于 1917 — 1932 年；吉林省立第一师范学校档案 8 卷，形成于 1930 — 1931 年；吉林省立第二师范学校档案 10 卷，形成于 1930 — 1931 年；吉林省立女子师范学校档案 506 卷，形成于 1921 — 1931 年；吉林省立第一中学校档案 822 卷，形成于 1918 — 1931 年；吉林省立第五中学校档案 16 卷，形成于 1930 — 1931 年；吉林省立女子中学校档案 15 卷，形成于 1929 — 1930 年；吉林省联立职业中中学校档案 9 档案年；吉林青华初等高等小学校档案 9 卷，形成于 1912 — 1914 年；吉林高等巡警学校档案 21 卷，形成于 1912 年；吉林省立图书馆档案 202 卷，形成于 1911 — 1931 年；吉林省立民众教育馆档案 179 卷，形成于 1916 — 1931 年；各学校、教会、社团档案汇集档案 464 卷，形成于 1946 — 1948 年。

（四）财政、经济、农林、交通、邮电机构

吉林省财政厅档案 18,894 卷，形成于 1912 — 1931 年；吉林国税厅筹备处档案 528 卷，形成于 1913 — 1914 年；吉黑榷运局档案 3,084 卷，形成于 1912 — 1931 年；吉林清理财政局档案 15 卷，形成于 1912 — 1913 年；吉林全省印花税总处档案 2,445 卷，形成于 1916 — 1934 年；吉林卷烟统税局档案 380 卷，形成于 1927 — 1930 年；吉林省城税捐征收局档案 462 卷，形成于 1913 — 1932 年；吉林省木税征收局档案 319 卷，形成于 1920 — 1929 年；吉林省政府实业厅档案 5,723 卷，形成于 1912 — 1932 年；吉林华森制材公司档案 164 卷，形成于 1918 — 1929 年；吉林省立工艺厂档案 96 卷，形成于 1915 — 1931 年；吉林省立女工厂档案 83 卷，形成于 1925 — 1931 年；吉林森林局档案 986 卷，形成于 1912 — 1929 年；吉林官办临江林业局档案 217 卷，形成于 1918 — 1930 年；吉林农事试验场档案 492 卷，形成于 1912 — 1931 年；吉林垦植分会档案 73 卷，形成于 1912 — 1914 年；吉林铁路交涉总局档案 1,326 卷，形成于 1912 — 1931 年；吉林哈尔滨铁路交涉总局档案 217 卷，形成于 1912 — 1931 年；长春铁路交涉分局档案 185 卷，形成于 1912 — 1931 年；长春铁路公安处档案 25 卷，形成于 1946 — 1948 年；吉林全省水道局档案 216 卷，形成于 1929 — 1932 年；吉林官轮事务所档案 44 卷，形成于 1915 — 1918 年；吉林文报总局档案 18 卷，形成于 1912 — 1914 年；吉林邮政管理局档案 673 卷，形成于 1929 — 1947 年；长春邮政管理局档案 128 卷，形成于 1946 — 1948 年；长春区电力分局档案 94 卷，形成于 1945 — 1948 年。

（五）国民党党务

国民党吉林省执行委员会档案 821 卷，形成于 1946 — 1948 年；国民党长春市执行委员会档案 513 卷，形成于 1946 — 1948 年；三青团长春区团部档案 15 卷，形成于 1946 — 1947 年。

（六）伪满机构

伪满吉林农事试验场档案 24 卷，形成于 1931 — 1936 年；伪满洲国国务院建筑局档案 843 卷，形成于 1932 — 1943 年；伪满吉林省公署档案 826 卷，形成于 1931 — 1936 年；伪满洲国民生部档案 1 卷，形成于 1943 年；伪满洲国产业部档案 9 卷，形成于 1934 — 1940 年；伪满洲国兴农部档案 8 卷，形成于 1939 — 1944 年；伪满洲国财政部档案 2 卷，形成于 1938 年；伪满洲国经济部档案 34 卷，形成于 1937 — 1944 年；伪满洲国外交部档案 2 卷，形成于 1935 年；伪满洲国实业部档案 21 卷，形成于 1937 — 1943 年；伪满洲国交通部档案 8 卷，形成于 1940 — 1941 年；伪满洲国最高法院档案 47 卷，形成于 1932 — 1941 年；伪满洲国首都警察厅档案 83 卷，形成于 1939 — 1944 年；伪满洲矿业株式会社档案 50 卷，形成于 1937 — 1944 年；伪满洲矿山株式会社档案 300 卷，形成于 1937 — 1944 年；伪满洲电业株式会社档案 4,000 卷，形成于 1935 — 1944 年；伪满洲电信电话株式会社档案 6

卷，形成于 1937 — 1940 年；伪满洲国农产公社档案 150 卷，形成于 1937 — 1943 年；伪满洲国炭矿株式会社档案 150 卷，形成于 1937 — 1942 年；南满铁道株式会社档案 100 卷，形成于 1932 — 1944 年；伪满吉林全省警备处档案 690 卷，形成于 1931 — 1936 年；伪满吉林省清乡总局档案 217 卷，形成于 1931 — 1932 年；伪满吉林省保卫团管理处档案 338 卷，形成于 1931 — 1933 年；伪满吉林省公署民政厅档案 131 卷，形成于 1932 — 1936 年；伪满吉林省公署财政厅档案 153 卷，形成于 1932 — 1937 年；伪满吉林省公署总务厅档案 24 卷，形成于 1932 — 1936 年；伪满吉林省公署建设厅档案 7 卷，形成于 1936 年；伪满吉林省公署实业厅档案 17 卷，形成于 1932 — 1936 年；伪满吉林省公署开拓厅档案 90 卷，形成于 1941 — 1945 年；伪满吉林省公署教育厅档案 109 卷，形成于 1931 — 1936 年；伪满吉林省公署特派驻延行政专员临时办事处档案 59 卷，形成于 1931 — 1935 年。

二、长春市档案馆

伪满中央银行档案 50,000 卷，形成于 1932 — 1945 年；吉长道公署档案 4,229 卷，形成于 1913 — 1929 年；吉长道尹长春交涉员档案 3,620 卷，形成于 1913 — 1929 年；长春县政府档案 8,043 卷，形成于 1912 — 1931 年；长春县保卫团档案 2,237 卷，形成于 1914 — 1931 年；长春县教育局档案 1,503 卷，形成于 1912 — 1931 年；长春县政府财务处档案 1,730 卷，形成于 1912 — 1931 年；长春县清乡局档案 384 卷，形成于 1929 — 1931 年；长春地方审判厅档案 201 卷，形成于 1912 — 1926 年；长春县四乡长途电话处档案 187 卷，形成于 1924 — 1931 年；长春榷运盐仓档案 166 卷，形成于 1928 — 1931 年；长春营业税公所档案 500 卷，形成于 1912 — 1931 年；长春防疫总事务所档案 132 卷，形成于 1921.2 — 12 年；长春市民国档案汇集档案 405 卷，形成于 1911 — 1931 年；东省特别区第七中学档案 191 卷，形成于 1928 — 1931 年；最高法院东北分院检察署档案 2,847 卷，形成于 1928 — 1931 年；最高法院东北分院档案 204 卷，形成于 1928 — 1931 年；长春市政府档案 468 卷，形成于 1946 — 1948 年；伪满洲国长春市档案汇集档案 143 卷，形成于 1932 — 1944 年。

三、其他档案馆

1. 榆树市档案馆

榆树县公署档案 1,387 卷，形成于 1912 — 1933 年；榆树县司法公署档案 605 卷，形成于 1912 — 1940 年；伪满榆树县公署档案 86 卷，形成于 1932 — 1945 年。

2. 德惠县档案馆

德惠县公署档案 170 卷，形成于 1912 — 1930 年；德惠县保卫团档案 324 卷，形成于 1914 — 1929 年；东省特别区第二区警察总署档案 2,782 卷，形成于 1921 — 1931 年；伪满德惠县档案汇集档案 46 卷，形成于 1932 — 1944 年。

3. 农安县档案馆

农安县公署档案 15,141 卷，形成于 1912 — 1932 年；农安区法院档案 1,970 卷，形成于 1913 — 1932 年；农安区检察厅档案 4,476 卷，形成于 1913 — 1932 年。

4. 吉林市档案馆

吉林省城开埠局档案 26 卷，形成于 1912 — 1931 年；吉林县政府档案 30,883 卷，形成于 1912 — 1931 年；吉林县警察所档案 10,541 卷，形成于 1912 — 1930 年；吉林县教育局档案 5,076 卷，形成于 1912 — 1931 年；吉林县公安局档案 981 卷，形成于 1914 — 1931 年；吉林县地方财务处档案 322 卷，形成于 1912 — 1931 年；吉林县积谷管理处档案 272 卷，形成于 1916 — 1933 年；吉林县地方保卫团事务所档案 331 卷，形成于 1912 — 1930 年；吉林县清丈局档案 5 卷，形成于 1912 — 1916 年；吉林县军草处档案 31 卷，形成于 1928 — 1930 年；吉林市政公所档案 351 卷，形成于 1913 — 1932 年；永吉县政府档案 3,668 卷，形成于 1912 — 1932 年；永吉县教育局档案 1,344 卷，形成于 1912 — 1921 年；永吉县公安局档案 1,880 卷，形成于 1912 — 1932 年；永吉县实业局档案 139 卷，形成于 1916 — 1933 年；永吉县地方财务处档案 320 卷，形成于 1912 — 1931 年；永吉县警察所档案 317 卷，形成于 1912 — 1932 年；永吉县义仓管理委员会档案 72 卷，形成于 1918 — 1932 年；永吉县地方军草购备处档案 5 卷，形成于 1930 年；吉林省政府档案 101 卷，形成于 1912 — 1929 年；吉林省会试办义务教育模范区事务所档案 14

卷，形成于 1915 — 1924 年；最高法院东北分院等档案汇集档案 11 卷，形成于 1921 — 1931 年；省会警察厅商埠事务所档案 1,039 卷，形成于 1912 — 1935 年；吉林市党政军联合全宗档案 298 卷，形成于 1946 — 1948 年；吉林金华火柴厂档案 52 卷，形成于 1922 — 1948 年；泰丰久火柴厂档案 37 卷，形成于 1928 — 1949 年；吉林众志火柴工厂档案 1 卷，形成于 1946 — 1947 年；吉林增昌火柴工厂档案 1 卷，形成于 1920 — 1922 年；吉林电力支局档案 120 卷，形成于 1946 — 1948 年；吉林市自来水厂档案 4 卷，形成于 1947 年；吉林市胜利火锯厂档案 1 卷，形成于 1939 — 1948 年；吉林市政府档案 7 卷，形成于 1916 — 1948 年；伪满吉林税捐局档案 22 卷，形成于 1938 — 1943 年；吉林宏大公司档案 9 卷，形成于 1943 — 1945 年；伪满吉林省劳务兴国会档案 5 卷，形成于 1941 — 1943 年；伪满洲帝国协和会档案 405 卷，形成于 1932 — 1945 年。

5. 舒兰市档案馆

舒兰县公署档案 6,219 卷，形成于 1912 — 1931 年；舒兰县教育局档案 918 卷，形成于 1912 — 1931 年；舒兰县公署财务处档案 332 卷，形成于 1913 — 1931 年；舒兰县实业局档案 146 卷，形成于 1926 — 1931 年。

6. 桦甸市档案馆

桦甸县公署（政府）档案 7,769 卷，形成于 1923 — 1932 年。

7. 公主岭市档案馆

怀德县政府档案 3,206 卷，形成于 1912 — 1937 年；怀德县清乡局档案 714 卷，形成于 1929 — 1931 年；怀德县商会档案 100 卷，形成于 1929 — 1932 年；怀德县税捐征收局档案 14 卷，形成于 1914 — 1930 年；公主岭商会档案 180 卷，形成于 1912 — 1932 年；公主岭税捐局档案 5 卷，形成于 1918 — 1929 年；范家屯盐仓档案 242 卷，形成于 1912 — 1931 年。

8. 双辽市档案馆

辽源县公署档案 3,024 卷，形成于 1913 — 1931 年；辽源县教育局档案 1,207 卷，形成于 1913 — 1931 年；辽源县清乡局档案 173 卷，形成于 1913 — 1931 年；洮昌道公署档案 5,494 卷，形成于 1913 — 1931 年；辽源县交涉局档案 72 卷，形成于 1913 — 1931 年；辽源县商埠局档案 34 卷，形成于 1913 — 1931 年；辽源县区法院档案 3,817 卷，形成于 1913 — 1931 年；

双辽县北区自卫团档案 40 卷，形成于 1913 — 1931 年；辽源县地方法院档案 361 卷，形成于 1913 — 1931 年；辽源县地方检察厅档案 314 卷，形成于 1913 — 1931 年；辽源县公安局档案 2 卷，形成于 1930 — 1931 年；辽源县税捐征收局档案 1 卷，形成于 1931 年；辽源县商务会档案 273 卷，形成于 1913 — 1931 年；双山县公署档案 2,830 卷，形成于 1913 — 1931 年；双山县财政局档案 87 卷，形成于 1913 — 1931 年；双山县公安局档案 50 卷，形成于 1930 — 1931 年；双山县农会档案 54 卷，形成于 1928 — 1930 年；双辽县商务会档案 13 卷，形成于 1927 — 1928 年；双山县村公所档案 37 卷，形成于 1930 — 1931 年；双山县教育局档案 124 卷，形成于 1913 — 1931 年。

9. 梨树县档案馆

梨树县知事公署档案 345 卷，形成于 1913 — 1932 年；梨树县司法公署档案 226 卷，形成于 1916 — 1931 年；梨树县财政局档案 237 卷，形成于 1921 — 1931 年；梨树县教育局及所属劝学所教育公所档案 3,217 卷，形成于 1917 — 1931 年；梨树县商会档案 26 卷，形成于 1913 — 1931 年。

10. 伊通满族自治县档案馆

伊通盐仓档案 28 卷，形成于 1930 — 1931 年；伊通劝学所档案 14 卷，形成于 1920 — 1931 年。

11. 辽源市档案馆

西安县警察局档案 64 卷，形成于 1945 — 1948 年；西安县公署档案 6,821 卷，形成于 1912 — 1932 年；西安县公安分局档案 491 卷，形成于 1928 — 1931 年；西安县公安局档案 1,222 卷，形成于 1929 — 1932 年；西安县公署警察事务所档案 6,051 卷，形成于 1912 — 1929 年；西安县公署清赋所档案 933 卷，形成于 1914 — 1915 年；西安县公署保甲办事处档案 843 卷，形成于 1920 — 1930 年；西安县各界联合会档案 4 卷，形成于 1915 年；西安县商会档案 510 卷，形成于 1912 — 1931 年；西安县教育局档案 319 卷，形成于 1927 — 1930 年；西安县劝学所档案 427 卷，形成于 1912 — 1925 年；西安县收捐税务所档案 85 卷，形成于 1912 — 1914 年；西安县收捐处档案 212 卷，形成于 1915 — 1921 年；西安县清乡局档案 381 卷，形成于 1929 — 1932 年；西安县公署教育公所档案 392 卷，形成于 1912 — 1929 年；西安县监狱档案 228 卷，形成于 1915 — 1932 年；西安县电话总局档案 236 卷，形成于 1916 — 1931 年；西安县东路清丈局档案 199 卷，形成于 1915 — 1915 年；西安县屠兽场档案 50 卷，形成于 1917 — 1931 年；西安县苗圃档案 65 卷，形成于 1925 — 1932 年；西安县警察教练所档案 74 卷，形成于 1924 — 1930 年；西安县教养工厂档案 58 卷，形成于 1926 — 1929 年；西安县城乡议事会档案 11 卷，形成于 1912 — 1913 年；西安县农业试验场档案 16 卷，形成于 1925 — 1929 年；西安县税捐生征收局档案 23 卷，形成于 1916 — 1931 年；西安县农务会档案 1 卷，形成于 1919 年；西安县清丈局档案 24 卷，形成于 1916 — 1918 年。

12. 辽源市档案馆

西安县警察局档案 74 卷，形成于 1945 — 1948 年；西安县公署档案 77 卷，形成于 1912 — 1932 年；西安县公安分局档案 79 卷，形成于 1928 — 1931 年；西安县公安局档案 80 卷，形成于 1929 — 1932 年；西安县公署警察事务所档案 81 卷，形成于 1912 — 1929 年；西安县公署清赋所档案 83 卷，形成于 1914 — 1915 年；西安县公署保甲办事处档案 84 卷，形成于 1920 — 1930 年；西安县各界联合会档案 85 卷，形成于 1915 年；西安县商会档案 86 卷，形成于 1912 — 1931 年；西安县教育局档案 87 卷，形成于 1927 — 1930 年；西安县劝学所档案 90 卷，形成于 1912 — 1925 年；西安县收捐税务所档案 91 卷，形成于 1912 — 1914 年；西安县收捐处档案 92 卷，形成于 1915 — 1921 年；西安县清乡局档案 93 卷，形成于 1929 — 1932 年；西安县公署教育公所档案 94 卷，形成于 1912 — 1929 年；西安县监狱档案 95 卷，形成于 1915 — 1932 年；西安县电话总局档案 96 卷，形成于 1916 — 1931 年；西安县东路清丈局档案 99 卷，形成于 1915 — 1915 年；西安县屠兽场档案 100 卷，形成于 1917 — 1931 年；西安县苗圃档案 101 卷，形成于 1925 — 1932 年；西安县警察教练所档案 102 卷，形成于 1924 — 1930 年；西安县教养工厂档案 103 卷，形成于 1926 — 1929 年；西安县城乡议事会档案 105 卷，形成于 1912 — 1913 年；西安县农业试验场档案 107 卷，形成于 1925 — 1929 年；西安县税捐征收局档案 108 卷，形成于 1916 — 1931 年；西安县农务会档案 109 卷，形成于 1919 年；西安县清丈局档案 110,111 卷，形成于 1916 — 1918 年；西安县劝募义赈会档案 2 卷，形成于 1920 年；西安县司法公署档案 28 卷，形成于 1915 — 1927 年；西安县太秋乡自治会档案 1 卷，形成于 1912 年；西安县太秋乡董事会档案 5 卷，形成于 1913 年；西安县太秋乡议事会档案 8 卷，形成于 1913 年；西安县教育会档案 19 卷，形成于 1912 — 1922 年；西安县议事会档案 57 卷，形成于 1912 — 1913 年；西安县参事会档案 20 卷，形成于 1913 年；西安地方法院档案 3,554 卷，形成于 1912 — 1932 年；西安县公署档案 19 卷，形成于 1919 — 1931 年；西安煤矿公司档案 4 卷，形成于 1927 — 1930 年；西安地方检察厅档案 10,227 卷，形成于 1912 — 1931 年；伪满西安县警察署档案 9 卷，形成于 1925 — 1944 年；伪满西安县公署档案 44 卷，形成于 1932 — 1933 年；伪满西安县教育局档案 1 卷，形成于 1932 年；伪满西安县电话总局档案 19 卷，形成于 1932 — 1933 年；伪满西安地方法院档案 127 卷，形成于 1932 — 1935 年。

13. 东丰县档案馆

东丰县公署档案 4,889 卷，形成于 1917 — 1927 年；东丰县公安局档案 4,669 卷，形成于 1923 — 1931 年；辽宁海龙地方法院东丰分庭检察处档案 7,397 卷，形成于 1912 — 1929 年；东丰县教养工厂档案 22 卷，形成于 1929 — 1931 年；东丰县清乡局档案 570 卷，形成于 1927 — 1931 年；东丰县财政局档案 556 卷，形成于 1929 — 1931 年；东丰县收捐处档案 1,357 卷，形成于 1912 — 1925 年；东丰县教育局档案 618 卷，形成于 1912 — 1929 年；省立第五师范学校档案 60 卷，形成于 1929 — 1931 年；东丰县电话局档案 221 卷，形成于 1916 — 1928 年；伪满东丰县戒烟公所档案 16 卷，形成于 1931 — 1932 年。

14. 通化市档案馆

通化地区行政公署档案 149 卷，形成于 1932 — 1948 年。

15. 梅河口市档案馆

海龙府档案 140 卷，形成于 1912 年；海龙县公署档案 12,026 卷，形成于 1913 — 1933 年；海龙地方检察厅档案 4,667 卷，形成于 1917 — 1931 年；海龙地方审判厅（海龙地方法院）档案 4,267 卷，形成于 1917 — 1932 年；海龙地方监狱档案 72 卷，形成于 1917 — 1931 年。

16. 集安市档案馆

辑安县公署档案 3,160 卷，形成于 1911 — 1932 年。

17. 通化县档案馆

通化县公署档案 7,206 卷，形成于 1912 — 1932 年；通化县司法公署档案 494 卷，形成于 1922 — 1932 年；通化县地方检察厅档案 155 卷，形成于 1925 — 1932 年；通化县保甲事务所档案 861 卷，形成于 1920 — 1929 年；通化县警务长公所档案 1,068 卷，形成于 1912 — 1928 年；辽宁省公安第三十六大队部档案 38 卷，形成于 1918 — 1932 年；通化县自卫团办公处档案 47 卷，形成于 1922 年；通化县警防营档案 36 卷，形成于 1912 年；通化县清乡局档案 134 卷，形成于 1926 — 1932 年；通化县税捐局档案 24 卷，形成于 1929 — 1932 年；通化县财政局档案 144 卷，形成于 1929 — 1932 年；通化县教育公所档案 4 卷，形成于 1924 — 1926 年；通化县采金局档案 71 卷，形成于 1917 — 1922 年；通化县电话局档案 139 卷，形成于 1922 — 1932 年；通化县商会档案 257 卷，形成于 1916 — 1931 年；通化县城厢董事会档案 5 卷，形成于 1913 年；通化县议事会档案 1 卷，形成于 1913 年；通化县交涉委员档案 25 卷，形成于 1918 — 1929 年；通化县第一区公所档案 145 卷，形成于 1923 — 1930 年；通化县第二区公所档案 91 卷，形成于 1923 — 1929 年；通化县第三区公所档案 133 卷，形成于 1923 — 1929 年；通化县第四区公所档案 132 卷，形成于 1923 — 1929 年；通化县第五区公所档案 54 卷，形成于 1924 — 1929 年；通化县第六区公所档案 82 卷，形成于 1925 — 1929 年；通化县第七区公所档案 119 卷，形成于 1923 — 1929 年；通化县第八区公所档案 62 卷，形成于 1923 — 1928 年。

18. 柳河县档案馆

柳河县司法公署档案 4,170 卷，形成于 1912 — 1932 年；伪满柳河县司法公署档案 331 卷，形成于 1932 — 1936 年。

19. 浑江市档案馆

临江县公署档案 8,451 卷，形成于 1912 — 1933 年。

20. 靖宇县档案馆

蒙江县公署档案 656 卷，形成于 1923 — 1931 年。

21. 抚松县档案馆

抚松县政府档案 2,108 卷，形成于 1910 — 1930 年；抚松县教育局档案 245 卷，形成于 1922 — 1930 年；抚松县烟酒事务所档案 17 卷，形成于

1923 — 1930 年；抚松县公安局档案 278 卷，形成于 1920 — 1930 年；抚松县电报局档案 38 卷，形成于 1925 — 1929 年；抚松县财政局档案 102 卷，形成于 1914 — 1930 年；抚松县税捐局档案 227 卷，形成于 1914 — 1930 年；抚松县商会档案 46 卷，形成于 1914 — 1929 年；抚松县农会档案 16 卷，形成于 1920 — 1930 年；抚松县参会档案 9 卷，形成于 1927 — 1930 年；抚松县医学会档案 1 卷，形成于 1929 — 1930 年；抚松县教养工厂档案 7 卷，形成于 1928 — 1930 年；伪满抚松县政府档案 21 卷，形成于 1931 — 1932 年；伪满抚松县教育局档案 94 卷，形成于 1931 年；伪满抚松县烟酒局档案 2 档案年；伪满抚松县公安局档案 1 卷，形成于 1931 年；伪满抚松县税捐局档案 122 卷，形成于 1931 — 1932 年；伪满抚松县农会档案 3 卷，形成于 1931 年；伪满抚松县医学会档案 1 卷，形成于 1931 年；伪满抚松县教养工厂档案 1 卷，形成于 1931 年；伪满抚松县财政局档案 8 卷，形成于 1931 年。

22. 长白朝鲜族自治县档案馆

长白县知事公署、长白县公署档案 901 卷，形成于 1912 — 1914 年；长白县保卫团、预警等档案 706 卷，形成于 1913 — 1932 年；长白县审检所、监狱等档案 91 卷，形成于 1913 — 1931 年；长白县教育公所、劝学所等档案 605 卷，形成于 1916 — 1932 年；长白县财政局、税务所档案 309 卷，形成于 1915 — 1933 年；长白县商会、董事会等档案 237 卷，形成于 1927 — 1932 年。

23. 松原市扶余区档案馆

新城府正堂档案 4,065 卷，形成于 1912 — 1932 年；新城府商务分会档案 974 卷，形成于 1912 — 1932 年；扶余盐仓档案 186 卷，形成于 1912 — 1932 年；扶余县公署地方财务处档案 734 卷，形成于 1914 — 1932 年；新城府劝学所档案 1,827 卷，形成于 1912 — 1933 年；扶余县司法公署档案 6,499 卷，形成于 1912 — 1931 年；伯都讷临时旗务筹备处档案 1,268 卷，形成于 1912 — 1920 年。

24. 白城市档案馆

洮南县公署档案 128 卷，形成于 1914 — 1947 年；乾安县公署档案 5 卷，形成于 1945 — 1947 年；开通县公署档案 33 卷，形成于 1945 — 1947 年；瞻榆县公署档案 80 卷，形成于 1945 — 1947 年；安广县公署档案 33

卷，形成于 1945 — 1947 年；镇东县公署档案 22 卷，形成于 1947 年；民国档案汇集档案 106 卷，形成于 1920 — 1949 年；伪满白城县公署档案 81 卷，形成于 1937 — 1945 年；伪满洮南县公署档案 54 卷，形成于 1931 — 1944 年；伪满乾安县公署档案 37 卷，形成于 1935 — 1945 年；伪满开通县公署档案 20 卷，形成于 1934 — 1945 年；伪满瞻榆县公署档案 95 卷，形成于 1931 — 1945 年；伪满安广县公署档案 69 卷，形成于 1934 — 1944 年；伪满镇东县公署档案 34 卷，形成于 1934 — 1944 年；伪满大赉县公署档案 169 卷，形成于 1933 — 1945 年；伪满档案汇集档案 46 卷，形成于 1933 — 1945 年。

25. 大安市档案馆

安广县公署档案 2,743 卷，形成于 1912 — 1929 年；安广县公安局档案 9 卷，形成于 1930 — 1931 年；安广县财政局档案 25 卷，形成于 1930 — 1931 年；安广县教育局档案 88 卷，形成于 1926 — 1931 年；安广县清乡局档案 70 卷，形成于 1928 — 1932 年；安广县农会档案 27 档案年；大赉厅衙门档案 385 卷，形成于 1912 — 1917 年；大赉县政府档案 4,878 卷，形成于 1912 — 1931 年；大赉县议事会档案 161 卷，形成于 1912 — 1931 年；大赉县审检所档案 158 卷，形成于 1912 — 1915 年；大赉县财政局档案 89 卷，形成于 1930 — 1932 年；大赉县教育局档案 400 卷，形成于 1912 — 1931 年；大赉县城乡议事会档案 133 卷，形成于 1912 — 1914 年；伪满安广县公署档案 1 卷，形成于 1943 年；伪满大赉县公署档案 1 卷，形成于 1934 — 1935 年。

26. 洮南市档案馆

洮南县公署档案 13,183 卷，形成于 1912 — 1932 年；洮南县公署警察所档案 16,091 卷，形成于 1912 — 1932 年；洮南县教育局档案 1,085 卷，形成于 1912 — 1931 年；洮南县财政局档案 585 卷，形成于 1913 — 1932 年；洮南县地方检察厅档案 617 卷，形成于 1913 — 1931 年；洮南、靖安两县商会、农会、红十字会档案汇集档案 770 卷，形成于 1924 — 1931 年；靖安县教育局档案 586 卷，形成于 1912 — 1932 年。

27. 镇赉县档案馆

镇东县公署档案 2,022 卷，形成于 1912 — 1931 年。

28. 通榆县档案馆

开通县正堂档案 9 卷，形成于 1912 — 1931 年；开通县政府档案 7,160 卷，形成于 1912 — 1931 年；瞻榆县政府档案 11,766 卷，形成于 1915 — 1932 年；伪满开通县政府档案 9 卷，形成于 1932 — 1935 年。

29. 延边朝鲜族自治州档案馆

东南路兵备道档案 320 卷，形成于 1912 — 1913 年；吉林东南路观察使公署档案 675 卷，形成于 1913 — 1914 年；延吉道尹公署档案 6,697 卷，形成于 1914 — 1929 年；延吉交涉署档案 329 卷，形成于 1929 年；延吉市政筹备处档案 423 卷，形成于 1929 — 1931 年；延、珲、和、汪四县行政监督公署档案 64 卷，形成于 1929 — 1931 年；延吉税关监督署档案 970 卷，形成于 1912 — 1931 年；吉林高等检察厅第二分厅档案 82 卷，形成于 1912 — 1931 年；吉林地方审判厅档案 168 卷，形成于 1912 — 1931 年；天图铁路监督署档案 35 卷，形成于 1920 — 1931 年；韩语养成所档案 19 卷，形成于 1929 — 1932 年；延、珲、和、汪联立职业学校档案 149 卷，形成于 1924 — 1931 年；延吉榷运局档案 478 卷，形成于 1913 — 1932 年；延吉府档案 146 卷，形成于 1912 — 1913 年；延吉县政府档案 4,040 卷，形成于 1912 — 1931 年；延吉县教育局档案 1,298 卷，形成于 1912 — 1931 年；延吉县公安局档案 396 卷，形成于 1915 — 1931 年；延吉县保卫团档案 66 卷，形成于 1915 — 1931 年；延吉县税捐征收局档案 15 卷，形成于 1929 — 1931 年；延吉县积谷管理处档案 57 卷，形成于 1915 — 1930 年；延吉县游民习艺所档案 30 卷，形成于 1928 — 1930 年；汪清县地方财务处档案 4 卷，形成于 1917 — 1918 年；汪清县清乡局档案 23 卷，形成于 1930 — 1932 年；汪清县公署档案 6,625 卷，形成于 1912 — 1932 年；汪清县教育局档案 485 卷，形成于 1913 — 1931 年；汪清县公安局档案 3,448 卷，形成于 1915 — 1932 年；汪清县检察厅档案 2,950 卷，形成于 1912 — 1932 年；汪清县保卫团档案 566 卷，形成于 1914 — 1932 年；和龙县政府档案 2,963 卷，形成于 1912 — 1931 年；和龙县地方财务处档案 428 卷，形成于 1913 — 1932 年；和龙县教育局档案 98 卷，形成于 1930 — 1931 年；和龙县公安局档案 817 卷，形成于 1918 — 1932 年；和龙县保卫队档案 111 卷，形成于 1920 — 1929 年；珲春县政府档案 1,753 卷，形成于 1916 — 1933 年；珲春县地方财务处档案 89 卷，形成于

1912 — 1929 年；珲春县教育局档案 200 卷，形成于 1912 — 1933 年；珲春县商埠事务所档案 13 卷，形成于 1927 — 1930 年；珲春县检察厅档案 9,454 卷，形成于 1912 — 1933 年；敦化县政府档案 2,506 卷，形成于 1925 — 1931 年；敦化县教育局档案 115 卷，形成于 1929 — 1931 年；敦化县公安局档案 1,924 卷，形成于 1922 — 1932 年；敦化县农事试验场档案 30 卷，形成于 1929 — 1931 年；伪满延吉市筹备处档案 4 卷，形成于 1932 — 1934 年；伪满延、珲、和、汪四县行政监督公署档案 25 卷，形成于 1929 — 1933 年；伪满延吉税关监督署档案 26 卷，形成于 1932 — 1933 年；伪满天图铁路监督署档案 11 卷，形成于 1932 — 1933 年；伪满吉林省特派驻延行政专员临时办事处档案 64 卷，形成于 1931 — 1934 年；伪满间岛省公署档案 142 卷，形成于 1939 — 1945 年；伪满延吉师道学校档案 33 卷，形成于 1934 — 1945 年。

第八节　黑龙江省民国档案概况

一、黑龙江省档案馆

（一）行政、外事、文化教育机构

黑龙江省政府档案 21,135 卷，形成于 1912 — 1933 年；黑龙江都督府档案 446 卷，形成于 1912 — 1913 年；黑龙江省咨议局档案 6 卷，形成于 1912 — 1914 年；黑龙江宪政筹备考核处档案 2 卷，形成于 1912 年；黑龙江省选举事务所档案 528 卷，形成于 1912 — 1925 年；东省特别区行政长官公署档案 2,255 卷，形成于 1923 — 1931 年；黑河道尹公署档案 2,656 卷，形成于 1912 — 1940 年；龙江道尹公署档案 2,723 卷，形成于 1914 — 1928 年；滨江道尹公署档案 4,569 卷，形成于 1912 — 1928 年；黑龙江省民政厅档案 1,981 卷，形成于 1912 — 1932 年；黑龙江全省保甲总队办公处档案 212 卷，形成于 1928 — 1931 年；滨江道区地方自治讲习所档案 23 卷，形成于 1920 — 1921 年；黑河市政筹备处档案 42 卷，形成于 1932 — 1933 年；外交事务档案汇集档案 118 卷，形成于 1914 — 1934 年；黑龙江交涉公署档案 3,015 卷，形成于 1912 — 1932 年；吉林滨江道尹哈尔滨交涉员公署档案 1,557 卷，形成于 1913 — 1930 年；瑷珲交涉员公署档案 1,110 卷，形成于 1913 — 1929 年；黑龙江省教育厅档案 4,400 卷，形成于 1912 — 1932 年；黑龙江省文报总局档案 7 卷，形成于 1912 — 1914 年；黑龙江省通志局档案 65 卷，形成于 1914 — 1919 年。

（二）警政、司法、军事机构

黑龙江省政府警务处档案 69 卷，形成于 1945 — 1948 年；松江省政府警务处档案 64 卷，形成于 1946 — 1947 年；嫩江省政府警务处档案 43 卷，形成于 1946 — 1948 年；黑龙江全省警务处档案 87 卷，形成于 1923 — 1932 年；黑龙江省高等法院档案 13 卷，形成于 1929 — 1932 年；黑龙江清乡总局档案 85 卷，形成于 1920 — 1932 年；黑龙江全省游击队与防军营务处档案 205 卷，

形成于 1921 — 1924 年；黑河公安局暨警备司令部档案 21 卷，形成于 1926 — 1932 年。

（三）财政、金融、经济机构

黑龙江国税厅筹备处档案 1,189 卷，形成于 1913 — 1914 年；黑龙江省财政厅档案 40,531 卷，形成于 1912 — 1932 年；龙江税务监督署档案 11 卷，形成于 1932 — 1933 年；滨江税捐征收局档案 1,294 卷，形成于 1912 — 1931 年；哈尔滨木石税费总局档案 2,014 卷，形成于 1912 — 1930 年；滨江关档案 204 卷，形成于 1912 — 1933 年；瑷珲关档案 255 卷，形成于 1912 — 1947 年；瑷珲关监督公署档案 326 卷，形成于 1921 — 1932 年；绥芬河关档案 172 卷，形成于 1912 — 1933 年；黑龙江省税捐稽征机构档案汇集档案 886 卷，形成于 1915 — 1930 年；黑龙江烟酒事务局档案 2,819 卷，形成于 1912 — 1931 年；黑龙江火柴公卖局档案 94 卷，形成于 1931 — 1932 年；萝北等税捐征收局档案汇集档案 26 卷，形成于 1912 — 1933 年；黑龙江官银号及广信公司监理官档案 35 卷，形成于 1913 — 1933 年；黑龙江交通银行暨农业银行档案 73 卷，形成于 1921 — 1937 年；黑龙江省实业银行档案 2,335 卷，形成于 1913 — 1932 年；黑龙江省建设厅档案 430 卷，形成于 1929 — 1932 年；滨江等省城建暨矿业等勘测设计图档案 238 卷，形成于 1920 — 1945 年；黑龙江全省垦务总局档案 17 卷，形成于 1912 — 1913 年；东省特别区地亩管理局档案 11,604 卷，形成于 1923 — 1931 年；黑龙江林务局（森林局）档案 467 卷，形成于 1917 — 1929 年；黑龙江瑷珲金矿监察局档案 246 卷，形成于 1920 — 1932 年。

（四）交通机构

黑龙江铁路交涉总局档案 154 卷，形成于 1912 — 1934 年；黑龙江各铁路交涉分局档案 903 卷，形成于 1912 — 1935 年；绥芬河、哈尔滨等铁路交涉分局档案 2,784 卷，形成于 1912 — 1930 年；督办东省铁路公司事宜公所档案 4,353 卷，形成于 1912 — 1934 年；嫩漠电线工程处档案 8 卷，形成于 1914 年；呼海、齐克两路总办公署档案 55 卷，形成于 1928 — 1929 年；黑龙江东路善后行局档案 31 卷，形成于 1913 年。

（五）国民党党务

国民党黑龙江等省党部档案 2,904 卷，形成于 1945 — 1948 年。

（六）伪满机构档案

伪满龙江等省（县）公署暨警务厅档案4,841卷，形成于1932－1945年；日伪陆军特务机关档案99卷，形成于1933－1945年；日伪伪第三、四宪兵团（队）档案128卷，形成于1935－1945年；伪满警务厅与国境警察队档案980卷，形成于1932－1945年；日伪军管区军队档案76卷，形成于1935－1945年；伪满帝国协和会档案69卷，形成于1932－1945年；各株式会社档案854卷，形成于1914－1945年；大陆科学院哈尔滨分院档案340卷，形成于1932－1945年；日伪破坏中共地下党、抗联等档案汇集档案887卷，形成于1931－1945年；哈尔滨银行档案661卷，形成于1936－1942年；满洲中央银行哈尔滨支店档案641卷，形成于1932－1945年；满洲兴业银行哈尔滨支店档案33卷，形成于1937－1945年；伪满黑龙江省公署教育厅档案110卷，形成于1931－1936年；伪满黑龙江省公署财政厅档案75卷，形成于1931－1933年。

二、哈尔滨市档案馆

哈尔滨商埠局档案83卷，形成于19卷，形成于19－1922年；哈尔滨特别市市政局档案6,261卷，形成于1917－1932年；哈尔滨市政府档案88卷，形成于1945－1946年；东省特别区域高等审判厅档案2,434卷，形成于1920－1930年；东省特别区警察总管理处档案2,453卷，形成于1920－1932年；驻哈吉黑盐务稽核分处档案691卷，形成于1915－1931年；吉林滨江警察厅档案1,354卷，形成于1916－1931年；吉林滨江地方检察厅档案1,492卷，形成于1918－1930年；吉林第三监狱档案380卷，形成于1919－1932年；东省特别区地方法院档案2,391卷，形成于1920－1932年；东省特别区地方审判厅第一看守所档案468卷，形成于1920－1932年；日伪哈尔滨市公署档案1,976卷，形成于1933－1945年。

三、其他档案馆

1. 阿城市档案馆

阿城县公署等档案88卷，形成于1912－1945年；日伪双城市公署档案2,140卷，形成于1931－1937年。

2. 五常市档案馆

五常县公署档案 21 卷，形成于 1912 — 1940 年。

3. 呼兰县档案馆

呼兰县民国档案汇集档案 12,553 卷，形成于 1912 — 1932 年。

4. 依兰县档案馆

吉林第五监狱档案 103 卷，形成于 1929 — 1934 年；吉林第一高等审判分厅档案 556 卷，形成于 1924 — 1930 年；吉林依兰县公署档案 10 卷，形成于 1922 — 1924 年；依兰县商会档案 301 卷，形成于 1929 — 1937 年。

5. 通河县档案馆

通河县公署档案 8,199 卷，形成于 1912 — 1932 年。

6. 木兰县档案馆

木兰县公署档案 3,387 卷，形成于 1917 — 1932 年。

7. 延寿县档案馆

延寿县公署档案 6,038 卷，形成于 1912 — 1932 年。

8. 哈尔滨铁路局档案馆

中东铁路档案汇集档案 747 卷，形成于 1912 — 1935 年。

9. 齐齐哈尔市档案馆

黑龙江省城兼商埠市政局档案 317 卷，形成于 1924 — 1931 年；黑龙江省会警察厅档案 9,665 卷，形成于 1913 — 1932 年；齐齐哈尔市商工公会档案 102 卷，形成于 1934 — 1944 年；齐齐哈尔市登录官署档案 325 卷，形成于 1938 — 1949 年。

10. 讷河县档案馆

讷河县公署档案 446 卷，形成于 1917 — 1932 年；讷河县监狱档案 40 卷，形成于 1913 — 1933 年。

11. 富裕县档案馆

依克明安旗档案 1,338 卷，形成于 1912 — 1931 年。

12. 拜泉县档案馆

拜泉县公署档案 12,671 卷，形成于 1912 — 1943 年；黑龙江省警备队第三统带部档案 51 卷，形成于 1925 — 1929 年；拜泉地方法院档案 5,291 卷，形成于 1929 — 1936 年。

13. 甘南县档案馆

甘南县设治局档案 1,096 卷，形成于 1926 — 1931 年。

14. 依安县档案馆

依安县民国档案汇集档案 5,845 卷，形成于 1923 — 1932 年。

15. 克山县档案馆

克山县民国档案汇集档案 4,552 卷，形成于 1912 — 1934 年。

16. 克东县档案馆

克东设制局档案 528 卷，形成于 1922 — 1932 年。

17. 龙江县档案馆

龙江县公署档案 9,311 卷，形成于 1912 — 1932 年；景星县政府档案 604 卷，形成于 1919 — 1932 年；龙江道公署档案 129 卷，形成于 1912 — 1929 年；雅鲁县民国档案汇集档案 54 卷，形成于 1926 — 1932 年。

18. 密山县档案馆

密山县政府档案 2,332 卷，形成于 1921 — 1932 年。

19. 虎林县档案馆

虎林县公署档案 2,353 卷，形成于 1912 — 1932 年；日伪虎林县公署档案 108 卷，形成于 1932 — 1945 年。

20. 林甸县档案馆

林甸县政府等档案 1,768 卷，形成于 1912 — 1933 年；林甸县教育局档案 285 卷，形成于 1918 — 1933 年；林甸县建设局档案 112 卷，形成于 1925 — 1933 年。

21. 肇州县档案馆

肇州县民国档案汇集档案 196 卷，形成于 1914 — 1942 年。

22. 杜尔伯特蒙古族自治县档案馆

泰康设治局档案 605 卷，形成于 1924 — 1933 年；泰康公安局档案 98 卷，形成于 1923 — 1932 年。

23. 嘉荫县档案馆

乌云县政府等全宗汇集档案 1,409 卷，形成于 1916 — 1932 年。

24. 宁安县档案馆

宁安府档案 60 卷，形成于 1912 — 1930 年。

25. 穆棱县档案馆

穆棱县政府档案 4,759 卷，形成于 1912 — 1932 年；穆棱县公署档案 72 卷，形成于 1932 年；穆棱县公安局档案 1,222 卷，形成于 1912 — 1932 年；穆棱县检察院档案 128 卷，形成于 1914 — 1932 年；穆棱县保卫团档案 730 卷，形成于 1914 — 1932 年；穆棱县清乡局档案 57 卷，形成于 1920 — 1932 年；穆棱县教育局档案 342 卷，形成于 1914 — 1932 年；穆棱县商会档案 97 卷，形成于 1916 — 1932 年；穆棱县农会事务所档案 274 卷，形成于 1917 — 1932 年。

26. 东宁县档案馆

东宁县公署档案 1,788 卷，形成于 1925 — 1933 年。

27. 同江市档案馆

同江县政府档案 1,341 卷，形成于 1920 — 1933 年；同江县政府地方财务处档案 84 卷，形成于 1923 — 1932 年；同江县公安局档案 60 卷，形成于 1929 — 1932 年；同江县清乡局档案 37 卷，形成于 1930 — 1932 年；同江县保卫团档案 48 卷，形成于 1930 — 1932 年；同江县教育局档案 123 卷，形成于 1929 — 1933 年；同江县税捐征收局档案 31 卷，形成于 1929 — 1931 年；同江县农会档案 22 卷，形成于 1930 — 1932 年；同江县商会档案 12 卷，形成于 1931 — 1933 年；同江县船埠护照检查所档案 3 卷，形成于 1930 — 1931 年。

28. 富锦市档案馆

富锦县政府等档案 2,027 卷，形成于 1916 — 1933 年。

29. 桦川县档案馆

桦川县公署档案 8,813 卷，形成于 1911 — 1932 年。

30. 抚远县档案馆

抚远县民国档案汇集档案 373 卷，形成于 1930 — 1932 年。

31. 勃利县档案馆

勃利县公署档案 1,554 卷，形成于 1924 — 1933 年；勃利县公署警察署档案 1,845 卷，形成于 1920 — 1932 年；勃利县公署财务处档案 534 卷，形成于 1920 — 1932 年；勃利县商会档案 304 卷，形成于 1928 — 1932 年；勃利县教育局档案 304 卷，形成于 1921 — 1931 年；勃利县农会档案 511 卷，形成于 1924 — 1931 年。

32. 黑河市档案馆

鄂伦春协领公署档案 469 卷，形成于 1912 — 1947 年；黑河临时治安维持会档案 8 卷，形成于 1945 年；黑河振边酒厂档案 5 卷，形成于 1922 — 1945 年。

33. 黑河市爱珲区档案馆

瑷珲直隶厅档案 1,217 卷，形成于 1912 — 1928 年；黑河府档案 459 卷，形成于 1912 — 1915 年；瑷珲县公署（县政府）档案 13,148 卷，形成于 1913 — 1935 年；黑河商会档案 1,272 卷，形成于 1912 — 1933 年。

34. 北安市档案馆

龙镇县民国档案汇集档案 642 卷，形成于 1921 — 1932 年；通北县民国档案汇集档案 39 卷，形成于 1931 — 1947 年。

35. 德都县档案馆

德都设设治局与伪满德都县公署档案 703 卷，形成于 1929 — 1945 年。

36. 逊克县档案馆

逊河县政府档案 549 卷，形成于 1916 — 1932 年。

37. 嫩江县档案馆

嫩江县公署等档案 6,157 卷，形成于 1912 — 1934 年。

38. 绥化市档案馆

绥化县公署档案 446 卷，形成于 1916 — 1936 年。

39. 安达市档案馆

安达县征收局档案 28 卷，形成于 1914 — 1931 年。

40. 肇东县档案馆

肇东县民国档案汇集档案 934 卷，形成于 1913 — 1933 年。

41. 海伦市档案馆

海伦县公署档案 1,710 卷，形成于 1914 — 1932 年。

42. 绥棱县档案馆

绥棱县公署档案 395 卷，形成于 1914 — 1930 年。

43. 兰西县档案馆

兰西县公署档案 22 卷，形成于 1917 — 1944 年。

44. 明水县档案馆

明水设治局档案 1,575 卷，形成于 1923 — 1932 年。

45. 望奎县档案馆

望奎县公署档案 117 卷，形成于 1916 — 1933 年。

46. 呼玛县档案馆

呼玛县公署档案 1,130 卷，形成于 1912 — 1932 年。

47. 漠河县档案馆

漠河县民国档案汇集档案 2,057 卷，形成于 1912 — 1932 年。

第九节　上海市民国档案概况

一、上海市档案馆

（一）上海市档案馆的建立

上海市民国时期档案主要典藏于上海市档案馆，该馆成立于1959年12月31日，是在中共上海市档案馆筹备处和上海市国家档案馆筹备处的基础上建立的。此前，上海市的主要档案由中共上海市委和上海市人民政府分别管理。

1949年5月28日，上海市人民政府成立，随即接收了民国时期上海市政府及其机构档案，并于秘书处下设立档案工作机构。1956年9月，上海市人民政府遵照国务院关于集中统一管理国家档案的精神，在办公厅设立档案管理处。之前，华东行政委员会办公厅根据政务院秘书厅《关于大区行政机构撤销后档案集中管理的办法》的规定，于1954年9月成立华东区临时档案保管处，集中管理华东大区一级行政机构撤销前所形成的全部档案。1955年1月6日，经国务院批准，华东区临时档案保管处改为国家档案局上海管理处。1957年11月，国家档案局决定将各大区档案管理处归属所在省市人民委员会领导。据此，上海市人民委员会决定将国家档案局上海管理处改建为上海市国家档案馆筹备处，与上海市人民委员会办公厅档案处合署办公。

1949年6月，中共上海市委办公厅即在秘书处下建立负责档案工作的机构。1956年6月，设中共上海市档案馆筹备处。1957年2月，市委办公厅正式成立档案处，中共上海市档案馆筹备处是它的所属机构之一。

1959年1月，中央发布《关于统一管理党政档案工作的通知》，据此，中共上海市委、市人委12月将中共上海市委办公厅档案处与上海市人民委员会办公厅档案管理处合并，成立上海市档案管理局；同时决定，中共上海市档案馆筹备处与上海市国家档案馆筹备处合并，成立上海市档案馆，档案局与档案馆合署办公。

上海市档案馆典藏的民国上海市政府档案从 1927 年 7 月开始，至 1949 年 5 月上海解放止，分 3 个时期整理保管：第一个时期自 1927 年 7 月至 1937 年 8 月，因日本帝国主义侵占上海，上海市政府撤退时，把这部分档案转移到重庆，至 1945 年抗战胜利后才运回上海，故称“留渝档案”；第二个时期，自 1945 年 9 月至 1946 年 5 月，时钱大钧任市长，故称“钱任档案”；第三个时期，自 1946 年 5 月至 1949 年 5 月，时吴国桢任市长，故称“吴任档案”。由于国民政府没有集中统一管理档案的制度，甚至把档案据为私有，任意分散，加之上海解放前夕，国民党上海市政府在溃逃时曾下令销毁重要机密档案，致使档案残缺不全，极不完整。特别是“留渝档案”几经辗转，屡遭破坏，散失严重，现存的档案仅有 530 余卷。日伪上海特别市政府形成的档案也分为 3 个时期：1937 年 12 月至 1938 年 4 月，为“上海大道市政府”时期；1938 年 5 月至同年 10 月，为“督办上海市政公署”时期；1938 年 10 月至 1945 年 8 月，为“上海特别市政府”时期。上述这些档案内容主要有市政会议记录；各种法规条例、决议、命令、来往文书以及调查统计材料等，文件种类繁多，内涵比较丰富。

此外，还藏有部分列强侵华机构的档案，主要是上海公共租界工部局和上海法租界公董局的档案。这些档案，从 1851 年起至 1943 年止，历时近百年，多系外文，虽不够完整，但数量较多。

（二）馆藏概况

上海市档案馆目前收藏有一百余万卷形成于 1949 年前的历史档案，这些丰富的近代历史档案，记录了近代上海自 1843 年开埠以来在政治、经济、文化、城市建设、社会等方面的发展变化，是非常宝贵的原始资料。其中有相当一部分档案，或因其产生年代较早，或因其记录了重大历史事件的始末，或因其出自名人之手，不但具有很重要的史料价值，而且也是十分珍贵的历史文物。其收藏的近代历史档案全宗主要有以下几个方面：

1. 政府机关档案

由于历史的原因，清代上海地方政权机关的档案几乎全部散失。民国初期因受政治纷争影响，隶属北京政府的上海地方政权更替频繁，因而也基本上没有留下档案。1927 年南京政权建立后，上海正式设置上海特别市，政府机构设置规范，政权相对稳定，随着时间的推移，市政府及所属机关形成了大量档案，但因抗日战争爆发，市政府西撤，大部档案被迫销毁，其余随政府撤往内地，辗转流散，损失严重，最后仅剩下几百卷档案，被称为“留渝档案”。市政府档案如此，其他各机关档案命运也差不多，因此，1927 — 1937 年间上海政府机关档案收藏不全。相对而言，抗战时期及战后上海地方政府机构形成的档案，收藏较全。如日伪上海市政府及其前身日伪大道市政府和日伪督办市政府（1937 年 12 月— 1945 年 9 月）档案，有 15,000 多卷，此外还有日伪上海特别市社会局、警察局、各区公署等 40 多个政府机构的档案。战后时期（1945 年 9 月— 1949 年 5 月）上海地方政府档案数量更多，这类档案记录了这一历史时期上海市级政权机关所进行的各种活动，对于了解和研究历届政府机构的发展出变化及社会各方面情况，具有相当的参考利用价值。重要的档案全宗有：

上海市政府：本全宗共有档案 12,267 卷，形成于 1927 — 1949 年。主要内容有：该市政府组织编制；历年市政府的训令及法规；历次市政会议记录；市政府年度工作计划；市政府公报（1 — 10 卷）及市政府公报专刊；历年统计总报告；有关调查、侦察中共在沪人员活动情况的报告；关于上海工人、学生运动的调查文件及市政府有关镇压交通、同济、复旦等大学学生运动的文件；有关查禁进步书刊、取缔进步文化团体的文件；有关处理王孝和案件的材料；市政府对抗战后上海各界政治动向的调查报告；有关抗战前日军进入华界操练、购地建设及军火储藏库的文件；上海保卫总团概况报告书；关于招募新兵、建设国防据点及突施民众自卫训练的文件；有关道路沟渠建设、构筑桥梁码头及堤塘工程的文件；关于房屋水电价格的文件；有关交通管理、车船发照的文件；有关各类学校立案的文件；有关医药机构登记立案的文件；有关各类图书馆、博物馆管理的文件；有关发行政府公债、征收赋税的文件；有关向外商企业借款的文件；有关金融行业管理的文件；有关各种工商登记的文件；有关物价管理的文件；有关地权登记发证、土地租赁及征用的文件；全市财政收支、所辖各局经费预算及开支的文件；有关禁烟、禁赌、禁娼及城市消防的文件；有关户口管理、保甲制度、颁发身份证的文件等。

上海市参议会：本全宗共有档案 2,017 卷，形成于 1946 — 1949 年。主要内容有：该会所设预决算、卫生、公用、工务、教育等委员会的组织通则；该会修正的部分市单项法规；该会大会文告；会议记录；社会事业统计月报；该会向市政府提出的质询和提案原本；关于教育、卫生、市政、金融、司法等方面向市政府及有关部门提出的意见书；该会接受市民的请愿书及建议案等。

上海市选举事务所：本全宗共有档案252卷，形成于1945－1949年。主要内容有：该所各项选举法规及条例；市、区选举国大代表、立法委员的选举结果报告表及开票记录；国大代表、立法委员候选人履历及候选人提名签署书及来往公文；有关市民检举选举中违法舞弊现象的文件等。

上海市政府会计处：本全宗共有档案8,391卷，形成于1945－1949年。主要内容有：该处组织规程、人员设置条例、职掌表及办事细则、分科职掌表；市政府直属机关及各局会计室员额一览表；该处职员名单、履历及有关该处人员任免的文件；有关各区公所会计人员任免文件；各局会计人员考绩表；市政府市政会议议程及市政会议记录；市政府会计处处务会议记录及处务联席会议记录；各局会计处会议记录；市政府及直属机关、部门各年度的预算；有关拨付各类经费的文件；该处工程计划及施政报告调查表；有关接收处理日伪财产物资的文件；市政府总分类账；该处分类账及明细账；上海市公库收支明细日报表等。

上海市民政局：本全宗共有档案1,970卷，形成于1935－1949年。主要内容有：该局简史、组织系统表；上海市政府及该局有关人事任免的文件；该局职员名册及考核文件；该局国民党党员名册；有关各区区长任免及考绩的文件；保甲人员名单及考绩的文件；该局工作计划及工作报告；各区工作计划、工作报告及会议记录；有关各区区民代表选举的文件；有关防止共产党活动的文件；有关调查汉奸及接收敌伪产业的文件；该局办理救济、查禁吸毒的文件；有关身份证发放、户籍登记及统计的文件；有关征募壮丁、退役人员登记、预备役人员训练的文件及各驻沪军事单位官兵名册；上海市及各区有关民食调配工作计划及会议记录；上海市各宗教团体登记及调查；该局及各区有关经费事宜的文件等。

上海市公用局：本全宗共有档案11,052卷，形成于1922－1949年。主要内容有：广告管理规则，广告商承办广告登记方法，调整广告捐率、广告登记费率办法以及有关广告商办理登记、承办广告的文件；码头仓库管理规则，民营仓库堆栈登记申请书，调整栈租、码头停用费的规定以及有关划分仓库等级的文件；五省市交通委员会会议记录以及有关该局征收养路费、颁发通行证、对汽渡进行管理的文件；有关该局调整自来水、煤气价格及敷设管道的文件等。

上海市社会局：本全宗共有档案 23,455 卷，形成于 1945 — 1948 年。主要内容有：该局局务会议记录；该局参加的警备会议记录；工会改组指导员会议记录；民食调配会会议记录；物价评议委员会成立经过及首次会议记录；各同业公会和经济检查汇报会会议记录；该局年度工作报告、工作周报及各科工作概况报告；各单位、各地区工福会工作报告；合作事业报告及该局视察合作社的报告；有关地下钱庄的调查报告及物价情报；有关工商企业及各社会团体登记的文件；各同业公会、产业工会呈报的章程及理监事名单；有关剧团、艺社、俱乐部、戏院、剧场及各类刊物登记的文件；该局关于处理劳资纠纷和工人罢工、怠工的文件；该局与各工厂企业有关开除、解雇工人及降低工资的来往文件；有关各单位要求改善工人待遇、解决工人疾病及处理劳资纠纷的文件；有关计口售米、米市场交易、粮食加工、运输及库存的文件；有关食糖配售、燃料、纸张、棉布、棉纱等物资与物价管理、评议的文件；有关囤积居奇案处理的文件等。

2. 企业档案

在近代上海发展过程中，由于上海特殊的环境，对外贸易的集中和中外资本的不断涌入，使之在二十世纪二三十年代就已成为全国的工商业中心和金融中心，当时就全国而言，约有 50% 的化工、纺织企业集中在上海。上海市档案馆馆藏的纺织、化工行业的企业档案特别齐全。纺织行业有著名的申新纺织集团、永安纺织集团、美亚绸厂、三友实业社及官办的中国纺织建设公司等企业档案，数量少则几百几千卷，多则上万卷。化工行业则有 80 多家企业档案。商业企业的档案虽然不多，但历史悠久的永安环球百货公司的档案相当完整。此外，金融业档案也很丰富，除了上海市地方银行上海市银行的档案外，还收藏有中央银行、中国银行、中国农民银行、江苏省农民银行、广东银行、邮政储金汇业局等设在上海的分支机构的档案，此外还有立信、徐永祚、王海帆 3 个会计事务所的档案。这些档案，具体生动地反映了中国资产阶级和民族工商业发生、发展的历史过程，对于研究近代中国经济发展史，具有十分重要的价值。

3. 行业组织档案

近代上海因受对外贸易影响，各种行业发展迅速，其行业种类和数量居全国之首。行业性组织历史悠久，最初的行业组织，虽说主要负责直辖市行业内部关系，保证行业主利益，但无论是组织形式还是职能发挥，均带有浓厚的封建色彩。20 世纪初，为适应近代资本主义的发展，许多行业组织改变了传统的封建行业组织的模式，在组织形式上都采取选举产生的委员领导制，在职能发挥上更注重于行业调查，行业规章制定，行业纠纷处理，促进行业发展的对策、措施实施，行业信息传递及行业公益事业的兴办。上海市档案馆藏有 400 余个同业公会档案，在全国同类档案馆中也属罕见。如土布商业、书业、茶叶输出业、瓷商业、煤商业、木材商业等同业公会，其档案均形成于 19 世纪末，而银行业、钱庄业、保险业等同业公会的档案，记录了这些现代行业组织的产生及运行情况。总之，这部分档案对于研究近代上海各行业的概况、特点、行业组织形成和职能的演变，是非常珍贵的材料。

4. 文化机构档案

19 世纪末 20 世纪初，上海得风气之先，聚集了一批科学家、教育家和民间人士，教会和官方机构在上海办了不少学校，特别是高等学校，使上海曾经是全国的教育中心之一。教会所办的圣约翰大学、沪江大学、震旦大学、东吴法学院在当时中国的教育界甚有影响，官办或民办的南洋公学、大同大学、暨南大学、上海法学院及上海美术专科学校、民治新闻专科学校等也很有特色。馆藏有近代上海 20 多个高等学校的档案以及一些出版机构的档案。这些文化机构档案，对于了解西学对近代上海的影响，研究近代中国文化事业的发展变化不无启迪。

5. 社会团体档案

近代上海是一个移民城市，特别是上海自 1843 年开埠以来，海内外人士纷至沓来，国内广东、宁波等地人士更因其经营事业的发达，在上海形成一派势力。馆藏有几十个外省籍人士在沪同乡会档案，像广东、宁波、绍兴、苏北等籍人在沪同乡会档案，数量不少，记录了这些同乡会在沪活动详细情况。此外，馆藏有近代上海一些慈善团体的档案，各同乡会所办的会馆、公所、山庄的档案。这些档案反映了近代上海社会生活的一个侧面，对于全面了解和研究近代上海社会发展史，是很有价值的。

6. **租界档案**

近代上海的租界，特别是公共租界，是近代中国租界中出现时间最早、面积最大、发展最完整的外国在华统治机构，馆藏的原上海公共租界工部局档案，其数量之多，内容之丰富，在全国首屈一指，档案形成于 1849 — 1943 年，其中工部局董事会会议录、工部局公报和年报十分完整，工部局总办处、警务处、工务处等部门的档案也非常丰富。尽管原法租界公董局档案有相当一部分已流散到法国，但上海市档案馆仍收藏有 15,000 余卷 1864 — 1944 年间形成的公董局档案。这些租界档案详细记录了租界当局进行的各种活动，反映了租界的发展变化，引起了国内外众多学者的关注。

（三）**档案特色与开发利用**

上海市档案馆是上海地区永久保存历史档案文献的基地，品种众多的宗教资料是其馆藏中颇具特色的一部分。

1. 宗教团体档案资料

上海市档案馆馆藏宗教档案资料计有 2,959 卷，近 4,000 册，资料起止时间为 1836 — 1963 年。其内容主要涉及天主教、中华基督教会、基督教复临安息日会中华总会、中华圣公会、基督教中华浸信会联会、中华基督教卫理公会、中央基督教青年会、中华全国基督教协进会、中华基督教教育协会、广学会等几十个教会机构的活动。

不少宗教组织来到上海后都开设了出版机构，早期上海基督教组织创办的印刷出版事业，只有 1843 年伦敦会建立的墨海书馆、长老会的美华书馆和监理会的华美书馆。1860 年，江南制造局翻译馆、土山湾印书馆（天主教出版机构，1860 年开办于徐家汇）、广学会等西书出版机构相继创办。特别是 1887 年 11 月 1 日在上海设立的广学会，是中国基督教最大的出版机构，它除了出版有关于基督教的专类书籍，还出版学校教科书，卫生学、环境卫生学方面的科普书及《女铎报》。在各个出版机构兴起发展的同时，各教派纷纷利用下属的宣教机构编集成书，或创办发行报刊，以此开展宣教传道活动。在 20 世纪二三十年代，全国基督教协进会及其他全国性机构都在上海有出版物，由此留下大量宗教出版物和印刷品。其中有少量系委托商务印书馆、中华书局等社会出版机构出版。

上海市档案馆所藏的宗教资料近4,000册，其内容主要分为以下几类：

（1）综合类

有全面反映各教派在华组织机构简史的材料。如中华基督教会、中华全国基督教协进会、中华圣公会和中国基督教长老会等各派系的概况和史略；还有中华圣公会及其江苏教区和汕头、苏州等各地区会的历史；上海徐家汇圣母院育婴堂概况；浸会在华布道及上海第一浸会堂百年史略，南京新教会、福建教区百年史略；中华基督教会全国总会立案之经过，中华基督教（女）青年会二十五年小史，中华续行委办会述略；中国教会医事概况。另外有一些著名的教会学校，如沪江、圣约翰等教会大学简史以及中华基督教会、中华基督教青年会、中华圣公会、友爱会等各种年鉴，世界基督教青年会百年大事记等。

（2）计划、报告类

有中华基督教会全国总会执行委员会议案选辑；中华全国基督教协进会第1－12届年会报告及该会基督化家庭委员会第一届年会报告与五年计划，中华基督教会复员迈进计划，中华全国基督徒布道团、中华浸会神道学院报告书，中华基督教教育协会战后第一届全国大会报告，中华慈幼协会、中华圣公会及江苏教区、总议会传道部报告书，美国公谊会在中国工作情况的简报与发展蓝图；英国公谊会和美国公信会、美国长老会访华报告和工作计划；中华基督教青年会全国协会全国复员建设募捐运动纲要，中华基督教（女）青年会全国协会事工纲要、专题研究调查报告和工作报告及全国大会报告书、年报；基督教青年会童子事业之分析、学生事业方案；关于出版事务的报告，如广学会、中华书报、家庭布道三部联议会及美华浸会书局等报告；中华基督教大学校董联合会计划委员会报告，中华基督教高等教育协作方案；中华神学院报告书；全国青年会军人服务工作报告；普仁医院报告书；上海基督教女青年会的“女前导团计划书”等。

（3）规章类

有天主教会法典，天主教上海教区圣母会公规，1929年中华全国基督教协进会宪章，中华行道会章程，中华国内布道会章程、布道团团章，中华公教进行会组织大纲，中华基督教主日学推行会章程，中华基督教宣教团契模范章程，中华基督教会全国总会及闽中、广东等协会组织规程草案，中华圣公会上海圣保罗堂章程，中华圣公会江苏、鄂湘等教区宪章规例；中华基督教会上海市宣教团契联合委员会宣言；卫理公会法规；上海安息浸礼会章程；救世军法令；国际联青社简章；中华基督教青年会全国协会及重庆、云南、济南、长沙、南京、成都等地中华基督教（女）青年会章程；基督复临安息日会出版协会团体组织法及细则；中华基督教教育协会章程；中央神学院、中华浸会神道学院、燕京大学等各宗教学院简章；上海疗养卫生院护士学校章程等。

（4）会议记录类

既有记录连续几届会议情况的材料，也有涉及各地差会的资料，主要有中华基督教全国大会宣言书，中华基督教会全国总会常会和理监事大会记录；中华基督教会上海区会、江南、东北、河北、杭州、河南、华东、华北、湖南、闽南、闽中等各地大会及中央议会、福州、兴化年议会记录和决议案；华北基督教公理会促进董事部年会报告记录；江浙、浙沪、江苏浸礼年会记录；监理公会中华年会第 18 — 54 次会议录；中华全国基督教协进会第 1 — 12 届年会报告；中华基督教卫理公会华东年议会、中华圣公会江苏教区议会、中华监理公会报告书；年会记录；晋鲁直三省公理会联合董事部会议报告记录；中华基督教女青年会全国大会记录和报告；基督教青年会百周年纪念庆祝会；中华留日基督教青年会会务报告；世界基督教青年大会专集；兰柏会议备忘录、报告、决议；玛德拉斯大会文献等。

（5）统计、调查表

有国际基督教宣教会差会事业历年统计表；中华全国天主教学务、各地教务统计表，中华基督教会组织系统表和名簿录，上海基督教教会团体一览表，中华圣公会、耶稣教、内地会统计调查录，中华基督教学校青年会及成绩统计表，全国儿童福利机构名册；广州市、苏淮、闽南基督教团体名录；上海基督教青年会全国协会董事、会员、干事名录；中华圣公会传教士和中国牧师名录；中国信义会差会传教士的统计；中华基督教闸北堂沪北分区信徒、沪南清心堂教友名单，上海教区圣母献堂修士录，广东省宣教师芳名录；上海、北京、南京、天津等联青社社员录；中华基督教灵修神学院、燕京大学上海同学会、之江大学校友同学通讯录；1887 — 1940 年广学会书刊目录；中文基督教杂志期刊目录索引等。

（6）纪念刊、册

纪念刊可以说是本资料的特色之一，主要有中华基督教主日学推行会、卫理公会、中华监理公会年议会周年纪念刊；上海基督徒布道团二十周年纪念特刊；基督教中华浸会少年团联会十周年特刊；广学会五十周年纪念册（1887 — 1937）；1948 年庆祝中国教会体制建立二周年纪念特刊；1836 — 1936 年中华浸会百周年刊物；上海广东浸信会成立二十五周年纪念特刊，上海时兆报馆创业三十周年纪念，上海西门妇孺医院复院纪念册；圣母献堂会、江南圣母堂、圣彼得堂周年纪念；中华基督教会天安堂、盐灶堂会百周纪念特刊，中华基督教会公理堂青年团筹建新堂、闸北堂新堂落成六十周年纪念特刊；1844 — 1937 年世界基督教青年会百周年纪念；中华基督教青年会五十周年纪念册，上海、北平、天津、宁波、烟台、济南等各地基督教青年会成立周年纪念册；上海修德小学、清心中学、光华大学、沪江大学、金陵神学院等教会学校周年纪念特刊和年刊、校刊、通讯等。

（7）报刊

从 1879 年开始到新中国成立的 70 年间，上海天主教以及基督教会各分支机构先后出版了多种刊物用以传教。上海市档案馆馆藏有各个派系在不同时期出版的各类报刊，虽然有些并不齐全，但种类繁多，内容纷呈。主要有天主教早期所办的《圣心报》《圣教杂志》《益闻录》等。还有各个教会机构各自所办的刊物，如中华基督教会所办刊物《教育季刊》，广东旅沪中华基督教会办的《会务周刊》，中华基督教会闸北堂发行的《中华基督教会月报》《出版界》，基督复临安息日会的公报《末世牧声》，中华圣公会江苏教区《时事通讯》，基督教浸信联会的《宣道声》，中华基督教卫理公会所办《华中卫理半月刊》，救世军的《救世报》，基督教公谊会的《公谊服务会通讯》，基督教长老会的《长老会公报》，基督教内地会《中国与福音》等，还有上海、青岛、南京、杭州、济南等各地青年会专刊，中华基督教宗教教育促进会出版的《宗教教育》，中华基督教教育会编行的《教育季刊》，中华基督教三自爱国运动委员会出版的《田家半月刊》，中华国内布道会月刊《福音钟》，广学会编行的《明灯》《道声》，宣道书局出版的《圣经报》，中华浸会书局发行的《真光杂志》等。

（8）个人著作

早年出版的一些个人著作也颇有研究价值，如1900年黄伯禄编的《正教奉传》（上海慈母堂藏版）和1904年上海慈母堂印的《正教奉褒》2册等。资料中不少著作和报告是由著名的在华外籍传教士和著名的基督教人物所编，如广学会总干事李提摩太著述的《广学会纪略》，中国基督教爱国领袖吴耀宗于1938年著的《大时代的宗教信仰》以及编辑的《基督教丛刊》，1936年刘廷芳著《司徒雷登博士年谱》，美国基督教新教传教士司徒雷登1948年著的《希望的基础》，罗马教皇庇护十二在1943年发表的通谕及演讲词等。

其他有关教务和教会介绍的著作有袁景唐编著的教会团体立案参考资料、陈文仙著《青年问题的研究》、蒋翼振译《苏联教会印象记》、王震辉著《余民与信仰自由》、圣彼得堂董健吾著《中国基督教四大危机时期》、陈金镛著《中国的宗教观》、上海时兆报馆编辑苏醒之著《礼让为国》。另外还有教区百周纪念丛书；中国基督教运动名著丛刊，五年运动教友识字运动丛书、培养教会义务工作人员小丛书，刘廷芳编著的基督教前进运动丛刊等。

（9）图片

宗教资料中不少有插图插照，主要是各类会议照片，如中国圣经会第一届全国代表大会、中华基督教女青年会第一次全国代表大会合影及会场照片，中国基督教青年会全国协会委员会战后第一届常会全体合影，济南市基督徒布道团成立大会全体同仁合影等有关教务活动的照片，有美华圣经会、广学会、上海安息日会和中华浸会少年团活动情况、赈灾照、在华的美国华人浸会情形等反映教会事业的照片。反映教会学校情况的照片有1937年徐汇高级中学毕业生留影，1938年徐汇中学高中毕业生避静纪念，中西女子中学新建之连吉生纪念堂照片，还有一些宗教发起人、主教、布道员肖像照。另外有上海鲁班路教会献堂纪念留影时兆报馆员工和报馆照片，女传道会年会会址、北京基督教青年会会所、东石浸会堂、苏州天赐庄博习书院（今东吴大学）和耿惠廉住宅（后为蓝柏牧师住宅）照，旅沪广东浸信会50年来会址迁移照和救世军影集。

馆藏宗教资料中不乏珍本孤本，是研究在华天主教和基督教历史的重要资料，如1912 — 1917年《益闻录》，是上海天主教组织创办的最早的报纸，也是中国天主教历史上的第一张报纸。《圣心报》是上海天主教所办历史最长的刊物，自1887年问世到上海解放初停刊，长达63年，馆藏有1937 — 1949年共12年的该报。

早期的报纸还有《汇报》576 — 600 号（1904），林乐知 1891 年主编出版的《中西教会报》（第 1 — 19 卷，1895 — 1911），我国最早的基督教妇女杂志《女铎》（第 3 — 36 卷，1914 — 1951），中国基督徒发行的《中华基督徒月报》（1904 — 1915 年，No.2 — 60 号）等。这些宗教刊物不少在数量上比较齐全，像上海天主教会主办的《圣教杂志》月刊，于 1912 年 1 月创刊，其发行范围几乎遍及全国各地。这份月刊在上海市档案馆保存比较完整，其发行年代从 1914 — 1938 年。

另外，中华基督教会全国总会《公报》第 1 — 30 卷，1928 — 1958 年，相当完整。中华全国协进会编行的《中华归主》月刊（《协进月刊》），从 1920 年的第 1 期一直到 1955 年。上海市青年会于 1921 年另创机关刊物《上海青年》（1912 — 1954），宣道书局出版的《圣经报》（1913 — 1957），《中华圣公会报》（第 6 — 39 卷，1913 — 1951），中华基督教三自爱国运动委员会出版《天风》周刊（第 1 — 651 号，1945 — 1964）等。

还有《同工》（1924 — 1957）和基督教青年会所办最早刊物《学塾月报》（1897 年在上海创刊，由青年协会书局出版，后改称《青年会报》，1906 年起改称《青年》，1917 年与《进步》月刊合并为《青年进步》）（第 1 — 150 期，1917 — 1932），均是数量较全的刊物。在这些刊物中不乏创刊号，如 1908 年的《圣教会报》、1930 年刘廷芳主编的《紫晶》、1925 年的《信义神学院季刊》、1937 年的《文藻月刊》《乡村教会》、1948 年的《女光》和《协进会刊》、1950 年的《基督教青联》等。

有些资料比较完整详细地叙述了教会机构的历史演变，如 1836 — 1936 年浸会在华布道百年史，1863 — 1945 年基督教各教派在华组织机构简史，1903 — 1910 年教会在华进展十年记录，1935 年美国圣公会来华百周纪念庆祝大会，基督教青年会百周年纪念庆祝会，1921 — 1950 年美国长老会对外宣教部致传教士和中国总会信件汇编，1890 — 1930 年中华基督教女青年会调查报告，安息日会、中华浸会百年报告，1893 — 1933 年美国南浸会华南差会年会报告等。

上海的近代出版印刷业，首先是由来华传教士开创的，以墨海书馆、美华书馆、广学会等为代表的早期教会出版机构，在当时印刷出版了不少宗教书刊，如美华书馆印的 1897 — 1899 年的《主教集议稿》、浸会书局的《真光杂志》、土山湾印书馆的《圣教杂志》、广学会的《基督化乡村丛书》和《女铎》等，均很有价值。还有一些在抗战前后出版的反映宗教界对于战争态度的书刊资料，如 1937 — 1938 年《日军侵占南京》《杭州教徒目睹记》，1939 年中华基督教青年全国协会发行的《曙光中的青年会》《烈火中的青年会》，1937 年淞沪抗战后上海青年会的《抗战六——全国基督教青年军人服务部》。以及反映建国初期上海宗教界推行“三自”爱国运动情况的资料，如中华基督教三自爱国运动委员会出版的《天风》周刊，均是比较难得的资料。

2. 外文租界档案

上海市档案馆保存的外文、租界档案数量之多、时间之长、内容之全、价值之高，在全国各档案馆中是比较突出的。可以说，这些外文、租界档案构成了上海市档案馆馆藏的又一大特色。

馆藏档案中，1949 年前的历史档案几经辗转，散失严重，保存下来的为数甚少，亦不完整，然而，上海公共租界工部局、上海法租界公董局等帝国主义侵华机构及外商企业、洋行等外文档案约有 22 万卷（册）之多。其中有英、法、德、日等不同文种的档案，尤以英文档案为最多，这在其他省市档案馆中是不多见的。

上述外文档案的产生是与上海的地理环境、特定的历史背景分不开的。上海是租界产生最早和存在时间最长的地方。早在鸦片战争中，上海就被迫开辟为通商口岸之一。外国殖民者和一些冒险家，在上海开埠后，纷至沓来。他们逼迫上海道台签订“地产章程”，藉此获得了“租”地居住的特权，并由清朝政府上海道台发给“永租地契”，于是就产生了租界。殖民者在租界内构筑房屋，组建市政机构，建立军队、警察、法院、监狱等一整套专治机构。此外，一些外国资本家还在租界内开办企业、洋行、银行等。租界成了国中之国，上海变成了“外国冒险家的乐园”。

就在这一特定的历史背景下，形成了上海公共租界工部局、上海法租界公董局等帝国主义侵华机构数以万计的历史档案。具体有工部局、公董局的董事会记录，警务处的警务日报、年报，各种往来文件、信函、照片以及侵华机构颁发的法令、章程、条例，还有外文报刊、资料等。该档案自 1851 — 1944 年，历时百年之久。在帝国主义侵华机构的档案中，记录了上海租界的起源与历次扩展的过程，记录了外国殖民者及各派政治势力在上海进行政治、军事、经济、文化等的活动，还记录了国内外反动统治阶级勾结起来压迫剥削中国广大人民的罪恶事实，也记载了上海人民群众同帝国主义、封建主义、官僚资本主义进行斗争的一些史实。宛如一幅幅历史画卷，生动、具体地反映了近百年来上海地区的风云变幻及发展历程。

在该档案中，尤其是董事会记录中，可看出外国殖民者，对中国社会上发生的重大事件所抱的态度及对策。如 1853 年为了对付“小刀会”攻占上海县城及太平天国军队的东进，以保护租界为名，成立了由各国侨民组成的“万国商团”，此后，“万国商团”便成为帝国主义镇压中国人民的工具。又如 1864 年外国殖民者侵犯中国司法权，在租界内设立“会审公堂”的经过；1870 年法公董局拨银 4000 两，组织义勇队，成立租界防务委员会的详细记录等。同时，租界档案还反映了租界内人民历次反帝反暴斗争的史实，如 1897 年的“人力车夫抗议增税事件”、1898 年的“四明公所流血事件”、1905 年的“会审公堂事件”、1910 年的“抗议强制‘防疫’事件”。此外，在该档案中，尤其是英工部局警务处的警务日报中，记载有当时的时局及上海地区每天发生的重要情况，有政治、军事、经济及社会新闻等内容。对中国近代史上有影响的革命活动和重要事件，如 1911 年的辛亥革命，1919 年的五四运动，1925 年的五卅运动，1927 年的上海工人三次武装起义，蒋介石发动的四一二政变，1932 年的一 · 二八事变，1937 年的八一三事变以及其他群众运动，均有不同程度的反映。

3. 工商企业档案

上海市档案馆馆藏的工商企业档案数量多、内容丰富、史料价值高，是馆藏的另一特色。

上海是近代中国最大的工商城市和经济中心，上海市档案馆馆藏工商企业档案数量多，占馆藏档案的 20% 左右，这在全国来说是不多见的。鸦片战争后，上海成为西方先进技术进入中国的窗口和中西文化的汇合点，英、美、德、日等国资本家在上海开办了企业，许多中国人也开办了运用西方先进技术的民族工业，使上海逐步发展为全国最大最繁华的城市，成为我国民族资本主义诞生之地，同时又成为工人运动的摇篮。与此相应，一个世纪以来，金融、纺织、轻工等民族资本企业形成了大量行业档案，单同业公会档案就有 446 个全宗，近 50,000 卷档案，还有市商会及一些大企业、公司档案。这些老企业历史悠久，档案时间跨度较长，档案内容极其丰富，充分反映了中国民族工业及中国资产阶级发展的状况及特点，也反映了一些企业的经营方式、企业管理的办法制度以及劳资纠纷；同时档案中还反映了中国无产阶级的成长过程及工人运动的情况。这部分工商企业档案是研究上海经济发展史、中国经济思想史的第一手材料，有较高的史料价值，也是研究中国工人运动必不可少的原始材料。

4，档案资料的编研出版

近年来，上海市档案馆编辑出版了《一九二七年的上海商业联合会》、《旧中国上海的广播事业》、《日伪上海市政府》、《上海解放》、《吴蕴初企业史料：天原化工厂》、《上海工会联合会》、《上海市各界抗敌后援会》、《社联盟报》、《蒋作宾日记》、《五卅运动》（三辑）、《吴蕴初企业史料：天厨味精厂》、《旧上海的证券交易所》、《清末民初的禁烟运动和万国禁烟会》、《上海档案珍品选》、《追忆——上海近代图史》、《旧中国的股份制》、《颜惠庆日记》（三卷）、《民国名人手迹》、《抗日战争与上海》、《日本帝国主义侵略上海罪行史料》（上、下卷）等档案史料集。

二、上海市其他档案馆

除上海市档案馆外，其他区级档案馆也藏有部分民国时期的历史档案：

黄浦区档案馆藏有：上海市第一区（黄浦）公所档案 218 卷，上海市第二区（老闸）公所档案 415 卷，上海市老闸区卫生事务所档案 14 卷，上海市第一卫生所档案 17 卷，上海市药剂生公会档案 13 卷，上海市卫生局防疫总队档案 18 卷，日伪上海特别市保甲委员会老闸区分会档案 39 卷，上海市蓬莱区公所档案 411 卷，上海市邑庙区公所档案 861 卷，上海市南市区卫生事务所档案 122 卷，上海市民众教育馆档案 95 卷，上海市动物园档案 21 卷。

长宁区档案馆藏有：上海特别市长宁保甲区联保办档案 37 卷，长宁区公所档案 516 卷，上海市省吾中学档案 35 卷，上海市奉化中学档案 38 卷，上海市圣谊中学档案 22 卷，上海市延安中学档案 34 卷，上海市九区、十区撤销小学档案汇集档案 72 卷。

杨浦区档案馆藏有：上海市第十九区公所档案 1,553 卷，上海市第二十区公所档案 237 卷，上海市卫生局杨浦区卫生事务所档案 109 卷，上海市南洋医院护士学校档案 7 卷，上海市第二劳工医院档案 17 卷，上海市第十九区、二十一区农会档案 4 卷，上海市第十九区合作社档案 16 卷，上海市杨浦区学校、医院、旅社档案汇集档案 409 卷。

闸北区档案馆藏有：上海市北站区公所档案 158 卷，上海市闸北区公所档案 203 卷，上海市社会局普善路平民村、中华新路平民村管理处档案 12 卷，上海市闸北区中学档案汇集 549 卷，上海市闸北区小学档案汇集 148 卷。

静安区档案馆藏有：上海市公共租界工部局警察部档案 113 卷，上海市特别市第一警察部保甲处（新闸、成都区）档案 102 卷，上海市江宁区（十二区）区公所档案 851 卷，上海市新成区（十一区）区公所档案 1,140 卷，上海市静安区（十区）区公所档案 873 卷，中美医院、劳工医院全宗汇集档案 83 卷，上海市私立培成女子中学育才公学档案 49 卷，育才公学档案 42 卷，上海市立育才中学档案 482 卷，大同大学附属中学二院档案 76 卷，圣约翰大学附属中学档案 135 卷，上海市私立爱国女子学校档案 110 卷，上海市立新陆师范学校档案 32 卷，上海市立女子师范学校档案 37 卷，上海市第一女子中学档案 29 卷，上海市私立孟贤中学档案 6 卷，上海市私立国强中学档案 9 卷，上海市私立新民中学档案 5 卷，私立金业商业初级职业学校档案 5 卷，私立上海女子中学档案 158 卷，上海市立实验民众学校档案 57 卷，上海市立晋元国民学校档案 14 卷，上海市立金科、普善小学档案 5 卷，上海市立十二区中心国民学校档案 58 卷，上海市立和安小学校档案 149 卷。

宝山区档案馆藏有：上海市吴淞区公所档案 262 卷，国民党宝山县党部档案 256 卷，宝山县警察局档案 628 卷，宝山县政府档案 514 卷，上海市江湾区公所档案 202 卷，上海市大场区公所档案 189 卷，上海市新市区公所档案 245 卷。

徐汇区档案馆藏有：上海市第七（常熟）区公所档案 1,054 卷，第八（徐汇）区公所档案 1,011 卷，徐汇区卫生事务所档案 150 卷，上海市第六十四中学档案 1,020 卷，华光中学档案 1,185 卷，上海中学档案 510 卷，南洋模范中学档案 231 卷，南洋中学档案 25 卷，上海市第二中学档案 142 卷，上海市第四中学档案 65 卷，徐汇中学档案 126 卷，黎明中学档案 10 卷，中国中学档案 36 卷，上海市第五十九中学档案 12 卷，沪光中学档案 7 卷，徐汇区第一中心小学档案 73 卷，徐汇区第二中心小学档案 51 卷，徐汇区徐镇路第一小学档案 20 卷，徐汇区襄阳南路第一小学档案 9 卷，徐汇区襄阳路第二小学档案 82 卷，徐汇区永嘉路第三小学档案 20 卷，徐汇区天平路第一小学档案 14 卷，徐汇区淮海中路第二小学档案 21 卷，日伪上海特别市沪西区第三坊公所档案 64 卷，徐家汇保甲总联保办事处档案 118 卷。

虹口区档案馆藏有：上海市北四川区公所档案 625 卷，提篮区公所档案 529 卷，虹口区公所 594 卷，上海市立师范专科学校（新陆师范）档案 57 卷，上海市复兴中学档案 108 卷，私立光华大学附中、私立大夏大学附中联合全宗档案 2,859 卷，澄衷中学档案 106 卷，麦伦中学档案 98 卷，京沪中学档案 67 卷，私立晏摩氏女子中学及私立沪江附中档案 119 卷，粤东中学档案 56 卷，滨海中学档案 20 卷，虹口区小学档案汇集 124 卷。

浦东新区档案馆藏有：上海市第七医院档案 62 卷，东沟农林试验场档案 29 卷，陆行、浦东、杨思、泾南、高桥中学及高桥区中心校全宗档案 87 卷。

金山区档案馆藏有：金山县政府档案 2,457 卷。

松江区档案馆藏有：国民党松江县党部档案 938 卷，松江县警察局档案 1,535 卷，松江县政府档案 3,478 卷，松江县参议会、地方法院、检察处联合全宗档案 2,089 卷。

青浦区档案馆藏有：国民党青浦县党部档案 647 卷，青浦县政府档案 2,450 卷，青浦县警察局档案 1,041 卷，青浦县司法处档案 2,665 卷，青浦县民国档案汇集（一）档案 124 卷，青浦县民国档案汇集（二）档案 117 卷，青浦县邮电局档案 154 卷。

奉贤区档案馆藏有：奉贤县政府档案 1,546 卷，国民党奉贤县党部档案 3,514 卷，袁浦盐场档案 923 卷，奉贤县地方法院档案 1,801 卷，汪伪奉贤公署档案 4,284 卷。

崇明区档案馆藏有：国民党崇明县党部档案 346 卷，三青团崇明县分团部档案 148 卷，中央调查统计局崇明县室档案 157 卷，崇明县政府档案 622 卷，崇明县商会档案 79 卷，崇明县大通富安纱厂档案 124 卷，汪伪大民会崇明支部档案 47 卷。

第十节　江苏省民国档案概况

民国时期，江苏是国民政府治下的最富庶的地区之一，是其政治、经济、文化活动中心，形成了大量的档案资料。

一、江苏省档案馆

江苏省档案馆成立于1958年8月，1960年，江苏省档案管理局成立，局、馆合署办公，“文革”初期机构被撤销，1969年成立江苏省革命委员会档案馆，1978年7月，省档案局、档案馆恢复办公。

江苏省档案馆典藏的民国档案共有54个全宗，174,265卷。这些档案反映了民国时期江苏的政治、经济、教育、文化、军事等方面的历史情况，其主要内容有：

（一）政务会务档案

这类档案，除反映江苏省政府的施政活动外，并记录了民国时期江苏地方政制及行政区划变更情况及各市县的市政管理、建设情况。诸如：

1. 政务

有省政府施政方针、年度工作计划、报告、业务会报、省政府公报和各厅处工作报告、业务会报；省政府视察各地办法、报告及省区政导报，各行政区（专署）所属各县及徐州市、连云港市的年度工作计划、工作报告，全省各市、县市政状况调查资料，省会市政管理、市政建设和各市县市政营建计划和实施方案；中央及江苏省实行地方自治的法令，江苏省推行新县制及各县实施新县制情况的文件，暨江苏省实施地方自治的方案、督导办法及各县推行地方自治和自治区的划分、变更情况，县区乡镇公所等自治机构及地方自治会议的文件。

2. 会务

除全国行政会议及其决议案，国民政府第一届立法院第一次会议记录外，主要还有省政府委员会会议、省政务委员会会议、省政府委员会谈话会及临时会的记录和决议案，省政府会议、行政会议记录；省县长甄审委员会、县市长考绩委员会、政府预算委员会、政府购置审定委员会和节约消费检查委员会等会议记录及各县市政府会议、政务会议、参议会议记录；各县议会、县政、计划、审查会议记录；省“戡乱”时期各种方案研究会议记录，省财政、建设等厅务会议、业务会议记录及省政府经济会报（第 23 — 75 次）记录等。

（二）组织人事档案

反映了江苏地区机关、组织历史沿革和人事变更的情况，共有 5,000 多卷（1913 — 1949），主要为省人事处、省政府秘书处、省民政厅等机构形成的文件，如：

1. 机构设置

有江苏省政府暂行编制大纲和组织法及各厅局处、区署、县市、乡镇组织法和组织规程；省政府江南、淮南行署组织规程；省复员计划委员会、省政府机关设计考核委员会、党政接收委员会、抗战损失调查委员会、县长甄审考绩委员会等组织规程。

2. 考选铨叙

除行政院及国民政府颁发的考选铨叙法规外，主要有江苏省关于考试问题的决定，江苏省县长考试条例，江苏省高等考试、普通考试及格人员分发任用的文书和中央党部人员政治考试及格人员名单，中训团任用考试及格人员调查表，全国考试及格人员通讯录，江苏省公务员惩戒法、考绩法规等；江苏省关于县长任用及专署、县行政人员任用条例，江苏省“非常时期”公务员任用审查办法及人员审查表，铨叙部分发江苏省荐任、委任官的分发凭证及审查不合格的公务员名册，江苏省公务员甄审、县长甄审委员会会议记录和甄审、县长履历审查表，省政府、部分厅局处、各区署、各县市及所属单位人员送审材料。

3. 人事管理

主要为官员任免和考绩方面档案，有江苏省政府主席、委员、顾问、参议、秘书长及省各厅处局长的任免，各区署专员、县府县长及其所属单位人员的任免；省各厅处局派至江南、淮南行署服务的专员以下人员的任免和江南、淮南行署主任及以下人员的任免，国民党江苏省各级党部主管人员、省保安司令部及联络站将级以下人员的任免，第一绥靖区、省军事部门驻渝办事处、驻西安办事处人员任免等文件；公务员的考绩除行政院颁布的公务员考绩条例、授勋办法外，还有省政府颁布的职员考绩请假、考绩、褒扬、奖惩等文件，省党政军各机关考绩办法及省政府各厅处局人员考绩表和各县市长、保安团长、地政局长奖惩名单，县长奖惩记录及公务员奖惩记录等；此外，还有省政府高级职员名册，全省荐任科长以上职员、社政人员名册，保安团队名册；省参政员、参议员、国大代表及各县正副议长、各县市长、各县县长会议人员和省农业银行董事委员、省新闻处工作人员的名单；省保安队暨各部队职员录，省政府职员和各级法院、监狱、看守所、警官学校职员录，各县税务分局、稽征处职员录，总统府职员录；苏北各县县长情况调查和省临时参议会参议员、省直属党部工作人员、省各行政督察专员兼区保安司令等履历表等人事资料。

（三）**党派社团档案**

1. 党派活动

主要为国民党的党务活动档案（1920 — 1949），分见于江苏省党部、省政府秘书处等全宗。主要内容有：历史沿革及党务会议概况，如国民党江苏省及各县市党务沿革表，各县市呈报省执委会的党务概况报告，党政谈话会议及党政联席会议记录，国民党江苏省第三、第四次代表大会的文件及苏北第一次党务会议汇刊等。党务工作计划及活动概况，如县党部召开代表大会给省执委会的文件；江苏省党部计划大纲，省军队特别党部 1945 年工作计划，省党政及党政军配合组织办法，农工运动委员会的组织大纲、工作报告、会议记录，基层干部训练计划及训练大纲；各县、市党部委员、书记长及直属区党部书记的任免令，蒋介石关于银行行员必须加入国民党的手令，各县、市党务工作人员的甄审材料，省执委关于控告各县、市党部书记长以及省暨各县党部对党员处分或恢复党籍的文件；省党部关于县、市党部应用法规辑要，沦陷区各地党务工作实施办法纲要，省党部关于各县市党部对解放区实施经济交通封锁的办法，党政革新运动纲要，党务督导组织办法；各县、市、区党员参加竞选国大代表登记表，省直属区党部党员和新党员名册，区、县党务干部训练班同学录等。其他党派的相关档案仅有中国民主同盟会会员登记簿和中国中和党建立支部的文件。

2. 社会团体

主要分见于省社会处、省党部、省政府秘书处等全宗。其中除有关各市县社会团体组织的登记、整顿等综合性文件外，还有江苏教育会组织活动，省作家协会、美术协会的呈请备案，省生产建设学会、工业协会江苏分会、省农田水利事业协进会、省青年协会等社会团体的组织资料；职业团体则有省总工会成立大会会议记录及出席全国总工会代表名单，省商会联合会、省渔业联合会、农会及各县市工商业团体与同业公会组织的资料。

（四）司法审判档案

主要为江苏高等法院档案，约 120,000 卷（1912 — 1949）。江苏高等法院成立于 1927 年 11 月，其前身为江苏高等审判厅和江苏高等检察厅。主要内容有：

1. 司法行政

这部分档案在研究民国时期的江苏地方法制和社会犯罪率方面有较高价值。其中除中央司法部门颁布的各种法规外，江苏司法部门形成的综合性文件有：江苏高等法院及各分院、地方法院、县司法处的工作报告，该院及检察处的年终会议、各级法院的院务会议、民庭及刑庭庭长会议记录；江苏高等法院及各分院、地方法院的民事、刑事案件年统计表，庭员办案月报表以及被判无期徒刑、被大赦或减刑案件的月报表；江苏高等法院及各地方法院民事、刑事案件收结表及罪名表，名种民事案件调解月报表，江苏高等法院及各分院、地方法院的民事、刑事案件诉讼月报表，刑事案件侦查表及各监狱的月报表和年报表，江苏高等法院及各分院、地方法院的经费会计报告；律师资格复核及律师申请登录材料，江苏高等法院编印的《司法公报》等。

2. 民事、刑事

这种民事、刑事案件材料，既是分析江苏社会犯罪成因的个案，也是了解研究江苏社会状况的重要史料。其中有各类案件的起诉书、控告书及由此产生的审讯笔录、判决书等，有债务、租佃、庙产、家产等纠纷及婚姻、养老、抚养、遗产继承、借贷、买卖、租赁等民事案件的审判材料；有烟毒、娼妓、赌博及纵火、投毒、杀人、伤害、强奸、伪造证券、妨害公务、渎职、赌博、破坏公物、诽谤伤害、偷盗等刑事案件的审判材料。此外，还有江苏省政府对贪污潜逃公务员的通缉令及涉外案件，如中国海军拿捕德国商船“瑞士达”号等涉外案件的审判材料。

3. 政治案件材料

有 1933 年陈独秀被捕后的材料；江苏省反省院工作报告和受理案件的材料；各监狱解送政治犯至反省院的名单及反省人员名册，“投诚”受奖及“自首”人员名册，反省人员脱离共产党的宣言及在反省感化刊物上发表文章的人员名单，苏州反省院院长刘云的日记——《听雪楼笔记》；处理秘密结社集会、组织示威游行、参加罢课罢工、印发与散发传单、为新四军购买物资及涉嫌共产党等政治案件的审判材料。

4. 汉奸及战犯审判

其中除行政院通缉汪伪主要叛逆名册及党员一览表外，还有对陈公博、周佛海、褚民谊、陈璧君等汉奸案件的审判笔录，省政府处理各县汉奸嫌疑来往文书及审问笔录；苏州、镇江等地汉奸调查表、名册及通缉在逃人员的文电；江苏省政府处理省属单位及各县汉奸专案，汉奸罪行调查和案件登记；首都高等特种刑事法庭、上海高等法院检察处对汉奸处分与判决的文件。此外，还有审判日本战犯酒井隆的材料。

（五）户政警政档案

1. 户政

此类档案是了解民国时期江苏人口变迁和城乡社会管理的重要材料。其中有户政工作会议报告、户政示范乡镇的成绩考核和各县办理户政实况的视察文件；关于制定保甲规约、规定及清查户口、整编保甲的文件；户籍登记、户口变动、户口调查及人口统计、户籍统计、出生死亡统计报表等。

2. 警政

除省会警察局、警察大队、实业警察队和成立省警训所、水警侦缉队、消防队的有关文件外，主要有各县市制定的警察保甲联系办法，推行警管区制及地方警察配合军队进攻、清剿解放区和查禁进步书刊等文件；还有各地查禁烟毒实施情况，各警察局查缉烟毒、查铲烟苗及烟毒案判处等文件。

（六）财政金融档案

财政税收、金融方面档案有 4,000 多卷（1911 — 1949），是研究民国时期江苏财政金融的重要文献资料，主要内容有：

1. 财政

除财政部、省政府颁发的财政法令规章外，还有省财政厅业务会议及工作计划、报告，各县、市工作计划、报告，各县综合性财政统计；省政府、财政厅、保安司令部及全省的年度概算，省总务厅、江南行署等单位关于经费决算，1949 年度各县地方总概算书，省政府收支预算、决算等文件；整理县市财政办法、规划，统一筹集绥靖区临时费用，清理原有公营事业，整理各县债务，发行各种公债，各县、市财政公务统计，各县财政整理委员会等文件；各级财政机关的组织编制，县市税捐稽征处人事管理机构设置，增设省农行两个分支机构和县市银行的文件，《中华日报》、中国文化服务社等部门股金和投资的文件。

2. 金融

主要有各级银行的业务报表和统计资料，银行和钱庄的登记和监督县、市银行业务的文件，建立省库和县公库网敷设、县市公库的监督等，举办农业贷款业务与规划与分配绥靖区小额贷款的文件；取缔私设银行钱庄及收换伪币的文件；省银行 1932 — 1936 年营业报告，1937 — 1948 年决算表，1945 — 1946 年关于银行信托、储蓄业务及代理公库等报告和全行存款、放款、汇款、公库存款统计图，省银行及分行、支行、办事处的组织人事等方面文件；省农民银行 1934 — 1948 年的业务报告、营业报告与决算表及 1940 年关于设立暗账、囤积物资等文件，非常时期省农民银行放款原则及清偿战前存款的办法，1941 年上海分行呈送冻结中日资金的报告，监理会审查 1945 年决算及调查设立暗账、私购黄金案的文件，1949 年省农民银行筹设台湾办事处、逃汇资金、信托部关于购买黄金等的文件。

3. 税收

除财政部颁布的税法汇编及关于印花税、遗产税、房屋税的办法、条例外，有江苏省税契办法、田赋征实征借实施办法及对抗粮抗捐处罚办法；江苏税务工作计划及各县、市各项税捐完征数统计表、清理田赋旧欠、核定各县征收经费及田赋公粮等文件；还有举办因地制宜税和开征印花税、土地税、契税、地价税、营业税、烟酒牌照税、牙税、屠宰税、自治税、视察税、锡箔税以及米捐、茧捐、菜捐等情况和各县税捐处人员任免等文件。

（七）交通运输档案

此方面档案有近 2,000 卷（1945 — 1949），主要有全省公路交通概况和各区、县公路交通调查资料，公路建设法规及整顿苏南、苏北交通的文件和公报，省内各公路线路段路面工程、线路勘测、桥梁工程设计及工程实施，道路标志安置工程以及南京工程处承揽各项建设工程及路面、桥梁、码头修建工程等文件；全省各县航政文件及全省航道交通图、江南航道交通图以及航道纠纷和疏浚的文件；还有铁路营建计划和铁路的养护、维修及机场概况等交通方面的文件。此外，还有关于水陆交通管理方面的规则，公路有全省公路营运计划，各汽车公司经营概况及汽车站状况和客货运输价格调整及养路费费率的文件；水运则有各县通航船只及水运情况调查资料，各船局、航运公司报告与航行事故的预防、沉船打捞及船只征用与赔偿资料以及外轮在中国内河航行概况等运输方面的资料。

（八）邮政电信档案

有 1,000 余卷（1921 — 1949）。邮政方面主要有江苏邮务管理局局务通讯及会议记录，江苏邮区视察员经办重要案件调查报告，省邮务管理局的收支计算书及省邮务管理局有关人员任用、奖惩，军邮检查人员名单、履历表、抗战时期随军办理军邮差役登记表、邮检密函等；此外，还有反映中国共产党领导下的苏北抗日根据地邮政事业发展的文件。电信方面除省及各县电政、电讯和无线电总台的文件外，还有全省各区无线电台调查，乡镇电话与军事电台电话的安装等文件以及各县电讯台、电台会计报告。

（九）工商企业档案

工商档案有保护工商业的有关法规；全省各地工商业概况，工商企业登记和部分工商企业经营调查，各地商品调查与调节资料；部分原料物资实行国营专卖，市县外贸情况调查，工商贷款及工商业社团组织方面的文件资料。矿业方面档案有除矿业法规外，有危险性矿产品的开采的规定及矿业登记资料，矿产品管理及煤矿、油矿、磷矿、铜矿、锰矿、硫黄矿、铅矿、磁土矿、银矿等矿产资源的调查资料，单位及个人申请开采权的资料，部分矿山战后经营状况调查资料。电力方面档案：有电厂经营、管理、工作制度等法规性文件，如电厂组织章程、营业章程，电厂出租电动机、路灯管理，职员请假、奖金、抚恤及工厂管理、用户注册等章程规则；电厂重要职员调查与职员名册及人事更动表册；电厂关于用电机关名称及驻地的记录，1935 年建设委员会电厂事业报告等。

（十）农副业等档案

这类档案，包括农、林、渔业和畜牧业、蚕桑、盐业等。农业方面档案有战后全省各县农村复兴计划，全省各县农政总汇资料及全省农业年度概况，农作物生产情况，农作物繁殖区产量报告，农场年度工作报告，农产品价格等文件；还有土壤概况和土壤研究，农产品改良，水稻、小麦良种示范和棉种推广，化肥使用，虫灾防治，各县农业推广所工作和农机修造、人员培训等资料。林业方面档案有全省各县造林计划，年度造林工作专报，林业试验场工作月报以及果树害虫防治、果树种植调查等资料。渔业方面有年度渔业统计报告，渔业状况和渔场调查、渔业登记、淡水渔场的建立、渔业贷款以及渔船、渔具改进，渔业法规文件汇编等资料。畜牧业方面档案有畜牧计划、猪鬃生产、种猪推广、牧场经费、兽疫防治、器材使用、疫情报告和疫情防治大纲等资料。蚕桑方面档案有全省蚕桑管理机构的组织概况、人事任免、技术人才调查、蚕农培训以及蚕桑业务概况调查、蚕桑区和蚕种场经费预算、蚕农贷款、蚕桑设备贷款和历年春、秋蚕种报告，茧行管理办法与茧行会议记录，各丝厂领蚕报表等资料。盐业方面档案有各类盐运销存、盐价调整、市场行情报告、盐斤收发结存日报表以及华北、台湾、下关等地盐斤运销、盐斤保险业务等文件。

（十一）水利工程档案

包括全省河流与江南海塘、江北运河、黄泛区方面档案1,000多卷（1942－1949）。其中，水利海塘方面档案，除全省各县、市河流防汛养护办法与全省各县水利状况调查资料外，主要有水利工程图、江南海塘总图、全省各县水利详图等；江堤工程、海塘工程、港口工程的培修和松江、宝山、太仓、常熟4县海塘工程的修建等资料；水情水位资料及年度防汛报告，江堤防汛及太湖水道概况资料，江南河流水域调查、江南水利工程调查等资料。南北运河方面档案有江南各运河段工程指标与工作旬报；江北运河勘察测绘、工程规划、水道疏浚、涵闸工程、运河堤坝春修计划、防汛工程报告书，等等。黄泛区档案有黄泛区水利工程整治、复兴计划、黄泛区水利工程实施计划纲要，农村建设示范区实施计划、利用美援复兴泛区农村计划；黄泛区复兴局接收豫、皖、苏三分署泛区复兴业务的文件及经费预算、会计报表等资料。

（十二）**教育文化档案**

有 2,200 多卷（1930 — 1949），其主要内容有：

高等及师范教育：有续办、恢复、迁并和增设省立各高等教育院校和各师范学校的文件，推行省立师范辅导区的办法与师范学校教育实施方案及教育计划改进大纲，省师范学校教育试验检定办法及检定合格名单，各高等院校大学生学籍甄审材料及留学生赴外研究办法等文件。

中等及初等教育：主要有迁设、续办、增设和裁并省立中等教育、省立职业学校、省立实验小学、师范附小等文件；各县中心小学设立办法及各县市公、私立小教与中学教职员名册与教员待遇调查统计、省立中小学征收学生费用标准等资料；还有处理徐州中学学潮与青年学生集训、服役及外逃学生的安置与救济等文件；办理青年军官就学、复员军官转业教育和收复区中等学校员生甄审的文件。

社会教育：有整顿恢复原有省立各社会教育机构，推行识字扫盲教育、国民教育、电影教育、卫生教育，恢复改进县、市民众教育馆和各县、市体育场、举办省县市运动会的文件。

教育行政：除教育部等颁发的有关教育法令、条例、章程及办法外，有省教育厅的教育工作法规，省及县各县、市的教育工作计划、报告及教育工作会议、教育经费预概算；各县报送的教育概况调查表及全省各级各类学校概况等文件；各教育机关调查战时损失及省立图书馆善本书损失报告，省教育厅编印的《教育年鉴》《江苏教育》，各校的校友录、同学录等资料。

（十三）**卫生防疫档案**

约 300 卷（1946 — 1948），其主要内容有省卫生处及所属机构的年度预决算，省立医院、省会卫生事务所、省巡回工作队和各县产院及苏南、苏北地方病防治所的设立等文件，医事人员开业执照的管理和资历考询报告；卫生机构和医事人员及中西医药商的调查管理等材料；还有传染病的防治，巡回工作队及疫情调查报告，霍乱和血吸虫、钩虫病的防治材料；成立省县市健康教育委员会、设置难民医院、传染病院免费病床及指定医院、医务所、门诊部实行免费诊治等文件。

（十四）地政地产档案

有关地政、地产方面的档案有 2,300 多卷（1945 — 1949），主要内容除各级国有土地管理机构的组织、办事规则及省地政局颁发的土地法规外，还有代管国有土地、调查处理土地纠纷、处理敌伪地产及土地划界、县市界址勘划、临省界址勘划和各县地图等资料；还有地权清理、各县地籍整理、各县公地荒地调查、湖田统计、土地登记、各县公地租赁业户登记、各县国有地产接管及敌伪建筑物处理、绥靖区内土地处理、战后国有土地处理和地租税征收、地价统计等资料。

（十五）社会事业档案

这部分档案主要集中于江苏省社会处全宗，有 3,000 多卷（1945 — 1949）。

劳工管理：有各县市劳工纠纷、劳资争议的调查处理、工人生活指数、技术员工暨失业员工的调查登记等材料；还有各县市防止“六二”罢工、举办工人福利社、维护女工童工权利及厂矿工人动态等资料。

社会救济：有江苏省抗战蒙难人员调查登记、全省救济状况和各地报灾、请赈及各县市灾情调查统计资料，设立省、县、市救济院和省会私立游民教养所、难民招待所、慈幼院、施粥厂及失业人员登记与职业介绍、举办难民工读团、筹设妇女福利社等资料。

合作事业：有合作物品供销处的概况调查及各县合作事业、合作金融概况和设立各种合作组织的规定和计划；还有对解放区及汪伪区合作机构处理办法、对辖区域合作事业的实施办法及各合作组织代销各级生产合作社产品的办法及具体产品代销业务概况文件。

社会习俗：有提倡新生活运动、尊师运动、节约运动及国民义务劳动计划与工作报告，举行三八妇女节、四四儿童节、五一劳动节和植树节、禁烟节及国父孙中山诞辰纪念等活动的文件；还有改良旧习俗、举办集体结婚、筹建“忠烈祠”、公墓，制定宗教礼俗改良实施办法及公共娱乐审查办法等文件。

（十六）会计审计档案

有 2,000 多卷（1937 — 1949）。会计方面档案有各级会计组织的机构设置情况及有关会计制度的法令规章，全省岁入岁出总决算书和岁出预算总分配表，各县会计报告，各县市岁入岁出预算统计表，省属各机关及附属单位、各县市、省属各大中学校预（概）决算，各行政区（专署）会办所属各县市预算；各县市库款收支、银行年度结算、会计室经费收支情况的报告等文件。审计方面档案有省农民银行总行、省公路局、省田赋粮管处和部分学校等机构送审的经费预算，省审计处对有关单位的巡回审计报告及事前审核报告等文件。

（十七）统计调查档案

馆藏统计档案近300卷，除省统计处制定的各种统计法规条例及统计会议会报记录、全省统计总报告外，还有《江苏省统计提要》《江苏省统计简报》、各县市工人人数调查表、工人生活指数调查表、各重要城市公务员生活费、各机关员役薪饷、各县市军事供应等调查资料；各教育机关战时损失及省立图书馆善本书损失调查报告，各县农林渔及农副产品生产情况调查资料，全省土地户口调查资料等。

（十八）韩国钧朋僚函札档案

馆藏《韩国钧朋僚函札》档案，被列入中国档案文献遗产名录，共57册，3,600余件，系韩国钧1915 — 1937年期间与康有为、梁启超、黄炎培、陶行知、史量才、曾朴、张謇、冯国璋、齐燮元、赵尔巽、陈陶遗等600多人交往的信函。信函反映了这一时期江苏、浙江、福建、安徽、上海乃至全国的政治、经济、军事、思想、文化、实业等方面的史实，对府院之争、对德绝交案、贿选总统、第二次直奉战争、北京政变、江浙战争、浙奉战争、苏浙战争及江苏运河海塘工程、黄灾救赈、江苏泰源盐垦公司等情况均有记述。

江苏省档案馆建馆之后，十分重视档案的利用工作，编辑出版了《江苏省档案志》《江苏省档案馆指南》《江苏省档案要览》《江苏农民运动档案史料选编》《江苏抗战图片集》《江苏省革命历史文件汇编》《民国江苏权力机关史略》，参与编辑出版了《五四运动在江苏》《华中抗日根据地财政经济史料选编》《渡江战役档案资料选编》《江苏革命斗争纪略》《江苏省政府志》《中国抗日战争大辞典》《中华民国史大辞典》《中国近代史通鉴》等；编制了馆藏档案的全宗介绍、全宗目录、案卷目录、文件目录、人物卡片等多种检索工具，现已将全部重要文件目录数字化，可以向利用者提供方便、简捷、及时、准确的检索服务。

二、南京市各档案馆

南京市档案馆典藏的全宗档案主要有：

（一）**政务机构**

南京市参议会档案 171 卷，形成于 1945 — 1949 年；南京市“国大代表”“立法委员”选举事务所档案 73 卷，形成于 1947 — 1948 年；南京市参议员选举事务所档案 27 卷，形成于 1946 年；总理陵园管理委员会档案 1,869 卷，形成于 1925 — 1949 年；南京市政府秘书处档案 3,561 卷，形成于 1927 — 1949 年；南京市政府人事处档案 608 卷，形成于 1945 — 1949 年；南京市政府统计处档案 138 卷，形成于 1945 — 1949 年；南京市政府会计处档案 1,194 卷，形成于 1945 — 1949 年；南京市接收委员会档案 185 卷，形成于 1945 — 1946 年；南京市自治事务处档案 54 卷，形成于 1936 — 1937 年；南京市第一至第十五区公所档案 460 卷，形成于 1945 — 1949 年；南京市日侨集中管理所档案 185 卷，形成于 1945 — 1946 年。

（二）**内政、社会机构**

南京市民政局档案 714 卷，形成于 1945 — 1949 年；首都肃清烟毒委员会档案 8 卷，形成于 1934 — 1938 年；南京市地政局档案 48 卷，形成于 1927 — 1949 年。南京市园林管理处档案 439 卷，形成于 1927 — 1949 年。南京市都市计划委员会档案 42 卷，形成于 1947 — 1949 年。南京市工务局档案 3,654 卷，形成于 1927 — 1949 年；南京市筑路摊费委员会档案 30 卷，形成于 1930 — 1937 年；江南汽车公司档案 1,650 卷，形成于 1931 — 1949 年；南京市公共汽车管理处档案 393 卷，形成于 1945 — 1949 年；首都公共汽车股份有限公司档案 76 卷，形成于 1947 — 1949 年；南京市自来水管理处档案 581 卷，形成于 1929 — 1949 年；南京市社会局档案 2,654 卷，形成于 1928 — 1949 年；首都实验救济院档案 104 卷，形成于 1947 — 1949 年；南京市立救济院档案 358 卷，形成于 1927 — 1949 年。

（三）**文教、文生机构**

南京市教育局档案 1,327 卷，形成于 1945 — 1949 年。南京市立第一民众教育馆档案 51 卷，形成于 1945 — 1949 年。南京市民众图书馆档案 16 卷，形成于 1945 — 1949 年。南京市通志馆（南京市文献委员会）档案 34 卷，形成于 1946 — 1949 年。南京市各戏院、影院档案汇集 16 卷，形成于 1928 —

1949 年。南京市各公私立中学档案汇集 1,477 卷，形成于 1923 — 1949 年。南京市卫生局（南京市卫生事务所）档案 147 卷，形成于 1928 — 1937 年。南京市卫生局档案 761 卷，形成于 1945 — 1949 年。南京市各医院档案汇集 157 卷，形成于 1936 — 1949 年。

（四）司法、警务、军事机构

最高法院档案 3,294 宗，形成于 1932 — 1949 年。首都高等法院档案 11,673 宗，形成于 1946 — 1949 年。首都地方法院档案 84,785 卷，形成于 1935 — 1949 年。首都高等法院特种刑事法庭档案 297 卷，形成于 1948 — 1949 年。江苏高等法院档案 577 卷，形成于 1912 — 1948 年。首都高等法院检察处档案 6,954 宗，形成于 1946 — 1949 年。首都警察厅档案 2,908 卷，形成于 1929 — 1949 年。首都卫戍司令部档案 13 卷，形成于 1949 年。南京市青年军复员委员会档案 10 卷，形成于 1946 年。南京市防护团档案 56 卷，形成于 1936 — 1937 年。首都各区救火联合会档案 36 卷，形成于 1946 — 1949 年。

（五）财政、金融、经济、铁路机构

南京市财政局档案 2,683 卷，形成于 1927 — 1949 年；金陵海关档案 88 卷，形成于 1914 — 1949 年；管理中荷庚款水利经费董事会档案 31 卷，形成于 1933 — 1938 年；南京区救济特捐募集委员会档案 16 卷，形成于 1948 — 1949 年；中央银行南京分行档案 151 卷，形成于 1929 — 1949 年；中央合作金库南京分库档案 13 卷，形成于 1946 — 1949 年；中国银行南京分行档案 222 卷，形成于 1915 — 1949 年；交通银行南京分行档案 701 卷，形成于 1919 — 1949 年；中国农民银行南京分行档案 115 卷，形成于 1935 — 1949 年；江苏省银行南京分行档案 52 卷，形成于 1926 — 1949 年；南京市民银行档案 26 卷，形成于 1928 — 1948 年；各商业银行、钱庄档案汇集 1,090 卷，形成于 1913 — 1951 年；中央信托局南京分局档案 78 卷，形成于 1946 — 1949 年；南京市抗战损失调查委员会档案 58 卷，形成于 1945 — 1947 年；首都民生日用必需品配售委员会档案 106 卷，形成于 1947 — 1949 年；南京市民食调配处档案 49 卷，形成于 1948 — 1949 年；南京市铁路管理处档案 312 卷，形成于 1945 — 1949 年。

（六）党务、社团

国民党南京市党部档案 293 卷，形成于 1928 — 1949 年；三青团南京支团档案 159 卷，形成于 1945 — 1947 年；南京市各社会团体档案汇集 197 卷，形成于 1927 — 1949 年；中华民国商会联合会档案 90 卷，形成于 1946 — 1949 年；南京市商会档案 66 卷，形成于 1945 — 1949 年。

（七）汪伪机构

汪伪南京市政公署（汪伪南京特别市政府）秘书处档案 1,195 卷，形成于 1938 — 1945 年；汪伪南京特别市社会局（汪伪南京特别市社会福利局）档案 2,091 卷，形成于 1938 — 1945 年；汪伪南京特别市社会运动指导委员会档案 555 卷，形成于 1940 — 1943 年；汪伪南京特别市财政局档案 2,015 卷，形成于 1938 — 1945 年；汪伪南京特别市工务局档案 2,482 卷，形成于 1938 — 1945 年；汪伪南京特别市卫生局档案 369 卷，形成于 1938 — 1945 年；汪伪南京特别市教育局档案 247 卷，形成于 1938 — 1945 年；汪伪南京特别市经济局档案 317 卷，形成于 1943 — 1945 年；汪伪南京特别市物资配给委员会档案 34 卷，形成于 1941 — 1945 年；汪伪南京特别市实业局档案 231 卷，形成于 1938 — 1941 年；汪伪南京特别市粮食局档案 215 卷，形成于 1941 — 1945 年；汪伪南京特别市土地局（地政局）档案 18 卷，形成于 1939 — 1945 年；汪伪南京特别市禁烟局档案 47 卷，形成于 1938 — 1940 年；汪伪南京特别市政府宣传委员会（市政府宣传处）档案 146 卷，形成于 1939 — 1945 年；汪伪南京特别市政府农林室档案 69 卷，形成于 1943 — 1945 年；汪伪南京特别市政府购料委员会档案 49 卷，形成于 1939 — 1943 年；汪伪南京特别市粮食征收局档案 31 卷，形成于 1938 — 1939 年；汪伪南京特别市政府保护森林委员会档案 39 卷，形成于 1938 — 1941 年；汪伪南京特别市自治委员会档案 57 卷，形成于 1938 年；汪伪首都冬赈委员会档案 28 卷，形成于 1940 — 1941 年；汪伪南京特别市政府园林管理处档案 119 卷，形成于 1939 — 1945 年；汪伪南京特别市保甲委员会档案 199 卷，形成于 1938 — 1945 年；汪伪首都地方法院档案 21,160 卷，形成于 1940 — 1945 年；汪伪首都高等法院档案 661 卷，形成于 1943 — 1945 年；汪伪首都高等检察署档案 1,819 卷，形成于 1943 — 1945 年；汪伪国民政府特别法庭档案 148 卷，形成于 1944 — 1945 年；汪伪首都警察厅（首都警察总监署）档案 91 卷，形成于 1938 — 1945 年。

此外，南京市江宁区档案馆藏有国民党江宁县党部档案 13 卷，形成于 1922 — 1938 年；江宁县参议会档案 24 卷，形成于 1930 — 1938 年；江宁县政府档案 2,038 卷，形成于 1917 — 1949 年；江宁县军法室档案 150 卷，形成于 1932 — 1938 年；江宁县警察局档案 189 卷，形成于 1927 — 1938 年；江宁县法院档案 1,404 卷，形成于 1912 — 1948 年；江宁县汤山管理处档案 108 卷，形成于 1935 — 1938 年。

南京市浦口区档案馆藏有江浦县民国档案汇集 409 卷，形成于 1912 — 1948 年。

南京市溧水区档案馆藏有溧水县民国档案汇集 576 卷，形成于 1912 — 1949 年；溧水县宗谱文契档案 46 卷，形成于 1914 — 1947 年。

南京市高淳区档案馆藏有国民党高淳县执行委员会组训部档案 24 卷，形成于 1944 — 1949 年；国民党高淳县执行委员会民众宣传部档案 13 卷，形成于 1944 — 1949 年；国民党高淳县执行委员会总务部档案 21 卷，形成于 1945 — 1948 年；三青团高淳县分部档案 8 卷，形成于 1946 — 1949 年；高淳县参议会档案 34 卷，形成于 1946 — 1949 年；高淳县政府秘书室档案 94 卷，形成于 1932 — 1949 年；高淳县政府民政科档案 53 卷，形成于 1939 — 1949 年；高淳县政府社会科档案 124 卷，形成于 1945 — 1949 年；高淳县政府建设科档案 17 卷，形成于 1946 — 1949 年；高淳县政府教育科档案 70 卷，形成于 1937 — 1949 年；高淳县税捐田粮处档案 85 卷，形成于 1946 — 1949 年；高淳县银行档案 29 卷，形成于 1937 — 1948 年；高淳县政府军事科档案 172 卷，形成于 1930 — 1949 年；高淳县警察局档案 38 卷，形成于 1940 — 1949 年；高淳县法院档案 177 卷，形成于 1941 — 1949 年。

三、苏州市档案馆

苏州地区的民国档案大部分典藏于苏州档案馆，它们反映了苏州地区的政治、经济、军事、外交、文教、卫生以及人民革命斗争等许多方面的情况，对国内外一些重大历史事件，亦有记载。苏州市档案馆建于 1959 年，“文革”中被撤销。1980 年 5 月，成立苏州市档案局并重建了档案馆。1983 年 3 月实行市管县新体制后，原苏州地区档案处与苏州市档案局合并为苏州市档案局。

苏州市档案馆馆藏最早的档案是清康熙三十五年正月（1696 年 2 月）的一份卖屋文契。除康熙朝档案外，还有道光、咸丰、同治等各朝档案，主要是各种契据等。

苏州市档案馆所藏最著名的是苏州商会档案。苏州商会档案保存得比较完整，其中包括：清末苏州商务总会、商团等建立过程中的呈文批牍及清商部和两江总督、江苏巡抚等的批示；反映商会对辛亥革命的政治态度及表现的档案；反映苏州商会在南北议和、袁世凯称帝、二次革命、江浙军阀战争、五四运动、五卅运动、北伐战争、四一二反革命大屠杀以及九一八事变、一·二八淞沪抗战、抗日战争等重大历史事件中政治态度的文件；反映苏州商业以及丝织、工艺美术及其他手工业等地方经济诸方面情况的档案。商会档案中最为珍贵的是苏州市民公社档案。市民公社产生于清末民初大动荡、大变化的历史时期，从未见于史籍。因此，这部分档案是目前国内所发现的关于市民公社唯一的、完整可靠的史料。苏州商会档案富有地方特色，不仅对研究我国近现代经济史有较高价值，也是编修苏州地方志的宝贵原始材料，被国内外学者、专家和科研机构认为是“全国数一数二的佳档”。

此外，苏州市档案馆馆藏银行钱庄档案中有关苏州田业银行的档案，亦系全国仅存。这些档案表明，苏州地主阶级创办田业银行的主要目的，是用借款形式加重对农民的剥削，而这种剥削，既具有封建地租的性质，又兼有资本主义贷款的性质，是中国封建地主经济向资本主义经济转化过程中的一种特殊形态，具有重要的学术研究价值。

苏州市档案馆典藏的重要档案全宗有：

国民党吴县县党部档案 1,191 卷，形成于 1925 — 1949 年。主要内容有：有关该县党部通报机构成立、主管就职的文件；该党部所属党组织概况及党员名册、调查表、清查名册；有关该党部人员任免的文件及人员名册；该党部工作日记、会议记录；该党部与吴县政府及各机关的往来文件；江苏省党部关于青年运动、妇女运动及宣传工作的往来文件；有关复查汉奸案犯、渎职案犯的文件及刑事判决的材料；有关修建中山堂的文件；吴县商会、各业公会、工会、农会、同乡会等社团筹组成立、改组的申请、批复；各社团概况与人员名单；有关《苏州明报》《苏州日报》等刊物呈请复刊、发行、备案的文件；有关处理日伪文物、书刊的文件；有关取缔进步刊物的文件；有关处理民众运动与各行业劳资纠纷文件；有关兵役、训练、城防的文件；有关纪念、悼念活动的文件；有关田赋、房产、税务的文件等。

吴县县政府档案 784 卷，形成于 1912 — 1949 年。主要内容有：该县各乡乡长、镇长、公务员登记及各区、镇、保、甲长花名册；县田粮管理处、地政队职员调查表；有关县军法处军法官任免的文件；有关县民众自卫队人员任免的文件及官佐名册；枪支统计清册；县政府工作报告和各项训令；县参议会会议记录；关于商会、同业公会、同乡会、教会等社团成立、改组的文件；关于乡镇建设、户籍管理、卫生防疫、市容管理、社会治安的文件；关于处理共党嫌疑、偷盗抢劫、贪污、渎职、贩毒、吸毒案件的文件；有关调查汉奸罪行的文件；有关县救济院职员情况、工作情况的文件；《政府公报》《法令汇编》等。

吴县警局档案 863 卷，形成于 1927 — 1949 年。主要内容有：有关该局人员任免、资历审核的文件；该局职员履历表、官佐花名册、人事卡片；该局工作报告、会议记录、各项章程及统计资料；有关行政、督察、警务司法工作的文件；有关户口总检查与治安工作的文件；有关处理贩毒、赌博、侵占财产等民、刑事案件的文件；有关处理《江苏日报》《苏州日报》等的文件；有关调查、处理共产党嫌疑案的文件；省太湖水上警察局、省警察训练所、警察学校有关各项工作的文件；各警校、训练所、同学录、通讯录等。

吴县税务机关档案汇集 1,430 卷，形成于 1945 — 1949 年。主要内容有：有关各税务机关机构设置、人事管理的文件；财政、税务法规汇编；各项税收标准、税率、条例、办法、细则；有关各税货品的产制、运销及厂矿、商铺的牌号、商标、市价查报和登记的文件材料；有关税务纠纷及商人呈诉案件处理的文件；有关处罚漏税违章案件的文件；有关取缔投机、安定金融市场及物价、工资管理的文件；有关发展贸易、日用品供应的文件；有关平衡财政预算的文件等。

吴县教育局档案 652 卷，形成于 1906 — 1949 年。主要内容有：有关该局机构设置、调整的文件；有关人员任免的文件；教职员统计表；有关各学校立案及校董事会成立、改组的文件；各校校史和学校概况；有关学校更名、恢复及取缔、保留私塾的文件；该局与江苏省政府、省教育厅、吴县县政府、县参议会的来往文件；教育工作法令汇编；各学校学生统计表、成绩单、毕业证书；有关民众学校、公园、体育场设置与管理的文件；学产、学田、教育经费调查统计；有关校产基金来源、使用情况的调查统计报告；各学校校刊、纪念特刊、毕业纪念刊及同学录；《吴县教育》《教育杂志》《中学生》刊物等。

吴县电信局档案 442 卷，形成于 1937 — 1949 年。主要内容有：有关该局人员任命、调动、开除、录职、请假、加薪、退休的文件；该局员工履历表、考绩单及交接清册；有关市内电话的装、拆、移与更名、过户的文件；有关查号台、预告台、记录台、报时台、接线台工作的文件；有关各营业处、电话亭、电信代办处工作的文件；该局电报、电话记录；该局电报、电话线路图；工务技术人员工作日记；有关线路检修、敷设的文件；电话修理的函请和回复；有关官办与民营广播电台开办、查封的文件；无线电收音机登记；该局各种收支登记、资产负债明细表及财务交接清册；有关职员领取制服与所得税扣缴的文件等。

吴县邮政局档案 1,627 卷，形成于 1897 — 1949 年。主要内容有：有关各邮政分局设立、撤销、恢复及迁移的文件；有关各邮政代办所开设、停办、改升的文件；江苏省邮政管理局有关人员调遣、委任的文件；有关该局各支局负责人委派的文件；有关邮政人员任免、调动、加薪、考绩、奖惩的文件及履历材料；有关人员撤退、留守的文件；交通、邮政章程、法规；布诺塞尔和开罗国际邮政公约、协定；有关国共通邮事宜的文件；该局各时期内外信函、包裹、汇款统计；该局简易人寿保险统计表；有关该局经费开支的文件；各种邮政刊物等。

吴县地方法院档案 589 卷，形成于 1910 — 1949 年。主要内容有：有关该院及吴县检察处、看守所人员考核、甄审、任免、调动、待遇、福利的文件及人员名册；有关上级机关、吴县各机关主管人员到职、就职的文件；全国司法工作会议材料；该院会议记录；司法工作单行法规；司法统计、司法公报及法令周刊；吴县律师公会章程、人员名册及来往函件；有关处理各类案件的文件及传票、诉状；各地案例汇编；有关江苏省高等法院、苏州监狱的人事、业务的文件等。

吴县参议会档案 49 卷，形成于 1946 — 1949 年。主要内容有：该会审查委员会名单；该院参议员座次图与参议员通讯录；国大代表候选人评审名单；该会各次会议议程、记录、决议及会刊；吴县县政府对该会议决事项的处理办法和报告表；该会与各机关的往来文件；该会调查苏州电气公司的报告；吴江县参议会历次会议记录等。

苏州总工会档案419卷，形成于1927—1949年。主要内容有：有关该会成立的文件；有关代表，理、监事选举的文件；该会人员名册；各基层工会章程、选举概况及会员花名册；该会与江苏省总工会、吴县县政府及各社会团体的往来文书；该会及各基层工会处理劳资纠纷的会议记录、调解笔录、劳资协议；吴县工运年鉴；吴县商会年刊等。

苏州总商会档案3,326卷，形成于1905—1949年。主要内容有：该会组织概况、章程；有关该会历次选举、改组的文件；该会会员名册；该会历次会议记录；该会与全国、江苏省商会联合会及所属各分会、各同业公会的来往文件；有关工商户开业、歇业的文件；有关商标注册、立案的文件；有关处理商事纠纷、劳资纠纷、税务纠纷的文件；有关该会从事社会公益事务的文件；有关兴办学校的文件；有关苏州丝绸业、银钱业概况的文件；有关建立苏州市民公社的文件；有关苏州商团活动的文件；有关该会经费收支情况的文件等。

苏州商团档案174卷，形成于1911—1949年。主要内容有：苏州商团、保卫团、自卫队章程；有关筹组吴县工商自卫队的文件；商团各支部官佐名册、团员名册；有关商团人员聘任、委任、改选、奖惩的文件；工商自卫大队官佐、队员名册及登记表；商团与苏州商会、吴县政府及各机关的往来文件；有关防务与团员操练的文件；有关商团组织稽查、游巡及驻军联防的文件；有关薪饷筹措、征拨、分发、报销的文件等。

吴县各党派、社会团体档案汇集111卷，形成于1920—1949年。主要内容有：中国民主社会党吴县县党部、中国青年党吴县县党部、中国社会事业建设协会、房客联谊会、侍应人员联谊会等章程、会议记录、人员名册、工作计划、调查报表等。

苏州各国家银行档案汇集662卷，形成于1923—1949年。主要内容有：各银行章程、规则；各银行人员名册、职员录、同人录、通讯录；各银行间的来往文件、公函；各银行盈亏统计表与资产负债表；各类存款账户；各银行总结报告、决算报告；财经书刊等。

苏州各私营银行档案汇集500卷，形成于1763—1949年。主要内容有：有关吴县田业银行增资、复业及设立分行的文件，该行人事登记与职员名单，该行董事会议、股东会议记录，该行房地契约、合约、账册、印鉴卡、决算书，中国通商银行、四明银行、浙江实业银行等行吴县分、支行人员名册、营业报告及往来账目等。

苏州各钱庄档案汇集 37 卷，形成于 1936 — 1949 年。主要内容有：鸿源钱庄资本账；元裕钱庄股东资金账册；元盛清记钱庄印鉴存样、增资认股书及股款临时收据等。

苏州市档案馆还藏有：交警总队档案 40 卷，形成于 1946 — 1949 年；吴县保安大队档案 76 卷，形成于 1946 — 1949 年；三青团吴县分团部档案 78 卷，形成于 1943 — 1949 年；吴县抗战蒙难同志会档案 18 卷，形成于 1946 — 1949 年；吴县工厂联合会档案 21 卷，形成于 1947 — 1949 年；吴县农会档案 18 卷，形成于 1914 — 1948 年；吴县律师公会档案 10 卷，形成于 1922 — 1947 年；吴县医师公会档案 35 卷，形成于 1926 — 1949 年；东吴大学档案 135 卷，形成于 1907 — 1949 年；国立社会教育学院档案 39 卷，形成于 1941 — 1949 年；私立江南大学档案 11 卷，形成于 1947 — 1949 年；私立无锡国学专修学校档案 11 卷，形成于 1928 — 1949 年；苏州振华女学校档案 49 卷，形成于 1905 — 1948 年；吴县卫生院档案 298 卷，形成于 1940 — 1949 年；苏纶纺织厂档案 661 卷，形成于 1771 — 1949 年；苏州电气公司档案 138 卷，形成于 1920 — 1949 年；鸿生火柴厂档案 96 卷，形成于 1917 — 1949 年；太湖煤矿公司档案 141 卷，形成于 1948 — 1949 年；苏州面粉厂档案 125 卷，形成于 1936 — 1949 年；东吴丝织厂档案 10 卷，形成于 1936 — 1949 年；振亚丝织厂档案 40 卷，形成于 1932 — 1945 年；苏州实验代缫丝厂档案 20 卷，形成于 1946 — 1949 年；苏州自来水厂档案 10 卷，形成于 1946 — 1948 年；苏湖嘉长途汽车股份有限公司档案 208 卷，形成于 1946 — 1949 年；锡沪长途汽车股份有限公司档案 131 卷，形成于 1933 — 1949 年；苏州交通股份有限公司档案 11 卷，形成于 1928 — 1949 年；公路总局第一运输处档案 121 卷，形成于 1945 — 1949 年；青沪长途汽车股份有限公司档案 96 卷，形成于 1945 — 1949 年。

此外，苏州市吴江区档案馆藏有国民党吴江县党部档案 193 卷，三青团吴江县分团部档案 67 卷，吴江县保安团档案 297 卷，吴江县政府档案 4,437 卷，吴江县警察局档案 2,185 卷，吴江县地方法院档案 986 卷，吴江县电信管理局档案 15 卷，吴江县银行档案 360 卷，吴江县田赋粮食管理处档案 3,169 卷，吴江县税捐稽征处档案 289 卷，吴江县教育局档案 31 卷，吴江县庞山湖实验农场档案 89 卷。

四、其他档案馆

1. 徐州市档案馆

藏有徐州市民国档案汇集 19,391 卷，形成于 1912 — 1949 年。

2. 邳州市档案馆

藏有邳县民国档案汇集 262 卷，形成于 1913 — 1948 年；邳县志谱汇集 10 卷，形成于 1923 — 1933 年。

3. 沛县档案馆

藏有沛县民国档案汇集 567 卷，形成于 1917 — 1949 年。

4. 丰县档案馆

藏有丰县县政府、国民党丰县县党部档案 141 卷，形成于 1925 — 1948 年；农民银行丰县办事处档案 21 卷，形成于 1937 — 1948 年；丰县司法处档案 150 卷，形成于 1912 — 1948 年。

5. 连云港市档案馆

藏有国民党东海县党部档案 421 卷，形成于 1911 — 1948 年；锦屏磷矿档案 71 卷，形成于 1943 — 1949 年；东海县房产档案汇集 102 卷，形成于 1936 — 1948 年；淮北盐务档案汇集 1,326 卷，形成于 1910 — 1949 年。

此外，连云港赣榆区档案馆藏有赣榆县民国档案汇集 339 卷，形成于 1912 — 1948 年。

6. 东海县档案馆

藏有国民党东海县党部档案 103 卷，形成于 1924 — 1948 年。

7. 淮安市档案馆

藏有淮阴、淮安、泗阳、涟水、宿迁民国档案汇集 444 卷，形成于 1926 — 1948 年；江苏省高等法院淮阴分院档案 3,875 卷，形成于 1946 — 1948 年；淮阴县各党派、社会团体、学校档案汇集 128 卷，形成于 1932 — 1948 年。

此外，淮安市楚州区档案馆藏有国民党淮安县党部档案 56 卷，形成于 1942 — 1948 年；淮安县调查统计室档案 89 卷，形成于 1938 — 1949 年；淮安县政府档案 326 卷，形成于 1938 — 1948 年；淮安县司法档案汇集 355 卷，形成于 1908 — 1948 年；淮安县保安团、淮安县民众自卫队联合全宗档案 97 卷，形成于 1946 — 1948 年；淮安县各区公所档案汇集 30 卷，形成于 1946 — 1949 年；淮安县各社会团体档案汇集 54 卷，形成于 1944 — 1948 年；淮安县中小学校档案汇集 45 卷，形成于 1926 — 1948 年。

8. 淮安市淮阴区档案馆

藏有淮阴县司法档案汇集 372 卷，形成于 1912 — 1949 年。

9. 涟水县档案馆

藏有涟水县民国档案汇集 101 卷，形成于 1916 — 1948 年。

10. 盱眙县档案馆

藏有盱眙县民国档案汇集 62 卷，形成于 1931 — 1948 年。

11. 宿迁市宿豫区档案馆

藏有宿迁县民国档案汇集 223 卷，形成于 1915 — 1949 年。

12. 盐城市郊区档案馆

藏有盐城县民国档案汇集 1,250 卷，形成于 1912 — 1949 年。

13. 东台市档案馆

藏有国民党东台县党部档案 150 卷，形成于 1937 — 1948 年；东台县政府档案 304 卷，形成于 1927 — 1948 年；东台县警察局档案 137 卷，形成于 1937 — 1948 年；东台县民众自卫队档案 163 卷，形成于 1937 — 1948 年；东台县商会、救济协会档案联合全宗 95 卷，形成于 1937 — 1948 年；东台县新闻档案汇集 102 卷，形成于 1937 — 1948 年；东台县区、乡、镇公所档案汇集 198 卷，形成于 1937 — 1948 年；江苏省保安十旅档案 34 卷，形成于 1937 — 1948 年。

14. 扬州市档案馆

藏有江都县各学校、医院档案汇集 61 卷，形成于 1930 — 1949 年；农民银行扬州分行、中央银行扬州分行、江都电信局、振扬电厂档案 45 卷，形成于 1942 — 1948 年；镇扬汽车公司档案 171 卷，形成于 1924 — 1949 年；江都县总工会档案 22 卷，形成于 1945 — 1949 年；江都县教育局档案 199 卷，形成于 1946 — 1948 年；江都县地方法院档案 6,584 卷，形成于 1945 — 1949 年；江都县民国档案汇集 517 卷，形成于 1929 — 1949 年。

15. 仪征市档案馆

藏有国民党仪征县党部、三青团仪征县团部档案 30 卷，形成于 1929 — 1948 年；仪征县宗教团体档案汇集 16 卷，形成于 1923 — 1949 年；仪征县政府档案 607 卷，形成于 1912 — 1949 年；仪征县参议会档案 70 卷，形成于 1946 — 1949 年；仪征县农贷所档案 7 卷，形成于 1935 — 1948 年；仪征县警察局档案 110 卷，形成于 1928 — 1949 年；仪征县保安团档案 55 卷，形成于 1937 — 1949 年；仪征县政府司法处档案 511 卷，形成于 1923 — 1949 年；仪征县诉讼档案汇集 1,302 卷，形成于 1912 — 1949 年。

16. 宝应县档案馆

藏有国民党宝应县党部档案 22 卷，形成于 1939 — 1948 年；宝应县政府档案 368 卷，形成于 1934 — 1948 年；宝应县临时参议会档案 46 卷，形成于 1945 — 1948 年；三青团宝应县分团档案 24 卷，形成于 1941 — 1948 年；宝应县审检所、看守所档案 364 卷，形成于 1917 — 1948 年；宝应县警察局档案 35 卷，形成于 1946 — 1948 年；宝应县民众自卫队、保安大队档案 186 卷，形成于 1938 — 1948 年；宝应县情报机关档案汇集 26 卷，形成于 1945 — 1947 年；宝应县社团档案汇集档案 82 卷，形成于 1946 — 1948 年；汪伪宝应县档案汇集 50 卷，形成于 1942 — 1946 年。

17. 泰州市档案馆

藏有国民党泰县党部档案 55 卷，形成于 1928 — 1949 年；泰县县政府档案 216 卷，形成于 1917 — 1949 年；泰县地方行政干部训练所档案 45 卷，形成于 1929 — 1948 年；泰县警察局档案 83 卷，形成于 1917 — 1949 年；泰县救济院档案 57 卷，形成于 1928 — 1949 年；泰县教育局档案 40 卷，形成于 1919 — 1948 年；泰县税捐稽征处档案 44 卷，形成于 1929 — 1949 年；泰县合作社档案 19 卷，形成于 1931 — 1948 年；泰县军事机构档案汇集 186 卷，形成于 1930 — 1949 年；泰县国大代表选举事务所、参事会、议事会档案 19 卷，形成于 1917 — 1948 年；泰县地方法院档案 143 卷，形成于 1927 — 1949 年；泰县商会档案 71 卷，形成于 1928 — 1949 年；泰县红十字会档案 18 卷，形成于 1922 — 1947 年；泰县各党派、社团档案汇集 59 卷，形成于 1922 — 1948 年；泰县第一区公所档案 113 卷，形成于 1929 — 1949 年；泰县第二区公所档案 65 卷，形成于 1929 — 1949

年；泰县第三至十五区公所档案 65 卷，形成于 1929 — 1949 年；泰县各中等学校档案汇集 164 卷，形成于 1930 — 1949 年；泰县各小学校档案汇集 261 卷，形成于 1931 — 1949 年；外地学校档案汇集 33 卷，形成于 1918 — 1949 年。

18. 泰州市姜堰区档案馆

藏有泰县行政机关档案汇集 11 卷，形成于 1934 — 1949 年；泰县民国报刊汇集 32 卷，形成于 1922 — 1946 年；泰县司法档案汇集 329 卷，形成于 1912 — 1949 年；泰县史志、家谱、族谱 98 卷，形成于 1922 — 1949 年；泰县各银行档案汇集 172 卷，形成于 1934 — 1948 年。

19. 泰兴市档案馆

藏有国民党泰兴县党部档案 370 卷，形成于 1926 — 1948 年；国民党泰兴县党部中统室档案 137 卷，形成于 1941 — 1948 年；泰兴县军法室档案 4,628 卷，形成于 1945 — 1948 年；泰兴县政府档案 1,887 卷，形成于 1942 — 1949 年；泰兴县警察局档案 316 卷，形成于 1946 — 1947 年；泰兴县司法档案汇集 190 卷，形成于 1912 — 1947 年。

20. 靖江市档案馆

藏有靖江市民国档案汇集 1,061 卷，形成于 1912 — 1949 年。

21. 兴化市档案馆

藏有国民党兴化县党部档案 33 卷，形成于 1922 — 1949 年；兴化县政府档案 49 卷，形成于 1930 — 1949 年；兴化县临时参议会档案 161 卷，形成于 1932 — 1948 年；兴化县保安团档案 61 卷，形成于 1944 — 1948 年；兴化县地方法院（含警察局）档案 213 卷，形成于 1932 — 1949 年；兴化县宗教、会道门档案汇集 34 卷，形成于 1931 — 1949 年；兴化县各区乡镇档案汇集 137 卷，形成于 1937 — 1949 年；兴化县志汇集 32 卷。

22. 南通市档案馆

藏有国民党苏北清乡地区党务办事处档案 730 卷，形成于 1941 — 1949 年；南通县三青团组织档案汇集 544 卷，形成于 1939 — 1948 年；中统局南通室档案 575 卷，形成于 1945 — 1948 年；南通绥靖情报组档案 534 卷，形成于 1940 — 1949 年；南通警察局档案 1,701 卷，形成于 1927 — 1949 年；江苏高等法院第四分院档案 4,527 卷，形成于 1913 — 1949 年；江苏省第四区督察专署档案 1,974 卷，形成于 1945 — 1948 年；苏北清乡主任公署档案 3,850 卷，形成于 1943 — 1945 年；南通县政府档案 10,074 卷，形成于 1945 — 1949 年；南通保安司令部档案 4,159 卷，形成于 1945 — 1949 年；南通区行政督察署档案 55 卷，形成于 1913 — 1939 年；南通县商会档案 107 卷，形成于 1931 — 1949 年；大生企业集团档案汇集 9,580 卷，形成于 1895 — 1949 年；汪伪南通县自治会档案 4,260 卷，形成于 1938 — 1945 年。

23. 启东市档案馆

藏有启东县民国档案汇集 867 卷，形成于 1911 — 1949 年。

24. 海安县档案馆

藏有海安、如皋、太县、东台 4 县民国档案汇集 246 卷，形成于 1934 — 1949 年。

25. 如东县档案馆

藏有国民党如皋县党部、县政府档案 160 卷，形成于 1930 — 1948 年。

26. 镇江市档案馆

藏有国民党镇江县执行委员会档案 125 卷，形成于 1930 — 1949 年；民主社会党镇江县党支部、三青团镇江分团、童子军镇江理事会档案 27 卷，形成于 1927 — 1949 年；镇江县总工会、友声旅行团镇江支团、焦山佛学院等档案汇集 191 卷，形成于 1931 — 1949 年；镇江商会档案 411 卷，形成于 1904 — 1949 年；镇江县各慈善团体档案汇集 104 卷，形成于 1931 — 1949 年；镇江县政府档案 577 卷，形成于 1917 — 1949 年；江苏省会警察局、镇江县警察局联合全宗档案 448 卷，形成于 1928 — 1949 年；镇江县参议会档案 42 卷，形成于 1946 — 1949 年；镇江县保安团档案 285 卷，形成于 1925 — 1949 年；中国银行镇江支行档案 2,490 卷，形成于 1811 — 1949 年；农民银行镇江支行档案 2,026 卷，形成于 1945 — 1949 年；中央银行镇江分行档案 140 卷，形成于 1933 — 1949 年；交通银行镇江支行档案 401 卷，形成于 1938 — 1949 年；江苏省银行镇江分行档案 1,109 卷，形成于 1930 — 1949 年；江苏省农民银行镇江分行档案 307 卷，形成于 1937 — 1949 年；江苏省高等法院镇江分院档案 840 卷，形成于 1923 — 1949 年；镇江地方法院档案 1,673 卷，形成于 1912 — 1949 年；汪伪镇江县档案汇集 48 卷，形成于 1939 — 1945 年。

27. 丹阳市档案馆

藏有国民党丹阳县党部档案 246 卷，形成于 1935 — 1949 年；三青团丹阳分团档案 52 卷，形成于 1946 — 1949 年；丹阳县政府档案 2,320 卷，形成于 1928 — 1949 年；丹阳县参议会档案 160 卷，形成于 1945 — 1949 年；丹阳县各社会团体档案汇集 416 卷，形成于 1939 — 1949 年；丹阳县地方行政干部训练所档案 112 卷，形成于 1935 — 1949 年；丹阳县警察局档案 258 卷，形成于 1942 — 1949 年；丹阳县地方法院档案 387 卷，形成于 1912 — 1949 年；丹阳县各地方武装团队档案汇集 469 卷，形成于 1937 — 1949 年。

28. 扬中市档案馆

藏有国民党扬中县党部档案 17 卷，形成于 1929 — 1948 年；扬中县参议会档案 16 卷，形成于 1945 — 1948 年；扬中县政府档案 576 卷，形成于 1927 — 1949 年；扬中县公安局档案 62 卷，形成于 1928 — 1949 年；扬中县司法处档案 825 卷，形成于 1918 — 1948 年；扬中县邮政局档案 19 卷，形成于 1936 — 1949 年；扬中县佛教会档案 11 卷，形成于 1946 — 1948 年。

29. 句容市档案馆

藏有国民党句容县党部、三青团句容县分团部联合全宗档案 14 卷，形成于 1933 — 1948 年；句容县政府档案 1,919 卷，形成于 1931 — 1949 年；句容县参议会档案 21 卷，形成于 1946 — 1949 年；句容县司法处档案 675 卷，形成于 1912 — 1949 年；句容县警察局档案 340 卷，形成于 1935 — 1945 年。

30. 常州市档案馆

藏有武进县政府档案 1,645 卷，形成于 1927 — 1949 年；武进县二等邮局、武进县电信局档案 195 卷，形成于 1926 — 1949 年；武进县税捐稽征处档案 47 卷，形成于 1946 — 1949 年；武进县商会档案 222 卷，形成于 1918 — 1949 年。

此外，常州市武进区档案馆藏有武进县民国档案汇集 1,559 卷，形成于 1912 — 1949 年。常州市金坛区档案馆藏有国民党金坛县党部档案 21 卷，形成于 1927 — 1949 年；金坛县政府档案 721 卷，形成于 1912 — 1949 年；金坛县参议会档案 343 卷，形成于 1947 — 1949 年；金坛县保安团队档案 19 卷，形成于 1945 — 1949 年；金坛县民众自卫总队档案 59 卷，形成于 1945 — 1949

年；金坛县警察局档案 30 卷，形成于 1945 — 1949 年；金坛县地方法院档案 605 卷，形成于 1912 — 1949 年；金坛县各职业团体档案汇集 40 卷，形成于 1947 — 1949 年；金坛县各宗教团体档案汇集 34 卷，形成于 1942 — 1949 年；金坛县各合作社及军民合作总站档案汇集 36 卷，形成于 1946 — 1949 年；金坛县区、乡机关档案汇集 29 卷，形成于 1929 — 1949 年。

31. 溧阳市档案馆

藏有国民党溧阳县党部档案 41 卷，形成于 1929 — 1949 年；三青团溧阳分团档案 23 卷，形成于 1945 — 1949 年；溧阳县党务调查统计室档案 4 卷，形成于 1947 — 1949 年；溧阳县军事档案汇集 108 卷，形成于 1923 — 1949 年；溧阳县政府档案 1,233 卷，形成于 1912 — 1949 年；溧阳县参议会档案 62 卷，形成于 1946 — 1949 年；溧阳县田赋粮食管理处档案 99 卷，形成于 1923 — 1949 年；溧阳县教育会档案 102 卷，形成于 1912 — 1949 年；溧阳县宗教团体档案汇集 25 卷，形成于 1912 — 1949 年；溧阳县警察局档案 757 卷，形成于 1912 — 1949 年；溧阳县地方法院档案 1,562 卷，形成于 1913 — 1949 年。

32. 无锡市档案馆

藏有无锡县政府档案 7,217 卷，形成于 1927 — 1949 年；无锡县警察局档案 3,373 卷，形成于 1930 — 1949 年；无锡县法院档案 16,801 卷，形成于 1929 — 1949 年；国民党无锡县党部、三青团无锡县分团档案 220 卷，形成于 1923 — 1949 年；无锡县军事档案汇集 225 卷，形成于 1941 — 1949 年；无锡县税务局档案 81 卷，形成于 1945 — 1949 年；无锡县总工会、商会、同业公会档案 781 卷，形成于 1934 — 1949 年；无锡县证照档案汇集 59 卷，形成于 1943 — 1947 年。

此外，无锡市锡山区档案馆藏有无锡县政府档案 53 卷，形成于 1930 — 1949 年；无锡县茧行 56 卷，形成于 1946 — 1949 年。

33. 宜兴市档案馆

藏有宜兴县民国档案汇集 1,890 卷，形成于 1923 — 1949 年。

34. 常熟市档案馆

藏有三青团常熟分团部档案 112 卷，国民党江苏省调查统计常熟县室档案 24 卷，常熟县政府档案 1,912 卷，常熟县各地方武装部队档案 287 卷，常熟县警察局档案 883 卷，常熟县地方行政干部训练所、常熟县感训所档案 153 卷，常熟地方法院档案 254 卷，常熟县社会团体档案汇集 387 卷，国民党常熟县党部档案 290 卷，常熟县参议会档案 116 卷，国立第二中学档案 187 卷，江苏区货物税局常熟分局、江苏区直接税局常熟分局、财政部常熟国税稽征局档案 143 卷。

35. 太仓市档案馆

藏有太仓县政府档案 78 卷，太仓县政府教育科档案 219 卷，江苏省立太仓师范学校档案 91 卷，太仓县警察局档案 717 卷，太仓县地方法院档案 3,000 卷，常熟国税稽征局、货物税局太仓稽征所档案 61 卷。

第十一节　浙江省民国档案概况

作为民国时期政府最主要的税源区，浙江省的地位举足轻重，形成了大量的档案资料。这些历史档案资料主要典藏于浙江省档案馆与各级市县档案馆中。

一、浙江省档案馆

浙江省档案馆于1959年5月3日筹建，1965年2月20日正式成立。浙江省档案馆馆藏民国时期档案资料可分为两个部分：1921 — 1949年间革命历史档案；民国时期政权档案资料。浙江特殊的政治、经济和地理，使浙江省档案馆保存的档案资料具有以下地方特色。

（一）革命历史档案完整、系统，价值高

馆藏革命历史档案为一个全宗，反映了浙江在中国共产党领导下，从1921年9月的第一个农民运动宣言到1949年5月30日杭州军管会发布解放杭州的公告等重要历史事件，档案资料共计6,045件。浙江是中国共产党的诞生地之一，28年革命斗争洗礼中，造就了一大批革命英雄和历史名人，如鲁迅、周恩来、王家谟、张秋人、徐英、罗学瓒、卓兰芳、龙大道、夏曦、李硕勋、刘英、粟裕、谭启龙……这些名人的活动在馆藏档案中都有不同程度的反映，为研究浙江中共党史和革命斗争史的第一手材料。

1. 中国共产党初创时期

馆藏主要反映了马列主义在浙江的传播及早期的革命运动情况。主要有1920年4月陈望道在家乡义乌翻译的《共产党宣言》；宣中华、俞秀松成立“悟社”从事社会主义研究；萧山衙前农民在东岳庙召开大会，宣告共产党人领导下的全国第一个新型农民团体——衙前农民协会成立，并发表了中国现代史上第一个农民革命斗争纲领——《衙前农民协会宣言》和《衙前农民协会章程》；共青团临时团中央负责人俞秀松来杭州建团的历史史实。

2. 第一次国共合作时期

主要有国民革命军《北伐告工人农民军人书》、陈独秀《扩大组织计划》、张秋人《关于组织工作报告（大事记略和统计表）》，杭州支部关于组织工作情况向中央的报告，四一二反革命政变及浙江大批共产党人被捕杀的情况，宣中华、杨眉山、九如（即徐玮）等中共浙江领导同志相继遇难的材料。馆藏九如烈士遗书就是他在国民党陆军监狱就义前写的。这期间的史料，档案原件不多，大量是国共两党及群众组织出版的期刊、资料。

3. 土地革命战争时期

由于这段时间革命斗争严峻，革命力量损失较大，仅 1929 年 4 月前任职并牺牲的中共浙江省委书记先后就有张秋人、王家谟、夏曦，龙大道、卓兰芳、李硕勋、徐英、罗学瓒等英烈。因此，这一时期留存的档案资料较少。主要有：1927 年 6 月中共浙江省委在杭州成立，中共浙江省委代理书记王家谟所做的党务工作报告；八七会议之后，中共中央派王若飞到浙江传达会议报告精神并帮助改组浙江省委时，王若飞传达报告的记录稿；1928 年 3 月，省委在上海召开扩大会议，当时的中央临时政治局常委周恩来同志参加会议时所作《全国政治状况报告》的记录稿；浙南红十三军胡公冕军长、金贯真政委的任命、印模、报告等。

4. 抗日战争时期

馆藏资料反映中国共产党领导的抗日武装斗争历史的档案、资料。主要有：中共闽浙边临时省委为停止内战一致抗日，按照中共中央指示与国民党当局进行了多次谈判，终于达成了闽浙红军改编为国民革命军等 5 项协议，浙江的抗日民族统一战线形成情况；1939 年 3 月 17 日至 4 月 6 日，周恩来以国民政府军事委员会政治部副部长的身份来浙江视察时，他先后到金华、临安、丽水、绍兴的情况以及他为东源小学题词、穿着戎装的照片，国民党中统特务跟踪周恩来的报告和周恩来在临安浙西临时中学开学典礼上的演讲记录；浙东抗日根据地是华中八大战区之一，馆藏有浙东抗日武装、新四军开辟抗日根据地的珍贵材料，其中包括经中央批准的浙东区党委委员名单，陈毅、曾山关于浙江区党委组成成员的电报，《浙东地区施政纲领》，浙东地区使用的货币、粮票、浙东地区党政军人员北撤时的告别书；新四军苏浙皖军区成立，粟裕任司令员、谭启龙为政委，统一领导苏浙皖和浙东区的抗日游击战争情况，馆藏内容较为详尽。这个时期的期刊资料也较多。

5. 解放战争时期

馆藏档案主要反映了国民党对爱国志士的迫害以及中国人民解放军渡江南下解放浙江的情况。1947 年 10 月，国民党中统特务逮捕并杀害了浙江大学学生自治会主席于子三，浙大学生为此罢课举行游行，向国民党当局提出抗议，并与国民党军警展开搏斗。于子三事件震撼国内外，馆藏国际学联的慰问电、浙大学生的抗议书《天堂血泪》，有力地抨击了国民党当局的罪行。馆藏中国人民解放军浙南游击队纵队争取驻温州国民党第 200 师师长叶芳将军起义，使温州和平解放，中国人民解放军第七兵团于 1949 年 5 月 3 日解放杭州，并发布了杭州解放的布告等材料。这期间的资料十分丰富。

（二）清末、民国时期政权档案具有浙江特色

1. 近代著名政治家和实业家、辛亥革命后首任浙江都督汤寿潜的档案

这批档案资料共有 2,059 件，清代档案 1,671 件，民国档案 296 件、资料 92 份，其中档案形成最早的是 1892 年汤寿潜参加科举考试的答卷。汤寿潜的档案对于研究汤氏的历史，研究汤在戊戌维新及其以后的思想发展变化，研究清末的立宪运动、浙江保路运动和浙江铁路发展史，研究浙江辛亥革命和北伐的历史都具有重要的史料价值，是研究中国近代史和浙江地方史不可多得的第一手资料。

2. 民国时期的政权档案

主要反映了 1911 — 1949 年期间的情况，计 100 个全宗，123,196 卷。其中有国民政府时期浙江省党部、三青团档案；浙江省政府及省属民政、财政、教育和建设厅档案；浙江高等法院、保安司令公署档案；之江大学、英士大学、浙江大学等高等院校档案；浙江省银行以及铁路、公路、航运、邮电、贸易等方面的档案。浙江省是国民党统治势力最强的省份之一，国民党撤离大陆时毁坏并携带了不少重要档案到台湾，因此使得馆藏结构上出现了抗战以来的档案多，抗战前档案少，重要的经济、文化档案少的状况，但仍然不失其地方特色。

3. 民国浙江省政府档案

包括省民政、财政、教育、建设厅共 13,117 卷，基本能反映其活动。馆藏民国浙江省政府档案 3,760 卷，由于部分档案是处理政务活动中形成的，所以一般比基层和业务单位形成的档案更有其特殊价值和作用，主要反映全

省综合政务、监督，各县自治法规、本省法规，决定省、县预、决算以及人事任免情况，就民国浙江省政府保存下来的档案看，还算完整，对于研究浙江近代史、政治史、经济史、文化史有着重要作用。

4. 盐务、海关档案

此部分档案共计 26,783 卷，且时间久远。盐务档案（含两浙盐运使署及两浙稽核分所）有 15,720 卷，能反映民国时期浙江全省盐业情况的历史面貌，成为研究本省盐政史的第一手材料。如盐务稽核所是北洋政府 1913 年根据善后大借款合同设立，派有英国人任总所分所会办，并成立盐务局，其后名为副局长，实则操纵盐务实权。又如英国人操纵的新关的成立，使清政府的海关监督形同虚设，虽然名义上常关下辖一些关和口，事实上浙江海关的行政权、税收权几乎全部落入英国人手中。馆藏档案中有相当数量的英文文件及英文批示，便是明证。

5. 茶叶、蚕丝公司档案

计有 3,936 卷。中国茶叶公司浙江办事处成立于 1939 年，馆藏档案 3,674 卷，涉及茶叶的收购、评议、价格、检验、产制、推销、仓储、运输、保险、贷款等事务，是研究浙江茶叶商业活动的重要史料。中国蚕丝公司杭州、嘉兴办事处所从事的蚕桑配发、饲育技术指导、丝茧缫制、天然丝的加工纺织、成品的运销、蚕丝事业的科学研究以及民营蚕丝事业的辅导和奖励等项活动，对今天的蚕丝工业仍有一定的指导意义和参考价值。

6. 金融、税务档案

共 14,311 卷，史料翔实，内容丰富。馆藏金融档案 9,105 卷，主要反映浙江省地方 11 家银行的活动。馆藏省税务局全宗档案 2,700 卷，主要反映 1941 — 1949 年间浙江省税收、稽征、税源调查、税改、税务法规、税务检查活动。

7. 邮政史料

共有 11,112 卷，主要反映了自 1896 — 1949 年间浙江邮政事业的情况。这一部分档案记载着半个世纪以来浙江邮政的历史，较为珍贵。如于 1883 年创办至 1949 年间浙江省电政（信）事业的建立与发展情况，其中《浙江电政事业报告》从沿革、组织、营业、报务、机械、线路、材料、财务、运输、员工、工作检查、地方志、新运事业等方面科学系统地记载了浙江电讯工作情况。此外，馆藏电讯资料，如《电讯法令汇编》《电政法令汇刊》《浙江电政年鉴附筹设浙西长途电话概要》《浙电月刊》《电讯界》等，也较好地补充了档案之不足。

此外，浙江省档案馆还藏有各种参考资料。民国时期的资料中，刊物、通讯录占有相当大的数量。这些历史文献资料也具有鲜明的特点，首先是综合多样性，反映浙江省各个不同历史时期的各种门类较为齐全、完整、系统的历史文献资料。如民国时期《黄埔军校史稿》，就比较系统地反映了黄埔军校的历史。又如馆藏各市、地、县的文史资料选辑，则反映了浙江境内各个地区不同历史时期的名人和重大历史事件等。其次是具有鲜明的地方特色。如民国时期的资料多达 8183 种，数量也有数万余册。如《萧山文史资料选辑》，较为完整、系统地记述了民国时期的农民运动——萧山衙前农民运动的史实，是中国共产党领导下的第一个农民运动的真实写照，具有明显的地方特点。此外，馆藏反映蒋介石及其家族情况的资料及浙江历史上名人史料都凝聚浙江特点。又如浙江丝绸、茶叶、蚕桑等资料的地方特色也颇浓厚。

二、杭州市档案馆

（一）行政、警政、司法、军事机构档案

杭州市政府档案 2,075 卷，形成于 1927 — 1949 年；杭州市参议会档案 105 卷，形成于 1939 — 1949 年；杭州市一至九区公所档案 559 卷，形成于 1914 — 1949 年；杭州市警察局档案 1,253 卷，形成于 1945 — 1949 年；杭州市警察局一至八分局档案 582 卷，形成于 1945 — 1949 年；杭州市地方法院与杭县地方法院档案 19,053 卷，形成于 1942 — 1949 年；国防部中央军人监狱与浙江军人监狱档案 254 卷，形成于 1945 — 1946 年。

（二）财政、金融机构档案

杭州市财政税务局档案 849 卷，形成于 1946 — 1949 年；杭州市地籍管理处档案 40,388 卷，形成于 1911 — 1949 年；敌伪产业清理处档案 50 卷，形成于 1946 — 1949 年；中国通商银行杭州支行档案 28 卷，形成于 1936 — 1949 年；中国实业银行杭州支行档案 113 卷，形成于 1935 — 1949 年；浙江兴业银行杭州分行档案 134 卷，形成于 1935 — 1949 年。

（三）经济、交通机构与企业档案

杭州市工务局档案 317 卷，形成于 1945 — 1949 年；杭州公路工程处档案 49 卷，形成于 1946 — 1948 年；中国纺织股份有限公司档案 133 卷，形成

于 1942 — 1949 年；杭州市自来水厂档案 134 卷，形成于 1945 — 1950 年；杭州同泰酱园档案 39 卷，形成于 1865 — 1949 年。

（四）教育、卫生机构档案

杭州市教育局档案 437 卷，形成于 1945 — 1949 年；各学校档案汇集 1,177 卷，形成于 1923 — 1950 年；杭州市卫生局档案 27 卷，形成于 1945 — 1949 年；同善堂等慈善机构档案汇集 364 卷，形成于 1692 — 1948 年。

（五）党派、社团档案

国民党杭州市党部档案 115 卷，形成于 1929 — 1949 年；三青团杭州区团部档案 46 卷，形成于 1946 — 1948 年；杭州市总工会档案 198 卷，形成于 1945 — 1949 年；杭州市商会、同业公会档案 846 卷，形成于 1933 — 1949 年；杭州市各学会、协会、公会、同乡会等社会团体档案汇集 257 卷；杭州市佛教支会与杭州市道教会档案 27 卷，形成于 1945 — 1949 年。

另外，杭州市萧山区档案馆藏有萧山县政府档案 2,075 卷，形成于 1927 — 1949 年；图册档案 1,328 卷，形成于 1949 年。杭州市余杭区档案馆藏有中国银行金华办事处档案 20 卷，形成于 1945 — 1949 年；余杭县政府档案 2,957 卷，形成于 1920 — 1949 年；杭县县政府档案 1,877 卷，形成于 1929 — 1949 年。

三、其他档案馆

1. 建德市档案馆

国民党建德县党部档案 97 卷，形成于 1929 — 1949 年；建德县警察局档案 301 卷，形成于 1927 — 1949 年；寿昌县民国档案汇集 292 卷，形成于 1913 — 1949 年；建德县民国档案汇集 25 卷，形成于 1927 — 1949 年；建德县政府档案 2,412 卷，形成于 1908 — 1949 年；建德地方武装档案 39 卷，形成于 1937 — 1949 年；建德县参议会、社团档案汇集 142 卷，形成于 1930 — 1949 年；建德县合作机构档案 46 卷，形成于 1930 — 1949 年；浙江省立严州中学档案 477 卷，形成于 1921 — 1949 年；浙江省严州师范学校、建德县立简易师范学校档案 85 卷，形成于 1934 — 1949 年；建德县田赋粮食管理处档案 309 卷，形成于 1919 — 1949 年；建德县卫生机构档案 227 卷，形成于 1937 — 1949 年；建德县税务局档案 50 卷，形成于 1936 —

1949年；建德县电信电气机构档案24卷，形成于1925—1949年；建德县寿昌银行档案25卷，形成于1933—1949年；建德县商会档案113卷，形成于1942—1949年。

另外，建德市富阳区档案馆藏有富阳县政府档案2,831卷，形成于1913—1949年。新登县政府档案6,394卷，形成于1913—1949年。

2. 临安市档案馆

於潜县政府档案40卷，形成于1913—1949年；临安县民国档案汇集47卷；临安县政府档案489卷，形成于1930—1949年；国民党临安县党部等机构档案汇集189卷，形成于1931—1949年；临安县司法处等机构档案汇集51卷，形成于1920—1949年；浙江省第九区行政专署与临安县政府档案30卷，形成于1911—1949年；国民党於潜县党部等机构档案汇集66卷，形成于1931—1949年；国民党昌化县党政军联席会报室等机构档案汇集48卷，形成于1936—1948年；国民党昌化县党部、县政府档案102卷，形成于1933—1949年；昌化县政府档案290卷，形成于1932—1949年；浙西临时中学等档案汇集194卷，形成于1936—1948年。

3. 淳安县档案馆

淳安县、遂安县政府档案6,407卷，形成于1913—1949年。

4. 宁波市档案馆

鄞县县政府人事、秘书、统计科档案449卷，形成于1911—1949年；鄞县县政府建设科档案196卷，形成于1936—1949年；鄞县县政府财政科档案318卷，形成于1913—1949年；鄞县县政府社会科档案354卷，形成于1941—1949年；鄞县县政府民政科档案600卷，形成于1941—1949年；鄞县县政府教育科档案234卷，形成于1941—1949年；鄞县县政府地政科档案96卷，形成于1941—1949年；鄞县县政府军事科档案386卷，形成于1941—1949年；鄞县参议会档案89卷，形成于1942—1948年；鄞县各中学档案329卷，形成于1920—1949年；鄞县各小学档案470卷，形成于1930—1949年；鄞县卫生院与城区粪便管理处档案25卷，形成于1944—1949年；鄞县律师公会档案90卷，形成于1913—1949年；宁波商会档案226卷，形成于1928—1949年；鄞县总工会档案84卷，形成于1939—1949年；鄞县农会档案8卷，形成于1941—1949年；鄞县国税稽征局奉化稽征处档案16卷，形成于1946—1949年；宁波烟酒税务局档案20卷，形成于1914—1949年；宁波招商分局档案12卷，形成于1943—1949年；鄞县各公司档案46卷，形成于1913—1950年；浙东盐务管理局档案267卷，形成于1940—1949年；鄞县邮政局档案323卷，形成于1937—1949年；鄞县电信局档案115卷，形成于1945—1949年；鄞县防护团档案39卷，形成于1937—1949年；鄞县各区民国档案汇集77卷，形成于1941—1949年；鄞县宗教、社、馆档案汇集103卷，形成于1903—1949年；鄞县合作社、银行档案56卷，形成于1946—1949年；鄞县训练团、所与同乡会档案22卷，形成于1926—1949年；国民党鄞县县党部档案98卷，形成于1928—1948年；宁波警察总队档案288卷，形成于1941—1946年；宁波警察局档案1,187卷，形成于1942—1949年；鄞县警察局（一）档案314卷，形成于1945—1948年；鄞县警察局（二）档案181卷，形成于1948—1949年；鄞县地方法院、检察处档案143卷，形成于1920—1949年；慈溪县警察局、司法处档案40卷，形成于1941—1948年；慈溪县情报室、自卫保安队、教育研究会等档案汇集124卷，形成于1941—1949年；国民党宁海县党部、三青团分团档案120卷，形成于1924—1948年；宁波县警察局、法院、戡乱委员会、情报室、国民兵团、自卫队、小教训练班83卷，形成于1941—1949年；国民党奉化县党部、警察局、情报室、法院等档案汇集70卷，形成于1930—1949年；国民党镇海县党部、警察局、法院档案45卷，形成于1930—1949年；国民党余姚县党部、三青团余上分团档案44卷，形成于1929—1949年；余姚县警察局、地方法院等档案汇集215卷，形成于1940—1949年；余姚县政府、戡乱委员会、反共国军、盐场等档案汇集49卷，形成于1945—1949年；浙江省高等法院第三分院、警察局、检察处等档案汇集228卷，形成于1927—1949年；军政机构档案汇集150卷，形成于1920—1950年。

5. 余姚市档案馆

余姚县参议会档案23卷，形成于1945—1947年；四明县政府档案93卷，形成于1949年1月—1949年5月；余姚县政府档案336卷，形成于1912—1949年；余姚县警察局档案72卷，形成于1938—1949年；余姚县地方武装档案28卷，形成于1926—1949年；余姚县税捐稽征处档案327

卷，形成于 1946 — 1949 年；余姚县地籍整理处档案 74 卷，形成于 1948 — 1949 年；浙江省地方银行余姚支行档案 18 卷，形成于 1946 — 1949 年；余姚县卫生院档案 24 卷，形成于 1941 — 1949 年；余姚县商会档案 87 卷，形成于 1945 — 1949 年；余姚县农民协会档案 33 卷，形成于 1926 — 1949 年；余姚县民国档案汇集 37 卷，形成于 1946 — 1949 年；余姚县地方法院档案 43 卷，形成于 1946 — 1949 年。

6. 慈溪市档案馆

慈溪县政府档案 1,870 卷，形成于 1927 — 1949 年；慈溪二等邮局档案 48 卷，形成于 1940 — 1949 年；慈溪县警察局档案 28 卷，形成于 1938 — 1949 年；慈溪县参议会档案 11 卷，形成于 1922 — 1949 年；余姚盐场档案 1,111 卷，形成于 1936 — 1949 年；国民党慈溪县党部档案 14 卷，形成于 1930 — 1949 年；慈溪县商会档案 34 卷，形成于 1936 — 1949 年；省立锦堂师范档案 44 卷，形成于 1944 — 1949 年。

7. 奉化市档案馆

奉化县民国档案汇集 415 卷，形成于 1921 — 1949 年。

8. 宁海县档案馆

宁海县政府档案 2,795 卷，形成于 1913 — 1949 年；宁海县法院档案 9,587 卷，形成于 1929 — 1949 年。

9. 象山县档案馆

象山县政府档案 9,050 卷，形成于 1912 — 1947 年；象山县参议会档案 231 卷，形成于 1930 — 1949 年；象山县玉泉盐场档案 1,649 卷，形成于 1927 — 1949 年；象山县政府建设科档案 198 卷，形成于 1930 — 1949 年；国民党象山县党部档案 321 卷，形成于 1931 — 1949 年；象山县政府会报室档案 113 卷，形成于 1936 — 1949 年；象山县政府司法处档案 894 卷，形成于 1912 — 1949 年；象山县警察局档案 124 卷，形成于 1931 — 1949 年。

10. 瑞安市档案馆

国民党瑞安县党部档案 155 卷，形成于 1928 — 1948 年；瑞安县国民兵团档案 21 卷，形成于 1932 — 1948 年；三青团瑞安分团部档案 25 卷，形成于 1942 — 1947 年；瑞安县参议会档案 13 卷，形成于 1945 — 1948 年；瑞安县政府档案 157 卷，形成于 1929 — 1949 年；瑞安县政府建设科档案 82

卷，形成于 1920 — 1949 年；瑞安县政府合作社档案 147 卷，形成于 1941 — 1948 年；瑞安县田赋管理处档案 18 卷，形成于 1929 — 1949 年；浙江省银行瑞安办事处档案 18 卷，形成于 1939 — 1949 年；瑞安邮局、电信局档案 17 卷，形成于 1930 — 1948 年；瑞安县警察局档案 12 卷，形成于 1935 — 1949 年；瑞安地方法院档案 19 卷，形成于 1916 — 1948 年；瑞安通济轮船公司档案 21 卷，形成于 1929 — 1948 年；南堤电汽公司档案 38 卷，形成于 1929 — 1949 年；瑞安县民国档案汇集 90 卷，形成于 1919 — 1948 年。

11. 乐清市档案馆

乐清县政府军法室、警察局档案 791 卷，形成于 1935 — 1949 年；国民党乐清县党部、三青团乐清分团档案 149 卷，形成于 1919 — 1948 年；绥靖委员会与乐清邮电局档案 501 卷，形成于 1925 — 1949 年；乐清县政府档案 8,116 卷，形成于 1902 — 1949 年。

12. 平阳县档案馆

平阳县政府档案 142 卷，形成于 1937 — 1949 年；平阳县地籍管理办事处等档案 218 卷，形成于 1937 — 1949 年；两浙区南监盐场公署档案 802 卷，形成于 1923 — 1950 年；平阳县税捐稽征处档案 221 卷，形成于 1937 — 1949 年；平阳县乡村电话管理所档案 71 卷，形成于 1943 — 1949 年；平阳县南北港水利工程处与银行办事处等档案汇集 76 卷，形成于 1928 — 1949 年；平阳县党政军干部联席会议秘书处档案 339 卷，形成于 1937 — 1949 年；国民党平阳县党部档案 182 卷，形成于 1925 — 1949 年；三青团平阳县分团档案 33 卷，形成于 1940 — 1948 年；平阳县警察局档案 96 卷，形成于 1940 — 1949 年；平阳县清乡委员会档案 26 卷，形成于 1942 — 1948 年；平阳县自卫队、法院、教育科等档案汇集 354 卷，形成于 1920 — 1949 年。

13. 泰顺县档案馆

国民党泰顺县党部档案 67 卷，形成于 1930 — 1948 年；三青团泰顺分团部档案 11 卷，形成于 1939 — 1947 年；泰顺县政府档案 100 卷，形成于 1933 — 1949 年；泰顺县警察局档案 69 卷，形成于 1937 — 1948 年。

14. 嘉兴市档案馆

嘉兴县政府档案 1,578 卷，形成于 1927 — 1948 年；国民党嘉兴县党部档案 99 卷，形成于 1924 — 1949 年；嘉兴青年中学档案 176 卷，形成于

1935 — 1949 年；嘉兴县警察局档案 501 卷，形成于 1933 — 1949 年；嘉兴地方法院档案 289 卷，形成于 1925 — 1949 年。

15. 海宁市档案馆

海宁县党、团与清乡机构档案 93 卷，形成于 1937 — 1949 年；海宁县警察局（所）、县政府与乡镇公所档案 1,063 卷，形成于 1930 — 1949 年；海宁县地方法院档案 660 卷，形成于 1919 — 1949 年；海宁县商会、农业推广所、农业银行与邮电局档案 275 卷，形成于 1933 — 1949 年。

16. 平湖市档案馆

平湖老鼎丰酱园档案 196 卷，形成于 1847 — 1949 年；国民党平湖县党部档案 2,300 卷，形成于 1930 — 1949 年；平湖县警察局档案 508 卷，形成于 1917 — 1949 年。

17. 桐乡市档案馆

桐乡县政府档案 2,684 卷，形成于 1940 — 1949 年。崇德县政府档案 2,553 卷，形成于 1940 — 1949 年。

18. 嘉善县档案馆

国民党嘉善县党部档案 152 卷，形成于 1940 — 1949 年；嘉善县政府会报室档案 111 卷，形成于 1944 — 1949 年；嘉善县警察局档案 841 卷，形成于 1938 — 1949 年；嘉善县地方法院档案 698 卷，形成于 1939 — 1949 年；嘉善县政府档案 4,670 卷，形成于 1930 — 1949 年。

19. 海盐县档案馆

国民党海盐县党部档案 141 卷，形成于 1942 — 1949 年；海盐县政府档案 3,056 卷，形成于 1945 — 1949 年；海盐县警察局档案 253 卷，形成于 1945 — 1949 年。

20. 湖州市档案馆

嘉兴县民国档案汇集 1,102 卷，形成于 1930 — 1949 年；国民党吴兴县党部档案 285 卷，形成于 1930 — 1949 年；吴兴县警察局档案 269 卷，形成于 1932 — 1949 年；吴兴县地方法院档案 639 卷，形成于 1925 — 1949 年；吴兴县政府档案 1,640 卷，形成于 1915 — 1949 年。

21. 长兴县档案馆

国民党长兴县执行委员会、长兴县政府档案 26 卷，形成于 1927 — 1949 年；长兴县政府下属各科局档案 2,505 卷，形成于 1941 — 1949 年。

22. 安吉县档案馆

安吉县国民党、三青团等机构档案汇集 438 卷，形成于 1915 — 1949 年；安吉县警察局、司法处、参议会、军事科等机构档案汇集 437 卷，形成于 1910 — 1949 年；孝丰县国民党、三青团组织和教育局、邮局等机构档案汇集 231 卷，形成于 1927 — 1949 年；孝丰县警察局、司法局、军事科、秘书科和参议会档案 1,011 卷，形成于 1920 — 1949 年。

23. 诸暨市档案馆

诸暨县民国档案汇集 767 卷，形成于 1913 — 1949 年。

24. 绍兴市上虞区档案馆

国民党上虞县党部档案 102 卷，形成于 1930 — 1948 年；上虞县会道门、三青团档案 6 卷，形成于 1939 — 1949 年；上虞县政府档案 263 卷，形成于 1940 — 1949 年；上虞县参议会档案 14 卷，形成于 1940 — 1949 年；上虞县警察局档案 226 卷，形成于 1932 — 1949 年；上虞县军事科档案 20 卷，形成于 1924 — 1950 年；上虞县司法处档案 157 卷，形成于 1926 — 1949 年；上虞县法院档案 21 卷，形成于 1945 — 1949 年；上虞县田粮处档案 22 卷，形成于 1943 — 1949 年；上虞县稽税处档案 10 卷，形成于 1943 — 1949 年；上虞县商会档案 17 卷，形成于 1945 — 1948 年。

25. 新昌县档案馆

国民党新昌县党部档案 286 卷，形成于 1927 — 1948 年；三青团新昌分团部档案 64 卷，形成于 1939 — 1949 年；新昌县政府秘书室档案 596 卷，形成于 1912 — 1949 年；新昌县政府会计室档案 166 卷，形成于 1932 — 1949 年；新昌县民政科档案 765 卷，形成于 1936 — 1949 年；新昌县建设科档案 393 卷，形成于 1933 — 1949 年；新昌县社会科档案 188 卷，形成于 1931 — 1945 年；新昌县教育科档案 514 卷，形成于 1931 — 1949 年；新昌县财政科档案 391 卷，形成于 1936 — 1949 年；新昌县田粮科档案 211 卷，形成于 1942 — 1949 年；新昌县军事科档案 423 卷，形成于 1938 — 1949 年；新昌县兵役科档案 322 卷，形成于 1938 — 1944 年；新昌县政府军法室档案 301 卷，形成于 1937 — 1949 年；新昌县政府情报组档案 33 卷，形成于 1941 — 1948 年；新昌县国民兵团档案 283 卷，形成于 1940 — 1949 年；新昌县警察局档案 137 卷，形成于 1934 — 1949 年；新昌县地方法院档案 4,575 卷，形成于 1929 — 1949 年；新昌县地方行政干部训练所档案 106 卷，形成于 1938 — 1949 年；新昌县田赋粮食管理处档案 237 卷，形成于 1938 — 1948 年；新昌县参议会档案 46 卷，形成于 1941 — 1948 年；新昌县总工会档案 78 卷，形成于 1939 — 1949 年；新昌县妇女联合会档案 16 卷，形成于 1941 — 1949 年；新昌县商会档案 10 卷，形成于 1935 — 1949 年；新昌县农会档案 18 卷，形成于 1940 — 1949 年；新昌县邮局、电话所档案 57 卷，形成于 1945 — 1949 年。

26. 兰溪市档案馆

兰溪县政府军事科、民众自卫队、社会科、民政科档案汇集 1,621 卷，形成于 1936 — 1949 年；兰溪县教育科档案 496 卷，形成于 1938 — 1949 年；兰溪县地方银行档案 662 卷，形成于 1931 — 1949 年；兰溪县邮局、电信管理局档案 436 卷，形成于 1936 — 1949 年；兰溪县商会档案 231 卷，形成于 1944 — 1949 年；兰溪县建设科档案 186 卷，形成于 1930 — 1949 年；兰溪县各区乡档案 171 卷，形成于 1934 — 1949 年；兰溪县参议会档案 74 卷，形成于 1944 — 1949 年；兰溪县人事秘书科档案 288 卷，形成于 1927 — 1949 年；兰溪县田赋粮食管理处档案 269 卷，形成于 1941 — 1949 年；兰溪县财政科档案 495 卷，形成于 1865 — 1949 年；国民党兰溪县党部、三青团兰溪县分团部档案 65 卷，形成于 1941 — 1949 年；兰溪县警察局档案 375 卷，形成于 1941 — 1949 年；兰溪地方法院档案 2,389 卷，形成于 1928 — 1949 年；兰溪县军法室档案 173 卷，形成于 1937 — 1949 年。

27. 东阳市档案馆

东阳县政府档案 2,675 卷，形成于 1919 — 1949 年；国民党东阳县党部档案 329 卷，形成于 1931 — 1949 年；东阳县法院档案 2,322 卷，形成于 1928 — 1949 年；东阳县警察局档案 916 卷，形成于 1912 — 1949 年。

28. 武义县档案馆

宣平县政府档案 2,271 卷，形成于 1913 — 1949 年；国民党宣平县党部、三青团与社会团体档案 537 卷，形成于 1917 — 1949 年；宣平县警察局、国民兵团、干训所档案 1,406 卷，形成于 1911 — 1949 年；武义县政府档案 3,000 卷，形成于 1912 — 1949 年；武义县军事科、国民兵团档案 355 卷，形成于 1930 — 1949 年；国民党武义县党部档案 349 卷，形成于 1919 — 1949

年；武义县警察局档案 371 卷，形成于 1930 — 1949 年；武义县社会团体档案 533 卷，形成于 1927 — 1949 年。

29. 浦江县档案馆

浦江县政府民政科、财政科、教育科、田赋粮食管理处档案汇集 358 卷，形成于 1937 — 1949 年；浦江县政府档案 2,073 卷，形成于 1920 — 1949 年；国民党浦江县党部、三青团浦江县分团部档案 85 卷，形成于 1934 — 1949 年；浦江县地方法院、县政府军法室档案 331 卷，形成于 1935 — 1949 年；浦江县清乡委员会、警察局等档案汇集 765 卷，形成于 1929 — 1949 年。

30. 衢州市档案馆

衢县县政府及各科室档案 2,370 卷，形成于 1904 — 1949 年；衢县警察局档案 19 卷，形成于 1927 — 1948 年；衢县国民兵团部档案 95 卷，形成于 1930 — 1949 年；衢县团管区司令部档案 25 卷，形成于 1935 — 1949 年；衢县各金融单位档案 697 卷，形成于 1930 — 1949 年；衢县电信局档案 156 卷，形成于 1928 — 1949 年；衢县税务局及税征处档案 53 卷，形成于 1933 — 1949 年；衢县田、地、粮管理处档案 192 卷，形成于 1918 — 1949 年；衢县各区、镇、乡公所档案 308 卷，形成于 1930 — 1949 年；衢县各学校及县立民教馆档案 407 卷，形成于 1920 — 1949 年；衢县卫生医院档案 69 卷，形成于 1930 — 1949 年；衢县同学录、职员录、通讯录档案 106 卷，形成于 1911 — 1949 年；国民党衢县党部、三青团衢县分团部、衢县警察局档案 270 卷，形成于 1933 — 1949 年。

31. 江山市档案馆

江山县政府档案 1,496 卷，形成于 1919 — 1940 年；国民党江山县党部档案 187 卷，形成于 1929 — 1949 年；江山县政府会报室档案 134 卷，形成于 1934 — 1949 年；江山县警察局档案 106 卷，形成于 1934 — 1949 年；江山县政府军法室档案 1,162 卷，形成于 1926 — 1948 年；江山县地方法院档案 4,961 卷，形成于 1924 — 1949 年；江山县各科室、群众团体档案 3,867 卷，形成于 1925 — 1949 年；江山县国民兵团档案 1,928 卷，形成于 1931 — 1949 年。

32. 常山县档案馆

国民党常山县党部档案 275 卷，形成于 1927 — 1949 年；常山县政府档案 1,396 卷，形成于 1928 — 1949 年；常山县司法处档案 912 卷，形成于 1933 — 1949 年；常山县田赋处档案 481 卷，形成于 1926 — 1949 年；常山县教育局档案 249 卷，形成于 1929 — 1949 年。

33. 开化县档案馆

国民党开化县党部档案 184 卷，形成于 1927 — 1949 年；开化县政府档案 1,021 卷，形成于 1911 — 1949 年。

34. 临海市档案馆

临海县政府档案 1,179 卷，形成于 1927 — 1949 年；国民党临海县党部档案 145 卷，形成于 1928 — 1949 年；临海市警察局档案 83 卷，形成于 1937 — 1949 年。

35. 台州市黄岩区档案馆

黄岩县政府档案 7,170 卷，形成于 1912 — 1949 年。

36. 玉环县档案馆

玉环县民国档案汇集 901 卷，形成于 1928 — 1955 年。

37. 天台县档案馆

天台县党团等机构档案汇集 90 卷，形成于 1918 — 1948 年；天台县警察局等机构档案汇集 52 卷，形成于 1926 — 1949 年；天台县司法、交通、军事等机构档案汇集 2,837 卷，形成于 1914 — 1949 年。

38. 三门县档案馆

三门县民国档案汇集 162 卷，形成于 1930 — 1949 年。

39. 青田县档案馆

青田县民国档案汇集 10,060 卷，形成于 1926 — 1949 年。

40. 云和县档案馆

云和县政府档案 2,237 卷，形成于 1911 — 1949 年；云和县警察局档案 675 卷，形成于 1931 — 1947 年；云和县政府军法室档案 376 卷，形成于 1931 — 1947 年；云和县政府民政科档案 718 卷，形成于 1934 — 1948 年；云和县政府财政科档案 504 卷，形成于 1931 — 1948 年；云和县政府教育科档案 1,210 卷，形成于 1929 — 1947 年；云和县政府建设科档案 700 卷，形成于 1929 — 1948 年；云和县政府社会科档案 362 卷，形成于 1937 — 1947 年；云和县政府兵役科档案 711 卷，形成于 1933 — 1947 年；云和县政府地政科档案 72 卷，形成于 1942 — 1948 年；云和县政府会计室档案 259 卷，形成于 1935 — 1947 年；云和县政府合作事业指导室档案 102 卷，形成于 1941 — 1947 年；云和县自卫团档案 201 卷，形成于 1938 — 1949 年；云和县抗日自卫委员会档案 355 卷，形成于 1938 — 1942 年；云和县出征抗敌军人家属优待委员会档案 102 卷，形成于 1942 — 1947 年；云和县国民兵团档案 622 卷，形成于 1935 — 1945 年。

41. 松阳县档案馆

国民党松阳县党部、三青团松阳分团、中国青年党松阳县党部档案汇集 164 卷，形成于 1926 — 1948 年；松阳县政府档案 81 卷，形成于 1912 — 1949 年；松阳县商会档案 79 卷，形成于 1908 — 1949 年。

42. 庆元县档案馆

国民党庆元县党部档案 277 卷，形成于 1928 — 1948 年；庆元县政府会报室档案 58 卷，形成于 1929 — 1949 年；庆元县政府所属各部门档案 324 卷，形成于 1912 — 1949 年。

43. 景宁畲族自治县档案馆

国民党景宁县党部档案 46 卷，形成于 1912 — 1949 年；景宁县民国档案汇集 5,476 卷，形成于 1912 — 1949 年；景宁县国民学校档案 105 卷，形成于 1912 — 1949 年。

第十二节　安徽省民国档案概况

一、安徽省档案馆

安徽省档案馆收藏有安徽都督府、巡按使署、安徽省长公署、安徽省政府及所属机构、省参议会，皖南行署，安徽省警察局及所属机构，安徽省高等法院及所属地方法院，安徽省保安司令部，安徽大学、安徽学院，安徽省立图书馆，安徽、江西考铨处，安徽省干训团，国民党安徽省党部，三青团安徽支团部筹备处，安徽省戡乱建国委员会，中统局安徽调查室、军统局安徽站，安徽省地方银行及中国银行、中央银行、交通银行、农民银行、中央合作金库、中央信托局、邮政储金汇业局驻皖分支机构、中央信托局，苏、浙、皖区敌伪产业处理局，安徽省邮电管理局、安徽电政管理局、安徽省电话局，交通部公路总局第一区工程管理局芜湖、歙县工程处等档案，还藏有六安、合肥、舒城、霍邱、霍山、寿县、立煌（今金寨县）、怀宁、安庆、桐城、望江、潜山、岳西、宿松、太湖、青阳、至德、东流、贵池、铜陵、泾县、庐江、芜湖、当涂、含山、巢县、和县、郎溪、无为、宣城、广德、繁昌、南陵、太平、宁国、祁门、歙县、绩溪、黟县、石台、休宁、旌德、盱眙、屯溪、天长、凤阳、定远、来安、全椒、滁县、嘉山、宿县、砀山、灵璧、萧县、泗县、怀远、五河、临泉、太和、亳县、涡阳、颍上、阜阳、蒙城、凤台、界首、蚌埠、淮南等市县档案共 61,000 余卷。

另外，淮南市档案馆、铜陵市档案馆、蚌埠市档案馆、怀远县档案馆、马鞍山市档案馆、当涂县档案馆、安庆市档案馆、宿松县档案馆、黄山市档案馆、休宁县档案馆、歙县档案馆、祁门县档案馆、黟县档案馆、阜阳市档案馆、临泉县档案馆、绩溪县档案馆、池州市贵池区档案馆、无为县公安局档案室等收藏民国档案 14,000 余卷，档案形成于 1911 — 1949 年，客观真实地记录了辛亥革命到南京临时政府成立及柏文蔚参加二次革命；从倪嗣冲等军阀对安徽的统治，到北伐战争推翻北洋军阀统治；从抗日战争时期新四军同日本侵略者和国民党顽固派殊死作战，直至解放战争胜利等重大历史事件以及这一时期安徽省政府和各市县政府等各项法令、法规的颁布，各项施政计划的制订与实施，土地利用及农作物品种改良，义务教育与医疗卫生事业的推广，河道疏浚与道路桥梁建设，各项民刑案件审理，矿产开采与金融邮电事业的发展等。

二、档案特色

1. 皖南事变档案

中国共产党领导的新四军挺进敌后、顽强抗击日军，日益发展壮大，国民党当局企图压缩新四军生存活动空间，进而瓦解并最终消灭新四军。1940年10月，何应钦、白崇禧以国民政府军事委员会正、副参谋总长名义，致电八路军总司令朱德、新四军军长叶挺等，要求长江南北的八路军、新四军在一个月内全部撤至黄河以北。11月，朱德、叶挺等复电同意将皖南新四军移至江北。国民政府军事委员会要求新四军于同年12月30日全部到达江北。1941年1月6日，新四军9,000余人北移至皖南泾县茂林地区时，遭到国民党军的包围伏击，新四军经过7天奋战，除少数突围外，大部牺牲或被俘，军长叶挺被捕，副军长项英遇害。1月17日国民政府军事委员会宣布新四军为“叛军”，取消新四军番号。这就是震惊中外的皖南事变。安徽省档案馆藏有该省省保安司令部同新四军作战战斗详报及对新四军“清剿”办法，国民党第五十二、第一四一、第九十二师在泾县部署情形，国民党军队发动“皖南事变”及章渡战役经过文件，周恩来关于统战工作实施报告函电及中共延安会议案等档案，对研究新四军史及其抗日反顽斗争与中共统一战线工作具有极高的史料价值。

2. 安徽矿务档案

安徽矿产资源丰富，煤、铜等矿藏储量颇大，淮南煤矿闻名海内外。安徽省档案馆、淮南市档案馆、马鞍山市档案馆等收藏各矿场、矿区档案2,000余卷，内容涉及安徽矿管局、淮南煤矿局、淮南路矿股份有限公司、华中矿务局马鞍山分矿、大通煤矿股份有限公司、铜官山分矿保管所等机构设立、沿革概况，各项组织规程，各矿场、公司领导机构沿革与领导层变动，公司董事会、股东大会议决事项与人员聘用，各煤、铁、铜矿开发计划、矿床调查与矿山勘探报告及采矿日志，提高开采技术及各矿产销情形，沦陷时期日伪对各矿控制及日本对中国矿产资源掠夺等，对于研究旧中国矿产管理、采炼，自然资源对旧中国社会经济发展所起的作用等具有较高的史料价值。

3. 有关宣纸生产档案

出产于安徽宣城、泾县一带的宣纸是我国独有手工艺珍品，采用特殊工艺和配方，生产出质地绵软坚韧，不易破裂，吸墨均匀，久不褪色的宣纸，为历代书画家所喜爱，安徽省档案馆收藏的泾县民国档案中有关宣纸生产的文件弥足珍贵。

第十三节　福建省民国档案概况

一、福建省各档案馆

福建省档案馆收藏有民国时期福建省政府秘书处、福建省政府主计处、福建省政府人事室、福建省政府民政厅、福建省政府选举事务所、福建省动员会议、福建省审计处、福建省地政局、福建省市政工程局、福建省社会处、福建省赈济委员会、中国工业合作协会东南区办事处、福建省合作事业管理处、福建省政府员工消费合作社、福建省政府合作社物品供销处、福建省康乐新村理事会、福建省新生活运动促进会、监察院闽浙监察区监察使署、福建省高等法院、福建省水上警局、福建省军管区司令部、第三战区副司令长官办公室、福建省保安司令部、兵工署东南区厂库保管处、福建省教育厅、福建省研究院、福建省立农学院、福建省立医学院、福建省卫生处、福建省财政厅、福建省盐务管理局、福建区国税管理局、财政部福建缉私处、闽海关、福建省银行、福建省建设厅、福建省物价管制委员会、福建省农业改进处、福建省气象局、福建省水利局闽江工程处、福建省渔业管理局、福建省补给委员会、福建省公路局、福建邮政管理局、国民党福建省党部、福建省地方干部训练团等机构档案 165,000 余卷。

福州市档案馆等各市县档案馆共收藏民国档案 296,000 余卷，涉及政治、经济、军事、外交、文化、医疗卫生、工农业生产、财政金融、交通运输、农田水利、旱涝灾荒、病虫害防治等生产、生活各个方面。

主要内容有：省、市、县政府组织规程、机构设置与调整，各项法律、法规的颁布与实施，各机关行政官员任免、公务员任用与审查，各机关工作计划和报告，各机关人员考核奖惩及财产统计表，民众训练和兵役制推广，户籍管理、人口登记与身份证发放，各项选举工作之组织实施，抗战总动员计划大纲与国民精神动员工作情形，各县市土地调查、土地登记与土地测量、土地征用，省市县区赈济机构改革及儿童教养院采购赈米、筹措冬衣、收容难童及各项救济物资发放，福建省婚姻礼俗调查及改革意见与革除婚、丧、寿宴浪费，各级法院各种民事、刑事案件审判记录、裁定书，1927 — 1928 年晋江县土豪劣绅审判及判决书，税捐征收及偷税漏税案件处理，对日作战情形报告及战绩日报统计表，福建省国防工事统计表、概况表，战时车船和军用物资征用，全省公立、私立专科以上各院校组织概况，各校行政、教学及中等教育、师范教育、华侨教育、战时教育实施情形，各医院医疗机构卫生防疫、医疗救护及药品管理，各银行、钱庄等金融机构有关存、放、汇款及资金流动报告与经收代理各项税款情形，各地道路桥梁勘查、设计、养护及电话线路架设，全省主要河流水利调查、气象测候记录，各县区雨量统计及气候概况报表，抗战期间沿海各县工厂内迁统计以及物资调拨统计与物价指数统计等。

二、档案特色

（一）侨务档案

福建是我国著名的侨乡，抗日战争时期，世界各地华侨纷纷以捐款捐物、回国参战等方式支援祖国人民的抗日斗争，长期支持国内实业发展。福建省各档案馆收藏的民国档案中，反映的华侨事务比较丰富。

福建省档案馆收藏的省政府秘书处有关华侨投资国内实业、侨民出国及华侨服兵役文件，行政院输出入管理委员会福建办事处的华侨投资、华侨回国带货办法，福建省银行及中央银行福建分行等优待侨胞存款简章及办理侨汇办法，福建省青年军复员委员会的闽籍侨生出国文件，福建省建设厅的侨领陈嘉庚关于城市改革意见书等；福安市档案馆收藏有华侨、侨眷调查方面的文件；福州市档案馆收藏有侨务管理及华侨保护方面的文件；永定县档案馆收藏有侨领胡文虎等 40 人在国民参政会上提出的“严格执行抗战建国纲领，根绝一切违反三民主义理论与行动案”等档案，对研究华侨史、华侨与祖国抗战、华侨与福建社会发展具有较高价值。

旧厦门市政府专门设立厦门市侨务局管理侨务工作，厦门市档案馆保存该机关档案 88 卷，内容涵盖侨务工作各个方面，如侨务工作的规章制度、组织条例，侨务工作计划、工作报告及各种侨务事项报告表，闽南各县荷、印侨属待赈名册，滞留厦门缅甸归侨名册及缅甸归侨领取救济金名册，国际难民组织远东局厦门办事处缅甸华侨复员名单，1941 年以前及战时离菲归国华侨复员统计及名册等，对了解国民时期侨务管理制度及操作程序与战时华侨救助具有一定的参考意义。

（二）**福建事变档案**

1932 年一·二八事变后，在上海抗日的第十九路军被蒋介石调往福建“剿共”，引起十九路军官兵的强烈不满，在中国共产党抗日主张影响和全国抗日反蒋热潮的推动下，1933 年 11 月 20 日，第十九路军将领蒋光鼐、蔡廷锴、陈铭枢等联合国民党内李济深（原名李济琛）、陈友仁和第三党领袖黄琪翔等反蒋势力，发动事变，在福州举行“中国人民临时代表大会”，成立“中华共和国人民革命政府”，组建“生产人民党”，在政治上提出“打倒日本帝国主义”“打倒蒋介石和卖国残民的南京政府”；在经济上实行“对外贸易统制”“关税自主”“发展民族资本，奖励工业建设”；在农村实行“计口授田”；在军事上将十九路军改编为“人民革命军第一方面军”，并与中华苏维埃共和国临时中央政府和中国工农红军签订抗日反蒋协定。1934 年 1 月，在蒋介石的政治分化和优势兵力的攻击下，厦门、福州、泉州、漳州相继失守，李济深、陈铭枢、蒋光鼐等人避走香港。有关福建事变的资料留存至今的不多，福建省档案馆等反映福建事变的文件材料颇具研究价值。

（三）**台湾人民在闽活动档案**

台湾自古就是中国领土，公元 230 年，当时三国吴王孙权派 1 万官兵到达“夷洲”（台湾），吴人的《临海水土志》留下了世界上对台湾最早的记述。

福建省档案馆保存有国民政府监察院闽浙监察区监察使署有关台湾民众在晋江一带情况报告，国民政府监察院闽台区监察委员行署有关台湾省 1947 年调查各项案件材料及登记簿，军委会特种技术人员训练班台湾队学生考绩名册，第三战区副司令长官办公室的台湾革命同盟会组织调查报告，福建省卫生处的台籍医生简历，卫生部东南鼠疫防治处的台湾鼠疫情形，福建省气象局接收台湾、金门测候所文件，福建省渔业管理局颁发的台湾省轮船管理办法等档案资料，对于研究闽台关系、闽台交往及台湾人民与大陆民众共同反对日本侵略具有重要的意义。

第十四节　江西省民国档案概况

一、江西省各档案馆

江西省档案馆收藏有江西省参议会、江西省政府设计考核委员会、江西省动员委员会，江西省民政厅、江西省地政局、江西省保安司令部、江西国际救济委员会、江西省赈济委员会、善后救济总署江西省分署、江西省农村合作事业委员会、江西省社会处、江西省卫生处、江西省教育厅及公私立高等院校、江西省地质调查所、江西税务管理局、江西省田赋粮食管理处、江西省盐务管理局、九江海关、江西省度量衡检定所、江西省银行、江西省建设厅、江西省公路局、浙赣铁路管理局、江西邮政管理局、江西地政管理局、江西省电务局、江西省水利局、江西省垦务处、国民党江西省执行委员会、三青团江西省支团部，江西省广播电台、江西省商会联合会、江西省工会、江西省高等法院、九江高等特种刑事法庭、江西省青年留训所、皖赣监察使署、考试院安徽江西考铨处等机构民国时期档案114,000余卷。此外，南昌市档案馆、九江市档案馆等各市县档案馆收藏民国档案20,300余卷。

这些档案全面真实地反映了民国时期江西政治、经济、军事、文化、教育、司法、金融、交通运输等方面的基本情况，主要内容有各机构组织规程与办事细则，机构设立、迁移与调整，工作计划与实施，官员选派与调整，行政区划调整与土地丈量，文物古迹保护，警政管理与户口统计，田赋征收与粮食管理，义务教育推行与扫除文盲，查缉走私与禁烟禁毒，道路桥梁修建与河道疏浚，农林改良与淡水养殖，商品产销与统治，灾荒与救济，兵员征集与民众训练，城市规划与公共设施建设，地质勘探与矿产开采，图书发行与新闻出版，司法审判与监狱管理，荒地调查与开垦，财务管理与预决算，枪支弹药管理与军备物资采购，对日作战与战犯审理，货币发行与物价调查，党派社团组织与会议记录，公职人员检核与考铨，情治单位管理与情报收集，关税征收与出入境管理，产品质量检验与度量衡检定，对红军及革命根据地封锁与进攻，法律法规颁布与实施实等。

二、档案特色

（一）红军、革命根据地及革命斗争档案

江西省档案馆收藏的乐平县政府侦察红军活动情况报告，江西省青年留训所的有关共产党人与进步人士、被捕人员同特务斗争及江西省洋溪特别区刑事法庭的有关“剿匪”宣传组织规程、“剿共”清乡委员会训令、封锁“共匪”纲要等；吉水县档案馆的1932年“剿共”赣东南各县运输会议记录；鄱阳县档案馆的有关方志敏、邵式平、周建屏、李新汉等领导红十军在赣东北及鄱阳活动情形，鄱阳县县长华洸主编《鄱阳“匪祸”史》手稿；永清县档案馆的有关1934年中国工农红军萧克部十七、十八师活动情报；德兴市档案馆的国民党军围攻红军情况；等等，从不同侧面反映了中国共产党人为了民族独立和人民解放不屈不挠的斗争精神。

（二）蒋经国在赣南档案

龙南县档案馆收藏有蒋经国主持的龙门、定南、虔南行政会议记录，对研究蒋经国、三青团及抗战前后赣南政治、经济、军事具有较高的史料价值。

（三）保护美军空军人员的有关档案

1941年6月，美国成立志愿航空队来华参与对日作战，美军空军退役中校陈纳德任司令，因其机身涂有鲨鱼嘴标志而被称为飞虎队。九江市档案馆收藏的九江县保警大队档案中有关保护美国空军人员的文件、永新县档案馆收藏的护送美国飞行员的沿途记录等对研究抗日战争史、中日空战史、中美军事合作和美国飞虎队具有重要价值。

（四）家谱、城建档案

横峰县档案馆收藏有该县刘氏、陈氏、姜氏、李氏、壮氏各姓历代宗支族谱，萍乡市档案馆收藏的家族谱别具特色；南昌市城建档案馆收藏有南昌市1943年马路沟管布置图，1946年南昌古城沟渠图等城建档案，对研究城市规划和布局，城市基础设施建设发展史具有较高的史料价值。

第十五节　山东省民国档案概况

民国时期，在中国共产党的领导下，山东人民在阳谷、高唐、博兴、益都、日照、苍山、昆嵛山等地法等武装暴动，反对新旧军阀和帝国主义的压迫剥削，支援革命战争。抗日战争爆发后，山东人民先后发动了冀鲁边、鲁西北、天福山、黑铁山、牛头镇、徂徕山、泰西、鲁南、湖西等抗日武装起义，创建了胶东、渤海、滨海、鲁中、鲁南五个解放区。抗日战争胜利后，山东人民又配合中国人民解放军，粉碎了国民党军队的重点进攻，赢得了鲁南、莱芜、孟良崮、潍县、济南等著名战役的胜利。

一、山东省各档案馆

山东省档案馆收藏有民国时期山东省公署、山东省政府、考试院河北山东考铨处、山东地方行政干部训练团、山东省地政局、山东省民政厅、行政院善后救济总署鲁青分署、山东省公署警务厅、山东省警务处、山东省高等法院、山东省高等法院青岛分院、军事委员会调查统计局山东站、国防部二厅山东站、国防部绥靖总队第三大队、国防部人民服务总队第一大队、国防部戡乱建国总队第五大队、第二绥靖区司令部、山东绥靖统一指挥部、济南防空司令部、联合勤务总司令部第四兵站总监部与第44兵工厂、山东教育厅、山东大学、齐鲁大学、山东省立医学专科学校、山东省立医院、山东省财政厅、山东盐务管理局、中央银行济南分行、中央信托局济南办事处、经济部鲁豫晋区特派员办公处、山东省建设厅、黄河水利委员会山东修防处、济南电业公司、山东邮政管理局、国民党山东省党部、国民党淄博矿区特别党部、国民党驻山东各部队特别党部、三青团山东支团部、中统局山东调查统计室等档案25,000余卷。

济南市档案馆、青岛市档案馆、淄博市档案馆、潍坊市档案馆、烟台市档案馆、莱州市档案馆、威海市档案馆、泰安市档案馆、聊城市档案馆等收藏民国档案114,000余卷。

上述档案大体展示了民国时期山东地区政治、经济、军事、外交、教育、文化、医疗、卫生、财政、金融、司法、治安等概况和社会发展脉络。其主要内容有：各机构组织规程、条例及细则，各机关工作计划、工作报告、工作总结，各机关人事任免、人事管理与公务员、职业技术人员考试、考核，土地管理、地籍管理、土地测量及公有土地管理办法，旱涝灾害统计与社会救济，各项民事、刑事案件侦缉、讯办记录及审理裁决与汉奸审判，对山东境内中共党、政、军组织概况、经济状况、军事部署情况调查，解放军战法研究与对策，对解放区经济封锁及取缔民盟组织、逮捕民盟成员，山东省发展国民教育决议，山东省各大中小学校教育概况、教育视察报告，山东大学等高校学生出国留学、教师出国考察、学籍学位管理、课程设计与教材、奖学金发放，各卫生单位医药器械、药品采购，民众体格检查与医疗救护及传染病防治，山东省地方年度岁入岁出预算册及地方税捐法令，中央合作金库山东分库、中央银行济南分行、中国银行青岛分行等各项业务工作报告，农作物种植及品种改良与病虫害防治，有关化肥、农垦机械使用与推广，粮食及其他农产品征购、保管、加工、运输，青岛盐业生产、运销、仓储情形，黄海水产公司水产品交易概况，山东沿海渔场图纸，有关威海卫租借地接收与管理等。

二、档案特色

1.“山东悬案”档案

1914 年 8 月第一次世界大战爆发，8 月 15 日，日本政府向德国提出最后通牒，要求德国军舰立即撤出日本和中国海面，并将其所占胶州湾租借地让与日本，德国政府置之不理。8 月 23 日，日本对德宣战。9 月 2 日，日军在未通知中国的情况下，在山东龙口登陆，并横穿半岛，占据沿途的中国城镇与邮电机关。10 月 6 日，日军占领济南，并从德国手中夺得胶济铁路的经营权及侵占沿途矿产，接着又于 13 日占领胶州湾，11 月 7 日攻占青岛，并向中国提出“二十一条”。事后，日本以战胜国自居，对青岛和胶济铁路实行军事统治，并不断滋事，拒不撤兵，企图制造所谓“外交悬案”。

1918 年第一次世界大战结束，1919 年 2 月中国代表在巴黎和会上提出日本非法侵夺的山东全部权益由大会直接归还中国，遭到拒绝，和会拟将上述权益让予日本。中国在巴黎和会上外交失败引起全国人民的极大义愤，并由此引发了五四爱国运动，中国代表拒绝签字，山东问题遂成悬案。

1921 年 10 月中国外交部向国际联盟提交议案，否认日本非法侵夺自山东的一切权益，原德国在山东的所有权利全部归还中国。中国的正当要求未能如愿。1922 年华盛顿九国会议期间，在英、美、法斡旋下，中日代表于会外谈判，2 月 4 日中日代表在华盛顿签订《解决山东悬案条约》，日军从山东撤离，德国旧租借地的行政权、公产、青岛海关归还中国，中国以国库券 5,340.6141 万金马克“赎回”胶济铁路，并将德国旧租借地全部开放为商埠，同时承认日本的特殊权益。

青岛市档案馆馆藏胶澳商埠督办公署及青岛市政府档案中有关于接收青岛事项与日方来往函件、解决山东悬案条约及山东悬案细目协定，青岛市林业事务所档案中有关于中国政府接收林产情况。青岛市政府档案中有关于日侨捣毁与焚烧民国日报馆及国民党青岛市党部等情况，反映了山东问题的由来、解决及日本继续保有特权，进而作为日后侵略中国的桥头堡的历史。

2. 威海卫租借地档案

威海卫原属山东省文登、荣城两县辖境，光绪初年开辟为海军基地，1898 年 7 月英国借口俄国租借旅大，强迫清政府签订《订租威海卫专条》：将山东威海卫及附近海面租与英国政府，其租期与俄国驻守旅顺之期相同，英国得在威海卫及附近沿海建筑炮台和驻军。条约签订时，英国政府一再声明，一旦俄从旅顺撤走，英国立即将威海卫交还中国。1904 年日俄战争爆发后，俄国已从旅顺撤离，但英国仍然占据威海卫不肯交还。1922 年 9 月，中国政府设立接收威海卫委员会，准备接受威海卫租借地，但英国政府不予理会。经过长期艰难谈判，1930 年 4 月国民政府外交部部长王正廷与英国驻华公使蓝普生签订《中英交收威海卫专约》，英国取消 1898 年租借威海卫专条，将威海卫沿岸及威海卫以内群岛归还中国，并撤走英国驻军。11 月国民政府设立威海卫行政区，成立威海卫管理公署，掌理行政及监督地方自治事务。

威海市档案馆收藏的威海卫管理公署档案 12 卷，内容涉及威海卫公署行政接管工作报告，威海卫行政区市政规章汇编，威海卫公署行政报告与工作报告，威海卫第一次教育会议报告书，威海卫收回二周年、四周年工作报告等。对了解和研究中国人民收回国家权益、争取民族独立及管理旧租界、旧租借地等具有一定参考价值。

3. 指纹档案

青岛市档案馆收藏的旧青岛市警察局1926至1949年期间各政治犯指纹登记簿及登记卡等档案，因其档案载体形式特殊而备受关注。

第十六节　河南省民国档案概况

一、河南省档案馆

1911年武昌起义胜利后，河南革命党人在省城开封策动新军反正，又在外府县组织武装起义，但均未成功，河南成了极少数几个未能获得“独立”的省份之一。1912年2月16日，临时国民政府参议院通过《临时政府接收北方各省统治权办法案》，规定临时政府接收北方三省、直隶、河南、甘肃、新疆等省的办法，撤除了原有督抚官称，设都督，河南进入民国时代。1927年6月，国民党中央政治委员会开封分会议决建立河南省政府，冯玉祥在开封通电就任河南省主席。1937年7月7日，抗日战争全面爆发，11月，豫北重镇安阳失守，继而整个豫北全部沦陷。次年，商丘、开封和豫东大片国土也随之沦陷，直至抗战胜利。1949年1月，淮海战役结束后，河南全境解放。河南省各级档案馆现共藏有民国档案60,000余件，其中河南省档案馆藏有30,000余件，占全省藏量的50%，为该馆所藏历史档案总量的79%。

河南省档案馆所藏民国档案分政务、内政、社会、文教、卫生机构，考铨、司法、军警机构，财政、金融机构，经济、农业、水利、交通、邮电机构，党派、社团及个人档案，日伪机构等6类。

（一）**政务、内政、社会、文教、卫生机构**

如：河南省政府及其所属机关的组织章程及有关设置的文件，省政府召开历次办公会议、委员会议、政务会议记录，有关人事任免、调派、奖惩的文件；河南省民政厅有关查处地方官员违法案件的文件，有关户籍管理、户口统计、户口调查的法规和表册，关于赈济、慈善、福利、抚恤工作的统计表、调查表等；河南省合作事业管理处有关该处办理赈灾、农贷的文件；行政院善后救济总署河南分署关于善后救济工作的计划、报告、图表，关于难民救济、遣散的文件；河南省教育厅关于教育、文化宣传的文件；社友通讯社、中国通讯社、雁社、正义民间社、春秋月刊社组织章程与登记表；河南省通志馆关于编纂工作的意见、纲要及采访大纲，该馆编纂的经济、文化、人物类目的志稿；豫南大同医院 1920 — 1925 年大事记及该院门诊规则、医院章程与住院章程等。

（二）考铨、司法、军警机构

如：陕豫考铨处年度报告、总结，河南、陕西两省人事工作会议记录，有关公务员级俸审核、生活补贴事项的指示、决定；司法行政部颁发的禁烟、禁毒法令；河南省保安司令部、河南省政府保安处编练地方保安团队的文件；军事委员会等机构有关军队整编、作战、军需物资调拨、人事管理的文件；巩县兵工厂与河南赈务组织、田赋管理机构有关事物的往来文书。

（三）财政、金融机构

如：河南省财政厅关于普通营业税、牙税、屠宰税、烟酒牌照税征收与统计的文件，关于稽查走私的文件；河南省盐务局关于食盐销售、征税、缉私、分配等事宜与各分局、盐商间的来往文件；洛阳海关税务司关于货物管制、走私货物拍卖与走私案件查缉、处理的训令、报告；四联总处关于物价调查、金融统计的年表；中央银行郑州、开封、洛阳许昌分行的相关文件；交通银行洛阳、陕州、灵宝、商丘、新乡、焦作、彰德、许昌、漯河、信阳办事处的相关文件。

（四）经济、农业、水利、交通、邮电机构

如：河南省经济委员会临时委员会关于经济和劳资问题的调查报告；国民政府及其他各部委员会、河南省政府等关于党务、政务、工商管理、金融管理和编史修志等事项的法规；河南农业改进所有关农林业作物的试验计划、工作报告、工作总结；河南省水利局有关水利工程的计划、施工方案，有关农田水利建设、水文记载的文件；平汉、粤汉、陇海铁路管理局的机构设置、规章制度、工作计划等相关文件；河南省电信局关于电信业务的会议记录、工作报告及有关函电等。

（五）党派、社团及个人档案

如：国民党河南省党部关于党部机构改组、隶属关系变更的训令、函电，省党部对各种政治活动、纪念日、重大事件的报道计划、安排；中国青年党各级代表大会代表选举法；教会会门社团档案汇集等。

（六）日伪机构

如：关于庆祝伪政府成立、临时政府二周年纪念的文件；有关庆祝日军驻豫四周年及日军占领菲律宾、缅甸的文件；有关日伪教育工作的计划；有关严禁学生游行、演讲、参加抗日宣传活动的文件等。

二、其他档案馆

与河南省档案馆所藏民国档案相比，河南省各县、市所藏民国档案，在种类上虽然单一，但在内容上却有所细化，亦有相当之数量（与省档案馆数量持平）。郑州市档案馆、洛阳市档案馆、安阳市档案馆、信阳市档案馆的民国档案藏量都超出千卷。这些地方档案馆所藏民国档案主要有：

郑州市档案馆保藏有：郑县县政府、教育局档案；郑县长春镇公所档案；登封县、巩县、密县、新郑县、中牟县民国档案汇集；郑县工业职业学校、中正中学等学校档案；郑州财税局、邮政储金汇业局、郑县银行、郑县邮电局相关档案；郑州绥靖公署、郑州警备司令部、郑县警察局相关档案。

开封市档案馆保藏有：开封市政府档案；开封县参议会、政府、社会服务处相关档案；中国红十字会开封分会档案；河南大学与河南省立开封初级中学、师范学校、女子师范学校等相关档案。

洛阳市档案馆保藏有：洛阳县政府、洛阳县商会、洛阳县教育局、洛阳县法院、洛阳县警察局相关档案；伊阳、临汝、偃师、伊川、宜阳、嵩县、孟津、洛宁、卢氏、陕县、新安等县政府相关档案；嵩县、孟津、宜阳、临汝、偃师、伊阳、伊川、渑池、洛宁、新安等县国民党地方党部档案；孟津、伊川、伊阳、临汝、嵩县、偃师、洛宁等县三青团分团部档案。

新乡市档案馆保藏有：第三十一集团军总司令部档案；联勤总部河南营产管理所新乡分所档案；国防部保密局新乡站档案；第十二绥靖区新乡独立团部档案；河南省第四区行政督察专员兼保安司令公署档案；河南省第十二绥靖区行政公署兼绥靖司令部档案；河南省佛教联合总会相关档案。

许昌市档案馆保藏有：河南省第五行政督察专员公署档案；长葛、禹县、鄢陵、襄城、郾城、鲁山、临颍、郏县、叶县、舞阳、扶沟、西华、商水、漯河、淮阳、洧川等县县政府档案。

商丘市档案馆保藏有：于城、商丘、宁陵、睢县、民权、柘城、太康、沈丘、项城、鹿邑、淮阳等县民国档案汇集。

此外，偃师、林州、信阳；汝阳、洛宁、孟津、修武、温县、武陟、博爱、淇县、长垣、延津、南乐、清丰、范县、临颍、内乡、新野、确山、西平、汝南、遂平、正阳等市、县档案馆均保藏有民国时期的各县政府档案。

三、档案特色

（一）丰富的基层行政组织档案

河南省 47 个市县所藏的民国档案，除去郑州市、开封市、洛阳市、汝州市、新乡市、卫辉市、安阳市、许昌市、漯河市、三门峡市、南阳市、邓州市、商丘市、信阳市等 14 个市档案馆所藏地方政府档案外，其余均为县级档案馆所藏县政府档案，这部分档案近 6,000 卷，是全省所藏民国档案的十分之一，为研究民国时期河南省乃至华北地区的国民政府基层统治提供了重要的史料。

这些县级档案馆所藏民国档案大致包括各县政府档案、司法处档案、警察局档案、民众自卫总队档案及国民党各县地方党部档案。如：武陟县档案馆所藏民国档案就包括该县政府组织机构编制与人事管理的文件、表报、同学录；有关整编保甲工作的文件；有关教育、卫生工作的文件；武陟县警察局各项工作报告；武陟县警察局有关治安案件处理的报告、统计、调查表；武陟县司法处有关看守处、监狱管理的统计表；武陟县民众自卫总队有关总队兵力驻地的文件；武陟县保安团有关保安工作的计划、报告；国民党武陟县执行委员会有关文件；等等。

另外，还有大量的公所档案。作为区、乡、村政府的办公机构，公所的档案记录了国民政府对最基层区域的控制状况。河南省现藏有郑县长春镇公所，洛阳县文峰镇、安国镇公所，杞县各乡公所，临汝县各乡公所，驻马店镇公所等公所档案。其中以汝阳市档案馆所藏临汝县各乡公所档案最为丰富，共 13 个公所。

这些公所档案主要内容有：镇公所对壮丁身家调查的文件；有关教育工作的相关文件；乡公所关于建校、修路、造林工作的文件；有关缴纳公粮，摊派粮款、棉衣的清册；有关办理优待军属的文件等。

（二）与丰富的基层行政组织档案相对应的国民党地方党部档案

河南省各级档案馆现藏有近 40 个国民党地方党部的相关档案，这些县级党部及执行委员会的分布几乎与行政区划相一致。以洛阳市档案馆所藏档案为例，该馆所藏地方政府档案包括洛阳、伊阳、偃师、伊川、宜阳、嵩县、孟津、洛宁、卢氏、陕县、新安等 11 个县的县政府档案；所藏地方党部档案亦包括嵩县、孟津、宜阳、临汝、偃师、伊阳、伊川、渑池、洛宁、新安县等 10 个县，范围上有所重合。这些地方党部档案内容也较为多样，除去组织机构、人员任免、党员情况调查、会议记录等文件外，还包括有关抗日救国、制汪讨汪、战区宣传的文件；有关国民党与宗教团体之间关系的文件；有关殉职人员家属优待、抚恤的文件；有关日伪内线谍报组人员情况的文件；等等。

（三）分散典藏的行政督察区专员公署档案

民国时期，在长江中下游各省以及一些边远省份，出现了介于省、县之间的准行政机构，虽然立法院不予通过，但各省仍在施行，南京国民政府也不得不承认这种现状。后来出于“剿共”的需要与加强省对县的领导，国民政府在不打破省县二级制的原则下，将这些准行政机构规范为行政督察专员公署。1936 年 6 月，河南省共设立了 11 个行政督察区专员公署。抗日战争全面爆发后，为适应战时需要，督察专员公署与区保安司令部合并，名为某省某区行政督察专员兼保安司令。至 1948 年，河南省所设行政督察区专员公署共 12 个[1]。

目前，河南省第三行政督察区专员公署档案藏于濮阳市档案馆；河南省第四行政督察区专员兼保安司令公署档案分藏于濮阳市与新乡市档案馆；河南省第五行政督察区专员公署档案藏于许昌市档案馆；河南省第八、第九督察区专员公署档案集中藏于信阳市档案馆；河南省第十行政督察区专员公署档案藏于洛阳市第二档案馆；河南省第十一行政督察区专员公署档案分藏于洛阳市档案馆与三门峡市档案馆；河南省第十二行政督察区专员兼保安司令公署档案分藏于开封市档案馆与新乡市档案馆。

这些档案涉及的内容主要为公署的施政工作计划、报告；人员任免、考核、奖惩、薪俸的相关文件；保安司令部及自卫集训队军事行动和兵力

---

[1] 周振鹤主编，傅林祥、郑宝恒著：《中国行政区划通史 · 中华民国卷》，复旦大学出版社，2007 年 8 月，第 115 — 121 页。

部署的意见、通报；地区选举的相关文件；户政、保甲工作的文件；清乡及地方治安的文件；等等。如信阳市档案馆所藏河南省第八、第九督察专员公署档案的主要内容包括：该公署机构设置及人员编制情况的文件；人事任免、奖惩、调查的文件及公务人员名册；国民党党员名册；地方行政和户口管理的文件；宣传、学校教育、节日庆典的文件；军事布置、作战计划、战斗情况、谍报工作的文件；拉夫抓丁和处理逃兵的文件；防共、"剿共"、搜集中国共产党军队情报的文件等。

（四）数量可观的专业性档案

1. 黄河治理档案

黄河水患是中国历朝历代统治者都需面对的自然难题。民国时期，战事连绵、政局动荡，无法有计划地开展黄河流域的水土保持工作；且由于战争和陡坡开荒等原因，森林、草原遭到严重破坏，水土流失日益加剧，下游河道淤积严重。1933 年，国民政府成立了专门的黄河水利委员会，治理黄河。

水利部黄河水利委员会治理黄河档案馆藏有形成于 1918 — 1949 年的黄河水利委员会档案 5,300 卷。其主要内容包括该会所属机构设置和人事管理的相关文件；黄河中上游和黄河下游治理情况的文件；黄河花园口决口与堵复情况的文件；黄泛区治理及善后工程的文件；有关水文、勘测、科研、通讯事宜的文件；日本东亚研究所第二调查委员会研究黄河水利的文件，等等。

此外，开封市档案馆还藏有 14 卷形成于 1932 — 1948 年的黄河水利工程总局河南修防处档案。这部分档案数量虽少，但其 1948 年度防汛筹备会会议记录及有关保护沿河电讯器材以利河防的训令等文件，也是民国治黄档案的有益补充。

2. 河南省博物馆档案

河南博物馆是我国创建较早的博物馆之一。1927 年，冯玉祥倡导筹建了河南博物馆，馆址设在开封市。1928 年 5 月，改名民族博物院，接收了安阳、开封等处历史文物，其中有很多甲骨、青铜器等稀世珍宝。1930 年 12 月，恢复河南博物馆名称。1937 年抗日战争全面爆发后，5,119 多件珍贵文物被分装 68 箱运往武汉，继而转往重庆。1938 年开封沦陷，日本侵略军以"献铜""献铁"名义掠取了 100 余件铜炮、铁钟等文物。1940 年，河南博物馆更名为“河南省立博物馆”。抗战胜利后，伪河南省立博物馆被河南省政府接收。

河南省博物馆档案共159卷，形成于1927—1949年。其主要内容有：该馆的概况调查、组织条例和有关迁址的文件；关于举办展览，征集文物，采集植物标本，拓印古碑、石刻的文件；关于馆内财产、文物、字画等的接收、移交、转运、保管工作的统计清册与来往信函等，是研究中国文化史的重要史料。

第十七节　湖北省民国档案概况

湖北是中国民主革命的发源地，武昌起义震惊世界，成为推翻清王朝腐败统治、结束中国两千余年封建专治制度的首义之区，武昌起义后成立的湖北军政府成为中国第一个民主革命政权。民国时期，湖北大地风起云涌。北伐革命军经过汀泗桥、贺胜桥战役，击溃北洋军阀直系军，宣告北洋军阀统治走向覆灭。1926 年成立的武汉国民政府成为中国革命的中心。1938 年 10 月的武汉会战，成为中国军民在抗日战争中由战略防御走向战略相持的转折点。湖北各地档案馆收藏有许多反映民国时期湖北人民生产、生活的历史档案。

一、湖北省各档案馆

湖北省境内收藏民国档案的机构众多，其中湖北省档案馆收藏最为丰富，共 164,000 余卷，范围涉及鄂北行署，湖北省政府、省参议会、省民政厅、省政府统计处，军事委员会委员长武汉行营，湖北省各级法院、教育厅、各学校、财政厅、税务局、银行、建设厅、水利工程处、交通邮电等机构。

此外，武汉市档案馆、黄石市档案馆、阳新县档案馆、襄阳市档案馆、老河口市档案馆、枣阳市档案馆、宜城市档案馆、南漳县档案馆、保康县档案馆、丹江口市档案馆、十堰市郧阳区档案馆、竹山县档案馆、房县档案馆、郧西县档案馆、竹溪县档案馆、荆州市档案馆、荆州市荆州区档案馆、石首市档案馆、松滋市档案馆、监利县档案馆、公安县档案馆、宜昌市档案馆、当阳市档案馆、宜都市档案馆、远安县档案馆、五峰土家族自治县档案馆、长阳土家族自治县档案馆、荆门市档案馆、钟祥市档案馆、京山县档案馆、广水市档案馆、应城市档案馆、安陆市档案馆、汉川市档案馆、云梦县档案馆、大悟县档案馆、咸宁市档案馆、赤壁市档案馆、嘉鱼县档案馆、通山县档案馆、黄冈市档案馆、黄冈市黄州区档案馆、麻城市档案馆、武穴市档案馆、红安县档案馆、罗田县档案馆、浠水县档案馆、黄梅县档案馆、英山县档案馆、随州市档案馆、仙桃市档案馆、天门市档案馆、潜江市档案馆、恩施土家族苗族自治州档案馆、利川市档案馆、建始县档案馆、来凤县档案馆、巴东县档案馆、鹤峰县档案馆等馆，共收藏民国档案 232,000 余卷。

主要内容为民国时期湖北省政府及各县市等法令、法规、组织规程、各项会议记录，调查统计、工作计划、工作报告，城市规划与城市公共设施建设工程，各人民团体组训法规、登记、管理办法及实施方案，各社会团体组织报告及登记表，1945 年湖北省中等教育概况调查表，各县教育概况表，各县卫生院及附属机构调查表，湖北省卫生处及所属医疗卫生机构，社会医疗概况调查表，国民健康与妇幼卫生工作计划与实施情形，各项防疫、检疫法令之颁布与实施，1935 年湖北省人民负担比较表，物价与生活指数报告及调查表，武汉市物价指数及生活指数简报，1941 — 1948 年武汉三镇及各县人民生活指数调查表，1939 — 1940 年、1946 — 1947 年湖北省部分县财务报告，国民政府颁发的土地法及其他地政法规，湖北省地政工作概要，1944 年湖北省城市地籍整理业务进度表，湖北全省及各市、县、乡镇地形图，川鄂交界形势图，长江流域水道图，1935 — 1937 年武昌、汉阳各地段土地调查表与所有权登记册，治理荆江水利工程，修复樊城城堤调查报告，荆江堤防安全意见书及整理洞庭湖报告书，湖北省水利建设法规，湖北省水利工程处及下属部门的会议记录、工程计划、工作报告与调查报告，各县水利工程实施办法、勘测报告、实施计划与工程图表，农田水利贷款办法及合约，农林水利工程实施纲要，各县抽水机灌溉工程查勘报告及计划，湖北各县民堤堵复工程计划图表，各县民堤溃决、防护情形报告及堤坝工程调查表，黄梅县防汛抢险情形报告，行政院善后救济总署湖北分署办理灾荒救济、社会福利、赈恤法规，抗战胜利后各县市回籍难民处理办法，湖北省工赈计划实施方案，湖北省各级法院审理各种民、刑案件统计表、调查表及判决书，义务教育实施办法，督学视察情况报告，各级学校使用教材及标准，教师资格审查文件及履历表，各大中小学教员、学生报表；湖北省及各县市财政机关、各银行、钱庄有关货币、储蓄、公债、股票等业务报告及各项规章等。

二、档案特色

（一）武昌起义档案

武汉市档案馆收藏的湖北革命实录和辛亥首义后裔联励会等档案详细记录了四十二标占领兵工厂、弹药厂及步兵五旅十团辎重十八营事迹，武昌起义亲历者关于发动、起义、建立革命政权的回忆，彭楚藩、刘复基、杨洪胜等人惨遭杀害的情形，还有参加武昌起义的元始首义名册，首义人士事迹及其后裔情况调查，湖北省政府社会处所藏辛亥首义同志会等文件。对于研究辛亥革命极具史料价值。

（二）武汉国民政府时期档案

武汉市档案馆藏国民党中央执行委员会及其政治委员会关于划分中央执行委员会及其常务委员会、政委会和军事委员会职权，及其相互关系的规定，改组国民党湖北、湖南、汉口党部的决议，民国政府各部会人员任免及部省党部人员任免决议，公布实施国民政府组织法及各县区乡自治条例，成立武汉市政府及组建、改组湖南、四川、上海等省、市政府的决议，关于“马日事变”、夏斗寅弃防谋反等问题的决议，第二次北伐誓师大会的决议，关于国共两党关系的议案，国民政府外交部长陈友仁等与英国关于收回汉口、九江租界交涉经过情形，关于废除治外法权的决议等。上述档案资料有助于了解和研究武汉时期国共关系，中国共产党人和国民党左派坚持革命立场，反对北洋军阀，同国民党反动派进行斗争的艰难历程。

（三）以武汉会战为核心的抗战军事档案

徐州会战后，中国军队失利，日军得以将南北两战场连接，对进一步侵华造成有利形势。为图早日结束对华战事，以应付可能发生的对苏、英、美的战争，日军继续深入华中作战。以为击败华中地区中国军队主力、占领中国腹地就可结束侵华战争。国民政府军事当局对此早有预测，因而在徐州会战之前就提出“保卫大武汉”的号召，陆续抽集兵力，调整部署，做出相应准备，并确定以持久、消耗敌人的战略，争取 4 至 6 个月时间，以空间换取时间，内、外战线结合，消耗、挫败敌人，争取时间及早内迁工厂、内运物资、整备军队、加紧生产，作长期抗战准备，同时争取国际上同情和支援，期待国际战场的开辟以彻底战胜日军。军事委员会作战部署的重点在武汉外围地区，所以武汉保卫战的主要战斗、战役大都在武汉外围地区进行。自 1938 年 6 月初日军由合肥南下，在其海军配合下攻占安庆、桐城，中国守军被迫退据潜山、太湖，暂时形成对峙起，至10月25日中国军队主动放弃武汉止，武汉保卫战共持续约6个月，是抗日战争战略防御阶段规模最大、持续时间最长、歼敌最多的一次战役。湖北省各档案馆收藏有关武汉沦陷前后各县情形，武汉会战期间第五战区司令长官部每日命令，陆军第五十七突击队对日作战布置及战斗经过，湖北省军区、恩宜师管区、施鹤防空指挥部等关于防范日机空袭，武昌市抗战史料汇编等，生动具体地反映了湖北军民反抗日本侵略，保卫行都武汉的坚强决心和顽强的战斗精神。

（四）有关农林水利和棉花产销的档案

湖北位于长江中游，全省河流、湖泊密布，是我国重要的稻米和棉花产区。由于河流、湖泊众多自然灾害频发，防洪排涝等水利建设尤显重要。湖北省档案馆收藏有江汉工程局等机构有关堤坝防护规则与防汛办法，保存较完整的汉江流域堤、闸、涵洞等工程勘测设计的地形图，工程图纸、工程预算书，开标记录、合同协议书、承揽书、工程报表、护岸工程竣工图、证明书、土方表及干堤、河流、堤身状况调查表，1949年长江、汉江各报汛站最大流量一览表等水利档案资料。农林方面档案有鄂北农村植树造林规划与林场概况，配发良种与防治病虫害办法规定，农林场历年工作计划、工作日志等。棉花产销方面档案有湖北棉花检验所、军委会农产委员会棉业总办事处驻汉办事处等机构有关棉花产量、收购、储运、进货报告与市场调查，棉花检验法令、法规条例、棉花查验办法，苏、浙、鄂、豫、陕等省1948年7—12月棉产检验计划大纲等。对研究民国时期湖北乃至全国农田水利建设、农作物品种改良、农业生产发展具有一定的参考价值。

第十八节　湖南省民国档案概况

一、湖南省档案馆

湖南省档案馆典藏民国档案 59,000 余卷，主要有：

（一）行政、警政、社会救济机构

主要有湖南省政府，湖南省参议会，湖南省民政厅，湖南省社会处，湖南省合作事业机构，湖南省政府主计处，湖南省政府会计处，湖南省政府统计处，湖南省特务团，湖南省禁烟委员会，湖南全省地方自治筹备处，湖南省南岳管理局，湖南省设计考核委员会，行政院善后救济总署湖南分署，行政院善后事业委员会乡村示范处，湖南省育幼院，湖南省总工会、商会、农会、妇女会档案汇集，中国民主社会党湖南省党部，中国青年党湖南省党部，社团与会道门，湖南矿业公会，国民政府及所属机构档案汇集，中央警察系统档案汇集等。

（二）司法、军事机构

主要有湖南省高等法院，湖南高等法院检察处，湖南省第一（长沙）监狱，军委会调查统计局湖南站与国防二厅湖南站，湖南省防空司令部与航空委员会，联勤总部湖南供应局，军政部兵工署，中央各军事机构档案汇集，军事委员会所辖一至九战区档案汇集等。

（三）文化、教育、卫生机构

主要有湖南省教育厅，国立湖南大学，国立师范大学，国立商学院，湖南省立克强学院，私立民国大学，湖南圣经学院，湖南省立音乐专科学校，国立湘雅医学院，湖南群治法政专门学校，国立政治大学，湖南省文献委员会，湖南省教育文化事业复员建设委员会，湖南省各报社，湖南省地质调查所，湖南省卫生处等。

（四）财政、金融机构

主要有湖南省财政厅，湖南国税局，湖南盐务办事处，湖南省田赋粮食管理处，湖南缉私处，财政部查缉干部衡阳训练班，中央信托局长沙分局，中央银行所属湖南各分支行，中国银行长沙支行，交通银行长沙支行，中国农民银行长沙分行，四联总处长沙分处，中央合作金库湖南分库，复兴商业银行，湖南省银行，湖南省私人银行，长沙市银行及上海银行长沙分行，湖南安平、太平、丰盛保险公司档案汇集，邮政储金汇业局长沙分局等。

（五）经济、工矿、商业、农林、水利机构

主要有湖南省经济委员会，湖南全省制造厂督办处，湖南省度量衡检定所，湖南省建设厅，湖南省建设厅手工业推广所，湖南省建设厅各煤矿档案汇集，湖南省建设厅直辖各金矿档案汇集，资源委员会湖南各煤矿档案汇集，资委会湘西耒阳电厂，资源委员会金属矿产管理处，资源委员会汞业管理处，资源委员会第二区特种矿产管理处，资源委员会锑业管理处，资源委员会钨业管理处湖南分处，资源委员会锡业管理处湖南分处，资源委员会江华矿务局，资源委员会中央电工器材厂，湖南省电气股份有限公司，中国植物油料厂，湖南机械厂与长沙中国农业机械股份有限公司，湖南省造纸厂及各县造纸厂，湖南省炼锌厂，水口山矿务局、湖南炼铝厂联合管理处档案汇集，湖南省水泥厂，湖南省酒精厂，湖南省火柴厂，湖南硫酸厂，湖南省第一纺织厂，湖南省第二纺织厂，湖南省第三纺织厂，中央无线电器材厂，华新水泥股份公司华中水泥厂，复兴商业公司湖南分公司，湖南省国货陈列馆，湖南茶叶系统档案汇集，湖南农业系统档案汇集，洪江民林督导实验区，湖南省水利局，长江水利工程总局洞庭湖工程处等。

（六）交通、邮电机构

主要有湖南省公路局，交通部公路总局长沙汽车修理厂，公路总局第二区公路工程管理局与第二运输处，交通部长江区航政局长沙、常德办事处档案汇集，湖南省建设厅轮航管理处与船舶总队部，湖南省驿运管理处，招商局长沙办事处，交通部公路总局，粤汉区铁路管理局，交通部第三区电信管理局，交通部第三区邮电局，湖南省电务局等。

（七）党务、训练机构

主要有国民党湖南省党部，三青团湖南支团部，湖南省戡乱动员委员会，湖南省地方行政干部训练团，国民党中央党部，三青团中央团部，中央训练团等。

（八）汪伪机构

汪伪政府机构档案汇集等。

二、其他档案馆

长沙市档案馆、浏阳市档案馆、长沙县档案馆、宁乡县档案馆、醴陵市档案馆、茶陵县档案馆、攸县档案馆、炎陵县档案馆、湘乡市档案馆、湘乡市公安局档案室、湘潭县档案馆、衡阳市档案馆、耒阳市档案馆、常宁市档案馆、衡阳县档案馆、衡东县档案馆、衡山县档案馆、衡南县档案馆、祁东县档案馆等市县档案馆共藏有档案 197,000 余卷，全面系统地反映了民国时期湖南省政治、经济、军事、文化、教育、医疗、卫生、行政、立法、司法、财政、金融、警务、社会救济、工矿、商业、农林、水利、交通运输、邮电等方面的基本情况。

主要有：省市县及各机关组织规程、人事任免、铨叙、奖惩，有关人员编制、各级政府施政计划、施政报告，省、市、县行政机构调整，市县乡镇保甲组织章程办法，关于税捐征收、土地丈量、地界勘定、农田水利建设、植树造林、开垦荒地、修筑公路、桥梁、堤坝，各地灾情及救灾物资发放、缉私禁烟、社会风气改良，有关教育施政方针、教学进度安排、教育经费筹措、各级学校在校及毕业生统计、学校图书仪器采购，各级各类医院设立、病床、药品、器械及医务人员统计、疫病调查，有关银行、钱庄、典当、保险等金融业分布，各项税收及货币存储、汇兑，各地物价调查，有关人员培训、征兵、退役文件，各级政府机关各项会议记录，抗日战争损失统计等。

三、档案特色

（一）矿产资源档案

湖南有“有色金属之乡”之称，钨、锑、铝、锡等金属矿藏储量丰富，其中锑储量世界第一。湖南矿产出口是南京国民政府时期重要的外汇来源之一。民国时期的矿产档案主要分为两类，一是煤矿方面的档案，有祁阳观音滩煤矿工程处，湘潭云湖煤矿工程处，醴陵煤矿局，宁乡清溪煤矿工程处，永兴马田墟煤矿管理处，湖湘煤矿有限公司，湖南煤矿联合办事处，祁零煤矿局，湘永煤矿服务公司，湘江矿业股份有限公司，煤业总局汉口营运处长沙办事处，中湘煤矿局，辰溪煤矿局，南岭煤矿公司，湖南煤矿局杨梅山矿厂，资兴矿厂等煤炭类工矿企业形成的有关煤炭生产、运输、销售统计及厂矿管理、工程技术人员使用、工程施工等方面的档案共1,800余卷；二是金属矿产方面档案，有湖南省建设厅所属金属矿局，靖县太平矿金矿工程处，平江黄金洞工程处，资源委员会金属矿产管理处，经济部采金局沅桃区采金处及茶、攸、衡、潭工程处，桃源冷家岭金矿局，资源委员会金属矿产管理处，资源委员会汞业管理处，资源委员会锑业管理处，资源委员会钨业管理处湖南分处，资源委员会锡业管理处湖南分处，资源委员会第二区物种矿产管理处，资源委员会江华矿务局，湖南省炼锌厂，湖南炼铝厂联合办事处，水口山矿务局等档案5,800余卷，内容涉及各金属企业及管理单位组织规程、各矿间业务往来文件、各矿工程计划书，有关测量、勘探、开采、冶炼、检测、购销、出口、调价文件，各厂矿年度报告、工作月报、营业计划书、地质调查表、矿区图纸，各厂矿年度预算决算等方面。

（二）**军事档案**

湖南地理位置独特，扼东西南北交通之咽喉，战略地位十分重要。抗日战争时期发生过三次长沙会战、常德会战、长衡会战、湘西会战等重大战役。抗日战争进入战略相持阶段后，湖南省成为抗日正面战场主阵地，湖南军民浴血奋战，痛击日本侵略者，保护了战时首都重庆和大后方的安全。湖南省档案馆保存的中央各军事机关档案汇集、军事委员会所辖第一至第九战区档案汇集、联勤总部湖南供应局、军政部兵工署、湖南省防空司令部与航空委员会等军事档案3,400余卷，内容主要为各军事机关组织大纲、组织系统表与业务职掌、各军事机关工作报告与会议记录、中国军队战斗序列及部队主官姓名、番号、代号、驻地表及概况调查表等。其中有关抗日战争时期湖南地区作战情形的档案，如军事委员会第九战区组织纲要、办事细则，战区司令部官佐及职员名册，各种军事会议记录，第九战区长沙一至三次会战纪实等，在研究抗日战争正面战场、湖南军民的抗日斗争及长沙会战等方面具有很高的史料价值。

（三）**中国工农红军和革命根据地档案**

1927年8月—1937年7月间，在中国共产党领导下，湖南平江、浏阳、醴陵、岳阳、临湘、湘阴、长沙、酃县、茶陵、攸县、郴县、宜章、永兴、耒阳、资兴、桂东、汝城、安仁、桑植、永顺、龙山、大庸、石门、慈利、华容等25县建立了革命根据地，或者成为游击区，并成立县苏维埃政府，建立区苏维埃政府170多个，乡苏维埃政府或革命委员会910多个，成为湖南最早的基层工农政权。1930年7月30日成立湖南省苏维埃政府，1930年10月成立湘鄂西省苏维埃政府，1931年7月，成立湘鄂赣省苏维埃政府（后改为湘鄂赣省工农苏维埃政府），1931年10月成立湘赣省苏维埃政府，1934年11月成立湘鄂川黔省革命委员会，领导工农群众进行武装斗争。湖南省档案馆等收藏的红军攻进长沙及释放政治犯，红军经过江华县，中国共产党及红军在湘边活动，中国工农红军在汝城，瓦屋塘战役概要，彭德怀率部进攻黎平，红军在湘实力概况以及湖南省军政当局防范中共暴动的训令、布告，湖南省各县“剿匪”及杀害共产党人与革命志士的原始记录，湘西各县“围剿”红军、堵击红军贺龙部及阻击红军长征经过湖南西去等档案，对秋收起义、中国共产党及红军与国民党反动派斗争、根据地建设等方面研究具有极高的史料价值。

（四）马日事变档案

1927年5月21日，许克祥在长沙制造反共事变。当天，在国民党第三十五军军长何键的策动下，长沙驻军第三十五军三十三团团长许克祥率兵1,000余人，突然袭击湖南省总工会、省农民协会、国民党省党部、省党校及其他革命团体20多处，解除了工人纠察队和农民自卫军的武装，共产党人李维汉、夏曦等被抄家，贾云吉、李异云等共产党员和国民党左派及工农群众百余人被杀害，4,000多人被逮捕。不仅在长沙，湖南其他各地也发生了同样由反动军官指挥的血腥屠杀。常德、溆浦、湘潭、湘乡、浏阳、衡阳等20余县，先后发生了反革命大屠杀事件。据统计，马日事变后的半个月中，全省被屠杀的革命群众数千人。湖南省溆浦县档案馆、益阳县档案馆收藏的有关马日事变资料及马日事变后反动当局镇压共产党人和农民协会的档案，反映了当时错综复杂的斗争形势、右倾投降主义对中国共产党和中国革命造成的伤害以及共产党人不屈不挠的斗争精神。

（五）抗战损失调查档案

由于湖南地处抗日战争正面战场的中心，中、日军队在此反复拉锯争夺，因此湖南战时损失十分惨重。战后，湖南省各级政府及有关单位对抗战损失进行了深入细致的调查统计，1946年12月湖南省政府统计室编成《湖南省抗战损失统计》一书，全书分沦陷及轰炸地区、人口伤亡和财产损失三部分，列有统计表 139 份，内容广泛、门类齐全，详细记录了抗战时期湖南全省人口伤亡与各省、市、县级机关、团体、学校及事业单位损失数字，是极其珍贵的史料。

第十九节　广东省民国档案概况

一、广东省档案馆

广东省档案馆成立于 1958 年 11 月，是保管广东省省直单位永久档案的综合性地方档案馆。馆藏有 1949 年以前的历史档案（包括革命历史档案）共 58,834 卷，资料 17,014 册。

馆藏档案中，形成时间最早的是 1850 年，即清道光三十年。馆藏 1949 年前的历史档案，除革命历史档案外，主要有：1927 — 1949 年国民政府时期广东省政府及省直厅、局和高等法院等机关的档案；1948 — 1949 年广东省保安司令部的档案；1930 — 1949 年广东省银行、实业公司、防空协会等机关的档案；中山大学等高等院校的档案；铁路、航运、贸易管理等机关和部分工矿企业单位档案，此外还有 1861 — 1949 年海关等部分事业单位的外文档案。

由于国民党政府撤退前烧毁和处理了大批重要的档案，因此广东省档案馆馆藏历史档案结构上民国档案多，清末档案少；抗战以来档案多，抗战前档案少；人员名册等涉及人的政历档案多，重要的经济、政治、文化档案少的状态。但在内容上仍有它的特色。

二、档案特色

（一）革命历史档案完整、系统，原版本资料多

广东省是具有光荣革命传统的省份，发生过鸦片战争时期的三元里抗英斗争、辛亥革命、第一次国共合作、省港罢工、北伐、广州起义、海南岛解放等，充分显示了广东省人民的爱国主义和革命战斗精神。在血与火的洗礼中，造就了一代英雄和历史名人，如林则徐、洪秀全、康有为、梁启超、孙中山、彭湃、叶挺、叶剑英等。这些在馆藏档案中都有不同程度的反映，较为集中的有：

1. 第一次国共合作时期形成的史料。如国民党第一次全国代表大会的宣言、决议、会刊，国民党省党部会议记录、工作报告，省港罢工委员会委员名册、传单，农民运动讲习所学员名册，沙基惨案死难者照片，黄埔军校同学录等。这些史料中档案原件不多，都是国共两党及群众组织出版的各种书刊资料，如《人民周刊》《政治周报》《工人之路》《海外周刊》《黄埔潮》《黄埔旬刊》《革命生活》《青年军人》《农民运动》《犁头》《中国农民》《军事政治月刊》《工人周刊》《珠江评论》《少年先锋》《农工旬刊》《新学生》《妇女之声》等，总计 141 种，多数是 1925 — 1927 年期间的，内有不少是国共两党领导者撰写的文章，如毛泽东、苏兆征、邓中夏、瞿秋白、李立三、郭沫若等的讲演及论文、调查报告、时事评述等。此外，还有《民国日报》《革命》《革命日报》等报纸 13 种；中共领导人编写的大量宣传革命的理论著作原版书籍，如邓中夏的《省港罢工概要》等，共 160 种。其中十分珍贵的有：周恩来任黄埔军校政治部主任时的亲笔信，国民党中央农民部我党同志编写的尚未出版的《中国农民》一书原稿，国民党海外部我党同志主编的《海外周刊》原版合订本，北伐画册及一批记载省港罢工、沙基惨案的照片等。

2. 中国共产党领导的革命斗争过程中形成的档案史料。共 591 卷，近 2 万份，另还有期刊资料近 2,000 册，内容完整、系统。这批档案从 1921 年广州党小组在中国共产党“一大”上的报告到 1949 年 9 月叶剑英同志主持的赣州会议所形成的各种文件。1935 年和 1936 年，广东党组织遭到严重摧残，琼崖、东江两个根据地遭到失败。这期间，虽然没有留存下档案文件，但馆内尚存有闽粤边区党组织出版的党刊《战斗》，说明广东革命斗争红旗不倒。除第一次国内革命战争时期我党倡导并实现的国共合作和领导的工人运动、农民运动等革命斗争史料外，其他史料还有：广州起义的宣言、传单、省委决议、死难烈士照片；我党在城市，主要是在香港领导的白区斗争史料，如土地革命斗争时期省委召开的会议的决议、报告，各地区党组织的报告，党组织多次被破坏的情况报告等，其中有省委书记李富春等写的报告原稿；东江、琼崖革命根据地斗争史料；华南游击队抗日战斗史料，包括广东青年抗日先锋队史料和东江华侨回乡服务团史料；解放战争时期广东区党委、香港分局及各地党组织进行武装斗争和夺取政权的史料，其中有华南分局召开的赣州会议形成的文件及叶剑英、方方在会上的报告，十分珍贵。此外还有一批广东党组织及领导下的武装、群众团体出版的刊物原版本，如《南方红旗》《战斗》《前驱》《新华南》《救亡日报》《群众》《正报》等，是重要的档案补充史料。这批史料，是研究党史、群团史、革命斗争史极其重要的第一手材料。

（二）**海关档案多，时间跨度长**

广东是沿海省份，海岸线长，外贸事业发达。据记载，清康熙二十四年（1685）宣布开海贸易，设立了粤海关等关，管理对外贸易和征收关税事务。现馆藏 10 个海关全宗档案：1861 — 1949 年九龙海关档案 2,237 卷；1875 — 1949 年粤海关档案 3,289 卷；1862 — 1949 年潮海关档案 1,360 卷；1875 — 1950 年琼海关档案 2,101 卷；1931 — 1949 年雷州海关档案 885 卷；此外，还有拱北、曲江、北门、梧州、三水 5 个海关的档案共 1,301 卷，共计 11,173 卷。这批档案大部分是英文书写的，具体内容有海关制度、人事、税收、出入口货物管理、华侨出入、华工出洋、缉私、社会情报等。其中有不少珍贵的史料，如 1872 年以来广东各个口岸对外贸易情况及统计数据，清末两广总督等查禁孙中山先生革命活动系列札文和照会，粤海关持续数十年对于广东时局的情报记载，华工出洋文书等。粤海关、九龙关等海关是祖国南方重要的出入口岸，因此，这批海关档案所记载的内容不少具有全国意义，是研究海关史、外贸史、华侨史极为重要的史料，很有开发价值。

（三）记载华侨活动的史料散见于馆藏多个全宗

广东是我国的主要侨乡，散居世界各地的粤侨，不仅对侨居国经济发展做出了贡献，而且也对祖国的经济建设和革命做出了贡献。据不完全统计，抗战期间的 1937 — 1941 年，华侨汇寄广东的各种捐款达 54.2 亿元，参加东江人民抗日武装的华侨和港澳同胞有 1000 人以上。馆藏中记载华侨活动的历史档案十分丰富，由于侨务活动涉及海关等多个部门，所以华侨史料除部分集中在 1933 — 1949 年省政府侨务处全宗（共 107 卷）外，多数分散在其他各有关全宗内，如海关档案中华侨出入管理和华工出洋史料，省民政厅档案中侨团组织登记、难侨救济史料，邮电、银行档案中华侨通讯、汇示史料，省建设厅档案中华侨投资建设、垦殖史料，省政府档案中侨务立法、维护华侨利益提案史料等。这批史料的内容可归纳为：侨务机构、侨务法规、华侨出入国、华侨出入境管理、难侨救济、华侨对祖国的贡献（包括革命、侨汇、捐款、建设等）、海外侨情等类，它是研究华侨史、侨务史重要的原始材料。

（四）金融史料丰富、翔实

广东及其沿海，特别是珠江三角洲地区，商品经济发达，外贸事业兴旺，伴随的是金融活动的活跃，形成了大量记载金融活动的银行档案。目前馆藏有：1930—1949年广东省银行档案6,854卷，1914—1949年广州中国银行档案2,681卷，1947—1949年中央合作金库广东分库档案364卷，总计11,629卷。此外在省财政厅档案中还有不少有关金融管理、银行信贷、保险等史料。其内容有：银行股东、基金会议记录、规章制度、人员名册、履历表，分行组织沿革和印鉴；关于储蓄、汇兑、侨汇、债券等业务文书，货币发行、储运、兑换文件；银行借、贷款等材料。其中各银号钱庄营业状况调查、抵押贷款，粤汉铁路股票及孙中山先生的南方政府设立的省立广东银行史料等，十分珍贵。馆藏中还有大量的金融资料，如《广东商场年鉴》《广东银行月刊》《金融研究》等，都有重要的史料价值。这批史料翔实地记载了广东省银行、广州中国银行及广东金库的历史及开展的业务活动过程，也间接反映了当时的中央银行、中国银行、中国农民银行、中国交通行在广东省开展业务活动的历史，是研究广东金融史、储蓄史、外债史等的重要史料资源。

馆藏家谱档案共54姓147册，内有记载南宋南迁到新会史实的《赵氏族谱》以及张九龄、孙中山、叶挺、陈济棠、罗卓英、张发奎等名人的家谱，十分珍贵。

广东省档案馆根据馆藏编辑出版了《广东革命历史文件汇集》、《闽粤赣边区革命历史档案汇编》（共6辑）、《广东区党团研究史料》（共3辑4册）、《东江纵队》、《中山舰事件》、《新学生社史料》、《广东妇女运动史料》、《彭湃文集》、《彭湃研究史料》、《阮啸仙文集》、《广东省政府公报》、《民国日报》、《民国时期广东省政府档案史料选编》、《陈济堂史料》、《广州起义前后的广东时局》等。

第二十节　广西壮族自治区民国档案概况

1911年辛亥革命爆发，广西革命党人组织了柳州、浔州（府治今桂平）起义，广西随之宣布独立，之后经历了以陆荣廷为首的旧桂系军阀统治与以李宗仁、黄绍竑、白崇禧等为首的新桂系统治时代，直至1949年12月广西全境解放。广西壮族自治区内各级档案馆现存民国档案共计90,000余卷，其中自治区档案馆藏民国档案20,000余卷，占自治区档案馆馆藏档案总量的40%，为全自治区所藏民国档案的22%[1]。

广西壮族自治区收藏的民国档案种类完整，涉及行政、民政、考试、社会机构、司法军事机构、财务金融机构、经济交通等部类，而且档案形成时间清晰且持续时间长，即抗日战争爆发前形成的档案多形成于1926年广西省政府正式成立前后，1937年后形成的档案多源于抗日战争全面爆发后政府机关、工业与学校内迁及军事设施新建，且这些档案大都持续至1949年。如：桂平县、龙胜县、柳江县等政府档案都形成于1926—1949年；财政部两广盐务管理局白石盐场公署档案形成于1941—1949年；梧州私立圣心小学、武鸣县立第一初级中学等学校档案多形成于1940年前后，亦持续至1949年。

广西壮族自治区各地方档案馆所藏民国档案在数量上要多于自治区档案馆所藏数量，但两者内容并不重复，而是有益的互补。

一、广西壮族自治区档案馆

广西壮族自治区档案馆保藏民国档案25,095卷，主要为民国初期更替成立的广西都督府、巡按使署、省长公署和国民政府时期中央驻桂单位、广西省政府及其直属机关、高等学校等形成的档案，记载了广西行政区域演变与组织机构沿革及当时当地社会、政治、军事、经济、文化、教育、工农业生

[1] 此统计数据来源于《全国民国档案通览》第七册，中国档案出版社，2005年。

产和人民生活状况，是研究广西民国历史不可或缺的史料。这些档案可分为行政、民政、考试、社会机构，司法、军事机构，财政、金融机构，经济、交通、邮电机构，文化、教育机构及党派等 6 大类。

行政、民政、考试、社会机构档案主要包括广西省政府、广西省统计局、广西省高等法院、广西省保安司令部（1931 — 1949）、广西省军管区司令部（1929 — 1949）、广西省各师管区司令部（1940 — 1949）、广西省各区行政督察专员兼保安司令公署（1935 — 1949）、广西绥靖主任公署、桂林绥靖公署（1931 — 1949）、军事委员会桂林办公厅军法处（1936 — 1943）等机构的相关史料，其中保安司令部、军管区司令部、各师管区司令部、各区行政督察专员兼保安司令部公署、广西绥靖主任公署、桂林绥靖公署、军事委员会桂林办公厅军法处的相关档案总卷数近 450 卷，为研究该地区军事统治提供了不可多得的史料。

财政、金融机构档案主要包括广西省政府财政厅，广西省税务管理局，财政部两广盐务管理局广西分局，广西省田赋粮食管理处，中央银行南宁、桂林、梧州、田东分行，中国农民银行桂林分行，交通银行桂林、柳州、梧州、南宁分支行，金城银行梧州、桂林、柳州分行的相关档案。另外还包括财政部缉私署广西缉私处、梧州海关、龙州海关南宁支关的部分档案，其中梧州与龙州海关档案总量近 3,500 卷，数目较为可观。

经济、交通、邮电机构档案主要包括广西省政府建设厅，广西省度量衡检定所，广西省粮食管理局，广西省建设研究会，农业部直辖第四经济林场，中国经济油料厂梧州办事处（梧州厂），广西省家畜保育所，平桂矿务局，合山煤矿股份有限公司，广西地产股份有限公司，广西省公路管理局，交通部湘桂黔区铁路管理局，广西省邮政管理局的相关档案。其中分量较重的为平桂矿务局、合山煤矿股份有限公司及交通部湘桂黔区铁路管理局的史料，三者档案总卷数近 2,500 卷。铁路管理局档案尤为丰富，记有该局机构变更与人员任免，有关护路、治安、案件侦破的办法，有关日军入侵广西前爆破桥梁、拆除铁轨的文件，通缉汉奸的训令，抗战胜利后授勋军人名册，等等。

文化、教育机构档案主要为广西省政府教育厅、广西省文献委员会、广西省通志馆、国立广西大学、国立南宁师范学院、广西省立西江文理学院、广西省立医学院、广西省立梧州女子中学等教育部门的相关史料。其中尤以国立广西大学档案为大宗，详细记录了该校 1931 — 1949 年间的人事记录与学生档案，各项法规制度与大事记。

党派档案数量较少，内容不甚突出，此处不再累述。

二、其他档案馆

如前文所述，广西壮族自治区 80% 的民国档案分散保存于南宁市档案馆、南宁市邕宁区档案馆、来宾市档案馆、柳州市档案馆、柳州市柳江区档案馆、柳城县档案馆、阳朔县档案馆、灵川县档案馆、全州县档案馆、平乐县档案馆、兴安县档案馆、灌阳县档案馆、资源县档案馆、永福县档案馆、龙胜各族自治县档案馆、恭城瑶族自治县档案、贺州市档案馆、梧州市档案馆、藤县档案馆、蒙山县档案馆、钟山县档案馆、昭平县档案馆、富川瑶族自治县档案馆、北海市档案馆、合浦县档案馆、上思县档案馆、钦州市档案馆、浦北县档案馆、贵港市档案馆、桂平市档案馆、平南县档案馆、玉林市档案馆、玉林市玉州区档案馆、北流市档案馆、容县档案馆、陆川县档案馆、博白县档案馆、凭祥市档案馆、马山县档案馆、扶绥县档案馆、大新县档案馆、上林县档案馆、崇左市档案馆、天等县档案馆、宾阳县档案馆、宁明县档案馆、融安县档案馆、象州县档案馆、鹿寨县档案馆、武宣县档案馆、金秀瑶族自治县档案馆、三江侗族自治县档案馆、百色市档案馆、凌云县档案馆、平果县档案馆、德保县档案馆、田阳县档案馆、那坡县档案馆、河池市档案馆、天峨县档案馆、凤山县档案馆、南丹县档案馆、都安瑶族自治县档案馆、环江毛南族自治县档案馆等 66 个地方档案馆。

这些地方档案馆所藏主要为民国时期各级政府、司法处与地方法院、各县教育会及学校等档案，内容十分丰富，且颇有地方特色。有 60 余个县的政府档案，内容包括政府机构成立、工作计划、会议记录、人事任免及各种规章等；15 余个司法处与地方法院的档案，内容包括法院训令、行政法令、处理案件文件等等；46 个教育会与学校的档案，内容包括幼稚园、中学、护士学校、女子师范、农学院等教育机构的档案。

基层政府档案，如贵县县政府档案博白县政府档案、田阳县政府档案，卷数均在 2,000 卷以上；中学教育档案，如武鸣县四所中学档案、兴安县初级中学档案、永福县初级中学档案；司法类档案，如广西高等法院第二分院检察处档案（梧州）、苍梧县地方法院、苍梧县地方法院检察署，广西第三监狱档案，卷数均超过 5,000 卷。

三、档案特色

由于长期处于桂系军阀的统治下，军事档案藏量丰富是其民国档案的特色之一。如：广西讨贼军、广西第四集团军、第五路军、广西绥靖主任公署、桂林绥靖公署等军事系统的档案，这些档案系统地反映了以李宗仁、黄绍竑、白崇禧为首的新桂系集团的形成和发展历程；广西省政府历年工作计划、建设大纲、总结、报告及省政府委员会历次会议记录；新桂系集团在广西推行民团制度和实行自卫、自治、自给的“三自”政策与寓兵于团、寓将于学、寓征于募的“三寓”政策档案；李宗仁、白崇禧和川军首领刘湘关于西安事变的通电等。

另外，由于特殊的历史原因，广西地区在民国时期还形成了一部分革命历史档案。这些档案共 107 卷，形成时间自 1924 — 1949 年，藏于自治区档案馆中，记录了新民主主义革命时期中国共产党广西地方组织的创建、发展直到广西解放的历程。大革命时期的档案有梧州、苍梧等地农协组织、各团体宣言、告农民书，农协办事处章程，农协代表大会组织法、会议记录，农运宣传画，农协会员名册、登记表、证明书；韦拔群在东兰创办农运讲习所的讲演录、学员笔记，关于东兰农民运动状况和兰农惨案的报告、信件等；1929 年 12 月和 1930 年 2 月，邓小平和张云逸、李明瑞、俞作豫等同志领导举行了百色起义和龙州起义，创建了中国红军第七军、第八军和左江、右江苏维埃革命根据地，此阶段形成的档案有红七军、红八军前委关于军队建立、党的组织和土地革命问题的报告、通告、布告，苏维埃政府组织简则，土地法暂行条例，共耕条例，苏维埃政府关于土地、选举问题的通知、通告，农会会员证、农民土地使用证等；抗日战争时期的档案有广西省工委、各中心县委关于党的组织、党的工作和抗日问题的指示、通告、报告，钱兴等关于“七九”事件的报告，桂东南抗日游击区办事处关于抗战的通电、呼吁书等；解放战争时期的档案有广西省工委、省城工委、省农委及各地党委、工委关于党的组织与建设、当时形势、武装斗争、群众组织、城市和农村工作的指示、决议、计划、报告、通告、总结、会议记录，党员、干部名单、简历、登记表、统计表等。这部分档案十分珍贵，是研究和编纂近代广西革命史、地方党史的重要史料。

基于丰富的历史档案资源，广西壮族自治区档案馆编辑出版了部分馆藏史料书籍。其中《广西解放》是广西壮族自治区档案馆首次以公开出版的形式公布档案史料的文件选，1999 年 12 月由广西人民出版社出版，收编的档案史料时间为 1949 年 5 月起至 1950 年 5 月。

第二十一节　海南省民国档案概况

一、海南省各档案馆

海南省民国档案主要保藏于海南省档案馆。该馆民国档案分 11 全宗，总计 9,100 余卷，包括民国海南特别行政区长官公署档案 2,800 多卷、民国琼山县政府档案 2,100 多卷、民国海南（海口）邮电局档案 1,300 多卷、民国海南银行档案 750 余卷，另有民国海南铁矿局、民国广东省粮食局经理委员会海南办事处、民国交通部广州航政局海口办事处、民国两广盐业管理局海南盐务分局等机构档案。这些档案记述了国民政府在海南包括西沙、南沙、中沙群岛的活动情况，也记述了日本在海南的暴行。

各市县档案馆保存的民国档案数量不多，一些县因建县较晚，甚至没有民国档案。海口市档案馆馆藏民国档案共 314 卷，包含民国时期海口社会治安、户口调查统计以及国立第一、二华侨中学的办学情况等档案。万宁县档案馆馆藏民国档案有 61 卷，主要内容为万宁县国民党、三青团、县政府人员的材料以及文化教育方面的档案。澄迈县档案馆有民国档案 33 卷，主要内容为民国澄迈县政府的会议材料及工作人员花名册、国民党澄迈县党部党组织建设材料、分国民党党员与三青团团员花名册等。临高县档案馆有民国档案 46 卷，主要是 1945 年后国民党县政权的宣传、组织、监察、训练工作报告，及国民党党员、官兵、壮丁、县机关首长、乡自卫队名册等。定安县档案馆的民国档案有 222 卷，这批档案主要是 1930 — 1949 年国民党定安县党部、县府、警察局、法院、三青团等单位的公文。此外，儋州市档案馆、琼海市档案馆、乐东县档案馆、陵水县档案馆也保藏有少量民国档案。

二、档案特色

（一）民国海南特别行政区长官公署档案

该档案为海南省档案馆保藏，起止年限为 1921 — 1949 年。该全宗档案主要反应了以下内容：海南特别行政区长官公署组织系统表与负责人名单，户口、保甲及人事任免；侦察、围剿、进攻琼崖革命武装，污蔑琼崖革命、领导人及革命武装，搜捕、刑讯、审判共产党员和革命人士，反共宣传，查禁革命、红色宣传书刊；海南各行业机构成立情况及人事任免，粮食的运调，海口物价，职员薪金，税收；市政工程，城市建设计划预算，如修建公路，修理码头，修建菜市场、公厕、路灯、平民住宅，建养老院等；大中小学教员、学生、薪金情况，医院建设、职员情况，文化奖金；抗战后接收、处理敌产，抗战损失统计，拘捕、审讯汉奸，没收汉奸财产，铺屋房产纠纷案件等。

（二）**民国琼山县政府档案**

该档案为海南省档案馆保藏，形成于 1919 — 1949 年。主要内容有：琼山县政府施政报告、工作计划、政绩比较表与“戡乱时期”工作纲领；有关检查施政方案、工作计划执行情况的文件；县政府及所属机关人员名册；琼山县各区署管辖区域表和各乡镇编并表；琼山县人口统计表；有关查封汉奸财产的文件；有关解送日军战俘的文件；咸来、益来两乡百姓被日寇杀掠情形的报表；被日军掠夺物品收藏地点调查报告；国民兵编组名册；有关红军活动情况的报告；有关土地、典物、契约等案件的审理、判决的文件等。

（三）**民国海南铁矿档案**

该档案为海南省档案馆保藏。该全宗档案主要由国民政府资源委员会海南铁矿局档案组成，主要内容有：警卫类档案，包括编制、调迁、武器设备、人员薪饷等；人事类档案，包括奖惩、福利、调动、请假、启用证章、薪俸等；财务类档案，包括费用、保险、津贴、补助，借款、拨款，矿产税、汇款、利率，财务报告；业务类档案，包括机器设备等物资，租房，矿砂运输、出口、价格；总务类档案，包括资产移交，物资借拨，会议记录，启用关防印章，失窃，医疗卫生，米粮，耗用，本矿概况，教育，补助；会计类档案，包括借款，外汇，报销，补贴，决算，印花税、所得税，经费明细，审计报告，外币债券，薪饷调整，会计规则，帐项；工程类档案，包括施工，道路修护，机器设备，房屋建设，电线，勘察矿产，打捞船、桥，航道图等。

（四）**民国时期西南中沙群岛档案**

该全宗档案为海南省档案馆保藏，主要有呈文、呈报、通报、公函、密函、指令、训令，会议记录，南海诸岛图表、资料，委任状、委托书，以及有关西沙群岛磷矿，西沙群岛调查，渔业，设置无线电台、气象台等内容。

第二十二节　重庆市民国档案概况

一、重庆市档案馆

重庆市档案馆筹组于1959年5月，1960年3月10日正式开馆，最初馆址设于市区解放西路222号《西南工人日报》报社旧址，同年9月迁至著名的文化区——沙坪坝区天星桥复元寺46号原渝江学院旧址，也就是今天的重庆市沙坪坝区天星桥晒光坪56号现址。在此之后，出于备战及其他多方面的原因，馆藏档案曾先后分别保管在市区化龙桥黄桷村100号及西南政法学院内。1983年4月原永川地区与重庆市合并后，永川地区的档案并入市馆，成为重庆市档案馆永川分馆，形成了市馆所藏档案及人员分处天星桥、化龙桥、永川三地的局面。1987年3月，经重庆市人民政府批准市馆将化龙桥和永川分馆的档案及人员统一集中于天星桥馆区，结束了市馆档案及人员长期分处几地的历史。

众所周知，在中国近现代的历史上，重庆是一座具有特殊地位和作用的城市，自1891年正式开埠以来，重庆重要的历史地位便日益显现并逐渐发展成为西南地区政治、经济、军事的中心，特别是自1937年抗战爆发至1949年这短短的12年中，国民党中央及国民政府两度迁都重庆，使得重庆走出西南的范畴，在中国历史的舞台上扮演十分重要的角色。其中，抗战爆发后国民政府于1937年11月20日明令迁都重庆，是中国历史上最大规模的一次迁都。

在此期间，国民党中央、国民政府、国民政府军事委员会及其所属的各党政军中央机构纷纷迁移重庆办公，东部沿海地区的大批厂矿、学校、新闻单位、群团组织等也相继迁到以重庆为中心的大后方，中共中央代表团及中共中央在国统区公开发行的机关报——《新华日报》、唯一公开发行的机关刊物——《群众》周刊以及其他各民主党派的主要代表人物也相继聚集重庆。因此，抗日战争中的重庆，在成为中华民国的战时首都继而于1940年9月成为陪都之后，其重要的政治、经济、军事、文化和社会地位远非昔日可比：它既是国民党中央、国民政府及所属其他中央机关的驻在地，是国统区政治、经济、军事、文化、外交、社会的统治中心和活动中心；又是以国共两党合作为基础，各党各派主要领袖和代表人物参加在内的抗日民族统一战线的重要活动舞台；还是世界反法西斯战争同盟国中国战区统帅部的指挥中心。

此外，战时重庆在为伟大的抗日民族战争的最后胜利做出巨大贡献的同时，又为重庆的发展进步起了巨大的推动作用。抗日战争时期，是重庆历史大发展、重庆社会大进步、重庆市政大拓展的一个重要时期。在此期间，国民政府迁都使重庆的政治地位得到前所未有的提高，市政机构日益完善、市政建设日益发达、经济事业迅速发展、文教卫生事业日趋进步、人口数量急剧增加，所有这一切均表明：抗日战争时期，既是中华民族历史的光辉一页，也是重庆历史发展长河中的十分重要的一环。因此，国内外众多专家学者都曾指出：要研究抗日战争史，就必须研究重庆作为战时首都的历史。

重庆在作为“陪都”这一重要历史时期里，形成了囊括各方面内容的丰富档案——“陪都档案”，它是重庆市档案馆馆藏民国档案的主体，也是重庆市档案馆馆藏档案的主要特色和优势所在；是重庆市档案馆馆藏中最具保藏、利用和研究价值的部分，也是国内外专家学者查阅利用最多的一部分，其数量多达 40 余万卷，排列长度约 8,000 余米，占全馆馆藏档案总数的近三分之二。

二、档案特色

馆藏“陪都档案”，其内容几乎涉及陪都时期即抗战历史各方面的大小事件，尤以有关政治、经济、防空、社会、外交、市政等方面的档案最为系统和完整：

（一）政治方面档案

由于重庆在抗战时期特殊的历史地位，此部分档案包括国民党中央方面的政治档案和重庆地方政治政务档案两大部分。

1. 国民党中央方面的政治档案

主要涉及国民党中央组织部、宣传部、中央训练团、司法院、行政院、司法行政部、铨叙部、内政部、国民政府主席重庆行辕、重庆卫戍总司令部、内政部调查统计局、军事委员会调查统计局重庆特区、西南特区等全宗。此部分档案形成的时间大致在 20 世纪 30 年代初至 40 年代末。由于这一时期内国民党中央、国民政府以及国民政府军事委员会等中央机关最重要、最机密的档案被国民党带去了台湾，无法带走的多数档案，又按照集中管理的原则收藏于中国第二历史档案馆。因此，虽然重庆在中华民国史上两次成为首都，时间长约 10 年之久，但重庆市档案馆收藏的有关国民党中央机构的档案，无论从形成档案的全宗数量和案卷数量看，还是从形成档案的时间和内容看，都不完整，也不系统。但它们仍然在馆藏中具有特殊性和重要性，使其成为全国各省市档案馆中为数不多的收藏有国民党中央机构档案的档案馆之一，且这部分档案涉及国民党中央、国民政府各主要部门的机构沿革、人事更迭、方针政策、会议记录、法规法令、规章制度、命令指标、来往函电和当时出版的各种内部资料如新闻稿、参考资料、政治情报、调查周报、敌情参考等重要史料，其中不乏一些颇具重要研究价值的独有珍贵史料，如有关战时宣传的各项方针政策、纲要、办法、要旨；太平洋战争爆发后，中国有关研究日本问题之专家学者对未来战争发展态势的预测和分析；汪精卫集团叛国投敌后，孔祥熙官邸系统的谍报人员在上海、香港及国外其他重要城市如河内、柏林、华沙、日内瓦、东京、马尼拉等地搜集的有关日伪及轴心国各方面的政治、经济、军事、文化、外交情报，如抗战时期国民党政府与日本当局秘密接触史料，汪伪傀儡组织的内幕及其现状，日、汪、蒋拉拢争取吴佩孚的史料等；国民党军统特务对中国共产党、中国民主同盟及其他民主进步人士的调查监视情报及各地特务组织搜集的战时全国各重要地区的政治、经济、军事、文化、宗教、社会、外交情报等；此外，还不乏一些重要的专题史料，如抗战初期震惊全国的“綦江战干团惨案”史料、抗战后期军统局渝特区调查所得的《知识青年从军运动真相》、军统局渝特区 1939 年度工作报告、军统十年大事记、军统关于国民党六大召开时各派系争斗倾轧的情报，等等。这些档案，对研究抗战时期各立档单位的机构沿革、人事变迁、工作概况及其他方面的历史，都具相当的价值。

2. 重庆地方党政机构所属的政治政务档案

主要有重庆市政府、重庆市党部、三青团重庆支团部、重庆市参议会、北碚管理局、重庆市动员委员会、陪都建设计划委员会、重庆市都市计划委员会及市政府所属各职能局如警察局、社会局、工务局、卫生局、教育局、财政局、地政局、民政局、公用局等机关的档案，共有 55 个全宗 77,629 卷。其特点是数量较多，保存相当完整，在馆藏档案中占有特别重要的地位。主要内容有：各立档单位的机构沿革、组织概况、规章制度、会议记录、人事更迭、工作情形；重庆自设市以来的行政区划变迁、政府机构沿革、历任长官更换、市政建设拓展、经济事业发展、文化教育卫生事业进步的详细情况；重庆地区的土地、人口、民族、宗教、风俗、帮会、赈济等社会情形；抗战爆发后重庆地方党政机构一方面贯彻国民党中央各面方针政策的执行经过与执行结果，一方面自行制定的法规法令、规章制度及其贯彻执行情形，历次市政会议记录、决议及其贯彻执行情况，各职能部门的工作计划、报告、总结，等等，是研究民国时期特别是抗战爆发后重庆各方面历史不可或缺的重要史料。不仅如此，由于重庆在抗战史上的特殊地位，使得它与国民政府及国民党中央在各个方面都有着十分密切的关系。因此，国民党中央、国民政府及其下属机构于抗战时期制定、颁发的一些下发性文件，如组织法规、组织章程、组织条例、工作计划、工作报告、各项方针政策及其执行情况；重庆市地方党政机构与国民党中央各部门的来往函电；国民党中央一些重要人物的活动；等等，在档案中均有相当程度的反映。

（二）抗战时期一些闻名全国的重大事件、重大活动的档案

例如日机轰炸重庆及重庆人民反轰炸的档案，馆藏档案便十分丰富。这部分档案主要见于重庆防空司令部、重庆卫戍总司令部、重庆市警察局、工务局、社会局、重庆市参议会、重庆市防空洞工程处和北碚管理局等全宗，而且在馆藏其他全宗内，也几乎都有程度不一的涉及和反映。其具体内容大致包括了以下几个方面：

1. 有关防空机构如重庆防空司令部、陪都空袭紧急救护联合办事处、重庆防空洞管理处以及其他反空袭机构的成立经过、组织规章、机构沿革、人员状况、工作条例、工作计划、工作情形和工作报告；

2. 重庆地区消极防空的相关史料，特别是人口疏散的有关政策、规定、办法及其执行情形和结果，各类防空洞、沟、壕的开凿、管理和容量，空袭时期交通、灯火的管制，为避免空袭损失扩大而进行的隔火巷的开辟、市区房屋的拆迁，轰炸后政府当局及各界人士对轰炸现场的消防、救灾和对受灾市民的赈济，等等；

3. 自 1938 — 1943 年近 5 年的时间里，日机空袭重庆主城区的经过情形及其造成的巨大损失，包括日机历次轰炸重庆时的飞机架次、投弹种类及数量、市民死伤人数及财产损失状况等统计数字。此外，震惊中外的“五三”“五四”大轰炸和“大隧道惨案”的经过和善后处理，档案中均有翔实的反映和记载；

4. 重庆人民反空袭的斗争，包括战时汇集于重庆的各阶层人民对日机野蛮轰炸的声讨、抗议，踊跃捐款捐物修建防空洞及救济灾民，空袭时期不畏轰炸、坚持生产、重建家园以及空袭后对被灾人员和空袭救护人员的慰问等；

5. 重庆各部门各团体有关遭受空袭损失的详细调查、统计材料以及以此为据向日本政府索赔的文件、函电、办法、规定，等等。这些档案材料，真实地揭露了二战时期日本帝国主义违反国际规则，轰炸不设防城市、滥炸无辜市民的罪恶行径；也表现出了中国人民不畏强暴，爱好和平，坚持正义、坚持抗战的斗争精神。

（三）抗战时期重庆各项社会运动和社会变迁的档案

主要内容有抗战时期重庆（也包括全国）众多的全国性、地方性社会团体的成立及其经过沿革、章程条例、组织概况、工作计划、工作经过、工作报告以及政府当局管理各社会团体的法规法令、政策办法等；有抗战时期于陪都重庆举行的众多社会运动诸如各种节约献金运动、寒衣征募运动、鞋袜劳军运动、一元献机运动、春节劳军运动、伤兵之友运动，为抗战将士书写贺年片和贺年信运动等的发起经过、开展情形和最后结果的工作报告；有战时重庆人口数量每年每月变化的详细统计（包括外籍人士在重庆的数量、职业、进出等统计）、人口结构（包括男女性比例、年龄、文化、籍贯）的变化、人口职业的构成以及人们思想意识、语言习惯、民俗风情的冲突和变化；有抗战时期众多节日节令的规定、来源、庆祝办法、庆祝内容和实际活动；有禁烟禁毒、禁赌禁娼的法规法令、方针政策和具体的执行情形；有提倡节约、限制消费、反对浪费的法规法令、来往电文、执行情况和具体事例；有社会救济诸如慈善宗教团体的募捐活动、难民难童的收抚教育，文艺、体育及社会各界的义演义赛等；有各省旅渝同乡会、各著名大学在渝同学会等民间团体的成立、组织和活动以及政府当局的管理办法等。

这些档案，对于研究抗战时期中国社会的巨变，特别是战时首都重庆社会生活的发展变化及其影响，均具有极为重要的价值。特别是在当前学术界愈来愈重视对社会变迁和社会区域发展史的研究，而在当时的报刊无暇顾及和反映社会底层的活动，使得这部分史料显得匮乏时，此部分档案的利用、研究价值也就更显重要了。

（四）抗战时期重庆作为战时首都，社会各界对外交往交流的档案

虽然馆藏档案中没有固定统一的全宗，但各个全宗内都有不同程度的反映，特别是在重庆市政府、市党部、市警察局、市社会局、北碚管理局、行政院以及一些工厂银行全宗中，有较为集中的反映。涉及的国家有美国、英国、苏联、法国、加拿大、日本、德国、意大利、缅甸、印度、韩国、土耳其、巴西等数十个国家，可以说，凡是二战时期与中国有关系的国家，馆藏档案都有不同程度的反映。这些档案涉及的内容也包罗万象，既有政治方面的，也有经济、军事、文化、外交等方面的；既有反映抗战时期国民政府外交方面的一些重大事件和活动，如不平等条约的废除和平等新约的签订，联合国日的产生和活动，联合国宪章的签署，中美、中缅、中法、中比、中瑞等文化协会的成立及其活动等，也有一些具体的微观的民间外交活动，诸如外国驻华驻渝使领馆的迁建、馆址的寻觅修筑，各国驻华大使、驻渝领事到重庆的时间及政府当局的迎来送往，外国各界著名人士如居里、威尔基、华莱士、蒙巴顿夫妇等访华（主要是访问重庆）时的警卫、食宿、迎送及其在重庆期间的活动安排等。这些战时重庆对外交往交流的档案，既有官方的，也有民间的；既有正式的，也有非正式的；既有已办的，也有未办的；形式多种多样，内容繁简不一，充分体现了重庆作为中国战时首都在对外交往交流中的重要地位和作用，也体现了中国人民与同情、支持我国抗战的国家及世界上爱好和平的人们的友好往来，是研究我国战时外交特别是民间对外交往交流的重要史料，具有较高的保藏、利用和研究价值，很受海内外学者的重视和关注。此部分档案已专门编有《重庆对外交往》专题目录。

（五）司法方面的档案

此部分档案虽然只有最高法院、军委会军法机构档案汇集、军政部军法司、四川省高等法院重庆分院、重庆地方法院、北碚地方法院 6 个全宗，但其拥有的档案数量却多达 18 万余卷，约占馆藏总数的 28%，起止时间为 1911 — 1949 年，其中又以 20 世纪 30 年代初至 40 年代末为主。

此部分档案的主要特点是：

1. 诉讼档案占绝大部分，案由涉及盗窃、欺诈、伪造、伤害、侵占、妨碍兵役、妨害自由、妨害名誉、妨害公务、非法拘押、索贿、贪污、通缉、抢劫、债务、诬告、杀人、侮辱、渎职、烟毒、奸淫，等等，以及由此而产生的控告、审判、上诉过程及其材料、审判时所引用的相关法规法令等。它们对研究民国时期的法制史及民国时期的社会状况、社会犯罪及其成因、各种犯罪的比率并由此进而了解、研究民国社会实情等均具有较高的史料价值。

2. 这部分档案的有关材料，不只涉及重庆，而且涉及全国各地；不只涉及司法，而且涉及其他军政机关，如军委会、军政部、国家总动员会议、军法执行总监部等机构的组织规程、条例、大纲、历史沿革、内部组织、工作活动情形等，在这些档案中都有一定程度的反映。

3. 这部分档案对立档时期一些重要的法规法令如战时军律、保障人民身体自由办法、非常时期人民团体组织纲领、非常时期维持治安紧急办法以及合作法、专卖法、粮政法、地政法、兵役法等以及一些重大历史事件诸如中美中英新约的签订、救国会七君子案、张笃伦妨害选举案、高秉坊贪污案、郭景琨贪污案、盛世才案，等等，均有较为翔实的反映。它们除对研究民国时期法规法令和司法制度的变迁具有直接、重要的参考价值外，也对研究抗战时期的一些典型事例、重要人物具有重要的参考作用。

（六）经济方面的档案

大体包括财政金融机构档案、工矿企业档案、邮电交通档案和商贸档案四大部分，其中尤以金融机构档案和工矿企业档案保存最为完整，且最具特色和利用价值。金融机构方面的档案主要包括国民党中央一级金融机构及其分支机构档案，原设于重庆的各川帮银行档案，原设于东部沿海各地、抗战爆发后西迁重庆的外省各著名银行档案以及抗战时期在重庆新成立的各银行档案及银庄档案几大部分，共 50 个全宗 72,073 卷，占整个馆藏总量的十分之一强，此中又以中、中、交、农四行及其重庆分行的档案和各川帮银行的档案最具价值。

这些档案具有时间跨度长、内容丰富、保存完整、涉及面广诸特点。它们中的许多内容，不仅弥补了抗战爆发前重庆政务档案的不足，而且还远远超出了金融本身的范畴和重庆的地理界限，涉及抗战时期全国各地的各个方面，特别是聚兴诚等川帮银行于全国各重要地区如上海、南京、苏州、汉口、长沙、北京、广州、厦门、香港、成都、宜宾、万县、内江等地所设分行为开展业务，对各重要城市及周边地区所做的政治、经济、军事、文化、社会情形的调查及报告，更是研究各城市战时政治经济及社会变迁的重要史料，对研究整个战时中国经济金融的发展变化也有重要意义，对研究上述各城市在抗战时期的历史也具重要参考价值。

此外，这些档案还反映了各银行的成立、资本构成及其变化、组织章程及人员更迭、经营管理及投资策略以及各银行投资其他各项事业的情形，反映了有关财政金融的法规法令、制度办法的方针政策，反映了不同历史时期不同币值、利率、汇率的发展变化情形，反映了重庆自民国初年区域性经济中心发展成为抗战时期全国金融中心的历史演变过程，反映了以聚兴诚银行为代表的各川帮银行的设立、发展、兴盛与衰亡过程。

再者，这些档案多角度、全方位地反映了战时及战后全国及重庆历史的其他方面，诸如四川美丰银行内的有关国家总动员会议、第二次全国生产会议文件、重庆市参议会记录、陪都空袭救护委员会有关重庆遭受空袭的通报，中国民主建国会成立的文件等；川盐银行内的重庆行营文件、1937 年四川旱灾民食救济会文件、政治有关当局的防空文件、新生活运动会文件、伤兵之友文件；聚兴诚银行内的有关该行与外商合组公司开发四川矿源的文件；华洋义赈会四川分会民国二十六年报告书；中央银行重庆分行内的重庆市驻扎部队一览表，等等。因此，馆藏金融机构的档案，不仅是研究重庆金融史的重要史料，也是研究整个民国金融史特别是抗战金融史、经济史不可或缺的重要史料，而且对研究其他各专门史也具重要的补充价值。

馆藏工矿企业机构档案共有 101 个全宗、81,960 卷，为馆藏档案的重要组成部分，是此部分档案不仅数量多，保存完整，而且内容丰富，门类齐全，几乎涉及工业经济部门的方方面面。按工业部门分，涉及兵器工业、冶金工业、机器工业、电力工业、纺织工业、能源工业、化学工业、食品工业等；按经营方式分，包括国营工业、民营工业、地方政府举办的工业等；按投资方式分，又可分为独资、合资和股份制，为研究战时工业经济的各种类型和结构提供了翔实的史料。特别值得一提的是兵工企业等国营企业的档案。馆藏有关兵工企业的档案，主要有兵工署所藏的 17 个生产厂家、1 个工程处、

3 个材料总库等 24 个全宗共 39,067 卷，此外，馆藏经济部、经济部物资局、经济部工矿调整处等全宗内，也有部分与兵工企业及生产有关的档案。其存档数量之多，保存之完整系统，内容之丰富齐全，为全国各级各类档案馆所仅有。可以这样说：重庆市档案馆是保藏民国兵工企业档案最齐全、完整、系统的档案馆。

这些档案，除了反映各生产厂家的组织规程（大纲、条例）、办事细则、组织系统、人员编制、工厂沿革、厂内员工兵夫人数及其厂务会议、生产计划、生产情形、生产经过、生产品种、生产数量等各厂自身的各种情形，还集中反映了抗战时期我国兵器工业及其他国营工业、民营工业的内迁过程，反映了抗战时期以重庆为中心的大后方工业中心地位的形成和发展，反映了各生产企业内部的生产组织、科技进步和员工管理情况，反映了各生产厂家的广大员工于战时艰难困苦的条件下不计得失、努力生产，为支撑抗战所做的卓越贡献，同时还反映了战时国营经济的发展对重庆地方经济以及重庆社会的巨大影响，等等。此外，对于抗战时期国民政府及所属相关部门如经济部、交通部、战时生产局等制颁的各种经济政策、经济法规、经济措施及其举行的经济会议等宏观史料，也有较翔实的反映。此部分档案，对研究战时经济结构、国民政府的战时经济政策、战时中国经济发展变迁史等，均是不可或缺的重要史料，具有极高的保存和研究价值。

（七）文教、科研、卫生方面的档案

此部分档案，共有 60 个全宗 15,116 卷，虽然在馆藏民国档案中不占主体，但对研究战时上述各专门史仍具一定参考价值，也是有关方面之专家学者必阅的史料。其中特别是教育方面的档案值得一述。馆藏教育方面的档案，既有高等教育方面的，又有中等教育、初等教育方面的，还有职业教育、社会教育方面的；既有国立的，又有省立的、市立的，还有私立的；既有原本就设在重庆本土的，也有抗战爆发前后从沿海各地迁来或于抗战时期新设的。它们较全面地反映了重庆地区各种教育类型的产生、发展经过及各学校在教学过程中所采取的种种措施、方法和结果，反映了各学校的历史沿革、组织情形、教职员名单、学生名册以及课程设置等基本情况。其中，一些重点的典型事例更具特色和研究价值，如军阀混战时期重庆第一所大学——重庆大学诞生的背景、经过和作用；抗战爆发前夕，著名教育家、天津南开大学校长张伯苓先生于华北局势危急之际，决定于西南大后方的重庆开设南渝中学（后改名南开中学）的原因、背景及其影响；著名实业家卢作孚先生于重庆北碚投资创办中国西部科学院（抗战后期改名为中国西部博物院）的动机、原因及其经过和意义；抗战胜利后西南地区第一家国家级图书馆——国立罗斯福图书馆的提议、选址经过以及筹设、工作概况及其对今天重庆文化事业的影响，等等，都具有重大的研究价值和意义。

第二十三节　四川省民国档案概况

一、四川省档案馆

四川省档案馆成立于 1966 年，目前共保存有清代和民国时期四川、西康省一级地方政权机关的档案 43 万余卷。

民国时期，由于长期军阀混战，战乱频繁，四川也没有一个专门管理历史档案的机构，档案长期分散在各地，而且保管条件很差，致使四川的历史档案受到很大损失。国民党离开大陆前夕，又烧毁了大批档案，其中有不少珍贵历史档案，造成了不可弥补的损失。新中国成立后，在政府的重视和各方面的支持下，多方搜集、抢救了一批珍贵的档案资料。

在中国近现代史上，四川省一直是个重要而特殊的地区，辛亥革命的导火索——保路运动即发生在四川省。中华民国成立后，由于四川远离中央政府，关山间隔，交通不便，却又地大物博，在经济上可以自成体系，因此它一直是军阀割据势力竭力争夺的地方，其中以刘湘、刘文辉的势力最为雄厚，中央政府往往有鞭长莫及之感。抗日战争爆发前夕，国民政府出于对战争的考虑，加紧对这一地区的经营，准备以四川省为大后方。其原因之一，也正是鉴于四川特殊的自然条件。由于川政的统一,四川省在后来的抗日战争中起到了重要的作用。

可见，四川省在中国近现代史上，尤其是民国时期，具有特别重要的地位；自然，这一地区复杂的政治、经济、军事、文化等方面的活动也留下了丰富的档案资料，为史学界人士所瞩目。

四川省档案馆所藏民国时期的档案数量总计有 43 万余卷，包括四川省与原西康省档案两大部分，其中四川档案为 42 万余卷、西康档案为 1 万余卷。由于历年来省级机构的裁并变化，这些档案资料几经迁徙，方得归存于省档案馆，但目前仍有不少的民国档案分散在各地州市档案馆及各省级机关档案部门。

四川省档案馆馆藏民国档案重要全宗有：

1. 政权党务方面：国民党四川省党部，四川省政府秘书处、人事处、社会处、统计处、川康考铨处，四川省参议会，四川省特种委员会，四川省民政厅，四川省高等法院，成都高等特种刑事法庭，四川省善后督办公署的档案。

2. 军事方面：川康绥靖公署、国民党二十一军、四川省防空司令部、联勤总部川西供销应局、四川军人监狱等档案。

3. 经济建设方面：四川省建设厅、公路局、地政局、粮政局、水利局、田赋粮食管理处、农改所、资源委员会，西川、东川邮政管理局，川康兴业公司等的档案。

4. 财政金融方面：四川省财政厅、会计处、省银行、省合作金库，中央银行、中国银行、中国农民银行、中央信托局、中央合作金库在川机构，川康税务总局等的档案。

5. 文教卫生方面：四川教育厅、卫生处的档案。

西康省重要全宗有：国民党西康省党部，西康省政府秘书处、省参议会、保安司令部、省银行、省警察局、城防司令部，国民党二十四军、西康高等法院、田赋粮食管理处、公路局、社会处、教育厅、卫生处的档案。

以上全宗主要内容包括：有法令、办法、大纲、条规，为镇压共产党和革命群众制定的各种策略；省府委员会 1938 — 1949 年会议记录和议案；垄断川康财政金融、预决算、田粮经收、岁入岁出材料；帝国主义控制海关、四川军阀建立反共组织、在川的兵工厂、监狱的材料；康藏地区藏族上层和党政军头目动态情报的材料；物价飞涨、农村经济破产的材料；四川水位测量、水利工程的资料等。

此外，还有天主教叙南教区、重庆海关、华西协合大学等法文、英文档案及解放前夕国民党部队在四川起义投诚的材料。

历史资料主要有：四川 110 个县的县志、12 个州的州志、5 个府的府志，四川省志、西康省志及盐业、气象等专志。有四川省政府公报（1935 — 1949）、西康省政府公报（1939 — 1949），四川经济月刊，四川高等法院公报，四川各业务部门的公报、期刊，还有彝族、藏族等少数民族的一些资料，对研究四川少数民族有重要参考价值。

二、档案特色

四川省档案馆所藏民国档案大致可分为党政机构、财政经济建设机构、文教卫生司法机构以及民政机构等几大方面。在党政机构方面，包括四川省政府秘书处、党团机构、省参议会、人事机构等几个档案全宗，其中以省政府秘书处的档案最具价值。四川省政府秘书处自 1929 年四川省政府成立之时起即设立，是省政府的主要办事机关，负责撰拟省府各种机要文稿、筹办记录省务会议、汇编各机关重要工作报告、视察各区政务吏治报告、核办各类经费及搜集整理政务统计材料等项工作，秘书处的工作性质和内容使这部分档案成为四川民国档案的精华汇总，其中不仅包括了四川省政府机构形成的文件，而且包括了下属各地上报文件的系统汇集，内容十分丰富。形成时间为 1912 — 1949 年，但其中主要部分为 1935 — 1949 年即“川政统一”后的文件，秘书处档案数量 1 万余卷。

四川省政府委员会常委会与特别会会议记录资料，在这部分会议记录中完整地保留了 1935 年以后历次省务会议的有关资料，内容涉及中央政府交议事项、各方重要文电，各类施政方针决议之通过、各类预决算之通过、省内官员任免、制定各类法规及各种建议、提案之处理，等等，这类会议记录内容广泛详尽，实为研究四川省现代历史不可多得之重要文献。此外，省府秘书处档案中还有大量来自各地专署、县府各级以及省府各机构的工作计划、施政报告、会计报告以及省府派往各地视察员所拟视察报告，这些报告上多数附有省务会议或省府负责人员的审核意见，对于了解与研究此期四川省各地情况颇具参考价值。

在四川省党团机关档案全宗中也有不少重要史料，这一全宗内存有国民党中央党部及四川省党部的各类文件以及省党务活动专卷、政治情报汇编、大量的党员登记调查表册等，还保存了民社党、共和党、青年党及三青团在四川省各级组织活动资料，这些资料对研究民国时期政党社团在四川的活动有重要的参考作用。

有关民国时期四川财政经济建设方面的档案资料，主要包括省财政厅、田赋粮食机构、盐务机构、金融机关、川康税务机构、省建设厅、公路交通机构、水利局、邮电机构及资源委员会所属川康实业机构、财政部贸委会所属川康商业机构等十余个档案全宗，总计数量约16万余卷。这些资料较为系统地反映了民国时期四川省的财经建设状况。由于四川省在民国历史上地位特殊，1935年以前的军阀防区制使得全省财经无法统一，更无建设可言。“川政统一”后，紧接着便开始了抗战的艰苦历程，国民党中央政府为保全与建设大后方，不得不给予四川以特殊的经济政策。随着中央政府的迁川，沿海工矿企业随之而入，给四川经济建设带来了十分巨大的影响。馆藏财经建设类档案系统地反映了这些变化与发展的情况。在这部分档案中较为重要的有：

1. 1912 — 1949年省财政厅档案，共8,300余卷，涉及四川省税捐、党政警军经费、金融债务档案、公营事业收支、官产处理等多方面内容。

2. 四川省盐务机构档案，共8,400余卷，包括川北盐务局档案（1936 — 1949）、川康区盐管局成都支局档案（1942 — 1949）和川康区盐管局康雅支局档案（1942 — 1949）三大部分，内有各种盐务法规、计划报告、盐局盐场会议记录、盐务官员人事档案以及大量的盐业生产资料、产品质量鉴定书、盐业市场行情报告等。

3. 四川省金融机构档案，包括四川省银行（1934 — 1949），省合作银行，中、中、交、农四行成都分、支行，四联总处成都分处，中央信托局成都分局，中央造币厂成都分厂的档案。

4. 四川省建设厅档案（1925 — 1949），总计数量11,300余卷，主要有四川省商业档案，包括各商业、铁业公司档案，各县市物价调查统计月报等；四川省工业档案，包括纺织、印染、水泥、制药、造纸、化肥、燃料、印刷、陶瓷、木加工、机械制造等行业的调查统计，各厂家生产、财务、人事统计资料。此外，还有省内地矿调查及生产方面的资料，省内邮电交通、成都、重庆市政建设档案，川省农垦业、林业、畜牧业档案，等等，甚至包括建设成都、重庆、绵阳、邛崃等地飞机场的档案资料。

5. 资源委员会及财政部贸委会所属各机构档案，主要有川康兴业公司、华昌兴业公司、都江电厂、川康铜业管理处、彭县铜矿局筹备处（1935年后由军委会委员长重庆行营与资源委员会合营）、财贸会成都收货处、复兴商业公司成都办事处、中国茶叶公司蓉康区成都营业处等机构的有关资料。四川省馆所藏的这些民国时期财经建设档案，不仅对今日四川省经济建设有重要的参考作用，而且也是研究民国经济史特别是抗战时期大后方经济建设的重要参考资料。

有关四川省文教、卫生、司法、民政、防空等方面的内容，其中文教、卫生类档案有省教育厅、卫生处、图书馆与博物馆 3 个全宗共 1 万余卷；民政机构档案有四川省民政厅、省地政局、省社会处、省禁烟善后督理处及四川省动员委员会几个全宗，总计 2 万余卷；司法机构档案有省高等法院、成都高等特种刑庭、四川第一监狱档案等；防空警备方面，由于四川省各地特别是重庆市曾遭受日军大规模轰炸，在四川全省防空司令部（1938 年 5 月—1945 年 11 月）档案内保存了大量记录，其中有敌机轰炸统计资料，空袭损失详情报告以及我方防空工作各种办法、条例、措施记录等，如实反映了四川人民抗击日军的情况，披露了日本侵略者的罪恶，是研究中国抗日战争的重要史料。

由于民初形成的四川军阀“防区制”的影响，1935 年 7 月，刘文辉在雅安成立了“西康建省委员会”，1939 年 1 月正式成立西康省政府，下辖 46 县 2 局 1 区，直至 1949 年 12 月刘文辉率部起义，西康旧政权才告结束。其后有关西康省的历史档案文件，除一部分留在原西康省会康定之外，其余较为重要者被集中保存在省档案馆。这部分档案有 1 万余卷，其中 28% 为国民党西康省党部档案。在政府系统中，省府秘书处、财政厅等核心机构的档案不多，而建设厅、教育厅、水利局及省参议会的档案则保存较为完整，另外还有西康省高等法院、省保安司令部形成的档案。这部分资料是研究西康省历史的重要参考文献。

从 1980 年以来，四川省档案馆积极开展档案史料的编辑工作，现已编辑出版了《国民党军追堵红军长征档案史料选编》、《川陕苏区报刊资料选编》《四川革命历史文件汇编》（与中央档案馆合编，已出 1 — 9 集）、《湘鄂川黔革命历史文件汇编》（与湖南省档案馆等合编）、《民主革命时期四川工运史料选编》、《康区档案资料选编》等。

第二十四节 贵州省民国档案概况

1911 年 10 月 10 日武昌起义后，贵州革命党人于 11 月 4 日起义，5 日成立“大汉贵州军政府”。1912 年，军政府被保守势力和地方军阀推翻，贵州相继为兴义系军阀和桐梓系军阀统治。1935 年，国民党中央军进入贵州，建立中央直接控制的政权，直至 1949 年 12 月贵州全省解放。贵州省内各级档案馆现存有民国档案共计 260,000 余卷，其中贵州省档案馆藏民国档案 182,463 卷，几乎是该馆所藏历史档案的全部（除去清代 32 卷），为全省各级档案馆所藏民国档案总量的 69%。

一、贵州省档案馆

贵州省档案馆馆藏民国档案占全省所藏的大部，反映了民国时期贵州政治、经济、军事、教育文化、医疗卫生、市政建设等方面的发展变化。具体而言，省馆所藏民国档案内容可分为军阀统治时期和国民政府统治时期两部分。

贵州军阀统治时期档案散存于贵州省政府、建设厅、民政厅、公路局、赈务会、市政工程处、邮电管理局、高等法院等 30 余个全宗内。主要内容为：国民政府制颁的部分政策、法令，定黔军总指挥部、民政厅委任各县知事、县长文件，贵州省政府行政报告及有关厅局委任文件，民政厅个别年份施政报告、行政计划、工作报告等。卫生院工作报告、传染病月报；插花地划拨、县界纠纷，县长及佐治人员被控案件，赈务会放赈材料及各县灾情、气象、物价呈报，建设委员会会议记录，建设行政会议案，建设人员考核、任免文件，各县度量衡调查，部分县有关农作物产量、荒山荒地、家畜、兽疫的调查报告，生丝、麻、桐油、藤、漆产调查，电话线架设、植树造林等计划，各县天然颜料、农林场情况调查；贵州巡按使署政务厅、贵州省长公署政务厅关于本省留学京、沪、宁学生筹给经费及补助文件，考送清华学校学生津贴等。此外，尚有高等审判厅为数较多的刑、民事案件及部分学校学务档案，各地邮局关于红军长征过境情形的呈、电。

这一时期的档案从侧面反映出新旧交替时贵州的政治、经济面貌。如：关于农业、土地面积、户口、县界、盗匪活动、土司、宗教、寺庙等调查报告、统计表；贵东（贵阳至湖南）、贵南（贵阳至广西）、贵渝（贵阳至四川）、贵西（贵阳至云南）路部分查勘、改道、施工计划、经费预算及整理县道材料；模范工厂、电灯厂、公秤局、度量衡检定所、国货陈列馆、蚕业实验所等单位组织的相关档案。

国民政府时期档案除贵州省政府及各厅、局、会、处外，尚有社团、工厂、学校及金融、军事、新闻等机构的档案，内容丰富，涉及面广，其中包括历届省主席的任职交待，各种法令规章，历次省政府委员会会议记录，政府机构设置改组，行政官吏考核、任免，训练，行政区划，土地陈报，乡镇造产，赋税整顿，推行保甲，矿藏调查，禁种鸦片，农作物实验及美烟推广，修筑公路铁路，工矿贸易企业兴办，教育改革，市政建设等。还有大量反映贵阳“二·四轰炸”“南洞司事变”“黔东事变”“鹭溪沟抗编事件”“贞丰望谟暴动”“黎平禁烟事件”“黔南事变”等重大历史事件的档案材料。

除去作为战略后方而形成的政府机构、经济机构、学校内迁档案外，抗战结束后所形成档案，反映了贵州在内战爆发后物价飞涨、经济崩溃，解放前夕国民党反动派屠杀进步人士、组织“应变”的历史事实。

贵州省档案馆馆藏民国档案可分为行政、内政、社会机构，考试、司法、军事及党务机构，教育、文化、卫生机构，财政、金融机构，经济、工矿、商业、农林、水利机构，交通、邮电机构等 6 大类。

（一）行政、内政、社会机构

收纳了贵州省动员委员会、贵州省参议会、贵州省选举所、国民大会贵州省代表选举事务所、国民会议代表贵州省选举事务所、贵州省政府、贵州省政府人事处、贵州省政府审计处、贵州省政府统计处、贵州省保安处、贵州第一区行政督察专员公署、贵州省民政厅、贵州省市政工程处、贵州省地政局、督办贵州省肃清私存烟土公署、贵州禁烟特派员公署、贵州省禁烟督察团、贵州省戒烟经费管理委员会、贵州省社会处、贵州省合作事业管理处、贵州省赈务会、贵州救济难民委员会、贵州省救济难民事务处等部类的相关文件。具体内容如：贵州省政府行政系统表，贵州省选举所工作进程周报，贵州省政府工作报告、施政计划，有关农业教育、农事试验、植树造林、桑蚕养殖的文件，有关公务人员福利待遇、抚恤、子女就学、授勋等的规定，贵州省、市、县公务员生活费价格、生活指数、公务员生活必需品价格旬报表，抗战出征军人家属保障法规、优待法规及调查办法，有关民族、宗教、寺庙管理及神权、迷信活动的文件，有关防务及地方治安的文件，贵州各县垦荒情况调查表，有关查缉烟土及烟毒处理的文件，贵州省灾欠、灾情报告及有关赈济工作的文件等等。

（二）**考试、司法、军事及党务机构**

主要包括云贵考铨处、贵州省考试委员会、贵州省地方行政干部训练委员会、贵州省训练团、贵州省高等法院、军事委员会运输统治局贵阳办事处、联合勤务总司令部驻贵州各单位、贵州省军管区司令部、参谋本部贵州陆地测量局、贵州省补给委员会、后方勤务总司令部贵州供应局、联合勤务司令部第四十二补给分区司令部、联合勤务总司令部贵阳区运输司令部、国民革命军第二十五军、国民革命军第十九兵团、贵州省保卫团总司令部、国民党贵州省党部等的相关文件。其中贵州省训练团、贵州省高等法院两机构的相关档案总量67,000余卷，占该馆所藏民国档案总量的38%。

（三）**教育、文化、卫生机构**

包括贵州省教育厅、国立贵州大学、贵阳师范学院、国立贵阳医学院、贵州省立师范学院、贵州省立模范中学、贵州省立科学馆、中央通讯社贵阳分社、贵州省卫生处、中国红十字会救护总队、贵州省卫生事业基金保管委员会的相关文件。具体内容如：国民政府及贵州省政府、省级教育厅有关教育工作的法令、法规、指示，贵阳师范学院教学大纲及教历，贵州省各级卫生机关设置的文件及组织沿革、组织系统表、人员编制，贵州省卫生工作概况，贵州各地疫情报告，中国红十字会救护总队工作述要，全国各地疫情报告、旬报，等等。

（四）**财政、金融机构**

收纳了贵州省财政厅、财政部贵州税务管理局、财政部云贵区直接税局、财政部贵州区直接税局、财政部黔桂湘区货物税局、财政部云贵区货物税局、贵州省田赋粮食管理处、贵州省盐务管理局、盐务总局贵州硝磺处、中央信托局贵阳分局、中央银行贵阳分行、中国银行贵阳支行等机构相关档案。其具体内容有：贵州省金融报告，有关黔桂湘区直接税局及该局所属贵阳、遵义、都匀、镇远等分局、查征所撤并、交接的文件，贵州市直接税局业务工作计划、工作报告、工作进度表、考绩交代比较表、税务工作报表，有关盐仓修建、管理的文件，有关盐业运输的文件及贵州省盐务管理局运盐合约，有关处理私贩食盐与取缔囤积的文件，等等。

（五）经济、工矿、商业、农林、水利机构

包括国民经济建设委员会贵州分会、贵州省建设厅、贵州省建设厅工程测量队、贵州省会物价评定委员会、贵州省度量衡检定所、资源委员会汞业管理处、贵州省地质调查所、贵州煤矿股份有限公司、贵阳市电气股份有限公司、贵州企业股份有限公司、农林部西南兽疫防治处、贵州省农业改进所、贵州省农田水利贷款委员会等部类文件。其具体内容包括贵州省五年施政概况，贵州省农林建设概况及农业经济概况，有关水利工程勘测、调查、保护、维修的文件，贵州省建设厅等颁发的各项法令、规章，贵州企业股份有限公司、股东大会、纪念会、座谈会会议记录，贵州省农业概况调查，农产品价格调查，贵州省水利局会议记录、工作计划、行政计划、工作报告及竣工工程统计表、贵州各县农田水利工程勘测、施工情况及灌溉面积、受益田亩统计，等等。

（六）交通、邮电机构

包括公路总局，西南公路局运输人员训练所，西南公路工务局，西南公路运输局，西南公路管理局，贵州省公路局，贵州路政局、公路局、公路管理局，川滇东路运输局，贵州省公路联营运输处，贵州省驿运管理处，黔桂铁路黔段路基土方征工总处，中国航空建设协会贵州分会，贵州邮电管理局等部类相关文件。其中尤以贵州省公路局，贵州路政局，公路局，公路管理局相关文件数目居多，共有 13,618 卷，详细记录了该局的人事变动、组织规则，战时公营汽车运邮，运送美空军油料、弹药及入印部队情形及编组川陕运输队及驿运量记录，等等。

贵州省档案馆从 1980 年起陆续编辑出版馆藏档案，编研成果颇丰：

1.《红军转战贵州——旧政权档案史料选编》

贵州人民出版社 1984 年 5 月出版。贵州省档案馆保存有国民党政权中反映 20 世纪 30 年代中国工农红军长征的材料，虽然残缺不全却很有研究价值，该书对这部分材料进行了整理编辑。全书约45万字，汇集了国民党政权围追堵截红军长征的档案史料，真实反映了红军长征在贵州的伟大历史进程，为中共党史研究提供了确凿可信的历史资料。

2.《湘鄂川黔革命根据地历史文献汇集（1934—1936）》

该书由贵州省档案馆联合湖南省档案馆、湖北省档案馆、四川省档案馆、湖南省湘西土家族苗族自治州党史办公室合作编写，于1984年10月出版，供内部使用。全书共23万字，收录了1934—1936年湘鄂川黔边特区革命军事委员会，黔东特区，湘鄂川黔省委、省革命委员会、省军区和红二军团（包括红三军）、红六军团长征的历史文件资料。正文部分按年度时间顺序进行编排，附录部分包含红二、红六军团的组织序列表（内含南腰界会师时期、湘鄂川黔革命根据地斗争时期、从刘家坪出发至甘孜时期三个部分）及湘鄂川黔革命根据地大事记（1933年12月至1936年2月）两个部分。

3.《贵州近代经济史资料选辑（上）》

该书由贵州省档案馆与贵州社会科学编辑部、贵州历史文献研究会、贵州省人口学会等单位合作编辑，四川社会科学出版社1987年2月出版。全书分为两卷四篇，共60章、84万字。辑录了1840—1949年间贵州有关人口、农业（含林、副、牧）；工业（含手工业）、交通运输、邮电通讯等方面的史料，通过对近代贵州农业、工业、交通运输等方面的若干统计数据，较为全面地反映了贵州近代生产力的发展状况，同时也在一定程度上反映出近代贵州的生产关系。

4.《民国贵州省政府委员会会议辑要》

此书为《贵州档案史料研究丛书》的第二部，由贵州省档案馆编辑，贵州人民出版社2000年5月出版。全书87万字，由贵州省政府沿革及其会议制度，1927—1949年贵州省政府委员会会议辑要，贵州省动员委员会会议辑要，贵州省党政联席会议辑要，贵州省政府委员，秘书长暨动员委员会、党政联席会议主持人简介，附录等6部分组成；其中“会议辑要”部分为核心，共择要辑录1551次会议的议决案、报告案7655条，较全面地反映了贵州省政府、贵州省动员委员会、贵州省党政联席会议等的施政概况及其在政治、经济、军事、文化、教育、动员抗战等方面的重大举措。所录议案条目均按其内容进行分类，计分综合、组织、人事、民政、社会行政、财政税务、金融合作、地政、粮政、农林水牧、工矿商贸、交通运输、市政、教育、文化、卫生、司法警政、军事保安、党务、外事、秘书行政等21大类，类下又根据条目多寡和内容繁简再分项析目，其所辑条目按会次先后顺序排列。该书内容集中、层次分明，取材精要、录述简洁，还辅以“省政府沿革及其会议制度”“人物简介”等背景内容介绍，再加上附录“会议索引”，方便利用和检索。

5.《辛亥革命贵州记忆——档案文献辑录》(上下册)

为纪念辛亥革命100周年，贵州省档案馆与贵州省政协文史与学习委员会于2012年联合出版了此书。全书辑录的档案文献、资料主要来自贵州省档案馆馆藏，其中部分档案为首次公布，总字数为68万字，并加入图片47幅。该书为贵州辛亥革命史研究提供了相对完整的史料。

二、其他档案馆

贵州省保藏有民国档案的地方档案馆有：贵阳市档案馆、水城县档案馆、铜仁市档案馆、德江县档案馆、江口县档案馆、玉屏侗族自治县档案馆、毕节市档案馆、赫章县档案馆、纳雍县档案馆、黔西南布依族苗族自治州档案馆、望谟县档案馆、普安县档案馆、晴隆县档案馆、安龙县档案馆等，均藏有民国时期的相关档案。

与省档案馆的馆藏相比，各级地方档案馆所藏档案也各有特点。

贵阳市档案馆所藏民国档案种类丰富，分为政务、社会、司法、军事机构，教育、卫生机构，财政、金融、经济、交通、邮电机构3类，主要有：贵州天主教会、贵阳基督教会档案，详细记录了教会章程与教会调查表；贵阳市各同乡会档案，收纳有会议记录、会员名册及接济本省困难学生的相关文件。

铜仁市档案馆、德江县档案馆、江口县档案馆、玉屏侗族自治县档案馆、毕节市档案馆、赫章县档案馆、纳雍县档案馆等则以民国档案汇集的形式保藏着各区域内的民国档案，数目尤以毕节市民国档案为多，共计37,243卷，详细收纳了该县政府工作的文件、国民党党务和三青团工作的文件以及税捐稽征和各类民、刑事案件诉讼及审理与判决的文件等。

黔西南布依族苗族自治州档案馆所藏贵州省第三区行政督察专员兼保安司令公署档案中含有1944年4月中央地质调查所地质学家徐德佑、陈康、马以思等人在普安、晴隆交界处被害一案调查情况的文件与国民政府关于严惩凶手的训令。

第二十五节　云南省民国档案概况

云南省各级档案馆保藏民国档案共计370,000余卷，其中云南省档案馆藏民国档案250,000余卷，占馆藏档案总量的43%，全省所藏民国档案总量的69%。

一、云南省档案馆

作为云南民国档案主要保藏地的云南省档案馆，其所藏档案大致可分为行政、内政机构，社会机构，司法、外交机构，军事机构，教育、文化、卫生机构，财政、金融机构，经济机构与企业，交通、邮电机构与党务、考试机构等9大类。

（一）行政、内政机构

主要包括云南省参议会、云南省选举事务所、云南省政府人事室、云南省政府视察室、云南省政府秘书处、云南省会计处、云南省政府统计处、云南省参议会、云南省审计处、云南省民政厅、云南省地政局、云南省警务处等部门的相关档案，其中数量较为丰富的为省政府人事、秘书处、会计处及省民政厅档案。省民政厅档案总量逾万卷，内容涉及公务员任免、调派、训练、考绩、奖惩的文件，视察各地工作的文件，边疆教育的文件，各地名胜古迹及古物调查与保护的文件，禁止妇女缠足、限制早婚、改良风俗的文件，抗战损失、抗战将士抚恤的文件和死难烈士名单，文化动态和演出戏剧登记，等等。

（二）社会机构

主要收录了云南省社会处、云南省妇女运动委员会、中央训练团教育人员训练班（昆明班）和军政部十六军官总队、云南省地方行政干部训练团、中国民主自由大同盟、中国经济研究会昆明分会、云南新闻记者公会、云南省防空协会、中国童子军云南省理事会、云南省人民自由保障委员会等部类的相关档案，其中专类的妇女运动档案与童子军档案虽然数量较少，但却反映了西南地区妇女儿童的生活状况，较有价值。

（三）司法、外交机构

主要涉及云南省司法处、最高法院云南分院、云南省高等法院检查处、云南省高等法院大理第一分院、云南省高等法院文山第五分院、云南省高等法院曲靖第六分院、昆明特种刑事法庭及昆明学生运动文件、云南省侨务处、云南省河口对汛督办公署等部类的档案。其中前四项档案卷数逾60,000卷，占省档案馆所藏民国档案总量的25%。此类司法档案收录了大量的刑事、民事诉讼案件，并收录了有关镇压中共云南地下党、滇黔边区游击队与学生运动的文件。

（四）军事机构

主要包括云南省保安司令部，滇黔绥靖公署、云南绥靖公署，宪兵十三团，陆海空军军官官佐履历汇集，陆军第六编练司令部，滇西师管区司令部，国民政府军事委员会委员长昆明行营，滇黔“剿匪”军第二、三旅第三、五团，陆军第五十四师，陆军第六师，陆军总司令部，昆宜师管区配属第六十军补充团，云南省防空司令部情报处，军政部兵工署五十三厂，军委会西南进出口物资运输总经理处，远征军兵站总监部汽车指挥部，空军第五军司令部昆明通信器材库，联勤总部云南供应局，联勤总部辎重兵汽车运输第十二、十五团，联勤总部荣誉军人第二十临时教养院，联勤总部嵩明种马场，军事委员会工程委员会第二十五工程处，军政部驻昆管理处，国防部西南公路运输司令部等部类的相关档案，内容涉及人员任免、官兵职级、官兵清册、工作报告与计划、兵工厂工作计划与总结、公路工程调查与有关验收修复公路情况、军用物资的生产与调拨及云南地方机场建设的相关文件，等等。

（五）教育、文化、卫生机构

主要包括云南省教育厅，云南大学，国立西南联合大学，昆明师范学院，云南省图书杂志审查处，昆明广播电台，昆明中央日报社、中央通讯社、平民日报社、正义日报社、朝报报馆，云南省卫生处，云南省抗疟委员会，中央防疫昆明分处，云南省立昆华医院等部类，内容包括云南省各县教育公报，有关民众教育馆与敬节堂设置的文件，有关国民体育运动的文件，有关朱德在云南情况的文件，云南戏剧运动史资料，云南大学、昆明师范学院、西南联合大学的教学与行政相关文件，等等。

（六）财政、金融机构

涵盖了云南省财政厅，云贵区国税管理局，滇中盐场公署、一平浪盐煤厂，财政部云南缉私处，云南省田赋粮食管理处，中国农民银行昆明分行，兴文银行，云南省富滇新银行，中央银行昆明分行与四联总处昆明分处，中国银行昆明分行，云南矿业银行，长江实业、云南实业、同心、和丰、川康商业、川盐、建国、汇通等银行股份有限公司昆明分行，交通银行昆明、海防、西贡分行，昆明商业银行，中国侨民商业银行，云南劝业银行，云南省银行，广东省银行昆明支行，中国农工银行昆明分行，中央信托局昆明分局，富滇、太平洋、云信等保险公司，光裕银行昆明分行、益华银行及昆明市银行业同业公会，昆明市（县）银行股份有限公司等机构相关档案，主要内容有云南省全省财政的施政计划、工作进展及检查、监督执行情况的文件，各地物价、产量产销及税额价格的调查，盐务事业概况，盐厂施政纲要、工作计划、发展规模及业务概况及各家银行的组织规程、机构设置、人员变动及业务报表统计等相关档案。

（七）经济机构与企业

与财政金融机构档案存量大致相当，均超过 20,000 卷。主要收纳了云南省建设厅、云南省经济委员会、云南省物价评议委员会、云南省实业司、云南省裕滇纺织股份有限公司、云南中国茶叶贸易股份有限公司、云南省经济委员会裕云机器厂、云南省经济委员会纺织厂、云南省企业局、云南钢铁厂、云南人民企业股份有限公司、中国电力制钢厂、裕滇磷肥厂、昆华煤铁特种股份有限公司、云南省私营进出口商号（公司）、易门铁矿局、云南烟草生产事业总管理处、资源委员会昆明办事处、资源委员会明良煤矿局、资源委员会中央机器厂、资源委员会昆湖电厂与耀龙电力股份有限公司等部门的档案，其中尤以云南省建设厅档案为大宗，这部分档案详细记录了该厅的成立、改组与演变，并保留了大量的农会组织、农村灾荒救济、云南公路铁路及全省经济建设预算、决算的相关文件。

（八）交通、邮电机构

包括川滇、滇越铁路警务处，昆明区铁路管理局，交通部滇缅铁路督办公署，云南省公路总局，交通部公路总局第四区公路工程管理局和第四运输处，云南省全省公路、桥梁图纸文件汇集，交通部西祥公路工程处，交通部公路管理处驻滇督工专员办事处，西南运输处第四区公路管理局警卫稽查组，行政院水陆运输联合委员会，交通部材料储运总处昆明材料库，云南省邮政管理局，云南全省电话局，交通部第五区电信管理局，交通部电信建设工程第一、四、九直辖总队等部类。主要内容有：铁路安全工作的决议、提案及工作计划，铁路沿线违章、拐骗、抢劫、杀人的民、刑事案件相关文件，有关各工程处招募民工的文件，蒙化、云县、大姚等县民工伤残死亡统计表，滇省公路建设的发展规划、议案，云南驿运管理处会议记录和全省驿运概况、驿运工作计划、货运价格和驿运线路图，全省电信机构的设置和电报电话线路机械图与里程统计表，等等。

（九）党务、考试机构

包括云南省民政厅第二、第六国民党区党部，国民党滇缅铁路，昆明区铁路特别党部，国民党西南公路第四区特别党部，国民党军政部军需署第八区党部第十五、第二十八分部，国民党驻滇干部训练团大理分团，国民党党政军警宪各机关团体、学校、训练班职员、同学通讯录，云贵考铨处等部类。主要内容有党员证书、誓词及入党申请书，有关党务经费、党员月捐及党费的文件，有关党员教育、训练、考核及奖惩的办法，滇黔两省公务员任用、审查的证件等。

云南省档案馆的馆藏档案中，司法外交机构的档案超过了60,000卷，军事机构档案超过了50,000卷，为馆藏的大宗，其中较有特色的有：

1. 军事档案及抗日战争期间基于地理位置而形成的“战略后方档案”。如：护法、护国时期滇军在川黔湘鄂、粤桂作战的文电；滇黔绥靖公署、云南绥靖公署文件；国民政府军事委员会委员长昆明行营文件；西安事变期间蒋介石与龙云的往来文电；陆军第六军、第五十四军的相关文件；军政部兵工署五十三厂的相关文件；联勤总部云南供应局的相关文件；唐继尧、龙云、卢汉活动记录与卢汉言论集；日军侵占滇西暴行的文件；交通部滇缅铁路督办公署文件；交通部公路工程管理局相关文件；何应钦、白崇禧及各省议会致毛泽东、朱德函电等。

2. 土司档案。由于云南少数民族众多，历代王朝在云南实行了土司这种特殊的统治制度，国民政府和云南省政府出于国防安全考虑，也没有对云南土司进行彻底的改土归流，这一制度一直得以延续至20世纪50年代[1]。云南省档案馆所藏政府秘书处及民政厅档案中就有大量相关档案，如：滇茶与勐海、勐混两区土司成立师范茶园的相关文件，芒市、陇川、干岸各土司发现流疫为请救济致民政厅的呈文，等等。

3. 人民运动档案。抗日战争结束后，云南的人民运动如火如荼，成为第二条战线的中心。此类档案亦成为云南省档案馆的特色档案。如："一二·一"学生运动的文件；李闻惨案及各界人士声讨的文件；有关镇压中共云南省地下党、滇黔边区游击队与学生运动的文件；昆明学生运动汇集等史料。

二、其他档案馆

云南全省地方档案馆共81个：昆明市档案馆、寻甸回族彝族自治县档案馆、曲靖市档案馆、宣威市档案馆、陆良县档案馆、会泽县档案馆、富源县档案馆、师宗县档案馆、沾益县档案馆、玉溪市档案馆、玉溪市江川区档案馆、华宁县档案馆、澄江县档案馆、易门县档案馆、元江哈尼族彝族傣族自治县档案馆、新平彝族傣族自治县档案馆、昭通市档案馆、昭通市昭通区档案馆、永善县档案馆、绥江县档案馆、镇雄县档案馆、大关县档案馆、盐津县档案馆、巧家县档案馆、彝良县档案馆、威信县档案馆、鲁甸县档案馆、普洱市档案馆、普洱市思茅区档案馆、澜沧拉祜族自治县档案馆、临沧市档案馆、凤庆县档案馆、云县档案馆、双江拉祜族佤族布朗族傣族自治县档案馆、沧源佤族自治县档案、耿马傣族佤族自治县档案馆、保山市档案馆、保山市隆阳区档案馆、昌宁县档案馆、龙陵县档案馆、腾冲市档案馆、丽江市档案馆、丽江市古城区档案馆、华坪县档案馆、永胜县档案馆、文山壮族苗族自治州档案馆、红河哈尼族彝族自治州档案馆、个旧市档案馆、开远市档案馆、弥勒市档案馆、蒙自市档案馆、泸西县档案馆、建水县档案馆、石屏县档案馆、金平苗族瑶族傣族自治县档案馆、屏边苗族自治县档案馆、楚雄彝族自治州档案馆、楚雄市档案馆、元谋县档案馆、牟定县档案馆、双柏县档案馆、禄丰县档案馆、永仁县档案馆、姚安县档案馆、大理白族自治州档

[1] 马玉华、齐逾：《国民政府对云南土司的调查》，《贵州民族研究》2004年第4期。

案馆、大理市档案馆、弥渡县档案馆、云龙县档案馆、洱源县档案馆、鹤庆县档案馆、永平县档案馆、漾濞彝族自治县档案馆、德宏傣族景颇族自治州档案馆、怒江傈僳族自治州档案馆、泸水市档案馆、福贡县档案馆、贡山独龙族怒族自治县档案馆、迪庆藏族自治州档案馆、香格里拉族档案馆。

其中，昆明市档案馆所藏民国档案分为行政、内政机构，社会机构及法院，党务机构，卫生、教育机构，财政、金融机构，经纪机构和企业，昆明县各机构等 7 大类，收录了民国时期昆明市参议会，昆明市政府，昆明市民政局，昆明市社会局，昆明市各中学，昆明市财政局，昆明市税务征收局，昆明市工务局，昆明县政府民政科，昆明县各乡镇公所等机构相关档案；大理白族自治州档案馆保藏有大理县政府，剑川县各乡镇公所，弥渡县政府，云龙县政府，鹤庆县政府，祥云县政府，宾川县政府，永平县政府，漾濞县政府，蒙化县政府，凤仪县政府，邓川县政府等 12 个县的相关文件；德宏傣族景颇族自治州档案馆藏有潞西县设治局、梁河县设治局、盈江县设治局、莲山县设治局、陇川县设治局、瑞丽县设治局等 6 个设治局档案，内容丰富而细致。

云南省市、县、自治州档案馆所藏档案虽然在数量上与省馆相差甚远，但在种类上却纷繁复杂极有特色。如：设治局档案，包括潞西县设治局、梁河县设治局、瑞丽县设治局、泸水设治局、贡山设治局等，真实地反映了民国时期设治局这一暂时性地方行政机构向云南“设流而不改土”[1] 地区扩展的历史轨迹，成为土司档案的必要补充。另外，在地方档案中还有一类特别的档案，即同乡会档案。这些同乡会档案虽然卷数较少，但内容却极为丰富。以昆明大理同乡会为例，档案内容有会员吸收办法及会员名册；会员代表大会记录；组织章程；有关帮助同乡打官司的诉状与为同乡调解纠纷的公函；为家乡教育、卫生、福利事业募捐启事及捐资清册等等，反映出西南地区特有的“乡党”意识。

[1] 马玉华、齐逾：《国民政府对云南土司的调查》，《贵州民族研究》2004 年第 4 期。

第二十六节　西藏自治区民国档案概况

西藏自治区的民国时期档案主要藏于西藏自治区档案馆，以藏文为主。从内容上看，凡西藏地区的政治、经济、文化的兴衰，人事更替，典章制度，天灾人祸，宗教民俗，民族往来，西藏地方和中央政府的关系，等等，应有尽有。如民国中央政府对达赖、班禅、办事长官的文书训令；噶厦政府对各宗、寺庙行施政令所发布的各种文稿，各下级政权机构及庶民百姓向噶厦政府呈送的各种增减力役赋税、官员更替、诉讼案件等报告，这些藏文官方文书，对时间、地点、人物和事件的记述比较准确，是西藏地方历史上各方面社会情况和自然概貌真实记录的第一手资料，在藏学研究方面具有相当权威性。其典藏的主要全宗有：

1. 噶厦全宗

共有档案 43,459 件，形成于 1911 — 1949 年。主要内容有：有关西藏行政区划的文件；有关国民政府对西藏行使主权的文件；有关宗教的文件；有关西藏重大历史事件及抵抗侵略的文件；有关农奴制、司法制度及社会状况的文件；有关农牧、手工业等经济状况的文件；有关矿产资源的文件；有关西藏与内地民族间往来的文件等。

2. 译仓全宗

共有档案 55,494 件，形成于 1911 — 1949 年。主要内容有：有关达赖、班禅被确认、封诰的文件；有关重大人事任免、奖惩、薪俸及其赏赐的文件；有关西藏地方政府各机关的大事记、备忘录等文件，包括印簿、簿册、交接清册、清单；有关宗教事务的文件；有关西藏财政、经济的文件；有关军事、外事及社会状况的文件；有关“孜仲”学校生源、授课及学生考试的文件等。

3. 孜康全宗

共有档案 18,961 件，形成于 1911 — 1949 年。主要内容有：有关孜康列空向西藏政府呈报财政、经济的文件；有关西藏地区耕地面积、耕种率、产量及粮食储量的文件；有关西藏地区畜牧业、牧税的文件；寺庙、僧俗官员拥有土地、房屋、山水、草木及人役等所有权执照等。

4. 马其康全宗

共有档案 15,524 件，形成于 1911 — 1949 年。主要内容有：有关各军营编制、纪律的文件；有关官员任免、调遣的文件；有关设置边境哨卡，阻止外国人入藏及参与宗教活动的文件；有关军训、军营纠纷、军民纠纷的文件；有关军饷、购买军械、兴建营房等军费开支的文件等。

5. 孜恰全宗

共有档案 20,397 件，形成于 1911 — 1949 年。主要内容有：有关该机构职权、制度的文件；有关该机构人员任免的文件及名册；孜恰列空所属各宗谿的收支清单；有关该机构收入、支出的文件；有关征收黄金税、牧业税的文件；有关孜恰列空内部纠纷的文件等。

6. 朗孜厦全宗

共有档案 18,851 件，形成于 1911 — 1949 年。主要内容有：有关管理枪支及处理盗窃、买卖武器的文件；有关禁止赌博、吸毒等社会治安方面的文件；有关市场管理、监督度量衡执行情况的文件；有关货币流通情况、禁止掺假章卡（藏币）、伪造纸币流通的文件；有关征收土地、房屋、人头税、差役等方面的文件；有关宗教、文教卫生、外交方面的文件等。

7. 贡德林全宗

共有档案 23,413 件，形成于 1911 — 1949 年。主要内容有：有关达赖喇嘛、摄政王寻找达擦活佛（贡德林活佛）转世灵童及其坐床、册封的文件；有关庄园、土地、房屋、人役等所有权的文件；有关农牧区差役、土地出租税、借贷等文件；有关宗教事务开支的文件等。

8. 拉恰全宗

共有档案 32,524 件，形成于 1911 — 1949 年。主要内容有：有关该机构制度、所有权的文件；有关该机构征集物品及各宗谿征收畜税登记等文件；有关传昭大法会和会供法会、达赖喇嘛坐床典礼等宗教活动收支的文件；有关贸易和纠纷案的文件等。

9. 雪列空全宗

共有档案 11,267 件，形成于 1911 — 1949 年。主要内容有：有关该机构人事任免及人口统计的文件；该机构日常工作记录；有关土地、房屋所有权的文件；有关乌拉差税、农牧赋税的文件；有关该机构所属十八个宗谿治安、纠纷案的文件；有关达赖喇嘛膳食、官员薪俸及其宗教活动开支等经费方面的文件。

10. 色拉寺全宗

共有档案 43,652 件，形成于 1911 — 1949 年。主要内容有：有关该寺组织机构、人员任免的文件；有关该寺庄园、土地、房屋、山川、草地、水源、林木及人役所有权的文件；有关该寺支应、减免差税等文件；有关各色拉寺附属小寺庙宗教活动的文件；贡德林拉章所属寺庙、佛堂、佛像、经书等移交簿。

11. 上密院全宗

共有档案 3,309 件，形成于 1911 — 1949 年。主要内容有：该寺戒律；有关该寺堪布、执事等人员任免的文件及花名册、薪俸执照；有关该寺拥有土地、房屋、人畜等的文约及纠纷处理的文件；有关该寺差役、赋税的文件；该寺庄园年收支清册；有关寺庙修缮经费的文件等。

12. 下密院全宗

共有档案 1,525 件，形成于 1911 — 1949 年。主要内容有：有关该院历史沿革及寺庙戒律；有关该院人员任免的文件；有关该院堪布和中央政府往来信函；达赖喇嘛、摄政给该院下发的有关寺庙戒律的诏书；有关土地、房屋、人役等所有权纠纷案的文件；有关各寺院谿卡收入、开支、银粮债务的文件等。

13. 萨迦寺全宗

共有档案 17,107 件，形成于 1911 — 1948 年。主要内容有：达赖、班禅、弟司等有关该寺土地、房屋、人役所有权及减免差役的文件；有关土地、草场等所有权的文件；有关支付差役费用的文件及各曲谿（寺庙、庄园）收支清册等。

14. 策门林全宗

共有档案 31,110 件，形成于 1911 — 1949 年。主要内容有：有关策门林拉章活佛转世至圆寂前的文件；寺庙戒律；有关赏赐土地、房产、人役的文件及拉章内外收支清册、产量登记簿；有关所有权纠纷的文件；有关策门林拉章恰佐府日常开支、维修开支、布施基金的文件等。

15. 热振拉章全宗

共有档案 10,971 件，形成于 1911 — 1949 年。主要内容有：有关热振活佛在色拉寺修习佛法的文件；有关热振事件的文件；有关拉章和西宁商人买卖商品及其与外国人进行商务活动的文件；有关拉章的力役租税、农牧区收缴差税的文件；有关各谿卡年度收支、佛事活动支出的文件等。

16. 德珠拉章全宗

共有档案 12,496 件，形成于 1911 — 1949 年。主要内容有：有关拉章所属寺庙谿卡、土地、房屋、人役所有权的文件；有关拉章管理所辖各寺庙、佛像、经书及主持宗教仪式的文件；有关拉章征收人头税、房租、牲畜税的文件等。

17. 谿德扎仓全宗

共有档案 1,846 件，形成于 1911 — 1949 年。主要内容有：有关该寺庙创建、沿革的文件及其戒律；有关该寺庙各级执事任免的文件及堪布、各大活佛薪俸执照；有关土地、房屋、人役所有权的文件、执照；有关增加寺庙供养、出租土地等文件及移交清册；有关布施、举行宗教仪式的收支清册等。

18. 达隆寺全宗

共有档案 2,308 件，形成于 1911 — 1948 年。主要内容有：有关谿卡所有权的文件；有关该寺所属谿卡土地、产量的文件；各谿卡年收入、支出账目及土地、房屋、财产移交清单；有关各溪卡纠纷案的文件；有关该寺佛事活动的文件等。

19. 密儒寺全宗

共有档案 2,170 件，形成于 1911 — 1949 年。主要内容有：有关达赖、班禅赏赐该寺田地、房产的文件；该寺的法规、契约；有关卜卦求神的文件；第珠拉章和密儒扎仓的意向书、土地变卖契约；有关喇嘛、僧人日常事务、待遇等文件；有关佛事基金的文件；有关扎仓司库收支、借贷、供品的文件等。

20. 拉鲁全宗

共有档案 18,440 件，形成于 1911 — 1949 年。主要内容有：有关拉鲁 · 次旺多吉任噶伦兼马基康（藏军司令部）司令、任昌都总管参与热振事件的文件；有关拉鲁家族土地、房屋、人畜等产业及其经营收支情况的文件；

有关宗教佛事的文件；有关差役、兵役、增额赋税等的文件；有关修建房屋的文件等。

21. 西噶林巴全宗

共有档案 6,833 件，形成于 1911 — 1949 年。主要内容有：有关西噶林巴三代人任政府要职及其履行职责的文件；有关政府赏赐该家族谿卡、劳役的文件；该家族私人往来信件；有关调解各类纠纷的文件；有关经商收支、借贷的文件；有关佛事活动购物费用的文件等。

22. 理塘强差仓全宗

共有档案 3,736 件，形成于 1911 — 1949 年。主要内容有：有关贸易往来的信函及账本、备忘录；有关进行商务活动的文件；有关家族开支、借贷的文件等。

第二十七节　陕西省民国档案概况

一、陕西省档案馆

陕西省档案馆成立于1958年10月，是由中共陕西省委、省人民政府领导的，集中保管陕西具有全省意义的档案、资料的综合性档案馆。该馆馆藏档案共490个全宗、640,000卷，资料68,000件，可分为清朝档案、民国档案、革命历史档案、建国后档案、西北大区档案5大部分。

陕西省档案馆馆藏民国时期档案共计94个全宗，90,000余卷，是1912—1949年期间国民政府陕西省政府各机关、国民政府军事委员会驻西安各单位及高等院校形成的档案资料，又以1940年以后档案为多，反映了民国时期该省行政、内政、社会、教育、文化、卫生、考试、监察、司法、军事、党务、财政、金融、商业、厂矿、农林、水利、公路、邮电等省级机构、企事业单位的基本情况。由于历史原因，有部分档案在民国陕西省政府逃离陕境时焚毁或转移，致使馆藏民国档案有欠完整，但就反映民国时期陕西发展的历史进程来看，仍不失为具有特殊价值的珍贵史料，而且鉴于西安是国民党在西北地区的军事、政治、经济、文化统治中心，陕西省档案馆馆藏民国时期档案的史料价值已远远超出了该省范畴，是研究整个西北地区历史状况的第一手材料。

这批档案中既有反映陕西靖国军、民国北伐军概况，西安事变经过，西安行营、西京筹备处情况，国民党在陕西的党、政、警、特机构建制及其活动等方面的史料，也有反映陕西经济建设、人事变更、机构调整、交通运输、工农商业发展、邮政、农林水利、自然资源调查、教育、卫生、宗教、科研、官僚资本、民族资本发展等方面的史料。涉及国民党陕西省党部，部分县、市党部，国民党中统、军统及其他特务组织，陕西省政府、民政厅、财政厅、建设厅、教育厅、粮食局、水利局、林业局、盐务局、邮政管理局、电政管理局、临时参议会、晋陕监察使署、海关总税务司署、陕西省国税管理局、省林务局、省农会、省地政局、省高等法院、省银行、华侨兴业银行、交通银行西安分行、西北工学院、国立西北大学、西安师范学校、雍兴公司、关中企业公司、林业部西北羊毛改进所、西北长途电话第七工程总队、交通部西北公路局、监察院战区第二巡视团、邵力子图书馆、国民政府军事委员会、西安长官行营等诸多机关单位。其中内容较为珍贵的有蒋介石、于右任、顾祝同、张学良、杨虎城、邵力子、冯玉祥、李宗仁、陈立夫、孙蔚如、熊斌、祝绍周、蒋鼎文、董钊等国民党军政要人的手迹、电文、训令；于右任总领陕西靖国军纪事；有关 1927 年蒋介石发动四一二反革命政变前后情况的电报；何应钦与日本签订“何梅协定”的电报；国民党陕西省党部及各分区中统人员名单、军统西京人员名单、西安事变张杨部队团以上主官姓名表以及事变中相关方面来往密电；著名水利专家李仪祉为治理泾水、渭水、黄河致邵力子的亲笔信等。

陕西省档案馆还藏有冯玉祥任西北边防督办时设立的西北银行第一次全体行务会议记录一份，该银行随着冯玉祥在西北地区势力的不断扩展而盛极一时，曾正式发行过西北银行券。馆藏中有较高史料价值的还有《邵力子先生民国二十四年讲话集》、冯玉祥督陕期间的《国民革命军政报》、反映西安事变的《东望》《纪念西安围城胜利八周年》等历史资料。

陕西省档案馆所建名人档案全宗内，以征集收藏的民国人物邵力子在陕期间个人档案资料较有特色。同盟会元老邵力子民国期间曾任黄埔军校秘书长、国民党中央宣传部长、中央监察委员、南京国民政府驻苏大使、甘肃省主席、国民党参议会秘书长及旧政协会议国民党代表等要职，于 1933 年 5 月 5 日受命出任陕西省政府主席。1933 年 6 月至 1936 年 12 月他主政陕西期间，致力于开发西北，促进了当地农林、水利、交通、文教事业的发展。陕西省档案馆保存有邵力子在陕西公务活动中所形成的电报、书信、讲话以及他在省政府委员会上的各项提议等档案资料 260 卷（册），其中不少文件由他亲笔撰写或批示。陕西省档案馆对这些档案史料进行了系统分类，并编辑相关史料汇辑，为研究邵力子思想及其在陕事业提供了重要的参考价值。[1]

---

[1] 王自成、刘玉桂、周仓银：《邵力子在陕西史料略述》，《民国档案》1985 年第 2 期。

该馆馆藏革命历史档案中，陕甘宁边区政府及其所属机构档案是最为完整和珍贵的档案史料。这部分档案不仅具有地方特色，且具有全国意义，真实记录了陕甘宁边区政府作为模范的民主抗日根据地政府，在执行抗日民族统一战线政策，领导边区军民发展生产、支援前线、保卫边区，粉碎国民党军队进犯，迎接新中国诞生的进程中所开展的诸如民主建政、减租减息、土地改革、精兵简政、发展生产、整风运动、支援前线、参军参战、武装民众、拥政爱民、进军西北、锄奸防特、国防教育、民政救济、金融管理、干部任免、司法建设、债权债务处理、合作社事业等一系列活动。馆藏革命历史档案中较为珍贵的还有：中华苏维埃人民共和国中央政府驻西北办事处的相关文件；陕甘宁边区政府施政纲领；国共两党第二次合作时期的往来信函；整风运动和大生产运动的有关文件以及《陕甘宁边区实录》《陕甘宁边区政策法令汇编》《陕甘宁边区简史》《陕甘宁边区建设总述》《陕甘宁边区政府四二年整风总结》等重要史料。

二、西安市档案馆

西安市档案馆馆藏较有特色的民国档案当数西京筹备委员会、西京市政建设委员会、西京市政建设委员会工程处等档案全宗。一·二八事变后国民政府迁都洛阳，在 1932 年 3 月国民党四届二中全会上定西安为陪都（即西京），同年 4 月 17 日，西京筹备委员会作为国民政府内部筹备西京、建设陪都的机构在西安市开始办公，由筹委会委员长张继负责开展西京市的实际建设工作。1934 年 8 月西京筹备委员会、国民政府国民经济委员会、陕西省政府联合组成西京市政建设委员会，作为西京市市政建设的实施机构，原属陕西省建设厅的西安市政工程处改为西京市政建设委员会工程处。故 1933 —1935 年行政院、内务部和陕西省政府的公文和行政区划表册均有西京市之谓，然而西京市的设置未成现实。1941 年 12 月底行政院训令撤销西京市政建设委员会，1945 年 4 月又下令撤销西京筹备委员会。西安市档案馆馆藏西京筹备委员会、西京市政建设委员会、西京市政建设委员会工程处全宗档案，主要内容有西京市政建设委员会会议记录、施政计划及工作进度检讨报告、市政工程报告、建筑管理规则与办法、市区公地招标与标卖，私有土地报验与清丈、建筑物修缮与出售、施工说明、经费预算、职员任免与考绩等，反映了 1932 — 1945 年间国民政府筹备西京、建设陪都的始末情形。另外该市档案馆所藏形成于 1937 — 1938 年的军事委员会委员长西安行营、形成于 1941 — 1949 年的西安绥靖公署全宗，因该机构当时在西北地区的重要地位而颇有价值。

陕西省其他地区档案馆藏有民国档案较多的还有铜川市、宝鸡市、武功县、华县、富平县、西乡县、榆林市、安康市、旬阳县、汉阴县等市县级档案馆。

第二十八节　甘肃省民国档案概况

一、甘肃省档案馆

甘肃省档案馆系甘肃省规模最大的档案馆，也是集中统一管理甘肃地区民国档案的基地，该馆于 1956 年开始筹建，1959 年 2 月正式成立。该馆现藏民国档案近 10 万卷（件），是民国时期甘肃省地方旧政权、相关机构团体和部分企事业单位所形成的历史档案。甘肃省解放前夕，国民政府和马步芳政权在覆灭溃逃之际曾下令销毁重要档案，所以从战火中抢救出来的这部分档案不甚完整，另外还有相当数量的档案分散保存于各有关部门。尽管如此，甘肃省馆所藏民国档案仍较集中地反映了 1912 — 1949 年间甘肃省政治、经济、民政、司法、军事、外事、工业、农业、交通、水利、文化、科技等各个方面的历史状况，是研究这一时期甘肃及西北地区地方史、少数民族史以及开展编史修志工作的重要依据。

甘肃省档案馆馆藏民国档案包括北洋政府时期档案和国民政府时期档案。其中北洋政府时期档案主要系当时甘肃督军驻京办公处形成的档案，是 1991 年从北京大学综合档案室征集所得，其内容涉及军事、民族和国内外要闻等。举其要者如军事方面关于边防省防、调动编师、枪弹订造等事宜的档案，大总统曹锟有关甘边治安防范问题的电报，民族方面重要的有 1924 年迎护九世班禅由后藏经安西入京的材料，记述甘肃回教派别缘起、汉回军力比较及中央对甘肃采取的方针等文件，此外还有议员选举、财政收支、查禁烟毒等方面档案，是研究西北少数民族史和当时政治、军事等情况的珍贵史料。国民政府时期档案是该馆馆藏历史档案的主体，由这一时期西北地区性机构和中央派出机构，如甘肃省行政、议会、治安、司法机构，兰州市政府及其有关部门和部分学校、社团形成，对研究该省政治、军事、经济、司法等历史情况具有一定史料价值。水利部河西水利工程处、甘肃省水利局档案全宗，涉及水政管理、机构人事、勘测设计施工、统计财务等内容，对研究河西开发具有重要参考价值。兰州空袭紧急救济联合办事处档案全宗，真实反映了日军数次空袭兰州和兰州地方当局采取应急措施的情况，较具研究价值。此外还有 1942 年 1 月至 1946 年 5 月兰州海关税务司公署档案，绝大部分为英文记载。

二、甘肃平凉地区档案馆

甘肃平凉地区档案馆所藏历史档案以民国时期档案为主，其中数量最多的是国民党甘肃省高等法院平凉地方法院档案，时间跨度 1916 — 1949 年，内容较为系统和完整，当中小部分为相关法令、公证材料、律师聘任等文书档案，大量的民刑事档案则涉及杀人、伤害、盗窃、土地地界、宅基地、财产、邻里纠纷等案件的诉讼判决文件，反映了民国时期某些法规制度、法院院务管理、法律程序及其执行等情况，有助于对民国时期地方司法、治安状况的了解与研究。

其次为国民政府财政部西北盐务管理局陇东分局档案（1939 — 1949），主要有关于官营盐业财务、会议报表、经销管理、人事与财产管理等方面的文件，上下级来往文书及各种会议记录等，反映了民国时期平凉官营盐业活动与组织管理概况。

该馆所藏甘肃省立平凉中学档案，是一套较完整的学校政务和教务管理档案，内容包括甘肃省政府、教育厅和平凉地方政府、党部有关学校人事、校务、招生、军训、会考、津贴、经费等方面的训令以及有关校务管理制度、各类统计表册等文书档案。

此外还有国民党西北公路特别党部档案（主要是该党部转发的国民党中央的训令、指令、政治情报以及该党部及下属第二十九区党部党务活动的文件，包括会议记录、党员考核、组织活动及部分职员名册等）、国民党平凉县党部档案（有该党部第一次党代会的文件，转发国民党中央的训令、县党部致各区分部公函以及其他党务活动登记、记录等）、甘肃省第三区行政督察公署兼保安司令部档案（有内务部、国防部、省政府公文，专署组织规程、壮丁管理、田赋税收、禁烟戒毒、公务员奖惩、防共限共等文件）以及国民党平凉县政府、县税务征收局、国立陇东师范、省立平凉师范、省立高平中学、私立力行中学等单位档案，对于研究平凉地方史等问题有所帮助。[1]

[1] 崔永儒、冯天祥：《甘肃平凉地区档案馆馆藏档案简介》，《历史档案》1994 年第 4 期，第 127 — 128 页。

三、甘肃省气象档案馆

甘肃省气象档案馆馆藏民国档案多为二十世纪三四十年代该省兰州、榆中、靖远、天水、岷县、平凉、庆阳、武都、武威、张掖、山丹、酒泉、敦煌、临夏、临洮、华家岭、西安等各测候所对所在地区气温、气压、降水、大风、日照、能见度、冻土、云量等气候现象的观测记录。

四、甘肃省玉门石油管理局档案馆

甘肃省玉门石油管理局档案馆馆藏民国档案 9,000 余卷，形成时间在二十世纪三十年代末至 1949 年，涉及甘肃油矿局及其总务处、营运处、矿场、工务组、炼油厂和甘肃油矿局兰州办事处、酒泉办事处等机构以及油田勘探与开采、石油炼制与储运以及相关技术改进、工程建设、器材供应、后勤管理、员工福利等方面的具体内容；青海地质档案汇集则主要是有关青海省内门源、化隆、贵德、柴达木、大通、祁连山地区金矿、油田、煤田等地质矿产的文件资料，反映了民国时期中国西北矿业发展的基本状况。

五、其他档案馆

甘肃地区还有部分民国档案分散保存于金昌市、靖远县、天水市麦积区、武山县、秦安县、定西市、静宁县、崇信县、庆阳市、陇南市、徽县、武威市、酒泉市、临夏回族自治州等市县州（地区）级档案馆。以市级综合性档案馆天水市档案馆为例，该馆馆藏民国档案主要是国民党天水县、秦安县、甘谷县、武都县、文县、康县、岷县、西固县政府及民国时期甘肃高等法院第二分院、天水电信、盐务、邮政、石油、公路运输、铁路、农业推广、水土保持、防空情报等单位形成的档案，较广泛地记载了民国时期当地政治、经济、人事、司法、军事、水土保持、农业技术、工业交通、邮政、盐务、电信等方面历史状况，是研究中华民国史、天水地方史、社会发展史等的重要史料。

第二十九节　青海省民国档案概况

民国时期，在我国西北的甘、宁、青地区存在着数股强大的回族武装力量（因其首领皆为甘肃河州回族马姓，故称“马家军”），他们参与了当时中国政坛的纷争，先后依附于清政府、北洋军阀、冯玉祥、蒋介石等集团，经数十年的发展，逐渐成为左右西北局势的军阀武装，这其中又以 20 世纪 40 年代后期的“西北三马”（即马鸿宾、马鸿逵、马步芳集团）最具实力。民国政府 1929 年才在青海建省，而当时马氏家族却已统治青海长达 40 年，尤其是马步芳因“剿匪”有功在蒋介石扶持下于 1938 年一举控制了青海全省，成为集军、政、特、教大权于一身的“青海王”。西北地区民国档案对于西北诸马武装集团发展史及其在当地数十年的政治、经济统治状况有诸多反映，如马步芳为垄断全省金融、贸易、工矿、农牧等各行而成立青海省湟中实业公司，并自任为公司董事长，湟中实业公司全宗档案目前计有 24 卷，多为反映该公司及其下属工厂、牧场等实业与人员基本状况的统计表册，现保存于青海省档案馆内。

青海省现有民国档案 40,000 余卷，分别收存于省内 15 家档案馆。这批民国档案从马氏家庭演变、国民党党务、三青团活动、机构人事、政务活动、司法监察、军事、涉外、民族宗教、风土人情、史地物产、财政税收、金融信托、农林水利、工矿电业、商业盐务、交通运输、邮电通讯、文化教育、体育卫生等不同方面反映了民国时期青海省的概貌，是研究青海省民国史和编修青海地方史志不可或缺的第一手材料。

青海地区保藏民国档案最多的青海省档案馆所藏档案主要有：

（一）国民党青海省党部档案

形成于 1913 — 1949 年，涉及国民党青海省党部、省执行委员会、监察委员会、各县市国民党党部、省国民教育研究会、省农会及国民党中央组织部等单位，涵盖了国民党青海省党部党务活动、人事经费、代表会议、新生活运动、国民教育、文秘档案、监察工作、青年干部训练、班禅行辕驻青机构、行业组织、党员情况、社会调查等方面的内容。

（二）行政机构档案

主要有青海省政府内部常设各厅局与临时机构、金融部门、民众团体、西北盐务局、西北公路管理局、西北兽疫防治处等，此外还有西宁、乐都、湟中、湟源、民和、循化、互助、化隆、囊谦、称多等各市、县政府档案，青海省建设厅、省财政厅、省民政厅、省地政局等机构档案。内容涉及政绩政情、机构设置、会议召集、印信启用、人员培训与任免、考核奖惩、立法选举提案、财产经费、计划统计、参议政事、文书处理、档案管理、保甲编制、地方自治、文化教育、体育卫生、户籍管理、婚丧礼仪、合作事业、自然灾害、社会治安与救济、民政保险、金融信贷、税收福利、物价管理、交通电力、农田水利、畜牧防疫、土盐经营等。

（三）教育、文化、卫生机构档案

主要有青海省教育厅与教育资产管理委员会，西宁师范学校，西宁第一中学，青海省艺术研究会，青海省中医师公会，中山医院等。

（四）税务、警政、司法机构档案

主要有西宁国税稽征局，青海南部边区警备司令部，青海省高等法院，西宁地方法院，乐都地方法院等档案。

（五）金融机构档案

主要有青海省实业银行，青海省银行，中中农行青海支行（西宁分行），中央信托局西宁代理处等。

（六）邮政机构档案

主要有西宁邮政局，西宁电信局，西宁电报电话局等。

（七）社会团体档案

主要有全国节约建国储蓄委员会青海分会，青海省商会联合会，省工会、农会等。

（八）民族、宗教组织档案

主要有河南蒙古左右翼盟，班禅行辕驻西宁办事处，青海省佛教会、道教会、回教促进会等。

另外，青海省气象档案馆保藏有青海气象档案资料汇集，形成于 1932 — 1949 年，主要有青海省西宁、都兰等县市气象月报表、风雨寒暑表、年总表等气候测量资料。这些测量记录与资料为气象工作者研究我国西北地区气象状况、变化规律积累了宝贵的材料。

第三十节　宁夏回族自治区民国档案概况

由于历史上行政区划多次变更，加之 1929 年元旦宁夏建省后，军阀混战，战争纷起，省政府变换频繁，因此宁夏地区形成的民国档案缺乏连续性。据资料记载，有关档案丢失和焚毁情况就发生过几次。1938 年夏，日军飞机两次轰炸银川，宁夏省政府档案遭受不同程度的损失，后经省政府秘书处整理尚余 1,200 余卷。1949 年宁夏解放前夕，马鸿逵逃离时将部分档案带走，留下档案 24,000 余卷，新中国宁夏回族自治区政府办公厅接收了这批旧政权档案并进行剔除和筛选，只保留了少量被认为有保留价值的马鸿逵政府时期档案。尽管宁夏地区的民国档案缺乏系统性和完整性，但仍有其独特的历史价值。

1. 宁夏省政府全宗档案

迄止年限为 1929 年 1 月至 1949 年 7 月，按年代与机构分类组卷，编有案卷目录和人名卡片，由省政府机关自身形成的档案以及所属厅局有关教育、财政收支、民政宗教、田赋、地质、人员任免等文件组成。主要包括宁夏省政府与行政院、内务部等有关政务、人事等方面的法规、公文、函电等；省政府职员录、省属相关厅处人事调动报告；各县行政事务汇报与请示；宁夏省府人员加入国民党登记表、考核表及人员花名册；宁夏省政府会议记录、工作报告；行政区划及机构设置等；省政府、省财政厅相关财政计划、经费收支、预算情况、工作概况、条例章程等内容。

2. 宁夏盐务分局档案

是宁夏地区现存较具特色的民国档案。国民政府财政部盐务总局西北盐务管理局宁夏盐务分局，简称民国宁夏盐务局，其职能是监督管理辖区内食盐生产、运输、储存、销售、征税、缉私。1929 年 2 月成立宁夏榷运局，1935 年移交财政部西北盐务收税总局驻宁夏办事处。1936 — 1940 年前后，还同时存在宁夏盐场公署机构及所属支局、场务所等机构。民国宁夏盐务分局档案解放后多次移交，1989 年经区饮食服务蔬菜公司发现，于 1989 年 12 月 15 日接收进自治区档案馆。该档案全宗内容较系统完整，可划分为下列 4 类：

（1）民国时期宁夏省主要党务政务社会活动有关文件，反映了当时宁夏政权更替、机关设置、官员任免，军政要事、政策法令、社会活动、经济文化、薪额物价、绥西抗战、宁夏境内军阀统治、国民兵训练、反共清查、进攻陕甘宁解放区等情况。

（2）民国时期宁夏盐务管理综合政务及业务文件，主要反映宁夏各级盐务机构成立及官员任免、视察盐场、员工抚恤奖惩、监察考试、盐务税警人员与武器装备管理、私盐案件缉拿审理等情形。

（3）民国时期宁夏盐业产销税收业务文件，主要有盐场生产管理、运输灌仓、仓盐保管收放、坨盐仓盐淹销及保险损失、食盐专卖与管制、军民食盐供应、运销票照装具、盐斤成本与售价、盐税标准、税款缴解、会计核算、业务经费等多项内容。

（4）民国时期宁夏盐务系统总务财产及行政杂费文件，主要有民国宁夏盐务机构购置土地房屋、办公用品，员工盐警薪饷等各项费用。

3. 宁夏省邮政局档案

分别保存在自治区档案馆和自治区邮电档案馆。宁夏回族自治区邮电档案馆保管的档案侧重于邮电业务活动，自治区档案馆保管的部分容则比较芜杂，可划分为人事、党务、业务、综合四类，案卷按年代、主题特征排列。此外还有反映国民党地方组织运作情况的国民党宁夏省党部档案，以及国民政府财政部甘青宁新区直接税局贺兰分局、宁夏省高等法院等机构形成的档案。

4. 其他

宁夏地区档案馆馆藏民国档案受客观因素影响数量有限，藏档最多的自治区档案馆所藏总数甚至不足千卷。其中值得一提的还有银川市档案馆特藏档案中的民国档案，即宁夏省政府、银川市政府、国民党宁夏省区党部、宁夏商联银川市筹备处、宁夏省育幼院、宁夏省农林处等 6 个全宗，内容涉及城市建设、文化教育、市容整治等方面。该馆馆藏民国时期老街道纵断面图等，则再现了银川市当时的历史面貌。

第三十一节　新疆维吾尔自治区民国档案概况

民国时期的新疆档案内容纷繁，涉及面广，涵盖了新疆主要统治者杨增新、金树仁、盛世才等主政时期的施政方针及有关重要活动，其中不乏直接见证新疆重大历史进程，揭示新疆民国社会变迁、政治制度变革、展现地方经济，反映地区文化教育状况等方面内容的珍贵档案。如有关杨增新的民族政策、外交政策；金树仁与马仲英的对抗；盛世才与斯大林的来往书信；新疆各民族的抗日募捐；新疆民国时期的禁烟运动；新疆各民族的生活及宗教信仰方式；各民族文化促进会等。另外，体现民国时期新疆各民族文化教育等方面的档案，有关外国人在新疆传经布道、进行探险活动的档案以及重要人物如毛泽民改组新疆商业银行、发行新币，张治中处理新疆民族问题，新疆和平解放等档案内容也十分珍贵。

除新疆维吾尔自治区档案馆外，各市县档案馆也藏有部分民国时期档案。

一、新疆维吾尔自治区档案馆

新疆维吾尔自治区档案馆保藏有中华民国时期形成的历史档案 89,605 卷，其中包括新疆省政府（含边防督办公署）档案 48,320 卷，吐鲁番县档案 40,848 卷，革命历史档案 437 卷。

馆藏新疆省政府（含边防督办公署）档案中涉及政务、军事、民政、司法、警务、社团、外交、财政、建工、交通、文教、党务、特别事物等方面内容，涵盖了民国时期新疆的政治、经济、文化、军事、外交等各个方面，从不同侧面反映了民国时期新疆的社会状况，内容丰富、材料翔实。

民国时期新疆省政府（含边防督办公署）档案共有 13 个档案汇集，主要内容为：

1. 新疆国民党党务档案汇集

主要是国民党新疆省党部、新疆省国民党执行委员会、三青团新疆支部等机构活动中形成的档案，计 200 卷。

2. 新疆政务档案汇集

主要是盛世才时期的“五厅一处”即财政厅、教育厅、建设厅、民政厅、农矿厅、秘书处以及新疆省政府下设的 40 多个专职委员会等机构形成的档案，计 13,004 卷。主要内容包括新疆省政府及各厅、专职委员会颁布的法律、命令、指令、训令、决议，组织章程、条例、办法，工作报告、会议记录等；省政府与中央政府及各地县、厅局关于行政区划、机构、人事任免、军事情报、交通、邮电、司法、外交等问题的来往文电；省政府及各厅、委员会职员各册等档案材料，其中还有一些民国时期的委任状等特殊形式的档案。

3. 新疆民政档案汇集

主要是新疆省民政厅形成的档案，计 1,316 卷。主要内容包括各种法规、章程、人事任免、县长简历、调查表；各县人口统计、行政区划；省、县参议员选举、行政会议记录、工作报告，还包括社会救济、抚恤方面的规定、报告、呈文及职员薪饷名册等档案材料。

4. 新疆司法档案汇集

主要是新疆省高等法院、迪化市法院、各地方法院、省监狱等机构形成的档案，计 6,156 卷，其中以民事、刑事判决书、犯人名单等档案材料居多。

5. 新疆警务档案汇集

主要是新疆省公安管理处、警务处，各县公安局、警察局形成的档案，计 4,649 卷。主要内容包括公安、司法机关的章程、条例、办事细则、规则，人事管理、任免、调动，各种花名册、简历表；逮捕、在押人员花名册、审讯记录；外国间谍活动情况；侨民保证书、申请书、登记表；中国共产党人在新疆活动情况报告等档案材料。

6. 新疆社团档案汇集

主要是新疆省民国时期各社团组织等形成的有关档案，计 669 卷。主要内容包括省社会处给各地、各民族文化促进会的训令、指令、代电；会议记录、工作报告与总结；各项提案、议案；机构和团体人员名册、登记表、简历；经费支出报表等档案材料。

7. 新疆军事档案汇集

主要是新疆民国时期军事机构形成的档案计 2,404 卷。主要内容包括新疆警备司令部的报告、组织沿革、人员编制、人员名册、军队系统保防小组名册汇集；西北行辕关于军事警备计划大纲、实施办法等内容，其中一部分军事材料及地图保留完整，比较珍贵。

8. 新疆外事档案汇集

主要是新疆省外交署、交涉署、海关、中俄通商总局等形成的档案，计3,186卷。主要内容包括国民党政府、新疆地方政府与外国签订的各项条约、协定，颁布的各项法规、条例，外交机构职员录；外国使团、人员在新疆考察、旅行和开办学校、教堂、商务、医院等活动情况；边情交涉、边贸、海关、税务等档案材料。

9. 新疆财政档案汇集

主要是新疆省财政厅、省银行、省商业银行等形成的档案，计6,878卷。主要内容包括财政法规、办法、办事细则、报告、会议记录，省财政厅业务员管理条例、细则、奖惩规定；省财政预算、决算；银行章程、条例、办法、组织规程；金融管理法令、办法、章程；贷款、储蓄、募集公债办法、条例、规则等档案材料。

10. 新疆建工档案汇集

主要是新疆省建设厅及所属厂矿企业、省水利局、林业局及农牧场、省地质调查所、迪化市工务局等形成的档案，计1,061卷。主要内容包括新疆省国民经济、生产建设、城市建设的规划、计划、预算、拨款、报告、总结、条例、章程、办法、通令、训令等档案材料。

11. 新疆交通档案汇集

主要是交通部宝鸡天水铁路工程局、铁路局、第六区（新疆省）公路工程管理局、公路局，省邮政局、电信局等形成的档案，计6,256卷。主要内容包括铁路、公路工程建设方案、合同、记录、计价表、施工管理、竣工报告，规章制度；省邮政局、电信局关于邮政建设、规章制度、财产清查以及与各区、县邮政、电信局之间的来往文电、计划、报告、总结等档案材料。

12. 新疆文教档案汇集

主要是新疆省教育厅、卫生处、文化协会、民众教育馆、新疆学院、各民族文化促进会、新疆日报社及其分社形成的档案，计2,163卷。主要内容包括文化、教育、卫生工作计划、报告、总结，机构编制、职员名册、人事任免等；新疆各民族文化促进会组织章程、办事细则、会议决议、工作计划等；新疆日报社及分社组织规则、经费开支、支付预算书等；新疆学院等学校组织章程、大纲、工作计划、总结报告、会议记录等档案材料。

13. 新疆特别事务档案汇集

主要是盛世才时期新疆省公安管理处、警务处形成的档案，计 185 卷。主要是盛世才执政时期发生的各种政治事件，被捕中共党员及其家属、爱国民主进步人士、联共党员和无辜群众在狱中的口供笔录、申诉书、审讯记录，在押人员名单等档案材料。

14. 民国时期吐鲁番县档案

20 世纪 80 年代，新疆自治区档案馆接收了一批民国时期吐鲁番县档案，这部分档案，从吐鲁番县政务、实业、军需、财政、教育、司法、内务等方面揭示了当时吐鲁番地区的政务活动，经济建设及社会状况，成为馆藏民国档案中的重要组成部分。民国吐鲁番县档案是依照机构——年限分类法，以股为基本分类单位，按照一事一卷的原则，以档案形成的先后时间顺序编排和整理，共设 9 股，主要内容如下：

（1）综合股：综合性的总结、报告、计划等，反映政务性问题的训令、指令、纲领、决议、布告、会议等。

（2）实业股：涉及工业、农业、牧业、水利、林业、灾情、天文气象等行业内容。

（3）军需股：军情、军令、军纪，武官选用、调动、培训、组织训练，军需、军粮、军饷、军械、火药、武器、草料、马匹，兵变、平叛、驻防调动、边防及其他军事工程。

（4）财政股：财政收支、田赋税条、地契文约、货币金融、商贸物价、库储、仓储等。

（5）教育股：学校、教务、教程、招生、保举、考试、留学、教师任用、教育经费、学校的兴办情况及社会教育，文化事业、刊物出版新生活运动等。

（6）司法股：法律条例、各种案件及纠纷的审办、监狱管理、司法验断书等，其中有关新疆少数民族的各种纠纷案卷有较多涉及。

（7）内务股：主要为行政区划、自治、宪政、会议、选举、人口、统计、普查、社会救济、组织章程、机构设置、人事任免、公安、保警、警政、巡警、民族宗教、禁烟、礼仪、文书、函电等。

（8）邮电：要为民航、电信业务、电报、长途电话营业状况，人员、组织、规章制度等。

（9）工商会：主要为商贸物价、商品买卖事宜等，从中反映吐鲁番地区的经济状况。

新疆维吾尔自治区档案馆的编研成果主要有：1994 年编辑出版了《新疆与俄苏商业贸易档案史料》；1997 年编辑出版了《马仲英在新疆档案史料选编》和《民国时期新疆组织人事制度选编》在社会上产生了一定的影响，至今仍被诸多历史专家、学者所引用和论证；2001 年 6 月，与日本尼雅遗址学士研究机构合作，正式出版了《近代外国探险家新疆考古档案史料》；2004 年与中国社科院新疆边疆史地研究中心联合开发的《新疆各民族文化促进会档案史料》《新疆蒙古族历史秘档》也已陆续完成；2005 年，为纪念中国人民抗日战争暨世界反法西斯战争胜利 60 周年，编辑了《新疆各族民众抗日募捐活动档案文献汇集》；2006 年 1 月再次与日方合作出版了《中瑞西北科学考察档案史料》，在国际上引起了极大反响。

二、哈密地区档案馆

1. 哈密区行政专员公署全宗

共有档案 1,125 卷，形成于 1933 — 1949 年。主要内容有：该公署会议记录、工作总结和法规章程；有关该公署机构设置、职员任免的文件及职员薪俸名册，移民名册；有关民政、警政事务的文件；有关民、刑事案件审理的文件及调解书；有关逆产调查、发还的文件；有关禁烟禁毒、缉私及枪械管理的文件；有关民众教育的文件；各校概况、教学计划、表报；有关财政收支、田赋税收的文件；有关公路、桥梁修建、防护的文件；有关社会救济抚恤的文件；有关军需装备和驻军情况的文件；有关国民党党务的文件等。

2. 哈密区警察局全宗

共有档案 104 卷，形成于 1935 — 1949 年。主要内容有：有关官警任免、升级的文件；哈密区党政军联席会议记录；该局工作计划、报告；公务人员考绩表与警官人员异动表；该局人员薪津表与家属给养名册；哈密区人口调查表与人口变动情况表；难民调查统计表；从外蒙逃回哈密人员的专案材料；苏联汽车赴猩猩峡取货人员名单；入境过往猩猩峡车辆客商登记材料；有关民、刑事案件审理的文件及人犯名册等。

3. 哈密区邮电局全宗

共有档案 81 卷，形成于 1920 — 1949 年。主要内容有：该局局长交接令及职员名册；邮差更动表；新疆邮区邮路、时间表；该局收发邮件月报表；哈密驿站工程合同书等。

4. 哈密区地方法院全宗

共有档案 2,408 卷，形成于 1936 — 1950 年。主要内容有：该院人员任免履历表；各年度警役名册；该院各项法规、章则；有关民事、刑事案件审理的审讯笔录、验断书；在押犯人名册与执行人犯一览表等。

5. 新疆省银行哈密分行全宗

共有档案 86 卷，形成于 1938 — 1949 年。主要内容有：该行工作计划和工作报告；关于货币发行流通状况的文件；该行营业报告与存款分户账；该行与中央银行、兰州分行的来往函电；该行办理工程贷款的账册及单据等。

6. 哈密县民国档案汇集

共有档案 164 卷，形成于 1925 — 1949 年。主要内容有：有关该局各机构人员任免的文件；该县政府会议记录及工作报告；有关各区、乡、村长选举与地方自治的文件及各学校教育章程、工作报告及教职员和学生名册；各医院工作报告、财产登记表及社会捐赠药品统计表；该县田粮征收计划、报告及统计表；该县粮食生产报告与牲畜病防治业绩调查表；有关公路修筑、维护的文件等。

7. 伊吾县民国档案汇集

共有档案 17 卷，形成于 1935 — 1949 年。主要内容有：该县政府行政工作的文件；新疆省警务处有关户籍管理的指令、通令；该县警察局官警统计表与工作业绩报表；户籍管理的办法、细则；取缔散兵游勇的禁令；有关各机关人员任免、人员变动的文件；有关伊吾驻军情况的文件；伊吾兵要地志表等。

8. 七角井设治局民国档案汇集

共有档案 45 卷，形成于 1941 — 1948 年。主要内容有：七角井设治局职员录与移交人员名册及人事异动表；七角井警察局工作报告、官警名册及警政人员调查表；七角井户口调查统计表等。

三、奇台县档案馆

1. 奇台县政府全宗

共有档案 1,599 卷，形成于 1912 — 1949 年。主要内容有：有关该县政府机构设置、撤并的文件；有关人员任免、调动、奖惩的文件及人员名册、调查表；有关教育、文化、卫生方面的文件；有关民、刑事案件审理的文件；有关军事方面的文件；有关外交事务的文件；有关工业、矿业、商业的文件；有关农业、牧业水利、交通方面的文件；有关财政、税收、金融方面的文件等。

2. 国民党奇台县党部全宗

共有档案 19 卷，形成于 1945 — 1947 年。主要内容有：有关该县党部及各区分部建立情况的文件；党员花名册；党务工作报告等。

3. 奇台县警察局全宗

共有档案 30 卷，形成于 1938 — 1949 年。主要内容有：有关该局人员任免的文件及官警眷属给养花名册；该局工作报告与会议记录；有关户籍调查的文件；有关通缉、逮捕人犯的文件；该局枪弹、马匹移交清册等。

4. 奇台县参议会全宗

共有档案 32 卷，形成于 1945 — 1949 年。主要内容有：有关该县历届参议会组成人员情况的文件；该参议会记录、会议议案、决议案；有关决议办理情况的文件；官员支薪名册等。

5. 奇台县乌河设治局全宗

共有档案 46 卷，形成于 1944 — 1948 年。主要内容有：省政府暨各厅、督办公署、行署下发的各项通令、指令；有关该局机构设置与人员任免、奖惩的文件及人员名册；有关地形勘测、建筑堡垒的文件及图纸；水利计划、报告等。

6. 奇台县新生活运动委员会全宗

共有档案 10 卷，形成于 1943 — 1947 年。主要内容有：有关该会机构设置与人员配备的文件；该会会议记录；该会活动规则、细则、宣传口号；有关经费收支的文件等。

7. 奇台县北乡公所全宗

共有档案 72 卷，形成于 1942 — 1949 年。主要内容有：有关人员任免、选举、调动、奖惩的文件；该公所会议记录；乡政实施纲要、讲义、办法；

有关社会治安与枪支管理的文件；有关农贷、春耕春种和水利行政的文件；有关基建、购置和经费管理的文件等。

8. 奇台县自卫团全宗

共有档案 27 卷，形成于 1944 — 1949 年。主要内容有：有关该团机构设置与人员任免的文件；该团人员统计表与工资名册；社会治安工作报告等。

9. 奇台兵站全宗

共有档案 13 卷，形成于 1943 — 1949 年。主要内容有：有关该站机构设置、人员编制的文件；有关人员任免、交接的文件；有关粮料、物资采购、调拨、储存、供给的文件；有关经费收支的文件；该站官防、印信等。

10. 空军奇台三一九电台全宗

共有档案 84 卷，形成于 1944 — 1949 年。主要内容有：有关该台人员任免、调派、奖惩的文件及人员花名册；该台工作计划、工作报告及各项法规；该台气象报告；该台收发电报密码和记录；枪械器材统计表；有关经费管理的文件等。

11. 奇台县银行全宗

共有档案 370 卷，形成于 1937 — 1949 年。主要内容有：有关该行人员任免、调动、薪给的文件；银行各项规章；有关该县境内货币汇兑、投放、收存、调节的文件等。

12. 奇台县征收局全宗

共有档案 143 卷，形成于 1934 — 1949 年。主要内容有：有关该局人员任免、调动的文件及各项名册；该局会议记录；该局税收月报表、税款日记账、税收分类账及银行往来账；有关赋税与粮草征收的文件等。

13. 奇台县商务会全宗

共有档案 145 卷，形成于 1912 — 1949 年。主要内容有：上级机构训令、章程；有关该县历届商会组织和人员情况的文件；该会会议记录及各项规章；该县工商调查表等。

14. 奇台县电信局全宗

共有档案 72 卷，形成于 1933 — 1949 年。主要内容有：有关该局人员任免、调动、奖惩的文件；该局电信工作报告和通令；关于电话、电报管理的办法；电信工程线路图；有关经费收支的文件等。

15. 新疆公路局奇台县工务段全宗

共有档案 53 卷，形成于 1937 — 1949 年。主要内容有：有关新疆第六区公路局和该县工务段机构设置、人员任免与调配的文件；该段房地产契约、执照；有关经费管理的文件等。

四、玛纳斯县档案馆

1. 绥来县政府全宗

共有档案 100 卷，形成于 1935 — 1950 年。主要内容有：有关该县政府及所属机构人员任免、调派、奖惩、抚恤、薪俸的文件；各区、乡、镇、保长呈文；该县政府工作报告和会议记录；有关成立县农会的文件；该县政府与新疆省政府、财政厅、征收局等机构关于财政、税收、粮食征收、补发军粮的来往文件；有关军队占用民房纠纷与土地草场纠纷处理的文件等。

2. 绥来县参议会全宗

共有档案 68 卷，形成于 1946 — 1949 年。主要内容有：该县参议会决议、提案和宣言；该参议会员役给养名册；该县参议员、候补参议员名册和简历表；新疆省民政厅、该县政府关于人事事项的训令、公函等。

3. 绥来县驻军档案汇集

共有档案 19 卷，形成于 1943 — 1949 年。主要内容有：一二八师三八二团、三八三团等驻军人员任免的委任状、派令和毕业证明；军训札记；有关缉捕逃兵的文件；有关构筑工事的文件；驻军官兵眷属给养名册等。

4. 绥来县自卫团全宗

共有档案 18 卷，形成于 1944 — 1949 年。主要内容有：新疆省政府、督办公署、警务处等机构与该团的往来文件；有关人事工作的指令、派令、通令和委任状；民众请求书；在押人犯表报、侦讯笔录；有关军事事项的密令、办法等。

5. 绥来县警察局全宗

共有档案 36 卷，形成于 1939 — 1949 年。主要内容有：该局与新疆省政府、督办公署、警务处等单位的来往文书；有关人员任免、调派的文件；民众请求书；押犯的侦讯笔录等。

6. 绥来县法院全宗

共有档案 86 卷，形成于 1944 — 1949 年。主要内容有：新疆省政府、高等法院及该县政府、法院有关人员任免的文件及人员清册；有关刑事案件审理的文件及人犯囚粮花名册等。

五、呼图壁县档案馆

1. 呼图壁县政府全宗

共有档案 760 卷，主要内容有：有关该县机构设置、撤并的文件；有关人员任免、调派的文件；政府公教人员履历表；各种会议记录；新疆省政府暨各厅局、迪化专员公署颁发的法令、章程；有关该县政治、经济、军事、文化、卫生方面的文件等。

2. 呼图壁县征收局全宗

共有档案 26 卷，主要内容有：各种税收分类账、日记账及与银行往来账；该局征收赋税、粮草会议记录等。

3. 呼图壁县教育局全宗

共有档案 52 卷，主要内容有：新疆省教育厅通令、指令；该局年度工作报告；全县中、小学教育概况和教学计划；有关学生公粮供应、教育经费管理、校舍修缮的文件等。

4. 呼图壁县警察局全宗

共有档案 81 卷，主要内容有：该局官警名册、简历表、薪金表；有关刑事案件侦讯的文件；该局各项统计表、月报表及公物清册等。

5. 呼图壁县法院全宗

共有档案 42 卷，主要内容有：新疆省高等法院的通令、指令和训令；该院犯人统计表；有关刑事案件审理的文件及判决书等。

6. 呼图壁县驻军档案汇集

共有档案 165 卷，形成于 1937 — 1949 年。主要内容有：有关驻军人员调动的文件；边防部队官兵、眷属给养册与自卫团官兵花名册；有关军事器械保管的文件；物资拨领凭证存根等。

7. 国民党呼图壁县党部全宗

共有档案 22 卷，主要内容有：该党部会议记录、各项训令、公函；国民党党员入党申请书和党员花名册等。

六、伊犁哈萨克自治州档案馆

1. 伊犁区行政长官公署全宗

共有档案 822 卷，形成于 1913 — 1949 年。主要内容有：该署与新疆省府、屯垦使公署、新疆屯垦委员会及其下属机关的来往文件；关于人事任免、考核、奖惩的条例、办法；关于戒烟、禁赌、清理枪支的文件；有关清理“逆产”的文件；关于纪念“四一二”“九一八”“双十”等节日的标语和宣传大纲；有关各文化会（汉族、哈萨克族、维吾尔族、回族等）活动的文件；有关对外交往、贸易、出国留学的文件及护照；有关军事方面的文件等。

2. 伊犁区警备司令部全宗

共有档案 32 卷，形成于 1931 — 1943 年。主要内容有：该部与新疆省府督办公署伊区行署的来往文件；军官大队概算书提要与军官佐履历表；有关购买枪支、军马的文件及清册；各部队官兵花名册；有关通缉逃兵、追捕越界逃犯的文件；有关整顿军纪、调查军官履历的文件；关于军警佩戴徽章、官兵死亡葬埋费发放的文件等。

3. 新疆省屯垦委员会全宗

共有档案 161 卷，形成于 1935 — 1943 年。主要内容有：有关该会人员任免、升降、奖惩的文件；官佐履历表与人员编制表；该会会议记录；有关武器装备、军马器具的清册；有关农牧生产、土地管理的文件等。

4. 伊犁屯垦使公署全宗

共有档案 30 卷，形成于 1934 — 1938 年。主要内容有：关于禁用硝盐的通令；关于请求赦免草税、地租与退还、没收房院、果园的文件；有关修桥、筑路的文件，修理水渠查勘图；有关设立屯警的文件；有关建立学校、委派教员的文件；哈萨克族婚姻法规；关于成立妇协会、哈柯文化会、军乐队的呈文和指令；该署服装、枪弹、器材、鞍具、车辆月报表、统计表等。

5. 伊犁区警察局全宗

共有档案 1,248 卷，形成于 1943 — 1947 年。主要内容有：该局与新疆警务处以及所属各县局的来往文件；有关人员任免的文件；该局人员编制与花名册；各县局上报的违警案件的文件；密探活动的有关材料；关于户口管理的法规；外侨民册；有关案件侦查的文件等。

6. 国民党霍城县党部全宗

共有档案 33 卷，形成于 1940 — 1944 年。主要内容有：该县党部与新疆省党部及各区分部的往来文件；有关党员履历、征求党员名额、党员转移的各种统计表；党组织活动情况及会议记录等。

7. 塔城区公安局人事档案汇集

共有档案 60 卷，形成于 1938 — 1945 年。主要内容有：有关该局人员编制的文件及人员名册、履历表；有关户口管理的文件；羁押人犯名册等。

8. 霍城县公安局全宗

共有档案 15 卷，形成于 1940 — 1944 年。主要内容有：新疆省公安处的指令、训令；有关刑事案件审讯、处理的文件；羁押案犯统计表；有关边境外事处理的文件；有关处理走私活动的文件；关于教士应遵守中国法令的规章；有关边卡大队士兵扰民的文件等。

七、其他档案馆

此外，吐鲁番市档案馆藏有吐鲁番县民国档案汇集 156 卷；托克逊县档案馆藏有托克逊县法院档案 51 卷；鄯善县档案馆藏有鄯善县民国档案汇集 291 卷、鄯善县民国档案汇集（维吾尔文）117 卷；巴里坤哈萨克自治县档案馆藏有巴里坤县民国档案汇集 184 卷；和田地区档案馆藏有和田地区行署民国档案汇集 2,127 卷；洛浦县档案馆藏有洛浦县政府档案 682 卷，洛浦县警察局档案 166 卷；策勒县档案馆藏有策勒县民国档案汇集 197 卷；于阗县档案馆藏有于阗县民国档案汇集 638 卷；墨玉县档案馆藏有墨玉县民国档案汇集 292 卷；阿克苏地区档案馆藏有阿克苏专署民国档案汇集 296 卷；温宿县档案馆藏有温宿县政府档案 304 卷；沙雅县档案馆藏有沙雅县民国档案汇集 219 卷；拜城县档案馆藏有拜城县民国档案汇集 716 卷；阿瓦提县档案馆藏有阿瓦提县民国档案汇集 349 卷；库车县档案馆藏有库车县民国档案汇集 55 卷；柯坪县档案馆藏有柯坪县政府档案 870 卷，柯坪县警察局档案 129 卷，柯坪县征收局档案 15 卷，柯坪县维吾尔族文化促进会档案 58 卷；新和县档案馆藏有新和县政府档案 676 卷，新和县警察局档案 935 卷；乌什县档案馆藏有乌什县政府档案 404 卷，乌什县银行、税务档案汇集 26 卷，乌什县警察局档案 327 卷；喀什地区档案馆藏有喀什地区专署民国档案汇集 840 卷，喀什行署公安处档案 244 卷，喀什地区邮电局档案 20 卷；喀什市档案馆藏有喀什市政府档案 266 卷，新疆省银行喀什中心支行档案 93 卷；巴楚县档案馆藏有巴楚县民国档案汇集 25 卷；泽普县档案馆藏有泽普县民国档案汇集 374 卷；伽师县档案馆藏有伽师县民国档案汇集 215 卷；叶城县档案馆藏有叶城县政府档案 1,170 卷；岳普湖县档案馆藏有岳普湖县政府档案 875 卷；疏勒县档案馆藏有疏勒县民国档案汇集 147 卷；麦盖提县档案馆藏有麦盖提县政府档案 78 卷，麦盖提县警察局档案 22 卷；英吉沙县档案馆藏有英吉沙县民国档案汇集 163 卷；莎车县档案馆藏有莎车专区民国档案汇集 398 卷，莎车县政府藏有档案 67 卷，莎车县民政局藏有档案 42 卷，莎车县教育局藏有档案 32 卷，莎车县财政局藏有档案 91 卷；疏附县档案馆藏有疏附县民国档案汇集 298 卷；塔什库尔干塔吉克自治县档案馆藏有塔什库尔干县政府档案 23 卷；阿图什市档案馆藏有阿图什县政府档案 397 卷；乌恰县档案馆藏有乌恰县政府档案 398 卷；库尔勒市档案馆藏有库尔勒县政府档案 167 卷，库尔勒县警察局档案 46 卷；尉犁县档案馆藏有国民党尉犁县党部档案 49 卷；且末县档案馆藏有且末县民国档案汇集 651 卷；轮台县档案馆藏有轮台县民国档案汇集 212 卷；若羌县档案馆藏有若羌县政府档案 389 卷；焉耆回族自治县档案馆藏有焉耆地区专员公署档案 388 卷；昌吉市档案馆藏有昌吉县政府档案 936 卷，昌吉县参议会档案 11 卷，昌吉县自卫团档案 13 卷，昌吉县驻军档案汇集 38 卷，昌吉县汉族文化促进会档案 8 卷，国民党昌吉县党部档案 48 卷；阜康市档案馆藏有阜康县政府档案 771 卷，阜康县警察局档案 175 卷，阜康县法院档案 113 卷，阜康县驻军档案汇集 89 卷，国民党阜康县党部档案 14 卷；乌鲁木齐市米东区档案馆藏有米泉（乾德）县政府档案 1,683 卷，米泉县警察局档案 79 卷，米泉（乾德）县汉族文化促进会档案 28 卷，国民党米泉（乾德）县党部档案 28 卷；吉木萨尔市档案馆藏有孚远县政府档案 83 卷，吉木萨尔县警察局档案 18 卷，吉木萨尔县军事档案汇集 16 卷，吉木萨尔县邮政局档案 18 卷，吉木萨尔县军、警、宪档案汇集 35 卷，国民党孚远县党部档案 25 卷；木垒哈萨克自治县档案馆藏有木垒县政府档案 109 卷；博乐市档案馆藏有博乐县民国档案汇集 37 卷；温泉县档案馆藏有温泉设治局档案 4 卷。

第三十二节　香港特别行政区民国档案概况

香港特别行政区政府集中保存具有永久价值档案的专门机构为香港历史档案馆，它成立于1972年，现隶属于特区政府政务司司长办公室之下由行政署负责管理的政府档案处。香港特区的档案分类方法、整理原则与内地大相庭径，香港历史档案馆不像内地各级档案馆一样，根据民国的年代界限来确立卷宗。因此，香港历史档案馆保藏的民国时期的档案，大都分散在各个档案类别中。香港历史档案馆保藏的民国档案，主要分布在六个方面。

（一）1941－1945年日军侵占香港时期形成的档案

这些档案包括日本占领军编制的房契、地契及契据摘要、房屋登记册、房产按揭纪录以及一些关于房屋登记机关的组织和行政的文件。还有英籍及外籍人士伤亡、战俘及被囚人士临时名单，赤柱集中营医疗纪录，英军战时日志，战时以桂林为基地的英军服务团所发的情报等档案。

（二）田地及法庭档案

包括1858－1983年的差饷征收册、1843－1960年的官地地税册、1856－1960年的村地地税册、1846－1975年的官地地契登记册、19世纪40年代中期以来归还业权的契约、1866－1940年布政司署有关土地事宜的来往公文、1841－1928年期间各类人士履行合约、义务所涉及的契约文件。还有香港沦陷前法院和法律事务的档案，如1845年以来呈交最高法院办理认证遗嘱、财产管理保证书及法官记事簿等。

（三）英港两地政府来往公文

此部分档案主要是从英国公共档案馆获得的有关前英国殖民地事务部的缩微胶卷档案。其中有1841－1951年间多位香港总督与英国殖民地事务大臣的来往公文。

（四）民间机构及私人档案

这部分档案来自民间机构和私人捐赠机构。民间机构档案较重要的有圣约翰座堂的婚姻、出生和殡葬记录（1839－1975）、中华总商会会议记录

（1905 — 1965）等。民国时期的私人手稿，最重要的是战时被日军拘禁于赤柱集中营的警官弗雷德·凯利（Fred Kelly）日记（1942 — 1945）。

（五）照片、地图

香港历史档案馆有5,000多张19世纪60年代以来的照片。这些照片大部分是在香港拍摄，是香港城市面貌变迁和社会发展的珍贵历史纪录。有近千幅收自官方或其他来源的各种地图和图册，另存有1,300多张由地政总署属下政府测绘处所绘制的标准地图。此外，还存有一些香港早期著名建筑物的平面图和立视图。

（六）参考资料图书馆中保藏的报刊资料

参考资料图书馆收藏有香港政府决策局和有关部门自1840年迄今出版的各种刊物、报告、委员会文件、小册子、海报和地图等。有近乎完整的《政府宪报》《蓝皮书》《立法局会议文件》和《立法局议事录》《香港法例》《香港年鉴》以及有关部门在抗战前后的年报等。该馆还保藏有《中国之友》（香港最早的一份报纸）、《德臣西报》《香港剌沙西报》、《士蔑新闻》、《香港周报》、《南华早报》等13种本地英文报刊，以及《工商日报》（1934 — 1957年版）、《华侨日报》（1944年9月— 1945年8月）和《华侨晚报》（1945年6 — 8月）等中文报纸。另外，馆藏还包括不少本地商业年鉴、街道索引、善本书籍。

第三十三节　澳门特别行政区民国档案概况

澳门特别行政区的档案工作有自己独有的特点，更侧重于档案、图书、情报的一体化管理，档案、图书及其他文献资料往往放在一个机构保管。除十余个公立档案馆和民办档案馆外，各种类型的图书馆、图书室、文件中心、资料室等机构也存有不少档案。但较有价值的民国时期档案，主要保藏在澳门历史档案馆。

澳门历史档案馆共有文献量 100 多万件，除纸张档案，还有特藏图书和期刊，以及缩微胶卷、音像档案等。与香港历史档案馆一样，澳门历史档案馆的档案也未根据民国的年代界限来确立卷宗，澳门历史档案馆收藏的民国时期档案主要有以下 9 项：

1. 澳门仁慈堂档案（1592 — 1931），共 358 卷；
2. 市政厅档案（1672 — 1975），共 987 卷；
3. 民事部档案（1734 — 1980），共 2,867 卷，是馆藏数量最多的部分；
4. 行政委员会档案（1871 — 1929），共 69 卷；
5. 教育司档案（1915 — 1982），共 1,397 卷；
6. 财政司档案（1777 — 1954），共 857 卷；
7. 总督办公室档案（1919 — 1948），共 857 卷；
8. 海事档案（1849 — 1965），共 450 卷；
9. 扶轮社档案（1947 — 1965），共 37 卷。

澳门还有一些历史档案文献广泛分布在各类公共图书馆、高校图书馆、专业图书馆、博物馆、文件中心等相关机构。

公共图书馆包括市立图书馆、中央图书馆、教区图书馆、何东图书馆、八角亭图书馆、青洲图书馆、教区青年牧民中心图书馆、望都图书馆、高德华图书馆等。

高校图书馆包括澳门大学图书馆、澳门理工学院图书馆、澳门保安部队高等学校图书馆、澳门航海学校图书馆、澳门旅游学院图书馆、澳门镜湖护士学校图书馆、司警学校图书馆等。

专业图书馆包括中华教育学会图书馆、联合国软件中心图书馆、镜湖医学图书馆、佛教图书馆、司法图书馆等。

博物馆包括贾梅士博物馆、澳门博物馆。

文件中心则有参议会、主教府、澳门文化中心，澳门参议会现存各类政府档案300多卷，藏于主教府的澳门三教辖区档案有500余卷。

此外一些报纸资料室，如《澳门日报》资料室、《华侨报》资料室、《市民日报》资料室、《大众报》资料室等，大都位于各报社内，保存有各类报纸的原样、原版本及合订本。

在这些收藏机构中，中央图书馆、教区图书馆、澳门大学图书馆保存的原始资料最多。这些机构保存的历史档案文献，有一些产生于民国时期，应属于民国档案的范畴。

第五章
台湾地区所藏民国档案概况及特色

第一节 “国史馆”馆藏民国档案概况

“国史馆”所藏民国档案，主要有国民政府、国民大会、行政院、司法院、考试院、内政部、外交部、财政部、交通部、教育部、粮食部、司法行政部、资源委员会、赔偿委员会、卫生署等民国中央机关的档案，光复后台湾省行政长官公署和台湾省政府的档案以及蒋介石、阎锡山等个人档案。现择其重要机关及个人档案简述于后。

一、国民政府档案

台北“国史馆”所藏国民政府档案，共计有 16,942 卷，档案形成的时间为 1925 年 7 月 — 1949 年 6 月。这批档案内容十分丰富，经该馆整理后，大致可分为以下 20 类：

（一）总类

档案形成时间为 1927 — 1948 年，主要为法律及政治，包括中华民国训政时期约法、中华民国宪法草案、中华民国宪法，国民会议、国难会议、国民参政会、国民大会，宪政实施协进会，法院组织法、公司法、刑事诉讼法和民事诉讼法、公务人员任用法、各省市政府组织法、国旗国徽法、最低工资法、建筑法、战时军律、戒严法、三民主义青年团团务，共产党在各地的活动，官吏弹劾，东北易帜、福建事变、西安事变、七君子事件等重大历史事件，工人运动、学生运动的处理，等等。

（二）**行政事务**

包括各省市完成县组织报告，南京市各项建设计划书，国民政府成立案，国民政府印信铸制颁发，国民政府门禁管制，国民政府委员会议记录，国务会议记录，国民政府政治总报告，行政机关的调整及行政计划，行政院的组织职掌及工作计划、施政方针、工作报告，行政院议事录及行政会议，复员计划纲要，各省省政概况，等等。

（三）**内政**

包括地方自治建设，民众训练，户籍整理，警政改革与计划，禁烟，民政，边政，人民团体，纪念节日，历法改良，祠产保护，新生活运动，慈善事业与赈灾救灾，爱国捐款，劳资纠纷，社会风俗，调整省级行政机关，地方行政报告与建设，民意机关设立与各省参议会，广西省行政区划，南京市政府十周年纪念会，蒙古各旗工作报告，土地登记，二五减租和公地租用，二二八事件，民众陈情，出版法等。

（四）**外交**

包括外交部人事任免，驻外使馆的设立及各国驻华使馆的设立、使节互换，外交礼仪、各国国庆祝贺，中外条约、国际公约、中外关系，联合国会议、五国外长会议、太平洋国际学会、航空会议，沙基惨案、五卅惨案，各地侨情、华侨捐款、侨民、侨产处理等。

（五）**国防**

主要包括军政法规，军事调整与建制，军队编制与训练，征兵制度，战略战术，军备器材，军队人事，整军计划，防毒训练，军费拨发和军费特别费，国防十年计划，军事报告，军事学校申请保送、军人考送留学，军需复员、复员军官分发、转业派职，1946年度陆军整编实施方案，国民革命军东征、军阀混战、“围剿”中国工农红军、日机空袭，陆海空军阵亡将士公葬公祭、军纪案件处理、贪污渎职处理、移归军法审判，各地情报等。

（六）**财政金融**

包括中央收支、中央及地方财政报告、国库收支月报，各省市税捐、裁撤厘金，盐务税收及实施新盐法，关税自主、海关进出口税则、海关缉私，各省田赋和田赋改实，调整战时消费税办法，银行法、各银行设立及撤销、中央银行营业报告、银行债券、汇率汇兑、贷款业务、黄金买卖、辅币、伪币问题、裁撤四联总处、筹设中央合作金库，中外借款合约、外债借款，战后各地请拨建设经费，等等。

（七）经济建设

主要包括中国国民党历届全国代表大会经济决议案，经济建设计划、经济复员措施、建设委员会行政计划，全国生产会议，林政、农政和粮政改革，提倡国货办法、工业品暨工艺品奖励条例，工、农、林、渔、煤、矿业及纺织业发展，农业保护措施、工业辅导、度量衡划一制度、矿业开采、商业纠纷、商品检验、棉花禁止出口、黄河整治，物价、外汇和外币的管制，对外贸易和国际经济合作，证券、粮政、水利、电力建设，等等。

（八）教育

包括教育宗旨及其实施，国外留学法令，学校改组与更名，大学区制，教育改革、教育报告，全国高等、中等、初等及社会教育概况，华侨学校的设立及华侨教育，教材、学生学籍、战时学生救济、战区失学失业学生青年招训及辅导，学潮及其处理，国民体育运动及中央国术馆，图书馆建设及古物文献的保护与搜集，公私费留学及国际文化合作，以及抗战时期日伪统治区各大学学生学籍问题解决办法等。

（九）交通

包括铁路、公路、航运、驿运、空运等交通运输的法规、规划设计及管理机构，铁路借款合同、铁路债务整理、铁路修复工程、铁路员工请发欠薪及控告上级侵吞公款，船舶纠纷及港口码头的管理、东北北方大港建设计划，国际民航协定、航空合同、中英航空联运、中日联航事件、中国航空公司飞机失事等，邮政营运、纪念邮票的印行，电信和无线电通讯的管理、电信检查，民营广播电台的设置与管理，中央气象局的筹设，等等。

（十）人事

主要包括机关的人事管理、中央人事行政会议、全国考铨会议，高等考试及公务员的任用，中央及地方机构、公营事业和警察局等人事的任免，中央及各省市机关职员录，有功人员勋奖及抗日胜利勋章的制颁，日籍科技人员的留用，等等。

（十一）主计

主要包括全国主计会议，各年度国家及各省市预算的编制，国民政府行政业务经费，中央会计报告和全国统计总报告、审计报告，主计人员的升迁、调动，中央各机关节余存款明细表及各部会存款，等等。

（十二）新闻

包括有关新闻法规和宣传办法，各省市新闻处的设立，中央通讯社等新闻纸的供应与补助，出版物和电影的审查、查禁，行政院与中国广播公司合约、中央广播电台迁移，高尔柏请求公布蒋介石与美国总统罗斯福来往文件，管理“异党”在美活动及宣传，对美宣传及其经费，管束张学良等案。

（十三）卫生

包括全国卫生行政会议及《中医条例》等相关医事法规、公共卫生行政措施，各地医院的设立，牛痘疫苗预防接种及公厕卫生管理，中央制药厂的设立及经营，各种中西医药著作，孙中山遗体内脏切片照片及医院记录处理经过，等等。

（十四）司法

包括司法机关的设置、司法会议，司法人员的任命、转任，大理院及公务员惩戒委员会的组织，各省市民、刑事诉讼，颁布大赦、特赦、释放政治犯，各类通缉案，各省县长贪污违法渎职等案件的处理，各类行政诉讼案，抗战胜利后对汉奸的审判，改良狱政，等等。

（十五）考试

包括考试训练、铨叙制度，公务员任期条例及考核标准，公务人员从政须知，各年度县长考绩标准，中央公务员子女教育辅助办法，中央政治学校改组办法，等等。

（十六）监察

包括设立新疆监察使署及行署，各方请求参加监察委员提名竞选，指派审计、会计人员赴各署工作，等等。

（十七）侨务

包括国民政府保护侨民政策及对外贸易，胡文虎等捐资兴建伤残医院及遗族教养院，战后华侨国籍问题及海外党务工作，侨务委员会委员的任免，国民政府派员赴美宣慰侨胞，等等。

（十八）政党及中国国民党党务

包括中国国民党抗战建国纲领，调整各省市党部组织及工作，党务整理、干部训练、经费、活动及改进意见，党务复员计划及办法，三青团团纲草案，政治团体登记规则，政治协商会议观评，中央政治会议组织条例，动员青年及“异党”活动情形，党史及国史史料迁运台湾，等等。

（十九）国民政府府务

包括国民政府的组织规程及组织系统表，各处函陈“戡乱”、财政等意见，国民政府主席蒋介石的手令及蒋介石对军政情报等呈文重要批件汇册，1931 — 1939 年间张继、吴稚晖、陈果夫、王世杰、白崇禧、顾祝同、张学良、汪精卫、冯玉祥、段祺瑞等军政人员、社会名流致蒋介石的亲笔函，人民控诉官吏违法案及盛世才申诉弹劾案，中央训练团教育长陈仪呈送台湾日本总督府官制官规等书及附陈意见等案。

（二十）其他

包括中央各机关组织系统图及中华民国组织系统图，国民政府法规目录及蒋介石文献陈列清册，各省市明细图、市街图、交通总图，等等。

二、行政院档案

此部分档案形成时间为 1929 年 2 月— 1949 年，内容主要包括以下几方面：

（一）总类

包括国民政府的施政方针，行政院院长向立法院所作施政报告，立法委员质询，三民主义青年团，中国国民党历次全国代表大会，国民大会代表和监察委员提议案，国民参政会、各省参议会、各部会和省市政府及所属单位组织条例，抗战建国纲领，国民政府、监察院及监察使署组织法和审计法规，国民大会代表选举，等等。

（二）行政

包括行政革新、行政三联制，行政院暨所属机关、各部会和各省市政府施政计划、工作报告、行政院会议记录，公文程式，各省政绩比较表和各省实施新县制报告，等等。

（三）内政

主要包括中央政府机关组织及其权责，省与县市机关权责划分，行政区划的调整及县市的增设和县界划分，地方自治，户口普查，地政机构和土地管理，合作事务，劳工事务，罪犯通缉，请愿及诉愿，等等。

（四）军事

包括有军政部及军事机构组织条例，各省保安部队、各省戡乱建国动员委员会、绥靖公署、警备司令部和师团管区组织规程，国防计划、战时行政计划、总政治作战部工作报告，陆海空军人事任用及退役俸给规定，陆海空军复员，军官晋任、叙任及转任，抗日阵亡将士胜利恤金及勋奖，抗战烈士遗族抚恤，青年军以及中共在各地的军事活动，国民党军队“围剿”中国工农红军，等等。

（五）外交

包括中外建交、条约的签订，出席各种国际会议，驻外使馆的设置及各国驻华大使，九龙及沙面等外交事件的交涉，租界的收回及清理，联合国宪章，战犯的处理，国际政情，等等。

（六）财政经济

包括中央各机关预决算，总理陵园管理委员会、各省市政府及参议会、各级警察机构、内政部、地政部、地政署、赔偿委员会和各级卫生机构经费等案，财政整理，地赋减免，税捐征收，税务人员的管理及各种税收管理规定等，经济情报和研究，国际贸易，川康建设建议，屯垦，奖励工业，铁路、公路等交通建设，电信与邮政，航运管理及中外航线，港口建设与开放，等等。

（七）人事

包括各省分设考铨处，公务人员、先贤先烈、抗战及对国有功人员等的勋奖和褒恤，公务员的任用、考核、抚恤等规定和法令，各部会、各省政府及所属单位人员及驻外使馆人员的任免，国葬、公葬，等等。

（八）教育

包括各级学校的设立，学生运动，中英庚款，民众教育，等等。

（九）司法

包括司法官任用条例，司法院、行政法院、公务员惩戒委员会组织法，最高法院设置分庭暂行条例，司法人员训练，日本战犯审判，惩治汉奸，等等。

（十）卫生

包括疾病防治计划，医事人员、各级卫生机构及医院、医校组织条例，医疗用品管理，还都交通卫生实施办法，医事人员的征用与训练，等等。

（十一）蒙藏事务

包括达赖转世、班禅圆寂，蒙疆动态，伪蒙人事资料等。

（十二）侨务

包括外侨的管理与保护，华侨事务，侨务机构组织和侨民救济，等等。

三、司法院档案

这部分档案为 1928 年 11 月司法院院本部成立后至 1949 年所产生的档案文件，内容主要有以下 3 个方面：

（一）法令解释案

南京国民政府建立后，相继颁布了民法、刑法法典等多项法律法规。由于这些法典大多由国外移植而来，与本国的传统观念和风俗民情常有相左之处，加上条文繁多、内容复杂，即使司法或行政人员也难以全面、准确理解。同时，由于抗日战争爆发，战后对沦陷区、收复区、战犯、汉奸的处理，均为司法机关遇到的新问题。为保证对新式法律的正确认识、理解，并使之在司法实践中不发生偏差，各地司法机关或中央及地方行政机关、军事机关，一遇法律解释有所疑虑、法律执行中有疑难之处，均求司法院予以解释或格义。因此，在此部分民国档案中，有关法令的解释案件就占了较大比重，数量超过了全部档案的五分之三，如民事方面的“湖南高院检处呈请解释族公经管能否提起自诉讼疑义”“河南高院呈请解释守志之妇立继等疑义”等，刑事方面的“监察院请解释陕西永寿县某命案法律疑义十三项”、“山东高院请解释的证罪疑义案”等，行政方面的“安徽高院请解释所得税事件应由何机关办理疑义”“财政部请解释公务员服务法条文疑义”等，军事方面的“军委会请解释战时军律第十八条疑义”等，惩治汉奸方面的“江苏省为没收汉奸财产疑义案”等。

（二）各式法令或草案编录

主要是由立法院制定或修订并由国民政府训令公布的各项法令及其相关文件，包括政治、军事、外交、财政、内政、礼制、经济、交通、农村、卫生、教育、社会等，如“内政法令：地政——各地租界管辖”、“陆海空军刑事法令”“外交法令：各国条约”“财政法令：税务通则”“行政交通法令：电政——有线电报各办法”，等等。此外，还有一些行政命令、机关组织条例等，如“国民大会组织及法令”“政治协商会议办法”等。

（三）**院务档案**

这些档案数量不多，但内容十分庞杂，反映了司法院本身的工作情况。概括起来大体有以下几方面：

1. 工作报告和会议记录

包括司法院收录的各年度国民政府施政方针，司法院及所属机关工作计划、工作报告、检讨报告及各种审查或调查意见书等。

2. 财务

包括中央政府预算、司法院暨所属机关岁入岁出经费概算书、工程预算书、各省司法人员补助俸给、支出传票等。

3. 人事

包括司法院及司法行政院、最高法院、行政法院、公务人员惩戒委员会等下属机关人员年度考绩、职务升迁、员工及眷属人数调查表、各级候用人员名册等等。

4. 其他

包括《中华民国年鉴 · 司法部分初稿》，各种训令，如“司法院训令宣读国民政府对德对日宣战布告”“司法院训令关于对义德战争结束日期案”等。

四、考试院档案

包括考试院档、考选部档、铨叙部档三部分，主要内容如下：

（一）**考试院档案**

共 87 卷，档案形成时间为 1932 — 1948 年，该部分档案内容涉及行政（如行政三联制及其大纲，历届各种考试及格人员之陈情事项，征集本院法规，索寄职员录，发布新闻稿等）、计划（如各省考铨处 1947 年度工作计划，考试院及所属会部编造战时三年建设计划，编造 1942、1943、1944、1946 等年度施政方针工作计划、经费分配概算等）、会议决议（如中国国民党第五次全国代表大会及各次全会决议、第六次全国代表大会及 1938 年临时全国代表大会决议案，中央人事行政会议，全国考铨会议，国民参政会决议，中央党政军提高行政效能及行政三联制总检讨会议，国民政府政务官惩戒委员会决议惩戒等案）、工作报告（如中国国民党第五次全国代表大会，第五届一、二、三中全会，临时全国代表大会报告，国民大会工作报告，中央统计处讨论会编施政成绩统计报告等）、建议（如国民大会代表建议）、法令（如公文程式及行文各项办法，考委会内部单行规程，铨叙部单行法规，党务工作人员任用法及各条例、非常时期专门人员服务条例等）、实施（如人事行政会议考选类、铨叙类决议实施案等）、考试及检核（如送登国民政府公报公职候选人检核及格姓名、公职候选人考试及检核等）、人事（如党政军各机关人事管理人员训练，非常时期考试院变更组织分区办事及减缩人员薪额事项，全国人才总登记等）、审查（如应考资格申请审查、公务员抚恤金审查等）等。

（二）铨叙部档案

主要包括以下几方面的内容：

1. 国民政府人事资料

共 686 卷，分为任免案、惩戒案、弹劾案 3 大类。任免案包括国民政府各处人员任免，各省各级法院法官及职员任免，司法行政部职员任免，各省市政府市长、会计主任、职员任免，各省市政府人事主管及职员任免，交通部邮政局、电信局、气象局任免，铁道部任免，内政部职员任免，国难会议职员任免，国家总动员会议职员任免，蒙藏委员会职员任免，行政法规会任免，战地政务委员会职员任免，各省卫生处任免，各省县长任免，中央暨各省农、林、牧畜实验所官员任免，各省行政主任、专员等任免，各省公安局、警察局官员任免，各省暨各院辖市会计长任免，四川善后督办任免等。

惩戒案包括公务员被付惩戒案，惩戒浙江各县县长案，惩戒广东、河南省人员案，惩戒安徽省货物税分局长案，惩戒重庆市警察局长案，惩戒湖南靖县教育局长案，惩戒湘阴县长案，惩戒前中央图书杂志审查委员会等案。

弹劾案包括监察院弹劾各省县长违法失职、贪渎、滥权、废弛职务案，弹劾各省市各级法院院长、法官违法渎职案，弹劾南京市政府韩恕等受贿舞弊案，弹劾河南保安司令薛蔚英等违法失职，等等。

2. 公务员登记册

共 231 卷，档案形成时间为 1933 — 1949 年，包括广西、广东各县市现任公务员及备用公务员登记册。

五、内务部档案

共 14,989 卷，档案形成时间为 1932 — 1948 年。该部分内容范围相当广泛，概括起来，主要有以下几方面内容：

（一）**人事**

包括中央各机关派赴边地工作人员办法、公务员叙级条例、办公时间规定等人事法规，内政部及所属之地政局、社会服务处、劳动局等单位人员任免，人员雇用、迁调、铨审、级俸、考绩、考成、差勤管理、奖惩、退休、抚恤，各省育幼院人事，人事调查，考试及格训练，各省地政局人员登记表，公务员动态月报表，附属机关人员动态表，职员名册，人事会报工作报告与纪录及其他等案。

（二）**警政**

包括各省警察局单行法规，保安警察队，警察法，警察总署、首都警察厅、各省保安司令部、警察队、省警务处、省市警察局、水上警察局、水警总队、中央警校、保安骑警总队、自卫大队、国境警察局等组织编制与规程，警察机构设立与裁并，各省转业警员训练经费，各省市警训所经费，警察待遇，警察装备，警察人员退休与抚恤，工作检讨，警署工作计划与工作报告，全国警察会议，省市警察局工作计划，各省市户口调查，各省市外侨调查表、外侨居留，各省清烟毒计划，警训，考绩，考成，会议记录，违警、刑事、罪犯通缉、拘留、拘禁、渎职逃亡、控告、诉愿等司法案件，消防组织大纲，工矿、渔业、森林、盐、铁路、驻衙、农场、司法、国境、水上等专业警察，警政五年计划，军警权限划分，警正调整计划及与警政有关之各种法令规章等。

（三）**劳工**

包括劳动局组织条例及施政计划，劳工法规和法人解释，劳工行政组织，各同盟工会及工作报告，劳资关系和劳资争议的处理，各地工厂调查报告，中央社会保险局筹备处，盐工保险社，失业调查及对失业工人、海员、侨胞的救济，国际劳工工作委员会，国际劳工大会、联合商船会议、国际劳工海事预备会议，劳工局施政方针，等等。

（四）社会

包括社会部工作计划，社会事业人员管理条例、社会奖章规则、各省市职业介绍所组织规程、县市社会机构组织，社会团体组织须知，全国中医师公会、商业同业公会、营造业同业公会，台湾省人民团体工作报告，合作社法、合作人员训练所组织规程、各种合作社组织与章程，各省合作行政机构及合作社登记、考核与奖励，各省市各级合作社组织大纲实施办法、年度合作事业工作报告、合作人员训练人数调查表，各省战后合作事业五年计划，各省供销处组织规程及供销处业务计划，中央及各省市合作金库，各省合作农场登记，各级农会章程准则，各省市社会救济及外籍难民救济，等等。

（五）地政

包括土地法，土地法令释疑，河北平津地产处理办法，二五减租注意事项，土地利用清理办法，扶植自耕农暂行办法，各省市土地权利清理办法，房地租限制及租赁办法，国有财产法草案，森林法草案，外人租地，各省地政局战时地价申报条例，立法院土地法委员会议，各省地政单行规章，各省市训练初级地政人员，各省土地税征收规则，国境界标，领海划定，中俄查勘国界议定书，中越界务，界线纠纷，地图审查，各省地籍测量查报表，地籍整理计划与预算，全国大三角测量实施办法，土地测量，台湾省行政官署办理土地变更登记，土地登记，各省市办理地政业务费用，国界管理条例，地籍整理工作竞赛，各省市土地相关法令，各省市地价查报表、成果表，各省市地价业务成绩定期报告表，各省市重估地价业务计划、预算、查报表及成果，各省市开征地价税及土地增值税调查表，各省市土地增值税基本免税率，土地税赋减免，土地税征收规则，公产统计及租佃，土地征收，接收租界及使馆，收回琉球问题，各省市土地重划、预算及查报表，各省荒地开垦，各省市建筑管理规则，各省市计划，自来水事业管理，各省市地政协委员局组织规程及地政人员动态等。

（六）民政

包括市自治法草案及实施办法，调整省行政机构办法，各省市组织规程，行政区域调整，县市增设，机构增设，训练团法规，各省地方行政干部训练，各省政绩，各级机关视察报告，地方自治，各省各级选举罢免规章，各省市乡镇区保甲长选举，国大代表选举，选举纠纷与诉讼，各省市临时参议会及参议员选举，户籍法规及法令解释，国葬、公葬，边界划分，户籍调查，户口登记，各省户政工作计划，各省户政人员调查表，保甲办理情形，外侨登记表，国民身份证办理，南洋移民计划，移民，入出境申请，兵役，国定节日，礼俗规定，庆典，褒扬，各省抚恤，捐资兴学，教产纠纷，宗教管理，公墓管理，典押当业管理规则，查禁不良习俗，忠烈祠，忠烈事迹，古物古迹调查与管理，各省县修志及各省控诉案等。

六、财政部档案

“国史馆”所藏民国时期财政部档案，以财政部所属单位来划分类别，计分为国税、国库、钱币、盐务、地方财政、财政研究、参事、秘书、统计、人事与总务等 11 类。主要内容有：

（一）国税

档案形成时间为 1936 — 1948 年，为财政部档案中最大的一宗，约占全部档案的五分之二。包括有烟税、卷烟税、糖税、酒税、火柴税、矿产税、营利税、特种过分利得税、新统税、棉纱税、印花税、综合所得税、遗产税、直接税、货物税等之法令章程，征税、补征、免征、退税、税率、征实、折征、折耗、奖金、专利权益、纠纷、诉讼、印模、印照、税证、税务督导、税务行政、税务改革、情报搜集等案件以及各省市税务机关之人事组织与动态、福利、事务、文书、岁计、建议、处分物资、报告、财政年鉴编辑稿等。此外，还包括有调整国税机构案，新税制与新税规划案，新税则法则，各种税收条例，海关会计制度，直接税署署务会议记录，超收税奖金案，各省区糖类征实情形，各地区税收纳库月报表，各地区年度税收成绩考核表，督检抽查印花工作报表，建议调整税务意见，接收东北税务，管理钨、锑、铀、钛矿产管理办法，各区税务状况视察报告，台湾省专卖条例，综合所得税草案，货物税条例与战时财产税条例等。

（二）国库

档案形成时间为 1928 — 1948 年，主要包括国库、各省省库之库政档和国库收支档。内容有：施政计划，公库法规、施行细则、现金收支、罚款赔款收入，专卖收入、规费收入，侨胞捐赠，公营事业盈余，各院部会暨所属机关之经费、预备金，各省库收支报告，各机关学校补助费，国防部库署统计资料暨有关组织系统，国库及各区局岁入岁出案，各年度收支国库应用科目，国库会计出纳报告及收支经费报告，国民参政会通过预算案，赈济委员会岁出岁入案，各项建设工程经费，公地、国有土地调查，官产、沙地登记，外籍顾问经费，采购军需、军械经费、劳军服务费、内债、国防公债等；外债、美货付款清单、赔款案，抗战损失调查报告、战后接收敌伪财产案等。

（三）**金融**

包括钱币司各年度行政计划、工作报告，货币与金融法规，金融会议记录，改定货币，废两改元，银本位铸造条例，白银问题，禁银出口通货膨胀，工商救济，借款合约，外币、法币政策，发行准备管理委员会，汇兑与外币，取缔伪钞劣币，币制改革，整顿金融措施，整理各地省钞，工商贷款，救灾赈济，中日货币战，安定金融，实施管理货币办法，辅币条例，西藏银币，伪币处理与管理办法，加强金融业务管制，各银行钱庄检查报告，中央银行、特许银行、中国银行、中国农民银行、各商业银行、地方银行，中央信托局，中央造币厂，发行公债、四川省善后公债、英金公债，保险公司呈缴保证金，储蓄会收换中储券，中央信托局、钱庄、各地金融情形报告，接收日伪银行，《十年来的中国金融与财政》稿，各国货币制度，金库条例，银行兑换券发行税法，日伪沦陷区扰乱金融状况，中央银行台湾流通券发行办法及台省汇兑管理办法等。

（四）**盐务**

主要内容可分两部分，业务方面：有局务会议记录，盐业检讨会议记录，盐务工作报告，盐务改革方案，盐务施政方针与业务，盐税制度与税率，盐债汇编，盐斤、存盐、盐价月报表，盐价细目表，盐业贷款，盐场绘图，盐仓整建，登记簿、税率表、统计图，盐务机构留用日本籍职员，盐政机关接收敌伪产业，各地区盐业贷款，制盐许可规划，与各省区盐政案，内含两广、福建、两浙、淮南、山东、长芦、两湖、河南、江西、安徽、陕西、山西、川康、云南、西北与台湾等省区。其中还包括接收敌伪盐务财产与光复前后台湾地区盐务档案。事务方面，则有盐务总局会计部门之岁出岁入分配预算、营业概算、决算等项；人事部门有甄试、任用、免退、调动、人员训练班、人员待遇调整等项；工程部门有各盐务机关、盐场之房舍修缮、道路桥梁修建与建筑盐仓航道等案。

（五）地方财政

档案形成时间为 1930 — 1948 年。包括地方税务法规、法令解释，各省税政计划，地方岁出岁入总预算案，税务政绩比较表，岁出岁入计政，地方财政机构各年度重要工作报告，战时地方财政实施办法，各省征收，减免土地税，地价税，田赋，营业税，杂捐，娱乐税，契税，二五减租，地方税捐改革，公产租佃，土地承租，地方税收报表、月报表、旬报表、经费预算表，各省自治财政报告，财政部视察地方税务报告、金融公债、救济认购、六厘英金庚款公债基金、地方税务请愿（含免耕、免征税、取消营业牌照税、屠宰税等）、建议、诉愿案、违法案、法规法令解释案及地方财政拨借案、地方财政司业务检讨会议等。

（六）财政研究

形成于 1929 — 1948 年，尤以抗战时期为多。包括敌伪财政经济研究，汪伪财政经济动态资料，战时经济措施紧要方案，战时经济政策及其实施方案，经济参考资料，财政金融税制与法规案，各地物价调查表，降敌附逆资源调查，田粮征实征购研究，税制研究案，抗战损失调查研究，总动员工作计划暨生产计划，抗战建国纲领财政部实施方案，战后五年国防经济建设计划，研究敌伪经济政策资料案，财政三年计划纲要，财政研究委员会会议记录，财政经济研究委员会建议案，敌伪财经资料，沦陷区内敌伪一般财政动态及管制物资汇报等。

（七）秘书

档案形成于 1912 — 1948 年，尤以 1937 — 1945 年抗日战争时期为多。主要内容为：财政部施政计划及工作报告，部务会议资料，财政部业务检讨会及会议记录，财政部对历届中国国民党重要会议报告，财政部各年度政绩比较表，抗战建国纲领财政部分实施方案、质询答复、决议处理情形，历届全国财政会议、经济会议资料，调整各战区经济委员会工作案，税收损失估计，接收财政年鉴编纂处，战时经济持久政策具体实施等。

（八）统计

包括 1928 — 1948 年间各年度中央政府总预算，国库收支统计，财政部各单位年度统计，战时财政金融统计，各区局税收统计与报表，统计年报，税收旬报，国税专卖利益收入统计表，各类会计报表，登记表，法规、事务、会计和各种财务统计表、登记册、统计资料等。

（九）人事

数量较多，占财政部档案近四分之一数量。包括 1940 — 1949 年间财政部所属各机关人事法规，人员之考试、录用、遴用、任职、训练、铨叙、津薪、资历证明、甄审登记、考核、奖惩、升迁、进修、调派、差假、赡养、抚恤、退休、各种补助费、代金、福利和失职、调查、违法、肃贪、诉讼、通缉、裁员遣散、员额动态、救济、交接以及各单位组织章程，各单位人事室工作计划，业务检讨记录，人事甄审会议记录，各省区税局设置人事管理机构，人事动态报告等。

（十）总务

包括 1941 — 1949 年间财政部行政庶务，如采购器材、日用品，财产增减表，建筑修缮，请领配置、注销，福利和合作社，还都复员，出纳之收入、支出经费、补助费、旅费、工程费、捐款、保险费、租赁费、购置费、设备费、罚款及招标，文牍、电信之电报、电话和电台，总务司之人事档，如任免、员额、考试、调升、勋奖、抚恤、考核、叙薪、印信、关防。其他如电台、农本局、物资局、花纱布管理局等机构裁撤后之档案以及接收敌伪财产清册等。

七、交通部档案

主要包括以下几方面的内容：

（一）总类

包括十年来交通事业、二十五年来之中国交通、三十三年来中国交通之变置，战时三年交通计划、战后复员计划，联合国善后救济物资交通器材，日本赔偿物资接运办法，1941 — 1944 年美国租借法案及美国货款购料，1946 — 1948 年加拿大贷款购料，英庚款、信用贷款购料，接收日伪事业资产，交通银行股东会，交通人才的培养、招用，交通部、铁道部组织法规、组织机构及人事变动，国立交通大学，等等。

（二）铁路

包括中国铁路简史，铁路沿革史，铁路总公司，铁路交通建设计划大纲，战前铁路五年计划，东北、蒙古、西北、西南铁路计划，战后铁路复员计划，战后铁路建设五年计划，各铁路借款合同，正太、株钦、京奉、琼崖、陇海、京绥、奉海、烟潍、沪宁、汉粤川、津浦、同成、周襄、滨黑、兰海、吉会、四洮、浙赣、京赣、广九、沪杭甬、叙昆、胶济、粤汉、南浔、滇缅、滇越、宝天等铁路的建设，扩建钱塘江铁桥、武汉铁桥、黄河新桥、潼关黄河桥的建设，山东铁路、中长铁路的交涉、日本对满蒙铁路的侵占，铁路收归国有，全国已成铁路简表、全国铁路分站里程表，中英庚款筑路和庚关两款筑路，铁路建设公债，铁路客运与货运，中日、中苏联运各路沿线矿区调查，战后两年来之台湾交通概况，交通警察总队，等等。

（三）公路

包括公路总公司，公路视察报告，滇西公路修筑，中印公路和康印公路修筑计划，陕川黔湘滇五省公路联运，公路会计会议等。

（四）航空

包括航空建设五年计划，战后航空运输五年计划，中国航空公司，欧亚航空公司，民航运输的管制，中荷、中美、中英、中法、中日、中加、中菲、中印、中苏空运，中苏航空公司合同，国际航空公约，国际民航组织及大会，等等。

（五）水运

包括船舶法、海商法、船舶检查丈量规程、海上人命安全公约、引水人会员及管理办法、吃水线公约等航运政策法规，航政局及各航政办事处的组织及活动，中央与地方航政权责的调整，上海、天津、青岛等港务局组织及业务，东方、北方大港及葫芦岛以南各港口的建设，交通部水陆空联运委员会、川湘川陕水陆联运处及东南联运处业务概况，招商局、民生公司业务概况，航业公会的活动，船舶登记和管理，船员证书的核发，灯塔标识的设置，抗战以来全国航政概况，等等。

（六）电信

包括电信总局组织条例、国际电话营业通则、公用电话通则、国内交际电报规则、新闻电报章程、电务技术员章程、报务员章程、话务员章程、广播电台组织通则等政策法规，1933 年京沪长途电话建设，筹建（天）津济（南）青（岛）长途电话，1935 — 1937 年扩充电报电话借款，中日电气通信协定，电政会议，等等。

（七）铁路、公路蓝图

包括康印、中印、上海浦东、张家口、库伦等公路蓝图 25 件，广梅、叙昆、京赣、綦江、武汉三镇铁桥、滇越、滇缅、漳厦、闽赣、漳龙、滇黔、滇桂、滇康、桂粤、沧石、包宁、北宁、正太、烟潍、南浔、同浦、钱塘江铁桥、浙赣、湘桂、胶济、道清、浦信、江南、长洮、四洮、辽承、道德、广三、开扶、洮昂、平热、宁湘、吉长、吉会、潘海、济聊、佛中、淮南、道济、晋博、呼海、泸贡、张多、川汉、川湘、川陕、川黔、川康、成渝、川中、川陕鄂、苏嘉、京沪、津浦、潼关黄河铁桥、湘黔、周襄、陕鄂、天成、琼崖、平绥、株钦、广九、湘滇、同成、甘新、绥新、平汉、长春、粤汉、陇海、赣粤、湘桂黔、京沪、叙昆、津浦、个碧石、潮汕等各铁路踏勘、测量、平面、剖面、纵断面、桥梁、路线及运输等铁路蓝图计 42 轴、185 盒。

（八）气象局档案

包括气象记录表、测候统计表，各气象站经费、财产、人事，气象局年度工作报告及工作检讨，征用日人名册，二二八事件员工受损及申请救济，等等。

此外，还有光绪二十八年（1902）至 1935 年间海关华洋贸易总册（包括总纲、清册及相关进出口贸易统计表）计 57 册，《战时交通》《抗战交通》《战时交通问题》《战时交通之设施与建设》《铁路在抗战中的表现及今后筑路的教训》《最近之交通》《十五年来交通概况》《交通建设》季刊等书籍 21 册。

八、赔偿委员会档案

赔偿委员会的前身是 1944 年 2 月设立的“行政院抗战损失调查委员会”，其职掌为调查自九一八事变后因日本侵略而造成的直接或间接损失。1945 年 2 月改称“内政部抗战损失调查委员会”。抗战胜利后，1945 年 11 月 19 日，外交部呈行政院，请“将内政部抗战损失调查委员会更名为赔偿调查委员会，改隶行政院，仍由原有人员主持办理”，并获行政院院会决议通过，但因故未照原案实施改组。1946 年 10 月 1 日，正式成立了行政院赔偿委员会，原内政部抗战损失调查委员会归并至赔偿委员会。行政院赔偿委员会的职能为办理调查统计抗战公私损失、规划日本赔偿事宜、审议支配赔偿物资等。该会除设有工具机、造船、钢铁、化工、电力、轻金属、特种工业（军需）、船舶、赔偿及迁建经费、技术等 10 个小组外，为办理日本赔偿及归还物资的调查、申请、接收、拆迁、督运、处理等业务，还先后设立了日本赔偿及归还物资接收委员会、督运委员会、处理委员会 3 个附属机构。

台北“国史馆”所藏南京国民政府行政院赔偿委员会档案包括行政院抗战损失调查委员会、内政部抗战损失调查委员会、行政院赔偿委员会等机构及附属机构的档案，档案形成时间为 1937 — 1949 年，共有 10,521 卷。档案内容十分广泛，概括起来，主要有以下几方面：

（一）**总类**

包括有：内政部抗战损失调查委员会和行政院赔偿委员会移交之清册，如抗战损失调查办法及抗战损失查报须知、内政部抗战损失调查委员会 1945 年 9 — 11 月工作总报告等案卷；行政院赔偿委员会事务性及办理日本赔偿有关之案卷；抗战损失调查委员会与赔偿委员会及其所属机构的案卷，如人事、法规、人口伤亡及财产损失统计、经费预算、施政计划、会议记录、工作报告、接运赔偿物资、赔偿物资验收及分配、派赴日本拆迁人员、中央地方各机关及各团体请求追还劫物、国民政府责令日本赔偿损失说帖、处理赔偿物资办法、损失调查表格的规划等案卷；各省及南京等市抗战损失统计表，各省县市机关、学校直接间接财产损失及伤亡整理卡片，等等。

（二）**办理日本归还劫物案卷**

主要为台湾、贵州、山西、天津、汉口等省市及教育部、岭南大学等机关学校查报或声请归还劫物案卷，也有属于个案性的，如归还沈阳张三堂绰丝古画案、北京人头盖骨化石案、追还汪精卫送日皇室翡翠屏风等案卷。

（三）**各地区、各机关及团体查报的人口伤亡和财产损失案卷**

包括有台湾、福建、广东、广西、贵州、云南、江苏、浙江、安徽、江西、湖南、湖北、四川、河北、河南、山东、山西、辽宁、陕西、绥远、察哈尔、宁夏、热河、安东、吉林、松江、黑龙江、兴安、新疆、青海、西康、蒙古、甘肃等省和南京、上海、北平、广州、厦门、福州、杭州、天津、太原、济南、沈阳、哈尔滨、海南岛文昌等市军政机关、法院、党部、公私营业、团体及县（乡、区）市查报的人口伤亡与财产损失各案卷，国民党中央组织部、宣传部所属机构、歌乐山水利委员会、黄河水利委员会、资源委员会、国防部军法处、军政部等机关、学校、团体查报的人口伤亡和财产损失各案卷，缅甸、越南、泰国、日本、印度尼西亚、马来西亚、朝鲜、日本、菲律宾、新加坡、法国、意大利、德国、葡萄牙、波兰、英国、比利时等国及暹罗、曼谷、槟榔屿、东西婆罗洲、吉隆坡、沙捞越等地区华侨查报的人口伤亡和财产损失各案卷。

此外，还有一些中央各部会、国民党中央党部所属机关和浙江、安徽、河南、山东、河北、湖北、湖南、四川等省县市以及一些海外华侨的选样报表。

九、粮食部档案

该部分档案起于 1941 年粮食部成立，止于 1949 年裁撤，同时还有一部分为财政部田赋管理委员会的档案。主要内容有：

（一）粮食部档案

主要包括以下几方面：

1. 人事

包括该部人员任免、考绩、铨叙、甄审、奖惩、抚恤、退休、疏散及生活补助、津贴等。

2. 经费

包括各省粮食局经费，贵州省 1944 年度省级公粮概算，湖南省农业增产补助费，云南、西康、浙江等省军粮概算或业务费，汇解各省军粮运费及杂费，中国粮食公司购储委员会购买小麦等粮款，各省麻袋价款，粮运、仓储等费用，陪都民食供应处购买小麦、谷、米及收购公粮等费用，汇解各省田粮机构购粮及人事款项，等等。

3. 储备

包括各省田粮机构及各省公粮稽核委员会组织章程、征借实物监察委员会组织章程、中国粮食公司及田赋署组织法规，闽、桂等省田赋征实、征购实施办法，有关军粮品质改善办法、公务员平价米及代金发放办法、各省公粮代金标准、陪都民食供应处仓库组织规程、稻谷加工溢米处理办法、配发中央公教人员食米办法、陕西四川等省米粮验收标准及衡量、军粮调配储运有关各单位职责划分及联系办法、各地方建仓积谷办法大纲等政策法规，中国粮食公司与粮商购米合约、省县租用仓库及米粮加工合约，各省征实、征购情形报告、各地仓储损耗报告、粮食收拨结存报告、储备司各年度工作进度检讨报告、湖南等省田粮处工作报告、粮食部所属京沪区各单位最近概况、河北田赋粮食管理处副处长翟卜臣工作报告、青岛特派员工作报告，云南仓务管理情形、湖南省防治积谷虫害专报，中国粮食公司业务计划及方针，各省接收敌伪存谷仓储损耗报告、安徽田管处送苏浙皖区接收处理敌伪物资工作清查团简要报告书，各省历年稻谷加工成率及粮食加工，各省年度建仓、修仓，配发各机关公粮及各战区抢购粮食，各省及各战区筹办屯购马粮，江苏各地抢米风潮，粤、赣等省存粮被劫，沦陷地区粮食损失清册，等等。

4. 管制

包括各省禁粮出境及被灾各省请求邻省解除粮禁，管制司工作周报，各省年度月报，各省限制、平准粮价，各省粮食供销暨人口数量报告，各省市粮商登记及各地粮商救济、贷款，各省粮食消费节约活动及禁止酿酒，各学校、报社、医院等团体食米，华侨、难民粮食救济，各省价拨、代购囚粮，各公私机关、团体采购粮食，陪都民食供应处委托粮商采购粮食，陕西、湖南等省粮食增产计划及增产工作推行办法，各省调查经费和粮食生产调查报告，各地推广种菜暨杂粮运动，专案配售粮食紧缩办法，四川民食第一、第二供应处民食供应计划及办法，改善陪都公粮发放办法，调整东北粮政机构，全国各地粮情物价调查，等等。

5. 分配

包括各省、战区军粮调拨、筹购及催运相关文件，机关报领公粮清单，各省米粮包装及粮食拨交，各省运粮合约，陪都民食供应处及各供应站米粮损耗报告，江西省田赋粮食管理处、储运处、运输站等仓库免费公粮报销清册，四川省粮运情形及该省粮食运往贵州装车情形报告，运粮轮船的调配和修理，粮食部各项材料收支结存情形报告，四川省拨交军粮纠纷及粮食部为四川省各县部队强拉运粮夫充当壮丁与相关单位的往来文件，四川、湖南等省有关米粮配拨，交通部造船处代造各类粮船及价款，后方勤务总司令部拨借卡车协运粮食，民生公司为运粮请求补贴运费，各地接收敌伪产业、粮食调查报告，等等。

6. 田赋

包括各省田赋征收情形报告，田赋署田赋征收流通券旬报，各省田赋征实月报表，各省办理总归户统一征册及控制赋籍图册异动情形，陕西省 1945 年粮源调配计划书，各省灾歉情形报告和各地请求减免、缓征田赋及改征法币，各省请求将田赋划归地方，各省、县田赋折币标准，湖南、湖北等省遭敌损失赋谷报告，福建、陕西等省田赋折征小麦杂粮及田赋滞纳加罚情形，河南省各县违法征收及驻军强征田赋，陕西各县办理二五减租事项及赋棉折征仓粮，共产党在各解放区征粮情形，等等。

7. 督导

包括督导室派赴各地督收员工作报告，各地粮政人员涉嫌不法、被控贪污渎职案件，有关粮食动员计划大纲、粮政宣传要点、标语及宣传调查纲要实施细则，等等。

（二）财政部田赋管理委员会档案

田赋管理委员会成立于 1941 年 6 月（1941 年 4 月设筹备委员会），初隶财政部，1945 年 3 月改隶粮食部田赋署。台北“国史馆”所藏该委员会档案内容，主要有：各省田赋征收人员的任免、训练、经费，各省陈报科则，赋地册籍，推收以及因负责过重请求减低科则的报告，该会职员及土地陈报人员的调迁、奖惩，各省田赋征实经费，江西、浙江等征实收储及划拨事项，有关田赋法令汇编及各省田赋通讯，该会对各省田赋管理处的督导，以及该会职员爱国捐献及因敌机空袭受损请求救济，等等。

十、教育部档案

民国时期教育部档案一部分藏于台北“国史馆”，另一部分保存于台湾省教育行政部门。

（一）台湾教育行政部门所藏民国时期教育部档案

该部分档案主要有以下几部分：

1. 高等教育

这部分档案最为齐整，但大多已移交“国史馆”，留存的主要是在台复校或创立的大学档案，包括有各校董事会、章则规程、教职员工、图书仪器、课程设备、经费预算、校舍校产、在校生、毕业生、研究生表册等等。在这批档案中，尤以学籍表册最为完整，如 1912 — 1949 年北京大学毕业生表册，完整无缺；1928 — 1948 年交通大学毕业生表册 26 册；1931 — 1937 年清华大学毕业生表册等。

2. 中等教育

留存仅有国立第二、第七，第八、第十一、第十二、第十三、国立西北师院附中、国立西南中山职业学校等部分国立中学的档案，总计不及百册，时间上也多为抗战以后之档案。

3. 小学国民教育

数量较少，仅有 1939 年后之小学计划方案办法大纲、国民小学章则规程、学前教育、小学课程设备以及 1948 年国民教育实施概况调查等 80 余册。

4. 社会教育及文化、体育等

主要包括 1942 年以后的社会教育计划办法方案大纲、国语方言注音文字计划办法大纲、国语教学、劳工补习、各省市特种教育、函授教育等，以及中央图书馆、中华教育电影制片厂等相关档案。

5. 国际文化合作与交流

共有案卷 200 余册，主要有国际文化交流章则规程，留学章则规程，国际公共教育会议资料、国际文化合作、交换教授、外人来华访问考察、联合国科学教育及文化组织以及各种国际学术会议等。

6. 人事类

仅有百余册，主要有 1928 年后有关教育部职员离职退休案，有关人事类章则规程、纪律惩戒、资格铨叙、兼课兼职、抚恤等。

7. 各种文化教育委员会

主要有学术审议会、医学教育委员会、教育研究委员会、国立编译馆、中法教育基金委员会、中英文教基金董事会以及中华科学仪器制造厂等。

8. 总务

主要有各种教育法令规章、学生制度、教育计划方案办法大纲、编辑教育年鉴、教育部和学校与机关团体委员会印信以及房屋与建筑，等等。

（二）“国史馆”所藏档案所藏民国时期教育部档案

主要包括以下几方面：

1. 总类

包括人事、经费等。人事部分包括人事总卷，如任用宣誓、甄别考试、登记调查、人事会议、人事训练、职员从军、战时救济抚恤、实习训练、进修考查等；各省市教育厅局人事状况，如厅局长的任命、到任卸交、辞职、履历及审查等；大学、专门学校和中学教职员、校长及各省市教育人员的养老抚恤；史地教育、电化教育、侨民教育、农业教育、工业教育、统一招生；教科用书编辑、员生补助费管理、国际文化资料供应、特种教育、留学生考选、补习教育推行、出版物管理等委员会等的案卷。经费部分则包括公务员战时生活补助办法，安徽各县市教育经费，上海商学院、福建音专、山东省立医专、乡村建设学院等校请领经费或膳食费，全国复员事项和处理敌伪财产等。

2. 高等教育

包括：校长教职员资格审查、课程设备、教材纲要、校舍校产、战时生活补助等；各公私立大学、学院和专科学校立案，包括河南中州、江苏法政、金陵、武昌中华、汉口明德、北京孔教、协和医科、交通、平民、华北、吴淞中国公学、复旦、南通农科、东吴、上海法政、厦门、大夏等大学，浙江私立、神州、江苏、直隶、龙山、达村、豫章、广东、福建和贵州南明等法政专科学校，直隶农专、山西农专、山东农专、江西工专、湖南工专、苏州工专、山东商专、新华商专、通才商专、南通纺织专校、河海工程专校等农工商专科学校，江苏、山东、广东、同德、南通、广济、奉天、江西等医学专科学校，上海美术专科学校、福建和湖北外语专科学校，等等；毕业生名册，包括中俄、西北、朝阳、协和医科、北京师范、唐山、山东、南洋、河北、燕京、华北、吴淞中国公学、金陵、武昌中华、汉口明德、武昌中山、东南等大学，直隶、奉天两级、湖南、福建、广东、北京、北京女子、南京等高等师范学院，直隶、江苏、黑龙江、广东、广西、四川、北京、贵州南明等法专，直隶、江西、四川等农专，浙江、苏州、山东、直隶、江西等商专，北京、浙江、江苏等医专，四川、奉天、湖北、福建等外语专校，以及艺术学校、上海美术专校、武昌美专和南通纺织专校，等等。

3. 留学教育

包括：留学章程、管理办法等留学法规，江苏、浙江、安徽、江西、福建、新疆、上海、天津等省市和中英庚款董事会、全国经济委员会、东北青年教育救济处、中央研究院、中法教育基金会、中华教育基金会、中华农学会等机关以及国立北洋工学院、清华大学、中山大学、中法大学、同济大学等高等学校考选留学生，江苏、安徽、江西、广西、湖南、湖北、四川、贵州、云南、河南、山东、陕西、甘肃等省补助留学费用等案，留学美、英、德、法、日、苏、比、意、奥等国留学事务以及国外留学生辅导、欧战中留学生之处置、革命功勋子女留学等，发给公、自费留学证书，留学生回国登记；回国留学生救济、分发借读、介绍服务、留学生协助国际宣传，等等。

4. 社会教育与国际文化交流

包括：北平图书馆、中央图书馆、各省市图书馆、各省市博物馆、中央博物院、中央博物图书院馆联合管理处，福建、广东、四川、西康、辽宁、察哈尔、新疆、台湾、上海、青岛等省市科学馆，古物古迹及文献条例、中国战区美术及古迹、南京古物保存所、战区文献征存委员会、中央古物保存委员会、清理封存文物委员会、各省市文物整理委员会、接收敌伪文物统一分配，参加国外各项展览，等等。

5. 学术文化团体

主要包括全国及各省市学术文化机关团体和社团，如中国天文学会、中国度衡量学会、中国地质学会、中国物理学会、中国自然科学社、中国铁路学会、中国工程师学会、中国矿冶工程学会、中国水利工程学会、中国土木工程学会、黄海化学工业研究社、中华民国药学总会、中国医药教育社、中国国医学会、中国护士学会、中国心理卫生学会、中国统计学社、西北建设促进会、中国史学会、中国哲学会、中国财政学会、中国科学社、西北问题研究会、太平洋问题研究会、中国比较法学社、中国音乐学会、中国文艺协会、中华全国文艺界抗敌协会、中华电影界抗敌协会、中华学艺社、中华职业教育社、中华儿童教育社、中华平民教育促进会、中国教育学术团体联合办事处、中华体育协会、中德文化协会、中印学会、中美文化协会、中法比瑞文化协会、中缅文化学会、中国国民外交学会、新亚细亚学会、战时社会事业人才调剂学会、国际反侵略大会中国分会、联合国中国同志会，以及中央研究院、中央气象局、中国蚕丝研究所、西康农林植物研究所、热带病研究所、敦煌艺术研究所，等等。

6. 军训教育

包括军训方案、课程、教材、设备，军训教官以及各省市军训案等。

7. 奖助学金

包括江苏、浙江、安徽等省市及华侨捐资兴学，学生从军奖励、清寒优秀学生奖学金、各省市战时公教子女就学、国外捐助奖助金和江苏、浙江、福建、台湾四省清寒优秀师范生奖学金，救济华侨学生，等等。

8. 庚子赔款问题

包括全国教联会庚款事宜委员会简章、外交部抄送各国退还庚款、交涉英国退还庚款及各处意见、中法教育基金委员会会议记录、中华教育文化基金董事会章程、美国退回庚款补助各大学、交涉中比庚款用途、交涉中日庚款拨还、各校请分配庚款会议记录，等等。

9. 其他

包括战时教育问题、国民教育辅导、华侨教育、中小学及专科以上学校校历、各省市公民训练、家庭教育、各省市中等学校呈报和实施补习法、国际教育会议，等等。

十一、司法行政部档案

此部分档案，形成于 1921 — 1949 年，共有 10,249 卷。其主要内容如下 ：

（一）总类

包括总务、人事、秘书等。总务部分有 1,957 卷，主要内容有 ：司法行政部内之各项规则及该部秘书、参事、人事、会计、统计、总务、民事、刑事、监狱司等单位通令，各省司法机关之筹设、改组、人事、增减员额、经费、修建工程、设备、宿舍分配、官产调查表、俸薪节余核计表以及复员，最高法院设置分庭条例，各省法院前后任院长及首席法官之交接、印信启用、处理没收物清册、民刑状纸，公务人员战时法规、各项补助、解释疑义，接收汪伪司法行政部事项，对台湾公私产业处理决议通令，接收台湾及收复区等办法、通令，等等。人事部分共有 2,803 卷，主要有各司法机关人员之资格审查、成绩审查、分发、送审、任免、薪俸、奖惩、训练、考核、抚恤及证件、证书，有关考试、人事之各项条例、办法，人事法规疑义解释，各省控诉案卷，各省高等法院、检察院工作报告，各法院年终会议及事务分配表、律师之管理、检核资格、证书、登录、公会、惩戒，司法建议，等等。秘书部分则有 604 卷，内容多为收发的国民政府有关施政方针、纲要、办法及政策法规和文件，国民政府、行政院的有关规定，公文程式和格式、印信、通令等，也有一些有关司法工作的，如全国各省司法机关行政检讨会会议记录和工作检讨报告，各地司法机构组长会议记录、国民参政会及国民党全会对于司法行政报告的决议、司法院工作报告、各省司法人员为其直系尊亲属请颁题词，等等。

（二）**民事部分**

共有 484 卷，时间自 1938 — 1948 年。主要内容包括：民事、非讼等事项通令，民事法令适用疑义解释，各省各法院受理民刑事涉外案情形，各省各法院巡回公证计划、宣传，各省各法院提存所、公证处、法人登记处等机构之成立、人事、印信启用及提存、公证事件季报表，各省各法院民事陈诉及民事案件，等等。

（三）**刑事部分**

档案时间形成于 1934 — 1948 年，共 845 卷。其主要内容为：各项刑事通令及刑事法令适用疑义解释，各项刑事陈诉和刑事案件，各省处理释放政治犯情形，各省办理大赦减刑报告表，各省渎职案件、非常上诉、无期徒刑和执行死刑等专报，各省各法院通缉案、查封汉奸财产、涉外刑事案件及引渡事项，各省院检办理汉奸、盗匪、烟毒、敌伪毒化罪，各省各检察处起诉及不起诉处分书，各省各检察官自动检举月报表、考核表，各省处理反间人员，等等。

（四）**监狱**

共有 550 卷，时间为 1938 — 1948 年。内容主要包括：各项狱政法规及监所各项通令、办法，各监所工作计划、工作进度检讨报告、整顿报告表、工作竞赛成绩、各项经费、修建工程、设备及人犯控诉、人犯作业、感化教育，各方改进狱政建议，等等。

（五）**参事部分**

共有 2,141 卷。主要为各项法规、法令及其释疑，与司法有关的则有解释妨害自由适用法律疑义、解释危害民国紧急治罪法适用之各项法规、条例、办法等疑义、通令变通刑事条件管辖规定、非常时期监所羁押军事人犯处理办法、非常时期维持治安紧急办法等相关办法、规章，英美废除在华领事裁判权、律师法及律师服务细则、律师检核办法、登录章程及律师公会相关事项、法规，各级法院民刑诉讼程序询问处办事细则、各级法院录事服务规则、云南各级法院管收所规则、修正复判暂行条例草案、司法行政部对提存法草案意见、交通部咨述修订特区法院协定意见、县司法处办理诉讼补充条例草案意见，等等。

十二、资源委员会档案

民国时期的资源委员会档案，抗战时曾移存重庆牛角沱，共 304 箱，抗战胜利后因交通工具缺乏，其中 128 箱仍留重庆，后为中国第二历史档案馆接收，其余迁回南京后，又随国民党政府经广州转运台湾，绝大部分现藏“国史馆”，小部分由“中研院近代史研究所”典藏。

此部分档案有中、英两种文种，中文档案系资源委员会与国内各附属机构间往来之文件，可分为总务、工务、业务、会计财务、运输、材料、综合等 7 类。

（一）**总务类**

包括有总类（包括法令、规章、各单位组织规程、各种会议记录、各机构动态及职员交接等）、人事（包括人员之甄选、介绍、实习、任用、选调、辞职、遣散、薪俸、津贴、考绩、训练、福利、抚恤及各种人事报表等）、文书处理、事务（包括房屋租赁及车辆、器具、材料等之购置等）、治安、交际、图书等。

（二）**工务类**

包括经济法规，各单位之工程合同、合约、施工计划、各项工程修建、厂房设备之装配修复、机器安装修理，钨铜煤等矿之勘探、原油矿样之化验分析等。

（三）**业务类**

包括总类（各项法令、规章、工作计划、业务计书及各种工作报告等）、调整（包括各单位结束业务及移交清册、接收日伪工矿企业报告、各厂处之撤迁报告等）、物资管制、工厂管理、权益、设计研究、资源开发、意外事故及征用、合作，等等。

（四）会计类

包括有各项财务规章制度、财务报告，各单位之营业、创业、经费概算、决算，各式会计报表，经费、外汇、保险、资财调查等。

（五）运输类

包括车费（包括车辆及燃料购置、修配等）、运务。

（六）材料类

主要包括材料的管理、装运章则，各项机器、工具、原料等之采购及管理、调节等。

（七）综合类

包括有各事业单位组织规章、年度工作计划、各项工作报告、各委员会会议记录、董监事任免、职工名册、购料与技术合作、接收敌伪事业、工人运动，等等。

英文档案系资委会驻美单位与国内本会及附属事业机构或国外机构间的来往函电、各种资料等，中、英文皆有，但以英文为主。主要内容有美国各大公司与资委会间的来往函电、函件及通知书，与各公司间的往来函件，与美国各公司的训练计划、技术合作计划，赴美实习技术人员的训练资料、函件、报告，翁文灏、钱昌照等资委会主要负责人的电报、信函，国外贸易事务所出口市场报告、函件，与美国各公司购货、交易等之往来函电，等等。

十三、卫生署档案

民国时期卫生署（1928 年 11 月 — 1936 年 11 月及 1947 年 5 月 — 1949 年 5 月为卫生部）档案主要包括以下几方面的内容：

（一）总类

包括各级卫生机构组织法令、卫生法规，医事人员的升迁、调动和管理，卫生工作报告，卫生会议及其记录，卫生教育，等等。

（二）医政

包括医事人员登记任用、训练与进修，医疗卫生机构管理，战地伤患救助，等等。

（三）药政

包括药品审核、购置与供应，麻醉药品的管理等等。此外还有食品卫生、保健、防疫、公共卫生及国际交流等。

十四、专藏档案

1975年，台北“国史馆”为便于档案管理，于文件档案之外另成立“专藏档案”，又称“特藏档案”，“俾便收纳无法归类于文件、个人、照片之档案或文物”[1]。这些档案“绝大部分系向各级政府机关、团体征集，其余或向国外价购，或商借复印、抄录，乃至于私人捐赠的”[2]。据廖运尚先生分析：“专藏档案，依其特性相近者可概分为专门性、特藏性、综合性等三大类。[3]兹分别简介于后：

（一）专门性档案

此类档案系针对某项特殊史实或有特出表现的人物等，所遗存之档案。主要有：

1. 抗战史料档案

实际为报刊资料汇集而成，摘录自1931 — 1945年出版发行的《中央日报》、《大公报》（重庆、天津、汉口、香港版）、上海《东方杂志》、《台湾日日新报》、重庆《新民报》、重庆《扫荡报》、重庆《新中国报》、《时事新报》等报刊及日本《大东亚战争全史》等书，内容分为总类、政治、外交、军事、财政、经济、交通、社会、文教、人物、日本史略、其他等12大类。

（1）总类。包括实行三民主义、民主政治、世界前途与中国、我国前途之展望、中国的命运、我们的意志、中外现势专辑、国事论谈、辛亥革命事迹、抗战建国政策、日本侵华史要、抗日运动、台湾同胞抗日运动等。

（2）政治。包括有宪政，宣言、文告、声明，蒋介石往来函电，政党动态，救亡图存、国难痛史、国难会议，宁粤和平会议，庐山会议，行政组织，施政方针，川局与中央，内、外蒙现势，康藏、满蒙问题，护国运动，阎冯反蒋，两广事变，福建事变，西安事变，济南惨案，平顶山惨案，万宝

[1]《国史馆现藏史料概述》，（台北）“国史馆”，2003年，第194页。

[2] 廖运尚：《国史馆专藏档案简介》，《国史馆馆刊》复刊第19期。

[3]《国史馆现藏史料概述》，第194页。

山事件，九一八事件，一·二八事变，天津事件，察东事件，河北张北事件，成都事件，汕头事件，卢沟桥事变，法令规章，人事命令、训令，汪精卫遇刺，杨永泰被刺，七君子事件，汪精卫叛国投敌，汪伪政权，汪伪财政、经济、社会、教育、外交现况，伪军动态，中共宣言，中共领袖谈抗战，中共文艺，八路军战讯，皖南事变，中共解放区实况，中共人物等。

（3）外交。包括外交政策，国联会议，联合国宪章，同盟国和轴心国，废除不平等条约，中美关系和美国援华，中法、中英、中苏、中德、中比、中日、中缅、中印关系，中日经济提携，塘沽协定，上海虹口炸弹案，中村事件，藏本失踪始末，日侨动态，侨胞动态等。

（4）军事。包括有国防建设，国军史略，海军、空军现况，行营编组，川康整军会议、军事会议纪要、参谋长会议、南岳军事会议，抗日战争纪略、抗日战争战略、抗日战史专辑，东北义勇军，十九路军作战史略，日军进攻热河，“围剿”中国工农红军，七七事变报道，抗战检讨，淞沪会战、京沪会战、南京保卫战、台儿庄会战、徐州会战、太原会战、平型关大捷、常德保卫战、鄂西会战、豫鄂会战、空中作战以及京沪、四行仓库、沪杭、浙东、苏浙皖、江南、华北、冀察、绥远、绥东、平津、河南、平绥线、平汉线、中条山、西北、晋东北、晋南、晋西北、津浦线、山东、华中、鄂东南、鄂中、荆宜、湘鄂、湘北、安徽、江西、华南、广州、粤东、粤南、粤北、粤桂、桂南、邕宁钦防、海南岛等地战讯，日机对南京、上海、四川、云南、贵州、山东、河南、陕甘、湘鄂、赣皖、闽浙、粤桂等地的轰炸，防空措施，兵役，等等。

（5）财政。包括财政、税务、盐务概况，田赋改革与征收，财经法规，金融与币制改革，海关与缉私，公债与外债，证券交易，抗日战争损失统计，等等。

（6）经济。内容则包括经济政策与建设，中国及世界经济现状，沦陷区经济现状，工商业概况，金融市场动态与外汇行情，平准基金协定，水利建设，农业生产与土地，林业、渔业现况，化学工业、造纸、医药制造、纺织业现状，资源开发，茶叶产销，粮食产销及价格，对外贸易，物价指数与平抑物价，取缔囤积居奇，禁运，等等。

（7）交通。有交通运输现况，全国铁路现况，中东路问题，公路建设，航运，驿运，邮政与电信，气候报道，等等。

（8）社会。包括社会现况，社会变迁，社会、人口、青年、妇女职业、农村等问题，新生活运动，宗教活动，边疆与少数民族问题，陪都、东北、察绥、平津、河北、河南、青岛、山东、山西、陕西、湖北、湖南、安徽、江西、江苏、上海、浙江、福建、广东、广西、川康、黔滇、滇缅、南海岛屿等地现况，沦陷区现况，民众抗战热情、抗敌后援会，社会服务机构、红十字会，献机、出钱出力等运动，献粮、募捐劳军、慰劳前线将士和伤患，难民救济，水灾及各地灾情，肃清烟毒，公务员生活，劳工现况，等等。

（9）文教。包括教育概况、学术研究，高校内迁，中央、西南联合及各省大学现况，师资问题，统一招生，战时学生及留学生动态，流亡学生就读，学生运动，文化、文艺等运动，诗词、歌曲、书画雕刻、影剧舞蹈，新闻事业，国际舆论，等等。

（10）人物。包括蒋介石、宋美龄、宋庆龄、林森、宋子文、孔祥熙、孙科、胡汉民、汪精卫、戴季陶、王宠惠、吴铁城、胡适、蔡元培、顾维钧、郭泰祺、何应钦、徐永昌、阎锡山、徐世昌、吴佩孚等民国党、政、军及外交、文化、边疆、民族等名人、抗日将士、外国名人等。

（11）日本史略。有日本内阁、议会、政党，军事国防、侵华方针政策、作战计划、记录、战况及其伤亡，日军反战及日俘的忏悔，日寇暴行，日本政治、财政、经济、金融、贸易、资源、工业、农业、交通、社会、文化、外交等现况，等等。

（12）其他部分。有中国局势、史事纪要稿件，国联调查团报告文稿，华北问题专辑文稿，中美合作稿件，抗战纪事，抗日各战役史料文稿，日军侵华战争八年专辑，日军暴行专辑文稿，教育专辑文稿，人物志文稿，地理及兵要图书分类法，抗战史实研究办法文稿及作业纲要，爱国志士文稿，等等。

2. 日本外务省秘密档案

此系“国史馆”向日本外务省选购的影印档案。内容包括有清光绪皇帝逝世前政情报告、孙中山及革命志士在日本的活动，等等。

3. 二二八事件档案

此部分档案系从各方面搜集整理而成，包括国民政府总统府及台湾省政府 1947 年 2 月 27 日至 1947 年 6 月 30 日之档案、监察院报告书、美国国务院档案、柯远芬的《事变十日记》等，内容包括台湾光复后一般情形、二二八史料之搜集、档案之分析、二二八事件发生原因、事件发生之经过、参加人员之分析、人员之伤亡及财产之损失、尚待查明的若干疑问、检讨与改进、附录等。

4. 开国实录

内容包括列强对华政策、调停南北和议、列强对华贷款、各国承认新政府之态度及两者之一般约定、列强在华之军事动态及措施、租界防卫、日本对华态度，袁世凯与革命，和议与停战，全国一般情势及政治情况，福建、武汉、山东、直隶、东北、蒙藏、两广、川滇黔、苏皖等地政情，等等。

5. 九二三事件档案

九二三事件系指 1936 年 9 月 23 日晚 8 时 30 分在上海公共租界吴淞路口发生的日本海军陆战队水兵 4 人遭枪击事件，事件中，1 人死亡、2 人受伤。事件发生后，日军立即动员警戒、检查，有涉嫌者，即行逮捕。档案内容包括九二三事件关系缀（上）、九二三事件关系缀（下）。

6. 中山事件档案

1935 年 11 月 9 日夜，日本驻上海海军陆战队水兵中山秀雄在上海窦乐路被人枪杀，此为中山事件。该事件档案包括中山兵曹射杀事件（上、中、下）、中山事件关系缀（1 — 5）、中山事件参考缀（1 — 5）。

其他还有辛亥革命北伐、九一八事变、长城抗战、中日停战协定、衡阳战役、抗战及上海事件有关照片，史迪威事件、马歇尔使华调处，蒙古、西藏等史料。

（二）特藏性史料档案

此类档案多系独一无二且极其珍贵的史料，分为法规、降书、日记、自传、函札、墨迹、勋奖章、文献及其他 9 类。法规有《中华民国训政时期约法》（正本）、《中华民国宪法》（正本）等；降书有日本向同盟国投降、向中国投降、在香港战区投降的降书等；日记、自传有胡汉民自传、林森日记、翁文灏日记等；函札有张继致连横函札等；墨迹有孙中山手绘三民主义手稿图、孙中山原稿、孙中山墨迹、胡汉民遗稿和诗稿，陈其美墨宝、林森墨画等；文献有日本投降中国战区受降案、何应钦上蒋介石签呈等；文物则有日本投降时中国代表徐永昌在日本降书上签字的钢笔、受降文物附件（毛笔、砚、墨、墨盒、印泥、照片、镇纸、笔架）等。

（三）**综合性档案**

计有总类、主计、人事、行政、内政、外交、国防、财政、教育、司法、经济、新闻等，限于篇幅，仅列举一二，如台湾史料照片、黄埔军校名册，等等。

十五、蒋中正档案

蒋中正档案系由蒋介石的机要人员历年搜集、记录整理而成的蒋介石个人文卷的总称，因长期保存在台北市西南桃园县东南方 15 公里处的大溪镇头寮宾馆，因此又称“大溪档案”。

蒋中正档案始于 1923 年，止于 1975 年，数量庞大、内容广泛，总计 4,200 册，273,000 件。按其性质，分为蒋中正筹笔、革命文献、特交文卷、特交文电、特交档案、领袖家书、文物图书、蒋氏宗谱、照片影辑及其他等 10 大类。兹分别介绍于下：

（一）**蒋中正筹笔**

是蒋介石亲书之函电或谕令之手稿，“内容多为蒋氏对于重要政治、军事案件之筹划”，共有 17,908 件，22,611 页，分装为 291 册。另有拓影本 135 本。

（二）**革命文献**

系以纪事本末体、以事件为主题，将相关重要文献如函电、手令等编纂而成的重要文献汇编，每一案之前均附有整编人员所撰写的事件概要一则，简述事件始末。该部分档案计有“北伐之目的及其准备”“第一期敌情概况”“规复长沙”“宁汉分裂与北伐中挫”“国军编遣”“湘鄂事件”“中东路事件”“沈阳事变”“西安事变”“卢沟桥事变”“抗战方略”“华北战役”“徐州会战”“同盟国联合作战”等 103 案，分装成 167 册。另有拓影 219 册，摄影本 64 册，概述合订本 40 册。

（三）**特交文卷**

包括亲批文件和交拟稿件两部分，共 5,709 件，72 册。亲批文件为各方致蒋介石的函电，经蒋氏机要人员摘录后呈阅，摘文笺上多有蒋氏阅览后所作的批示，计有 3,415 件，分装成 46 册（其中 45 册为蒋氏在大陆时期）；交拟稿则多系由机要人员草拟后再由蒋介石修改、决定发送给各方的电文稿，计有 2,294 件，装订成 26 册。

（四）特交文卷

系蒋介石与各方往来重要电报中按个案分类编排而抽取的电报汇集，共分 38 个个案，每案之前附有整编人员编写的纪要一则，记述因果始末。

（五）特交档案

包括签呈、函札、电报、会议记录、各式报告、名册、信件、书籍、手稿录底、手令登录等，分为分类资料、一般资料两部分，合计共 1,081 册，106,590 件。

（六）领袖家书

系蒋介石给家人、亲友书信的底稿，以寄发对象分类，分成致夫人、致经国公子、致纬国公子、致亲友、致孝武孙公子、致孝勇孙公子等 6 类，共有 29 册，其中原件 12 册、拓影本 17 册。

（七）文物图书

分为印信、印章、印谱、委任状及证书、勋章及纪念章、稿本及刊本、书画、书籍、舆图及其他文物等 10 类。印信共有“国民革命军总司令印”等 17 方，印章有 16 方，印谱有 4 册，委任状和证书有 12 件，勋章和纪念章有 17 枚，书画有 13 幅，稿本及刊本有 458 册，书籍有 328 册，舆图有 10 卷，其他文物有 13 件。

（八）蒋氏宗谱

共 7 套 48 册，分别为《民国七年重修本》（4 册）、《民国三十六年重修本》（6 册）、《回国蒋氏宗谱》（10 册）、《宜兴大成蒋氏宗谱》（10 册）、《梅潭蒋氏世谱》（14 册）、《硖石蒋氏支谱》（2 册）、《武岭蒋氏先序考》（2 册）。

（九）照片影辑

主要为蒋介石、蒋经国个人及其活动的照片、影片等。

（十）其他类

又分资料、底片和名章三类，如关于蒋介石的事略日记、文电登记簿等。

十六、阎锡山档案

阎锡山是民国时期权倾一时的政要，曾任国民政府军事委员会副委员长、行政院院长等要职，掌握山西军政大权达 30 余年，人称“山西王”，民国时期诸多重大历史事件中均可见到阎锡山的影子，其所藏档案的价值自不待言。

其内容主要包括以下 4 个方面：

（一）**要电录存**

系阎锡山赴台后，将自己在大陆时与各方政要及部属等的来往电文，选择重要部分，交由秘书，依时间顺序及历史事件发展脉络编辑而成，包括“筹印阎伯川先生要电录存案”“阎伯川先生要电录存目录”及“阎伯川先生要电录存”三个部分，档案形成时间为 1912 — 1939 年。主要有：

1. 1912 — 1916 年袁世凯统治时期。包括二次革命前维护党国及外蒙边务、袁世凯称帝等案。

2. 1917 — 1926 年北洋政府统治时期。包括参加第一次世界大战、讨伐张勋复辟、巴黎和会与五四运动、护法运动、直皖战争与陕鄂诸役、直奉战争、黎元洪复职、曹锟贿选、反奉战争、张（作霖）吴（佩孚）联军与国民军作战等。

3. 1926 — 1928 年北伐战争时期。主要包括北伐军进占江西、湖北、浙江、福建、上海、南京，“清党”经过，南京国民政府建立，吴佩孚部解体与奉张军进入河南，北京奉系安国军政府，北伐军占领与接收北京，北方党政军的联络及运用，军事部署，济南惨案，东北易职，等等。

4. 1929 — 1937 年 6 月南京国民政府统治时期。主要包括北伐后的中央政局，编遣实录，国民党三全大会，蒙藏事务，晋察冀绥党政，两湖事变，粤桂事变，中东路事件，蒋冯之战，蒋唐之战，中原大战，宁粤分合，福建事变，两广事变，内蒙自治，绥远抗战，西安事变，军事、党务、政治、外交、财政等党政军大事的讨论，华北事变及对日交涉，华北伪自治政府，棉麦借款，晋军“剿共”、抗日及晋绥军政，等等。

5. 1937 年 7 月 — 1939 年 9 月，即正面抗战防御时期。包括七七卢沟桥事变与平津陷落，南口会战暨张垣失陷，察北及绥远战役，晋北会战，平型关大捷暨忻口会战，太原会战，策应津浦路作战，晋南战役，策应鲁南会战进行反攻，日军反攻晋南各战役，敌后游击战及反“扫荡”战，等等。

（二）各方往来电文

主要载录阎锡山与当时各派系及军政要员之间的来往电文以及阎锡山所节录的各派系及各军政要员之间的来往电文。主要包括：

1. 各方往来电文原案及录存，包括 1917 年、1919 — 1926 年、1930 — 1937 年的电文原件以及由原件再行抄录的电文录存。其中，1931 年前载录的多为阎锡山与各方的往来电文，1932 年后则多为各派系及军政要员间的来往电文。

2. 冯玉祥部及宋哲元部往来电文录存，包括冯玉祥领导的西北军于 1929 年 3 月— 1930 年 11 月间与其部属及各方往来的电文，共计 66 册；宋哲元领导的第二十九军于 1930 年 10 月— 1931 年 10 月间与部属及各方往来的电文录存。

3. 蒋介石及其部属于 1929 年 3 月— 1931 年 12 月间与各方往来的电文录存。

4. 四川各派系间及与各方于 1931 年 1 — 12 月间的往来电文录存。

5. 石友三部于 1929 年 12 月— 1931 年 7 月间与各方的来往电文录存。

6. 1929 年 3 月— 1931 年 12 月间，东北、云南、贵州、四川、陕西、甘肃及各通讯社，以及当时的各小派系、政治人物、军人之间的往来电文录存。

（三）日记

主要为 1931 年 2 月 17 日— 1949 年 3 月 29 日间阎锡山的日记，共 20 册。

（四）其他

包括阎锡山呈蒋介石的稿件、阎锡山遗存文件，1937 年各方往来电文的登录簿等。

十七、台湾省行政长官公署及台湾省政府档案

“国史馆”藏台湾省行政长官公署档案内容较为广泛，主要有以下几个方面：

（一）总类

包括行政、法制、人事及其他。主要有台湾行政长官制度，台湾省施政计划，日军投降，复员计划报告，台湾省行政长官公署政务会议、工作计划，1946 年台湾年鉴、行政长官公署秘书处工作报告，法制会工作概要，中央人员来台视察，征集抗日战争各种史料，搜集日文战史资料和日军暴行史料，搜集西沙群岛政治经济资料，各机关复员方案等。

（二）民政

主要有民政处工作计划、工作报告和施政报告，完成自治三年计划，台湾省县市自然人文调查，各县市户籍登记和户口统计，阵亡官兵遗族抚恤，山地工作讨论会，高山族研究，山地组织及编制，寺庙教堂调查表，日本人与台湾省人同居国籍定义案，等等。

（三）财政经济

主要有台湾省五年经济建设计划，经济紧急措施，台湾省渔业工作计划，专卖统制制度，铁路统计，台风侵袭损失调查报告，省粮食会议，等等。

（四）司法

主要有司法接收，台湾高等法院第一分院成立，本省大赦出狱人员调查及统计表，处理日据时期高等刑事案会议等。

（五）警务

主要有省警备司令部所属各部队驻地表，各要塞司令部组织，各地驻军指挥系统，审理烟毒案件，处理汉奸，接收联勤总司令案，省警备司令部系统表及警备总部兵力驻地表等。

（六）宣传

主要有宣传委员会组织及工作报告、工作计划报告，电影工作旬报表，各广播电台接收处理情形，日本涩谷事件交涉等。

（七）中美关系

主要有中美联合会议录，中美参谋联合会报记录，美国在台设立领事馆相关电稿、资料，美国大使馆对处理日俘日侨的意见，美国陆军部在中国从事空中摄影等。

（八）台湾省参议会及选举

主要有台湾省参议会组织及编制，省参议会施政报告，各行业代表出席省议会报告，省参议会建议案，省参议会会议记录，国民参政会议，各县市参议会成立及会议，台湾省原住民民意代表选举，各县市参议会第一届参议员选举材料等。

（九）日侨、外侨遣送、检查、征用等

主要有台湾省日侨管理委员会及日侨遣用办法，遣送检查，日侨遣送会议，日侨返国，日侨留用工作实况，日侨征用原则和留用日侨管理规则，外侨检查，韩国侨民和琉球人民遣送，征用及遣送日籍人员等。

（十）接收日产及机关

主要有各州厅接管委员会，台湾日产接收统计表，台湾接收报告，澎湖县接管工作报告，各机关接收人员概况调查表，接收日人公私企业状况调查表，日本公私财产处理，清理日产注意事项等。

（十一）法规类

主要有日据时期法令的整理和废止，各机构组织规程，地政法规及其他各种条例、办法等。

（十二）接运旅外台胞返籍

主要有救济及接运海外台胞工作报告，接运广东、北平、天津、上海、海南岛、汕头等祖国大陆各地台胞及菲律宾、新加坡、澳大利亚、越南等国台胞返台，侨胞回台名册，旅外台胞救济等。

（十三）地政

主要有各地机关职掌划分范围及公有基地放租、地政工作概况、土地租金标准表、光复前承买日人土地处理、公地产权纠纷、请求减免公地佃租、公有土地管理、接收日人在台公私地登记表、调查日军征用民地、调查及计划山地可耕土地，清查各机关可用地，地价调查及估价标准等等。

（十四）二二八事件

“国史馆”将原存放在台湾省长官公署、台湾省贸易局、台湾省专卖局、嘉义县警察局、彰化市政府、长官公署农林处、樟脑公司等部门档案中有关二二八事件的档案抽出，并进行细化整理，形成了“二二八事变案”专档，共 13 卷，时间为 1947 年 3 月至 12 月。

台北“国史馆”藏民国时期台湾省政府档案主要涉及台湾省政府暨所属机构、省政府秘书处、矿务局、烟酒专卖局、水利局、警务处、地政处、物资局、台中市政府、台南市政府、新竹县政府、台中县政府、彰化县政府、台南县政府、农业试验所、台东区农业改良场、茶业改良场林口分场、林务局二二八事变森林调查、林务局关山林区、嘉南农田水利会、台北县瑞芳地政事务所、苗栗县大湖地政事务所、台中县东势地政事务所、南投县南投地政事务所、花莲县玉里地政事务所，台湾产物保险公司、台湾银行、台南一中等机构。

十八、“国史馆台湾文献馆”（台湾省文献委员会）所藏日据时期档案

台湾日据时期的档案，主要藏于“国史馆台湾文献馆”中。

“国史馆台湾文献馆”前身为1948年6月成立的台湾省通志馆，1949年7月，在该馆基础上成立了台湾省文献委员会，2002年1月1日，台湾省文献委员会改制为“国史馆台湾文献馆”。

台湾省文献委员会成立后，即广泛征集岛内各类档案图书及口述资料。在台湾省文献委员会所藏各类文献史料中，最有价值的当推其所藏日本统治台湾50年的历史档案。

1895年中日甲午战争后，清朝与日本签订了丧权辱国的《马关条约》，台湾及澎湖列岛割让给日本。为了加强对台湾地区的殖民统治，日本于1895年6月在台北设立了统治台湾的最高行政机关——台湾总督府。1945年10月，台湾光复，台湾总督府由台湾省行政长官公署接收，台湾总督府及有关殖民机构保存的反映日本统治台湾实际情形的档案也相继被有关单位接收，并辗转为台湾省文献委员会收藏。

台湾省文献委员会典藏的日据时期的档案主要有3大类：台湾总督府档案、台湾总督府专卖局公文类纂、台湾拓殖株式会社文书。这3大类档案被称之为台湾省文献委员会的“镇会三宝”，也成为现今研究日本统治台湾50年历史最重要的第一手资料。

（一）台湾总督府档案

台湾总督府档案包括1895年台湾总督府成立至1945年台湾光复50年间所形成的“台湾总督府公文类纂”“临时台湾土地调查局公文类纂”“高等林野调查委员会公文书类”“土木局公文类纂及糖务局公文类纂”“台湾施行法规类”“文书处理用登记簿”“旧县公文类纂”等档案共15,845卷（册）。

1. 台湾总督府公文类纂

指台湾总督府档案中永久保存及15年保存等之装订成卷档案，共1,190卷，始于1895年，止于1945年。其中台湾总督府永久保存公文类纂6,789卷、15年保存公文类纂3,226卷、5年保存文书88卷、1年保存文书4卷、进退原议（即人事档案）297卷，台湾总督府法务部（课）、会计课参考书类362卷，国府补助永久保存书类362卷，税赋关系书类9卷。这部分公文

类纂是台湾总督府档案中内容最为丰富也是最为重要的部分，包括财政、经济、产业、学务、机关组织编制、法律、命令制定等，是日本帝国主义对台湾地区进行殖民统治最为直接的官方记录，具有较高的史料价值。

2，临时台湾土地调查局公文类纂

系 1898 — 1905 年间台湾总督府为进行大规模土地调查设立临时台湾土地调查局而形成的档案，主要是该局往来公文、土地调查书及土地调查原始资料等，共 1,904 卷。

3. 高等林野调查委员会文书

系关于 1914 — 1918 年间台湾总督府对台湾地区山林、原野、土地调查的资料。1910 年 10 月，台湾总督府公布了“台湾林野调查规则”，对台湾地区山林、原野土地进行调查，并在总督府内设立了专司此责的高等林野调查委员会。此次山林原野调查的重点在官有、民有之区分以及使用权的认定，民众如不服调查结果，按规定只能向地方林野调查委员会及高等林野调查委员会提出申诉及再申诉，禁止向法院提出诉讼。高等林野调查委员会公文书，即是当时台湾民众向地方林野调查委员会提出申诉，不服其裁定后，再向高等林野调查委员会提出再申诉及该委员会裁决的记录。该部分档案共有 91 册。

4. 土木局公文类纂及糖务局公文类纂

系关于土木局和糖务局活动的零散档案，如种植甘蔗蔗农名册、申请土地耕种甘蔗记录，台湾神社地点选定的经过以及建筑设计图、建设的过程等资料，也有部分关于台北、台中、基隆、台中、嘉义、台南、打狗（高雄）都市计划工程，淡水、打狗等港湾疏浚、建设工程，总督府专卖局及台北监狱、总督官邸等工程建设的资料，共 35 卷（内含目录 2 卷）。

5. 台湾施行法规类

系台湾总督府官房文书课收集的台湾总督府府报（后改名为官报）上所刊载的各种法规的剪贴簿，内容包括法律、敕令、律令、府令、训令、内训、告示、公告等，共 70 卷。时间为 1914 — 1932 年。

6. 文书处理登记簿

系台湾总督府官房文书课所保存的各类文书登记簿，包括发受件名簿（原始总收发文登记簿）、记录件名录（原始按文件分类登记）、类别目录（原始按门分类登记簿）、指令番号簿（原始指令及文号对照簿）、原始永久保存档案总目录、原始15年保存档案总目录等，共1,698卷。

7. 旧县公文类纂

系1901年台湾地方行政机构改革前台北、台中、台南、新竹、凤山、嘉义等县及台东厅等台湾地方行政机构的档案，共783册，是研究日本占领初期台湾地方行政的重要的史料。

（二）台湾总督府专卖局公文类纂

从1897年台湾总督公布“台湾鸦片令”对鸦片实施专卖制度起，至1945年台湾光复止，日本殖民当局相继对鸦片、盐、樟脑、烟草、酒、酒精、石油、火柴、衡器、盐卤汁等10项产品实施了专卖，并于1901年成立了实施专卖制度的总管理机关台湾总督府专卖局。该部分档案，除了各种专卖品的经营记录外，还有许多财产、建设方面的记录，以及人事、文书处理上之各类登记簿等，共约10,000卷。这些档案是研究日本统治台湾时期各项专卖史的重要资料，因专卖收入占总督府收入的40%以上，所以也是研究日本统治台湾时期经济、财政等不可或缺的史料。

（三）台湾拓殖株式会社文书

台湾拓殖株式会社，简称“台拓”，成立于1936年12月5日，是在台湾总督府的倡议下，经日本国会审议通过、由官商合资设立的特殊国策公司，是日本帝国主义对台湾及华南地区、东南亚地区进行经济侵略的重要机构。台湾拓殖株式会社文书系“台拓”设在台北市的总公司所保存的岛内外事业以及台北总公司之文书档案，包括股东名簿、组织、人才、财力之动员，经营事业调查报告、计划、成绩报告等，共2,853册，基本为打字件，易于辨认。这部分档案是研究“台拓”本身活动的第一手重要资料，对于研究日本的“南进”政策也具有重要的参考价值。

由于这部分档案基本上是古日文写成，字体辨识不易，极大地影响了学者的利用，于是台湾文献委员会约聘精通古日文之研究人员，对这部分档案进行了翻译研究。先后翻译出版了《罗福星抗日革命全档》《余清芳抗日革命全档》（第1—4辑）《台湾前期武装抗日运动有关档案》《台湾南部地区抗日分子名册》《台湾南部武力抗日人士诱降档案》《云林、六甲等抗日事件关系档案》《日据初期官吏失职档案》《日据时期重要档案》《日据初期警察及监狱制度档案》《台湾北部抗日运动有关档案》《日据初期司法制度档案》《台湾总督府档案中译本》（第 1 — 11 期）《日据时期东台湾地区原住民史料汇编与研究》《日据时期宗教史料汇编与研究》《台湾总督府公文类纂官制类史料汇编》等专题研究资料，为研究日本帝国主义统治台湾 50 年历史提供了第一手档案资料。

第二节 中国国民党党史馆典藏民国档案概况

中国国民党党史馆所藏档案主要是国民党成立以来中央各组织机构的文献，包括迁台后的档案在内，总数在 300 万件以上。这些档案文献，大多数系由国民党中央各机构接收而来，也有一部分系从海内外征求、价购、交换而来。其史料形式大致可分为文献、实物、图片 3 种。分类方式则是先按人和事分，再将事按时期、类别来分。概括起来，主要包括以下几方面的内容。

一、中国国民党党史沿革档案

中国国民党源于 1894 年 11 月孙中山在檀香山创设的兴中会，后又相继经历了同盟会、国民党、中华革命党和中国国民党等时期。举凡国民党历史上发生的重大事件、组织沿革等，党史馆档案中均有较为详细的记载。主要有：

（一）**兴中会、同盟会创建与中华民国建立时期档案**（1894 年－ 1912 年 8 月）

主要包括兴中会、同盟会领导的多次反清武装起义，如乙未（1895）广州之役，庚子（1900）惠州之役，丙午（1906）萍浏醴起义，丁未（1907）黄冈之役、惠州之役、绍兴起义、安庆起义、钦州防城之役、镇南关之役，戊申（1908）钦廉上思起义、云南河口起义、安庆之役，庚戌（1910）广州新军起义，辛亥（1911）黄花岗之役；孙中山伦敦蒙难，苏报案，辛亥武昌起义与各省光复，南北议和，孙中山回国与南京临时政府成立，各地革命团体建立与地方革命活动，华侨革命活动等。

（二）**国民党与中华革命党时期档案**（1912 年 8 月－ 1919 年 9 月）

主要有宋教仁被刺案，国会成立，孙中山领导讨袁与二次革命，民初各政党成立，袁世凯复辟与各地反袁斗争，护国运动，陈其美被刺案，护法运动，孙中山在上海著书，华侨参加革命活动等内容。

（三）**中国国民党时期档案**（1919 年 10 月－ 1949 年 10 月）

从 1919 年 10 月中国国民党成立，至 1949 年国民党败退台湾，大致分为以下几个阶段：

1. 中国国民党南方革命时期（1919 年 10 月— 1927 年 3 月）

主要内容有：粤军返粤与孙中山重组军政府，孙中山就任非常大总统，第一、第二次北伐，陈炯明叛变与孙中山广州蒙难，陆海军大元帅府成立，中国国民党改组，创办黄埔军校，孙中山北上与病逝，西山会议，上海五卅惨案，平定杨刘叛乱与第一、第二次东征，广州沙基惨案，广州国民政府成立，中山舰事件，整理党务案，北伐战争，武汉国民政府，地方革命史料与华侨资料，等等。

2. 中国国民党南京国民政府建立时期（1927 年 4 月— 1937 年 7 月）

主要包括：南京国民政府建立，“清党”，宁粤纷争，中央特别委员会之成立，济南惨案，各派军阀混战，中东路事件，国民会议，九一八事变，一·二八淞沪抗战，迁都洛阳，国难会议，长城抗战，福建事变，“围剿”红军，华北事变与冀察政务委员会，西安事变，新生活运动与国民经济建设运动，以及该时期的政治、军事、经济、内政、外交、财政、侨务、文化教育、社会、交通、水利、边疆、立法、司法、考试、监察、党务等各方面内容。

3. 中国国民党对日作战时期（1937 年 7 月— 1945 年 8 月）

主要内容有：七七事变，八一三淞沪抗战，迁都重庆，三青团建立，国民参政会，国家总动员与精神总动员，汉口撤退，日军重庆大轰炸，远征军赴缅作战，中美英签订平等新约，蒋介石访印，开罗会议，参与组建联合国，波茨坦公告等，以及该时期政治、军事（包括战史、军政人员训练）、经济、内政、外交、财政、侨务、文化教育、社会、交通、水利、边疆、立法、司法、考试、监察、党务等各方面内容。

4. 中国国民党发动内战并失去大陆政权时期（1945 年 9 月— 1949 年 9 月）

主要内容有：抗战胜利受降，接收与战犯审判，重庆谈判，复员还都，政治协商会议，台湾光复与重建，马歇尔调停，“制宪国大”，“行宪国大”，总统选举与蒋介石就职，蒋介石发动内战（含各个战场战役），“戡乱”总动员与反共反俄，各民主党派资料，中美英等国关系资料，蒋介石引退，国民党溃逃台湾，华侨史料，等等。以及该时期政治、军事、经济、内政、外交、财政、侨务、文化教育、社会、交通、水利、边疆、立法、司法、考试、监察、党务等各方面内容。

上述相关资料目录，已有相当多的收入到台湾“中研院”近代史所编《中国现代史资料调查目录》第二至七册。此外还有许多参考资料，如中国部分有清政府、北京政府各时期及各种政治团体与党派资料；外国部分则按国别分类。

二、党务会议记录与组织专档

中国国民党成立后，对党内各重要会议的纪录及各个时期党务组织，均设有专档保管。会议记录方面，有自 1923 年孙中山改组中国国民党以来，历次全国代表大会会议记录；历届中央（执行）委员会全体会议、中央党务委员会议、中央监察委员会议、中央抚恤委员会议等记录；中央政治委员会（政治会议）会议记录；国防最高会议会议记录；国防最高委员会党务会议记录，中国国民党中央执行委员国民政府委员联席会议（即武汉临时联席会议）会议记录等，数量极多。

党务组织方面，主要有上海环龙路档案、汉口档案、五部档案、中央政治会议档案、国防最高委员会档案等。现分述如下：

（一）上海环龙路档案

该档案以当时中国国民党本部所在地上海环龙路四十四号命名，举凡 1914 — 1925 年间中华革命党与中国国民党重要领导人档案，如孙中山与国民党各要员之间、国民党中央重要人物之间的往来函电，国民党党本部相关文件，均包括在内，并在地区目下按总、党、政、军、财、人、杂 7 项分类，共有 14,135 件。现均以“环”字统一编目。

（二）汉口档案

全名为“中国国民党第一、二届中央执行党员会档案”。举凡 1924 至 1927 年间中国国民党第一、二届中央执行委员会及中央特别委员会各类档案，均收录在此，共 17,975 件。内容大多为中央执行委员会与中央、地方及海外各党务机关的往来公文，是研究中国国民党改组至“清党”以及武汉国民政府的重要资料。

（三）五部档案

全称为“中央特别委员会农民等五部档案”，又称“中央前五部档”，简称“五部档”。所谓五部，是指 1924 — 1927 年中国国民党中央成立的工人部、农民部、青年部、妇女部和商民部五部门，南京国民政府成立后即被取消。这五部档案多系毛笔字原件，数量相当多，共计 16,439 件，其中工人部有 6,394 件，农民部有 2,569 件，青年部有 2,210 件，妇女部有 2,084 件，商民部有 2,021 件，其余 1,161 件档案，是两部以上，或是五部以外其他各部会的档案。按类别可分为组织、会议、财务、纪律、纠纷、计划、报表、文书和人事等 9 类。它们是研究 1924 — 1927 年第一次国共合作时期，中国国民党中央与地方组织及开展各地群众运动的重要史料。

（四）国民党中央政治委员会档案

国民党中央政治委员会成立于 1924 年 7 月，1926 年 7 月改称中央政治会议，1937 年 11 月又改称中央政治委员会。该机构是中国国民党中央最高政治指导机关。党史馆所收藏的中央政治委员会或政治会议档案，起于 1927 年，止于 1949 年，分为外交、内政、国防、党务、总务、国务、军事、政治以及工作报告、特种会议、五院暨地方自治、杂类等 12 类，共有 733 号，820 卷。

（五）国防最高委员会档案

国防最高委员会成立于 1939 年 2 月 7 日，结束于 1947 年 4 月 23 日，是抗战期间及战后初期的国家最高决策机构。这部分档案共有 4,333 号，5,401 册。内容包括国防最高委员会本身业务档案，中国国民党中央执行委员会相关档案，国民参政会、中国国民党中央全会等机构的报告、提案、决议案，有关战时军事与国防方面建议、意见、报告以及国防最高委员会之各附属机构档案等。这部分档案目录，已于 1995 年 9 月在台北出版。

三、特种档案

主要是中国国民党中央秘书处及地方、海外党务档案以及部分政府机构党务活动档案。包括外交部、财政部、教育部、粮食部特种档案，中央及各省党务工作计划、党政工作报告与党务概况，战时中外关系，有关中国与越南、马来西亚、印度、缅甸、泰国、韩国、新加坡、菲律宾等国关系档案资料，海外党务、南洋侨务，港澳、台湾、琉球等地工作资料，党团资料，国民大会资料，还有大量蒋介石官邸会报与各种签呈文的批复等，共有 33 类，1,286 宗，1,626 本。

四、重要人物档案

主要有中国国民党领导人如孙中山、蒋介石等人档案及一些国民党早期人物档案史料。这些个人档案以孙中山、蒋介石档案最为丰富，内含个人著述、手稿、传记、照片、衣物、金石、留声片、录音带等。该馆所藏孙中山史料，曾出版过一本专档目录，名为《中国国民党中央委员会党史委员会藏孙中山先生史料目录汇编》。其他如吴稚辉、李石曾、狄膺、张群、胡汉民、蒋经国等人物档案，该馆都有收藏，并对外开放。

第三节　台北“中研院”近代史所档案馆藏民国档案

台北“中央研究院”近代史所于1955年2月筹设，1965年4月正式成立，是台湾地区专门从事中国近代史研究的学术机构。在台湾有关方面的支持下，从1955年起，“陆续将清末总理衙门至北洋时期之外交档案移交近史所保存”；1966年底之后，“开始将清季商部至民国时期经济部档案交近史所整理。”1980年开始，中研院院史资料亦归由近史所保管，1990年，台湾各部门提供的二二八事件的史料也“汇集于近史所”。这些档案构成了台北“中研院”近史所典藏的民国档案的主要内容，现均藏于1988年建成的“中研院”近史所档案馆内并对外开放，供有关专家学者查阅。下面试将这4部分档案史料作一概要性介绍。

一、外交档案史料

中研院近史所所藏外交档案共3911函，形成时间为1860年清“总理各国通商事务衙门”成立至1928年民国北京政府覆亡，按其性质，又分为“原档”和“清档”两种。所谓“原档”系指原始公文形成的档案，“清档”则是指由“总理衙门”清档房对档案原件进行纂录、编辑、缮写、校对而形成的档册。清政府认为这种档册的价值等同原件，应永久保存。

（一）**清季外交档案**（1860 – 1911）

1. 早期交涉

主要有四国新档（1880 — 1889），办理抚局（1860 — 1870）等方面档案。

2. 换使设领

主要有各国使领（1860 — 1907），出使与设领（1879 — 1911）等方面档案。

3. 条约修订与赔款

主要有各国立约修改（1860 — 1911），辛丑议约（1900 — 1902），庚子赔款（1901 — 1909）等方面档案。

4. 商务交涉

主要有通商税务（1860 — 1911），禁令缉捕（1861 — 1907），航务（1860 — 1908），铁路（1896 — 1911），矿务（1865 — 1911），赛会公会（1898 — 1911）等方面档案。

5. 教案（1860 — 1909）

6. 租界租地

主要有文件、地图（1860 — 1911）等。

7. 宗主权交涉

主要有越南档（1875 — 1911），朝鲜档（1864 — 1910），缅甸档（1894 — 1910）等。

8. 边疆与国防

主要有海防（1860 — 1911），边界防务（1861 — 1911），澳门档（1888 — 1911）等方面档案。

9. 地方交涉（1860 — 1910）

10. 筹备华洋商款（1876 — 1911）

11. 收发电及其他（1879 — 1911）

（二）民国外交档案（1912 — 1928）

1. 交换使领与礼仪方面主要有：中外使节（1912 — 1926），致贺庆典（1912 — 1927）等档案；

2. 交涉与订约方面主要有：中日交涉（1912 — 1927），中俄交涉（1912 — 1928），中德交涉（1914 — 1925），订约（1912 — 1927）等档案；

3. 国际会议方面主要有：巴黎和会（1918 — 1920），国联（1920 — 1927），太平洋会议（1921 — 1923），关税特会（1922 — 1926）等档案；

4. 赔款与借债方面主要有：庚子赔款（1912 — 1927），欠还洋款（1912 — 1927），地方借款（1913 — 1923）等方面档案；

5. 法权、教案交涉方面主要有：法权（1912 — 1926），沪案（1925 — 1926），教案（1912 — 1926），延聘顾问（1912 — 1927），使领问答记录（1912 — 1923）等档案；

6. 经济交通交涉方面主要有：银行、盐务、邮电、航务、矿务、铁路交涉（1912 — 1928）等；

7. 商务与开埠租地方面主要有：商务、税厘、税则、开埠、租地租界交涉（1912 — 1927）等；

8. 涉藏问题（1912 — 1927）

9. 清末民国驻美使领馆卷（1912 — 1949）

10. 清末民初驻比使馆卷（1914 — 1919）

11. 收发电及其他（1912 — 1927）

二、经济档案史料

“中研院”近史所档案馆所藏经济档案始于清末，以民国时期为主，涉及清末商部、农工商部，民国时期的北京政府工商部、农商部、全国水利局、内务部，南京国民政府实业部、建设委员会、全国经济委员会、经济部、资源委员会、导淮委员会、行政院水利委员会、水利部、农林部等中央机构，另外还有自 17 世纪 70 年代至 1949 年的盐务专档。对清末至民国时期的经济档案，近史所“以档案从属于原行政体系，依级次分别，再以档案性质分开归类”的方式加以整理编目，并已出版了《经济档案函目汇编》共 3 册。这部分档案大体可分为 3 个时期：一为清末至民国北京政府时期（1901 — 1929），一为南京国民政府时期（1927 — 1949），一为日伪政权和汪伪国民政府时期（1938 — 1945）。

（一）清末至民国北京政府时期

此时期内档案起于光绪二十七年（1901）至 1929 年，主要包括清末商部、农工商部及北京政府工商部、农商部、内务部、全国水利局等机构的档案。其内容主要有以下几部分：

1. 水利建设

清末管理水利建设事业的机构是光绪三十二年（1906）设立的农工商部。民国初期主管水利的行政机构有导淮总局、全国水利局以及内务部土木司、农商部农林司。近史所所藏民国初期水利建设事业档案主要包括导淮档案和各省（包括直隶、山东、河南、山西、陕西、安徽、湖北、湖南、四川、福建、广东、广西、云南、贵州、奉天、吉林、察哈尔、江苏）的水利资料等，以导淮档案及资料最为完整。农商部和全国水利局留存的导淮档案册，涵盖了民初治理淮河过程中各种具体的资料，包括设立机构、筹措与运用经费、聘请专门技术人才、规划、设计、测量、施工等过程，以及成果与限制等。

2. 矿务档案

近史所所藏北洋时期矿务档案包括全国各地的煤、铁、金、铜、铅、锰、锡、锑及少数稀有矿产，大致上按省区编列，各省之下再按照矿类及矿权（公司）所属分别整理编目。其内容，一般小矿多为申请矿照、矿权纠纷、缴纳矿税及筹资办法、资本数额、生产状况、产量、矿区图、收支账目等，规模较大的官办或官商合办矿场的资料则较为丰富、系统，包括有筹组经过、资本状况、公司组织章程、人事任用、财政状况、借款等经营政策及情形（如股东会议记录、董事会会议记录等）、营业报告等，有些还涉及民国政治、外交等重大事件，如汉冶萍公司档案即涉及中日合办、收归国有、产权争执等问题，对于研究清末及北洋时期的民族工业及官僚资本颇具史料价值。

（二）南京国民政府时期

在近史所所藏民国经济档案中，以南京国民政府统治时期档案最为丰富，主要有实业部、全国经济委员会、建设委员会、导淮委员会、水利委员会、经济部、资源委员会、水利部、农林部等中央经济机构形成的档案。

1. 实业部（含农矿部、工商部）档案

共有 1367 函，起于 1927 年，止于 1937 年，包括农、林、渔、牧、工业、商业、矿业等方面的内容，据台北中研院近代史研究所档案馆所编《经济档案函目汇编》第一册（1903 — 1937）介绍，实业部现存档案中，较具特色的主要有以下几方面：

（1）人事档案。包括农、林、渔、牧、工、商、矿业各机构主管及职员之任免迁调资料，其中又以农业类最多（包括农业司、中央农业实验所、稻麦改进所）。

（2）各项农、林建设及管理机构（如农业司、林垦署等）资料。

（3）工业司、商业司、渔牧司之资料。

（4）矿业司档案。

2. 建设委员会档案

建设委员会初为国民政府主管水利、电气事业建设的机构，后改为负责拟制全国建设事业的具体方案及办理经国民政府核准试办的各种模范事业。近史所所藏该会档案有以下几部分：

（1）一般行政。包括人事资料、经费、工作报告等。

（2）电气事业。建设委员会的主要业务为指导及监督全国电气事业，因而该部分档案占该会档案的大多数。主要有抗战前全国各省电气事业之调查统计及营运状况，各省、各民营电气、电灯公司的资料（包括申请设立、资金、组织规章、营业额度、劳资纠纷等），全国电气事业指导委员会及首都电厂、戚墅堰电厂、电机制造厂等国营电气企业的资料等。因一些民营电灯、电气公司成立较早，所以也有部分为清末光绪宣统年间至 1927 年建设委员会成立前的档案。

（3）矿业。主要有淮南煤矿、长兴煤矿等建设委员会所辖国营煤矿的档案资料，建设委员会筹资建筑的淮南煤矿铁路的资料也包括在内。

（4）农田、水利资料。这部分档案较少，主要为模范灌溉管理局的资料，包括组织章程及设立东流农场、安徽凤怀区实验场、庞山场等农村实验区的资料等。

3. 全国经济委员会档案

全国经济委员会成立于 1931 年，掌理国家经济建设或发展计划的设计、审定及监督、指导以及特定经济建设或发展计划的直接实施。其业务侧重于公路、水利、卫生和农业，先后设有秘书、公路、工程、水利、卫生实验、农业等处和工程、棉业统制、蚕丝改良、公路、水利、卫生、教育、农村建设、合作事业等委员会及驻沪、西北、江西各办事处。近史所档案馆所藏全国经济委员会档案共有 647 函，主要是秘书处、水利处（初称工程处，包括江赣工程局、皖淮工程局、里下河工程局、豫省工务所、民生渠工务所、金水建闸办事处、水利航空测量队等下属机构）及 1934 年后接收的各水利机构（如湖北堤工专款保管委员会、华北水利委员会、整理海河善后工程处、泾洛工程局、黄河水利委员会、导淮委员会、江汉工程局、太湖水利委员会、湘鄂湖江水文总站、扬子江水利委员会、珠江水利局、中央水工试验所、中国第一水工试验所、整理运河讨论会、疏导淮北积水入海工程委员会等）的档案；农业处档案仅有 5 函，均为西北畜牧改良场的资料；棉业统制会有 7 函，蚕丝改良会有 3 函，多为经费资料；江西办事处（后改组为江西农林服务区管理处）、公路处、卫生实验处等，各仅存一函档案。

4. 农林部档案

包括农林部及所辖农业、林业、垦殖业、渔业、畜牧等机构的档案。

（1）农林部本部及所属农事、农业经济、农业、渔业、畜牧、垦殖等司，人事、统计二室，会计及参事二处，设计考核和农业复兴二委员会以及河北、山东、河南、山西、陕西、甘肃、江苏、安徽、浙江、江西、湖北、湖南、四川、福建、台湾、广东、广西、云南、贵州、辽宁、安东、辽北、吉林、松江、合江、黑龙江、嫩江、兴安、热河、察哈尔、绥远、宁夏、新疆、青海、西康、南京、上海、北平、天津、青岛、西安、重庆、汉口、广州、沈阳、大连等省市农林方面的档案。

本部档案内容有：行政、农林等法规，农林机关人事、经费，施政方案和工作报告，农会章则法规及登记工作会报，农场登记和调查，农田水利工程，植树造林、植树节、林场苗圃调查，渔业与畜牧业章则、报告，垦务章则和垦务计划、概况等。

总务司的档案主要为建筑、章则条例、密电本、译电稿纸、来电底稿、农林业机关公粮及福利、文书档案的移交接收和整理改良，公文改革，收发文件簿、签呈簿，印信、关防等。

人事室档案有人事法令规章，人事登记与调查，职员任用、考核、升迁变动、俸薪名册等等。会计处档案有相关会计法规，会计、主计人员任用法规，会计报告，经费划拨及其报表，人员薪俸表册，预决算等。

统计室档案有人事任免、成立和工作纲要，农作物面积和产量、农灾和农具、造林和育苗、林业、渔业、牧畜、垦务等统计，年度行政计划，工作概况统计、全国农林统计总报告等。

参事室档案有中央及地方各项法规，公务员任用、奖惩、违法失职，省、市自治，战时公私财产损失调查报告，被劫物归还及日本赔偿，各机构史料等。

设计委员会档案有国民党中央全会、国民参政会、国大代表及军委会、行政院等机构交议各案，农林人才的调查与培训，农林会议，农林部 1940 —

1949 年度工作计划，1942 — 1948 年农林部工作报告及政绩比较表，水利、林业、渔业等诉愿，等等。

农业复兴委员会的档案有组织规程、议案、会议、农村复兴及农赈计划，物资分配，苏、浙、赣、皖、鲁、晋、湘、鄂、粤、桂等省农业复原督导报告，农赈与工赈，各机关请领物资，渔业、机械、农垦等物资的管理。农事司的档案有各种农业法规，农业团体，农林技术，农业情况，展览、国际农业专家和中美农业技术合作，国际农林会议及联合国粮农组织会议，农作物实验、调查、检验、竞赛、灾害，粮食政策及审查、检定、收购、调剂、调查，病虫害防治，化学肥料及其生产，农具及其制造，茶叶及其运销，棉花、麻、烟草、糖的生产，水利建设，蚕桑种植及产销，等等。

农村经济司档案有农业调查，农村救济，农产品进出口、运销、展览，农业金融，经济、集团、国营及合作农场的改良、经营及指导，各省市农业贷款，二五减租调查，地价申报及土地整理利用，田赋政策及其征收，农民运动，等等。

林业司档案有林业政策、建议、施政纲要，林业人才，森林会议，植树造林与水土保持，桐油等林产品及其利用，公私有林场登记，等等。

渔业司档案有渔业组织及法规，渔业气象、行政、会议、资料、视察、贷款，各地渔业调查，护渔，水产保持，渔产产销、鱼价调查，渔业纠纷，渔税，等等。

畜牧司的档案有畜牧章则条例，畜牧牧草办法、报告，外籍畜牧专家来华考察及我国畜牧专家出国考察。国际畜牧会议、保护、禁宰耕牛，牛产品统计，1943 年度— 1948 年度畜牧贷款，牧畜病疫调查防除，畜牧及兽疫人才的培养、训练，畜牧考察及调查报告，等等。

垦殖司的档案有垦殖法规、政策、计划、行政、建议、报告，垦殖人员的培养，荣军、侨民、志愿者、人犯从垦，军人、难民移垦，西北、新疆移垦，垦区划界、税收、水利、交通、教育、卫生、治安，垦区作物试验、栽培，垦务贷款、救济，各省垦务督导报告，全国垦务调查，各地土地利用调查，各地荒地勘查记录，各农垦实验区及关中、赣北、川东、东北、洞庭湖等屯垦局、处资料，等等。

（2）农林部下属农业机构的档案。农业机构中又分实验研究、农业推广、农场经营、农业技术支援或劳利事业等类。

属于实验研究类的机构档案有：① 中央农业试验所及其附属机构档案。包括组织沿革、总务、人事任免、职员薪俸、抚恤、考绩、会计报告、业务及工作计划、合约及基金保管委员会等，共 66 函；北平农事试验场组织沿革、总务、技正等人员任用、会计、财产目录、员工福利费、工作报告、政绩比较表等 29 函；崇安茶叶试验场组织、总务、人事、经费、业务等 3 函；东北农事试验场组织沿革、总务、人事、经费等 3 函；湄安实验茶场、安阳棉作场、北碚试验场等 1 函。② 海南岛农林试验场档案。该场系农林部于 1946 年将日人在海南岛所设立农林渔牧等 10 余个机构接收后合并改组而成，有组织沿革、交接海南岛农林机构清册、总务、人事、经费、业务、工作报告等档案资料共 9 函。③ 广东柑橘试验场。包括有该场组织沿革、总务、人事、经费、会计报告、业务及工作报告等档案 5 函。④ 中央农业经济研究所。包括有组织、总务、人事、会计报告、工作报告等档案 4 函。⑤ 东南麻业改进所（江西农村服务区管理处）。有该所 1940 — 1947 年间组织沿革、人事、经费、生活补助费、公粮费、业务、工作报告等档案共 14 函。⑥ 棉产改进处。包括有 1946 — 1949 年间该处组织沿革、人事、经费、生活补助费、业务、会计报告、仪器、种子、业务贷款、工作报告、特别办公费、薪津等档案计 38 函。⑦ 烟产改进处。包括有该处 1947 — 1948 年间组织沿革、总务、人事、经费、支出凭证簿、业务、工作报告等档案 10 函。

属于农业推广机构的档案有：① 粮食增产委员会 1941 — 1949 年间组织沿革、总务、人事、派驻各地粮增人员、经费等档案 15 函。② 农产促进委员会 1941 — 1948 年间档案 4 函。③ 农业推广委员会及所属福建、江西、云南、西康等省推广繁殖站 1942 — 1949 年间档案 41 函。④ 华北区推广繁殖站 1946 — 1948 年间组织章则、总务、人事任用与考核、工作报告等档案 4 函。⑤ 华中区推广繁殖站及第一国营农产等 1940 — 1949 年间档案 22 函。⑥ 华南区推广繁殖站暨西南改良作物品种繁殖场、广东省推广繁殖站 1940 — 1947 年间档案 29 函。⑦ 华东区推广繁殖站 1946 — 1949 年间档案 5 函。⑧ 华西区推广繁殖站暨辅导成都合作农场办事处、四川省推广繁殖站 1942 — 1948 年间档案 11 函。⑨ 西北区推广繁殖站暨陕西改良作物品种繁殖场、陕西和甘肃、宁夏省推广繁殖站 1941 — 1948 年档案计 21 函。⑩ 西南区、苏皖区、鄂豫区推广繁殖站档案 33 函。

农场经营机构计有农场经营改进处 1941 — 1948 年间组织、总务、人事、经费、业务、工作报告等档案 8 函，巴县农场经营指导员办事处 1941 — 1945 年间档案 5 函，辅导遂宁合作农场办事处 1941 — 1948 年间档案 10 函，辅导壁山合作农场办事处 1942 — 1946 年间档案 6 函，第四国营农场（后改组为英德国营农场）1941 — 1943 年间档案 5 函，湖北金水农场 1940 — 1948 年间档案 11 函，重庆南岸合作农场 1941 — 1945 年间档案 5 函，河北垦业农场（1946 年接收伪华北垦业公司改组而成）档案 11 函，上海实验经济农场（1945 年农林部接收日人在上海 30 余处农场后合并改组而成）档案 10 函。

（3）农林部所属林业机构档案。农林部附属林业机构主要包括林业实验、整理保护天然林、经营发展水源林、经济林及造林等方面。各机构档案如下：① 中央林业实验所暨华南林业试验场、华北林业试验场、常山种植实验场、东北林业试验场等机构 1941 — 1949 年间档案 73 函；② 秦岭、洮河、大渡河、青衣江、岷江、祁连山、金沙江、雅砻江等国有林区管理处档案 77 函；③ 长江水源林区汉水分区、赣韩江水源林管理处、黄河水源林区管理处洛水分区、珠江水源林区管理处红水河分区管水源林区及天水、西江、东江等水土保持实验区 1942 — 1949 年间档案 44 函；④ 第一、二、三、四国营经济林场及洪江民林督导实验区 1941 — 1948 年间档案 62 函。其档案内容多为组织章程、总务、人事、经费、业务、工作报告等。

（4）农林部所属垦殖业机构的档案。主要有：① 垦务总局 1940 — 1945 年间组织沿革、移交清册、总务、各级人员人事任用、垦殖经费、生活补贴费、账簿、支出凭证簿、工作报告等档案资料 44 函。② 陕西黄龙山、陕西黎坪、甘肃岷县、甘肃河西关外、甘肃河西屯垦实验区、四川雷马屏峨、贵州六龙山屯垦实验区、江西安福、福建顺昌、福建滨海、河南伏牛山、西康泰宁等垦区管理局及西北移民办事处等机构 1941 — 1948 年间组织沿革、总务、人事、经费、业务、工作计划、工作报告、会议记录等方面的档案资料 200 余函。

（5）农林部所属渔业机构的档案。主要包括中央水产实验所、渔业银团、渔业督导处冀鲁、江浙、闽台、广海等区渔业督导处，中华、黄海、海南等水产公司，上海、广州、青岛、天津等渔市场、淡水鱼业养殖场等机构的档案。

（6）农林部所属畜牧业机构的档案。主要包括中央畜牧实验所及所属第三国营耕牛繁殖场、华北工作站、西北羊毛增产委员会、西北羊毛改进处、西北役畜改良场暨第七国营耕牛繁殖场（后改称陕西宝鸡耕牛场）和第一役马繁殖场，水牛、黄牛改良场、广西良丰和滁州耕牛场，西北、西南、东南、华北、华西、东北、青海、绥远、河南等兽疫防治处等机构的档案。

5. 经济部与资源委员会档案

包括该部各司、处、委员会及附属机构等部门档案，共有约 4800 函。

（1）总务司档案。共有 27 函，包括经济部本身及附属各单位的组织法规，各种移交清册（包括实业部与经济部及财政部贸易委员会桐油、生丝等研究所对经济部之移交），部属各单位关防、官章，经济部及各单位土地房屋使用等。

（2）人事司档案。共 49 函，内容包括各种人事法规、人事管理机构官章、人事动态报表，职员名册、考绩、任免迁调、勋奖等等。

（3）秘书厅档案。共 33 函，内容包括国民参政会第一至第四届历次大会及国民党第五届六至十二中全会、六全大会等有关经济方面的决议案及经济部办理情况报告，经济部战时行政计划实施方案，1939 年度— 1945 年度各种工作进度、工作计划大纲报告表等。

（4）技术厅。仅为蚕丝产销协调委员会的档案，共有档案 33 函。其内容包括该会成立经过、组织规程、会议记录、工作报告、经费使用等。

（5）参事厅档案。数量较少，仅有 7 函，主要内容为各种法规的研拟、修正、整理情况。

（6）会计处档案。主要包括会计处的组织规程、有关会计法规，各种财产、经费移交清册，各年度概算、预算、计算的编列，各项经费的拨付，各单位借款，主计、会计人员的任命等。

（7）统计处档案。其内容包括该处成立经过、组织章程、统计人员任用，1946 年度统计月报，1937 年度— 1938 年部分省市物价、生活、工资指数统计表等。

（8）考核委员会档案。共有 17 函，内容包括中央各党政机关考核会成立、考核办法、联系办法，经济部本部事业考核会章程草案、办事细则、人员名册，各省政府考核会组织及年度工作报告、施政计划、政绩比较、各省工矿事业调查，等等。

（9）水利司档案及各水利机构的档案。水利司本身的档案有20函，内容包括处理业务的签呈、水道查勘、工程计划、水文记录，水利委员会组织及人事、经费，复兴水利建设委员会会议记录、水利法草案等。

由1938年经济部成立至1941年6月止，全国水利工作由经济部管辖，而水利司为经济部各附属水利机构的业务监督考核指导机关，负责水利行政及建设事项，水利工程的设计指导审核、水道的保护、水权的处理、灌溉工程的筹设及管理、水利的调查等，因而此阶段各水利机构的档案在经济部也有大量保存。这些水利机构包括有黄河水利委员会、华北水利委员会、扬子江水利委员会、导淮委员会、江汉工程局、泾洛工程局、珠江水利局、金沙江工程处、川康水利贷款委员会、湖北堤工专款保管委员会、中央水工试验所、水利设计测量队、水利航空测量队、田壁工程处、关河疏滩工程处、气象研究所、各省水利等，其档案内容多为各项法规、组织机构、人事任免、经费、水利设施修防工程、工作报告，等等。

（10）农林司档案。主要包括：浙江仙居等40余县、福建漳平等29县、四川铜梁等14县及陕西、绥远、广西、广东、河南、湖北、湖南、甘肃等省部分县和乡的农会组织资料（包括农会章程、会员名册）等，农本局1940年度–1942年度推广手工纺织方面的工作报告，中央农业实验所抗战前各农业附属机构（如中央模范林区管理局、棉业统制委员会、棉产改进所、蚕丝改良委员会等）的移交清册、1938－1940年间的人事档案、工作报告、业务推广、经费使用以及与中山大学、金陵大学、中国茶叶公司、广西省政府等单位合作的各种研究推广计划工作报告等，金水流域农场组织章程、移交接收、人事任用及业务等资料，江西农村服务区管理处组织规程、人事资料、1937－1940年的工作报告及江西社会调查报告，河南、陕西、甘肃、江苏、安徽、浙江、江西、湖南、湖北、四川、福建、广东、广西、云南、贵州、宁夏、西康等省农林建设概况，抗战初期各省粮食储存及增产等相关问题档案，国际除蝗会议，国际林材学会议、全国生产会议等各种国内外与农林业务相关的会议等，国民政府赈济委员会移交的各种移垦法规、办法、调查及各省垦务机关的组织、人事及垦殖情况。

(11) 工业司档案。共有345卷，档案形成时间为1937－1948年，内容较为丰富，主要包括：① 总类。主要有：第一至第三次全国生产会议档案（有会议组织、会员录、提案内容、大会记录、决议案等），中国国民党第五届四至十一次中央全会及第六届全国代表大会、国民参政会所提各种工业生产的议案及经济部办理情形，推广小工业、战时工作实施方案、增产、国民营事业生产、建设西北、国防工业、各省经济工业建设等计划，救济云南酒精工业、救济景德镇瓷业、西南建设、战后接收等经济建设案及办理情形，战时兵险办法及战时各单位投保办理兵险情形等，派员去美、日、印等国考察搜集工业技术资料和对西北、西南边区考察，视察各省各厂以及有关省建设厅工作报告、相关经济调查报告等，各省工业技术行政及指导机构资料，试验机构概况，各省火柴、面粉等同业公会、学会、协进会等组织，有关华侨投资办法及战后拟利用外资举办建设计划，参加国际劳工组织、国际工会联合会等国际会议。② 各种与工业相关的法规。③ 工业、劳资纠纷评断、征工事务等委员会组织、人事资料。④ 各类技术人员的训练及技工训练处组织、人事、工作报告等资料。⑤ 各类工业技师、技副履历、学历等资料。⑥ 工厂登记。⑦ 各种专利、发明的申请及审核、产品奖励、国货证明书等资料。⑧ 全国度量衡局及中央标准局组织、人事及工作报告等。⑨ 工业试验所组织条例、法规、各年度预算及使用、工作计划及概算，各种特别工业发展计划、各年度工作报告、工业工厂调查报告以及所属各单位人事任免调派等资料。

(12) 商业司档案。主要包括以下几方面：① 各种商业相关法规，如商业会计条例草案、各省市管理牙业行纪规则办法、经济管制法规、各种税法等。② 商会及商业同业公会相关资料。③ 出国考察商务相关资料。④ 华侨及外商投资。⑤ 商品检验局组织成立、人事任免、经费、工作计划及报告等。⑥ 上海、天津证券交易所临理员办公处人事、法规、营业情况等。⑦ 商标局组织、人事、经费预算及工作计划、商标注册及诉讼案等。⑧ 各省市各种公司行号注册登记资料。

(13) 电业司档案。主要包括各种电业法规、电气事业概况统计、电业提案、建议案以及各省民营电灯、电气公司的登记等。

(14) 管制司档案。主要包括各种管制法规、办法、方案、计划及内设机构工作记录、地区性统制机构组织，物资局组织规程、人事任用，纺织、燃料等管理机构资料，存印物资接收委员会及战时生产局的部分档案。

（15）企业司档案。主要包括各单位组织章程及有关法规，国民参政会及国民党全会有关经济提案、经济部答复案，各战区经济委员会业务推动情形、会议记录、机构结束案等，各公营（或公私合营）公司资金、人事（股东）、营运状况等基本资料以及一般经济事业机构等资料。

（16）国际贸易司档案。该部分档案数量不多，仅有 7 函，主要内容为中外各国商约、外贸法规、采购办法、关税协定、进出口商行名册、外商名册等。

（17）资源委员会档案。共有 1674 函，其中属于资源委员会本部的档案共 1418 函，属于经济部的共 156 函。属于经济部档案的主要内容为：各项组织法规，电业、矿业、工业等经济机构的组织法规，各厂矿公司业务经营资料等。属于资源委员会的档案内容则较为丰富和庞杂，共分 15 大类：行政单位类（包括总务、秘书、人事、业务、财务、会计、企划等处）、服务及研究单位类、电业类、煤矿石油类、钢铁类、金属矿业类、机械事业类、电工器材类、化工器材类、造纸业类、水泥业类、制糖业类、制盐业类、纺织业类、其他类。

6. 水利机构档案

主要有导淮委员会、行政院水利委员会、水利部等档案。

（1）导淮委员会档案。主要为 1929 — 1948 年间导淮委员会及附属机构（先后共有 57 个，即入海水道、邵伯船闸、淮阴船闸、刘老涧船闸、三河活动坝、杨庄活动坝、刘老涧泄水坝、周门活动坝、疏浚皖淮等工程局，高邮船闸、整理安丰塘、皖淮涵闸等工程事务所，惠济闸工程监工处，淮阴、高邮、邵伯、刘老涧等船闸管理所，微山湖、入海水道施工设计、高邮宝应湖船闸、入江水道、导淮入海水道平面、江西公路、湖北公路、河北公路等测量队，淮阴、邵伯、刘老涧、三河坝等闸工征收土地办事处，第一区、第二区、淮阴、泗阳、铜山、灌云、沛县、阜宁、涟水、宿迁、微山湖等公地整理处，淮安、宝应、江都、高邮等土地整理局，土地测量队地籍班、图算班，工务、护工警士、土地登记等人员训练班，导淮讲习会，邵伯、淮阴、刘老涧等船闸护工警士队，三河、周门等活动坝无线电台）的档案，内容涉及组织法规（包括本会及附属机构、交通、人事、赋税、一般等法规，共 12 函）、总务（包括中央政令及施政方针、产物与业务管理及移交、警卫与安全、交通、各县及水利工程调查、员工家庭调查、刊物及资料等，共 77 函）、人事（包括职员的任免、调派、铨叙等，共 52 函）、经费（包括预算、工费报销、收支计算、抵解转帐、工程经费、土地经费、管理费、购料款、传票、付款凭单等，共 316 函）、会议（包括第 1 — 22 次全体会议、第 1 — 25 次财务会议、水利会议、总务会议、相关会议记录等，共 12 函）、各省水利（包括江苏、安徽、河南等省水利及浚河纠纷、水利工程等，共 16 函）、工程计划及报告（包括各种水利工程计划书、设计图纸、视察报告、勘查报告等，共 28 函）、测绘（包括一般测务、图表、水文、雨量等，共 7 函）、工程（包括各种筑堤、闸坝、浚河等水利工程合同及工程等，共 36 函）、购料（主要为英料及其他材料的订购、运输、检定与验收、保管与修理等，共 19 函）、机构（包括机械工具之购置、机械仪器的租借、机械的保管与修理等，共 11 函）、土地（包括高邮与宝应二县户地调查、阜宁与铜山两县地租册等，共 14 函）以及一些收发簿及霉烂杂件（共 7 函），等等。

（2）行政院水利委员会档案。档案形成时间基本为 1941 — 1946 年。分为秘书处、总务处、工务处、统计室、会计处、人事室等单位，内容主要有各种水利政策法规、水利会议、水文资料、工程计划及检讨报告、工作报告（概况）、工作进度表、经费预算、各附属机关简明工作月报、工程建设、人事任免与调迁、人员训练、职员薪俸等。该会附属的导淮委员会、扬子江水利委员会、黄河水利委员会、华北水利委员会、珠江水利委员会、江汉工程局、泾洛工程局、金沙江工程处、中央水利实验处（水工试验所）、海河工程局、湖北堤工专款保管委员会、东北水利工程总局、中国农村水力实业公司、顺直水利委员会、新疆水利勘测总队、云南省测量队、水利设计测量队、水文站、气象研究所等机构以及全国各省市水利的档案也有收藏，且数量较大。

（3）水利部档案。基本上是水利部 1946 — 1948 年存在期间的档案，包括：该部内设的总务司、人事室、会计处、统计室、水政司、水文司、防洪司、渠港、器材司等机构，该部附属的东北、华北、黄河、淮河、长江、珠江等水利工程总局、海河、泾洛、江汉等工程局以及其他实验、勘测、测量等机构，各省市水利，等等。其内容也涵盖了 1946 — 1948 年间全国水利行政、政策法规、建设计划和工程、工作计划和工作报告、人事变动、水文资料等。

7. 盐务专档

台北“中研院”近史所所藏盐务机构档案资料，系由台湾经济主管部门于1990年移交而来，其内容按时间顺序可分为清代、民国时期、日据台湾时期、台湾光复后4个阶段，“就资料性质而言，除日据台湾时期有较丰富的档案资料，民国时期的盐务总局人事资料及清代各类盐法志外，其余则多属一般性的出版品；就资料的比重来看，以日据台湾时期为最丰，尤其是台湾总督府专卖局台南支局之档案资料最为完整，其他亦有各类盐务之调查报告。”[1]

（1）清代。主要有：张茂炯等编《清盐法志》300卷，珠隆阿监修，黄掌纶等纂修之《新修长芦盐法志》，朱石麟总裁、朱一凤等纂辑《敕修河东盐法志》，汪人镜等总裁、张元鼎等纂修元《增修河东盐法备览》，铁保监修、单渠总纂之《两淮盐法志》，陈方坦撰《淮盐驳案汇编》，庞际云、方浚颐撰《淮南盐法纪略》，许宝书著《淮北票盐续略》，潘焱华撰《淮北盐法成案通录》，丁宝桢总纂、罗文彬编辑之《四川盐法志》，《度支部闽粤桂、两淮盐务案》。

（2）民国时期。除盐警及盐务总局之人事履历资料为档案外，其余均为出版品。出版品资料除一般盐务法规、章则外，有由盐务署刊印的《盐政汇览》（月刊，1917 — 1927）、《盐务稽核所年报》（1929 — 1936）、《盐务总局年报》（1931 — 1946）、《盐务月报》等，专书方面的有《盐务地理》《食盐检定法》《制盐手册》《管理盐场要义》《中国战时盐务问题》《中国气候资料》等。另外还有全国各区的盐产区图、两淮及两浙之场产调查报告书及盐务署外籍顾问丁恩所提之《改革中国盐务报告书》。

（3）日据台湾时期。除一般性专书外，以各类盐务调查及台湾总督府专卖局台南支局的档案数量最多，也有部分台湾制盐株式会社及南日本盐业株式会社的资料。主要内容有：① 台湾总督府专卖局台南支局公文类纂。始于1911年，止于1940年，主要为台南盐场有关盐田、制造、贩卖、运输、试验鉴定、气象日报、煎熬盐工场工作月报等。② 盐业法规。③ 各类调查报告。如海水试验关系书、湾里海水比重、盐埕潮汐表、海滩变动调查等。④ 工业用盐方面的资料。⑤ 盐田工事。⑥ 盐的制作。⑦ 食盐输出。⑧ 相关盐务事业的资料，等等。

---

[1]“中研院”近史所档案馆编：《经济档案函目汇编》第三册，第11页。

（三）汪伪国民政府时期

系指1940年汪精卫在南京成立的傀儡政权，也包括部分伪维新政府时期的档案，起于1938年，止于1945年8月日本投降。这部分经济档案数量不多，主要为农矿部、实业部、农业增产策进委员会、粮食部等经济行政机构的档案，以及水利资料、农林技术的实验与改良等。

1. 伪农矿部档案

主要有各项农林渔牧实验与推广资料，伪中央模范林管理局、中央农业实验所、农业生产管理局、食粮产销管理局、复兴农村事务局等机构的档案等。

2. 伪实业部档案

数量较多，占近史所藏汪伪时期经济档案的一半。

3. 水利资料

除一般水利行政外，还有江苏、安徽、浙江、上海等汪伪统治区的水利资料。

4. 伪粮食部档案

该部成立时间较短，所藏档案仅有与农业改进实验区相关的资料。

此外，“中研院”近代史研究所所藏经济部档案中，还有西昌办事处、工矿调整处、工商辅导、特种经济调查处、处理日本赔偿物资委员会、无线电总台等附属机构的档案，限于篇幅，不作详细介绍。

三、“中央研究院”院史资料

主要包括“中央研究院”历任院长个人档案及院务史料。其中胡适资料由胡适纪念馆单独收藏，保存较多的则有朱家骅和王世杰的资料。王世杰的档案内容主要有日记、聘书、信札、函稿、收发文簿、照片、实物、著作、演讲、杂著、剪报、杂档等，其中最有价值的当推日记，“中研院”近史所已将其影印出版，名《王世杰日记手稿本》，共10册。朱家骅档案数量较多，由于朱一生所任职务较多，其档案涉及的内容也较为广泛，主要包括其担任各种职务的档案，党务、政党、学术、教育、言论、故宫古物、中央图书馆迁移、人事资料名册、边疆、中国国联同志会以及中德、中英、中韩、中日关系等部分的档案，还有一部分管理中英庚款董事会（1931年4月成立，1943年改名为“中英文教基金董事会”，朱家骅一直担任董事长）的档案。

四、其他档案史料

“中央研究院”近代史所还藏有二二八事件档案约有 34 函 589 册，包括官方资料、外交档案、口述历史、报纸杂志及私人文件，大多为影印件。

此外，近史所图书馆还藏有晚清以来一些名人的手稿和日记，如张荫桓遗稿、康有为函札、袁世凯家书、陈炯明传记资料、刘峙日记、赵恒惕日记等。

第四节　台湾“档案管理局”所藏民国档案

一、府院政策方面档案

1. 总统府档案

最早的始于 1925 年，主要有：党政要员墨迹，1948 年总统、副总统就职典礼等。

2. 行政院秘书处档案

始于 1942 年，迄于 1949 年，主要有：资产清查委员会组织规程、国税局组织规程、故宫等五机构迁台合并处理案、善后委员会改组等。

3. 行政院档案

始于 1927 年，主要有：国民政府会议记录案，国民政府行政院会议记录案，行政院院长、副院长任免案，各部会长官及行政院秘书长、政务委员、处长辞职案以及田赋征收、经济、农业等。

二、立法监察方面档案

1. 国民大会档案

包括第二届国民大会会议速记录、实录、照片等。

2. 监察院档案

均为 1931 — 1948 年间的档案，包括南京国民政府时期弹劾、纠举、监察、建议、人事、法规及行政等方面的内容。

3. 审计部档案

形成时间为 1928 — 1948 年，其主要内容为审计院院长任命案、审计院组织法公布案、审计部部长任命案等。

三、司法及法务方面档案

1. 最高法院档案

形成时间为 1948 — 1949 年，其主要内容有民事判决书原本、刑事判决书原本、施政计划等。

2. 台湾高等法院档案

主要有台湾各地方法院接收卷、“戡乱”法令等。

3. 台湾高等法院台南分院档案。主要有 1947 — 1949 年间民事、刑事判决原本、人事行政和总务行政案卷以及职务移交清册等。

4. 台湾台中监狱档案

主要有 1941 — 1949 年间高等法院受刑人索引簿、人事相关法令、人事异动及任免等。

5. 台湾花莲监狱档案

主要为 1937 — 1949 年间该监狱的预决算书、会计报告、岁入及成绩考核表以及组织编制、身份簿、囚粮、扩建工程、会议记录、人事任免簿、证书原簿等。

6. 台北监狱档案

形成时间为 1945 — 1949 年，主要内容有：提犯侦讯案、日韩籍人犯解遣、善后救济台湾分署救济物品协商、人犯赦免减刑案、军事犯调服劳役案、燃料配给、囚粮副食等。

7. 台中地方法院

包括 1895 — 1945 年间公证书、判决书原本、诉讼事件簿等。此外还有新竹地方法院、台北地方法院、宜兰地方法院检察署、台北地方法院检察署、台南监狱等机构部分档案。

四、考铨及人事方面档案

主要有 1948 — 1949 年考选部部务会议档案，1942 — 1949 年间铨叙部相关法规及释疑、交通部民用航空局组织、俸给、职等表等。

五、内政方面档案

主要有东北九省划分区域、县长任免案、县市人员任免案，办理变更登记，土地征收，1946 — 1949 年警政署组织规程、办事细则、警察局印模、编制表、接收日产、印信、人事等。

六、外交部及侨务委员会档案

包括收回各地租界及房产案、中外条约资料、中俄密约的交涉与签订，等等。

七、军事档案

包括 1886 — 1949 年国防事务档案，1937 年宪兵司令部编制表，1947 — 1949 年陆军司令部重要军职派调任免案、将级军官退役名簿，中美军事情报合作、忠义救国军组织、抗日救国团组织、保密局编制、制裁汉奸及行动成果统计、交警部队战斗详报，等等。

八、财政金融方面档案

主要有中央造币厂业务、镕金银铸币业务、造币原料采购、分厂选址及设计、组织编制和职员铨叙、货币印制流通及运送，发行准备管理委员会职员任免，中央银行法令、组织规程，国库军务、政务支出案，国际经济金融合作，人事任免、办事处及海外分行设立或废置，土地银行的存放款、债券等业务规划及执行情形，相关财经法令函释、行政庶务、行处设迁、预决算，1949 年关税总局的人事及组织沿革，台湾银行上海分行、南京分行公库、信托、人事、会计、印鉴，中央信托局战时对外贸易采购及物资交换、公司移交清册、财产管理，财政部高雄关税局、台湾烟酒股份有限公司和所属台中酒厂、台北啤酒厂、松山烟厂、内埔烟厂、嘉义酒厂、埔里酒厂、花莲酒厂等机构的档案。

九、教育方面档案

1. 教育部档案，形成时间为 1912 — 1949 年，内容包括民国时期教育部相关章则规程、各级学校章则规程、各级学校经费、各大专院校学籍资料、各级学校校董、学校设立呈报、留学生、学校印信、战区学校处置、参加国际会议或出国访问考察、各大专院校组织变革及移交资料、教育部及各级学校人事迁调任免以及教育人员检定法令、教育行政会议、各校教职员任用办法、国外留学规则、私立学校董事会基金处理规定等。

2. 台中第二高级中学、台中图书馆、阳明大学附设医院、台湾警察专科学校、台中市立后综高中、高雄市立高雄中学、高雄高级工业职业学校、台北教育大学、台南大学、台湾师范大学、中兴大学、屏东教育大学、高雄海洋科技大学、台中科技大学、新丰高级中学、斗六高级家事商业职业学校、屏东女子高级中学、桃园高级农工职业学校、关西高级中学、台南第二高级中学、台中高级农业职业学校、清水高级中学、台东高级中学、台中女子高级中学、宜兰高级中学、台湾大学、台东女子高级中学、北门高级中学、台南大学附中、嘉义高级工业职业学校、台南女中、基隆高中、玉井高级工业职业学校、台南高级工业职业学校、花莲高级中学等学校和教育机构的档案。

十、经济贸易方面档案

主要有经济部和经济部标准检验局及高雄、台南、新竹、基隆、台中等分局档案，台湾电力公司，台湾中油公司及所属高雄炼油厂，炼制研究所，探采事业部等机构，水利署及所属第三、第六河川局，台湾糖业公司，台湾自来水公司及所属机构的档案等。

十一、交通及公共工程方面档案

主要有国民政府交通部 1928 — 1931 年邮票图案及印制、航空机械人员进级章程、飞行师飞行奖励金章程、日占东北邮政损失情形、出席 1934 年开罗万国邮政会议等档案，1945 — 1949 年交通部高雄港务局、基隆港务局、花莲港务局、台中港务局档案，台湾铁路管理局档案以及交通部民用航空局 1947 — 1949 年有关重庆大坪机场、上海龙善水上机场、国内各机场状况、人事考绩考成等档案。

十二、文化及传媒方面档案

主要包括古物保存相关法令，台湾《新生报》相关档案。

十三、卫生医疗方面档案

主要是行政院卫生署所属疾病管制局、台中医院、基隆医院、澎湖医院等机构档案，形成时间为 1945 — 1949 年。

十四、人文及科技发展方面档案

档案数量不多，主要为“中央研究院”第一次院士会议记录摘要、院务谈话会纪要等。

十五、农业方面档案

数量较多，主要为行政院农业委员及所属机构如水产试验所、茶叶改良场、林业试验所、种苗改良繁殖场、畜产试验所、家畜卫生试验所、桃园区农业改良场、台东区农业改良场、农业试验所、畜产试验所恒春分所、农粮署东区分所、林务局、动植物防疫检疫局、苗栗区农业改良场、农业试验所凤山热带园艺试验分所、林务局南投林区管理处、林务局屏东林区管理处、林务局新竹林区管理处、林务局嘉义林区管理处等。

十六、地方事务方面档案

主要包括 1945 — 1949 年间台湾省政府和台北、台中、台南、高雄、台南、花莲、彰化、台东、云林、澎湖等县市政府档案，台东、台中、高雄等县市议会和云林县税务局等机关档案。

十七、政治方面档案

主要有二二八事件相关人士的自白、笔录、判决书、各机关对二二八事件的陈述及报告，日本战犯审判，等等。

十八、民间团体方面档案

主要有台盐产业工会联合会、彰化县农会、嘉义县农会、板桥区农会等社会团体的档案以及从美国路易斯安那州立档案馆征集的克莱尔 · 陈纳德系列影像光盘等。

十九、个人档案

主要有许淑金岑捐赠的美国国家档案暨文件署所藏 1945 — 1949 年台湾内部事务、1944 年 4 月 15 日— 1947 年 8 月 4 日台湾政治经济情势等档案的复制件，杨威孙捐赠的办理皖北水利办法等个人所存档案。

二十、原“国防部史政编译局”所藏军事档案

“国防部史政编译局”所藏民国档案以军事为主，现在已全部移交台湾“档案管理局”保存，其主要构成为：

（一）国军沿革史、年鉴与要案纪实档案

沿革史部分数量最多，有4,648卷，主要包括海、陆、空军和联勤各单位之沿革历史档案；年鉴部分共192卷，包括陆、海、空军和联勤等各单位每年的工作纪录资料；要案纪实部分174卷，包括重大演训、重大战役、重大工程，为直接的原始档案。

（二）战史档案

主要有各军事机关、部队呈报的战斗详报、阵中日记，史政单位征集的战斗计划、工作报告以及来往文电、回忆录，还有北伐时期、抗日战争时期、“戡乱”时期的重大战役档案资料，数量比较多。

（三）重要将领档案

包括何应钦、顾祝同、陈诚、黄杰、王叔铭、余汉谋、蒋鼎文、胡琏等人的档案，共计782卷，其中顾祝同的档案最多，有104卷。

（四）各重要单位工作报告及会议记录

包括军事委员会、军令部、军政部的年度工作报告、重要会议记录以及国民参政会、国民大会、中国国民党全国代表大会和中央执行委员会等有关军事部分的报告。

（五）其他

包括有：南海诸岛屿，包括东、西、南沙群岛档案资料98卷；有关战后接收复员的档案资料142卷；有关汉奸、战犯、叛乱、贪污等方面的档案资料267卷；撤退到台湾后台军备战与美国军事援助案方面的档案资料，数量也不少[1]。

在上述档案中，1949年前的档案有11,526卷，其中：清末至1911年40卷，1912—1928年有150卷，1929—1937年7月有1,315卷，1937年8月—1945年有2,986卷，1946—1949年有7,035卷[2]。兹将1949年前史料价

[1] 参见陈天民《国防部史政编译局现藏国军档案概况》。

[2] 同上。

值较高的重要军事档案简介于后：

1. 国共军事调处档案

这部分档案共有223卷，档案形成时间为1946—1947年。主要内容包括军事调处执行部的会议记录、工作报告及此期间国共双方军队整编执行情形及双方军队动态等。

2. 汪伪政府档案

共有121卷，包括汪伪集团与日本签订的各项协定、借款，战后国民政府对汪伪军队、资产的接收及汪伪海军等档案。其中尤以汪伪海军的资料较为完整，共有57卷。

3. 台湾光复初期档案

共有245卷，档案形成时间为1945—1949年。主要内容为：在台日俘日侨的处理；台湾警备司令部、台湾省保安司令部及高雄、基隆要塞司令部等军事机关的工作报告、会议记录等；战后台湾地区的接收与复员史料；日据时期台湾各要塞兵力部署图及各重要设施史料。

4. 顾祝同将军专档

共有104卷，档案内容主要有：抗战纪实24卷，包括相关战役、交通、战地党政督导、粮政等资料；任江苏省政府主席时期档案19卷，包括主政江苏时期军政、党务等方面的重要史料；第三战区资料22卷，包括蒋介石的电令、各种军事报告、会议记录、皖南事变、日军投降文件等；陆军总司令、参谋总长、国防部长时期档案24卷，包括此阶段的各种意见、报告、文件等。

总的来说，在台湾“档案管理局”所藏民国档案中，有不少具有较高的价值，如1923年的《曹锟宪法》、1925年段祺瑞执政府的《十四年草案》、1936年的《五五宪草》、《日本降书》、1945年10月25日陈仪以台湾行政长官兼总司令的身份在台湾受降仪式中对台湾末代总督安藤利吉下“部署第一号令”、台湾光复后台湾同胞恢复国籍及姓名的档案，等等。

第五节 台湾地区所藏民国档案的公布出版

台湾地区的民国档案保藏机构，除将所藏民国档案进行整理分类、编目及保管外，还根据学术研究等方面的需要，编辑出版了大量档案资料书籍。

一、“国史馆”出版的民国档案史料

台湾“国史馆”编纂出版的民国档案史料主要包括史料丛书、人物传记史料、史料重刊等类。

（一）史料丛书

主要有《国父当选临时大总统实录》（上下册）。全书共分 4 章，即“组织中国政府之拟议”“临时大总统之选举与就职”“共和新政府之建立”“开国宏谟”，其中第 4 章“开国宏谟”下又分为 3 类，第 1 类“举凡中华民国临时约法、中山先生所发布的对外文告、对内之命令、咨商案件及褒恤追悼革命死义烈士文，均搜罗在内”，第 2 类为“中山先生与陈其美、汪兆铭、陈炯明、黎元洪、袁世凯等人的往来函电”，第 3 类为“有关陆军、参谋、海军、外交、司法、财政、内务、教育、实业、交通等部的重要措施”，书中还印有 35 帧插图。

《中华民国褒扬令集初编》13 册。所收资料以临时政府公报、政府公报、军政府公报、海陆军大元帅大本营公报、中华民国国民政府公报及总统府公报为主，并依据国民政府公布之《褒扬条例》《公葬条例》《国葬法》等法令编纂，“褒扬之对象则就勋贤、烈士、孝悌、义行及贞节烈妇等，举凡奉安、国葬、饰终、褒扬、公葬、生平事迹宣付史馆、勒碑旌表、入祀忠烈祠、颁赐封号、题颁匾额等令广事搜集，未刊于公报中则以专档或文献补纂之”。

《国民政府建制职名录》。该书前言部分叙述国民政府的成立，建制职名录则分初创时期、奠都南京时期、建立五院时期、国民政府结束训政四部分，并附录《中华民国国民政府组织法》。

《辛亥年四川保路运动史料汇编》2 册，分为史料和论著两部分。史料又分为五卷，第一卷为四川绅商百姓集资商办川汉铁路、君主立宪人士主持川汉铁路公司之史料；第二卷收有清廷将川汉铁路收归国有、借用外资筑路、君主立宪人士要求清廷用现款偿还路款之史料；第三卷收录君主立宪人士保路运动、同盟会人士积极和保路同志会合作，以迄正式促成四川独立之史料；第四卷为四川百姓发动武装保路运动，以迄四川在同盟会会员领导下宣布独立的史料；第五卷为同盟会会员成立重庆蜀军军政府以及成都君宪派人士主持四川军政府之史料。论著部分则收录有关四川保路运动的研究论文及回忆录等。

《长城战役》。所收史料为“国史馆”馆藏档案及当时各报章、杂志、图书刊布的有关资料文献，同时也收录了日本战史所载资料，互为佐证。

《东北义勇军》。收录 1931 年 10 月至 1933 年东北各地抗日义勇军的史料文献，分为有关文件、作战经过、有关舆论及报道、东北义勇军抗日大事记等四部分，并附以各军驻防形势及进攻路线图多帧。

《台儿庄会战》。所收史料以馆藏档案为主，也收录了一部分亲历将领的口述史料。

《中国铁路沿革史》。所收史料为“国史馆”所藏民国时期交通部档案中津浦、正太、四郑、株萍、沪杭甬、沪宁、吉长、汉粤川、京绥、株钦、周襄、广九、道清、漳厦、闽路、京汉等 15 个铁路局所编各路沿革史汇编。

《资源委员会档案史料初编》上下册，共 80 余万字。上册介绍资源委员会从成立到复员时期该会及其附属事业机构之组织及业务等，下册则为人事及台湾办事处与事业机构等。

《资源委员会技术人员赴美实习史料》。共 3 册，所收史料以“国史馆”所藏 1942 年秋资源委员会派遣 31 名工程师赴美实习的档案资料为主，同时也收录了访问当事人所提供的资料、照片。

《资源委员会档案史料汇编——电业部分》。所录史料以“国史馆”所藏资源委员会档案为主，同时辅以“中研院”近代史研究所所藏资委会及经济部档案。全书共分 3 部分，第一部分为资委会电厂组织条例；第二部分为经费，选录资委会与各电厂在经费问题方面的往来文件；第三部分则选录电厂业务相关史料，主要为资委会呈报经济部的公文、资委会训令各电厂的文件、视察报告与各电厂的业务报告等。

《资源委员会档案史料汇编——光复初期台湾经济建设》。系根据“国史馆”所藏“资源委员会档案”中有关台湾经济的资料整理而成。

《抗战前十年货币史资料》。共分3册，第一册为“币制改革”，第二册为“白银问题”，第三册为“法币政策”。每册又分为上、下两编，上编为文献，选录有关法令、规章、条例及官方宣言、档案等基本史料；下编则为当时学者、专家之论著，既弥补文献史料之不足，又可藉以了解当时人对货币问题之认识。

《抗战时期的专卖史料》，系根据“国史馆”所藏财政部、国民政府和行政院等档案中有关1942－1945年推行专卖事业相关史料汇编而成。全书共分8章，即“专卖事业之筹办”“机关设置与组织条例”“专卖实施之区域”“各项专卖品实施办法”“产制运销与缉私情形”“专卖利益”“专卖事业之人事与会计”“办理结束情形”。透过该史料集，可以管窥抗战后期国民政府推行专卖之概况。

《国民政府时期的盐政史料》。本书系根据“国史馆”所藏之国民政府、行政院、财政部、外交部档案，并辅以国民政府公报及国内各大报纸所载之论文编辑而成，叙述国民政府时期之盐政概况，以年系事。全书共分五章：第一章为盐政法规，包括盐法之规定及各级盐务机构之组织章程；第二章为各地盐务之推行，包括盐之产销、盐务总局工作报告计划、盐政改革及接收敌伪资产；第三章为涉外盐务，包括日本强占我盐款情形及盐务借款问题；第四章为盐税，包括中央与地方盐税征收之概况；第五章为附录，包括专家学者在各报刊发表的有关中国盐务之撰述及盐务机关历次重要会议记录。

《粮政史料》。本书共分6册，即“粮政机构与组织”“粮食生产”“粮食贸易、撙节粮食消费”“粮食管理、物价与粮价”“田赋征实”“军粮、战后粮政、统计资料”，所选史料以“国史馆”所藏国民政府档案、行政院档案、农林部档案为主，同时也选辑了有关报刊所刊载的粮政资料，对于研究国民政府统治时期的粮政颇有参考价值。

《中华民国内政史料汇编——警政史料》。本书系以“国史馆”所藏国民政府、行政院、内政部档案为主，辅之以国民政府、内政部公报等有关资料编辑而成，依国民政府时期警政之沿革发展、警察机构组织、警察教育与训练、警政经费与警力配备、警察官吏之人事行政、警察功能与警务概况及特种警察等各项主题，分期加以搜集整理，陆续介绍刊行。

《航政史料》。系以“国史馆”所藏交通部 1927 — 1945 年抗战结束相关档案为主汇辑而成。全书共分五章：第一章为抗战前十年的航政建设史料，主要包括航律的制订及航政机构的设立等；第二章为抗战期间的航业发展；第三章为招商局的史料；第四章为各省市地方的航政建设史料；第五章介绍国民政府时期国人对于航政建设所提的论著和意见。

《航空史料》。本书系根据“国史馆”所藏之国民政府、行政院、外交部和交通部等档案中有关 1930 — 1948 年间航空部分较完整且具史料价值者编纂而成。全书共分 8 章，包括有我国航空会议的筹备、中国飞行社的创立、中国航空公司的筹设过程、航空法的立法情形、民航局的成立经过、我方人员赴美接受民航技术的训练、我国与各国航空关系的演变、西安事变对西北航空运输的影响、抗战时期和战后的航空建设以及陈纳德对我国抗战的贡献和战后协助我国重建的情形等。

《电信史料》。本书以“国史馆”所藏国民政府、行政院、交通部档案为主，辅之以《抗战与交通》上所刊载的有关文章，辑录了 1922 — 1949 年间民国时期的电信史料。全书共分六章，包括战前和战时之电信建设、地方之电信建设、中国与国际关系之电信史料、战后复员等内容。

《铁路史料》。本书以“国史馆”所藏交通部档案中有关铁路部分之史料为主，辅以坊间已有之相关史料，分类编辑而成。主要内容为刊载民国成立以后至 1945 年间铁路行政、事业与建设计划、全国已勘测各铁路路线介绍、拟兴建或勘测铁路路线调查报告和我国铁路建筑工程进展概况等史料，并附录有抗战时期中国国民党第五届九中全会、十中全会交通报告铁路部分、中国远征军随军铁路特派员史略、中国铁路之起源和日军在中国占领区内劫夺铁路史实等多编相关史料。

《中华民国军事史料——役政史料》。本书分为上、下两册，以“国史馆”所藏档案为主，并搜罗其他有关的会议记录、报刊论文，共选录史料 221 件，其中有关兵役制度的确立者 40 件、征兵概况 28 件、军人待遇 52 件、地方武力 42 件、役政弊端与其改善之道 59 件，为研究抗战前后军事人力动员不可或缺的重要参考资料。

《政府接收台湾史料汇编》。本书以“国史馆”所藏台湾省政府档案、台湾省行政长官公署公报为主，汇集成册，共 2 册，分为 4 章，包括日据时期法令的整理、日本产业与机关的接收、日侨的遣送与征用、旅外台胞的返籍等。

《捐献史料》上下册。系根据“国史馆”所藏国民政府及外交部档案中 1926 年后侨务类与社会类有关捐献事项的史料汇编而成，内容有捐献之发起、海外华侨认购公债、捐献之响应、华侨捐献奖励与各项捐献统计表等 5 大类。

《中英庚款史料汇编》三册。本书收录史料的范围包括“国史馆”所藏之国民政府、行政院、外交部、交通部、教育部等机构之档案，“中研院”近代史研究所藏朱家骅档案，美国康奈尔大学所藏英国方面档案以及相关人物的年谱、传记等。全书共计七章，即：“管理中英庚款各机构组织概况”“中英庚款用途之议定”“中英庚款轮船之购置”“中英庚款物料的购置”“中英庚款会的教育文化事业”“中英庚款会的财务状况”“各庚款机关联席会议及中英庚款会之结束”。

《西安事变史料》2 册。系以“国史馆”所藏国民政府档案、阎锡山档案等史料为主，辅之以事变当时之报章杂志的报道，并参酌有关西安事变之论著文献汇辑而成。第一册分三章：第一章“西安事变的前因”，主要收录了事变前张学良与蒋介石及中共领导人间的往来函电；第二章“西安事变的爆发”，主要为事变发生后国民政府的因应措施及全国各界民众的函电；第三章“蒋委员长脱险回京”，除搜集蒋介石回到南京有关函电外，大量选录了“阎锡山档案”，藉以窥悉国民党中央军政要员营救蒋介石回京的经过。第二册共分两章及附录，即第四章“西安事变的善后”，第五章“西安事变对交通外侨暨金融的影响”，附录则有其他重要函电、“西安事变重要日志”及“西安事变有关人物姓名字号对照表”等。

《蒋中正总统档案——事略稿本》（1927 — 1949）计 274 册，由蒋氏秘书参阅相关函电令告并抄录蒋日记中相关内容，以仿照《春秋》以事系日、以日系月、以月系年的记述方式编撰而成，可供厘清蒋氏思想与决策过程的关联性，极具研究参考价值。

《戴笠先生与抗战史料汇编》共分《军事战报》《经济作战》《忠义救国军》《中美合作所的成立》以及电子版《中美合作所的业务》《军统局隶属机

构》等分册，披露了台湾“军情局”所藏部分未公开的档案，对研究相关历史具有参考作用。

（二）**人物传记史料**

已编辑出版有《国史馆现藏民国人物传记史料汇编》《胡汉民先生遗稿》《张溥泉先生百年诞辰纪念集》《李烈钧先生百年诞辰纪念集》《罗家伦先生文存》《蔡元培先生年谱传记》《黄季陆先生与中国近代史研究》《黄季陆先生论学论政文集》《于右任先生墨宝》《于右任先生诗集》《戴传贤与现代中国》《张其昀先生文集》等。

（三）**史料重刊**

主要有《重印中华民国国民政府公报》(包括《陆海军大元帅大本营公报》，25 开本，共 222 册)、《重印中华民国总统府公报》、《重印中华民国海关华洋贸易总册》(起于光绪二十八年即 1902 年，止于 1935 年，共 84 册)。

此外，台北“国史馆”还根据馆藏档案编撰出版有《中华民国史事纪要》《中华民国史公职志》等有中华民国史资料及志书，《研究中山先生的史料与史学》等学术论文集，《西北中苏航线的经营》等专著，并编辑出版了《国史馆馆刊》《国史馆学术集刊(季刊)》等杂志。

二、中国国民党党史馆出版的民国档案史料

台北中国国民党党史馆(包括其前身中国国民党中央委员会党史委员会)十分重视档案史料的编纂工作，并将其作为其基本工作之一。其编辑出版的有关国民党党史的档案等资料“数量相当的可观”，主要包括以下几部分：

1.《革命文献》

从 1953 年 5 月出版第 1 辑，至 1989 年 6 月，共出版了 117 辑。收录史料的范围为从兴中会成立到抗日战争时期的各项建设，内容十分丰富。

2.《中国现代史史料丛编》

实际上是《革命文献》的续编，已出版 10 余集。

3. 影印出版物

主要包括报刊、公报等，如香港《中国日报》、东京《浙江潮》、《民报》、上海《民立报》、《军政府公报》、《海陆军大元帅大本营公报》等。

4. 专题史料

如《中华民国重要史料初编——对日抗战时期》，秦孝仪主编，台北中央文物供应社，1981 年出版。

5. 创办《近代中国》杂志

于 1977 年 3 月创刊，初为季刊，1979 年 1 月起改为双月刊。该刊专辟有“史料选辑”专栏，刊载党史会所藏各类各种档案。

三、“中央研究院”近代史研究所出版的民国档案史料

“中研院”近史所根据该所所藏档案编辑出版的民国档案资料也有百余种之多[1]，主要包括以下几方面：

1. 中国近代史资料汇编

反映民国时期的有：《中俄关系史料》，包括甲、乙、丙 3 编。甲编为 1917 — 1919 年，有《外蒙古》《中东铁路》《俄政变与一般交涉》《东北边防》《新疆边防》《出兵西伯利亚》6 种；乙编为 1920 年，有《俄政变》《一般交涉》《中东铁路与东北边防》3 种；丙编为 1921 年，有《一般交涉》《中东铁路与俄政变》《东北边防与外蒙》3 种。

《中日关系史料》，计有 18 种，即《欧战与山东问题（1914 — 1916）》《邮电航渔盐林交涉（1912 — 1916）》《通商与税务（1912 — 1916）》《路矿交涉（1912 — 1916）》《二十一条交涉（1912 — 1916）》《一般交涉（1912 — 1916）》《山东问题（1920 — 1926）》《东北问题（一）（1917 — 1919）》《东北问题（二）（1919 — 1920）》《东北问题（三）（1920 — 1921）》《东北问题（四）（1921 — 1927）》《排日问题（1919 — 1926）》《商务交涉（1918 — 1927）》《海盐路矿交涉（1918 — 1927）》《军事外交交涉（1918 — 1926）》《一般交涉（一）（1917 — 1927）》《一般交涉（二）（1917 — 1927）》《巴黎和会与山东问题（1918 — 1919）》。

此外还有《胶澳专档（1897 — 1912）》《保荐人才、西学、练兵（1877 — 1913）》《澳门专档（一）（1897 — 1912）》《澳门专档（二）（1905 — 1911）》《澳门专档（三）（1851 — 1911）》《澳门专档（四）

[1] 本节所引资料均来源于《中央研究院近代史研究所出版的总目》，2006 年 1 月印行。

（1911 — 1928）》《欧战华工史料（1912 — 1921）》《加拿大华工订约史料（1906 — 1928）》等。

2. 史料丛刊

有近 50 种，主要有 :《清末民初洋学学生题名录》《朱家骅先生言论集》《詹天佑与中国铁路》《国民政府与韩国独立运动史料》《薛岳将军与国民革命》《袁世凯家书》《德国外交档案》《二二八事件资料选辑（一）》《二二八事件资料选辑（二）》《二二八事件资料选辑（三）》《二二八事件资料选辑（四）》《二二八事件资料选辑（五）》《二二八事件资料选辑（六）》《史云章先生年谱》《曾琦先生文集》《盛宣怀实业函电稿》《盛宣怀实业朋僚函稿》《马歇尔使华报告书笺注》《四川保路运动史料汇编》《白崇禧将军北伐史料》《旅欧教育运动》《左舜生先生晚期言论集》《徐永昌先生函电言论集》《居正先生全集》《清华大学师生名录资料汇编（1927 — 1949）》等。

3. 名人日记

主要有《王世杰日记》（10 册）、《徐永昌日记》（12 册）、《丁治磐日记》（8 册）、《王子壮日记》（10 册）、《灌园先生日记》（即林献堂日记，10 册）。

此外，“中研院”近史所还出版有“口述历史丛书”“中华民国史事日志”“目录汇编”“特刊”“专刊”“演讲集”“档案调查报告”“近代中国妇女史研究”“研究通讯”等书刊。

第六章
专题民国档案的保藏与特色

第一节　近代商会档案

一、近代商会档案概况

商会档案是我国重要的历史档案资源，分布较广、内容丰富。商会是国家推动与地方绅商要求相结合的产物，一方面体现了国家在商业制度上的改革，另一方面体现了近代新兴资产阶级的产生和发展，所以，真实记录了这一历史的商会档案具有典型的史料特性。而且，商会档案还较为全面地记录和反映了近代中国各地工商业的发展状况、资本的活动以及对近代中国政治、经济、文化的影响，是了解近代中国的重要史料，具有佐证与参考价值。

商会是中国近代产生的一种新型资产阶级工商业社会团体，是近代中西文化冲撞与融合过程中催生出来的组织。

光绪二十九年（1903），为适应国际经济竞争的内在需求，清政府设立商部，专司工商事务，并劝导各省商埠成立商会，以振兴商务，奖励实业，发展民族工商业。在清政府的推动下，各地相继形成商会这种新式商人组织。民国时期，另外一种新式工商行业组织——同业公会也普遍成立起来，以“维护、增进同业之公共利益、矫正营业之弊害”为宗旨，各行业如百货业、洋货业、鞋帽业、纺织业、酱货业、饭馆业、旅店业、理发业、照相业、银钱业、寄卖业、估衣业、行栈业、采办业等都有其相对应的同业公会。同业公会多归属于商会领导，故将各同业公会档案纳入近代商会档案范畴。

近代商会档案的分布状况主要受两个方面的因素影响。第一是受近代中国资本主义工商业发展的影响。这种发展造就了中国早期资产阶级的产生，而商会的成立则是近代中国资产阶级初步形成的一个重要标志，它们逐渐成长为一股新兴的社会政治力量。在近代工商业繁荣的通商大埠，由新兴资产阶级组成的商会，为保护本阶层的利益起到了极其重要的作用，相比较而言，其他地区商会发挥的作用小一些。它们在半个世纪的历史活动中形成了数量颇丰的商会档案。第二个因素是商会档案的流变。从商会档案产生至今历经百年，在这期间，国家政权频繁更迭，战乱、动乱时有发生，档案受到不同程度的破坏，故商会档案未能十分完整地流传下来。一般情况下，在中国近代历史上资本主义工商业发达、受破坏程度低的地区，保存至今的商会档案就相对完整、数量多些，反之则少些。

受此两方面因素的影响，目前近代商会档案在全国的分布各有不同，大都收藏于全国各级档案馆，但数量不一。主要分布在中国第二历史档案馆、天津市档案馆、苏州市档案馆、上海市档案馆、辽宁省档案馆等，数量基本都在千卷以上，档案较为完整、系统。另外，中国第一历史档案馆、北京市档案馆、广州市档案馆、重庆市档案馆等档案馆也有收藏，但数量相对较少。

馆藏商会档案数量较多的档案馆均将其专门立为独立全宗，如天津市档案馆、苏州市档案馆、上海市档案馆、武汉市档案馆、广州市档案馆、青岛市档案馆、辽宁省档案馆，等等。一些档案馆未有独立商会档案全宗，商会档案仅分散保存于其他全宗内。如：中国第一历史档案馆收藏的商会档案主要保存于农工商部档案全宗、会议政务处档案全宗、外务部档案全宗、责任内阁档案全宗内。黑龙江省档案馆收藏的商会档案较为分散，清代档案和民国档案中都有收藏。其中，清代档案中的黑龙江将军衙门档案全宗内商业部分有哈埠设立吉江两省总商会的文件；民国档案中，黑龙江全省垦务总局全宗内有黑龙江商务总会拟定试办便宜章程等文件，黑龙江省政府全宗内商业部分有商会章程、商团和商会选举等文件，黑龙江省实业厅全宗内有各商团和商会的材料；东省特别区行政长官公署（北满特别区公署）全宗内有哈尔滨商务总会组织特区商会联合会、调查全区境内商会数及成立日期、刊发特区商会钤记、旅俄华商联合会文件及简章，等等。除此之外，湖北省档案馆也有少量有关商会的档案，分布于湖北省社会处全宗内，为商会的报告、调查和活动情况等材料。

其中，有关全国性的商会档案主要分布在各级档案馆，如中国第一历史档案馆收藏有各地设立商会、海外华商设立商会的文件；中国第二历史档案馆收藏有中华民国商会联合会档案、海外中华商会档案等。中华民国商会联合会对全国商会具有联合和指导作用，海外中华商会是海外华商成立的商会组织，所以这两类商会档案都具有一定的国家意义。另外，各地方商会档案主要分布在各省市级档案馆中。

近代商会档案是近代商会在日常活动中形成的历史记录，涉及商会活动的各个领域，故其内容十分丰富。

（一）按商会类型分类

从商会的类型来看，商会档案可分为商务总会（总商会）档案、商务分会档案、商会联合会档案、同业公会档案，等等。除了按照《商部奏定商会简明章程》和《商会法》规定所设立的商务总会、商务分会（地方商会）、商会联合会之外，还有各地自发组织形成的各行业的同业公会。各行业同业公会多为商会的成员，由于其产生的档案数量较多，故单列一类。

1. 商务总会（总商会）档案

光绪二十九年（1903）十一月二十四日，商部制订《商部奏定商会简明章程》，其中第三款规定："凡属商务繁富之区，不论是会垣是城埠，宜设立商务总会，而于商务稍次之地设立分会，仍就省分隶于商务总会，如直隶之天津、山东之烟台、江苏之上海、湖北之汉口、四川之重庆、广东之广州、福建之厦门，均应设立总会之处，其他各省由此类推。"由此可知，商务总会这个商会机构设立于清末民初时期，而且多设立于商务繁富的地区。所以近代商务繁富的商埠地区流传下来的商务总会档案较为完整，例如天津市档案馆保藏的天津商务总会（后称天津总商会）的档案、上海市档案馆保藏的上海总商会档案、苏州市档案馆保藏的苏州总商会档案等。

2. 地方商会档案

《商部奏定商会简明章程》除了规定设立商务总会之外，还规定要在各省州县中商务最盛之地设立商务分会，以振兴商务。故各省还在各州县设有商会，商会归总商会领导。现今一些省市级档案馆就收藏有当地商会档案，但数量不多，如青岛市档案馆的青岛商会档案、济南档案馆的济南商会档案、重庆市档案馆的重庆商会档案、成都市档案馆的成都商会档案、贵阳市档案馆的贵阳商会档案、沈阳市档案馆的沈阳商会档案，等等。

3. 商会联合会档案

商会联合会是一种联合各地商会的全国性的社会团体。民国元年（1912），由上海总商会与汉口总商会发起，提出组建全国商会联合会，并一面拟定“组织大纲”，一面联合致电天津、奉天、重庆、广州等地总商会征询意见，获得这些商会的积极响应。同年10月15日至11月15日，民国北京政府工商部召开全国临时工商会议，各商会均派代表参加。会议期间，上海总商会首席代表王一亭会同汉口总商会代表宋炜臣、盛竹书等三人提出商会大联合的建议，推动其他地区一部分商会代表共同发起组织中华全国商会联合会。经多方努力，中华全国商会联合会才得到民国北京政府法律上的确认。1915年12月14日，民国北京政府司法部与工商部联合制订公布了《商会法》，其附则中第41条规定：总商会、商会得联合组织全国商会联合会，全国商会联合会得设事务所。至此，中华全国商会联合会才成为全国性的合法商会组织。然而，中华全国商会联合会主要由上海总商会控制，没能在全国工商活动中产生重要影响，故流传下来的档案也甚为少见，主要散见于上海总商会档案中。1927年国民政府成立，中华全国商会联合会改组为中华民国商会联合会。现今中国第二历史档案馆、南京市档案馆就保存有流传下来的中华民国商会联合会档案。

另外，在有些城市出现了城市间的商业联合会，实质上属于地方商会性质。如上海商业联合会。上海商业联合会系由上海县商会、银行公会等19个商业团体在1927年3月22日联合发起成立，以取代实际已经陷于瘫痪的上海总商会。主席团成员为虞洽卿、王一亭、吴蕴斋。时值北伐军进驻上海，该会宣言拥护蒋介石。1927年4月，国民党上海临时委员会暂准该会备案，接收上海总商会，行使领导全市商界的权力。然而该会至11月29日便解散了。因持续时间短，流传下来的档案数量较少，只有49卷。

4. 海外中华总商会档案

海外中华商会是海外华商为侨居他乡免遭外人歧视，保护其商业利益不受侵犯，在海外各大城市组织起的商人团体。光绪二十二年（1903）清政府颁布《商会简明章程》第25条规定：“现届开办之初应先就各省商务最繁、次繁之区设立总会、分会，嗣后商务日有振兴，则商会亦因时推广，其南洋各商，以及日本、美国各埠华商较多者，亦即一体酌立总会、分会。至考察外洋商务本部，业经另订专章，行知出使各国大臣酌派随员领事遵照办理。”在清政府一些特派专使和驻外使领馆官员的努力下，南洋地区和美国、日本、加拿大、墨西哥等许多国家先后成立了中华总商会。现中国第二历史档案馆收藏的一些海外中华总商会档案，散见于中国国民党中央训练部、工商部、实业部、经济部全宗内，内容涉及有关各海外中华商会章程及有关呈请注册、备案的文件；各海外中华商会选举及负责人任免的文件；各海外商会会员名册及委员、理监事、职员名册；南洋各地中华商会组织情况的文件等。

5. 同业公会档案

同业公会是各行业间成立的商人组织，旨在反映各个行业工商者的意愿，维护各个行业工商业者的权益，促进工商业的发展。如百货业、洋货业、银行业等都有其对应的同业公会。各行业同业公会一般都设有董事、候补董事。再由董事互选产生常务董事，组成常务董事会，负责该行业公会的日常工作。在各档案馆所藏的各同业公会档案中，以上海市、天津市档案馆的各同业公会档案最为完整，档案反映的时间最长。上海市档案馆藏有 400 余个全宗，4 万余卷，时间持续近代百年。天津市档案馆藏有天津市各业同业公会全宗，有 148 家同业公会，1 万余卷档案。

（二）按商会职责和活动范围分类

从商会的职责及其活动范围来看，可分为规章制度类、业务类、财务类、政务类等。

1. 规章制度类

主要包括商会章程、组织大纲及登记条例，各同业公会组织章程、行业业规，会员入会、退会、会员登记暂行办法，商会法施行细则和摘要，工商同业公会法，商会制定的各项工商法令；社会部转发的各项金融管理法令；取缔投机买卖、控制金融市场各项办法和训令；加强市场管理的文件；关于收购小麦面、玉米粉、棉花、卷烟等价格规定；商会改订酒税办法；货物税、所得税、印花税征收办法；营业牌照税征收细则；旅店捐、筵席征收规则，等等。

2. 业务类

业务类档案是商会档案的主体，其形成主要取决于商会的职责。一般情况下，商会职责为：工商业改良事项、调查统计、工商业品展览陈列、调节处理工商业之争议等，故此，档案业务类档案可细分以下几类：

（1）工作报告和计划：如商会工作报告、工作计划；商会内部各处室（课）业务计划及工作报告；商会召开平抑物价恳谈会议纪要等。

（2）调查记录：如商业调查表册；市场物价调查材料；有关物价、粮价、产销状况调查材料；商号物资储存调查表册；举办全国经济调查通知等。以天津商会为例，有关于天津市行销各地物产及市内产物调查表册；天津市茶叶运销概况调查表册；天津市矿业细目表册；天津市场概况调查表册等。

（3）商务管理：如物价调整、印花税管理及营业税管理函件；商号交纳营业税与各同业公会抗税函件；商会关于棉纱、棉布管理、粮米管理办法；商会组织购粮平粜、召集讨论粮食等事宜记录；商会参与维护金融、改良币制、接济市面函件；商会组织商品陈列通令；商会组织商业劝工会函件等。

（4）处理商务纠纷：如有关处理工商业纠纷和劳资关系的文件。

（5）商务外交：商会组织商业团体赴日本、越南、新加坡等地考察函件；组织商团赴美国、巴拿马赛会函件；商会欢迎美国、英国、德国、日本经济实业考察团函件；运入美国棉花查验通告；调查俄国纸币通告；参加大东亚博览会、日本名古屋博览会函件；外商加入商会规定；国内主要物资出境登记办法，等等。

3. 财务类

商会收支预算、收支报告、收入比较年报表；商会财务报表、会费管理账簿；如上海商会财务类档案有上海市商会总账、日记账、分户账、1945—1946 年度决算报告，1936 年、1946 年收支约略比较表，该会会费收入簿、收支分类簿、现金出纳簿、薪工簿、房产出租租金收入簿等文件。

4. 政务类

商会政务类档案主要包括商会组织事务、人事事务以及参与政治活动、公共事业等方面。

（1）商会组织方面：如各地商会组织情况，如组织沿革、机构改组及组织章程函件；建立商会公断处、公断委员会通告；商会整理委员会成立函件；赋税研究委员会、营业税评议委员会成立及会议记录。

（2）人事方面：如商会选举会董、正副会长会议记录及登记表；聘任交际委员会成员聘函；同业公会会员审查报告书及登记表册；各同业公会董事调查及名册；商会会长调查表册；常务董、理事及董、理事选举记录；聘任法律顾问、会计师、考试委员函件及聘书；职员考试异动调查表册及名录；人事登记调查表、履历表；会长、会董病假登记表册；同会理、监事身份证明书，整理委员会委派委员通函；职员调查表及名册；记账员、秘书、打字员的履历表册；各同业公会会长任职、辞职报告书；各同业公会理事长及整理委员名单；各同业公会理、监事更换、改选结果报告；各公会职员递补、调查表、名册；各公会会员登记表、调查表、入会申请表；各公会会员身份证明书、保证书；工厂公会会员入会申请书。

（3）政治活动方面：如天津商会欢庆“立宪”与地方自治活动函件；武昌起义后天津与各地商会动态电函；天津绅商组织维持国权国工会函件；巴黎和会外交失败商户罢市电函；反日救国学生检查日货传单；东北沦陷组织慰劳抗日将士捐物电函；各系军阀强征给养通告及商会对策信函；“强化治安”运动中商会应聘函件；新民会组织商人自肃函件；组织商户欢迎“国军”通告；关于城防事项及军事征募函件；组织商民选举国大代表、立法委员、参议员选票；调查日本劫掠我国物资及交涉归还的调查表册；有关三津磨房罢市报告；宝成纱厂工人“扰乱生产”的报告；鞋商缝作工人散布的要求涨价的传单；正兴德茶庄解雇店员纠纷案件文书等。

（4）商团：商团是商会掌握、控制的武装组织，其职责为辅助军警、维持工厂、商场治安。商团按照军队编制，以团为最大单位，下辖队、排。商团团长一般在商会委员中选任。因阶级属性之故，商团常与当地军警勾结，欺压工人、镇压工人运动。保存至今的商团档案并不多见，中国第二历史档案馆馆藏档案中有部分反映商团活动的档案，但为数不多。主要内容有：各地商团呈报活动情况的报告；全国商团联合会改组为特种保卫团的文件。另外，苏州档案馆保存的苏州商团档案较为完整，具有代表性。主要包括苏州商团、苏州保卫团、吴县工商自卫队组织章程；有关筹组吴县工商自卫队的文件；有关商团人员聘任、委员、改选、奖惩的文件及职员名册；商团各支部官佐名册、团员名册；商团常务会议记录；商团与吴县政府及各级机关的往来文件；有关商团防务、操练及与当地驻军联防、稽查、游巡的文件；有关枪械管理的文件；有关记载商团活动的碑拓和照片等。

二、近代商会档案特点

近代商会档案是历史遗留下来的珍贵的原始记录，由于其形成机构的历史背景及特殊功能，加以商会档案近一个世纪的流传等原因，使得流传至今的商会档案具有一些鲜明特征。

从地理角度而言，近代商会档案，多分布在上海、天津、北京、苏州、广州等沿海、沿江地区。这些地区在近代多被开辟为通商口岸，许多近代新兴工商业如银行业、从事进出贸易的商业等，多在这些地区产生，资本主义工商业较为发达。从目前近代商会档案的遗存来看，这些近代工商业发达地区流传下来的商会档案资料较其他地区完整和系统，其中天津商会档案的数量及其完整系统程度居全国之首，而西北等地区则只有零散分布，与之不能相比。

从典藏机构而言，近代商会档案多分布于全国各地的档案馆内。1954 年国家档案局成立，我国有了专门机关来负责统一管理、指导、监督各级国家机关的档案工作。1956 年 4 月 16 日，国务院发布《关于加强国家档案工作的决定》，这是新中国成立以来国家关于档案工作的最重要的法规性文件。《决定》非常重视历史档案的收集和保管，规定“各机关要积极收集和清理分散在各地的革命历史档案和旧政权档案”，进而推动了各级档案馆的建设，至 1963 年 12 月，全国已有 20 个省、市、自治区建立了档案馆，8 个省、自治区设立了档案馆筹备处，建立县级档案馆 1,590 个。收集、整理和保管历史档案被作为各级档案馆的一项重要任务，这时省以上档案馆集中的历史档案约计 735 万卷又 1,243 万件，为各级档案馆馆藏丰富的历史档案资料奠定了坚实的基础。因此，在国家政策的推动下，各地的档案馆多收藏有该地区的近代商会档案。

不同地区的商会档案带有明显的地方特征。这一点从近代商会档案分布状况中可清楚看出。商会多设在各地，通常是工商业较发达的沿海、沿江及各省市经济中心，如上海、天津、汉口、广州等地。而且商会设立的主要宗旨之一就是将各地工商业者组织起来，维护自身商业利益，以同外商竞争，故商会具有地域性，即地方特色。各地商会在活动中形成的档案则涉及地方的政治、经济、文化等多方面，带有明显的地方色彩，正如上述的天津商会档案，记录了天津地区的工商业的活动，上海商会档案记录了上海地区工商业者的活动，苏州商会档案，记录了苏州地区的工商业活动等。

例如苏州商会档案，其中的丝绸档案及市民公社档案就十分具有地方特色。苏州是中国三大丝绸生产中心之一，丝织业发达，曾出现“东北半城，万户机声”的盛况。苏州丝绸工艺细、色泽艳丽，苏缎与云锦、杭罗曾被誉为东南三大名产，风靡全国。因此，苏州产生了一些专门从事丝绸生产的手工业者和专门经营丝织品的缎庄和纱缎庄，这些行业的经营者多在商会中担任要职。丝绸档案充分体现了苏州城市的经济特点。另外，市民公社是苏州地区产生的，以街道区划为单位、以各行各业的工商人士为成员的社区性质的自治社会团体，其目的是“联合团体，互相保卫，专本街公益之事”。清末新政时期，苏州地区成立有 4 个市民公社，即观前市民公社、渡僧桥市民公社、道养市民公社、金阊下塘市民公社。民国时期，苏州地区先后成立了 27 个市民公社，历时 20 年。其组织严密、分工明确、规章制度健全。市民公社在全国范围内唯苏州地区所独有，体现了它的地域性和特殊性。

又如天津商会档案，就明显体现了天津作为通商大埠、京师大门的典型特征。它记录了天津、北京等地商业市场的兴衰和旧式商业逐步向新式商业过渡的过程，记载了当地商人逐渐改变投资习惯，向工业资产阶级转化的过程。

商会档案所蕴含的内容非常丰富，除了记载商会本身的活动之外，还记载了商会与官府、商会之间的历史活动，涉及政治、经济、文化教育等多方面。

首先，商会本身就是随着近代资产阶级发展而形成的产物，因此，商会档案中最多涉及的是有关工商业和金融、税收等内容，如关于商事公断方面，有公断章程、细则、书式、理案清册等；还有振兴实业方面，包括为新产品申请专利、开设企业、创办劝业场等内容；对外交往方面，主要是对外贸易、参加商品展览会与赛会；金融流通方面，如钱币流通、币制改革、整顿钱债积弊；捐税征收方面，如烟酒税费、货物税、印花税、屠宰税、普通商业牌照税、牙税、所得税；等等。

其次，近代资产阶级在从事工商业的同时，也秉承政府旨意，推行各项经济政策，完成政府交办的事务，参加政治活动，所以商会档案中有着大量反映关于商会参与政治方面的内容，如辛亥革命这一重大历史事件，就有相关的平乱措施、抵制日货、护国运动、罢市爱国行动等方面的记载。

第三，为了促进工商业的可持续发展，商会也从事一些社会公共事业，如参与市政建设、募捐赈灾、商业教育、治安防疫、娱乐行业管理等，故流传下来的商会档案中有相当数量关于这方面的内容。如天津商会档案中就记载了天津的城市管理、市政建设与当时人们的社会心理、服饰衣着、民风民俗和文化教育等方面的一些情况。总之，商会档案内容能够从一个侧面真实地反映近代中国社会的概貌。

三、近代商会档案价值

近代商会档案本身具有历史文化价值，可为当今的经济建设提供了有意义的参考。

商会是近代中国资本主义发展的产物。总体来说，近代中国资本主义不发达，商会作用有限，加上近代中国战乱多有发生，因而流传至今的商会档案不多，但更为弥足珍贵。根据现有资料不完全统计，全国范围内现存的近代商会档案有 12.3 万余卷。其中，完整、系统保存有近代商会档案的有天津、苏州等地，天津档案馆馆藏 13,896 卷，苏州市档案馆馆藏 3,500 卷。商会档案从某一侧面真实记录了近代中国资本主义发展，是我国历史文化宝库的源泉之一。2002 年，天津、苏州部分晚清商会档案入选第一批《中国档案文献遗产名录》。2003 年，上海档案馆馆藏的上海总商会档案也入选《中国档案文献遗产名录》。上海总商会在近代中国商界一度执其牛耳的地位，决定了其原始档案文献的珍贵价值。另外，商会档案的价值与其产生的历史背景也有关系。商会的产生与近代市场经济的发展有着密切的关系，是市场经济体制的一个重要组成部分。鸦片战争以后，随着一系列不平等条约的签订，中国被迫开放许多重要的沿海、沿江港口为通商口岸，传统的自给自足的自然经济遭到外国资本主义的严重冲击。外国侵略者凭借不平等条约所取得的种种特权，对中国积极展开始以商品输出、后以资本输出的经济侵略，从而促使以通商口岸为中心的中国近代市场体系开始形成。在中国逐渐变成西方资本主义商品销售市场和农产品、原料供应地的同时，近代中国新型工商业也有不同程度的发展，近代市场不断扩大并形成统一体系，从而又加速了国内工商业的发展。这样一来，国内工商业被卷入世界资本主义市场体系，同外国在华企业进行着不平等的商业竞争，而商会的产生则凝聚了近代中国工商业者的力量，在市场经济中发挥了一定的作用。当今的中国正处在改革开放，发展市场经济的大潮中，近代商会档案可为我国经济建设提供一些有价值的参考。天津档案馆以天津商会档案为基础编纂而成的《天津商会档案汇编》，一方面能使我们更好认识天津这一北方工商业大城市的起伏兴衰，另一方面则可为天津和华北地区民族工业发展及天津经济中心城市地位的变化，提供历史的借鉴。还有，上海市档案馆藏的上海市工商业同业公会档案，体现了工商业同业公会的众多经济职能：第一，制定业务规则，修改管理条例；第二，开展行业调查统计，指导扶助同业；第三，协调产销关系，核定产品价格；第四，监督商品质量，矫正经营弊端；第五，协助解决同业原料的取给；第六，沟通政府和行业之间的联系；第七，调解同业纠纷和劳资争议；第八，兴办附属事业。这些都可为今天的工商业团体和经济发展提供有意义的参考。

近代商会档案为商会史研究提供了第一手原始资料，可以据此窥见近代中国商会的原貌。其学术价值不仅仅限于对商会本身的研究，同时也为近代中国社会的政治、经济、教育、外交领域的研究提供了大量原始资料。可以说，商会档案对研究近代民族工商业的发展、中国商人政治态度及其与政府的关系、近代中国城市生活变迁和社会转型都具有较高的史料价值：

1. 商会档案是研究近代民族工商业发展的重要资料。

商会是近代民族工商业者组成的社会团体，宗旨是为了“振兴工商”，所以，商会与民族工商业的发展关系紧密，故商会在活动中形成的档案资料无不反映民族工商业的发展。例如：苏州商会档案中有关于苏州工商户开业、歇业及商标注册的文件；该会从事各项经济活动的文件；处理商事纠纷、税事纠纷的文件；全国商联会、江苏省商联会与该会来往文件；有关苏州各业同业公会组织和活动情况的文件等，均体现了近代民族工商业的发展状况，这对于近代民族工商业的研究有重要的史料价值。再如从天津商会档案中“农商部劝业委员‘各业公所调查表’”“劳资纠纷”“市商会各室组章程及办法”“呈报本会理事长常务理事及理监事当选结果就职日期并誓词”“各业同业公会会长名册”等案卷，可以看出近代天津的民族工商业已有相当程度的发展，以纺织、机器铸铁为主的工业，以粮食、绸布、盐业为主的商业和为工商业服务的金融业，遍布全市。另据档案中统计，至1943年、1944年，加入天津商会的工商行业达145业，1946年2月达139业、25,490家，1947年天津商会所属各同业公会为146业，“全市商店数目达三万家，商人数目几占全市人口之半”。这也从某种程度上反映出了天津地区工商业的发展。

2. 商会档案是研究民族资产阶级特征的原始资料。

通过商会档案，我们可以从一定程度上看出民族资产阶级在整个近代历史发展中所处的历史地位。他们不仅同帝国主义者、封建统治阶级各类代表人物有或明或暗的紧密联系，而且与处于社会底层的普通商民、工农大众也有着广泛的、不可分离的关系。以苏州商会档案为例，苏州商会除涉及商业、工业外，其势力渗透到农会、警务公所、长元吴教育会、学务公所、红十字会、救火会、拒烟总会等民间团体，这说明近代资产阶级为了谋求在政治上有一定程度的发展而采取对自身有利的措施。还有，地方绸缎业、纱缎业、钱业等行业的中上层人物构成了苏州商会领导层，他们以其雄厚的经济实力和威望掌握了商会的领导权，成长为近代资产阶级。再者，市民公社和商团的出现，则体现了商会这个工商团体的复杂性和多样化。可以这样说，商会就是近代中国资本主义发展的必然产物。

3. 商会档案是研究近代经济、社会生活的第一手资料。

商会档案所包含的内容，不仅涉及工商业事务，而且在相当程度上对当时的社会生活、经济、文化教育等方面也有反映。如天津商会档案中记录了天津成为北方主要门户形成过程以及“庚子事件”后金融风潮迭起，引起全社会的动荡，从而推动了币制变革，终使银元普及的具体过程和商会在这一变革中采取的行动。这些档案从某种程度上反映了近代经济的发展和变化。天津商会档案中还有一些记载当时人们社会心理、服饰衣着、民风民俗和文化教育方面的情况，这些档案是研究近代社会生活方面颇有价值的资料。

第二节　近代中国海关档案

海关是对进出国境的物品和运输工具进行监督、征收关税并查禁走私的国家行政管理机关。中国历史上最早的海关形成于 17 世纪晚期。

1685 年，清政府在澳门、漳州、宁波和云台山等口岸分设粤海关、闽海关、浙海关和江海关，管理对外贸易、监督外国商人。鸦片战争以后，中国门户被迫开放，清政府陆续在各通商口岸设立海关，并设海关总税务司署进行管理。进入民国以后，各地海关仍然隶属于海关总税务司署。

在鸦片战争后至民国很长时间内，中国海关管理权被外国人所控制，他们把持着各地海关的高级职位，中国关税不能自主。直至南京国民政府成立后，与各国重新签订了关税协定，各国才承认了中国的关税自主权。

近代以来，海关除基本的管理对外贸易、征收进出口税务等关务工作外，还兼办了中国的邮政事务、提供气象信息、参加水道勘测和疏浚、投资教育卫生事业，同时调查中国社会动态和当地情况，搜集各种政治、经济情报，给外国政府提供参考。洋人总税务司利用旧中国财政主要依赖海关税收的特点，依靠手中掌握关余分配的大权，在中国政界扩张其权力，他们可以"从财务的角度"对清王朝的内政外交进行干预，甚至利用他们的语言和关系优势，在中外国家间自居为"调停者"，通过与清朝官员拉拢关系，取得中方"委托"，"代办夷务"，在中外一系列不平等条约订立过程中左右逢源、上下其手，甚至连中国外交代表团出访的行程安排，也因需由海关出资掌握经费而具有决定权，海关的势力由此可见一斑，并已涉及渗透到旧中国社会的各个方面。另外，各地海关机构所搜集的有关中国社会动态变革乃至民风习俗的各种情报，早已超过了海关工作应有的范畴，成为记录旧中国社会历史的重要史料，海关档案因此有了超常的史料价值。

目前，在全国许多地方档案馆中都收藏有民国海关档案，总量不菲，绝大多数为英文，只有少量中文，还有部分日文、俄文。这些档案对研究中国海关史及中华民国史有着很大价值。

一、中国海关总税务司署档案

自从 1859 年英国人李泰国被清政府聘为总税务司以来，中国海关总税务司之职一直由英国人担任，长期控制着中国的海关大权，直到太平洋战争爆发后，随着英美在华势力的消长，美国人李度出任总税务司。总税务司署原设于上海，1865 年迁往北京，1928 年又迁回上海。太平洋战争爆发后，日军开进上海公共租界，接管了总税务司署，总税务司梅乐和被俘，此后沦陷区海关全部隶属于伪总税务司署。1942 年 1 月，国民政府在重庆另设总税务司署，管理非沦陷区海关。抗战胜利后，总署迁回上海，并接收沦陷区各海关。上海解放后，该署由人民政府接收。

在民国北京政府时期，中国海关总税务司署归税务处管辖，南京国民政府成立后，隶属于财政部关务署。其任务是：征收关税，掌管常关税收、航政、港务、引水、疏浚航道、设置灯塔及参与制订税则和贸易业务，并办理邮政事项。总税务司署在沿海和内地的通商口岸都设有海关及分支关卡，抗战期间又在内地设立了一些分支机构，征收战时消费税及关税等，抗战胜利后被撤销。

中国海关总税务司署的档案主要集中在中国第二历史档案馆，该馆的海关总税务司署全宗，有档案 53,874 卷，内容非常丰富。主要有：海关总税务司署成立经过，组织机构的设置和变更，各地海关分支关卡的设立和裁撤等文件；总税务司给各海关的通令、手谕及与各海关的来往函电；该署及所属各关华洋人员任免、调动等人事材料；各种会议如北京关税特别会议，国际关税、贸易、航海信号等会议的会议记录及有关文件；该署的工作计划和工作报告及各地海关工作报告；有关进出口货物的分类与验估、关税的征收及缉私的文件；中英香港、中葡澳门关税协定；各海关编送的贸易概况报告和各项进出口货物统计表；有关中国参加国际博览会的文件；海关办理邮政的文件；各地海关对当地工矿企业、河流道路及市镇情况的调查材料，对日本掠夺海关罪行的调查材料；中国各地政治与经济情况的情报与资料，如辛亥革命情况，中国共产党及红军活动情况，十九路军在福建成立人民政府的情况，1931 年与 1935 年长江、淮河、运河沿岸的水灾资料等；各种海关出版物，如《贸易年报》《贸易季报》《中国对外贸易》及《辛亥革命以来的中国关税》《中外条约汇编》等；各种海务文件，如航道勘察和疏浚、沿海及长江各口岸水位报告，气象观察，灯塔设置等；各种财务文件，如海关汇解划拨税款，清偿赔款、债款，各关损失税款报告以及各种债款、赔款的账册报表等。

该全宗档案的特点是档案量大，涉及范围广。它从机构设置、人事安排、业务工作等方面记录了中国海关总税务司署的一切。中国海关经历了被洋人全面控制到逐渐收回主权的过程，经历了清政府的衰亡及中华民国政府的兴亡，见证了辛亥革命、军阀割据、北伐战争、抗日战争、解放战争等民国历史的各个阶段，所有这些，在该全宗的档案中都有所体现。该全宗档案主要是海关总税务司署在日常事务中形成的，记载了总税务司署有关海关大局的方针、政策和措施，反映的是中国海关的总体情况，但又不局限于海关总税务司署，也有各地海关的档案资料、各地海关的业务报告和搜集的地方情报等。因此，该全宗档案是研究中国海关史必不可少的重要资料。

二、长江流域各关档案

长江是中国最大的内河，是列强觊觎的主要目标，他们企图通过长江将各种货物推销至中国内地，开辟广大的市场。第二次鸦片战争以后，随着《天津条约》《烟台条约》等不平等条约的签订，外国商人获取了长江通商、外国船只进入长江中下游及上游航行的特权，沿岸一些重要城市陆续被辟为通商口岸，设关收税。民国时期长江沿线及周边设有重庆、万县、沙市、宜昌、江汉、长沙、岳州、九江、芜湖、金陵、镇江、苏州等关，负责管理长江流域各地进出口贸易，征收进出口关税，查缉走私，编制贸易统计，兼管邮政、气象、航务、港务、检疫等业务。抗日战争时期，日伪曾在安庆、蚌埠设关收税。抗战胜利后，万县、宜昌、沙市、长沙、岳州、九江、芜湖等关被裁撤，长江各关仅剩重庆、汉口及金陵三关，1949 年 3 月，重庆关又被改为江汉关分关。

四川省档案馆的重庆海关全宗、重庆市档案馆的重庆海关全宗及万州区档案馆的万县海关全宗，收藏了重庆海关及万县海关的资料。万县关初为重庆关分关，后升格，辖湖北沙市、枝城、宜都和鄂西部分关卡。几个全宗共有档案 4,635 卷，主要记录了四川及鄂西一带对外贸易的情况。主要内容有：重庆海关与国民政府财政部、海关总税务司署的来往函件；海关的规章制度与人事管理文件；重庆海关和万县海关组织机构的设置、发展情况；各方有关业务工作的代电、通令、报告；征税、免税暂行办法，洋货品目税率及所属分货清单，进出口货物管制检查、纳税、验放、运输规定、办法、条例；进出口贸易统计，年度报告，各种报表、账目、会计文件等；水陆交通统一检查条例，陪都船舶货物限制起卸通令，邮包邮件统一检查纳税、防止走私的有关文件；稽查走私的案件与文件；海关总税务司梅乐和的施政自述，私人来往信件，各种海关出版物等；万县海关还按月编写了川东北一带政治、军事、经济活动的大事记，其中对万县九五惨案、1921 年“神兵”攻入万县县城事件、中共地下党及川鄂湘红军的活动等记述甚详，另外还有连续 30 年逐日观测与报告的万县长江水位记录、船舶动态等。

湖北省档案馆的江汉关税务司全宗、沙市档案馆的沙市海关全宗、宜昌市档案馆的宜昌海关税务司全宗，共有民国档案 4,322 卷，反映了江汉关、沙市关、宜昌关、长沙关、财政部长岳关监督公署的有关情况。主要内容有：各关与海关总署、汇丰银行、招商局轮船公司及其他海关的来往文件；海关总税务司有关开放通商口岸、管制进出口物品的文件；关务工作规章制度，人事管理文件，中外职员履历表等；各关进出口贸易情况，关税的征收、减免和统计，历年中外贸易报告，中外贸易月刊报告；缉私军火报告和缉私报告，各省缉私处处分走私案件办法，修正江汉关拍卖敌伪物资暂行办法；川江整治文件，当地气象报告，水文报告，地方近事报告；海关邮局的成立、发展和演变文件；各种财务统计表册；中国与英、美、俄、德、法、意、日等国的通商条约、关税条约；中国汉冶萍公司与日本制铁所订定的矿石生铁价值及分年交额合同；中国参加国际博览会的文件；1911 年 10 月中华民国军政府湘军都督宣告独立所有洋关邮政局应归该军政府管理的照会，湖南都督谭延闿正式宣布脱离袁世凯所有税关项目不能再听现政府动支照会，等等。

安徽省档案馆的日伪安庆、蚌埠海关转口税局全宗汇集，有档案 108 卷，形成于 1943 — 1945 年，主要内容有：安庆关、蚌埠关的成立、撤销、内部机构、人事任免、会议记录等文件；有关税收方面的章则、制度、报表，货物完税价格表，物资移动调查表；缉私报告；各种财务报表；与其他海关的来往函件等。

南京市档案馆的金陵海关全宗，内有民国档案 88 卷，主要内容有：进出口物资征税、补税、减免税等规定、办法，金饰入口查验规定，代征码头捐及进口物品加税办法，修正进出口货物管理办法；金陵海关人事文件，职员录，薪俸名册等；该关历年税收统计资料，关产产权契证、蓝图等。

长江沿线的海关是在外国资本的逼迫下逐步设立的，主要任务是收取关税，因此档案中主要是各关贸易往来、货税征收、缉拿走私的文件材料。尤其是抗战期间，国民政府迁都重庆，长江中上游海关的对外贸易更显重要。长江的航道整治情况、水文记录等在档案中都可以查到。武昌是辛亥革命的发源地，南京是中华民国临时政府所在地及国民政府的首都，重庆是战时首都，所以长江沿线也是中国政治、经济的中心，这些在各馆的海关档案中都有体现。与其他地区的海关一样，档案里也有当地的政治、经济情报，有的还非常具体，如万县海关按月编写的川东北一带的大事记等。

三、东部沿海各关档案

中国东部沿海，原先设有江海关、浙海关、闽海关，是独立自主的行政机关。第二次鸦片战争以后，在通商口岸陆续设立了一些新关，并逐步丧失了独立性。民国时期，沿海有津海关、秦皇岛关、东海关、龙口关、威海关、胶海关、浙海关、瓯海关、福（三都澳）海关、闽海关、厦门关等海关。抗日战争爆发后，东部地区先后沦陷，这些沦陷区的海关实际上受日伪操纵，直到抗战胜利后被国民政府接收。战后沿海各关的对外贸易得到加强。

天津市档案馆的天津海关全宗，内有民国时期档案 12,581 卷，主要内容有：中国海关总税务司、天津海关及北平分关、秦皇岛分关、塘沽分关的各种通令、指令、训令、通告、布告及往来文电报告等；该关各种条例、章程，进出口税则、转口税则及索引；有关人员任免、考核、更调的文件，主管人员提名录，中外职员名录、履历表；有关进出口贸易的统计年报、季报、月报、年刊总册、总表、报告，各种财会报表、账簿、单据等；各种图书资料，关产建筑蓝图，契约合同，基建档案等。

山东省青岛市档案馆的胶海关全宗、烟台市档案馆的旧烟台海关全宗及威海市档案馆的威海卫海关全宗，共有民国时期的档案 3,944 卷，反映了山东省内海关及烟台港的发展历史。胶海关在第一次世界大战中被日本侵占，华盛顿会议后才被收回。这些档案的主要内容有：关务署、总税务司署及胶海关、东海关、威海卫关的令文、布告与来往函件；各海关及分卡机构设置、人事管理的有关文件；中国各通商口岸贸易情况，进出境货物管理、缉私、助航的有关法令、法规；关税征收的报告、报表，税收日报，海关总税务司署统计科关于最近十年各海关的报告；海关公报，海关法规汇编，关税自主沿革史；与银行、商会、商号、日本领事馆等方面关于征免税、缉私等问题的来往函件；烟台港口引水会议记录、潮水记录表，气象变动日报，灯塔记录；外国货船在青岛近海触礁的材料；海关职员名录、履历表，财会账簿等。

浙江省档案馆的浙江海关、杭州海关、温州海关等全宗中，共有档案3,515卷，记载了浙江沿海的对外贸易情况，反映了宁波关、杭州关、温州关的发展历史。主要内容有：海关总署、总税务司署及各海关的指示、命令和来往文书；海关章程、法规，进出口税则，缉私条例；各种人事任免、调动、奖惩等文件；海关贸易月报，海关十年报告，各种税收报告，走私情形调查报告，查私报告；有港务方面的档案，如内港航船章程、海关航船布告汇编、航道整治、码头仓库建设、卫兵检疫、船舶登记注册、船照发放等；各种统计报表，经费收支账册；海关财产清单，租地合同，关产蓝图等。

福建省档案馆的闽海关全宗和海关总署全宗，共有民国档案892卷，主要内容有：海关总署、闽海关及分关通令、训令与来往文书；职员调任公报，职工题名录、花名册、保证书；浚河捐征收规定，税务报告；闽海关各分关视察报告，贸易报告和缉私报告，洋货进出口估价表，贸易统计年刊、月报；等等。

东部沿海地区经济较为发达，通商口岸众多，在海关的设立上也是最早的。沿海地区各档案馆收藏的海关档案仍然以贸易税收与走私缉私形成的材料为主。与其他地区不同的是，这些档案中有关航政、港务建设、港口引水等事项的材料较多，沿海的灯塔和航标记录、潮水记录、气象观测记录等也很多。

四、两广地区海关档案

两广一带是最早开放通商口岸的地区之一，海关设立较多。民国时期，两广地区设有潮海关、粤海关、九龙关、拱北关、江门关、三水关、梧州关、南宁关、琼海关、北海关、龙州关、汕头关、中山埠关等。抗战期间，国民政府为筹措战时物资，又设立了曲江关，其主要职能为征收国货战时消费税和从敌占区来的货物进口税，并开展缉私工作。这些海关中，只有曲江关的历史最短，1942年成立，抗战胜利后就撤销了。

广东省档案馆的粤海关全宗和潮海关全宗，共有民国时期的档案5,855卷，反映了广州和汕头的进出口贸易情况，主要内容有：海关总税务司和粤海关、潮海关的各项令文、法规、布告；有关人员任免、考核、奖惩的文件；有关贸易管理和税务的文件，关税统计材料；1916 — 1942年粤海关的逐日情报记录；粤海关与广州军政府关于接收海关、关余等问题的来往文件，大革命时期汕头军事当局要求动用关余的文件；有关走私缉私的文件；有关粤海关华人总工会的文件；海关与地方机构、商行的来往文件等。

九龙关全宗、拱北关全宗、三水关全宗及江门关全宗，共有民国时期的档案1,947卷，主要内容有：海关总税务司通令，海关的各项规章制度、办事细则、布告和人事文件；拱北关税务司与总税务司李度的来往密件；有关贸易管理和税收、港务、走私缉私的文件；有关香港问题的文件，如省港罢工委员会与海关进行交涉的文件；1917年护法军政府争取收回辖内海关主权的文件；有关广州军政府成立、江门政局、中国共产党和外国共产党的组织活动等情报资料；抗战胜利前后的报纸剪贴、当地新闻纪实等；有关海关财产的文件和拱北地形图等。

雷州关全宗、琼海关全宗及曲江关全宗，共有民国时期的档案3,238卷，反映了广州湾和海南地区的进出口贸易情况及战时消费税的征收情况。主要内容有：总税务司及雷州关、琼海关、曲江关的各项令文与来往函电；海关法规章则、布告、业务会议记录；海关的各种人事文件；有关贸易税收和走私缉私的文件；雷州关与地方关于抗战时期经济禁运的来往文件，琼海关与地方关于当地经济、贸易状况、贩运华工出洋等问题的来往文件；琼海关与银行、商行、各国领事有关海关业务的来往文件；曲江关各分卡办事细则、财务账目和移交清册等。

广西壮族自治区档案馆的梧州海关全宗和龙州海关南宁支关全宗，共有档案3,471卷，反映了广西地区的进出口贸易情况，主要内容有：总税务司及梧州关、南宁关的通令、通告、谕示、代电等；两海关与总税务司及其他各关的来往文件；有关人员任免、调动、奖惩的文件，海关职员录，海关职员临时题名录，员工名册；中外贸易统计，税收月、季、年度报告，经费开支账册；卡片索引等。

两广海关的特点是地域性强，多与港澳地区有关，如九龙关管理香港与内地往来民船、征收税款、开展缉私工作并兼办代征地方性税捐等事宜，拱北关管理港澳和通商口岸与非通商口岸民船贸易关税的征收，江门关和三水关负责管理进出西江的民船和港澳进口的轮船贸易。一般来说，海关都是设在通商口岸，而九龙关和拱北关却是设在非通商口岸的九龙和拱北，但实际征收关税的地点则在香港和澳门。因此，从两广档案馆收藏的海关档案中也能反映出一些港澳地区的历史状况，如省港大罢工时的情形。两广人民在辛亥革命、护法运动、国民革命运动中都发挥了突出的作用，海关档案中有不少这些方面的情报资料。闽粤一带人民有出洋谋生的传统，如琼海关档案中就有贩卖华工出洋的文件。

五、东北地区海关档案

民国时期，东北地区设有瑷珲、滨江、珲春、延吉、安东、大连、沈阳、龙井村、牛庄、葫芦岛等关。九一八事变后，东北沦陷，海关相继被日寇劫夺，税收丧失，被迫封闭。1932 年 9 月，哈尔滨、沈阳、牛庄、安东、龙井村和大连海关在山海关建立海关，在秦皇岛海关管理下，负责东三省海关税收的处理。直到抗战胜利后，东北海关才逐渐恢复。

辽宁省档案馆的沈阳关税务司署全宗，有民国时期的档案 154 卷，包含了九一八事变前和抗战胜利后形成的两部分材料。九一八事变前，沈阳海关控制在日、俄手中，除正常的海关业务外，还大肆搜集中国的政治经济情报，在档案中就有中外官员在东北的活动情况、中国局势、张作霖与冯玉祥之间的军事冲突、张作霖与吴佩孚在北京的动态、张作霖被炸事件、日本在东北的活动、东北与苏联的形势及美国要求海关协助搜集苏联的难民情况等材料。抗战胜利后，国民政府派员赴东北，成立了沈阳、安东、长春、锦州等海关，并接收敌伪财产，东北解放前，又奉命撤退，所有这些，在档案中都有体现。另外，档案中还有沈阳海关人员的配备、对外贸易情况、货物检查验放、征收关税、缉私、关务、海务、收支情况等材料，还有搜集的解放军在长春一带活动情况及严禁与解放区通商贸易的材料等。

营口市档案馆的（伪）营口海关全宗，有民国档案 323 卷，主要内容有：营口（牛庄）海关机构设置、领导交接的材料；海关总税务司的各种令件，与各海关及外国领事馆之间的来往公函、信件；该关贸易报告，税收报告，缉私报告；财务制度及各种财会账簿，海关职员情况登记及签到簿，船舶进出口登记簿，海关房产登记簿，房产租赁合同，1947 年营口海关接收清册等。

黑龙江档案馆的滨江关全宗及绥芬河关全宗，有民国时期档案 386 卷，反映了滨江关和绥芬河关的发展历史。主要内容有：海关税务司与总税务司及其他海关的来往文件；海关规章制度文件，如选派海关行政考察员章程，检查护照办法等；货运及来往人员监管文件，如查验放行黑吉官盐、东清铁路工用炸药文件，严禁无护照侨居外国华人入境文件；俄国人在阿穆尔河与松花江安全航行规则及大黑河港规则；东北水道局暂行简章，松花江勘察报告；关税管理文件，滨江关及其分关各种税收月报表；滨江关及三姓、拉哈苏苏、满洲里分关的财产契约文据；滨江关给北京总税务司的报告，该关职员宣称不为伪满洲国服务的签名簿及各地来电等。

瑷珲关全宗及瑷珲关监督公署全宗，共有民国时期档案 581 卷。瑷珲关主要是管理中俄贸易，1921 年还成立了瑷珲关监督公署，这两个机构都在日本人占领东三省后被关闭。档案中有瑷珲关、瑷珲关监督公署、黑河统税局、缉私防所、禁烟局等机构设置、人事任免方面的文件；各种规章制度文件，如各种征税办法，外商运输军用品、军队装运危险物品规则，临时军械进口办法及运送军用品护照条件，瑷珲关理船章程，墨尔根、瑷珲关、黑河陆路货运章程，铁路各项规则及船舶无线电条例等；稽查走私、办理航运文件；海关历年结算、货物进出口统计及海关经费收支文件；外交方面的文件，如太平洋会议议决有关中国各案文件，中国与智利、瑞士等国订定条约文件，规划领海级及海关缉私范围文件，中俄暂行管理中东铁路协定文件，道署向俄官厅抗议不得向华岸放枪的文件等；还有海关的调查资料，如瑷珲商埠出入口中外商轮概数表，农林渔产物出入数量表，瑷珲人口调查及外侨、商店数目调查等文件。

东北地区的海关主要是管理中国对俄、日的贸易往来，在九一八事变前受俄、日势力的影响，东北沦陷后，被伪满洲国接收，控制在日本人手中，抗战胜利后，才由国民政府恢复。因此，东北各省档案馆所收藏的海关档案基本上都局限于 1933 年以前，1946 年以后的档案较少，沦陷期间的档案更是极少。从档案内容上看，除日常工作外，海关还搜集了大量的中国情报，为日、俄政府制定对华政策提供参考。与军阀割据的政局相对应，东北海关的对外贸易中，武器装备等军用品的交易量很大，形成的档案较多。因为东北与俄国接壤，边境贸易较多，海关与俄方有关航运、中东铁路管理、双边关系的来往文件也较多。

从以上内容可以看出，全国各地档案馆都收藏有海关的档案资料，它们虽然都以贸易税收方面的材料为主，但是也各有特色。中国第二历史档案馆的海关档案以总税务司署形成的文件为主，是总括性的，同时也有大量的地方各关的文件材料。各地海关的档案是在各自的业务活动中形成的，是个体性的，但各关也有总税务司署的一些文件，如各种令文等。各地的海关档案因为政治、经济情况不同和地域的关系，也各有侧重，如东北与俄、日的关系，两广与港、澳的关系，海关形成的档案内容就明显不同。总之，各地档案馆的海关档案既有共通性，也有差异，既可单独研究，也可互相补充，研究者可以根据需要加以利用。

第三节　奉系军阀档案

一、奉系军阀档案史料的流变

奉系军阀是指奉天省（今辽宁省）土生土长的一支武装集团。它形成于奉天，后称霸东北三省，进而夺得察绥二区和内蒙古东部地区，势力曾一度达到长江以南，首领张作霖在北京当上了中华民国陆海军大元帅，实际上掌握了北京政权。皇姑屯事件后，其子张学良执政，东北易帜，促成了中国的南北统一，张学良也成为仅次于蒋介石的中华民国海陆空军（1931 年 10 月 12 日后改称陆海空军）副司令，这充分说明了当时奉系军阀的雄厚实力。从现存的档案资料来看，奉系军阀在政治、经济、军事、外交等许多方面，都制定和执行了一系列方针、政策和手段，才取得如此的结果。

民国时期，军阀割据一方，相互攻战杀伐，战火连年，故当时诸多军阀形成的档案，留存至今者寥寥，唯有奉系档案保存相对完整，这是中国现存的唯一系统反映一派地方军阀割据的翔实史料，因之更显珍贵。奉系军阀在东北曾是一个完整的军政体系，因此它所形成的档案是相当完整和系统的。在近一个世纪的时间里，奉系档案经历了多次政治变迁与政权更迭，在遭受了多次劫难之后，尚能保存至今，实属不易。

九一八事变后，日本军国主义出于长期侵占东北的目的，开始收集和整理奉系遗留的档案。1937 年 5 月，由伪满“国务院”发布了“关于各官署等保存之旧记之搜集整理”的第 37 号训令，将东北地区清代及民国时期县级以上官署档案全部集中到沈阳“国立奉天图书馆”，专门设立“旧记整理处”，对其进行整理和统一管理。当时所谓的整理，不过是将各地打包送来的档案材料逐卷登记造册，形成一个极简单的案卷目录而已，并未对档案的内容进行分类和著录标引。后来日本侵略者曾制定了一个详细的整理办法，但不久便因战败投降而作罢。“旧记整理处”有职员、打字员和杂役 28 人，雇用整理人员 80 余人（最多时达 120 人），到伪满垮台，共登记上架档案 220 万卷，编有精装大本目录 726 册。由于数量大，库房少，多是成捆存放。

抗战胜利后，国民政府成立“国立沈阳博物院筹备委员会图书馆”，负责管理这批从日伪手中接收过来的历史档案。由于政局动荡，国民党根本没有能力对这些历史档案进行整理，甚至把图书馆当成军队的营房，致使所藏档案受到很大损失。

1948 年 11 月沈阳解放，东北图书馆从哈尔滨迁到沈阳，立刻接管了沈阳图书馆和其保管的这批历史档案。为此，东北图书馆内设了一个档案部，专门管理这批档案，使奉系档案和其他历史档案得到了较为安全妥善的保管。

1954 年，东北图书馆改为辽宁省图书馆，由历史文献部负责管理，开始对这批奉系等历史档案进行全面清理。主要是清点数目，并与日伪时期编制的目录进行核对后上架保管。由于人员太少，无力进行较深入的整理。

1960 年 7 月，根据国务院批转国家档案局《关于旧政权档案集中保管的意见》精神，经中共中央批准，成立东北档案馆，集中保管这批历史档案，隶属国家档案局，委托中共辽宁省委代管，馆址设在沈阳大南门内原张作霖大帅府。东北档案馆成立后，从辽宁省图书馆接管了所有的历史档案，实现了档案的归口管理，真正开始了较深层次的档案整理与研究工作。东北档案馆人员组成中，既有历史学者，又有档案专家，还有一批新中国自己培养出来的档案专业大学生。他们首先对馆藏所有档案进行全面调查摸底，基本查明了各类档案的数量和内容。在此基础上，又就如何整理编目展开了理论研究和典型试验，形成了一批报道型目录和检索型目录，使得奉系军阀时期档案基本明了于世，为历史学界和社会各界的研究、利用提供了便利。

1969 年 11 月，辽宁省革委会决定撤销东北档案馆，将其馆藏档案的一半即 110 万卷（册）分藏吉林、黑龙江两省档案馆，另一半则入藏辽宁省档案馆。自此，奉系档案便形成了以辽宁为主，黑龙江、吉林为辅的典藏格局。

二、奉系军阀档案的形成及其特点

辽宁省档案馆馆藏清末民国时期档案近 100 万卷，其中绝大部分为奉系军阀时期档案。这部分档案具体地记载了以张作霖为首的奉系军阀兴衰的全过程。

辽宁省档案馆所藏的奉系军阀时期档案，具体记述了奉系军阀的崛起、发展和衰败的过程；奉系军阀策划和参与的重大历史事件；东北三省，特别是辽宁省的政治、经济、文化教育等方面的情况以及日本帝国主义在东北三省的疯狂侵略，使东北三省逐步沦为日本殖民地的过程。奉系军阀时期档案主要来源于当时东北政务委员会，奉天、热河省长公署，奉天和热河省财政厅、商业和文化教育等部门，东北三省交涉总署，奉天交涉司，外交部特派奉天交涉员署，热河交涉员署，奉天省所属部分市县政府，以及张作霖、张学良、杨宇霆文电信件等。

辽宁省档案馆所藏的奉系军阀时期档案内容十分广泛，许多重大历史事件都有反映。如：1929 年末的中东路事件；张学良东北易帜和武装调停中原大战；九一八事变前的东北政治、经济、军事、司法和外交等方面的内容。特别是集中反映了奉系军阀兴衰的全过程以及张氏父子和奉系其他重要人物活动的宝贵材料。档案中还有许多文件记载了日本帝国主义在东北驻军、演习、多次制造借口挑起事端，扩大侵略的情况，以及日本在东北掠夺资源，开采煤矿、铁矿、修筑铁路、控制东北交通、阴谋策划九一八事变的材料。

奉系军阀档案的主要特点一是内容丰富，从清末到民国，涉及政治、军事、文化、教育、经济和对外关系等许多方面情况，且档案数量较多；二是形式多样，有机关公文、信函、电报等、司法卷宗、财政报表、私人信札、技术文件和图纸资料等多种形式；三是地方特色突出，各种档案资料都是从不同角度反映东北奉系军阀的情况；四是比较完整和系统，档案形成的时间、地域以及所反映的内容，都是比较完整和系统的。正因为上述这些特点，奉系军阀时期档案的价值十分珍贵，为国内外学者瞩目，是研究中国近代史难得的史料。

三、奉系军阀档案概况

奉系军阀档案共有 110 个全宗，90 余万卷（册），包括东北和奉天、热河省级机关及其所属的外交、警务、司法、海关、盐务、土地、财税和各道、府、厅、州、县等衙门档案。这部分档案系统完整，内容丰富，反映了奉系军阀的政治、军事、经济、外交、文化教育等方面的方针政策和活动情况，其主要全宗档案有：

（一）东北政务委员会档案

藏有 94 卷，形成于 1929 — 1931 年。东北政务委员会 1929 年 1 月 12 日在沈阳成立，是东北地区的最高行政机关，管辖辽宁、吉林、黑龙江、热河四省和东省特别区。1931 年九一八事变后东北政务委员会自行解体。这部分档案数量不多，但涉及内容广泛。主要内容有 ：

1. 反映中东路事件和中俄会议始末的档案。如中苏双方交涉、沿边损失调查委员会的组织、调查规则、调查结果 ；中东铁路中苏双方在莫斯科举行解决中东路问题会议等。

2. 反映东北军政事项及军阀混战情况的档案。如国民党东北地区党部的成立、党务工作，国民党中央党部发给张作相、万福麟、张景惠、汤玉麟等人党证，张学良到南京列席国民党四中全会。再如 1930 年 4 月蒋、冯、阎军阀混战，蒋介石亲临陇海、津浦铁路沿线“督战”和部署兵力情况。张学良决定武装调停中原大战等。

3. 反映苏联在东北地区活动和中苏边境贸易情况。如 1929 — 1930 年，苏联在哈尔滨设立由 5 人组成的“东省苏共驻哈指导委员会”的远东共产党秘密机关 ；中国商会反映苏联货物在满洲里等地大量进入我国东北等。

4. 反映苏联和中国国内有关情况的档案。

（二）**奉天省长公署档案**

藏有 33,559 卷，形成于 1906 — 1931 年。奉天省长公署的前身先后是东三省都督府、奉天都督府，1928 年 12 月 31 日改为奉天省政府，次年 2 月 5 日改为辽宁省政府。奉天省长公署档案比较完整，基本反映了这一历史时期东北和奉天地区的社会概貌和奉系军阀的统治，东北地区逐步沦为日本帝国主义殖民地的过程。主要内容 ：一是奉系军阀的军事活动。如镇压革命军、编练改组军队、两次直奉战争以及与关内各派军阀的往来与混战等。其中较为重要的有清末民初张作霖任巡防统领时与冯德麟、张作相等镇压辛亥革命 ；1922 — 1927 年奉直两系军阀双方调兵布防于山海关和喜峰口一带 ；宾图亲王丹巴达尔命令蒙旗拨出 4000 名骑兵为奉军作战 ；第二次直奉战争出兵通电 ；1927 — 1928 年，奉直、奉晋、奉蒋混战的电文 ；1930 — 1931 年，张学良与蒋介石、冯玉祥、阎锡山、石友三、汪精卫等人来往文电。二是反映帝国主义侵略和重要国际关系档案。从光绪末年到九一八事变，日本帝国主义在东北进行军事威胁、政治干涉、经济掠夺等各种侵略活动以及当局在与其交涉中屈辱退让与签订各种不平等条约、协定、合同等。特别是九一八事变前 2 — 3 年，日本帝国主义加紧推行侵略满蒙政策的材料更多。三是反映奉天地区人民群众反对帝国主义斗争的档案。留日同乡会为揭露张作霖与日本勾结发表的《痛告东三省同胞宣言》等。四是反映中国共产党活动和工人、学生运动以及教职员罢课和兵变等的档案。五是反映奉天地区矿产资源和工业发展的档案。六是反映土地制度和土地丈放的档案。七是反映水灾情况的档案。

（三）热河省长公署档案

1929 年热河省归东北政务委员会管辖。热河省长公署全宗的档案比较完整，有 33,838 卷，形成于 1914 — 1933 年，基本能够反映热河地区政治、经济、文化发展的概况和奉系军阀的部分活动。主要内容有：

1. 反映行政机关职能活动及官吏任免的档案。如各级行政机关的组织大纲、章程、规则、条例、办法等，再如机构设置、县界调查、行政计划和各级行政官吏的任免、考核、奖惩等。

2. 奉系军阀系统颁发的军事规章制度、军事任免以及各种章程、条例、办法等。如张作霖和张学良颁布的任命，汤玉麟任热河保安司令及东北军各师、旅、团、营长官的任免情况，东北边防军司令长官公署组织系统表，陆军官兵等级草案，军饷、军粮、军费开支等。还有张作霖逮捕杀害中国共产党创始人李大钊的经过。

3. 反映各党派活动和人民群众反抗日本帝国主义、封建统治斗争的档案。如中国共产党和苏联共产党活动的文件，北平市共产党活动，杨靖宇被捕；苏联驻华使馆出版的《热河工作计划》和《苏共北方军组织计划》等。再如国民党组织及其反共活动的档案。国民党中宣部发的宣传要点，国民党中央及各省市党部职员名册，通缉中共领导人，破坏中共党组织，查禁进步刊物等档案，还有人民群众反抗斗争的档案。

4. 反映农业和工矿业情况的档案。

5. 反映救灾、抚恤等民政方面情况的档案。

6. 反映文教卫生方面的情况的档案。

（四）交涉部门档案

交涉部门有东北三省交涉总署、奉天交涉司、外交部特派奉天交涉员署、热河交涉员署。

1. 东北三省交涉总署档案

共有 466 卷，形成于 1924 — 1930 年。东北三省交涉总署 1924 年 10 月 25 日设立，1930 年 3 月 18 日撤销。该署隶属于东北三省保安总司令和以后的东北边防军司令长官公署，管理东三省对外交涉事宜及居留外人并在华侨民事务，保护在外商业，管辖东三省各交涉机关。其档案主要内容有：

（1）中苏关系方面的档案。如边界事项，俄人干涉乌苏里江航道通行，与俄边界地段设防情况。再如查封设在张家口的苏外贸易部，停发华人赴苏俄护照，破获俄人伪造东三省官银号纸币，奉军防范苏俄宣传共产主义并调查出入驻奉领事人员等的各项交涉材料等。

（2）中日关系方面的档案。如有日本人拟在临海县设领、抗欠地租，拆毁警署岗楼，枪杀华人及日侨携带违禁品被查办的情况。

（3）中国与其他国家关系方面的档案。如美孚行运油被劫，英烟草公司借款索债，驻哈法领事及法国在长春王家屯等处基督教会被抢，驻哈波兰委员来奉拟会见张作霖，比利时商人请发护照及张作霖为保护各国商店、教会、侨民而发的训令等。

2. 奉天交涉司档案

共 4,186 卷，形成于 1907 — 1913 年。1907 年 7 月奉天交涉司成立，1913 年 5 月撤销改外交部特派奉天交涉员署。这部分档案比较完整，反映当时帝国主义对东北地区的侵略活动，中国政府的无能和奉系军阀统治下东北地区政治、军事发展概况。其档案主要内容有：

（1）反映对外关系的档案。中日关系数量最大，约占该全宗档案的 40%。主要有日军在东北的军事侵略活动，日人侵占土地山林、占房欠租、私贩枪支、擅设警察、伪造假票，逃赖税捐等，还有扩大矿区、掠夺煤炭、修建安奉铁路。这些档案对研究日本侵略中国的历史有重要的参考价值。除中日关系外，还有中苏、中朝以及中国与美、英、法、德、荷、比等国关系的档案。

（2）反映内政问题的档案。如机构人员、军事警察、司法诉讼、财政金融、工矿商业和交通邮政方面的档案。

3. 外交部特派奉天交涉员署档案

共 7,298 卷，形成于 1913 — 1931 年。外交部特派奉天交涉员署于 1913 年 5 月成立，1929 年因奉天省改名辽宁省，该署亦改名为外交部特派辽宁交涉员署，下半年改组为外交部驻辽宁特派员办事处，至 1931 年九一八事变。该全宗的档案比较完整，反映了奉系军阀在这一地区的政治、外交、军事等活动和日本帝国主义对我国的侵略活动。其档案主要内容有：

（1）涉外事务管理方面档案。有奉天各埠地简章，辽源、洮南等地开为商埠，侨工出洋条例，安置归国华侨章程，外国设领事馆办理出入境申请、日侨人口调查。

（2）中外合办实业方面的档案。中日合办工矿企业，中日商人合办电灯公司简章，满蒙毛织会社章及开办宣言，中日合办东省计划书，丁鉴修等呈请会同日商创办水电公司等材料。

（3）中苏关系方面的档案。有 1923 年中俄会议提出两国划界规定，奉天省长公署令限制售粮给苏联等。

（4）中日关系与交涉方面的档案。这方面材料比较多，如在军事上，日军出兵北满，日本驻旅顺关东军司令部拟移驻奉天市，日军勘测地形和历次演习，宽城子中日军事交涉经过；再如在政治上日军挑起一系列事端，临江强行设领事馆，铁岭事件、万宝山事件等。

（5）中国与其他国家关系和交涉方面的档案。如中韩方面有韩独立党活动的材料，中美方面有美国领事馆调查东三省收获各种粮食出口数目，中英方面有英领事为京奉铁路欠英国银行债务所发函件以及英日私运军火等；还有中法合订边界禁烟章程，中德断交，中墨协约，中芬通商友好条约，等等。

（6）奉军各项军事活动及郭松龄倒戈失败被杀等档案。

（7）涉外诉讼方面的档案。

4. 热河交涉员署档案

共 581 卷，形成于 1918 — 1930 年。1918 年 6 月热河交涉员署成立，1929 年撤销改为外交部驻热河特派员办事处。热河交涉员署存在时间短，形成的档案较少。主要内容有：

（1）反映官制和职官任免调动的档案。

（2）反映政治与外交方面有热河省关于“防范”和禁止共产党革命活动的训令，爱国兵民反抗外来侵略和压迫的材料，日本帝国主义对热河的经济侵略等档案。

（3）农业财税方面档案。

四、奉系军阀重要专题档案

辽宁省档案馆对奉系军阀时期档案进行了深入的研究和整理，根据重要历史人物和重大历史事件，整理出若干专题档案，便于社会各界的利用和研究。

（一）奉系军阀密电

奉系军阀密电专题档案是以张作霖、张学良为首的奉系军阀形成的大量电报、文件，是了解和研究奉系军阀历史极为丰富和重要的档案史料。在中国近代史上，从中国东北奉天崛起的奉系军阀形成了实力雄厚的武装政治集团。它据守东北，多次进兵关内，逐鹿中原，举足轻重于各派军阀之间，后虽退踞关外而至九一八事变前衰败，但其实力仍仅次于蒋介石的军事力量而居全国第二。因此，学术界十分重视和关注对奉系军阀的研究。这一专题档案有 2,756 件电稿和文件，时间从 1911 — 1930 年。主要内容：一是张作霖草莽起家成为占据东北的奉军首领，统一东北后，进军关内，干预北京政权，发动第一、第二次直奉战争，对抗国民革命北伐军失败以及皇姑屯被日本关东军爆炸火车身亡。二是张学良子承父业出任东北军保安总司令，处理杨、常事件，为维护民族利益实行东北易帜，武装调停中原大战，以及九一八事变后下野。三是反映这一时期东北地区政治、经济、文化等方面的情况。如 1926 年 4 月至 10 月，张作霖勾结吴佩孚对抗国民革命北伐军的 75 份电报记录了这段历史。吴佩孚 8 月 18 日致电张作霖："仰仗我弟雄略，北赤将除，如何荩筹尚祁时示。兹为避免纷更起见，已电劝慎臣（即杜锡圭，时任海军总长）代揆正式组阁，以其中央巩固。棼丝渐理，庶政可兴，想我弟必有同情也。如承赞许，尚乞电催杜揆早日进行，不胜感荷。"张作霖于 8 月 19 日回电："此次进讨北赤，幸叨威福，立破坚关，逆军仓卒溃奔，势如破竹，长城内外，当已不成问题。该逆即有抵抗，弟当严饬所部完全负责。"张又于 8 月 21 日致电吴佩孚："对北赤事，弟必竭尽愚诚，彻底解决，不任死灰复燃。"[1] 张作霖和吴佩孚在对抗北伐军的问题上，立场一致，相互勾结，串通一气，仰仗他们的军事实力镇压北伐军。

---

[1] 孙成德：《化蛹成蝶的追求：档案文化建设的理论与实践》，辽宁人民出版社，2011 年，第 83 — 84 页。

（二）奉系军阀密信

奉系军阀密信专题档案是以奉军安国军总参议杨宇霆为中心形成的大量函电，对了解奉系军阀有极为重要的史料价值。杨宇霆，字邻葛，奉天省法库县人，毕业于日本士官学校，被张学良处死之前为奉系军阀的中坚人物。奉系军阀的发展壮大，与杨宇霆有密不可分的关系。

这一专题档案有289件信函和电稿，时间从1917—1928年。主要内容：1917年奉军内部军警矛盾激化；1918年奉军秦皇岛截械后成立关内奉军的过程；1922年第一次直奉战后，奉军的整军经武；孙、段、张反直“三角联盟”的形成；1923年曹锟贿选，孙、段、张联合“拆台”的经过；1924年江浙战争和第二次直奉战争始末；段祺瑞组织临时执政府；1925年孙中山逝世后南方政局的动态，北方张、阎、冯明争暗斗内幕；1926年奉、直、浙联合对抗北伐军，奉、晋与冯玉祥国民军之争战；奉系军阀内部矛盾日趋深化；1927年蒋介石、汪精卫相继叛变，北伐战争失败后南方宁、汉、粤、桂等新军阀争夺党魁、军权的斗争，张作霖组织“安国军政府”以及日本“东方会议”后，对我国东北侵略步伐的加速；1928年奉军战略后退回关外以及善后部署等。

奉系军阀密信内容翔实，史料价值珍贵，是研究奉系军阀史、民国史以及张作霖与孙中山及其他军阀关系的重要档案史料。如1923年8月8日杨宇霆致孙中山的信，反映了孙中山、张作霖、段祺瑞联合反对曹锟、吴佩孚：“日前保定会议结果，逐节进兵，先图浙省，兹厦门已发其端。更令李鸿祥运动滇军，谋危杨、范二公（杨希闵、范石生），此层已由沪电达左右。在直方认为一月内闽粤事皆可了；在我方宗旨既定，始终不渝。”“志堂（吴光新）赴沪，想精卫亦已接洽，现沪方吃紧，当然凭嘉帅就听缓急，是其目前方针。”再如1927年7月22日孙传芳致杨宇霆的信：“弟部将官，与蒋感情甚恶，且深知蒋之为人，故所言如此。倘在此时期，乘胜肃清江北，再与蒋言和，似亦不难就范。惟在军略方面，能否容此时间，祈我兄商承大元帅定夺示遵为感。”[1]这封信说明了张作霖、孙传芳亦曾联手反蒋，还反映了奉系军阀当时在各路军阀中的地位。

---

[1] 辽宁省档案馆编：《奉系军阀密信》，中华书局，1985年，第63页。

（三）张作霖专题档案

张作霖专题档案数量不多，仅有35卷，是从辽宁省档案馆馆藏民国档案中选出的与其有直接关系的文件，因此不能全面地反映张作霖及奉系军阀的全部历史活动，只是片段记载了张作霖和奉系军阀活动的一些重要史实。主要内容有：张作霖的经历及任职情况，任巡防前路统领、27师师长、代理奉天军务兼巡按使、盛京将军、奉天督军兼省长、镇威上将军、东三省保安司令；张作霖祝寿摊款的情况；关于财政问题的文件；张杀害革命党人张榕的材料；第二次直奉战争的情况；查抄郭松龄财产的电报等。如1918年7—8月间，财政部与张作霖就奉省1918年度专款预算事6封电报，财政部坚持“奉省七年度专款，业已定案。现在部库支绌，需款孔亟，务希将七月份应数，迅速汇解，以济要需”，而张作霖“明知中央需用孔亟，葛庇本根，义难推诿。无如奉省每月军政各费，按诸事实，以收抵支，不敷甚巨。故本年续募省债，冀资弥补，乃应募者少，难得成数。重以去年先旱后水，今复水灾迭告，默计目前，万无余力筹解专款，应请大部俯念边地重要，准予从缓汇解，俾维现状”。从张作霖回复财政部的电文，一方面可以了解到当时奉天省财政拮据，难以维持；另一方面显示了张作霖为地方利益积极向财政部申明理由，寸步不让。

（四）皇姑屯事件专题档案

1928年6月4日，日本关东军爆炸火车使张作霖身亡，制造了震惊中外的皇姑屯事件。皇姑屯事件专题档案是从辽宁省档案馆馆藏奉系军阀档案中选出的204份文件。这些文件形成于1928年5月至1931年6月。主要内容有退出京师、事件发生、调查交涉、当局措施、日方活动、治丧祭奠、忌辰追悼等7部分，详细地记载了皇姑屯事件的经过。例如1928年6月6日，奉天交涉员署为调查真相、严缉肇事凶犯致日本驻奉天总领事林久治郎照会，奉天交涉署科长关庚泽为勘验炸车现场情形给交涉署长的报告，揭露了日本宪兵队蓄谋制造炸车案：“京奉南满交叉地点业经我方宪兵司令部所长金慕韩与贵方宪兵分队三谷队长商议，拟在陆桥上面共同警戒。三谷队长声复满铁陆桥上面如派中国宪兵加入警备有碍颜面，该处归守备队警护仍由该队担任，日方愿负完全责任。”“派日本下士一名、宪兵二名前往。”“四日早晨约五时四十分之顷，火车经过该交叉点桥洞时忽有爆弹轰裂炸伤大元帅及各要人，此外死伤人员甚多，并炸毁火车四辆。”从上述报告中可以看出，爆炸地点及周围完全在日本军队的控制之下，不准中国军队介入，企图掩盖其制造皇姑屯事件的真相。

（五）东北易帜专题档案

皇姑屯事件后，张学良临危受命，出任东三省保安总司令。他一上任即面临着两种势力的争夺。一方面是日本帝国主义虎视眈眈、觊觎中国；另一方面是兵临京津的蒋介石，内战危险一触即发，内外形势非常复杂严峻。在这紧要关头，张学良以国家和民族的利益为重，顶住了来自日本帝国主义的种种压力，力主易帜统一。经过与南京政府反复磋商，1928 年 12 月 9 日，张学良与张作相、万福麟、汤玉麟、翟文选、常荫槐等 6 人联衔正式发表易帜通电，庄严宣布：“从即日起，遵守三民主义，服从国民政府，改易旗帜。”东北易帜是张学良为抵制日本帝国主义武装侵略而采取的重大决策，是顺应时代要求、维护民族独立和促进中国统一的一项壮举。

东北易帜专题档案，共收入从 1928 年 8 月至 1929 年 5 月的 216 份文件。主要内容有：张学良派代表与南京政府磋商易帜事宜的电文，蒋介石致电张学良促其于双十节易帜的文件，全国各地祝贺东北易帜的电文，国民政府对东北军政官员的任免文件，各界人士庆贺 1929 年新年共庆统一的电文，庆贺张学良、翟文选等人就职的电文，东北边防军司令部长官及奉、吉、黑、热各省政府委员正式就职宣誓典礼的文件，东北行政外交司法等由中央划一管理的文件，国民政府在东北成立党部的文件等。这些档案翔实而珍贵，如张学良 1928 年 12 月 24 日通电东三省于 12 月 29 日同时易帜致奉省各道尹密电：“经决定本月二十九日改悬青天白日旗，东北三省同时举行，所有旗式尺寸如下。”再例如蒋介石于 1928 年 10 月 9 日为促其于 1928 年双十节实行易帜致张学良电：“奉天张总司令汉卿兄，应于此时机同时更换旗帜，宣言易帜。以十七年双十节兄完成统一之纪念。”[1] 还有张学良于 1928 年 12 月 29 日关于东北易帜的通电：“承大元帅遗志力谋统一贯彻和平，已于即日起宣布遵守三民主义，服从国民政府，改易旗帜。”本专题收入的这些重要文件，全面地记录了张学良维护国家和民族利益，实行东北易帜的详细经过，再现了历史的真实面貌。

---

[1] 孙成德：《辽宁省档案馆馆藏奉系军阀时期档案评介》，《民国档案》，2005 年第 4 期。

（六）张学良与中原大战专题档案

中原大战是北伐战争后，国民党新军阀诸种矛盾的集中体现，是中国近代史上发生的重大历史事件。战争历时7个月，战场纵横冀、豫、鲁、晋、苏、皖、鄂等省区，各方共投入兵力逾百万，伤亡兵员近30万。战争涉及当时中国境内所有大小军阀，动用了当时最先进的武器，在中国战场上首次使用了飞机、坦克和化学武器。作为奉系军阀首领的张学良为了东北的安全，主张“息内战求统一”，然而战火却在继续燃烧。张学良当时拥兵几十万，武器精良，雄踞东北，成为各路军阀争相拉拢的对象。蒋介石、汪精卫、冯玉祥等纷纷派代表请其出兵助战。张学良全面分析了国内形势，从中国统一大局出发，于1930年9月18日发出拥蒋巧电：“请各方面即日罢兵，以纾民困。”随即，东北军入关助蒋，使中原战局陡转直下，阎锡山、冯玉祥不战而退，并致电张学良宣布停战。之后，张学良受蒋介石的委托，妥善地处理了各军的善后编遣工作，使中国免于又一次分裂。

张学良与中原大战专题档案，共收入1930年1月至1931年1月的795份文件。主要内容有：中原大战前、中、后期各个阶段的历史状况，张学良与蒋介石、阎锡山、冯玉祥、汪精卫、石友三、韩复榘、唐生智等人的往来信电等，反映了各路军阀在大战中的态度和活动，是研究民国史和军事史极为珍贵的史料。如1930年9月18日张学良为吁请中原大战各方即日罢兵以纾民困的通电：“请各方即日罢兵以纾民困，至解决国是自有正当之途径，应如何补救目前计划永久，所以定大计而定人心，此凡我袍泽均宜静候中央措置，海内贤达不妨各抒伟见，共谋长治久安之策。”此电文充分反映张学良以国家和民族利益为重，主张停止内战。再如1930年12月25日蒋介石就处理西北军缩编问题给张学良的电报：“张副司令汉［卿］兄勋鉴：敬电诵悉。卿密缩编办法，弟甚赞成，请即照办为荷。弟中正。”和张学良的复电：“近日晋军及西北军旧部将领因缩编问题极为失望，多秘密活动，计图破坏编遣之实施以达其自全之目的。此辈造谣游说固无足虑，但亦不可不防。中央对此如有所闻，尚乞密示良知所预防，免使狡谋得逞。”[1]从往复电文可以看出张学良密切配合蒋介石处理中原大战后各派关系，稳定当时的中国混乱局势，起到了举足轻重的作用。

---

[1] 孙成德：《辽宁省档案馆馆藏奉系军阀时期档案评介》，《民国档案》，2005年第4期。

（七）九一八事变专题档案

震惊中外的九一八事变，是日本帝国主义全面武装侵略中国的开始，也是中国14年抗战的开始。1931年9月18日夜，日本关东军在沈阳北郊柳条湖附近自行炸毁南满铁道，反诬中国军队所为，并以此为借口，炮击东北军驻地北大营，袭击沈阳城，制造了九一八事变。

九一八事变专题档案，共收入从1928年7月至1933年3月的323份文件。主要内容有：日本情报机关为了解东北各地情况派遣大量人员，以各种身份到东北进行游历、视察、测绘、摄影等调查活动；日本关东军在东北各地非法设置炮台、筑路、军事演习的情况；日军为侵略找借口制造事端的情况，如铁岭事件、龙井村事件、万宝山事件、中村事件及张学良为此与日交涉的文件；张学良因病住进北平协和医院；石友三叛乱；南方发生特大洪水；日本发动九一八事变有重大关系的社会背景材料；九一八事变经过及东北沦陷经过；国联为解决“中日争端”历次会议情况及国际社会的反响；日本政府无视国联决议，拒不撤兵并公然进犯热河的罪行等。

如1931年9月19日，张学良为日军攻击北大营占领沈阳致蒋介石的电报：“日兵至昨晚十时，开始向我北大营驻军施行攻击，我军抱不抵抗主义，毫无反响，日军竟致侵入营房，举火焚烧，并将我兵驱逐各营，同时用野炮轰击北大营及兵工厂，该厂至现时尚无损失。北大营、迫击炮库被炸，迫击炮厂亦被占领，死伤官兵待查。城内外警察各分所，均被日兵射击，警士被逐退出，无线电发报台亦被侵入。向日领迭次交涉，乃以军队之行动外交官不能直制止等语相告，显系支吾。并云，我破坏南满铁路桥梁而起，实属谬语。”“职等现均主张坚持不与抵抗，以免地方磨难，余容续电，并以转电南京政府。”[1]电报内容反映出，日军攻占沈阳北大营，反诬是中国军队破坏南满铁路桥梁引起，实属倒打一耙，嫁祸于人。也反映了东北军及南京政府不抵抗日军侵略的态度。再如日本关东军司令官本庄繁于1931年9月23日发的布告：“……窃查奉天无辜之民，历来为官僚军阀□□饱受桎梏之苦，押在狱里，不知其数。现今大日本帝国军队完全占领本地，将秩序逐日恢复，市内统归平安。本官基于救无辜，伐有罪之古训，欲实现善政之一部”。布告

[1] 孙成德：《辽宁省档案馆馆藏奉系军阀时期档案评介》，《民国档案》，2005年第4期。

把日本军队明火执仗的侵略却说成是“救无辜，伐有罪”的救世主，完全是欺人之谈。及至今日日本仍然不肯承认其侵略中国等罪恶行径。

五、奉系军阀档案的开发利用

辽宁省档案馆在深入整理档案的基础上，尽可能地公布原始的史料，编辑出版了大量奉系军阀时期的档案史料；同时发挥自身研究人员熟悉档案的优势，对一部分专题进行学术研究，撰写出一批有独到见解的论文和学术专著。这些年来，辽宁省档案馆编辑出版的奉系军阀时期档案史料汇编主要有：《辛亥革命在辽宁档案史料》（1981）、《奉系军阀密电》（1—6册，中华书局1984—1986）、《奉系军阀密信》（中华书局1985年）、《奉系军阀档案史料汇编》（1—12册，江苏古籍出版社和香港地平线出版社1990年）、《辽宁省档案馆珍藏张学良档案——张学良与东北易帜》（广西师范大学出版社1999年）、《皇姑屯事件始末》（香港同泽出版社1998年）等。这些档案汇编的公布出版，为学术界提供了研究奉系军阀的翔实档案史料，活跃和促进了民国史，特别是奉系军阀史、日本侵略东北史及近代东北史的研究，同时也促进了国内外对奉系军阀时期档案的开发和利用。

第四节　抗战特色档案

中国人民十四年的抗日作战与八年的全面抗战，形成了大量的战时档案史料，浩如烟海，全国各级档案馆均有典藏，其中四川、广东、东北等地的抗战档案具有鲜明特色，以下分别介绍之。

一、四川省档案馆

四川抗战档案史料主要集中在四川省档案馆的民国四川省、西康省政府机构档案里，特别是民国四川省政府秘书处、省动员会、省民政厅、省粮食局、省公路局、省防空司令部、省社会处以及相关的军队、军警等数十个机构的档案。其主要内容为：

1. 四川军民为抗日战争的组织动员开展献粮、献飞机、献金，四川省政府组织调运抗战物质、百万民工赶修公路和飞机场的档案。1937 年正值四川大旱，受灾严重，但国难当头，四川人民出川抗战、献金、献粮、献飞机的生动事例，在档案中比比皆是。抗战期间，四川出钱出粮为全国之冠，可以说当时中国财政开支主要由四川负担。在 1941 年成立的四川省田赋管理处的档案就真实地记录了当时四川人民努力增产，节约粮食，慷慨捐输，支援抗战，征购、征实的情况。1943 年冬至 1944 年秋，由著名爱国将领冯玉祥组织发起的节约献金救国运动得到了四川军民的热烈拥护与积极响应；四川的献金救国运动成为四川全民抗日的又一可歌可泣的亮点。

2. 川军出川抗战的档案资料。四川在抗战期间输出了大量的士兵，成为全国的兵源基地，“无川不成兵”的说法成为抗日战场上的美谈。四川人民征兵服役的情况在民国四川省政府统计处编制的《四川省各县市户口分布》《四川省统计提要》中可以见到，而川军将士英勇杀敌、奋勇献身的壮举，在民国四川省政府民政厅的档案里也有大量记录，如军事类档案中就有抗战牺牲官兵调查材料，有为王铭章将军等抗日烈士建祠立碑的档案等。

3. 日军轰炸四川的档案。抗日战争时期四川是中国抗日战争的大后方，四川人民虽未遭受日本侵略者的直接奴役，但日机对四川的轰炸也让四川人民蒙受了深重的灾难，带来了巨大的生命财产损失，犯下了滔天的罪行。四川尤其是重庆、成都等地，遭日军飞机轰炸的情况及损失报告，在民国四川省防空司令部、四川省秘书处、四川省统计处、四川省民政厅、四川省建设厅、四川省特种工程征工处的档案里都有记载。

4. 中共四川省委及各级党组织为组织动员民众所做的贡献以及活跃的人民抗日运动的档案材料。这些档案中也有大量中共四川省委组织动员四川军民抗战的活动记录。省政府秘书处的档案里：有车耀先创办《先声周刊》和恢复《大声周刊》的申请书，有《救亡周刊》《国难三日刊》等抗日刊物的申请登记书等。

5. 大量的英文、法文档案和民国抗战资料。其主要集中在法国驻蓉领事馆、华西协和大学、重庆仁济医院等档案中。

二、广东省档案馆

反映华南地区抗战历史的档案史料主要典藏在广东省档案馆，从档案形成者来看，可分作三类：一是国民党政权形成的；二是中共广东党组织及其领导的地方武装、群众团体形成的；三是日本侵略者与汪伪政权形成的。这些抗战史料再加上战后审判战犯汉奸、损失调查、处理日伪产业等有关文件，总数在 2 万卷（册）以上，散存于广东省政府、广东省民政厅、广东省建设厅、广东省高等法院、广东省实业公司、中山图书馆、广州中国银行、侨务委员会广东侨务处、两广盐务管理局、日本驻海南海军特务部、日伪广州银业交易所、革命历史等数十个全宗中。这些史料内容丰富、涉及面广，是华南抗战时期历史的真实记录，具有较高的史料价值。其主要内容为：

（一）抗日救亡史料

1937 年 7 月卢沟桥事变的消息传到广东后，广东各地掀起了抗日救亡高潮。广东省档案馆保存的一批当时出版的报纸刊物，详细地记载了广东各地组织救亡团体进行抗日宣传、募捐等活动的情况。如《先锋队报》《广州青年运动报》记述了广东青年抗日先锋队这个在共产党领导下的、广东最大的青年进步组织的抗日救亡活动，还保存了广东青年抗日先锋队的一些重要史料，如“广东青年抗日先锋队发起宣言”“广东青年抗日先锋队组织草案”等。再如《救亡呼声》《救亡日报》报道了广州市15万群众举行御侮救亡示威大游行和开展八一三纪念与抗日救亡献金运动的情形。广州基督教联会国难服务委员会编印的《国难特辑》、广州基督教青年会编印的《战时救济委员会救济二年报告》和《救护一年》等反映了基督教团体组织的抗日救亡活动。总之，馆藏档案以极其丰富的材料反映了当时广东的抗日救亡情况。

（二）日军罪行材料

日本对华南的侵略蓄谋已久。馆藏档案中保存了一部分反映日寇侵略野心的材料。如1936年9月，日本以北海日侨中野顺三遇刺身亡为借口在北海和海口增驻军队，并派兵在北海登陆，企图伺机占据海南岛及北海，作为其南侵根据地。有关北海事件的经过详情和中日双方交涉的文件，在馆藏档案中完整地保留了下来，为了解这一历史事件提供了宝贵的材料。馆藏档案中还保存有10多卷日本掠夺东沙海产资源，武装占领东沙、西沙群岛的档案文件。此外，馆藏档案保留了日本图谋进攻海南岛、在华南进行特务活动、搜集广东沿海地区的情报资料以及日军为侵略华南而绘制的地图，如1938年日本军事机关绘制的《广东省给养补给图》，详细标明了广东各县人口数，产盐区，盐场，糖厂，铁、锡、钨等矿产区以及各交通线产物情况。

从七七事变到1938年10月底侵占广州前，日本出动飞机对广东进行狂轰滥炸，令南粤大地满目疮痍。馆藏《新华日报》、粤海关《各项事件传闻录》等档案资料有大量日本飞机轰炸广东的惨况的报道。馆藏档案中还保存了敌机轰炸损失的详细统计材料及广东士敏土厂、省营纺织厂、省营制纸厂、揭阳糖厂被炸的照片，真实地记录了日寇在南粤犯下的罪行。

日军侵占华南各地，所到之处无不烧、杀、淫、掠，馆藏档案资料记载了日寇的种种暴行，如火烧广州三昼夜、屠杀市民、在爱群大厦设慰安所等罪行，凡此种种，不一而足。日军占领广东后，为了炫耀军威，还编写了一些图册，收录其进占广东过程中拍摄的照片，如馆藏《南支派遣军》收录了日军进攻广东的照片及地图300多张，其中不仅有日本侵华将领、军官肖像及巡视、指挥作战的照片，还有军队士兵作战经过和生活情形、空中轰炸及烧杀抢掠的残暴行径以及战略战术地图、军工装备情况、防御工事图以及日伪政权议事和宣传的照片等，详细地反映了日军登陆大亚湾及攻占广州、汕头和海南岛等地区的经过情形。此外，馆藏中还保存有一本《日本侵华历史照片集》，共有照片240余张，为日本人拍摄，配有日文说明，反映了日本海陆空三军自北至南攻占中国北平、天津、太原、青岛、济南、徐州、上海、南京、汉口、厦门、广东等地的经过情形，集中反映了日本的军事侵略罪行。

日本帝国主义在侵华战争中曾进行惨绝人寰的毒气战、细菌战，在馆藏档案资料中可以找到这方面的证据，如广东省政府的档案中有1938年12月28日王家滑战役中日军施放毒气的调查表，详录了日军施放毒气时间、地点、施放方法、毒气种类、施放面积及中方伤亡人数等，另外还有1940、1941年日机在福建、江西等地投掷细菌的报告。馆藏档案中还保存有两份有关日军在广东进行细菌战情况的材料。其一是1939年5月20日广东省政府的训令中提到："敌为防止我游击队蔓延，早有广散传染病细菌于战区之计划。近由东京运沪大批菌苗，指定福民医院组织细菌培养装置工场，共分鼠疫、霍乱、伤寒、白喉、赤痢之五种，制成如雪茄烟式之蓝黄两色玻璃管，已分送华中、华南各前方，令于放弃阵地时，投置于河、井及民房中，并令大批分发各特署机关，派遣汉奸散布各游击区内。"其二是1940年6月5日《抗战旬刊》报道："市桥日寇借名防疫，强迫我各地赶市同胞打针……连日惨死已达四人。谣传此类毒针有断种的，有癫痫的，有急性的，有慢性的，不一而足。"在目前史籍较少有关记载的情况下，这两份材料无疑具有珍贵的价值。

为了以战养战，日寇还在华南沦陷区进行疯狂的经济掠夺。馆藏档案所反映的日军进行经济掠夺的情况主要有两方面：一是强占沦陷区的工矿企业，掠走其机器物资；二是掠夺各地矿产资源。如馆藏广东实业公司、广东省建设厅的档案中，保存有广州士敏土厂、省营制纸厂、协同和机器厂等省营、民营企业被日军占据经营，产品供军用，省营制纸厂、揭阳糖厂的机器物资被掠走的材料。馆藏档案中还保存有一批日本侵略者为掠夺华南矿产资源而编制的调查报告和资源"开发"计划，如日本兴亚院关于华南矿产资源调查报告、日本"南支那"派遣军调查班关于广东东莞县竹溪水口长山重石及番禺县黄埔长洲岛矿产、龙眼洞附近白云母矿床的调查报告，日本南满洲铁道株式会社调查部关于海南岛物产资源情况调查报告，日本东亚盐业株式会社关于莺歌海盐田的开发计划等。此外，关于日寇掠夺广东沿海钨矿、煤矿、铁矿的情况，在馆藏档案中也有反映。

三、辽宁、吉林、黑龙江省档案馆

1931年，日本发动九一八事变，占领中国东北的辽宁、吉林、黑龙江3省，由此开始了对中国东北长达14年的残酷殖民统治。

这一时期，东三省成为日本侵华的物资基地。日本帝国主义在东北地区实行残酷统治和掠夺性开发政策，建银行、修电站、办工厂、开矿山、成立各类株式会社，垄断金融及商业，在经济上进行疯狂掠夺，榨取东北人民血汗。

政治上，他们建立伪满洲国，扶持傀儡政权，对东北人民进行殖民统治和奴化教育。

军事上，他们建立伪满军队、日伪警察机构和宪兵队伍，对抗日军队进行残酷镇压，对手无寸铁的老百姓大开杀戒，实施高压政策，制造“平顶山”“老黑沟”“桦川县西宝屯”等惨案，使东北人民饱受苦难。阜新万人坑、北票万人坑里那些死于日本侵略者的残酷迫害与压榨之下的人们，昭示着日本侵略者残害、奴役中国人民的历史。臭名昭著的731部队和516化学武器部队以人体做实验，惨无人道，516部队在抗战败投降前未来得及销毁的化学武器直到今日依然威胁着当地百姓的生命安全。

在文化教育方面实行法西斯政策，极力摧残东北人民的民族意识，强制奴化教育。

面对日寇的种种暴行，“吉林省抗日义勇军”“抗日救国军”“吉林人民抗日自卫军”等东北的爱国官兵和广大东北人民自发组织各种抗日力量及后来中国共产党领导的东北抗日联军奋起抵抗，在极其恶劣的环境中，同日本侵略者进行艰苦卓绝的斗争，最终战胜了日本侵略者。

东三省在抗日战争中形成的档案及日军在侵华过程中形成的档案均可视为抗战档案。

（一）辽宁省档案馆

辽宁在近代中日关系史和抗战史上具有特殊的历史地位，中国涉日的历史几乎在辽宁都有反映和记录。甲午战争的主战场在辽宁，日俄战争发生在辽宁，1931年九一八事变的发生地也是辽宁，承载着重要的历史记忆。

自九一八事变起，辽宁人民率先举起反抗日本帝国主义侵略的大旗，以英勇顽强、不屈不挠的精神坚持抗战整整 14 年，从未间断，为全国抗日战争的胜利做出了重要贡献。

辽宁省档案馆中涉及抗战的档案主要存于以下全宗：

1. 吉长、吉敦等 11 个铁路局资料

该省 11 个铁路局在九一八事变后均被日本占领，这些铁路局资料中与抗战有关的内容有：九一八事变中，日军侵占辽宁、吉林、黑龙江的情报，日军兵力调查，抗日团体在铁路沿线活动、破坏铁路交通等情况材料。

2. 满铁档案

满铁的全称是“南满洲铁路株式会社”，是日本 1906 — 1945 年间在中国东北地区设立的一家特殊公司，它除了经营管理“南满”铁路和从中国政府手中逐步并吞过去的 10 条铁路线，以及煤矿、铁矿各种产业外，还是日本在中国东北地区进行政治、经济、军事等方面侵略活动的前哨和基地。与抗战有关的内容有：日本推行的殖民方针、政策的材料；伪满洲国皇帝溥仪访日相关材料；伪满洲国政府对外交涉、签订的协定、合同等；九一八事变、七七卢沟桥事变电文；搜集共产党的文件以及工人罢工情况调查等。

3.“奉天省公署”档案

1931 年 9 月 24 日，日本帝国主义在沈阳成立了伪奉天地方维持会，代行省政府职权。是年 12 月 15 日，成立伪奉天省政府，取代了伪奉天地方维持会。“省政府”下设秘书处、财政厅、教育厅、实业厅等机构。1932 年 4 月 11 日，“奉天省政府”改名为“奉天省公署”，下设总务、民政、警务、实业、教育五厅，并辖各市县公署。

“奉天省公署”档案形成于 1931 — 1945 年，共有 500 余卷，大部分是中文，少量是日文。由于日本投降前夕销毁了大部分档案，导致该全宗档案很不完整。残留部分涉及抗战的内容有：该省“维持会”、各县“治安维持会”“自治委员会”设立、改组的文件及人员名单及官制、规章、制度等；伪满洲国、省、市、县及所属机构情况的文件及行政会议记录、政务调查以及人事材料；各警备司令部辖区划分、兵力配备和兵工厂生产的文件；有关黄显声枪毙张学成事件的文件；日本人向东北移民扩张情况；“国联”调查团到奉调查的文件；英、美、法、德、奥、日等国驻奉领事情况及外侨调查统计；奉天各县自然情况调查、统计以及奉天省民政、文教卫生、农业、工矿商机构、交通邮电、财政金融等各方面的材料。另有，中共派共产党员分赴东满、北满、南满组织抗日活动，中共地下党员在柳河县抗日、与唐聚五部队合作抗日的文件；辽宁民众义勇军、东北救国义勇军、吉林抗日自卫军、大刀会等各种抗日团队的活动材料；有关邓铁梅、唐聚五、马占山等领导的抗日活动文件以及伪满军警哗变的材料等。

4. 伪满军警宪机构档案

伪满军警宪机构共有档案 257 卷，形成于 1932 — 1945 年。涉及抗战的内容有：中共东北、华北地下党、东北抗联等活动情况月报、图表；反满抗日人员名单；伪满对八路军、抗日被俘人员审讯材料；各地抗日军活动情况、统计表；镇压抗日义勇军及各种民间抗日组织材料；日本人搜集共产国际、苏联、朝鲜等材料；关于阜新、北票、抚顺等工矿工人死亡人数统计表及工厂工人情况调查统计；日军破获东北国民党地下组织和审讯材料；日本宪兵队、特务活动材料等。

5. 溥仪秘档

这部分档案是溥仪就任伪满“执政”和“称帝”后一段时间他与亲信近臣进行秘密活动形成的文件，共 98 卷。其中有溥仪给“执政府”秘书长胡嗣瑗的密谕及批示；伪满对东北各地抗日武装力量的调查分析材料；日本政府承认“满洲国”声明及伪满勾引日本人策划入关、策划华北叛乱的密信等。

6. 伪满中央银行档案

伪满中央银行是九一八事变后，日本在东北地区设立的重要经济机构之一，是日本为实现掠夺东北资源，控制东北经济命脉，建立后方基地而服务的金融机构。共有 60 余卷，内有发行货币，调整货币流通等文件及有关债权、债务处理、裁定的文件及金库管理的规定等。这些档案反映了伪满中央银行作为日本侵略的御用工具对东北人民带来深重灾难。

7. 其他日文资料

总计近 4 万册，内容涉及我国尤其是东北方面政治、经济、军事、矿藏、地质、河流、宗教信仰等各方面。

8. 中共满洲省委员会档案

中共满洲省委员会是中国共产党于 1927 年在东北地区设立的最高领导

机构。该机构在领导工农群众进行艰苦卓绝的斗争中也留下了少量档案，形成时间为 1927 — 1944 年，原件收藏于中央档案馆，辽宁省档案馆所藏均为复制件。

该部分档案记载了中共满洲省委和东满、南满、吉东、北满 4 个省委，总工会、青年团满州省委和东北抗日联军的活动史实。涉及抗战的内容主要有：创建东北人民军、民众自卫军、救国军、义勇军、抗日同盟军、反日联合军、东北抗日救国军、少年铁血军、大刀会、红枪会、自卫团等抗日队伍，并在此基础上建立起抗日民主联军 1 至 11 路军的文件；党领导的工人罢工、学生罢课、士兵罢岗罢操等文件；组织青少年反日斗争的文件；反对日本帝国主义武装占领满洲告全满洲工人、农民、学生和劳苦大众书；东北抗日救国运动新纲领等文件；东北抗联各军负责人及活动区域文件；党内交通、军需供给、牺牲干部、作战阵亡人员调查表；追悼反日牺牲将士等文件；朱德总司令致东北抗日联军将领的信及杨靖宇、李兆麟、周保中、李延禄、赵尚志等抗日联军将领往来信函；反映东北地区发生的“中东路事件”“中村事件”“万宝山事件”及九一八事变等重大历史事件的文件等。

辽宁省档案馆馆藏抗战档案全方位、多角度地反映了 14 年抗战期间辽宁在政治、经济、文教、军事、外交、社会领域内的活动及其发展变化，清楚地展示了抗战时期辽宁历史的发展轨迹及辽宁人民对中国抗日战争和世界反法西斯战争的巨大贡献。

（二）吉林省档案馆

吉林省长春市曾是伪满洲国的“国都”，也是日本关东宪兵队司令部的所在地，吉林既有日本侵华时期所犯罪行的人证，更有日本关东宪兵队司令部来不及销毁而埋于地下的物证。吉林省档案馆保存了 10 万卷伪满档案，涉及抗战的档案主要有以下几类：伪满吉林省公署及其下属等机构档案；伪满洲国国务院总务厅、外交部、中央银行等机构的档案；日本宪兵队档案等。这些档案九成是日文，是日本统治伪满洲国血债累累的原始凭证。这些档案既是日本侵华档案，也可视为吉林抗战档案。

1. 伪满吉林省公署及其下属机构档案

（1）伪满吉林省公署

共有档案 800 余卷，内容有：“吉林省政府”的组织大纲；“吉林省公署”与伪满中央各部文书；吉林省各地财政金融类档案；司法机关、警团相关强化治安与清乡捕杀共产党的文件等。

（2）伪满吉林省公署总务厅

该厅成立于 1932 年，共形成档案 50 余卷，内有反映日本国在东北第一次武装移民情况的资料。

（3）伪满吉林延边行政督察员公署办事处

该办事处主要职能是办理延吉、珲春、和龙、汪清地区的国际交涉，管理外国人留居和在外侨民事务。共有档案 50 余卷，内有延吉、珲春、和龙、汪清四县上报的抗日武装活动情况的文件；日伪当局捕获共产党疑犯审讯笔录，延吉、珲春、和龙、汪清四县上报共产党活动情报；该处为防捕共产党采取的措施、发布的命令等；共产党在延吉一带抗日活动情况及抗日宣传的材料。

（4）伪满吉林省公署警务厅档案

东北沦陷后，日伪当局利用警察这一特殊的统治工具，对东北各族人民实行法西斯统治。在“中央”设置警务司，负责统括“满洲国”内全体警察，于各省级地方设置“警务厅”。该馆共有该机构档案近 700 卷，其中有反映抗日义勇军武装抗日活动情形的文件。

（5）伪满吉林省清乡总局档案

“清乡委员会”是日伪为了大肆镇压人民抗日斗争而设立的反动机构，该全宗档案有 200 余卷。

（6）伪满吉林省保卫管理处

共有档案 338 卷，内有反映抗日义勇军活动情况的文件。

（7）伪满吉林省公署民政厅档案

共有 130 余卷，内有各县呈送的抗日救国军活动情况的文件。

（8）伪满吉林省公署财政厅

共有档案 153 卷，内有为特殊事项拨款的训令等。

2. 伪满洲国档案

1932 年 3 月 9 日，日本侵略者扶持前清皇帝爱新觉罗•溥仪在中国东北建立傀儡政权——伪满洲国，下设伪民政部、军政部、财政部、外交部、司法部、实业部、交通部、立法院、监察院等机构。

伪满洲国档案是伪满洲国（1932 — 1945 年）政权“中央”和地方机关在各项活动中形成的档案。其中，吉林省档案馆存有伪满中央国务院总务厅、外交部、最高法院、首都警察厅、中央银行等的档案 10 万余卷。内容包括伪满各级政权机构的设置沿革，人员任免，各项规章制度，行政区划演变，军队、警察、宪兵队侦查和镇压抗日义勇军，抗联和各人民团体反满抗日活动，各宪兵队工作报告，“国联”调查，各国驻伪满领事馆的活动，办学堂、设医院、经营铁路、航运、设银行、办厂矿、移民开拓等政治、经济、军事和文化等各方面的材料。

3. 日本关东宪兵队

1905 年日本关东宪兵队于旅顺成立，直属关东总督府。1906 年，其业务关系转归日本宪兵司令部领导。1931 年九一八事变后，隶属于关东军司令部。关东宪兵队的职能为：镇压反满抗日活动，攫取情报，执行治安保卫任务；负责机密保护、伪军政要人之监视、搜集政治、经济情报；后期负责防谍（即防止苏联、中共、国民党等谍报人员），搜捕抗日武装部队人员，维持治安等。吉林省档案馆馆藏日本关东宪兵队全宗档案共 3,696 卷，文件起止年代为 1931 — 1945 年。内容包括：

（1）内务管理

有关东宪兵队机构设置、人员编制等文件，所属分队、分遣队人员名单及统计表；人事任免；宪兵雇用密侦人员名册及支付经费细表；关东老兵队服务规程；宪兵队分课业务规定；关于事务经理、文件管理规定等内容。

（2）共产党活动

有东北地下党、东北抗日联军活动情报，杨靖宇、陈翰章、魏拯民、金日成、金策、赵尚志等人活动情况；东北义勇军抗日活动；关东宪兵队破坏中共地下组织，捕杀中共地工人员、抗联干部及进步群众的情况；收集我军各解放区、游击区的军事、政治情报；《思想对策月报》《特高警察报》《讨伐旬报》《防共旬报》《治安周报》等资料。

（3）国民党活动

主要为关东宪兵队侦察、破获国民党辽宁省、黑龙江省党部、国民党重庆地工人员、东北青年抗敌建国挺进团等情况，如“12.30”事件，“忧国工作”“贞星工作”等档案材料。

（4）关东军

主要为日本关东军与宪兵队来往文件，如关东军的命令、指示、作战及讨伐肃正计划，特种演习计划，防谍特别规定等档案；九一八事变时关东军情报以及关东军作战配置、行动计划。

（5）对苏谍报

有日本关东宪兵队搜集的苏联政治、经济情报；苏联派入伪满特工人员活动情况；宪兵逮捕苏谍的策略、手段及方法；被捕苏谍审讯及口供；关东宪兵队防谍概况等材料。

（三）黑龙江省档案馆

黑龙江省是全国打响有组织具规模的抗战第一枪的发生地，也是东北抗联的主战场，又是抗日最后一战的终结地。中共满洲、吉东、北满省委、特委、各县委以及抗日联军各军在极其艰苦的斗争环境中建立、发展，东北抗日联军 11 个军中，其中除第一军、第二军活动在吉林、辽宁外，其他 9 个军，还包括抗联第二军的一部分，都在今黑龙江省境内组建战斗。黑龙江省抗战档案几乎全部散落在日伪档案全宗内。

1. 伪满龙江等省公署暨警务厅档案

伪满洲国建立后，为了强化了殖民统治，建立了伪滨江省公署、伪龙江省公署、伪哈尔滨特别市公署等从中央到地方的各级傀儡政权。

目前保存在黑龙江省档案馆的有 4,800 余卷，形成时间为 1932 — 1945 年。涉及抗战的内容有：日伪各省（县）公署的人事任免文件及人员履历、人员名册；省（县）公署会议记录及政务月报；有关农业开拓政策、收获调查及捐税的文件；齐昂铁路、“北满”江运局、“北满特区”文物研究所、各省“民生厅”有关人员配置、财务收支的文件；日伪警察系统各厅署的意程及工作计划；有关治安管理的文件及会议文件；有关抗日联军、地下党及抗日团体活动的情报等。

2. 日伪陆军特务机关档案

本全宗共有档案 99 卷，形成于 1933 — 1945 年。主要内容有：有关加强和改进特务工作的报告；有关东宁事件的文件；有关梨树镇伪满军游击队骑兵连哗变的文件；有关赵尚志牺牲传闻的资料；有关东北义勇军总司令孔宪荣及救国自卫军司令陈东山活动情况的文件；抗联第五军军长柴世荣、政委李青给杨靖宇、魏拯民的信；周保中给第五军全体同志的信及赵尚志致日本士兵的公开信等。

3. 日伪第三、四宪兵团（队）档案

本全宗共有档案 128 卷，形成于 1935 — 1945 年。主要内容有：第三宪兵团命令录及警备条例；第四宪兵团特务人员名簿；有关宪兵总团及各宪兵团人员任免的文件；有关宪兵业务报告；宪兵服务概要、服务活动日记；各宪兵队教育计划实施状况报告及各宪兵队状况资料；有关军事警察及军人心理动向的月报；有关调查中共南满省委组织状况及共产党、抗联情况文件材料等。

4. 伪满警务厅与国境警察队档案

本全宗共有档案 980 卷，形成于 1932 — 1945 年。主要内容有：有关“警务厅”组织机构情况的文件及扩充警察机构的计划；警务行政三年计划要纲；加强国境地带管制对策、警察事务处理规程与指纹事务管理规定；有关特务团体组织要领及训练实施状况的报告；有关治安工作实施规则及治安情况的报告；有关抗联、中共地下党员赵尚志及国民党人员活动情况的报告；中共党政军系统表及活动概要；有关抗日救国军第一总队、东北义勇军及游击队、东北联合光复军的编制及活动情况的情报；有关伪满军及三河子警察队起义情况的文件等。

5. 日伪军管区军队档案

本全宗共有档案 76 卷，形成于 1935 — 1945 年。主要内容有：日伪教导骑兵三团历史沿革；情报班要员名单；有关第一、第四征兵区的文件；第三军管区内治安判断要图；日“满”协定书；军事工程竣工后的调查书；伪满洲国西南地区抗日团体配置图、抗日政党布置图、抗日团体分布要图及各军管区作战的命令；有关罗斯福、希特勒死亡的反应；“诺门汉事件”作战详报；有关对八路军连长逮捕的报告等。

6. 伪满帝国协和会档案

九一八事变后，倡导从中华民国“独立”并施行君主政治以推动“新国家”建设的“自治指导部”为“协和会”的起源。伪满洲国建立后，“自治指导部”则转型为官民一体化的“满洲国协和会”。

“协和会”与“满洲国政府”共同宣称推动“建国”理想（建设“王道乐土”），并以此对国民进行宣传教育。

本全宗共有档案 69 卷，形成于 1932 — 1945 年。主要内容有 :“协和会”行动纲领、战时工作要领和联合协议会规则 ;“协和会先锋团”组织要纲 ;“北安省”特别工作指导机构概况及特别工作要纲 ; 甘南县“协和会”办事处设置要纲 ;“协和会”五常县本部职员一览表及双城“协和会”会员名单 ;“龙江省联合协议会”施政方针 ; 双城、林向“联合协议会”记录等。

7. 各株式会社档案

本全宗共有档案 854 卷，形成于 1914 — 1945 年。主要内容有 : 有关吉林省各煤矿、铜矿的文件、图纸 ; 有关辽宁矿区的现状及沿革、调查报告、采矿图纸 ;“满洲重工业厅”开发株式会社管理法、章程及各种调查 ; 电信电话株式会社人员履历与营业收支状况 ; 运输及其他株式会社章程、事业报告等。

8.“黑龙江清乡总局”档案

内有马占山抗战文件。

（四）档案特色

日军侵华档案、伪满洲国档案及伪满洲国成立之前的地方伪政权在活动中形成的各种档案，是东三省抗战档案的主要组成部分。

侵华日军大屠杀、殖民统治、经济掠夺、奴化教育、细菌战与化学战、鸦片毒害以及强征慰安妇这些历史事实均在东北日伪档案中有所体现，这些档案在东北抗战史研究上具有无可比拟的价值。

和其他省市档案馆相比，东三省档案馆馆藏的“抗战历史档案”，几乎没有正面战场史料，更没有东北地区最高行政机关——东北政务委员会组织抗日的材料，这是由于东北军及东北政务委员会官员在九一八事变发生后即撤往关内所致。而中国共产党领导抗日是东三省抗战的另一大特色。

1. 伪满洲国档案

伪满洲国是日本侵略者在中国建立的唯一一个伪“独立国家”，有一套完整的伪政权体系，有 14 个省、2 个特别市、1 个特别区（后改为 19 个省、1 个特别市），组织了伪满军队。与日本侵略者后来建立的伪政权既有相似之处，又有很大不同。伪满洲国历史的独特性和复杂性吸引众多学者从各个不同视角、领域着手研究。

现存于东三省档案馆的伪满档案保存并不完整，数量也不庞大，但依然为我们今天研究伪满洲国政治体制、经济状况，社会生活，殖民统治、文化建构、文学艺术、产业科技、人口卫生等方面提供了翔实的历史凭证，又因伪满档案中有大量关于东北人民抗日的材料，对研究中国14年抗战具有不可或缺的作用和意义。伪满档案具有十分重要的保藏、研究与使用价值。现将特色档案分别介绍于下：

（1）伪满宫廷密档

这部分档案是溥仪1932年3月9日就任伪满执政和1934年称帝后一段时间在溥仪及其亲信近臣在各项活动中形成的，共98卷。档案主要内容大致有三类：一是溥仪及其亲信近臣往来密函，主要内容有溥仪出任伪满执政及改制称帝时，“东北行政委员会”推戴书及溥仪答书；溥仪给“执政府”秘书长胡嗣瑗的密谕及批示；伪满为实行“君主立宪”派赵欣伯赴日研究法制；伪满尚书府大臣郭宗熙、宫内府大臣沈瑞麟为变更国体改称帝制提出的方案；溥仪改组内阁的训示；“执政府”开支预算；“国务总理”郑孝胥请假始末；原东北军旅长马廷福拟发动叛乱致胡嗣瑗的密信；对中国各派力量的分析等材料；还有溥仪的老师陈宝琛、朱四方为复辟帝制给溥仪的密札。二是溥仪的涉外文件，如：日本关东军司令官本庄繁的密函密约；溥仪致日本裕仁天皇的国书；“满”日双方缔约的基础案；溥仪接见“满洲电信电话株式会社”总裁内静夫等的训词；日本政府承认“满洲国”声明；伪满财政部部长熙洽访日声明及谈话；日本对满政策建议案；日本陆相与苏联大使关于满洲问题谈话；胡嗣瑗复日参谋次长的信稿；伪满勾结日本人策划入关、策划华北叛乱，迎接伪满入关的密信；由溥仪就任伪满执政前后的活动材料；溥仪接见外国记者的谈话；记录国外人士给溥仪的信函；外刊对日本侵略中国东北的评论，即对伪满洲国政治、军事、经济形势的综合评论，对伪满洲国的成立与日军侵占华北的评论；国联李顿报告书等材料。三是伪满对东北各地抗日武装力量的调查分析等材料。

从第一类档案中可以看出溥仪妄图“复辟大清”的政治野心；从第二类档案可以看到到溥仪等人卖国求荣的丑恶嘴脸，伪满洲国的傀儡本质；从第三类档案可以看出溥仪的反动本质。

（2）“满洲中央银行”档案

“满洲中央银行”是日本侵略者为了控制东北的经济命脉，操纵其金融事业而设立的金融机构。它的主要职能是：垄断货币制造发行，实行金融统治，扶植垄断企业，控制金融市场，集聚资金，代理日本国库业务，为日军侵华效劳。

档案的主要内容有："满洲中央银行"组织状况记载、重要记事、会计概况、金库管理、金融市场管理、经济调查以及造币厂相关档案。

从其组织规程可以看出"满洲中央银行"是日本侵略东北、进行掠夺的御用侵略工具；从其吸收资金的方式，可以看出日本对东北人民的残酷掠夺；从其资金去向可以看出日本对东北资源的疯狂侵占。

档案的记载，揭示了"满洲中央银行"的设立给东北人民带来无尽的深重灾难。

（3）"移民开拓团"档案

侵华战争期间，日本为了真正占领东三省，除军事侵略外，还有组织、有计划地向我国东北大规模移民。1936 年 8 月，日本广田弘毅内阁将百万移民计划列为日本政府的七大"国策"之一，计划从 1937 年起，在 20 年内向我国东北地区移民 100 万户计 500 万人，其主要目的是改变东北人口构成，图谋使中国东北永久成为日本的领土。

伪满洲国档案中关于"日本开拓团"档案史料，揭开了那段日本移民侵略史，更揭露了当年日本"开拓团"的真相。

其中，早期的"满铁独立守备队"退伍兵移民、"关东都督府"都督福岛安正筹建的"爱川村"等比较有代表性的移民村，以及几种特殊移民形式的移民团档案，详细记载了"日本移民团"创建定居点的移民计划、移民构成及移民经过等内容，记录了他们在中国犯下的罪行，以及给中国人民造成的物质和精神损害。

（4）唱片档案

吉林省档案馆保存的唱片档案有 2,000 余件，起止年代为 1940 — 1945 年。

唱片主要内容有：溥仪活动；建立"建国神庙"诏书；溥仪第二次访日报道；伪满和日本的高级官员等各界人物的讲话录音；"国务总理大臣"张景惠、"宫内府大臣"熙洽等在各种会议上的讲话；汪精卫关于签订日满华三国共同宣言的讲话及汪精卫在伪满访问实况；蒋介石在日本投降后向全国发表的广播讲话；日本关东军司令官梅津美治郎的讲话；各种座谈会的实况录音；伪满电台录制日本放送协会的日语新闻广播等。此外，还有合唱、独唱、交响乐等音乐的录音和相扑、游泳、剑术等体育实况录音。

2.关东军、宪兵队档案

关东军是日本陆军驻扎在中国东北的一支军队，因侵驻中国东北的金县、大连地区的“关东州”而得名。关东军司令部 1919 年在旅顺成立，1932 年迁至长春。当时关东军司令部的任务，名义上是防卫关东州（山海关以东的区域），保护南满铁路，实际上是在中国东北全面进行武装干涉和军事侵略。1928 年的“皇姑屯”事件，1931 年的“万宝山事件”及九一八事变都是关东军司令部精心密谋策划的。九一八事变前，关东军的兵力一直保持着 1 个师团和 6 个独立守备大队，共 10,400 余人。事变后，关东军的势力日益膨胀，兵力不断增加，1931 年底有 3 个师团，1940 年增至 12 个师团，至 1945 年，关东军人数达 70 余万人。

宪兵实际是军队中的警察，关东宪兵队是日伪军警宪特机关的首脑。关东宪兵队的职能为：镇压反满抗日活动，攫取情报，执行治安保卫任务。负责机密保护、伪军政要人之监视、搜集政治、经济情报。后期负责防谍（即防止苏联、中共、国民党等谍报人员），搜捕抗日武装部队人员，维持治安等。

在日本军国主义对中国东北实行殖民统治的 14 年间，关东军、宪兵队形成了大批档案。1945 年 8 月 15 日日本投降前夕，关东军司令部撤离长春之时，为逃避罪责大肆销毁罪证，将档案烧毁或埋入地下。现存的这些档案虽然留存数量不多，但保存完好，尤其是黑龙江档案馆所藏的日本关东宪兵队“特殊输送”档案，更是价值珍贵。

七三一部队是关东军麾下的一支细菌战部队，侵华日军在中国设立了 63 个细菌战部队，七三一部队是他们的研究和指挥中心。它是假借研究防治疾病与饮水净化之名，使用活体中国人、朝鲜人、联军战俘进行生物武器与化学武器的实验，地址设于今哈尔滨平房区。所谓“特殊输送”，就是侵华日军关东宪兵队所属各地分遣队，将秘密逮捕的反满抗日者进行审讯后，将审讯报告逐级上报关东宪兵队司令部，经司令官批准并下达“特殊输送”的指令，秘密地将其输送给七三一部队，进行惨无人道的细菌实验，直至残暴地杀害。1945 年 8 月日军投降前，为消灭罪证，炸毁了七三一细菌战实验基地的大部分设施，并将实验资料移交美军。这些血资料后被美军用于朝鲜和越南战场，对战后西方细菌战研究产生了重大影响。由此，731 部队的所有成员换取美国的庇护，逃过了战后审判。

而“特殊输送”档案恰是揭露侵华日军罪恶行径尤其是臭名昭著的七三一细菌战部队罪行最有力的铁证。

3. 慰安妇档案

慰安妇制度是二战时期日本政府强迫各国妇女充当日军士兵的性奴隶、并有计划地为日军配备性奴隶的制度，是日本法西斯违反人道主义、违反两性伦理、违反战争常规的制度化的、无可辩驳的政府犯罪行为。战后，日本政府为逃避战争罪责，防止国家形象受损，一直处心积虑地掩盖其实施的慰安妇制度的罪恶事实。由于慰安妇制度具有隐秘性，加之日本军队与政府刻意销毁相关资料，现留存的文献材料相对较少。

吉林省档案馆公布的日本关东宪兵队档案中有涉及“慰安妇”的记载，如：日军在东北各地、华北、华中地区以及南洋爪哇等地普遍设立慰安所，甚至有“慰安妇”与日军官兵比例设定、某个时段日军官兵进入慰安所的人数统计等。

在关东军的邮件检查文献中，保存了许多官兵的信函，里面也记载了许多日军推行“慰安妇”制度的细节。这些档案弥足珍贵，体现了资料的本原性和唯一性，是揭露日军实施性奴隶制度等暴行的新证据。

在关东宪兵队档案中，记录慰安所的地点有奉天（今沈阳）、新京（今长春）、东安、平阳、鞍山、东宁、珠河、北安、勃利、密山、海拉尔、老黑山、石门子、大肚川、八面通、牡丹江、下城子、伊列克得（今属内蒙古）等地。在黑河边境，日军在陆军宿舍旁边也设立了慰安所。这进一步证实日军确实普遍地推行了“慰安妇”制度。

关东宪兵队等档案中明确记载有日军慰安所通常有 4 种经营模式：(1）军队自己设立的固定慰安所，这种形式最多，其主管者从方面军、师团、旅团到联队、大队甚至警备队或小队都有。当军队转移时，他们便带着慰安妇共同行动。(2）日侨经营的慰安所，这种由日本侨民在军方支持下开设的“军督民办”的慰安所，数量也不少。(3）日军指定使用的民间妓院形态的慰安所。这类慰安所多是汉奸、朝奸受日军指令在当地建立的，除日军外，一般的日本人也可以利用。(4）军队或民间经营的流动式慰安所，有设在火车、卡车和轮船上等多种。

吉林省档案馆的档案中有一份《关于南京宪兵队辖区治安恢复状况的调查报告（通牒）》，其中第十一项记载了南京地区“慰安设施”状况，包括南京、下关、句容、镇江、金坛、常州、丹阳、芜湖等多地日军数量、“慰安妇”人数、“慰安妇”一人所应对士兵数、“慰安妇”构成和一旬内利用慰安所士兵人数等情况。有力回击了“日军慰安妇制度是商业行为”的谎言。

另外，日军要建立庞大的慰安所系统，必然要投入巨资。日军推行性奴隶制度见不得人，其如何使用军费建立慰安所，很少在文件中刊载。在吉林省档案馆最新发现的两个文件表明，日军建立“慰安妇”制度支付的费用巨大。其中一份是“满洲中央银行”的档案，有该行资金部外资科关于“慰安妇”采购资金的电话记录，时间是 1945 年（伪满康德十二年）3 月 30 日上午 10 点 40 分，在徐州的日军 7990 部队，经关东军第四科批准，通过“满洲中央银行淮海省联络部”向该行鞍山支行经理汇款 25.2 万日元，用于采购“慰安妇”。日军用军费来推行“慰安妇”制度是当时军队内合法的事情，也就表明了日本政府和军队是建立性奴隶制度的推手。这些钱款，主要用于日本在华、在韩的警察系统征用“慰安妇”、运输“慰安妇”、日本工兵部队修建慰安所建筑、建立军医体检体系、慰安所警戒等用途。所谓的“采购慰安妇”并不是支付给“慰安妇”的，而是给人贩子等的各项支出。在中国、韩国、朝鲜的调查中，这些国家的“慰安妇”幸存者连生命也没有保障，根本就没有任何报酬。

以上这些铁证都以无可辩驳的事实表明日军设立“慰安妇”是国家行为。目前国内保存的这些日方档案，证明了慰安妇制度是日军军事附属制度，是日本政府犯罪行为的最直接、最有力的证据！

4. 东北抗日联军（下简称“东北抗联”）档案和中共满洲省委档案

东北抗日联军是在中国共产党领导下的一支英雄部队，它的前身是东北抗日义勇军余部、东北反日游击队和东北人民革命军。他们在异常艰难困苦的环境里，与日寇进行了长达 14 年的艰苦斗争，牵制了数十万日伪军队，有力地支援了全国的抗日战争。他们是中国人民抵抗日本帝国主义侵略战争的重要组成部分，在中国的革命史上有着不可磨灭的伟大功绩。

东北抗联档案分别存于辽宁省档案馆的“建国前后省级党、政、群机关档案”、吉林省档案馆及黑龙江省档案馆的“革命历史档案”中。各馆馆藏伪满档案卷宗里也有大量关于东北抗联的记载，如吉林省档案馆馆藏伪满吉林延边行政督察员公署办事处、辽宁省档案馆伪满军警宪机构、黑龙江省档案馆日伪陆军特务机关等档案全宗中皆有关于东北抗联的调查情况、活动情况，及抗联领导的往来信函等资料。之所以把东北抗联档案列为东北抗战档案特点，是基于以下几点：

（1）对日斗争开展时间最早，持续时间最长。自九一八事变起，东北人民就自发组织了东北抗日义勇军、东北人民革命军等组织进行抗日斗争。1931 年 11 月初，由马占山领导的齐齐哈尔江桥保卫战，是东北抗日有组织具规模的第一战，也是中国抗日战争的起点，也揭开了世界反法西斯战争的序幕。它比埃塞俄比亚抗击意大利法西斯战争早 4 年，比西班牙反对德、意法西斯战争早 5 年，比波兰反对德国法西斯战争早 8 年，比苏联卫国战争和美日太平洋战争早 10 年，这表明中国东北地区是世界范围内最早开辟的反法西斯战场。对此，美国总统罗斯福曾公正地指出："中国人民在这次战争中是首先站起来同侵略者战斗的。"直到 1945 年抗战胜利，东北人民坚持了 14 年艰苦卓绝的抗日斗争，创造了战争史上的奇迹。

（2）坚持共产党领导。东北的抗日战争是在中国共产党的领导下进行的，这是东北抗战和关内抗战的显著区别和突出特点。

早在 1932 年，中共满洲省委就根据中共中央提出建立党领导抗日武装的方针，派出党员干部到东北农村发动群众。经过两年多的艰苦努力，先后在南满、东满、吉东和北满地区创建了 16 支反日游击队，开启了党在东北直接领导抗日武装的历史。党领导的反日游击队无论从组织性、纪律性以及抗日意志方面均与其他抗日力量有明显差异，逐渐成为东北武装抗日战场的重要力量。

1933 年 5 月，中共满洲省委根据中共中央《给满洲各级党部及全体党员的信》中关于组织反日民族统一战线的策略方针，以党直接领导的反日游击队为骨干，联合抗日义勇军余部和反日山林队，相继建立东北人民革命军 7 个军，共 6,000 余人。东北人民革命军内部坚持人民军队的宗旨，加强党的建设和政治思想工作；对外联合多重武装抗日力量共同抗日，逐渐成为东北抗日武装的核心，有力地推动了东北抗日武装斗争形势的发展。

1936 年，东北人民革命军、东北抗日义勇军余部、东北反日游击队统一改编为东北抗日联军。

以东北抗联为代表的东北抗日武装在中国共产党的领导下，同日本侵略者进行了长达 14 年的艰苦斗争，牵制了 76 万日军，消灭日本关东军 18 万，涌现出了杨靖宇、赵尚志、赵一曼等一大批抗日烈士，表现了中华民族不畏强暴，英勇不屈的精神，有力地支援了全国的抗日战争和世界反法西斯战争。

第五节　作为世界记忆遗产的南京大屠杀档案

近百年来，日本曾数次策动和参与对中国的侵略战争。1931 年 9 月 18 日，日军炸毁沈阳北郊柳条湖附近南满铁路的一段路轨，反诬“暴戾的中国军队炸毁了满洲铁路”[1]，并立即向驻守北大营的东北军发起进攻，拉开了全面侵华战争的帷幕。1937 年 7 月 7 日夜，日本华北驻屯军制造了震惊中外的卢沟桥事变，中国人民抗日战争自此全面爆发。8 月 13 日，淞沪抗战爆发。此后 3 个月，中国军队在全国人民的支援下，击退日军进攻的凶焰，粉碎了日军“三月亡华”的迷梦。11 月 5 日，日军在杭州湾登陆，中国军队腹背受敌。11 月 12 日，上海沦陷。上海沦陷后，日军沿京沪铁路、京杭公路，并绕行高淳、芜湖一线，兵分 3 路直扑南京。12 月 13 日，中国首都南京沦陷。

日军占领南京后，以搜索“尚存抵抗意识”的中国士兵为由，在长达 6 个星期的时间里，大肆虐杀南京城区及周边郊县已放下武器的中国官兵和手无寸铁的无辜平民，其所犯下的“南京大屠杀”罪行的规模与残暴程度超出了人类想象，是近世以来日本对中国所犯罪恶达到的极值，更是学术界公认的第二次世界大战期间“三大惨案”[2] 之一。

2015 年，中央档案馆、中国第二历史档案馆、辽宁省档案馆、吉林省档案馆、上海市档案馆、南京市档案馆和侵华日军南京大屠杀遇难同胞纪念馆等 7 家档案馆、纪念馆在认真对各馆所藏南京大屠杀档案进行清查、整理后，向联合国教科文组织申请，将上述档案归入世界记忆遗产[3]。同年

---

[1] [日] 川田稔著，韦平和译 :《日本陆军的轨迹（1931 — 1945）: 永田铁山的构想及其支脉》，社会科学文献出版社，2015 年，第 40 页。

[2] 学术界认为第二次世界大战期间“三大惨案”为南京大屠杀、波兰奥斯威辛集中营大屠杀及日本广岛长崎核爆炸。

[3] 世界记忆遗产，是世界文化遗产项目（包括文化遗产、自然遗产、文化自然双遗产）的延伸，与非物质文化遗产、大型景观遗产同为联合国教科文组织在 1992 年启动的保护项目，其关注的是文献档案，包括手稿、图书馆和档案馆保存的珍贵介质等，旨在通过国际合作，利用技术手段，对世界范围内正在逐渐老化、损毁、消失的文献记录进行抢救，力图完整地保存人类记忆。

10 月，联合国教科文组织经会议讨论后正式认定《南京大屠杀档案》为世界记忆遗产。

为确保这些珍贵档案得以有效保护与合理利用，中国国家档案局于 2017 年南京大屠杀惨案发生 80 周年之际，特别组织力量对分存于上述机构的相关档案进行影印、编辑，并于当年公开出版，全书按档案收藏机构划分，共分 7 辑（20 册），其所载侵华日军南京大屠杀档案遂成为民国档案中具有鲜明特色的专题档案。

1. 编入丛书第一辑的档案源于中央档案馆，为该馆所藏日本战犯供词。1950 年 7 月 20 日，苏联将 1945 年 8 月出兵中国东北时捕获的 969 名日本战犯移交给中国，关押于抚顺战犯管理所。另有中国捕获的 130 余名日本战犯，关押于太原战犯管理所。这些日本战犯经过侦讯与教育改造，于 1956 年 6 月接受了中华人民共和国最高人民法院特别军事法庭审判。其中，中野忠之寿、太田寿男、东口义一、永富博之等战犯在管理所关押期间，供述了自己参与和了解的日军南京大屠杀暴行，形成了一批口供、笔供档案。

2. 第二辑丛书档案保存于中国第二历史档案馆，具体包括《程瑞芳日记》[1]、中国红十字总会南京分会掩埋遇难同胞相关工作报告、世界红卍字会救济南京难民相关报告、南京国际救济委员会救济南京难民相关报告、金陵大学受损情况相关调查、国民政府战争罪犯处理委员会档案、联合国及国民政府新闻资料，等等。

1945 年 12 月，国民政府成立战争罪犯处理委员会，负责颁布逮捕战犯的命令，调查、编审、提出战犯名单，审核审判执法情况，引渡战犯及审查战犯名单等。同月，中国陆军总司令部分别在南京、上海、北平、汉口、广州、沈阳、徐州、济南、太原、台北等 10 处设立审判战犯军事法庭，审理根据战争罪犯处理委员会相关命令逮捕的日本战犯。其中，南京审判战犯军事法庭成立于 1946 年 2 月，初隶中国陆军总司令部，6 月改隶国防部，称“国防部审判战犯军事法庭”。1946 — 1947 年，国防部审判战犯军事法庭对南京大屠杀案进行了调查、起诉、审理和判决，收集、形成了一大批南京大屠杀案的档案，包括日军为炫耀战争淫威而自行拍摄的暴行照片、慈善团体掩埋

[1]《程瑞芳日记》是目前所知的唯一一本由中国女性在南京大屠杀期间完成的日记，有中国的《安妮日记》之称。

遇难者尸体统计表、千余份南京大屠杀案敌人罪行调查表、数百页谷寿夫案法庭庭审证人证词、留宁外籍人士证词[1]、谷寿夫案起诉书与判决书及田伯烈编著的《外人目睹中之日军暴行》（英文）、徐淑希编辑的《南京安全区档案》（英文）、郭歧所著《陷都血泪录》（摘要）、蒋公穀所著《陷京三月记》（摘要）等。

在联合国及国民政府新闻资料中也收存了相当数量与侵华日军南京大屠杀有关的档案，包括联合国战争罪行委员会远东及太平洋地区分会、远东国际军事法庭在调查取证与庭审阶段形成的战犯名单、起诉书、检方控据等文件，其中《远东国际军事法庭总检察官季南开庭词》为首次完整影印出版，弥补了已有出版物的不足。[2]

另外，此辑档案还收录了汪伪政府“赈务委员会”所存南京沦陷时期市民请求给予生活救济的部分呈文。这些市民因身处汪伪统治之下，呈文措辞相对隐晦，多以“事变”“京地失守”“兵灾”指代南京大屠杀和南京沦陷，甚至于称日军为“皇军”，为保全档案的真实性，编者并未做任何技术处理，相信读者对此会有正确的理解。

3. 第三辑丛书档案为辽宁省档案馆所藏，为该馆收藏的日本满铁《南京特务机关 1937 年 12 月至 1938 年 3 月工作报告》，此报告内容包括南京市战前人口统计及大屠杀期间慈善团体掩埋遇难者尸体的情况，其中明确记录南京市战前人口约为 106 万，至 1938 年 3 月末日本侵略军发放“良民证”“安居证”时，统计人数仅为 28 万。

4. 第四辑丛书档案源于吉林省档案馆所藏。1945 年 8 月日本战败投降前，为毁灭侵略罪证，侵华日军关东宪兵队司令部焚毁了大量档案，部分未及完全销毁的残余档案被仓促埋入地下。中华人民共和国成立后，该司令部建筑物成为吉林省政府办公场所。20 世纪 50 年代，在对该建筑物进行重建时，意外地发现了一批埋在地下的残存档案，其中就包括这部分反映南京大

---

[1] 原南京安全区国际委员会委员里格斯（Charles Riggs）、原南京安全区国际委员会总干事费吴生（George A. Fitch）、原南京安全区国际委员会秘书史迈士（Lewis S.C.Smythe）、英国记者田伯烈（H.J. Timperley）等人的证词。

[2] 杨夏鸣、张生等编译的《南京大屠杀史料集》第 29 册《国际检查局文书 · 美国报刊报道》（江苏人民出版社，2007 年）曾翻译公布了从美国国家档案馆收集的《总检察官基南的开庭词》，但内容有缺失。

屠杀惨案发生后南京及周边地区治安情况的日军报告、日本随军记者报道，以及日本宪兵队在进行邮政审查时，对记有南京大屠杀暴行内容的信件进行摘录与相应处置的档案记录等。这些档案曾被火烧、泥污，页面也多有残缺，但内容仍可辨识。

5. 第五辑丛书档案现存于上海市档案馆，为该馆收藏的南京大屠杀期间留宁外籍人士、鼓楼医院行政主管麦卡伦的英文日记。日记摘录自他 1937 年 12 月 19 日至 1938 年 1 月 13 日间致家人的书信，内容为其耳闻目睹的日军暴行。该日记曾被远东国际军事法庭认定为日军南京大屠杀罪证。

6. 第六辑档案保存于南京市档案馆，主要为该馆收藏的南京市临时参议会南京大屠杀案敌人罪行调查委员会调查表、市民呈文、南京市各区向市政府呈送的日军暴行材料、财产损失报告单、首都警察厅各区警察局呈报的日军罪行调查，以及南京慈善团体的埋尸记录等等。

其中，市民呈文、南京市临时参议会南京大屠杀案敌人罪行调查委员会调查表为该馆馆藏南京大屠杀档案的大宗。

抗日战争胜利后，南京市民以呈文的形式向各类机构和组织陈述南京大屠杀期间其个人或亲属所受日军屠杀、奸淫、掳掠、破坏财产的暴行，以及工商业、宗教、公益、慈善团体所受损失情况，并请求救济与赔偿。这些呈文有的文理欠通，有的别字连篇，然而字里行间所记叙的日军之残虐暴行、被害人之凄苦情感，真实得让人不忍卒读、读后亦心绪难平。南京市临时参议会南京大屠杀案敌人罪行调查委员会调查表由该委员会编制，调查区域覆盖包括汤山在内的南京市 13 个区，这些调查表经相关机构审核，成为国防部审判战犯军事法庭审判的重要证据，可与中国第二历史档案馆所藏南京大屠杀案敌人罪行调查表互为补充印证。

7. 第七辑丛书档案源于侵华日军南京大屠杀遇难同胞纪念馆，为该馆收藏的南京大屠杀期间留宁外籍人士、美国牧师约翰 · 马吉拍摄的 16 毫米日军暴行电影胶片母片、胶片盒及摄像机 [1]，国防部审判战犯军事法庭庭长兼审判长石美瑜保存的谷寿夫死刑判决书底稿与向井敏明、野田岩（原名野田毅）、田中军吉死刑判决书底稿。其中，约翰 • 马吉胶片所摄内容既有部分屠杀全

[1] 电影胶片母片及摄像机由约翰 · 马吉之子大卫 · 马吉于 2002 年捐赠给该馆。

景，也有被害人特写，如身中 33 刀侥幸存活的陆李秀英、从汉中门日军集体屠杀中死里逃生的伍长德等人在鼓楼医院医治的情形，是留存至今、形成时间最早的侵华日军南京大屠杀真实的影像记录。

南京大屠杀档案专题，其内容既有日本方面加害者的记录，也有美英等国第三方人士的记录，更有中国方面受害者的血泪控诉，历史线索清晰、记录完整。档案形式既有纸质文本，也有照片、电影胶片及其他实物等多种载体；档案内容多可相互印证、补充，真实性不容怀疑；是目前最为权威的南京大屠杀历史证明。

第七章
民国档案中的谬误及其鉴别处理

历史档案在历史研究方面的巨大作用不言而喻，作为第一手原始资料，其价值功用显而易见，并已为无数例证所证实。

毋庸讳言的是民国档案在其利用编纂过程中也存在一些问题及许多的谬误之处，这些谬误与不足的原因，归纳起来基本可概括为以下几方面：

一是由历史假象本身所造成的史料失真；二是档案资料本身存伪；三是在后人进行档案分类、立卷、编题目甚至搬运调库等整理保藏过程中被无意搞错。

这些谬误资料存在及被利用的结果，使档案利用与编研工作遇到了误导，给社会利用及史学研究造成了障碍，因此，就不能不对此加以研究与分析，从而找出识别与克服的方法。

第一节　档案谬误之具体分析

一、历史假象所造成的史料失真

中华民国的历史是中国近现代史中容量巨大而十分复杂的一个阶段，是中国社会从封建专制的落后体制向近现代社会模式急剧发展的一个过渡时期。各种社会矛盾与各种新旧势力的较量冲突，外敌入侵与反抗侵略的斗争，在这短短的不足半个世纪的时间内，达到了白热化的程度，造成民国历史上连绵不断的战争与异常激烈的政治斗争。在这些斗争冲突十分复杂的社会背景中，出现了许许多多的历史假象。这里所说的历史假象，不是指历史资料记载有假，而是指历史表象本身不符合实际，而呈现出一种错误状态，而历史档案史料，却往往真实地反映了这种错误的表象而于历史事实有悖。因此这些史料本身遂成为历史之伪证。

举一个例。1933 年 5 月，德国“国防军之父”塞克特将军应邀来华访问。当时蒋介石正在庐山，指挥何应钦率领国民党军对中共中央苏区发动第五次围剿，而此时在华帮助蒋介石进行内战的德国军事顾问团团长为佛采尔，他刚从北方回到南京就立即赶往南昌，协助指挥“剿共”。鉴于前几次失败的教训，佛采尔采用了“分区围剿、分进合击”的进攻方法，改变了前几次“围剿”中长驱直入而被各个击破的战术。加上当时中共中央被“左”倾路线控制，实行了冒险主义的盲动方针，命令红军实行阵地战与强敌拼消耗，导致反“围剿”失利。当时社会舆论，包括红军将士在内都认为蒋介石的手下没有那么聪明。蒋军改变战术，一定是有外国顾问在幕后策划，而一般人并不知道佛采尔及其秘密在华活动的德国军事顾问团，根据有关报道与德国人帮助蒋的传闻，联想到刚刚来华的德国将军赛克特，于是“塞克特帮助蒋介石制定碉堡战术”的说法便普遍传扬开来，以致当时许多报刊资料甚至部分档案文件中都有了同样的记录，流传至今便形成了所谓的“史料根据”。然而，根据同时期形成的塞克特与佛采尔在华活动的档案考证，所谓新式“碉堡战术”，其制定者是佛采尔而绝非赛克特。当赛克特在紧张的访华日程中，并没有去过作为“剿共”指挥中心的南昌、武汉以及任何前线，故而连间接参谋的机会也没有。据当时情况分析，塞克特也不可能以一个外交访华团国宾的身份去江西前线助蒋作战的。在江西前线帮助蒋军“剿共”的只能是佛采尔。但是也应指出，塞克特在第二次来华接任驻华军事顾问团长之后，对蒋介石的军队提出了不少意见，其中包括对“剿共”战略的建议。这是事实，但这并不能证明他曾帮助蒋制定第五次“围剿”红军的新战术。[1] 半个世纪以来的历史书籍资料中都有前述以讹传讹的记录，相应的一系列的有关塞克特帮助蒋介石“围剿”红军的史料，是不能引为论据的。此类情况在民国历史上尚有许多，是在编研及利用民国档案中必须加以注意的问题之一。

[1] 参见马振犊等 :《德国与中国抗日战争》第三章第五节“塞克特备受推崇”，广西师范大学出版社，1997 年。

二、档案资料本身存伪

历史档案中客观存在着大量的人为因素故意制造、伪造、篡改的伪证资料是一个不争的事实，造成在利用与研究民国档案时可能会被误导的情况，因此很有必要运用过去的经验与教训对此加以阐述，以利于今后的工作。

众所周知，1936 年 12 月在“西安事变”中蒋介石被张学良、杨虎城扣押，最后在中国共产党调解下被迫接受了“停止内战一致抗日”的条件，“西安事变”得以和平解决，蒋被释回南京。为了挽回面子，蒋介石不仅反扣了张学良，而且令其侍从官陈布雷炮制了一份伪造的文件《西安半月记》及《对张杨训话》，以维护自己的“领袖形象”，证明他没有向张、杨屈服。陈布雷在炮制文件过程中十分烦恼，他在日记中有载，认为这完全是一件不该做的丑事，但迫于压力，最后还是勉强写了。于是这份文件便成为人所共知的伪造品，并公开流传至今。

1938 年底汪精卫集团叛国投敌之后，急于拼凑伪政府班底，召开伪国民党“六大”以示延续国民党“正宗”，无奈肯下水为奸的人毕竟不多，无法凑足代表全国各地的党员人数。于是情急之下，汉奸头目便干起了伪造党员花名册的勾当。于是，上行下效，从伪中央到地方，层层伪造，以求造成“轰轰烈烈人心所向”的假象。不仅伪党员名册如此，乃至伪军官兵也有编造人名数冒领兵饷的普遍情况。这在中国第二历史档案馆馆藏汪伪政权档案中有明显的例证。[1] 这些编造出来的“档案”资料，屡见不鲜，且在汪伪政权档案中特别突出，如果今天据此得出拥护所谓“和平运动”“落水者日众”的结论，未免就与历史真相大大地不合了。

上述两端是可归为“硬造”的伪证，其他还有“篡改”与“拼凑”等多种造伪手法。如：

自 1927 年发动“四一二”政变之后，蒋介石一直以共产党为死敌，不惜使用一切手段实行反共、“剿共”的“国策”。为了配合反共宣传之需，诬蔑中共，他们便使用特务手段，将特工窃取搜查到的中共中央文件如《中共八七会议记录》《中共第六次全国代表大会文件》《前方军委致中共中央的信》

[1] 参见中国第二历史档案馆藏汪伪国民政府档案．十三 / 7096、7240。

以及《中国土地法大纲》等中共正式文献，加以部分删改、增补，添入他们需要的内容，而后编印，下发各省“参考”，以达宣扬反共之目的。[1] 对于这些由国民党印发的共产党文件，当然不能轻信，必须仔细对照这些文件的原件，才可发现其中被偷梁换柱和“注水”的地方。这是“篡改”方式之一。

又如关于抗战中国民党军歼灭日军数量问题，这又是一个难究之谜。战争初期，在七七、八一三、台儿庄、忻口等战役中，虽然总的形势是敌强我弱，但我方由国共合作组成的抗日军也曾给予日本侵略者以有效抵抗与较大杀伤。当时国民党军事及宣传部门为了“扬我抑敌”的策略需要，曾明确下令各部队在对外宣传中将歼敌毙伤数“以一报十”，加以“扩大宣传”，藉收“鼓舞民心士气”之效。因此，在用于宣传的公开文件中，击毙击伤日军数量经常（当然不是全部）掺有“水分”。这些“战果”数目之档案文件，其可信程度也就下降不少。[2] 无独有偶，日本方面也存在同样情况，只不过在他们的记录档案中是尽力缩小自己伤亡数而扩大“歼敌”数量罢了。可见此类现象不足为怪。但今日研究历史参考这些资料时就不能不多一分考虑，以求得历史之真实。实际上，在这一问题上，比较可信的“战果”及自己方面比较真实的损失数字都记载于国军的《机密作战报告》或《作战日记》中，当时控制在一定范围内传阅，并不是完全无从查考的，只不过需要花点力气去查证罢了。

三、在后人进行档案分类、立卷、编题甚至搬运调库等整理保藏过程中被无意搞错

例如，二史馆在编辑《中德外交密档》专题，调阅馆藏民国时期中德易货贸易卷宗时，偶然发现有少数中德贸易档案卷宗被冠以“中美贸易”的标题，使这部分档案的利用工作遇到了困难。其原因十分简单，即在20世纪50年代整理这些卷宗时，由于一些整理者不具备外文基础知识，再加上当时的时代历史背景，误以为与蒋介石政府有贸易往来的大概只有“美帝国主义”，因而便有了这样的拟题。这是典型的在档案整理过程中出现的错误。除

[1] 参见王可风：《关于整理档案史料的方法和问题》，载《王可风档案史料工作文集》，第119页。

[2] 马振犊：《惨胜——抗战正面战场大写意》，广西师范大学出版社，1994年，第183页。

此之外还有在工作中将同姓、谐音历史人物搞混等多种错误现象，例如：将蒋介石致汪精卫（字季新）函标题误写为蒋介石致戴季陶函等。这些都是使档案利用编研人员被误导的重要原因。

上述各种弊端，都是在利用历史档案过程中所发现的问题，当然，这并不能穷尽档案利用中的所有问题，但至少反映了一方面的实际情况。如何有针对性地预防妥处并解决这些问题，就需要档案工作人员努力加强档案学与历史学知识基本功，培养鉴别错误史料的本领。

第二节　档案谬误的鉴别处理方法

首先，在历史档案整理编研中必须坚持历史唯物主义的立场，遵循实事求是的方针，客观公正地对待历史与历史资料，这样才能为历史档案的整理编研工作奠定正确的思想理论基础。

在工作中既不能戴着有色眼镜，按照自己的主观想象与观点，有选择地取舍注解历史资料，又不能一味地强调“史料就是历史，就是一切”，“让史料说话”，而不加分析区别地机械排列历史档案，流水线式的工作，不进行科学的鉴别与分析。在档案的整理编研工作中如何避免上述两种情况而把握好这个“度”，是一项有分寸而无明显标准的复杂工作，需要正确的原则指导与扎实博学的业务功底，而其中思想方法指导原则是首要的因素。

其次，发现与纠正历史档案中的谬误需要以丰富的历史学与档案学专业知识为基础，特别是对于史实性错误以及被伪造篡改的档案，一定要在研究其历史背景，明了其来龙去脉的基础上，一步步细心地鉴别考证，做好由此及彼、由表及里，去粗取精、去伪存真的工作，透过复杂的历史表象去探寻历史的真实面目。在此基础上再进一步考订有关历史资料之真伪，最后达成鉴伪存真的目的。当然，要实现这一目标并不容易。如前所举例之诸端史实，如果没有对有关历史史实深入地了解与研究，是不可能具备的鉴别水准的。因此，做好历史档案的整理、编研工作，最基本的功底是有关历史知识的学习与积累。

在这里便涉及了一个新的问题，即历史档案工作相对于一般现行档案、科技档案等工作而言，是否有它自身特点的问题。也就是说，作为历史档案工作者，其业务技能标准相对于一般档案工作者而言，是否具有其特殊性与独特的要求？从历史档案馆工作实际来看，回答应当是肯定的。因为要求专业人员学习有关史学知识是熟悉馆藏的基本条件之一，是从事历史档案一切工作的基础。如果忽视了这一点，而按一般档案工作的标准衡量要求，那历史档案馆的工作基础便成了无本之木，而有关档案管理的基本原则之运用在此亦成为纸上谈兵、缘木求鱼。因此，贯彻“因档制宜”与“实事求是”的原则是其唯一正确的方针。

基于以上观点，我们便找到了处理避免在档案整理编目工作中可能造成错误的方法，这便是历史档案工作者，除了具备档案学专业知识技能外，还应增加对于有关历史知识储备的要求以及相应的最基本的（或至少有一部分人员具备较高水准的）外文、古汉语基础知识，这样才能保证在整理、保管利用、编研历史档案的过程中不出或少出错误，以提高工作质量与服务质量。对于档案馆的编研人员来说，则需要具备更深的史学修养。

最后，还需特别指出的一点是，从某种意义来说历史科学是一门依靠积累的学问，而史料学则更是一门依赖点滴积累而逐步完善健全的学问。在这个意义上说，提高专业知识水平，增强鉴别真伪档案和档案中所反映的真伪历史的能力，也需要不断学习，并在工作实践中锱铢积累而慢慢培养。

胡绳先生曾精辟地论述说：“史料（实物或文献）的考订工作可以分为两个方面，外形的考订是区别史料的真伪，确实其时代与作者，对历史文献的版本文字进行研究，使其尽可能恢复原来的面目。‘内部’的考订就是辨明史料的实际价值，把有价值的史料和价值不大的史料区别开来，把错误的记载与正确的记载区别开来”，“由于史料工作的繁重和需要各种辅助性的专门知识（如古文字学、年代学、古文书学、古文献学、历史地理学、版本学、印鉴学等），所以有一批专门的人来担负这种工作是必要的，他们就是史料学家”。[1]

愿我们历史档案工作者都成为专门的史料学家。

[1] 胡绳：《社会历史的研究怎样成为科学》，《历史研究》1956 年 11 月号。

主要参考资料

一、专著

刘国能：《体系论》，中国档案出版社，2001 年 12 月。

周雪恒：《中国档案事业史》，中国人民大学出版社，1994 年 12 月。

中国第二历史档案馆编：《民国时期文书工作和档案工作资料选编》，档案出版社，1987 年。

何鲁成：《档案管理与整理》，商务印书馆，1938 年 2 月。

赵铭忠、李祚明：《中国第二历史档案馆指南》，中国档案出版社，1994 年 6 月。

孙成德：《化蛹成蝶的追求：档案文化建设的理论与实践》，辽宁人民出版社，2011 年。

辽宁省档案馆编：《奉系军阀密信》，中华书局，1985 年 7 月。

毕万闻：《金凤玉露：张学良与赵一荻合集》第一部，时代文艺出版社，2000 年 1 月。

《全国民国档案通览》编委会编：《全国民国档案通览》，中国档案出版社，2005 年 12 月。

中国第二历史档案馆编：《中华民国史档案资料汇编》，江苏古籍出版社，1991 年。

张静如、刘志强：《北洋军阀统治时期中国社会之变迁》，中国人民大学出版社，1992 年。

中国第二历史档案馆编：《中德外交密档（1927 — 1947）》，广西师范大学出版社，1994 年。

施宣岑、华明：《王可风档案史料工作文集》，档案出版社，1989 年。

马振犊、戚如高：《德国与中国抗日战争》，广西师范大学出版社，1997 年。

马振犊：《惨胜——抗战正面战场大写意》，广西师范大学出版社，1994 年。

二、论文

《满铁档案中有关南京大屠杀的一组史料》,《民国档案》1994 年第 3 期。

孙成德 :《辽宁省档案馆馆藏奉系军阀时期档案评介》,《民国档案》2005 年第 4 期。

王自成、刘玉桂、周仓银 :《邵力子在陕西史料略述》,《民国档案》1985 年第 2 期。

赵海林 :《青海省各档案馆馆藏民国档案简介》,《民国档案》1993 年第 4 期。

马玉华、齐逾 :《国民政府对云南土司的调查》,《贵州民族研究》2004 年第 4 期。

李祚明 :《中国第二历史档案馆馆藏国民党政府军事档案简介》,《民国档案》1988 年第 1 期。

陈长河 :《1927 — 1949 年招商局组织概况》,《历史档案》1983 年第 2 期。

韩森 :《国民党政府教育部档案介绍》,《历史档案》1981 年第 1 期。

黄丽辉 :《国立中央大学档案介绍》,《历史档案》1981 年第 4 期。

方庆秋 :《档史结合的硕果　珍贵的百卷巨帙——〈中华民国档案资料汇编〉编后絮语》,《民国档案》2000 年第 4 期。

胡绳 :《社会历史的研究怎样成为科学》,《历史研究》1956 年 11 月号。

《国史馆现藏史料概述》,(台北)“国史馆”,2003 年。

后　记

这本《民国档案研究》是中国第二历史档案馆研究人员集体创作的成果。2009 年，在南京大学中华民国史研究中心张宪文教授的主持下，我们参加了教育部重大攻关项目《民国史研究》的撰述工作，经过持续数年的努力，终于完成了本课题的研究撰著初稿。

作为专业从事民国档案工作的一个群体，我们既是档案工作者又是历史研究者，兼有这两种身份，既有互取所长相互促进之利，又有角色矛盾之弊。作为档案工作者，我们必须遵守职责，以档案保管与安全工作为本，同时也要遵守国家有关档案开放利用的规定，按章办事。但我们在史学研究的实践中也充分理解作为历史研究者对档案利用的深刻需求。因此，在遵守国家有关法规，确保档案安全完整可持续利用的前提下，我们努力致力于推进档案的开放利用，以服务社会民众，让历史档案发挥其应有的作用。

目前，有关海内外各相关单位保藏民国档案的情况介绍，分散见诸于各档案馆“指南”类书籍或各自的出版宣传品中，中国档案界虽曾集中力量编辑出版过各地档案馆《指南》及《全国民国档案全宗通览》类丛书，但因其内容以介绍馆藏档案概况及统计数字、查阅方法为主，其出版目的也是为了向社会提供档案馆的有关资讯，而不是针对或侧重从民国档案与民国史研究关系的角度来进行分析研究。因此，尽管国内外对于中华民国史的研究工作已开展了近 40 年，但目前为止，还没有一本专供民国史研究者所用的有关民国档案专题类介绍及价值研究的书籍问世。

有鉴于此，我们中国第二历史档案馆研究者们，在工作之余，利用近水楼台之便，合作编写了本书，其目的就是要弥补这一缺憾，发挥我们兼及

“两行”的优势，从民国史研究的需要出发，有针对性、有侧重点的对以中国大陆为主的兼及港台及海外各地保藏民国档案的机构进行介绍，在概述其所藏的基础上，从史学研究角度出发，除了对海内外各地所保存的民国档案概况做出评介外，还尽自己的理解所及，对某一省份、某一地区、某一机构所藏民国档案的特点与优势重点进行剖析，以方便广大学者了解情况和利用查阅。与此同时，我们还搜集有关资料，对相关档案机构的编研出版情况，尽可能地进行了介绍，俾方便学者们之间的交流与互补。希望本书的写作与出版能够达成这一目的。

本书之写作历时多年，出版前夕，我们又认真进行了修订补充，以更好地反映现实状况。我们多方搜集有关资料，并得到了海峡两岸及国外学界同行的大力支持，在此一并致以感谢！

马振犊

2019 年 9 月 10 日